"LA CUMBRE DE LA ELOCUENCIA"
(Nahy-ul-Balaghah)

SERMONES, CARTAS Y DICHOS DE
Imam Alí ibn Abi Talib

Traducción al inglés por:
Syed Mohammad Askari Jafery.

Traducción del inglés y el árabe al castellano por:
Dr. Mohammad Alí Anzaldúa-Morales.

THE OPEN SCHOOL
P.O. BOX 53573
CHICAGO, IL 60653

Published by
Tahrike Tarsile Qur'an, Inc.
Publishers and Distributors of Holy Qur'an
P.O. Box 1115
Corona-Elmhurst Station
Elmhurst, New York 11373-1115

Published by
Tahrike Tarsile Qur'an, Inc.
Publisher and Distributors of The Qur'an
P.O. Box 1115
Corona-Elmhurst Station
Elmhurst, New York 11373-1115

First U.S. Edition 1988

Library of Congress Catalog Number: 88-051182

British Library Cataloguing in Publication Data

ISBN: 0-940368 (case)-91-9
ISBN: 0-940368 (paper)-92-7

Distributors in U.K. and Europe:

Murtaza Bandali/ALIF International
37 Princes Ave.
Watford, Herts WDI 7RR
England, U.K.

Distributors in Canada:

Mihrab Publishers & Book Distributors Canada
36 Robbinstone Drive
Scarborough, Ontario MIB 2E6
Canada

CUMBRE DE LA ELOCUENCIA

PREFACIO

Según los shī'itas, la 'Jefatura" o Imamato apostólico del Islam pertenece a la familia o descendientes del Profeta (!que Dios acepte sus oraciones y le conceda la paz!) El mismo Imäm debe ser miembro de la familia de Mahoma, quienes se llaman **Ahl al-Bayt** o 'Gente de la Casa [del Profeta]'.

'Ali ibn-Abī-Talib, **Wāli Allāh** o 'el Intimo de Dios' era primo hermano y yerno del Profeta. **Wilāya** significa una 'lealtad personal', casi de' vasallaje' o sea el apego formal a un soberano; **wāli** forma el participio. ¿Quién era este hombre piadoso? Nació en la Meca, como su primo Mahoma, alrededor del año 600 de la era corriente. Se casó con Fatima, la hija del Profeta, y tuvieron dos hijos varones Hasan y Husayn quienes se destacaron en la historia igual que su padre y su abuelo.

En el año 656, veinticuatro años después de la muerte del Profeta, 'Ali ibn-Abī-Tālib, el **Wāli** o 'Intimo' de Dios, llegó a ser Imám efectivo sobre la **Umma** o 'Comunidad' de los fieles. Su autoridad fue disputada en **Madina al-Munāwara**, la 'Ciudad Iluminada' y primitiva capital de la **Umma** o Comunidad, el naciente estado islámico que llegó a ser foco de los descontentos y legitimistas. La Comunidad se dividió en facciones bajo la opresión ejercida por los banu-Omeyya; por eso el Imam trasladó su gobierno al Iraq donde tenía más adeptos.

Su nueva capital fue al-Kufa a la orilla del Eufrates. La batalla del Camello cerca de Basora, el gran puerto fluvial y marítimo iraqí (y de Sindabad el marino en **Las mil y una noches**), demostró su valentía. Después de la intensa persecución en la guerra civil que sostuvo con Mu c awiya, el gobernador de Siria y quien presumía hacerse 'Alifa, el Imam 'Ali sufrió la derota en la batalla de Siffín en 657, cerca del río Eufrates adonde había trasladado su centro de operaciones.

Cuatro años después, en 661, el **Amïr al-Mu'minín** o 'Comandante de los Fieles' cayó a las manos asesinas de cAbdurrahmán as-Sarimi, cerca de Nadchaf, donde lo enterraron en **Mashhad 'Ali** 'Lugar o del Martirio' con su mausoleo soberbio rodeado por los colegios teológicos de hoy. Dejó apenas 600 dirhemes como herencia; bajo ningún concepto se puede decir que este "Intimo de Dios" era rico o aprovechando. Así terminó la carrera de 'Ali aben-Abi-Talib como Imam.

Le recuerdan centenares de **Ahādith** o 'Tradiciones' apostólicas, historietas ilustrativas de la vida del Profeta que se confirman en los tomos de Bujãri y Muslim, los dos tradicionalistas de mayor confianza. El Imãm o 'Jefe' supremo espiritual de los fieles era infalible; su saber pasó como herencia al biznieto insigne Dcha'far as-Sãdiq, quien murió en 765. La inteligencia fue innata en toda la familia del Profeta. Muhammad al-Mahdi al-Muntazar o el Imãm "esperado" o "oculto" desapareció en la ciudad de Samarrá río arriba de Bagdad en 874; hoy día se le considera el Imãm "Invisible" o "desaparecido".

El hijo menor de 'Ali y nieto de Mahoma, Husayn aben- 'Ali también demostró su valentía en el campo de batalla; era guerrero y santo, y pensador también. La muerte de Husayn ocurrió en Karbala, enel año 680 cuando buscaba refugio contra las espadas de YazId, el 'Alifa omeya reinante en Damasco. Este usurpador no respetó a la Gente de la Casa del Profeta porque era vengativo, defendiendo su poder 'Alifal. Fue trágico este segundo episodio y hasta la fecha los shI c itas lloran su pérdida y heroísmo en las fiestas tradicionales de Muharram.

La obra **Nahdch al-Balãga** (نَهْجُ‌البَلاَغَة) o 'Cumbre de la elocuencia' es un libro esotérico que se ha mantenido en la conciencia y afecto iraní por medio de la tradición popular, y por su sabiduría y los conocimientos que enseña. Consiste en una compilación de los dichos, pensamientos y cartas del Imãm 'Ali el comandante de los fieles; ofrece sus ideas sobre la historia, la grandez divina y los atributos de Dios Aunado.

La obra ofrece discursos filosóficos, especialmetne sobre la Unicidad de Dios o el **TauhId** divino que predicarían más tarde los **MuwahhidIn** o "Almóhades" de Marruecos en el siglo XII, bajo la influencia de otro teólogo y pensador persa de la ciudad de Tus en Jurasán, Abu-Hamid al-Gazzali o Algazel (1058-1111). Los discursos metafísicos del "Intimo de Dios" se llama **al-Hikma al-Ilahiyya.** Incluye una colección de recomendaciones a varios oficiales de su gobierno, y recomienda a los gobernadores, que cultiven el don de mandar, la buena organización en su gobierno y en la selección de los oficiales a quienes nombren. El libro se termina con proverbios y aforismos.

Se aprecia la figura de 'Ali **Wãli Allãh** en todo el mundo pérsico; su figura trancendental como el Intimo de Dios se ha hecho una leyenda. Su capacidad intelectual se demuestra claramente en este libro. Esta antología ha conquistado un lugar elevado en las letras de Irán, así como en la cultura folklórica, sobre todo por las plegarias cortas que han enriquecido los rezos del pueblo; se prestan unos para invocar la lluvia, mientras los niños aprenden otros de memoria para el rezo diario. La terminología islámica nos ofrece un surtido de recomendaciones piadosos. Ash-SharIf Abü-al-Hassān Sayyid ar-Rāzi (359-404 AH/981-1016 AD) escogió entre los sermones, preceptos y poesías del Amir al-Mu'minín, 'Ali aben-AbI-Tālib, que corrían en boca del pueblo a pesar de la dificultad de conservar las obras piadosas y la tradición sagrada en las sociedades populares antes del invento de la imprenta (y de la radio y televisión de nuestra época a las que tenemos ue ajustarnos ahora).

La figura transcendetal de 'Ali el Intimo de Dikos se hizo toda una leyenda entre los persas, y en otros círculos también. Ofrecemos para concluir uan alabanza redactada por los musulmanes españoles sobre la genealogía y atributos del Imäm, el Intimo de Dios, puesta en boca de un nieto. Empieza afirmando el poder de Dios sobre el destino de los hombres, el que les dota a algunos con beneficios mientras condena a otros a la perdición eterna:

A lo que Dios ordena,
y está en Su eternidad determinado,
si es para premio o pena,
A lo que Dios ordena,
y está en Su eternidad determinado,
si es para premio o pena,
si remedio has de ser ejecutado;
unos glorificados
y otros para la pena condenados,
siendo mi bisabuelo
Mensajero de Allāh el más querido
y siendo 'Ali mi abuelo,
aben-Abï-Tálib el que fue escogido,
esposo de la madre;
y pues que Dios de escogerte te ha dado,
aunque no te lo dio absolutamente,
pues con entendimiento te ha creado,
dándote natural tan excelente;
mira a cual de los dos te has inclinado,
!!cuál te parece que es más conveniente!
Gozar de la vida eterna y bien eterno,
a pensar pra siempre en el Infierno;
y el hijo de los dos Husayn el padre;
contra los enemigos que hoy tenemos,

más perfectos y estimados,
por el Señor escogidos,
por Su palabra avisados;
corriendo de padre en hijo,
de un honrado en otro.

La importancia de la "Cumbre de la elocuencia" proviene de ser un libro esotérico de informes que se han mantenido en la conciencia y afecto populares de los iraníes por medio de la tradición popular a base de su sabiduría y aprecio de las verdades eternas y humanas que contiene. Con esta publicación tenemos otro libro para agregar a la lista de obras en castellano que pueden consultar los nuevos musulmanes de España y la América Latina.

                                      T. B. Irving
                                      Cedar Rapids, Iowa 52402

Junio de 1988

LA PEREGRINACION DE ANDALUCIA A LA MECA
(AL-HADCH)

Congreso sobre el Hadch
Nueva York, viernes 1° de julio 1988
Consejo de Mezquitas en
Norteamérica

En la Azora 22 llamada *La Peregrinación (o Al-Hadch)* leemos: "¡Llama a los hombres a la Peregrinación para que vengan a ti, a pie o montados en todo flaco camello, venido de todo paso ancho y profundo, / para atestiguar los beneficios recibidos y para invocar el nombre de Dios en días determinados!" 22:27-28.

En el puro sentido de la palabra, una "peregrinación" significa viajar por tierras extrañas: "Ir de la Zeca [o casa de moneda] a la Meca", es un viejo refrán español, que dice no saber a dónde uno se dirige. En árabe el *hadch* es el quinto Pilar de la Fe, la obligación solemne de acudir a la Meca, *Umm al Qurà*, la 'Ciudad Madre' o 'Metrópoli' del mundo islámico.

Al-Hàdch o *hàdchi* en el idioma popular (con la à larga del participio activo del presente) es el peregrino', la persona que emprende este largo viaje a lo largo del Mediterráneo y la mitad del Mar Rojo. En la Azora o capítulo 3 del Corán sobre *La casa de ᶜImran*, oímos: "Dios ha prescrito a los hombres la peregrinación a la Casa, si disponen de medios" 3:97. Esta obligación sagrada corre por todas las estaciones del año a causa del calendario lunar islámico, que se adelanta diez días cada año, hasta volver a la misma estación a los treinta años. Antes de llegar a la Meca, se viste el *ihram* o traje sagrado que consiste en dos toallas de una sola pieza y sin costura; una de ellas recogida por la cintura, y la otra echada por el hombro izquierdo, dejando descubierto el derecho. Se permite llevar sandalias pero no zapatos ni botas. Es un estado consagrado para ahuyentar el mal. No se afeita ni se corta el pelo durante este estado sagrado.

Al-Haram ash-Sharif o sea el Noble Santuario de la Meca es un patio o plaza amplísima, como el Zócalo de México, pero situado entre montes cercanos. "Vengas de donde vengas, vuelve tu rostro hacia la Mezquita

Sagrada" *La Vaca* 2:50. Al llegar allí se proclama a viva voz: "¡Labeika Allahuma, Labeik!" —"¡Aquí estoy, Oh Dios, aquí estoy!" Se ve el *Jabal Nur* o la 'Montaña de la luz' entre otros montes. *Ghar Hira* es la famosa cueva de *Hirà* en el monte al este de la ciudad donde el Profeta (¡que Dios acepte sus oraciones, y le conceda la paz!) se aislaba para meditar y recibir su inspiración del Arcángel Gabriel.

Después de instalarse en su alojamiento u hotel, se realiza los siete circuitos por la Ka^{c}ba (el *Tawaf*: "y que den las vueltas rituales alrededor de la Casa Antigua" *La Peregrinación* 22:29. Es un cubo de bloques de piedra negra volcánica, 12 metros de ancho, 13 de largo, y 14 de alto. El edificio es tosco pero impresionante. El *mahmal* sagrado, un tapiz de seda negra, viene de Egipto para cubrir la Ka^{c}ba. Este rito anual iniciado por los soberanos mamelucos o soldados esclavos quienes gobernaban aquel país hace siglos, le ofrece un elemento que santifica el lugar tanto como la ceremonia. Se renueva cada año, y se distribuyen retazos de la tela negra a mezquitas por todo el mundo.

La Piedra Negra en la esquina noreste de la Ka^{c}ba, un aerolito ovalado encajado en plata, es difícil de acercar a acausa de la muchedumbre dando sus vueltas alrededor del monumento, y amontonándose para besarla. La robaron la piedra en el año 930 los Qármatas, unos sectarios fatimitas de la región oriental de Arabia donde viven hasta la fecha; sólo la devolvieron 30 años más tarde. La "estación" o *maqam* de Abraham (e Ismael, su hijo primogénito) queda atrás con el pozo de Zamzam a su lado, donde se bebe el agua.

Luego se emprende el Sa^{c}y o 'recorrido' entre los dos cerritos cercanos de Safa y Marwa (*La Vaca* 2:58) donde Hagar, la madre egipcia de Ismael, buscaba agua para su hijo cuando Abraham o *Ibrahim* los tuvo que abandonar bajo la amenaza de su prima-esposa Sara.

En la noche del noveno día del mes Dhu-al-Hadch ('Dueño de la Peregrinación'), se traslada hacia el Monte de la Gracia o Merced (*Rahma*), situado en la llanura de ^{c}Arafat, a 13 kilómetros al este de la Meca. El *wuquf* o 'parada' se verifica allí al día siguiente desde mediodía hasta la puesta del sol, mientras se escucha el sermón o *jutba* allí.

Entonces al anochecer se devuelve la asamblea y los peregrinos emprenden el regreso a la Meca por el santuario de Muzdalifa hasta Mina, donde pasan la décima noche. Al día siguiente se arrojan siete piedras a los "diablos", tres estatuas antiguas. El día del gran sacrificio de animales se verifica allí al décimo Día de la Peregrinación, o sea *^{c}Id al-Adhà*, la 'Fiesta del Sacrificio', que se celebra también por todo el mundo islámico en conmemoración de este

sacrificio simbólico de Ibrahim.
 Después los peregrinos se alejan, regresa a la Meca, la santa Madre de las Ciudades (*Umm al-Qurà*); y luego otra vez a su casa. La Omra o Peregrinación Menor celebrada en otras épocas del año es más tranquila. De todos modos es un verdadero gusto estar allí con menos calor y menos gente, sobre todo si llega el peregrino por una noche de luna y al sereno.
 Durante nueve siglos (7:1-7610), los españoles piadosos hacían la Peregrinación cuando pudieron y siempre si tenían fondos.
 Un peregrino español llamado Puey de Monzón nos recuerda en verso su viaje a la Meca después de dar su recorrido por tierra y por mar a lo largo del Mediterráneo tal como lo hacen los viajeros del Magreb ahora, y de Andalucía antes. El poeta llega por fin a la ciudad sagrada y anhelada que describe con asombro:

> Así y vamos a la Meca, / esa bendita ciudad
> que sus puertas son la *baraka* / y sus paredes piedad,
> sus techos claridad / y a ella todo es bendición
> pues cualquiere que a ella va, / tiene ganado el perdón.
> Decir-lo-se de la casa / que de la Meca se decía
> y de la orden y causa / que en esta casa había
> casa de tanta valía, / casa de tanta nobleza,
> oro y plata y riqueza / que estimar no se podría.
> Ansí, y vamos a la Meca, / esa bendita ciudad
> que sus puertas son la bendición / y sus paredes piedad,
> sus tejados claridad / y a ella toda es bendición.

 Todo esto es parte de la herencia de nuestro primer padre Adán. Fue instaurado por Ibrahim e Ismael, su hijo primogénito. La tumba de nuestra primera madre Eva o *Hawà* en árabe, se encuentra en el puerto de Dchedda, que se puede visitar.
 En el mercado o plaza comercial de la Meca se venden toda clase de ungüentos, perfumes, drogas preciosas y raras; mercancías caras de la India y Africa, y efectivamente de todo el mundo donde viajaba Sindabad y sus marinos, traídos acá para costear muchos viajes de peregrinos. La Meca está llena siempre de todas las razas y colores de la humanidad, turcos, negros, indonesios, norafricanos, persas, pakistanis. Me acuerdo de las aceitunas griegas enlatadas que cenamos una noche allí con un argelino; su rico aceite nos sirvió como mantequilla para el pan.

Los Uahhabíes de la Casa de Saud gobiernan la Arabia ahora con sus costumbres austeras. Su policía guarda el decoro.

Antes costaba treinta días de viaje por lomo de camello para llegar de Damasco en Siria; y treinta y siete de Egipto, más de un mes. Ahora llegamos por avión, o por barco a Dchedda, o por camioneta de pasajeros de Jordania, del Iraq o del Yaman. Dchedda quedaba antes a dos jornadas a lomo de camello (y ahora vinculada por una autopista de ocho carriles— 72 km o 45 millas de la Meca)

De España se tardó más de un año en los siglos cuando viajaban del Andalus, el largo viaje por el Mediterráneo, más de ocho kilómetros, por el Norte de Africa y el Hidchaz en Arabia, por tierra o por barco.

Venían muchos peregrinos, sobre todo estudiantes quienes quedaban a estudiar en la Meca o la Madina Iluminada, *al-Munawwara*, o en Damasco, Bagdad, Basora o el Cairo, donde había madrasas o facultades universitarias progenitoras de las de España y Europa más tarde.

Un escritor norafricano Aben-Battuta (1304-78) nos ha dejado una narración de su viaje en el Siglo XIV hasta la China, *Al-Rihla*, y después, de otro a Granada; este último reino islámico en España, cuya capital vivía de la industria, recogiendo a refugiados musulmanes de toda la península ibérica. En los primeros capítulos de su *Rihla*, Aben-Battuta describe las escalas que hizo en la Peregrinación, en el camino que realizó por el Norte de Africa; lo podemos leer con interés y provecho.

Viviendo en Egipto, el gran filósofo de la historia y sociólogo tanto tunecino como sevillano, Aben-Jaldún perdió su familia en un barco que los llevaba de Túnez a Alejandría, quizás por una tempestad, quizás por corsarios europeos. Demuestra el peligro de viajar en aquellos días; el camello efectivamente era más seguro, y dominaba el comercio de la época. Calculaban hacer ocho a diez leguas o veinticinco a treinta millas al día a lo sumo como una jornada cabal.

Los estudiantes ya titulados volvían como peritos en la teología para instruir a sus compatriotas. Así Aben-Masarra (883-931) estableció sus logias para estudiar en la costa y los valles por la región de Almería; y Maslama al-Madchriti ('el Madrileño'—la primera vez que se menciona la capital actual de España en la historia) trajo las *Tablas* matemáticas y astronómicas de al-Jwarizmi, un famoso sabio persa, en 1004. Trajo también los números árabes (que se llaman honradamente 'hindúes' en árabe) que hacían más fáciles los cálculos. Las *Tablas* se llamaron las *Tablas Alfonsías*, cuando las mandó traducir al castellano el Rey Alfonso X el Sabio dos siglos más tarde, basando sus observaciones sobre la latitud de Toledo. Aben-Hazm (994-1064), teólogo y exquisito poeta de amor, compuso su célebre *Collar de la paloma* y el primer estudio comparado de las religiones en Europa. Aben-ᶜArabi (1164-1240), un maestro sufí de Murcia, se marchó a Oriente para radicarse en Konya en Turquía, y ser sepultado en Damasco.

La erudición islámica en España fue excelente durante nueve siglos (711-1610) de gloria cultural e intelectual. Así el *Hadch* logró educar a España y despertar a Europa a fines de su Edad Media; por su contacto religioso y cultural Andalucía tuvo una influencia primordial en el mundo civilizado del día, situada como estaba en un cruce importante de caminos. Se puede decir que España civilizó a Europa; la seda y el papel, y más tarde la pólvora, vinieron a esta península a orillas del Atlántico desde la China como procesos industriales más que como puros artículos de comercio. Los árabes le trajeron el azúcar y el arroz de la India; el durazno, la naranja y el limón de Persia; y los cuentos de Sindabad el Marino, y de *Calila* y *Dimna* para enriquecer las letras. Inventaron el zejel en la poesía que llevaron los trovadores o *mutribín* al sur de Francia. Por todo eso se llama hasta hoy el "Paraíso Perdido" —*el Firdaws al Mafqud*, en el Norte de Africa.

Debemos redactar más libros, y recoger mejores referencias sobre esta época gloriosa. En el último siglo el Corán ha sido traducido más bien de la erudición francesa y alemana que del árabe, lo cual demuestra la caída de la erudición española desde la expulsión de los últimos musulmanes de España en 1610. La obra de Julián Ribera en el siglo pasado, en Zaragoza con los Mudéjares aragoneses y luego en Madrid, hizo mucho para resucitar interés en el pasado hispanoárabe.

Debemos aprender a emplear los términos de la Fe que desarrollaron los musulmanes españoles para su culto divino. Nos hace falta mejor ortografía de estos nombres, para hablar racionalmente sobre el Islam en un castellano moderno, castizo e islámico. El dchim , por ejemplo se debe escribir y o *dch* (como lo empleo yo) para escribir *fadchr* y *dchumaᶜ* de modo que la dicen bien los hispanoparlantes. El '*ᶜayn* y la *hamza'* tampoco se distinguen bien.

Hay muchas palabras arábigas en español, y de gran variedad: *sakina* o la 'tranquilidad' espiritual; *azala* o la 'oración' formal, *arraca*, la unidad en la oración; el duᶜ-a) u oración individual, el rezo particular que hacemos en una crisis o durante sufrimiento; *aljotba* o 'sermón' del viernes; y el *jábit* quien la hace; *anabí* para el Profeta; *azaque* para el *zakat* o diezmo oficial; *azadaca* o limosna voluntaria; *Arroh* o el 'Espíritu' divino; la *zuna* o 'práctica' del

Profeta; *al-hàch* para la Peregrinación; y el *hache* para el 'peregrino'; *alhadiz* para la 'Tradición' profética; *monafique* o hipócrita; *iman* o la 'Fe', creencia; *anía* o intención' (de rezar o ayunar etc.); el *aleya* o versículo en el Corán; la *Azora* para cada 'capítulo'; *alfaquí* para el perito jurista; el *alafia* o 'perdón'; *macabro* que es adjetivo ahora, pero significa 'panteón' en árabe; *al-qibla* o la 'Dirección' a la Meca para el culto. Una expresión que me gusta mucho es la de "Dios Aunado" para expresar su 'Unicidad', cosa que expresaban los *Muwahhidín* o "Almóhades" para indicar su intensa preocupación con el *Tauhld* divino, un aspecto fundamental de la Fe que los franceses ignoraban en sus estudios norafricanos.

En el comercio e industria tenemos: el *albañil* de *al-banna*'; aceite y aceituna; *azafrán; adarme* o 'dirhem', la moneda actual en Marruecos hoy; *alquimia; azulejos; adobe; acequia;* el *mameluco* en Egipto o como un vestido para niños; el *chafarote* de los bochinches centroamericanos; *alcalde; alcaide; alfarda;* el *ajuar* de la novia, etc.

Es una herencia perdida pero que podemos resucitar. Como dijo Aben-ᶜAbbad, quien murió en 1394 en Ronda, ciudad pintoresca y también patria del insigne pedagogo del siglo pasado, don Francisco Giner de los Ríos (1839-1915):

> Toda cosa, si la pierdes, / tiene su compensación;
> pero si pierdes a Dios, / ¡no hay cosa que lo compense!

Gracias a Dios Aunado, no Le hemos perdido, y renovamos su culto hoy día en el mundo hispánico.

Wa-as-salam ᶜalay-kum wa-rahmat Allah!

T.B. Irving
Cedar Rapids, IA 52402

Julio de 1988

INDICE TEMATICO DE LOS SERMONES DEL IMAM ALI ( ), EN NAHY-UL-BALAGHAH

Traducción al inglés por Syed Mohammed Askari Jafery Traducción al castellano por Hayy Dr. Mohammad Alí Anzaldúa-Morales
No es posible poner un encabezado único para cada sermón. Varios temas son tratados en un mismo sermón. Los temas principales del contenido del sermón fueron escogidos para proporcionar títulos.

Para determinar el contenido del sermón se tomaron en cuenta las notas del traductor. El contenido del sermón también fue considerado antes de ponerle un título.

Los temas de los sermones han sido enlistados en orden alfabético, para que puedan servir como índice y referencia. Para cada título de tema se indica el número del sermón.

Los temas han sido clarificados con pocas palabras adicionales, para que el lector pueda tener una idea concisa del contenido.

Se solicita a los lectores que guíen a los editores para poder mejorar la publicación. Espero que mis deficiencias al tratar de clasificar los temas sean disculpadas por los lectores.

Dr. Syed Mehdi Hassan Jaffari
Hyderabad Deccan, India

Se pide a los lectores que proporcionen sugestiones para mejorar la clasificación de los temas.

Syed Farhath Hussain Moosavi
Convener, Nahjul Balagha Committee
Iman Hussain Association
Box 943, Station B. Willowdale
Ontario, Canada M2k 2T6

TITULO DEL TEMA	Sermón N°
Abdulah ibn 'Abbas; mensajero del Iman ( ) a Zubayr antes de la Batalla de Yamal	36
Abolición de 'Yagirs'	19
Abü Dharr en la víspera de su salida de Medina	133
Acciones. Analizar las obras y actuar bien	197
Acciones Buenas obras elogiadas	232
Acciones malas; no apoyarlas	206
Acciones Temer a Dios y actuar bien	164
Actividades mundanas	132
Adán ( ). Creación de,	2
Adán ( ) en el Cielo	94
Adulación y zalamería; reprobadas	221
Agua, suministro. Las fuerzas de Mu'awiah cortaron el suministro de agua al ejército del Imam ( )	56
Ahl-ul-Bayt. Descendientes del Santo Profeta	5,6,8,90,103, 123,150,
Muhammad ( )	147,156,157,237,243
Alí ( ). Acerca del Califato	233
Alí ( ). Cuando el tercer califa le pidió que se fuera de Medina	244
Alí ( ) Eventos que lo privaron del Califato	165
Alí ( ). Falsa progaganda de los Omeyas contra él	78
Alí ( ) habló acerca de sí mismo	161,162,197,123
Alí ( ). Las condiciones después del asesinato del tercer califa no eran favorables para insistir en venganza	173
Alí ( ) Límite de la paciencia	174
Alí ( ) Paciencia; sufrió injusticias	77
Alí ( ) Plan de marcha del ejército; indicado	53
Alí ( ) ¿Por qué esperó para defender su causa?	7
Alí ( ). Predicción de lo que sucedería después de su muerte	105
Alí ( ). Presión para que aceptara el Califato después del tercer califa	95
Alí ( ). presionado a aceptar el Califato	9,7
Alí ( ). Primero en aceptar el mensaje de Dios	74

TITULO DEL TEMA   Sermón N°

Alí ( ) ¿Qué hice y por qué?	134
Alí ( ). ¿Qué hizo por la gente de su tiempo?	185
Alí ( ). ¿Quién soy?	180
Alí ( ). Quiénes lo despojaron de su legítima herencia	80
Alí ( ). Su actuación con el Santo Profeta ( )	38
Alí ( ) Su conocimiento inagotable	194
Alí ( ). Su derecho al Califato	177
Alí ( ). Su liderazgo	159
Alí ( ). Su posición en el Islam	42,107
Alí ( ). Ultimas palabras el día de su martirio	152
Alí ( ). y el Santo Profeta ( )	92,202
Ambición y sueños ilusos: reprobados	47
Amigos que se volvieron hostiles	235
Amr Ibn Aas	31
Amr ibn Aas. Falsa propaganda	87
Angel de la Muerte	115
Angeles	1,94,112
Animales. Tipos para ser sacrificados en el 'Id.ul-Adha	58
Ansares y Muhayirs	70
Antagonistas del Islam	154
Apostasía; explicada	90
Apóstatas	154
Arabes antes del Islam	4,31
Arabes antes del Santo Profeta ( )	98
Arbitros	242
Astrólogos; denunciados	82
Axüs ibn Qays..Sus actividades hipócritas	24
Bani Ismael e Israel	197
Basorah. Actitud mental del comandante del enemigo puesta al descubierto	159
Basorah. Una predicción acerca de ella	105
Buena gente: seguirla	219
Bury ibn Mux'ar At-Taai; un khareyita	189
Caaba. Sagrada,	197

TITULO DEL TEMA	Sermón N°
Califa. Segundo, aconsejado	137,149
Califa. Tercero, aconsejado	167
Califa. Tercero, asesinado. El Imam ( ) deja claro que él no tuvo que ver en ello	35
Califa. Tercero, asesinos denunciados	140
Califa. Tercero. Después de su asesinato, amenaza de guerra civil. El Imam ( ) es rechazado y evitado	173
Califato	178
Califato. Acerca de los primeros tres califas y sobre su aceptación del Califato	7
Califato. Juramento de alianza al Imam ( )	233
Califato. Su valor era menor que el del zapato del Imam ( )	38
Calumnias y chismes: reprobables	144
Campo de batalla. Cómo actuar en él (Es un consejo a su hijo. Mohammad Al-Hanafiya)	15
Campo de batalla. Como comportarse	126
Campo de batalla. Cómo comportarse, avanzar y pelear	127
Castigo para los que desobedecen a Dios	150
Censura a la gente de su época	34
Cielo	86,132,169
Cielo. Méritos necesarios para aspirar a él	195
Cielos. Creación	94
Cobardía; condenada	32
Compañeros del Santo Profeta ( ): elogiados	154
Compañeros. Él ( ) los aconsejaba en ciertas ocasiones	183,204,208,209
Compañeros fieles; elogiados	121
Compañeros hipócritas; condenados	72
Consejeros. Nombrados por el segundo califa para elegir al tercer califa. El Imam ( ) les habla y les dice una predicción	142
Compañeros. Se dirige a ellos en un sermón	110
Compañeros. Su mentalidad; una predicción	

XI

TITULO DEL TEMA	Sermón N°
acerca de ellos	171
Compañeros suyos. Acerca de alunos de ellos	128
Comportamiento de unos con otros	170
Comportamiento humano	156
Corán	113,136,150,159
Corán	161,181,187,188,203
Creación	191
Creación. Cursos de la,	219
Creación de las cosas	93
Creación del hombre	219
Creación de los cielos y la Tierra	94
Creación. Proceso de creación explicado	1
Creación. Sus glorias, explicadas	163
Creación: Tierra, montañas, océanos, etc.	216
Creaturas. Obedientes y desobedientes: sus destinos	93
Cuerpo humano. Disimilitudes en el cuerpo, características y disposición; explicadas	238
Cufa, habitantes. Una advertencia	197
Cufah. Su futuro, predicho	52
Chismes y calumnias: pecados	143
Derechos y obligaciones	221
Destino en el Día del Juicio	26
Día de la Resurrección	105
Día del Juicio	159
Dinero público al tesoro público	19
Dios. Alabanza, Gloria y Sus Favores	86
Dios. Atributos que afectan al hombre en general	112
Dios. Atributos y Alabanza	111
Dios. Ayuda de,	188
Dios. Cómo lograr Sus favores	90
Dios. Cómo pedir favor para ser Su amigo	231
Dios. Deberes hacia Él. Evitar la vida fácil y lujosa	245
Dios. Definido y explicado	156,166,187,190,191 197,203,218

XII

TITULO DEL TEMA	Sermón N°
Dios, el Creador. Prueba de Su Existencia a través del proceso de Creación	190
Dios, el Todopoderoso	68,99
Dios, el Todopoderoso. Fuerza y Poder (el Universo obedece Sus Ordenes)	136
Dios. Existencia, explicada	54
Dios. Protección de,	219
Dios. Temer a,	67,86,93,193
Dios y el hombre: nada en común	94
Diplomacia (hipócrita); condenada	46
Dudas. Cómo superarlas	43
Emigración. Sus principios	194
Enviado de Basorah antes de la Batalla de Yamal	175
Fätimah ( ). Acerca de su muerte	07
Fe. Sus tipos	194
Gentes buenas; elogiadas (discusión de un verso del Corán)	226
Gentes buenas; qué clase. Seguirlas	219
Gentes cuya mente vacila	34
Gobernante. ¿Quíen debe ser el gobernante de un Estado Musulmán?	134
Gobierno benévolo. Deberes	45
Habitantes de Basorah. Actividades de, reprobadas	17,18
Hayy (Peregrinación)	197
Hayyay ibn Abí Yüsuf. Un predicción	119
Hipócritas	199
Hipócritas alrededor del Imam ( )	185
Hipócritas musulmanes	11
Hombre. Cómo es engañado (explicación de un verso del Corán)	227
Hombre. Cualidades y características	94
Hombre. Deberes hacia Dios y la Religión	221
Hombre. Debilidades y maldad	112

XIII

TITULO DEL TEMA	Sermón N°
Hombre. Diseñado por el Gran Arquitecto	166
Hombre. Proceso de la creación	86,219
Hombre. Su confianza en otros aparte de Dios	163
Hombre. Su nacimiento y su muerte. Creación	86
Hombre y sus deseos: mortales	187
Hormiga	190
Igualdad. Debe ser observada al repartir al riqueza	129
Imam Hassan ( ) en la Batalla de Siffin	212
Infierno	86,188
Infierno. Faltas que lo hacen a uno caer en él	195
Insultos; indeseables	211
Invasión de un lugar. Sobre al invasión por un ejército con los armamentos más modernos. Predicción	131
Iraquíes; censurados	74
Iraquíes. Llamado a la Yihäd. Indiferencia al deber y la Religión	39
Isła	156,164,197,203
Islam. Cómo será afectado después de la muerte del Santo Profeta ( )	150
Islam; defendido. Un sermón antes de la Batalla de Siffin	176
Islam. Evitar inovaciones en el,	148
Islam. Invitación a adoptarlo	164
Islam. Qué grande es	109
Islam. Su historia: tres fases	31
Jueces (Qazï) incompetentes. Asumir responsabilidad	22
Khareyitas. Atacan a los musulmanes	130
Khareyitas. Predicción de que ellos serán exterminados en la Batalla de Naharwän	64
Khareyitas, Sermón dirigido a ellos	125
Khareyitas. Su derrota	96
Khareyitas. Un consejo para evitar la Batalla de Naharwän y una predicción acerca de ellos	41
Khutbah Al-Qasiah (Un sermón que cubre asuntos diversos. Detalles de varios temas)	197

TITULO DEL TEMA	Sermón N°
L Langosta	190
Ley Musulmana. Los jueces y juristas difieren en la explicación de una misma ley	23
Lluvia. Oración pidiendo,	118,146
Marwän. Una predicción acerca de él	76
Materia. Sus propiedades, cualidades y atributos explicados	94
Mente. Limitaciones de la mente humana	191
Mente. Su relación con respecto a la fe	194
Mente. Sus limitaciones para comprender a Dios	112
Minoría. No sentirse nervioso por ella	206
Moghira ibn Akhnus	138
Mohammad ibn Abí Bakr	71
Mu'äwiah. Preparándose para una guerra. El Imäm ( ) se vio presionado a prepararse	48
Mu'äwiah. Saqueo a pueblos fronterizos	30
Mu'äwiah. Usurpación del Estado Musulmán. Una predicción Consejo acerca de que se deberá hacer entonces	62
Muerte	25,112,126
Muerte. Actuar bien para tener ganancias en la vida después de la muerte	86
Muerte. Cómo prepararse para ella	195
Muerte. Desde el lecho del enfermo hasta la tumba. Una descripción clarísima	86
Muerte. Estar listos para ella. Hacer buenas obras antes de la muerte	135
Muerte. Hora fijada para la, (hablando acerca de sí mismo)	65
Muerte. Prepararse para la vida después de la muerte	67
Muerte. Ultimo final de la vid	193
Muerte. Vida después de la,	119
Muerte y Día de la Resurrección	195
Mujeres	83
Mundo. Condiciones antes del Santo Profeta ( )	107

XV

TITULO DEL TEMA	Sermón N°
Mundo: llanto a la entrada y a la salida	85
Mundo. Sus males y vicios	106
Mundo. Sus vicios y engaños, su tratamiento despiadado, y cómo engaña a sus seres vivos	114
Murciélago	158
Musulmanes. Cualidades del verdadero musulmán	79
Musulmanes del tiempo del Imäm ( ) que dieron una vuelta equivocada en su seguimiento de las enseñanzas del Islam	91
Musulmanes fieles	90,224
Musulmanes hipócritas	11
Musulmanes qu ecaen de nuevo en los métodos pre-Islámicos	197
Musulmanes que tomaron parte en actividades subversivas contra el Islam	109
Musulmanes verdaderos: respetan los derechos de los demás y no los dañan: siguen los dictados de Dios y la Religión	172
Musgala. Desertó y se unió a Mu'äwiah	49
Naharwän. Batalla de, (Sermones acerca de ella)	42,64,96
Omeya, gobierno. Su fin por los Abástidas: una predicción	104
Omeyas. Su destino y el final de su régime	171
Omeyas. Su gobierno y sus métodos. Predicción	101
Omeyas. Sus malvadas actividades	80
Omeyas. Su usurpación del gobierno Musulmán y el rápido final de su cruel régimen: una predicción	108
Omeyas. Una predicción acerca de que nunca recuperarán su poderío una vez que lo hayan perdido	161
Omeyas. Un gobernante malvado e infiel en su dinastía una predicción	147
Oportunidades para hacer el bien	201
Oración antes de marchar a Siria	51
Oraciones	220,229

TITULO DEL TEMA	Sermón N°
Oraciones diarias (Salat)	197
Oración para pedir el Perdón de Dios	81
Oración para obtener las bendiciones del Santo Profeta ( )	75
Paganismo; explicado	90
Palabras de sabiduría a su sobrino	237
Pavorreal	168
Parientes: tenderles la mano	28,214
Pecado, Abstenerse del,	84
Personas sin méritos. No hay que apoyarlas	145
Piedad	29,117,123,196,198, 200,203,234
Placeres mundanos; expuestos	196
Pobres y miserables. Ayudar a los,	28
Predicción acerca de alguien que vendrá y ayudará a los musulmanes	103
Predicción acerca del gobierno tiránico de los Omeyas y guerras futuras	96
Predicción acerca de un período cuando los métodos irreligiosos e inhumanos controlarán el mundo	155
Preguntas. El Imäm ( ) anunció que cualquiera podía preguntarle lo que quisiera antes de su muerte ("Preguntádme antes de que me perdáis")	96
Presunción: inútil (discusión de un verso del Corán)	225
Profeta Muhammad ( )	4,38,86,92,97,99,103, 147,161,163,164,181,183, 187,197,200,201,218
Profeta ( ) Santo, (Deberes sublimes explicados)	111
Profeta ( ). Santo, (En la ocasión de su funeral)	239
Profeta ( ). Santo, Ofreció servicios sinceros y desinteresados	61
Profeta ( ). Santo, ¿Qué hizo por los árabes?	235
Profeta ( ). Santo, Su emigración, y cómo el Imäm ( ) se quedó ocupando su cama	240
Profeta ( ). Santo, (Su misión y vida)	108,109,119

TITULO DEL TEMA	Sermón N°
Profeta ( ) Sus vidas como modelos	163
Profetas y Mensajeros	150
Profetas y Mensajeros. ¿Por qué?	2
Prueba de Dios a Sus creaturas	197
Pruebas, juicios y engaños	159
Qurayx	222
Qurayx, Mentalidad de,	8
Religión, Aconseja tener fe y seguir sus enseñanzas	89
Religión. ¿Por qué las gentes se descarrian en la Religión?	55
Religión. Principios básicos de la,	159
Reputación. Una buena reputación es mejor que las riquezas	28
Resurrección. Día de la,	86
Ricos; sus deberes	145
Riqueza. Gastarla en la Causa de Dios	120
Riqueza y bendiciones. No envidiarlas	28
Satanás. Cómo insinúa y seduce. Consejo de evitar los métodos satánicos	197
Satanás. Su vanidad y arrogancia censuradas	197
Seguidores. Cómo fueron bien educados por el Santo Profeta ( )	107
Seguidores desleales	186
Seguidores. Él ( ) los aconsejó	88
Seguidores que dejan de atender al llamado de la Yihäd. Reprobados	100
Seguidores y amigos que vivieron y murieron por el Islam; elogiados	187
Seguidores y amigos. Si son leales, estarán con él ( ) dondequiera que estén	16
Seres humanos; aconsejados	50
Seres humanos. Su finalidad en la vida: su resurrección para la evaluación final	112
Siffín. Al haber roto los términos de la tregua por el enemigo, el Imäm ( ) se dispone a	

XVIII

TITULO DEL TEMA	Sermón N°
atacar a Siria	63
Siffin. Batalla de, los soldados de las filas del Imäm ( ) lo presionaban para que empezara el ataque. El Imäm ( ) dio este discurso a su ejército	59
Siffin, Batalla de, (Tácticas de Amr ibn Aas para evitar la derrota de los sirios)	40
Siffin. Discurso a aquellos soldados que se batieron en retirada y más tarde tomaron posiciones	110
Siffin. El Imäm ( ) dio tiempo a los rebeldes para que vieran la luz Divina	60
Siffin. En la mañana de la terrible batalla, el Imäm ( ) habló a sus oficiales	69
Siria. En marcha hacia,	53
Sociedad, Condiciones antes del Santo Profeta ( ) y después de su muerte	4,92,107
Sociedad. Cuatro grupos: los temerosos de Dios son minoría	37
Sociedad futura. Cómo deberán comportarse los musulmanes fieles	192
Sociedad. Gentes alrededor del Imäm ( ); su comportamiento y actitudes	111
Sociedad. Tipos de personas y cómo vivir en ella	21
Súbditos y gobernantes. Obligaciones	221
Sueño del Imäm ( ) la vispera de su martirio	73
Talha, Ante el cadáver de,	223
Talha. Su propaganda sucia, vanidad y otras actitudes	13,179
Talha y Zubayr. Levantamiento y actitudes	151
Talha y Zubayr: rebeldes	10,14,27
Talha y Zubayr. Su comportamiento	177
Talha y Zubayr, Su descontento	210
Tentaciones: deben ser vencidas	228
Tesoro público. ¿A quién pertenece?	236
Tiempos difíciles. Qué actitud tomar en los,	106
Tiempo y espacio; a todo lo creado	74

XIX

TITULO DEL TEMA	Sermón N°
Tiempo y vida, Hacer uso de ellos para beneficios eternos	160
Tierra. Creación	94,216
Tierra, Sus habitantes	94
Trabajo. Evangelio del,	241
Tradiciones falsas	215
Tregua	124
Tregua; consejo del Imäm ( )	40
Tregua. Desviación de los términos de referencia	182
Tregua. El Imäm (&) hizo que los que objetaban a ella se dieran cuenta de su tontería	213
Tregua. El término de referencia debía ser el Sagrado Corán y no la opinión de los árbitros	128
Univero. Su aniquilación total y resurrección	191
Universo. Su creación explicada	1
Ultimo (12°) Imäm ( )	187
Ultimo (12°) Imäm ( ) Condiciones antes de su llegada para socorrer a la Humanidad	141
Ultimo (12°) Imäm ( ) Predicción acerca de su aparición	153
Valentía. Méritos de la,	32
Verdad. El que no presta oído a su llamado es un pecador	217
Vida. Cómo vivir	50
Vida; de la cual uno debe aprender lecciones para modelar su propia vida	25
Vida. Dos maneras de vivir	205
Vida: es destructible. Prepararse para la vida después de la muerte	57
Vida: es mortal, Evitar las seducciones de este mundo	67,162
Vida. Evitar la vida fácil y lujosa	245
Vida. La vida y este mundo	230
Vida. Los vicios no producen nada bueno	47
Vida: más sufrimientos que alegrías	148
Vida. No vivir como ermitaño	214

XX

TITULO DEL TEMA	Sermón N°
Vida. Sus placeres	116
Vida. Verdad de la,	66
Vida viciosa y pecaminosa: dejarla	33
Visualización de Dios	184
Xiqxiqiyah (sermón). En este sermón el Imäm ( ) discutió acerca de los primeros tres califas y de su propia aceptación del Califato	7
Yamal. Batalla de,	159
Yhäd. Comentario	32
Yihäd. Llamado de la,	122
Yihd. Un llamado a la, (las gentes presentan excusas)	32
Zakät: Derecho de los pobres	197
Zubayr. Falsa propaganda y vanidad	13
Zubayr. Jura fidelidad al Imäm ( ) y después tiene un comportamiento hipócrita	12
Zubayr, Rebelión contra el Imäm ( )	139

( ) Significa "Sali Allahu 'alayhi wa 'alihi wa sallam" = Que Dios lo bendiga y le dé la paz a él y a sus descendientes.

( ) Significa "'Alayhis-saläm (o 'alayhä o 'alayhim)" = Que la paz sea con él (o ella, o ellos).

En el nombre de Dios,
el Compasivo, el Misericordioso

SERMON 1

Toda alabanza y gloria es sólo para el Señor, Cuya Majestad no puede ser descrita ni por los más grandes oradores de todas las épocas; Cuyas bendiciones y bondades no pueden ser ennumeradas ni por los contadores ni los registradores de todos los tiempos, y el homenaje a Él no puede ser rendido adecuadamente ni por los adoradores más asiduos y perseverantes. Nadie puede entender completamente ni explicar Su Ser por más que trate. La razón y la sagacidad no lo pueden visualizar. La inteligencia, el entendimiento y la comprensión no pueden llegar a profundidades de conocimiento para estudiar o examinar la Divinidad. Las facultades humanas de abstracción, percepción y aprendizaje, y los atributos de voluntad, intuición y apreciación no pueden captar ni un vistazo de Su Presencia ni sondear la magnitud de Su Poder y Gloria. Sus atributos no pueden ser fijados, limitados ni definidos. No existen palabras en ningún idioma para especificar o definir Sus cualidades, peculiaridades, características y singularidades. Todo Su Ser es Eterno, por lo tanto, no puede imaginarse ningún tiempo a partir del cual se pueda decir que Él exisitió, y similarmente ningún período puede ser asignado para la duración de Su Existencia.

La creación de los Universos, la expansión universal del gas primordial y su solidificación gradual en forma de montañas que actúan como estacas en el cuerpo de la Tierra, se deben todos únicamente a Su Omnipotencia.

El primer paso de la religión es aceptar, entender y reconocerlo como el Señor, la perfección del entendimiento está en la convicción y la confirmación, y el camino verdadero de la convicción es el creer sinceramente que no hay dios excepto Él. La forma correcta de fe en Su Unicidad es dándose cuenta de que Él es tan absolutamente Puro y por encima de toda la naturaleza que nada puede ser añadido a Su Ser ni restado de Él.

O sea, uno debe reconocer que no hay diferencia entre Su Ser y Sus atributos, y Sus atributos no deben ser diferenciados ni distinguidos de Su Ser (1).Quienquiera que acepte que Sus atributos sean otros que Su Ser, en realidad estará negando la idea de la Unicidad de Dios y creyendo en dualidad (Él y Sus atributos). Dicha persona de hecho está creyendo que Él existe en partes (2). Aquél que sostenga dicha creencia no puede formarse un verdadero concepto de Dios; es ignorante y siempre tratará de creer en alguna creación de su imaginación como su dios. Y quienquiera que sostenga tal creencia acepta limitaciones en Su Ser y lo confina a un lugar o a poderes y atributos particulares y lo rebaja al nivel de Sus criaturas.

El creer que Él está investido con la característica de un lugar en particular (Cielo o Tierra) y el apuntar hacia Él según ello, o el creer que Él está restringido a una posición u ocasión especial (o sea, localizarlo), o el considerar que cierto lugar o tiempo pudieran existir sin Él y pudieran estar carentes de su Omnisapiencia. y Omnipresencia (3), todos esos conceptos resultan de asignar una unidad numérica (3); todos esos conceptos resultan de asignar una unidad numérica a la Divinidad (4).

El asignar un lugar para Él por considerarlo dentro o sobre un lugar significa someterlo a las limitaciones del espacio y concederle una importancia secundaria al espacio, también significa creer que algún lugar pueda existir fuera de la esfera de Su Omnipresencia.

Su Existencia es eterna, Él no empezó a existir en ninguna época ni fue creado. Su Existencia no llegó a ser a partir de la no-existencia. Él está con todo pero no físicamente ni en cuerpo, Él está lejos de todo pero no en virtud de distancia física ni de estar desentendido o despreocupado e indiferente a ello. Él actúa y trabaja pero la acción o el trabajo no requieren de ningún movimiento ni de ayuda de alguna parte de un cuerpo, ni de instrumentos ni maquinaria. Él ya veía aun cuando todavia no había ninguna cosa creada que ver. Él es Unico y Solo, porque Él no tiene compañero cuya compañia Él necesitase o cuya ausencia Él extrañase.

Para Él la creación de los Universos fue una acción simultánea. Él los creó y a todo lo que hay en ellos en la forma más perfecta y excelente y Él originó la creación sin pasar por ninguna ansiedad (5), sin antes realizar experimentos para beneficiarse de los resultados y mejorar los modelos; sin que ningún movimiento se efectuase en Su Ser; y sin encontrarse obligado ni forzado a seguir un programa o línea de acción en particular (6).

(El Imam entonces describe brevemente el proceso de la creación)

El Señor Todopoderoso destinó las cosas (o sea, la materia y la energía) a ser disueltas en el tiempo (7).

Él arregló y consolidó estos factores (materia, tiempo y espacio) de manera que la intensidad de sus propiedades diversas y opuestas fuera reducida (8).

Tan pronto como las cosas llegaron a existir, a cada una de ellas le fueron asignadas propiedades y un lugar en la naturaleza. Y pronto después de la creación de las cosas, fue dado un orden para la expansión y la extensión (9)

3

y justo como las cosas obedecían a este orden, a cada una de ellas le fueron dados una forma y un cuerpo (10).

Así cada creatura (desde los rayos cósmicos hasta la forma más compleja de vida) y cada objeto tuvo un lugar permanentemente fijado, le fue asignada una posición en la naturaleza que nadie puede cambiar. En este arreglo no hubo nada accidental sino que todo tuvo un lugar prearreglado y predestinado en la naturaleza.

Él conocía los más mínimos detalles de todo antes de traerlos a la existencia (11); Su Conocimiento cubría los efectos próximos y distantes del comienzo de la existencia, el funcionamiento y la destrucción de todo lo que fue creado (12). El Señor Todopoderoso asignó (13) lugares en el espacio a estos objetos (y para lograr esta finalidad) el gas (primordial) o éter empezó a romper su continuidad y a dividirse en masas nebulosas; le fue ordenado al espacio que se expandiera y proporcionase en su cuerpo lugares para esta masa nebulosa expandente. Esta grandiosa masa de fluído estaba girando, moviéndose y estremeciéndose conglomerada en un estado sumamente agitado y turbulento, en ella se elevaban enormes olas (millones de millas de alto). (La fuerza de la expansión espontánea actuaba como) el más poderoso viento tormentoso rodando, rotando, temblando, empujando, arrastrando y forzando esta masa fluída hacia las regiones exteriores del espacio (14). En esta etapa la fuerza de expansión recibió la orden de cambiar hacia el sistema de condensación (15). Todo ese tiempo la enorme velocidad de expansión se mantuvo bajo perfecto control (16) hasta el final. Él sujetó al sistema entero dentro de límites (17).

En este punto el Señor Todopoderoso dio existencia a una tercera fuerza, parecida a un viento sumamente fuerte (18). Ésta detuvo el adelgazamiento del fluído (éter) y lo forzó hacia atrás (hacia el centro de gravitación) por lo que surgieron en su seno tremendas agitaciones. Esta tercera fuerza empezó a actuar sobre Él, creando olas nuevas y formando nuevas mareas, como la crema cuando se convierte en suero delgado y pequeños glóbulos espesos de mantequilla (19).

Este viento (la tercera fuerza) actuaba muy fuertemente en diversas formas; por un lado movió el cuerpo entero (de materia y energía) en tal forma que cada parte de Él estaba igual y uniformemente bajo su influencia (20) hasta que el éter adquirió la forma de algo parecido a espuma, la cual formaba islas de materia espesa en el mar de polvo (estelar) más ligero (donde cada espuma y ola era una galaxia). Así el Señor creó siete cielos (21) - uno después del otro; el conglomerado más bajo (22) había de actuar como una base o centro (del cual se desarrollaba la expansión en todas las direcciones) y los otros (conglomerados galácticos) semejantes a tejados uno sobre el otro. Los cielos (galaxias) estaban (y aún lo están) flotando en el espacio sin ningún apoyo, ocupando sus lugares sin ninguna falla (23). Entonces Él permitió (que cada galaxia) fuese adornada con sus soles o estrellas luminosos, sus planetas reflejando las luces de los soles, y los satélites (lunas); mientras que a cada uno de ellos (estrellas y satélites) le fue ordenado que rotase en sus órbitas en el seno del tejado (galaxia) constantemente rotatorio.

(ACERCA DE LOS ANGELES)

Después de haber abierto el espacio, el Dios Todopoderoso lo llenó con diferentes clases de ángeles. Algunos de ellos desde su creación han tenido sus frentes postradas en oración y no han tenido ni tendrán la oportunidad de levantarlas a la posición de inclinación (Ruku). Algunos están inclinados en oración y nunca se enderezarán a la posición de parados. Mientras, hay algunos que están parados en una hilera rezando y nunca dejarán su sitio ni se moverán. Algunos están repitiendo Sus nombres desde su creación y continuarán así sin interrupción hasta el final de su existencia, y nunca se cansan ni los molesta el continuo trabajo. Todos los ángeles están creados de manera tal que el cansancio y la fatiga no actúen sobre ellos, y el descuido, la negligencia o el olvido no los afecten. A algunos de ellos les son confiadas Sus Revelaciones y actúan como mensajeros llevándole Sus Mandamientos a Sus Profetas y Apóstoles. Algunos de ellos son guardianes de Sus criaturas, mientras que otros son los porteros del paraíso. Algunos de ellos estan creados de tal forma que se extienden desde una parte del espacio hasta la otra (24) alcanzando incluso más allá de los límites del espacio. La Grandeza de Su Poder y Su Gloria los ha deslumbrado y el conocimiento de su propia humildad e insignificancia los abruma. Su Poder y Fuerza los oculta a la vista de Sus otras creaturas. Habiéndose dado cuenta de Su Grandeza ellos no lo asocian con ninguna forma, figura, apariencia, configuración ni tamaño, ni ascriben a Él atributos de Sus creaturas, ni lo confinan a un lugar o posición ni lo comparan o asemejan con cosa alguna.

(ACERCA DE ADAN)
(Algunos comentadores consideran que éste es el Sermón 2)

Dios entonces reunió elementos y compuestos en la forma de lo duro (sólidos), lo suave (líquidos), lo salado y lo dulce (ácidos y bases) de la materia de la Tierra. Él los humedeció (25) y los dejó fermentar hasta que ellos se convirtieron en un cuerpo y adquirieron una forma (quizás un aminoácido). Entonces Él dejó que esta forma sin apariencia tomase una configuración que tenía muchas vueltas y dobleces en su cuerpo y muchos miembros unidos o desarticulados.

Entonces Él dejó que esto permaneciese por un período conocido por Él hasta que una parte empezó a solidificarse y se volvió sólida y fuerte para sostenerse a sí misma (estructura central de los huesos) y para apoyar su peso, la cual continuó así por un período de tiempo y entonces Él le infundió el alma y la figura se paró siendo ya un hombre. Esta creación era un ser inteligente y racional, que usaba el intelecto en vez del instinto y que tenía pleno control de sus facultades mentales (26) y completa coordinación de sus miembros. Además tiene sagacidad y sabiduría naturales, para diferenciar entre lo correcto y lo incorrecto, entre la verdad y la falsedad y entre la justicia y la falta de equidad; y puede distinguir los diversos sabores, colores, olores, así como las diferentes especies (de plantas y animales alrededor de Él). Esta creatura (hombre) tiene un cuerpo constituído y compuesto de materiales que tienen propiedades contradictorias, conflictivas y divergentes, así como cualidades compatibles, congruentes y armónicas, que tienen calor y frío intrínsecos, y humedad y sequedad latentes.

Habiendo creado dicho ser, Él ordenó a los ángeles que le cediesen la confianza depositada al cuidado de ellos y que cumplieran la promesa que habían hecho de aceptar la superioridad del hombre y de reconocer su grandeza. Él, por lo tanto, les ordenó a todos ellos que le rindieran homenaje y se postrasen ante Él. Todos ellos obedecieron Su orden, excepto Satanás. El Demonio tenía prejuicios contra Adán, y esto lo llevó a rebelarse contra Sus órdenes y a comportarse imprudente y arrogantemente. Estaba orgulloso y vanidoso de su origen de fuego y despreció y humilló a Adán por su origen de polvo (material terrestre). La Ira de Dios descendió sobre Él y le fue concedida una tregua hasta el Día del Juicio.

Dios entonces le permitió a Adán que viviera en un lugar en donde pudiera pasar felizmente sus días, libre de toda clase de sufrimiento y preocupación. Adan estaba plenamente prevenido de la enemistad de Satanás con Él y de sus malas intenciones contra Él. Cuando el Demonio vio a Adán viviendo en tan feliz ambiente y en tan grata compañía, otra vez sintió celos de Él y lo engañó para sacarlo de su lugar, posición y dignidad. Desgraciadamente, Adán no vio a través del engaño y cambió la fe firme (que Él debía tener por el consejo de Dios) para dudar de la utilidad de este consejo (que Satanás estaba celoso de Él y lo dañaría), y en vez de tener valor fuerte, para actuar en obediencia al consejo y de acuerdo con su convicción, Él vaciló y cayó en la trampa. Así Él cambió su condición libre y despreocuapada por una de incertidumbre, miedo, decepción y vergüenza. Después de su primera caída, Adán se sintió avergonzado de su debilidad y se arrepintió. El Dios Misericordioso, viendo que Adán estaba apesadumbrado por su error, avergonzado de su debilidad y pendiente por el mal cometido por Él, aceptó su penitencia y sus disculpas, le enseñó la manera de buscar Su Perdón, Su Favor y Su Gracia y le prometió llevarlo de regreso a Su Paraíso, pero mientras tanto Él lo enviaría al lugar donde Él tendría que trabajar y preocuparse por su subsistencia, un lugar donde Él podría tener hijos y donde su raza podría multiplicarse y crecer. Dios seleccionó a Sus Profetas de entre los descendientes de Adán, hizo pactos con ellos para que actuasen fielmente y según las revelaciones recibidas, que transmitiesen Su Mensaje verazmente y propagasen Su misión.

El sistema de nombrar mensajeros y profetas fue adoptado cuando muchas gentes rompieron sus promesas dadas a Dios y se retractaron de sus palabras, olvidaron sus deberes y Derechos Divinos, empezaron a aceptar a otros como dioses y a adorarlos, porque Satanás les había insinuado que abandonaran los caminos de Dios y la adoración a Él. Dios envió a Sus Mensajeros contínuamente uno tras otro para que ellos recordasen a los seres humanos sus deberes, los cuales la naturaleza había impuesto sobre ellos como una parte del plan de su existencia y como cumplimiento de las promesas hechas por sus almas en el mundo espiritual el día de la creación. Estos profetas debían llamar la atención de la Humanidad hacia las Bendiciones y Bondades concedidas por Él, transmitirles Sus mensajes, enseñarlos a usar inteligente y sabiamente los tesoros escondidos en sus mentes e intelectos, y también dirigirlos a entender las manifestaciones y los secretos de la naturaleza, tales como el alto techo sobre sus cabezas (el cielo, que los protege de los efectos destructivos y devastadores del espacio), la tierra extendida bajo sus pies (con todos sus tesoros y abundancias), los medios y formas para su subsistencia y civilización (tan abundante y profusamente provistos), las enfermedades que los envejecen y debilitan, las calamidades y tribulaciones que frecuentemente los afligen, y finalmente la muerte que trae un fin para todos.

Dios nunca ha dejado a ningún ser humano sin la guía y la enseñanza de Sus Profetas, sin un Libro, sin pruebas conclusivas, efectivas y ciertas de Su Divinidad y sin un camino claro y brillante hacia Su Reino. Sus Profetas fueron hombres de tal fuerza de carácter y valor que, aunque frecuentemente estaban en minoría y aquéllos que se les oponían tenían la mayoría sin embargo estos profetas, nunca se sintieron nerviosos, descorazonados ni desconcertados y nunca abandonaron sus misiones. Ninguno de ellos dejó este mundo sin indicar y señalar a quien debía tomar su lugar después de su partida para llevar la misión encomendada por Dios; así cada uno de ellos fue predicho por el profeta que le antecedió y, a su vez, éste fue testificado por Él (por lo tanto no era difícil para los seres humanos reconocer a un verdadero profeta y distinguirlo de un impostor). Así las épocas sucedieron a las épocas hasta que el Señor Misericordioso deseó llevar las enseñanzas de Su Religión a la etapa final y más alta. Y como Él lo había prometido en el principio, Él nombró al Profeta Muhammad (la paz de Dios sea con Él y sus descendientes) como Su Ultimo Profeta. Él había hecho que cada uno de Sus Profetas aceptasen el liderazgo y la grandeza de este apóstol escogido y predijeran su llegada y su misión (y ellos cumplieron su promesa). Las señales e indicaciones de su nacimiento y de la delegación de su Misión a Él fueron muy claras y prominentes, y el lugar donde Él nació fue muy a gusto y auspicioso, Cuando le fue confiada la misión los seres humanos estaban siguiendo diferentes credos, estaban divididos en numerosas sectas y en multitud de ideologías. Estos diversos credos y religiones se dividían principalmente en tres grandes clases. Algunos de ellos comparaban a Dios con Sus criaturas y así trataban de personificarlo; algunos otros trataban de impartir Sus atributos a otros y así daban cabida a la infidelidad, mientras que otros no tenían fe ni en Sus atributos ni en Su Existencia. Por medio del Santo Profeta (la paz sea con Él y sus descendientes). Dios hizo que esas gentes revisaran sus formas de pensamiento y adoración y así Él quizo sacarlos de su ignorancia.

Dios decidió llamar a Muhammad (la paz y bendiciones de Dios sean con Él y sus descendientes) de regreso a la sublime vecindad de Su Gloria y lo eligió para que recibiera Sus Máximos Favores y Bendiciones; Él concluyó que la vida en este mundo ya no era digna del Santo Profeta (la paz sea con Él y sus descendientes) y alejó su vista de su ambiente irritante y su atmósfera inquietante y lo elevó con honor adecuado y merecida bienvenida a la eminencia trascendental de Su Vecindad.

El Santo Profeta (la paz sea con Él y sus descendientes) al partir de este mundo, dejó entre vosotros lo mismo que fue dejado por los otros previos profetas para sus seguidores, ya que ninguno de ellos dejó este mundo sin dejar tras de sí un conjunto claro e inteligible de instrucciones y un emblema prominente, fácilmente reconocible y duradero. De la misma manera nuestro Santo Profeta (la paz sea con Él y sus descendientes) dejó el libro de Dios (el Corán) con vosotros, Él no solamene dejó este libro sino que Él había, durante su vida, explicado plenamente todo lo que este libro declaró legal y legítimo o ilegal y prohibido para vosotros; lo que era obligatorio y aquellas buenas obras que podían ser hechas en adición a ello; cuáles de las órdenes o prohibiciones seguían vigentes y cuáles eran anuladas; en dónde no iba a tolerarse exención alguna y en dónde el Dios Misericordioso había permitido la indulgencia; las órdenes pertenecientes a ocasiones y personas particulares y aquéllas que eran generales para todos los tiempos, lugares y personas; las advertencias dadas; los ejemplos citados; las máximas, los preceptos, los aforismos y las verdades repetidos; las instrucciones que eran precisas y claras y aquéllas que eran complicadas y difíciles de entender. Todo esto lo explicó Él para vosotros, comentando, interpretando y explicando cada pasaje ambiguo y aclarando las sutilezas y significados implicados.

En el Sagrado Libro (el Corán) hay ciertas porciones cuyo conocimiento y entendimiento es imperativo para todo musulmán, y hay algunas otras que son tales que su completo entendimiento no es obligatorio para todos, sino opcional. Pocas órdenes en Él aparecen incumbentes según el texto del libro sino que las tradiciones del Santo Profeta (la paz sea con Él y sus descendientes) las han explicado para ser abrogadas más tarde; por el contrario, ciertas órdenes originalmente impuestas por medio de las tradiciones, fueron después revocadas por medio de este libro. Ciertas órdenes en Él pertenecían a ciertas épocas y no eran universales ni obligatorias en circunstancias y tiempos diferentes. Este libro ha diferenciado claramente entre varias órdenes prohibitorias. Hay pecados imperdonables y mortales que matan el alma y son fatales para la salvación y cuyo castigo es el Infierno, mientras que hay pecados y faltas menores que pueden ser perdonados. De la misma manera, se indican incluso ciertas obras de las cuales una parte de ellas es aceptable y los hombres están en libertad de ampliar el alcance, campo y extensión de estas obras.

SERMON 3
(ACERCA DEL HAYY [Peregrinación a La Meca)]

Dios ha hecho la Peregrinación a Su sagrada Casa obligatoria para vosotros. Es una casa que Él ha destinado para que sea un lugar de veneración, respeto y oraciones para todos los seres humanos. Las gentes se congregan alrededor de ella para satisfacer su anhelo de fe y religión como los animales se congregan alrededor de un abrevadero para saciar su sed, y como las palomas vuelan hacia un lugar de refugio para ponerse a salvo de los peligros. Las gentes se reúnen en esta Casa de Dios para obtener esperanza y paz de la mente y para encontrar un refugio contra los pecados y los vicios.

Dios, Glorificado sea Él, ha hecho el Hayy una institución para juzgar la sumisión de la mente humana a Su Poder y como una señal de la fe y el respeto que tienen para Su Grandeza.

De los seres humanos Él eligió a aquéllos que escuchan Sus Ordenes y las obedecen, quienes den testimonio de Sus órdenes y vienen para pararse en los lugares en donde los profetas se pararon antes que ellos. Al dar las vueltas alrededor de la Ka'ba se asemejan a los ángeles que vuelan alrededor de Su trono.

En este mercado divino ellos regatean por los beneficios celestiales y dirigen sus miradas feliz y cómodamente hacia la tierra prometida del perdón y la bendición.

El Dios Glorioso y Todopoderoso ha hecho de esta Casa un emblema del Islam, un lugar donde las gentes pueden encontrar reposo, paz y esperanza. Él ha hecho el Hayy obligatorio e incumbente para vosotros. Él dice: "para las gentes que son ricas y que pueden afrontar el gasto, el Hayy es un deber impuesto por Dios y aquéllos que no presten atención a esta Orden Divina (deben recordar) que al Dios Todopoderoso no le importan (sus opiniones y acciones) y está muy por encima de la ayuda y el apoyo de Sus creaturas".

SERMON 4

(EL IMAM DIO ESTE SERMON A SU REGRESO DE LA BATALLA DE SIFFIN. EN ÉL, EL IMAM EXPLICO LA CONDICION DE LOS ARABES EN LOS DIAS PREISLAMICOS Y LA MALA CONDICION EN QUE LA SOCIEDAD ISLAMICA HABIA CAIDO OTRA VEZ)

Rogando por Su Suprema Bondad y Misericordia, sometiéndome con voluntad y obediencia a Su Majestad y Gloria, y evitando los pecados y los vicios, agradezco a Dios por Sus Bendiciones. En las destituciones y sufrimientos busco y ruego por Su ayuda que siempre será suficiente. Aquél a quien Él guía nunca será descarriado; aquél que se gana Su enemistad nunca alcanzará la salvación; y a quienquiera que Él ayude nunca estará confundido. Verdaderamente nadie merece tanto agradecimiento tan generosa y abundantemente como Él. Testifico y declaro que no hay dios excepto Dios y que Él no tiene copartícipe; la sinceridad de esta declaración y de mi fe está probada, y el entusiasmo de mi fe está más allá de la duda. Yo conservaré esta fe hasta el final de mi vida, y la atesoraré contra las épocas peligrosas y los lugares terribles, porque tal declaración es el asidero de la fe de uno, es el logro de Su Complacencia, y es el mejor tipo de rechazo al Demonio.

Yo testifico que Muhammad (que la paz y las bendiciones de Dios sean con Él y sus descendientes) es el siervo de Dios y también su Profeta, a quien Él confió Su famosa religión, Sus mandamientos registrados, Su Libro revelado y descrito (el Sagrado Corán) y órdenes y prohibiciones específicas y claras para que las mentes puedan ser liberadas de supersticiones y de tabúes y tradiciones paganos, para que así las dudas acerca de la justicia y la veracidad de las enseñanzas del Islam sean eliminadas, para que los intelectos sean enseñados a aceptar las pruebas racionales y lógicas de la eminencia de sus predicaciones (del Profeta, la paz sea con Él y sus descendientes) y que las gentes tomen advertencia de los versos del Sagrado Corán y lecciones de las vidas de las personas malvadas.

Cuando el Santo Profeta (la paz sea con Él y sus descendientes) empezó por primera vez a predicar el Islam, la sociedad estaba en tal estado pecaminoso que, no se seguía ninguna forma verdadera de religión, no se tenía respeto por las convicciones y las creencias sobre la verdad y la justicia, los principios básicos de la vida se habían vuelto muy divergentes; los Mandamientos de Dios no se observaban; la salida de este caos vicioso parecía imposible; y el camino hacia el Reino de Dios parecía cerrado.

Las condiciones hoy en día han tomado un curso similar, las enseñanzas de la verdadera religión están olvidadas, la fe ciega está a la orden del día; los Mandamientos del Dios son desobedecidos; el Demonio es apreciado y la religión es ignorada de tal manera que sus principios están siendo enmascarados y eclipsados, y sus sendas están deteriorándose, Satanás está siendo obedecido, sus caminos están siendo seguidos; y Él está llenando las mentes de las gentes con ideas satánicas, estas ideas se han vuelto su ejército y están levantando sus estandartes para fomentar los desórdenes viciosos y pecaminosos. Los esclavos de Satanás a su vez se han vuelto amos de la situación aplastando a la sociedad, subyugando a todos, y poniendo al país bajo su arrastre. Las masas, no estando educadas, han sido fácil presa y ahora se encuentran confundidas. Tal es la condición del mejor país del mundo que está ahora poblado con la peor clase de seres humanos, los cuales malgastan sus horas de trabajo y lloran sobre lo perdido, es un país donde las gentes dotadas de conocimiento tienen que mantener sus bocas bien cerradas y donde los ignorantes y los que no tienen educación gobiernan.

SERMON 5

(ALABANDO A 'AHL-AL-BAYT' (LOS DESCENDIENTES DEL SANTO PROFETA, LA PAZ SEA CON EL). ALGUNOS COMENTADORES CONSIDERAN A ESTE SERMON COMO PARTE DEL ANTERIOR)

El Dios Todopoderoso ha depositado Su confianza en 'Ale-Muhammad (los descendientes de Muhammad, que la paz y bendiciones de Dios sean con Él), ellos son fortalezas donde Sus Mandamientos reciben protección y de las cuales ellos son explicados e interpretados, ellos son las fuentes de conocimiento creadas por Él, los santuarios de Sus enseñanzas, los refugios de los Libros Celestiales y las ciudadelas como montañas para defender Su Religión. El Islam en sus inicios estaba débil e indefenso, y ellos vinieron en su ayuda y defensa. El Islam estaba temido por los infieles alrededor suyo, y ellos lo hicieron fuerte y poderoso.

SERMON 6

Ellos sembraron las semillas de los pecados y los vicios, las regaron con la vanidad, el engaño y la mentira y entonces recogieron la cosecha del autoengaño y la autodestrucción. Ninguno de los seguidores del Santo Profeta (la paz sea con Él y sus descendientes) pudo ser comparable a 'Ale-Muhammad' — (que la paz y bendiciones de Dios sean con Él y sus descendientes) y ninguno pudo ser considerado igual a ellos. No puede haber comparación entre aquéllos que distribuyen las bondades y aquéllos que las reciben. Los Ahl-al-Bayt (27) son la base de la religión y los pilares de la fe. Tanto los fanáticos extremistas como los que luchan en el camino de la verdad y la religión pueden aproximarse a ellos para recibir la guía y lograr la salvación. Ellos son eficientemente capaces y eminentemente adecuados para la posición y el privilegio del Imamato y el Califato, ellos han sido y aún ahora son los legítimos herederos del Santo Profeta (la paz sea con Él y sus descendientes), el cual deseó que tuvieran el Imamato.

El Califato ha regresado ahora a su justo lugar y ha alcanzado la posición asignada por el Cielo para Él.

SERMON 7

(ESTE ES EL FAMOSO SERMON DEL IMAM LLAMADO "XIQXIQIYAH". SE LE LLAMA ASI PORQUE MIENTRAS EL IMAM LO ESTABA DANDO, UN IRAQUI SE LEVANTO Y ENTREGO UNA CARTA AL IMAM. EL IMAM SE OCUPO EN LEERLA Y DESPUES DE TERMINARLA ABDULLAH IBN-ABBAS LE PIDIO QUE CONTINUARA CON SU SERMON. El IMAM REPLICO; "Ibn Abbas, no va a ser así. Este discurso mío fue extemporáneo y fue dado por el impulso del momento, como la 'Xiqxiqiyah' (el gruñido) de un camello, no para ser continuado". EN CUANTO AL TEMA, EL SERMON SE EXPLICA SOLO)

¡Por Dios! Ese hombre se apoderó del Califato como si éste fuera una insignia que Él se pudiera poner; mientras que todo el tiempo Él sabía muy bien que yo era indispensable para el Califato como un pivote para la piedra del molino, cuyas revoluciones dependen del pivote.

La eminencia de mi posición entre esos hombres era tal que yo era como un manantial del que fluían los ríos de sabiduría y nadie podía aspirar a llegar a las alturas de mi conocimiento. Pero yo fui forzado a cerrar los ojos a esta usurpación y voltear mi cara para no ver la calamidad. Yo estaba en gran tensión; habían ante mí dos alternativas: o pelear por mis derechos sin la ayuda de mis seguidores, o pacientemente soportar la pena; la espera iba a ser de tan triste y larga duración que durante este período los jóvenes se volverían viejos, los viejos perderían su vitalidad y los fieles terminarían sus días tratando sin éxito de mejorar la situación.

Después de haber pesado la situación cuidadosamente llegué a la conclusión de que el curso más prudente para mí era encarar el desastre con paciencia y valor. Yo por lo tanto lo soporté todo pacientemente, aunque el mero pensamiento de que mis derechos justos fueran usurpados, era sumamente doloroso y triste para mí.

Por fin el primer Califa murió, pero mientras se iba Él nombró a otro para llenar su vacante.

(AQUI EL IMAM CITO UN VERSO DEL POETA AXA, EN EL QUE EL POETA HACE UNA COMPARACION ENTRE LOS DIAS CUANDO EL Y SU HERMANO LLEVABAN

UNA VIDA FELIZ Y DESPREOCUPADA Y EL TIEMPO CUANDO EL TUVO QUE ENFRENTARSE SOLO A LAS DIFICULTADES)

No es de sorprender que durante su vida Él siempre estuviese en gran necesidad de la ayuda de otros para compensar su imperfección y sus defectos y para cubrir sus faltas y errores, pero en la hora de su muerte Él se consideró a sí mismo lo suficientemente sabio y conocedor como para fijar y nombrar a alguien para que continuara los deberes en los que Él mismo había sido un completo fracaso.

Audazmente y sin escrúpulos, Él y su sucesor, cada uno a su vez, saquearon y arrasaron los bienes de la comunidad dejando el estado en una condición tan tristemente lastimada que el paso del tiempo incrementaba la intensidad de la herida. Era casi imposible remediar el daño. Y el peligro de la ulterior repetición de las explotaciones sin escrúpulos era aparente. Pero eran llevadas a cabo bajo el disfraz de la ley y el orden y muchas excusas inaceptables fueron ofrecidas para justificar estas arrogaciones irreligiosas y malvadas y muchas más serían repetidas en el futuro.

Así la situación fue llevada a tal vileza que quienquiera que tomase las riendas del Califato estaba en el infeliz predicamento de cabalgar una camella salvaje y rebelde: si deseando mantener al animal bajo control Él tirase con fuerza de la rienda, podría cortarle y herirle las fosas nasales, y si le permitiese una carrera libre, la bestia llevaría al jinete y a sí misma hacia la destrucción y la muerte.

Juro por Dios que las gentes estaban mal guiadas y se descarriaron; ellos perdieron el camino recto de la religión. Pero aceptando lo inevitable sin respingar y con resignación yo soporté el largo y doloroso período de la devastación de los derechos humanos y de la religión, hasta que la segunda persona también murió, pero antes de su muerte Él dejó la cuestión del Califato a la decisión de un grupo de hombres y Él pensó que yo también podía ser uno del personal del comité.

¡Oh Dios! ¿Qué tenía yo que ver con este comité de selección (con cuyos miembros yo no tenía nada que ver)? ¿Alguna vez tuve duda de mi preeminencia y superioridad con comparación al primero para que yo aceptase ser uno del grupo de personas bastante inferiores al Él? Pero por el bien de la Humanidad y de la Religión yo accedí a ser miembro de este comité de selección. Tuve que ajustarme al nivel de ellos, demandar de ellos mis justos derechos, como yo lo había hecho en el tiempo de aquéllos que eran superiores a ellos.

De los miembros de este comité uno deellos volvió contra mí porque me odiaba intensamente (con esto el Imám se refiere a Saᶜd o a Talha), el otro (ᶜAbdurrahmán ibn -'Auf] también tenía una razón de parentesco muy obvia, además de unas cuantas razones que el mundo llegó a conocer después [Él era cuñado del Califa 'Uthmán). Consecuentemente el tercero arrogantemente tomó posesión del Califato, como si éste fuera un prado privado para pastar, y con estómagos hinchados de llena Él y los miembros de su clan (Banu-Ummaya) empezaron a saquear la riqueza del mundo musulmán en la misma manera glotona y audaz que caracteriza al camello cuando devora el pasto. Sin embargo, este hombre encontró una muerte prematura. La ambición de su clan fue la causa de su desgracia.

Después de la muerte las gentes se apiñaron alrededor mío rogándome que tomara el Califato. Ellos se congregaron en tal número y estaban tan ansiosos de mostrar su sinceridad que por poco aplastan a dos de mis hijos (Hasan y Husayn, la paz sea con ellos) y me rasgaron la ropa. Ellos simplemente caían sobre mí para que aceptara su gobierno y liderazgo. Yo hubiera rechazado su petición pero temía que con mi negativa ellos perdieran completamente el contacto con la verdad y la religión.

Pero cuando yo acepté gobernarlos y los hice seguir la senda de Dios es decir, el mismo que el Santo Profeta (la paz sea con Él y sus descendientes) les enseñó a seguir—ellos se rebelaron. Un partido [el de la viuda del Profeta (la paz sea con Él y sus descendientes), 'A'ixah] rompió el juramento de alianza y lealtad; el segundo partido [el de los Jareyitas], sus miembros se hicieron apóstatas, y el tercero tomó un curso igualmente equivocado y codiciando el poder y la riqueza que son parte de dicho gobierno empezaron a tiranizar a la gente y de oprimirlos hasta subyugarlos.

Todos los tres grupos se comportaban como si nunca hubieran oído al Corán que dice: "El Cielo es para aquéllos que no codician, no crean divisiones y no oprimen a los seres humanos; la Paz y la Felicidad Eternas son para aquéllos que llevaron una vida santa y piadosa". Yo juro por Dios que se les hizo que oyeran repetidamente estas palabras de Dios y sus significados les fueron explicados completa y plenamente. Pero los caminos viciosos de la vida malvada y sus lujos los fascinaron, su pompa y su gloria así como su poder y riqueza los encantaron.

Yo juro por el Creador de este Universo que si ellos no me hubieran jurado lealtad incondicional; si ellos no hubieran manifestado su agradecimiento ilimitado por mi aceptación de su gobierno; si la presencia de seguidores no hubiera hecho obligatorio para mí defender la fe; y si Dios el Todopoderoso no hubiese tomado una promesa de los estudiosos expertos en conocimiento religioso de poner un control sobre las vidas viciosas y ostentosas de los opresores y tiranos así como de tratar de reducir los dolores de hambre y pobreza de los oprimidos y atropellados; y si Él no hubiera hecho obligatorio para ellos asegurar la devolución de los derechos usurpados de los débiles por los fuertes y poderosos; aún ahora yo habría dejado el gobierno de este estado y lo hubiera dejado hundirse en la anarquía y el caos como lo hice durante los primeros días. La pompa y la gloria de una vida viciosa son para mí de menos valor que el estornudo de una cabra.

SERMON 8

(EN ESTE SERMON EL IMAM DIBUJA UNA IMAGEN DE LA MENTE Y LA FORMA DE PENSAR DE LOS QURAIX Y LO QUE ᶜALE-MUHAMMAD HAN HECHO PARA ENSEÑARLES EL ISLAM Y PARA MEJORAR SUS MENTES, Y EL IMAM LO TERMINA ACONSEJANDOLES QUE ACEPTEN LA RELIGION SINCERAMENTE)

Nosotros ('Ale-Muhammad') (28) os guiamos de la oscuridad de la ignorancia y la infidelidad hacia los esplendores del conocimiento y la religión; nosotros elevamos el nivel de vuestras vidas y vuestra cultura para vosotros. Porque gracias a nosotros visteis las luces de la verdad y la sabiduría y salisteis de las tinieblas del paganismo y la depravación.

Aquellos oídos que no quieren escuchar los buenos consejos y no desean ser advertidos de las malas consecuencias de una vida viciosa sería mejor que estuviesen sordos. ¿Cómo podría mi voz suave y humilde inducir a tales gentes a prestar atención a la verdad, la justicia y la religión cuando los Mandamientos de Dios y Su Profeta (la paz sea con Él y sus descendientes), tan fuertemente repetidos, no los hicieron atentos? Que Dios conceda fuerza, valor y estabilidad a las personas que no temen a nada aparte de Su Poder.

Y vosotros Quraix, en lo que a vosotros concierne, yo siempre espero de vosotros el engaño, la duplicidad y el disimulo, y sigo esperándolos. Yo siempre noté en vosotros señales de hipocresía y traición. Yo no fui severo con vosotros por vuestra manifestación externa de sumisión mientras que estabais bajo la equivocada impresión de que podríais engañarme, pero mi amor sincero a la verdad y la justicia siempre me ha mantenido alerta a

vuestras traiciones y fraudes.
Recordad que quien me abandona y no me obedece está en lo incorrecto. Yo nunca dudé de las obligaciones impuestas sobre mi ni de los derechos y privilegios que se me deben, desde el tiempo en que me fueron dados a conocer.
Vosotros sabéis que el Profeta Moisés (la paz sea con él) nunca temió a la muerte, lo que Él realmente temía era la ascendencia y el triunfo de la riqueza, el poder y la ignorancia sobre la verdad y la justicia. Mi caso es similar, la muerte no me atemoriza, nunca lo ha hecho, de lo que estoy preocupado por vosotros es que no os dais cuenta de que estáis parados en la encrucijada de la religión y la infidelidad. Recordad que quienes aceptan sinceramente la religión nunca estarán desanimados.

SERMON 9

(DESPUES DE LA MUERTE DEL SANTO PROFETA (LA PAZ SEA CON EL) CUANDO ABBAS (TIO DEL PROFETA) Y ABU SUFYAN VINIERON A VER AL IMAM PARA JURARLE FIDELIDAD Y ALIANZA, EL IMAM LOS ACONSEJO CON LAS SIGUIENTES PALABRAS)

¡O gentes! Cuando veáis a la rebelión y la anarquía rugiendo como tormentas tratad de encontrar una salida de sus efectos dañinos. Evitad los caminos del odio y la malicia y no dejéis que el complejo de superioridad os conduzca a una guerra de clanes. Recordad que sólo aquéllos que tienen seguidores y protectores pueden lograr el éxito y aquéllos que carecen de protectores no deberían tratar de balancearse sobre ilusiones inestables y no deberían competir por el poder y la supremacía. Es el curso más seguro para ellos.

El gobierno es como agua sucia, inadecuada para el consumo; es como un pedazo de carne que sofoca a la persona que trata de tragarlo. Cualquier esfuerzo en esta etapa es tan necio como recoger frutas inmaduras o como tratar de cosechar en un terreno incultivable.

Mi posición actual había sido puesta en los cuernos de un dilema: si yo expusiera mis justas reclamaciones la gente empezaría a decir que me había vuelto avaro y ambicioso de poder y riqueza, y si me quedo sentado quieto ellos dicen que me he vuelto miedoso y tímido y que el temor a la muerte me impide que exponga mis justos derechos.

¡Sea pues! ¿No se dan cuenta de que yo nunca he temido a la muerte? Yo la he encarado tan frecuentemente y he pasado por tantas fases de peligros y riesgos. Yo juro por Dios que el hijo de Abú-Talib (Él mismo) está tan deseoso de la muerte como un niño pequeño quiere el pecho de su madre. La muerte no me asusta como para impedirme que reclame mis derechos, pero me han sido revelados y confiados algunos secretos profundos y tal conocimiento oculto que si vosostros los conocieseis temblaríais como una soga que cuelga en un pozo profundo.

SERMON 10

(CUANDO TALHA Y ZUBAIR SE REBELARON CONTRA EL IMAM Y REUNIERON UN EJERCITO PARA TRATAR DE APODERARSE DE LAS PROVINCIAS DE BASORAH Y CUFAH, EL IMAM RESOLVIO PELEAR CONTRA ELLOS Y DESBARATAR LA REBELION. ALGUNAS GENTES, EXAGERANDO LAS FUERZAS Y EL PODER DE LOS REBELDES, TRATARON DE DISUADIR AL IMAM DE ESTA DECISION. ESTE DISCURSO FUE DADO POR EL IMAM EN RESPUESTA A SU PERSUASION)

Juro por Dios que no me quedaré sentado quieto para permitir a esas gentes que hagan lo que quieren. Yo no actuaré como el animal cazado que pudiese ser engañado y conducido por el cazador y cae presa fácil de sus trucos y artimañas; pero, con la ayuda de los creyentes en la verdad y la justicia del Islam, trataré de suprimir esta rebelión contra Dios y Su religión. Declaro que con la ayuda de mis fieles seguidores siempre lucharé contra los abanderados del cisma y la hipocresía y los protectores de la injusticia y la falsedad, hasta que yo encuentre la muerte.

No hay nada nuevo para mí en esta rebelión. Desde la muerte del Santo Profeta (la paz sea con Él y sus descendientes), qué frecuentemente fueron usurpados mis derechos, y qué injusta e injustificable precedencia fue dada a otros, hasta que la situación ahora ha sido traída a tal gravedad que estas hordas infieles han resuelto pelear contra mí.

SERMON 11

(EN ESTE SERMON EL IMAM DESCRIBE LA CONDICION MENTAL DE AQUELLOS MUSULMANES QUE EN REALIDAD ERAN HIPOCRITAS Y TENIAN SUS CORAZONES SIN CABIDA PARA LA VERDAD, LA JUSTICIA Y LA RELIGION. PARA LOGRAR SUS FINES ELLOS CAIAN EN TODOS LOS VICIOS Y EL DEMONIO ERA SU GUIA Y SU SEÑOR)

Estos hipócritas, para lograr sus deseos, han aceptado al Demonio como su señor y han dependido de su ayuda y apoyo. El Demonio a su vez los usa como subordinados y cómplices. Él ha envenenado sus corazones con dudas y sospechas acerca de la verdad y con hipocresía en religión. Estos vicios, trepando secreta e incomprensivamente en sus mentes gradualmente se establecen firmemente allí, hasta que estas personas alcanzan un nivel en el que ellos sólamente ven lo que el Demonio quiere que vean y hablan lo que Él quiere que hablen. Él los incita a todo tipo de mal y hace que todos los pecados y vicios les parezcan encantadores, hermosos y benéficos. Ellos actúan como si fueran confederados de Satanás para establecer su autoridad y como centros de propagación de sus mentiras, ilusiones y engaños.

SERMON 12

PARA ENTENDER ESTE SERMON ASI COMO LOS SERMONES DESDE EL 13 AL 20 Y ALGUNOS OTROS, ES NECESARIA ALGUNA INFORMACION ACERCA DE LAS RAZONES Y EVENTOS QUE PRODUJERON ESTOS DISCURSOS, Y HAY QUE DAR INFORMACION ACERCA DE LOS PERSONAJES RESPONSABLES DE ESTOS EVENTOS. PRIMERO ENTRE ELLOS ESTABA ZUBAIR (ESTE SERMON TRATA SOLAMENTE ACERCA DE EL), UN PRIMO DEL IMAM. SU MADRE ERA HERMANA DE ABU TALIB Y DE ABDULLAH, SU ESPOSA ERA HERMANA DE A'IXAH. DESPUES DE LA MUERTE DEL CALIFA UTHMAN, ZUBAIR HIZO JURAMENTO DE ALIANZA AL IMAM ALI, PERO DESPUES ÉL CAMBIO DE OPINION Y JUNTO CON TALHA Y A'IXAH FUE RES-

PONSABLE DE LA REBELION CONTRA EL IMAM Y LA BATALLA DEL CAMELLO FUE EL RESULTADO. LAS RAZONES DE ZUBAIR PARA CAMBIAR DE OPINION ERAN QUE SU JURAMENTO DE ALIANZA SE BASO EN HIPOCRESIA Y RESERVA MENTAL. SEGUN EL MAESTRO IBN-ABIL HADID, ESTO ERA FALSO, YA QUE CUANDO ZUBAIR PRIMERO HIZO EL JURAMENTO DE ALIANZA EL IMAM LO PREVINO DICIENDO: "Zubair, me temo que rompas este juramento". ZUBAIR Y TALHA SE RETRACTARAN DE SUS JURAMENTOS, FUE QUE MOAWIAH LOS HIZO TONTOS. CUANDO MOAWIAH SUPO QUE LOS MUSULMANES ERAN UNANIMES EN ACEPTAR AL IMAM ALI COMO SU GOBERNANTE, EL ESCRIBIO UNA CARTA A ZUBAIR Y LA ENVIO MEDIANTE UN MIEMBRO DE LA TRIBU DE UMAYYA. EN ESA CARTA MOAWIAH ESCRIBIO: "Esta carta es de Moawiah para el Comandante de los Creyentes Zubair, para informarle que he tomado el juramento de lealtad para su Califato de las gentes de Siria, y no sólo para su califato sino para que después de Él Talha sea Califa. Las gentes han accedido a ambas cosas. Ellos están bajo mi influencia y siempre han obedecido mis órdenes. Tú cuida de Basorah y Cufah y no dejes a Alí que se apodere de estas provincias ricas y poderosas. Una vez que estas provincias, así como Siria estén bajo tu poder, lo que quedará de Alí no será tan grande como para ser cubierto con una hoja de arbusto. Para congregar a las gentes de Basorah y Cufah alrededor tuyo y para apartarlos a todos de Alí el mejor procedimiento es empezar la propaganda de que el sugirió el asesinato del Califa Uthmán."

LA CARNADA ERA DEMASIADO JUGOSA PARA LOS POBRES ZUBAIR Y TALHA. ELLOS NO ERAN TAN ASTUTOS COMO MOAWIAH. EMPEZARON A SOÑAR EN EL CALIFATO O AL MENOS EN EL GOBIERNO DE LAS RICAS Y PODEROSAS PROVINCIAS PARA ELLOS O SUS HIJOS. EN EL POLVO QUE CUBRIA AL CAMELLO DEL MENSAJERO DE MOAWIAH, ELLOS VIERON NUBES CUBIERTAS DE PLATA. ELLOS NI SIQUIERA SE TOMARON LA MOLESTIA DE VERIFICAR SI MOAWIAH

HABIA REALMENTE TOMADO EL JURAMENTO DE LEALTAD PARA ELLOS O PARA SI MISMO. OLVIDADO QUEDO EL JURAMENTO DE ALIANZA, OLVIDADO FUE DIOS A QUIEN ELLOS LLAMARON COMO TESTIGO DE LA CONFIABILIDAD DE SUS JURAMENTOS, OLVIDADAS FUERON LA LEALTAD, LA FIDELIDAD Y LA DEVOCION JURADAS, Y OLVIDADAS FUERON LAS TRADICIONES DEL PROFETA (LA PAZ SEA CON EL Y SUS DESCENDIENTES) QUE ELLOS MISMOS HABIAN CITADO EN FAVOR DEL IMAM ALI. EL BRILLO DEL REINADO LES ENCANDILO LA VISTA A LAS REALIDADES DE LA VERDAD Y LA JUSTICIA. Y ELLOS DESVERGONZADAMENTE DECLARARON QUE SU JURAMENTO DE ALIANZA ERA HIPOCRESIA. y ACTUANDO TONTAMENTE COMO PRIMERA LINEA DE BATALLA DE MOAWIAH ELLOS SUFRIERON UNA DERROTA, PERDIERON SUS VIDAS Y NO PUDIERON ASEGURAR NADA PARA SUS HIJOS SINO QUE SOLO PRESTARON SERVICIOS MUY UTILES A LA CAUSA DE MOAWIAH. EL IMAM DISCUTE EN ESTE SERMON EL PUNTO ALEGADO POR ZUBAIR DE QUE SU ALIANZA SE BASO EN LA HIPOCRESIA. LA POSICION DE ZUBAIR EN LA BATALLA DEL CAMELLO Y SU MUERTE SON EVENTOS TRISTEMENTE INTERESANTES DE LA HISTORIA. YO HE CONDENSADO ESTOS HECHOS DE LOS SIGUIENTES AUTORES: IBN-ABIL HADID, IBN QATIBAH, TABARI, ISTHI 'AB Y ASABA. DEL EJERCITO REUNIDO PARA PELEAR CONTRA EL IMAM ALI, LA VIUDA DEL PROFETA (LA PAZ SEA CON EL Y SUS DESCENDIENTES) 'A'IXAH ERA LA COMANDANTE EN JEFE, EL HIJO DE ZUBAIR - ABDULLAH ERA EL JEFE DEL PERSONAL Y TALHA Y MARWAN IBN-HUKUM ERAN OTROS OFICIALES ADEMAS DE ZUBAIR. JUSTO ANTES DEL INICIO DE LA BATALLA EL IMAM LLAMO A UNO DE SUS OFICIALES (ABDULLAH IBN-ABBAS) Y LE ENTREGO SU ESPADA Y SU LANZA Y SALIO DESARMADO AL CAMPO Y SIN AYUDA DE NADIE. EL LLAMO A ZUBAIR PARA QUE SALIERA. ZUBAIR SALIO BIEN

ARMADO Y BIEN PROTEGIDO. CUANDO EL LLEGO CERCA, EL IMAM LE RECORDO CIERTO EVENTO QUE TUVO LUGAR DURANTE LA VIDA DEL SANTO PROFETA (LA PAZ SEA CON EL Y SUS DESCENDIENTES) Y LA ADVERTENCIA QUE EL LE HIZO A ZUBAIR. EL IMAM DIJO: "Zubair, ¿recuerdas ese día particular cuando me abrazaste enfrente de nuestro Santo Profeta (la paz sea con Él y sus descendientes) y te preguntó: '¿Amas tanto a Alí?, y tú respondiste: 'Sí señor, ¿por qué no?, Él es mi primo, y oyendo esto nuestro Santo Profeta te advirtió con estas palabras: ¡Recuerda Zubair que un día saldrás a pelear contra Alí, y tú ciertamente estarás en el error, recuerda, el hombre que mate a Alí y el hombre a quien Alí mate, y el hombre que pelee contra Alí, todos irán al infierno!?" TODO EL INCIDENTE ACUDIO A LA MENTE DE ZUBAIR. EL RECORDO LA ADVERTENCIA, Y SE DIO CUENTA DE SU ESTUPIDEZ. EL DIO LA VUELTA CON SU CABALLO HACIA SU EJERCITO, REGRESO A SU GRUPO DE GUERREROS Y JURO QUE NO PELEARIA CONTRA EL IMAM ALI. SU HIJO ABDULLAH, UN ENEMIGO DECLARADO DEL IMAM, RECLAMO A SU PADRE POR ESTE CAMBIO DE INTENCION, DICIENDOLE QUE LAS MUJERES DE LOS ARABES LO LLAMARIAN COBARDE. ZUBARI SE ENOJO, OTRA VEZ SALIO AL CAMPO, TOMANDO UNA LANZA SIN PUNTA, Y ATACO LAS FILAS DEL EJERCITO DEL IMAM. CUANDO EL IMAM LO VIO VENIR DE NUEVO DIO ORDENES DE QUE NADIE PELEARA CONTRA EL Y QUE NADIE LO HIRIERA AUNQUE EL ATACARA. CUANDO ZUBAIR ALCANZO AL EJERCITO DEL IMAM EL PASO EN MEDIO DE HILERAS E HILERAS DE SOLDADOS BIEN ARMADOS PARADOS QUIETOS, ELLOS ATACO CON EL EXTREMO ROMO DE SU LANZA Y ENCONTRO QUE NADIE RESPONDIA A SUS ATAQUES. ELLOS SE MANTUVIERON PARADOS QUIETOS COMO SI ESTUVIERAN ESCULPIDOS EN PIEDRA. TRES VECES ATACO ASI AL EJERCITO Y ENTONCES DEJO EL CAMPO Y SE DIRIGIO A WADI-US-SABA, DONDE FUE MATADO POR EL

FANATICO OMERIBN-YARMUZAH. DESPUES DE LA BATALLA OMER TRAJO LA ESPADA Y EL ANILLO DE ZUBAIR AL IMAM. CUANDO EL IMAM SUPO DE LA MUERTE DE ZUBAIR, SE PUSO TRISTE, TOMO LA ESPADA EN SU MANO Y DIJO COMO HABIA DEFENDIDO FRECUENTEMENTE AL ISLAM Y A LOS MUSULMANES: "Yo juro que mi primo no fue cobarde ni miserable, Él fue mal dirigido y engañado". CUANDO OMER PIDIO UNA RECOMPENSA POR HABER MATADO A ZUBAIR, EL IMAM REPLICO: "Tu recompensa es el Infierno. Tú no estabas en mi ejército, no estabas en el campo de batalla, no tenías órdenes de matar a nadie—mucho menos a Zubair—no tenías por qué tomar la ley en tus manos. Si piensas que eres mi seguidor entonces deberías haber esperado mis órdenes. Aun mis oficiales tenían órdenes de no dañarlo sino de dejarlo pasar a través de las filas e hileras sin molestarlo". ESTE OMER DESPUES RESULTO MUERTO EN LA BATALLA DE NAHARWAN PELEANDO CONTRA EL IMAM.
 Zubair dice que Él hizo el juramento de lealtad a mí hipócritamente, con reservas mentales, que él puso su mano y no su corazón en mi mano. ¡Qué extraña afirmación! No sólo extraña, sino injuriosa para Él, ¿no se dio cuenta de que confesó haber hecho el juramento de fidelidad y alianza y al mismo tiempo admite que en el centro de su corazón él tenía escondida la enemistad hacia mi? Su juramento de alianza y lealtad a mí es un hecho admitido por él y atestiguado por miles de otros. A él le toca ahora dar razones justificables de su hipocresía, o una vez más hacer el juramento de alianza y fidelidad.

SERMON 13

(ANTES DE LA BATALLA DEL CAMELLO, TALHA, ZUBAIR, Y SU PARTIDO INICIARON UNA CAMPAÑA DE SUCIA PROPAGANDA CONTRA EL IMAM, ALARDEANDO DE LA SUPERIORIDAD DE ARMAS, VALOR DE LOS SEGUIDORES, INVENCIBILIDAD DE ARMAS, VALOR DE LOS SEGUIDORES, INVENCIBILIDAD DEL EJERCITO Y ASTUCIA DE LOS PLANES QUE TENIAN. ELLOS PREDIJERON UNA DERROTA APLASTANTE Y LA TOTAL ANIQUILACION DEL EJERCITO DEL IMAM,

LA FUTILIDAD DE SUS PLANES Y LA INUTILIDAD DE SUS TACTICAS. PERO LA BATALLA DEMOSTRO LO VANO DE SUS PRETENSIONES, LO EVIDENTE DE SU COBARDIA Y LA MUERTE INNOBLE QUE HABRIAN DE ENCONTRAR TALHA Y ZUBAIR. EN ESTE SERMON EL IMAM SE REFIERE A DICHA PROPAGANDA Y A SU PROPIA POLITICA)

Estas gentes fueron muy ruidosos en sus alardes y bravuconería y muy conspicuos con su pompa y competencia. Sin embargo a pesar de todo esto ellos probaron que eran muy temerosos y cobardes. Nuestra política es creer más en los hechos que en las palabras, no hacer alarde sino lograr. Nunca hablamos de éxito sino hasta que lo hemos alcanzado.

SERMON 14

EL IMAM DIO ESTE SERMON CUANDO TALHA Y ZUBAIR, ROMPIENDO SUS JURAMENTOS DE ALIANZA Y CORTANDO SUS CONEXIONES CON EL IMAM, SE FUERON A LA MECA. EL IMAM, A TRAVES DE SU PREVISION Y VISION SE DIO CUENTA QUE MOAWIAH ESTABA DETRAS DE TODA ESTA MALDAD, HACIENDO A TALHA Y ZUBAIR SUS INSTRUMENTOS, Y QUE ELLOS ACTUABAN BAJO SUS INSINUACIONES. EL PREVIO EL RESULTADO DE SU REBELION Y LO PREDIJO:

Seguidores de la verdad y de la religión, estad alertas ya que el Demonio ha amasado a sus seguidores y ha preparado su caballería e infantería. Pero yo tengo conmigo el conocimiento; ni mi inteligencia me ha confundido jamás o me ha dejado en duda acerca de las verdades y los hechos; ni he sido engañado o rebasado por los demás. Dejadlos que traten lo peor, juro por Dios que también yo daré una batalla tal que aquéllos que me confronten no dejarán vivos el campo de batalla y aquéllos que escapen a la muerte no osarán pelear contra mí otra vez.

SERMON 15

DURANTE LA BATALLA DEL CAMELLO CUANDO EL IMAM ASIGNO A SU HIJO MUHAMMAD E HANAFIA COMO COMANDANTE DE SUS EJERCITOS, EL LE DIO A MUHAMMAD LAS SIGUIENTES INSTRUCCIONES:

Recuerda hijo mío, que las montañas pueden moverse y dejar sus sitios pero tú de ninguna manera debes retirarte o huír del campo de batalla. Sé valiente y resuelto, y ofrece tu cabeza en el servicio de Dios. Fija fuertemente tus pies en el suelo (no pienses en huír). Mantén tus ojos sobre la última fila del ejército de tu enemigo (debes subestimar los movimientos de las filas traseras concentrándote sólo en las delanteras). No vaciles y no te pongas nervioso. Recuerda que sólamente Dios puede ayudar y sólo en Él hay que confiar.

SERMON 16

DESPUES DE LA BATALLA DE BASORA UNO DE LOS ARABES VINO Y FELICITO AL IMAM POR ESTE TRIUNFO DESEANDO QUE SU HERMANO QUE TAMBIEN ESTABA PRESENTE ALLI PRESENCIARA LA VICTORIA. EL IMAM LE PREGUNTO SI SU HERMANO ERA AMIGO Y SEGUIDOR DEL ILMAM, Y AL RESPONDERSELE QUE SI, EL DIJO:

"Entonces Él estaba con nosotros, estaba en nuestro ejército, no sólo Él sino aun aquéllos de nuestros amigos y seguidores que aún han de nacer en los tiempos por venir estuvieron conmigo en esta batalla, y en ellos el verdadero Islam encontrará su fuerza".

SERMON 17

DESPUES DE HABER DERROTADO A LOS HABITANTES DE BASORA EN LA BATALLA DEL CAMELLO Y DE HABER TOMADO POSESION DE BASORA Y DE LAS PROVINCIAS VECINAS, EL IMAM DIO ESTE SERMON EN EL QUE CONDENO LAS

ACTIVIDADES DE LOS HABITANTES DE BASORA. ULLAMA IBNE-MAESUM EN SU LIBRO LIGA ESTE SERMON CON EL SIGUIENTE PARRAFO QUE FALTA EN LA COMPILACION DE SAYED RAZI: "VOSOTROS, GENTES DE BASORAH, VOSOTROS HABITANTES DE 'MUTAFIKAH' (UN NOMBRE MUY ANTIGUO DE BASORAH), LA ANTIGUA MUTAFIKAH QUE FUE TRES VECES INUNDADA Y EN CADA OCASION TODOS SUS CIUDADANOS FUERON AHOGADOS, TEMO QUE OS HAYAIS GANADO UNA CUARTA DESTRUCCION".

Vosotros habitantes de Basorah estabais en el ejército comandado por una mujer ('A'ixah) y fuisteis seguidores de un animal (el camello de 'A'ixah, que fue usado como estandarte en la batalla del Yamal y alrededor del cual se agrupaban los habitantes de Basorah); vosotros obedecisteis los gruñidos y babeos del camello (como si fuera la orden de un dirigente) y cuando la bestia fue matada os largasteis y huísteis. Vosotros sois malvados y depravados por naturaleza; infieles e indignos de confianza en carácter; e hipócritas y cismáticos en religión, incluso las aguas de vuestros pozos reflejan la amargura de vuestra disposición: son saladas.

Aquéllos que viven entre vosotros son forzados a llevar una vida de pecado, y quienes corten las relaciones con vosotros recibirán las Bendiciones del Dios Misericordioso.

Como que ya veo la entera ciudad de Basorah inundada una vez más y a la mezquita de Basorah parada en el centro como un bote en el fondo del mar, parece como si la maldición de Dios, en la forma de una inundación, os hubiese barrido, sumergiendo todo a su paso, tanto las áreas bajas como las tierras altas.

(HAY UNAS CUANTAS VERSIONES MAS DE ESTE ULTIMO PARRAFO DEL SERMON DEL IMAM, LAS CUALES SE TRADUCEN A CONTINUACION:

SEGUNDA VERSION

Juro por Dios que ciertamente vuestra ciudad será inundada en tal forma que la mezquita parecerá como un bote con el pecho abultado o como un avestruz sentada en el suelo.

TERCERA VERSION

La mezquita de Basorah se verá como el pecho de una ave acuática nadando sobre la superficie del mar.

CUARTA VERSION

¡Oh vosotros habitantes de Basorah! ¿no os dais cuenta de que vuestra ciudad es sumamente sucia y apestosa? Está tan cerca del agua (el Golfo Pérsico de un lado y el delta del Tigris y el Eufrates del otro) y sin embargo (debido a vuestras malas intenciones y obras) estáis bastante retirados de la bendición del Cielo (ni siquiera podéis aprovecharos de estos beneficios de la naturaleza). De todo el mal, corrupción, vicios y pecados extendidos en toda la tierra, nueve décimos están concentrados aquí. Ellos engolfan a quienes vienen a esta ciudad; y quienes huyan de vuestros alrededores, recibirán el perdón de Dios. Con los ojos de mi alma veo a vuestra ciudad sumergida de tal forma que sólo los minaretes blancos de su mezquita aparecen por encima del nivel del agua como aves acuáticas sobre la superficie del mar.

ESTA PREDICCION SE CUMPLIO TAMBIEN. LOS RIOS TIGRIS Y EUFRATES INUNDARON LA CIUDAD Y LA SUMERGIERON COMPLETAMENTE, DEJANDO LOS MINARETES DE LA MEZQUITA POR ENCIMA DEL NIVEL DEL AGUA.

SERMON 18

(ESTE SERMON ES TAMBIEN UNA DENUNCIA Y REGAÑO A LOS HABITANTES DE BASORAH)

Aunque vuestra tierra está tan cerca del agua, sin embargo debido a vuestras malas intenciones y obras estáis bastante retirados de la bendición del Cielo. Sois ignorantes y estúpidos, y en vuestras mentes la sagacidad y la sabiduría han dejado el lugar a la tontería y la idiotez. Sois un blanco muy conspicuo para los que quieren heriros, un bocado convenientemente blando para ser tragado y una fácil presa para ser cazados.

SERMON 19

ANTES DE LEER ESTA NOTA VEANSE LAS NOTAS A LOS SERMONES 20 Y 22 YA QUE ESTE SERMON DEBERIA HABER SIDO PUESTO DESPUES DE ELLOS. DESPUES DE LOS EVENTOS, COMO SE DESCRIBE EN DICHAS NOTAS, CUANDO EL IMAM ASUMIO EL CARGO DEL GOBIERNO DEL ESTADO ISLAMICO ENCONTRO QUE EL CALIFA UTHMAN HABIA CONCEDIDO UN GRAN NUMERO DE TIERRAS Y FINCAS A SUS PARIENTES. SEGUN IBN-ABIL-HADID Y ABU-UTHMAN YAHIZ, CUANDO LOS MUSULMANES INVADIERON ARMENIA Y LA CONQUISTARON EL CALIFA UTHMAN CONCEDIO TODO EL INGRESO DE "JUMS" (20% DEL BOTIN) DE ESE RICO PAIS A MKARWAN IBN HAKAM. EL IMAM NO APROBABA ESTE TIPO DE NEPOTISMO Y MALVERSACION DE LA RIQUEZA PUBLICA. EL REGRESO TODAS ESTAS TIERRAS Y FINCAS AL TESORO PUBLICO. EN ESA OCASION EL DIO EL SIGUIENTE SERMON:

Por Dios, si yo hubiese encontrado que el dinero público había sido malgastado incluso en celebrar bodas y en comprar esclavas yo habría hecho que fuese regresado y a ellas las habría entregado de vuelta a sus tierras, ya que las funciones y responsabilidades de la justicia y la equidad son de mucho mayor alcance y extensión. El que no actúe valientemente según los dictados de la justicia y el juego limpio, se sentirá muy acobardado a enfrentarse a la tiranía y la opresión.

SERMON 20

LA MAYORIA DE LOS COMENTADORES CONSIDERAN A ESTE SERMON COMO EL PRIMERO QUE EL IMAM DIO EN LA OCASION EN QUE LAS GENTES SE APIÑABAN ALREDEDOR SUYO PARA INDUCIRLO A ACEPTAR EL GOBIERNO DEL ESTADO ISLAMICO DESPUES DE LA MUERTE DEL CALIFA UTHMAN. EN EL, EL IMAM ACONSEJO A LAS GENTES LO QUE DEBIAN ESPERAR; LOS CRUELES TIEMPOS POR VENIR; LA MINORIA DE

LOS SEGUIDORES DE LA VERDAD Y LA JUSTICIA; LOS PELIGROS, DESASTRES Y MUERTE A LOS QUE TENDRIAN QUE ENFRENTARSE; Y LA ASCENDENCIA DEL VICIO SOBRE LA VIRTUD Y DE LA FALSEDAD SOBRE LA VERDAD. (POR FAVOR VEASE LA NOTA AL SERMON 21) Yo me hago responsable de lo que digo y garantizo la verdad de mis afirmaciones.

Aquéllos que recuerdan bien las penalidades, calamidades y sufrimientos de los primeros días del Islam y quienes pueden anticipar correctamente y prever los crueles tiempos por venir—tiempos cargados de incertidumbre, peligros y desastres—a ellos el temor a Dios puede refrenarlos de dudar irreflexiva y nerviosamente de las enseñanzas del Islam y puede ayudarles a soportar sufrimientos desconocidos y ni siquiera soñados que habrá en el camino de la aceptación de los principios de la verdad y la justicia.

Estad conscientes de que estaréis siendo probados espiritualmente en esa hora y encontraréis penalidades, peligros y calamidades que reaparecerán en las mismas formas en que cayeron sobre vosotros en el tiempo cuando Dios ordenó primero a nuestro Santo Profeta (la paz sea con el y sus descendientes) que transmitiera Su Mensaje y propagase el Islam.

Juro por Aquél que asignó a Muhammad (la paz y bendiciones de Dios sean con el y sus descendientes) como Su Mensajero y como apóstol digno de Su Confianza que el orden y la forma existentes de vuestra sociedad serán sometidos a destrucción satánica, sus partes principales serán vehementemente alteradas y sus diversas acciones serán violentamente desordenadas, hasta que los más bajos y viles de entre vosotros se encontrarán encumbrados en lugares altos, y las personas exaltadas se encontrarán humilladas y perseguidas, aquéllos que desde el tiempo del surgimiento del Islam fueron muy avanzados en el servicio de la religión serán empujados hacia atrás, y aquéllos hipócritas que entonces solían retrasarse y esperar por oportunidades favorables serán elevados a posiciones orgullosas.

Juro por Dios que yo no retengo nada que merezca ser develado y que nunca he dicho una mentira. Creedme cuando os digo que el desarrollo de los eventos sombríos que concluyen en la situación actual y los sucesos del día me han sido dados a conocer hace mucho tiempo.

Recordad que los pecados son caballos indomables y rebeldes montados por pecadores que no sostienen las riendas, y estas bestias incontrolables se

apresuran locamente con todo y sus jinetes hacia el infierno; mientras que el temor a Dios es como un caballo entrenado y sumiso bajo el completo control de su jinete trotando rápida pero gentilmente hacia el Cielo.
Recordad que hay dos formas de vida, la correcta y la equivocada. Y hay dos clases de gentes; aquéllos que siguen el camino recto y los que adoptan caminos equivocados. Si encontráis a los pecadores en mayoría o en ascendencia y a los seguidores de la religión y la verdad en minoría y atropellados, un mundo lleno de contradicciones aparentes, no os asombréis ni os desaniméis; frecuentemente ha ocurrido así. Pero la verdad y la justicia vencerán al final, aunque no parezca posible que aquéllos caídos alguna vez se eleven a grandes alturas.

SERMON 21

ESTE SERMON ES CONSIDERADO POR ALGUNOS CO-MENTADORES COMO PARTE DEL SERMON 20 (VER NOTA AL FINAL). EN EL, EL IMAM HA DESCRITO LAS TRES CLASES DE PERSONAS QUE SE ENCUENTRAN EN UNA SOCIEDAD; Y TAMBIEN EL MEJOR CURSO A SE-GUIR EN LA VIDA.

Una persona, que tiene en consideración las consecuencias y reacciones de sus actos y obras (la recompensa y el castigo eternos) y que está ocupada en moldear su vida con el destino último en vista, no tiene tiempo para el vicio y la maldad.
Encontraréis tres tipos de gentes en una sociedad. Aquéllos que luchan y se esfuerzan en ser buenos y en hacer el bien; su salvación es cierta. Aquéllos que son flojos y letárgicos —tardados en la lucha, esperando lo mejor inactiva e ineficazmente. Y por último aquéllos que son fracasos y fallan en el deber; ellos terminarán en el infierno.
Recordad que los extremos de la derecha y la izquierda os descarriarán, la moderación es el mejor curso que podéis adoptar. Ella os mantendrá dentro de los cuatro rincones de las enseñanzas del Sagrado Corán y las tradiciones de nuestro Profeta (la paz sea con él), es un camino que os guiará hacia las verdaderas impresiones de las doctrinas y la vida del Profeta (la paz sea con él y sus descendientes), os conducirá hacia la fuente de la tradición (Sunnah) y a lo largo de ella está la ruta correcta hacia la liberación. Quienquiera que afirme conocer un mejor camino hacia la salvación que el mostrado por el

Santo Profeta (la paz sea con él y sus descendientes), está condenado; quien forja e inventa mentiras contra sus verdaderos principios está condenado, y quien trate de oponerse a sus preceptos está destinado a la destrucción eterna.

Ningún individuo está perdido y a ninguna nación se le niega la prosperidad y el éxito si los cimientos de sus pensamientos y acciones descansan sobre la piedad y la bondad, y sobre la verdad y la justicia.

No provoquéis discordia ni desorden entre los hombres, que haya paz y tranquilidad y tratad de avanzar en fraternidad y unidad. Concentráos en la contrición por vuestros pecados. No alabéis a nadie aparte de vuestro Dios y no condenéis a nadie sino juzgáos a vosotros mismos.

NOTA DEL TRADUCTOR
YO OPINO QUE SAYED RAZI TAMPOCO PUDO OBTENER ESTE SERMON COMPLETO, YA QUE OTROS TRES FAMOSOS ERUDITOS DEL IDIOMA ARABE Y AUTORIDADES EN TRADICIONES ISLAMICAS HAN CITADO UN SERMON BASTANTE MAS LARGO EN TEXTO QUE ESTE. ELLOS SON ULLAMA IBN ABIL-HADID-E-MUTAZULLY, ULLAMA IBN-E-MAISUM Y EL XAIKH ABU UTHMAN YAHIZ. ESTE ULTIMO ERA UN NOBLE DE LA CORTE Y TUTOR DE LOS HIJOS DE MUTAWAKIL BILLAH, UN CALIFA ABASIDA DE BAGDAD, UNO DE LOS MAS MORTALES ENEMIGOS DE AL-E-RASUL (28). EN SU FAMOSO LIBRO "EL BAYAN Y TIBYAN", EL XAIKH ABU-UTHMAN NO SOLO CITA ESTE SERMON COMPLETO SINO QUE TAMBIEN LO COMENTO EN GRAN DETALLE. AL TRATAR DE ESTE SERMON LOS TRES MAESTROS ADEMAS DE TRATAR LOS SERMONES 19 Y 20 COMO SERMONES SEPARADOS PERO HE INCLUIDO EN ESTA NOTA LA TRADUCCION DE LOS PARRAFOS ADICIONALES, YA QUE AL SER LEIDOS JUNTO CON EL SERMON ANTERIOR RESULTAN BASTANTE INTERESANTES.

PASAJES ADICIONALES SEGUN ABU-UTHMAN YAHIZ:
"Amigos, tened piedad de vosotros mismos y cuidáos, pero recordad que quien trata a los demás con consideración, simpatía y misericordia está realmente cuidando de sí mismo en la mejor manera: Una persona, que toma en consideración... (continúa en el texto, párrafo 1).

(continúa del párrafo 2)... estos tres grupos son de hombres ordinarios, más allá de ellos hay ángeles, cuya grandeza podría ser estimada del hecho de que su acceso está tan lejano y alto como el Trono; y luego hay profetas que reciben la Guía y la Ayuda Divinas. Además de estos cinco no hay sexto grupo. Quien quiera que sea, además de nosotros, que afirme ser Imam o Califa o quienquiera que se abalance ciegamente por esta senda está perdido eternamente. Recordad que los extremos de la derecha... (continúa en el párrafo 3 del sermón)... (párrafo 4).

Está decretado que el castigo o la muerte será la retribución por una vida viciosa, y esos malvados dirigentes a quienes estáis siguiendo no os conducirán a un mejor destino. No provoquéis discordia... (sigue en el texto hasta el final del sermón).

SERMON 22

ALGUNOS COMENTADORES SON DE LA OPINION DE QUE ESTE SERMON ES UNA CENSURA Y DENUNCIA DE LAS GENTES QUE TOMAN LOS PUESTOS DE QAZI (JUECES) SIN TENER LA PREPARACION O LA CAPACIDAD PARA ESTE TIPO DE TRABAJO DE RESPONSABILIDAD.

Entre los hombres Dios el Todopoderoso detesta más a dos tipos de gentes: Primeramente a la persona que se aprovecha equivocadamente de la libertad y la facilidad que le son permitidas por las circunstancias, él no se da cuenta de que sólamente se le está dando una cuerda larga. Él se desvía del camino recto, es conducido por sus deseos desordenados a crear cismas mediante sus pláticas, le gusta descarriar a las gentes y dirigir mal a todos los que podrían ser engañados por él. Él se ha alejado vagando de los caminos correctos de las gentes virtuosas idas antes que él, y durante su vida y aun después de su muerte él conduce a los demás hacia la depravación y el vicio. Habiendo esclavizado su propia alma al pecado él carga también con la responsabilidad de los pecados de los demás.

Y luego está la persona que ha recogido medias verdades, ideas malvadas y conceptos erróneos y está, consecuentemente, ocupado en extender la apostasía entre los ignorantes e ineducados, generalmerne está dedicado a obras oscuras de creación de diferencias y discordia entre sus semejantes y está ciego a las bendiciones de la paz y la tranquilidad. Las gentes sin educación e ignorantes le acreditan sabiduría y conocimiento aunque él en realidad no es conocedor ni sabio.

Desde temprana edad él ha estado colectando tales ideas, la abundancia de las cuales es más dañina para el hombre que su escasez, hasta que su alma está saturada con nociones malvadas y creencias pervertidas, y su mente se llena de teorías inútiles y dañinas.

Él pretende ser un jurista y un Qazi asumiendo la responsabilidad de resolver problemas tan intrincados que frecuentemente han confundido y asombrado a otros. Y si realmente presentan ante él una cuestión difícil, él trata de resolverla con la ayuda de conceptos incorrectos o irrelevantes y frecuentemente absurdos o irracionales creyendo completamente que son correctos, auténticos y genuinos. En realidad debido a las dudas e incertidumbres creadas por el conocimiento incorrecto su mente está siempre en la peor confusión.

Él nunca sabe si sus lecturas son correctas o equivocadas. Si accidentalmente llega a una decisión correcta él está en duda acerca de su verdad y autenticidad, y si comete un error como es el caso generalmente, él espera que sus decisiones sean correctas. Él no sólo está mal informado sino que además se está hundiendo día a día en mayores y mayores profundidades de ignorancia.

Siendo incapaz de apreciar las realidades de la verdad y estando ciego a la iluminación divina él deposita su fe en suposiciones dudosas y sospechosas.

Como él nunca ha estudiado bien para adquirir logros reales e información correcta, él por lo tanto, descuidadamente juega con las tradiciones de nuestro Santo Profeta (la paz sea con él y sus descendientes) y con los principios de las leyes musulmanas tratándolos tan irreverentemente como el soplo de viento trata a la paja y el salvado. Si se le hace una pregunta él no podrá dar una respuesta correcta. Él no merece la posición y la jerarquía que se le ha asignado.

Él está tan mal educado y tan mal informado que ni siquiera puede imaginar que el verdadero conocimiento está escondido en las mismas verdades que él se ha negado a aceptar, y que más allá del vuelo de su imaginación hay caminos para los demás para que alcancen las cumbres de la verdad y la sabiduría. Pero él se da buena cuenta de las condiciones desviadas y oscuras de su mente, por lo tanto, siempre que él no puede entender un problema, él trata de esconder su ignorancia.

Las sangres derramadas, debido a las penas capitales ejecutadas debido a sus juicios incorrectos, están gritando por retribuición y los herederos despojados de sus derechos, debido a sus decretos deficientes, se están lamentando por la injusticia.

Yo me quejo ante Dios de tales gentes que pasan sus vidas en este tipo de ignorancia y pecado y mueren pecando y dejando atrás sus malos ejemplos para que otros sean descarriados. Para ellos el Corán no tiene utilidad si está interpretado correctamente, y es de inmenso valor si se presta (su interpretación) a sus propósitos e intenciones pecaminosos al ser interpretado equivocadamente. No hay nada más dañino para ellos que la bondad y la justicia y nada más útil que el vicio y el pecado.

SERMON 23

OBSERVACIONES DEL IMAM ACERCA DE LAS DIFERENCIAS DE OPINION ENTRE LOS JURISTAS Y LOS QAZIS (JUECES) SOBRE UNA MISMA CUESTION DE LA LEY ISLAMICA.

La condición de estos juristas y Qazis, que pretenden estar bien versados en los principios de la Ley Musulmana, es tal que si una decisión es obtenida de uno de ellos sobre cualquier proposición y exactamente la misma proposición se somete al juicio de otro, el segundo jurista dará un juicio bastante contrario al primero. Y si todas esas decisiones discordantes y disparatadas son puestas ante la persona que es el jefe de ellos él aprobará cada una de ellas.

¿Cómo pueden surgir estas desviaciones y diferencias de opinión? Ellos creen en el mismo Dios, siguen al mismo profeta y aceptan el mismo Libro sagrado.

¿Ha ordenado el Señor dichas diferencias y discordancias salvajes y están ellos obedeciendo Sus órdenes? ¿O les ha prohibido Él que jueguen con los principios Divinos y están ellos desobedeciéndolo? ¿Han sido incompletas Sus revelaciones hechas al Santo Profeta (la paz sea con él y sus descendientes) y quería Él la ayuda de ellos para completarlas? ¿Son ellos Sus copartícipes y tienen el derecho a decir lo que ellos quieren y ha aprobado Él este arreglo? ¿O reveló Dios completamente la Ley Divina pero el Santo Profeta (la paz sea con él y sus descendientes) no cumplió su deber de impartirla y comunicarla al mundo y estas gentes están llenando los huecos dejados?

Alabado y Glorificado sea Dios; Sus órdenes fueron completamente reveladas y fueron transmitidas completamente por el Santo Profeta (la paz sea con él y sus descendientes). Él ha afirmado y declarado esto en varios lugares de Su Sagrado Corán: En una ocasión Él dice: "No hemos pasado por alto nada en el Corán", y otra vez: "Hay la explicación de todo en el Corán". En otro lugar se declara enfáticamente que "Varias porciones de este Libro se confirman y verifican entre sí y no hay discordia ni variación en él"; y luego hay una especificación bastante clara de que "Si estas revelaciones hubieran tenido otro origen que el Divino, habríais encontrado incongruencias y discordia considerables en sus diversas partes".

Recordad que para un observador casual el Corán parece un Libro muy fácil de entender e interesante pero los significados interiores de sus pasajes son mucho más extensos, profundos y difíciles de entender. Para los pensadores concienzudos su fascinación nunca cesará y sus maravillas nunca terminarán.

SERMON 24

MIENTRAS QUE EL IMAM DABA UN SERMON EN LA MEZQUITA DE CUFA, EL FUE INTERRUMPIDO POR AXUS IBN QAIS QUIEN DIJO QUE DICHO DISCURSO ES INSULTANTE SOLO PARA EL IMAM. LO SIGUIENTE ES UNA REFUTACION A DICHO COMENTARIO. AXUS ERA UN GRAN HIPOCRITA. EL FUE EL PRINCIPAL INSTIGADOR EN SIFFIN PARA LLEGAR A UNA TREGUA Y SALVAR A MOAWIAH DE UNA DERROTA. EL TAMBIEN TRAICIONO UNA VEZ A SU PROPIO CLAN Y CIENTOS DE ELLOS RESULTARON MUERTOS, SOLO PARA COMPLACER A JALID Y QUEDAR EN BIEN CON EL.

Tú, hijo malvado de un padre depravado, hipócrita hijo de un infiel, ¿qué vas a saber cuál parte de mi discurso es insultante y cuál es buena para mí? Que la maldición de Dios y de los hombres caiga sobre ti. Tú fuiste hecho prisionero dos veces, una por los árabes no-musulmanes y una vez por los musulmanes y en ambas ocasiones tu riqueza mal adquirida y tus conexiones familiares no te fueron de utilidad ni ayuda y no te pudieron proteger de quedar tras las rejas. Aquél que dirige y guía la espada del enemigo contra sus propios parientes merece ser odiado y aborrecido. Ni sus amigos ni sus enemigos pueden considerarse a salvo de su maldad.

SERMON 25

EL IMAM EXPLICA COMO Y DE QUIEN PODEMOS TOMAR LECCIONES PARA MODELAR O DAR FORMA A NUESTRAS VIDAS.

Si tan sólo tuvieseis un verdadero concepto de lo que pasará después de la muerte, habríais gritado de horror y temblado de miedo, e inmediatamente hubieseis obedecido las órdenes. Pero lo que los muertos han visto está oculto a vuestros ojos. No obstante, en la vida de cada quién no está lejos el tiempo en que la cortina será levantada y la muerte tocará a su puerta.

Si realmente tuvieseis deseo de ver, ganas de oír y anhelo de aprender, el Islam ha pintado imágenes vívidas, ha dado relatos verdaderos y ha tratado de explicar efectiva y simplemente lo que va a ser el final de la vida, y lo que va a suceder después de la muerte.

Es una verdad que yo repito que el Islam os ha mostrado un camino de salida de estos horrores explicándoos qué hacer y qué no hacer.

Aparte de las enseñanzas del Islam, ¿no hay en la historia de las naciones y en las vidas de los grandes hombres suficiente material en el cual podéis hallar advertencias? ¿No os han explicado ellas que el final inevitable de la vida es la muerte, y a dónde conducirá la muerte?

¿Quién podría, además de los profetas de Dios, ser mejor mensajero de Dios que la historia del hombre?

SERMON 26

COMO ENFRENTARSE AL DESTINO EL DIA DEL JUICIO

El Cielo y el Infierno están ambos frente a vosotros, y la muerte como curso de la naturaleza os está conduciendo hacia vuestro fin.

Reducid la carga de vuestros pecados y vicios para que podáis seguir el viaje con facilidad y podáis sentiros felices de abrazar vuestro destino.

Aquéllos que se fueron antes están esperándoos.

SERMON 27

HUBO UN TIEMPO EN LAS VIDAS DE TALHA Y ZUBAIR EN QUE EMPEZARON A AMBICIONAR EL CALIFATO O

AL MENOS LA GUBERNATURA DE ALGUNAS DE LAS PROVINCIAS RICAS PARA ELLOS Y SUS HIJOS. ELLOS SE ENCONTRARON AL IMAM EN SU CAMINO. Y COMO ELLOS FUERON, REALMENTE, LOS RESPONSABLES DE LA MUERTE DEL CALIFA UTHMAN, ELLOS SINTIERON QUE SI ELLOS DECLARABAN FALSAMENTE AL IMAM CULPABLE DE DICHO ACTO ELLOS LOGRARIAN ALEJAR DE SI MISMOS LAS SOSPECHAS Y GANARIAN SEGUIDORES ALREDEDOR DE ELLOS O HARIAN QUE ALGUNAS GENTES SE ALEJARAN DEL IMAM. ELLOS EMPEZARON LA PROPAGANDA DE QUE EL IMAM HABIA SIDO RESPONSABLE DE ESTE ASESINATO. EL IMAM SE LOS REPROCHA EN ESTE SERMON Y LES DIJO QUE MORAL Y EFECTIVAMENTE ELLOS ERAN RESPONSABLES DEL HECHO. EL TAMBIEN LES ADVIRTIO QUE FRUSTRARIA SUS PLANES, ACEPTARIA SU DESAFIO Y LOS DERROTARIA APLASTANTEMENTE. Y ESO REALMENTE SUCEDIO, TALHA Y ZUBAIR FUERON MATADOS DURANTE LA BATALLA DEL CAMELLO (BASORAH). COMO DATO HISTORICO, TALHA FUE ASESINADO POR SU COMPAÑERO MARWAN EN AJUSTE DE VIEJAS CUENTAS, HABIA DIFERENCIAS ENTRE LOS LADRONES; Y ZUBAIR FUE MATADO POR UN MUSULMAN FANATICO FUERA DEL CAMPO DE BATALLA. EL HIJO DE ZUBAIR, ABDULLAH, Y MARWAN, LOS DOS ARCHI- INSTIGADORES FUERON HECHOS PRISIONEROS Y RESULTO UNA DESASTROSA DERROTA PARA SUS EJERCITOS. EL IMAM ENTONCES NO SOLO LOS PERDONO, MUY MAGNANIMAMENTE, Y LIBERO A ABDULLAH Y A MARWAN, SINO QUE TAMBIEN MOSTRO LA MISMA GENTILEZA Y PIEDAD PARA CADA SOLDADO DE LOS CAPTURADOS, Y ENVIO ᶜA'IXAH CON MUCHO RESPETO Y CABALLEROSIDAD DE REGRESO A MEDINA.

¡Tened cuidado! Satanás ha incitado a sus tropas y ha reunido a sus ejércitos contra la verdad y la justicia. Sus súbditos quieren una inequívoca licencia para llevar a cabo la opresión y la tiranía. Ellos desean libertad sin trabas para mentir tan sonoramente y tan constantemente que sus mentiras puedan ser tomadas por verdades.

Por Dios! Al calumniarme y acusarme falsamente no han dejado ni una mentira sin decir y han resuelto hacer a un lado la honestidad, la verdad y la justicia. Ellos quieren poner sobre mí la responsabilidad de cumplir con un deber, el cual ellos mismos han descuidado, una obligación que ellos han abandonado, y venganza por una sangre que en realidad ellos derramaron. Si yo hubiese tenido parte en este asesinato ellos tampoco podrían escapar de la responsabilidad de su participación en él. Y si ellos lo hubiesen hecho sin mi consejo - como es la verdad- entonces sólo ellos son culpables de ello y nadie más debería ser considerado responsable del hecho ni debería ser castigado por ello.

Sus argumentos trabajan contra ellos mismos y prueban que sus acusaciones que me hacen son irrazonables e ilógicas y no pueden pasar la prueba de la piedra de toque de la verdad y la razón.

Ellos tratan de revivir los cismas y herejías muertos esperando así ganar apoyo mediante falsas acusaciones, pero ellos no se dan cuenta de que la falsedad no posee ninguna habilidad inherente para apoyar ninguna causa.

El triste desengaño y la frustración aguarda a aquéllos que, creando afirmaciones irrazonables y absurdas, me retan a pelear. Dios el Todopoderoso sabe que, persiguen ellos; yo acepto obedientemente y de buena gana Su orden y defenderé la religión y la fe. Si ellos no aceptan mi consejo ni obedecen mis órdenes entonces yo tendré que pelear contra ellos. Ése será el único camino abierto para derrotar la falsedad y el cisma y para defender la verdad y la justicia.

¿No es cosa de profunda sorpresa el que ellos me desafíen para una guerra formal y una lucha? Triste será el resultado para ellos si olvidan mi pasada actuación y me subestiman. ¿Alguna vez he tenido miedo de la batalla? ¿Alguna vez he parpadeado ante un adversario? ¿Osó alguien atemorizarme alguna vez? Yo aplastaré su mundo alrededor de sus oídos. Tengo plena fe en mi religión y confianza en Dios.

SERMON 28

EN ESTE SERMON EL IMAM ACONSEJA A LOS POBRES QUE NO ENVIDIEN A LOS RICOS Y ACONSEJO A LOS RICOS APOYAR Y AYUDAR A LOS POBRES.

Todo lo que un hombre recibe en forma de hijos o riquezas y poder está decretado. Estas bendiciones caen como lluvia trayendo felicidad y plenitud al llegar. Y tal como las gotas de la lluvia, su número está predestinado, lujoso y abundante en muchos casos y escaso y raquítico en muchos otros.

Así, si encontráis que algunos de vuestros hermanos tienen muchos hijos y riquezas, no lo envidiéis ni tratéis de herirlos o dañarlos.

Uno debe trabajar y esforzarse para mejorar uno mismo; y a menos que un musulmán adopte tales formas de vida que su publicidad y su conocimiento por los demás pueda traer desgracia y vergüenza para él, él, podrá esperar recompensa razonable a sus esfuerzos y desempeño.

Feliz es el destino del hombre piadoso que es honesto en sus tratos; él espera con agradable anticipación cualquiera de los dos regresos; él está feliz y complacido de encontrar la muerte dondequiera que ésta llegue, o sea, que siempre está listo para ir cuando se le llama, y, si se le concede una larga vida está satisfecho y feliz con todo con lo que lo ha bendecido el Dios Misericordioso.

Por supuesto, los hijos y las posesiones mundanas son prados y campos florecientes de este mundo, pero las buenas obras conducirán hacia los jardines del Cielo y a muchos, por medio de Su Bondad y Misericordia, Dios los ha bendecido con ambos.

Verdaderamente, debéis temer a Dios y recurrir honestamente a las buenas obras, no debería haber hipocresía en vuestras acciones; ya que Dios no recompensará la hipocresía. Si uno ha sido bueno sólo por razón de hacer alarde, entonces él deberá esperar sólamente la recompensa del mundo.

Pero si uno desea alcanzar las exaltadas posiciones de los mártires y la compañia de los profetas y de los santos en el Cielo, entonces éstas sólo pueden ser alcanzadas por medio de la bondad y la honestidad.

Recordar que por rico que un hombre pueda ser él no se puede encontrar a sí mismo por encima de la ayuda y de las buenas opiniones de su gente, él no puede prescindir de la simpatía de ellos; ellos son sus mejores amigos en las desgracias y calamidades, y son una buena protección contra la difamación y la calumnia.

La buena reputación que un hombre generoso deja tras de sí siempre es miles de veces mejor que las riquezas y posesiones que él deja como herencia para otros.

Estad alertas de que si cualquiera encuentra pobreza, destitución y hambre entre sus gentes y se niega a extender una mano de ayuda, él no incrementará su riqueza por tales medios, mientras que lo que gaste en caridades no disminuirá su riqueza ni lo reducirá a la pobreza.

El que se abstiene de ayudar a sus gentes, debe recordar que ha retirado su

mano y que cuando él esté en necesidad miles de manos se abstendrán de ayudarlo.
Aquél, cuyo comportamiento con sus gentes sea bueno, se gana amor y devoción duraderos.

SERMON 29

LA PIEDAD SIEMPRE TIENE RECOMPENSA A LA LARGA

Por mi vida, yo nunca he mostrado piedad inmerecida hacia los enemigos de Dios o hacia quienes dañan la religión con sus palabras y obras. Oh musulmanes! Temed a Dios, seguid el camino que Él ha fijado e iluminado para vosotros y obedeced Sus órdenes.
Y si vosotros no sois recompensados en esta vida, yo os garantizo vuestra recompensa en el Más Allá.

SERMON 30

CUANDO EMPEZARON A LLEGAR LAS NOTICIAS AL IMAM DE QUE LAS HORDAS DIRIGIDAS POR MOAWIAH ESTABAN ATACANDO A PUEBLOS FRONTERIZOS E INCLUSO HABIAN TOMADO POSESION DE ALGUNOS DE ELLOS; CUANDO DOS DE SUS GOBERNADORES, ABDULLAH IBN ABBAS Y SAᶜID IBN NUMRAN CORRIERON DE REGRESO A CUFAH DEJANDO SUS PROVINCIAS DESPROTEGIDAS Y SIN DEFENSA; Y CUANDO EL IMAM SUPO QUE LA HUIDA DE ABDULLAH IBN-ABBAS FUE TAN PRECIPITADA QUE INCLUSO DEJO A SU ESPOSA DOS NIÑOS PEQUEÑOS, LOS CUALES FUERON BRUTALMENTE ASESINADOS POR BUSER IBN ARTHATH, EL COMANDANTE DE LOS EJERCITOS DE MOAWIAH; EL IMAM SE SINTIO MUY TRISTE Y MOLESTO POR SU NERVIOSIDAD PARA ENFRENTARSE A LA GUERRA Y A SU FALTA DE DESEO DE ACEPTAR LA DISCIPLINA Y DE OBEDECER ORDENES. EL DIO EL SIGUIENTE SERMON.

Me queda muy poco para controlar y en qué confiar aparte de Cufah, Pero Oh Cufah!, si incluso tú me traicionas y si se alzan contra mí tormentas de oposición dentro de tus límites entonces tengo razón en sentirme triste, decepcionado y apesadumbrado.

Me han llegado noticias de que Buser ibn-Arthath ha llegado a Yamun, y me temo que sus ejércitos también capturarán esa provincia, vosotros estáis destinados a ser derrotados porque vosotros no haríais los sacrificios necesarios por la causa y la ocasión; y porque ellos preparan acción colectiva y se ayudan entre sí aunque estén equivocados, y vosotros no podéis controlar los intereses conflictivos y egoístas en una guerra aunque estéis del lado de la verdad y la justicia. Aun después de conocerme tan bien no habéis considerado adecuado reconocer mi valor y obedecer mis órdenes, mientras que ellos están unidos en obediencia a su dirigente Moawiah aunque él los está conduciendo al vicio y al pecado y a la infamia y el infierno. Ellos son honestos con su líder, y vosotros tratáis de engañarme en toda ocasión. Ellos están resolviendo sus asuntos muy bien, pero vosotros no sois competentes para llevar a cabo una buena administración.

Oh Señor! Estoy harto de estas gentes y ellos odian la forma de vivir honorable, sincera y religiosa que yo quiero que sigan. Ellos me odian a causa de ello y yo aborrezco y detesto sus motivos viciosos y pecaminosos. Ablanda sus corazones hacia la verdad y la religión o dame mejores gentes y dáles un gobernante peor que yo (29).

En lugar de estas gentes ojalá que yo tuviera conmigo sólo mil jinetes del clan de Bani Fars ben Ghunim, que eran tan rápidos en responder al llamado y tan diligentes para atender al deber.

SERMON 31

EN ESTE SERMON SE ARROJA ALGUNA LUZ SOBRE LAS TRES FASES DE LA HISTORIA DEL ISLAM: PRIMERO ACERCA DE LA CONDICION DE LOS ARABES ANTES DE EL ISLAM Y LO QUE EL ISLAM QUERIA LOGRAR PARA ELLOS; EN SEGUNDO LUGAR LA RAZON POR LA QUE EL IMAM NO DIO PASOS SERIOS PARA DEFENDER SU CAUSA HASTA ANTES DE LA BATALLA DE BASORAH (DEL CAMELLO); Y TERCERO COMO REGATEO MOAWIAH POR LA AYUDA Y ALIANZA DE AMR IBN AAS. APARENTEMENTE ESTE

SERMON FUE DADO ANTES DE LA BATALLA DE SIFFIN. PARECE QUE SAYED RAZI NO PUDO RECOPILAR EL SERMON COMPLETO, Y TODO LO QUE PUDO ASEGURAR FUERON TRES PARRAFOS DESUNIDOS DE UN SERMON GRANDE EN EL CUAL EL IMAM HABIA ACONSEJADO A SUS SEGUIDORES QUE SE ALISTARAN A DEFENDERSE, DANDOLES UNA BREVE RESEÑA DEL CAMBIO QUE EL ISLAM QUERIA PRODUCIR EN SUS MANERAS DE VIVIR, EN SU IDEOLOGIA Y SU VISION, Y DE LOS ESFUERZOS INCANSABLES DE LAS FUERZAS MALVADAS EJERCIENDOSE—EN EL PRINCIPIO ABIERTAMENTE Y MAS TARDE CUBIERTAMENTE, PERO SIEMPRE INCESANTEMENTE.

Oh árabes! ¿Os habéis dado cuenta de en qué estado os encontrabais cuando Dios, el Misericordioso, asignó a Muhammad (la paz y bendiciones de Dios sean con él y con sus descendientes) como Su Profeta y lo escogió como mensajero de Revelaciones Divinas fiel y digno de confianza?

Vosotros estabais siguiendo una perversa ideología y llevabais una vida malvada. Vivíais en cabañas sucias y casas impuras—entre piedras suras y serpientes letales. Comíais alimentos odiosos y poco saludables y bebíais agua lodosa y sucia. Os odiabais histéricamente unos a otros luchando incluso contra vuestros parientes y amigos y matándolos. Habíais colocado ídolos para adorarlos. Vuestras vidas y vuestros ambientes, vuestra religión e incluso vuestra salvación estaban totalmente envueltos y encerrados en vicio y pecado.

(OTRA PARTE DEL SERMON)

Yo investigué la situación en la que yo me hallaba y llegué a la conclusión de que nadie, excepto mis parientes - tan pocos en número - vendría en mi ayuda contra las fuerzas antirreligiosas que se han reunido violenta y vehementemente para alterar y derrocar los principios básicos que por tanto tiempo habían confundido y enfurecido a ellos. Sufrí en silencio la amarga decepción porque yo no quería que mis protectores fueran asesinados tan salvaje y despiadadamente.

(OTRA PARTE DE ESTE SERMON)

Amr ibn Aas no se rendía a los intentos de Moawiah a menos que se le pagara un precio increíblemente alto por la pecaminosa alianza. La ayuda para el pecado tan caramente regateada no puede traer éxito a su comprador, y la alianza procurada tan viciosamente sólo puede terminar en infamia y pecado. Amigos míos, vosotros sois ahora abundantemente capaces y fuertes para defenderos a vosotros mismos y a vuestra religión, alistáos y equipáos —hacedlo rápidamente pero no con histeria. El fuego de la guerra ha sido encendido, ha empezado a arder furiosamente, sus llamas pueden verse aun desde aquí. Soportad los sufrimientos con paciencia porque nada sino la paciencia os traerá el éxito.

SERMON 32

ESTE SERMON ES EN ALABANZA DE LA YIHAD (LUCHA EN DEFENSA DEL ISLAM), LO QUE ESTA SIGNIFICA Y LO QUE PUEDE HACER POR UNO. EL IMAM TAMBIEN COMENTO LOS MERITOS DE LA VALENTIA Y CONDENO LA COBARDIA. EL TAMBIEN DENUNCIO A QUIENES FALLAN EN SEGUIR SUS ORDENES.

EL FAMOSO HISTORIADOR FRANCES, INVESTIGADOR ERUDITO Y ORIENTALISTA, GABRIEL ENKIRI EN SU IGUALMENTE FAMOSO LIBRO "LE CHEVALIER DE ISLAM" DICE QUE: "En el carácter súmamente superfino, grande y noble de Alí había dos aspectos que, es difícil creer que puedan estar unidos en un solo hombre. Aparte de Alí, la historia no puede mostrar ningún otro hombre que haya manifestado estas dos cualidades a un mismo tiempo, y cada una de manera tan marcada que nadie puede sobrepasarlo y muy pocos pudieron alcanzarlo. Él fue el más grande mariscal de su época (e incluso de todas las épocas) y él fue el hombre más sabio que podía explicar y explayarse acerca de la religión, filosofía, ciencia, sicología y ética, en un estilo que no fue ni puede ser mejorado; lo que es más, el fue tan gran orador que sus discursos os encantan aún después de 13 siglos después de su muerte".

EN ESTE SERMON COMO EN TANTOS OTROS EL IMAM DEJO UN DIBUJO DE ESTOS ASPECTOS DE SU CARACTER. QUISIERA TENER EL DOMINIO DEL LENGUAJE PARA PODER MOSTRAR LA FUERZA QUE TRANSMITEN SUS PALABRAS, EL SENTIMIENTO QUE ELLAS TIENEN Y LA DECEPCION POR EL COMPORTAMIENTO DE LA GENTE QUE ELLOS EXHIBIAN:

LAS GENTES QUE PROMETIERON DEFENDER EL ISLAM Y LO TRAICIONARON EN LA PENULTIMA HORA. A LA EDAD DE 60 AÑOS EN LOS CAMPOS DE BATALLA DE BASORAH (EL CAMELLO), SIFFIN Y NAHARWAN, EL IMAM FUE TAN GRANDE MARISCAL Y SOLDADO COMO LO FUE EN BADR, UHUD, KHANDAK Y HUNAYN, CUANDO ESTABA EN PLENA JUVENTUD. Y AL MISMO TIEMPO DESDE EL PULPITO EL FUE UN ORADOR Y PREDICADOR TAN GRANDE COMO EL MUNDO NO VIO ANTES NI VERA OTRA VEZ. SU MENTE CONOCEDORA ESTABA MUY FAMILIARIZADA Y BIEN VERSADA EN FISICA Y METAFISICA, EN FILOSOFIA Y RELIGION, EN PSICOLOGIA Y ECONOMIA, Y EN RETORICA Y ETICA, Y EL TRATO DE TRANSMITIR LO MAS QUE PUDO DE ESTE CONOCIMIENTO A QUIENES LO ESCUCHABAN, Y LO QUE ELLOS PUDIERAN ENTENDER Y CAPTAR.

Por supuesto, la Yihad, la lucha en defensa de la religión y la humanidad, es una de las puertas del Cielo que Dios ha dejado abierta para Sus amigos privilegiados. Es, en efecto, una armadura diseñada por Él para la defensa de Su causa, y un fuerte escudo para proteger a Sus amigos de Sus enemigos y adversarios de la humanidad.

Quienquiera que se aparte de ella, con aversión, será castigado con la desgracia; será visitado por los sufrimientos y calamidades; recibirá humillaciones en vida; y sus facultades de alcance, previsión y capacidad serán aminoradas. Como él ha rechazado el honor de defender su fe, su curso será desviado de la senda de la Verdad; el mundo lo despreciará y lo tratará con humillación y desdén; y se le negará la justicia.

¿No os he estado aconsejando constantemente que os levantéis, individual y colectivamente, para defender a vuestra religión contra estos enemigos de Dios? ¿No os he dicho frecuentemente que algunas veces el ataque es la mejor forma de defensa? Juro por Dios que las gentes que han esperado para que la guerra venga a sus puertas han esperado por la ruina y la desgracia. Pero vosotros habéis tratado de pasaros la responsabilidad de uno a otro y os negasteis a venir en ayuda de cada uno de los demás hasta que el pillaje y los ataques descendieron sobre vosotros, y vuestro país os fue arrebatado. Los ejércitos de Sufyán ibn Auf invadieron vuestra provincia, ellos mataron a Hussán ibn Hussán y sacaron a vuestro ejército de su territorio.

Se me reporta que esos vándalos saquearon las casas de musulmanes y no musulmanes, arrebatando las joyas del cuerpo de las mujeres; qué más podían hacer esas pobres mujeres sino gritar pidiendo ayuda y misericordia, y nadie vino en su auxilio. Esos invasores regresaron sin ser dañados cargados con el botín saqueado de las casas de los musulmanes y los no musulmanes. Si un musulmán se muere de pena al oír estas noticias degradantes, yo no lo culparé sino que lo consideraré como una persona digna.

No es sorprendente que los enemigos de Dios puedan cooperar y coordinarse para la tiranía y la opresión contra el hombre y la religión, y vosotros no podáis uniros para defender la causa de la justicia y la verdad; por el contrario estáis desunidos y desorganizados.

La pena y la vergüenza van a ser vuestra porción. Os habéis convertido en blancos contra los cuales se dirigen las flechas y no os podéis defender; estáis siendo saqueados y no podéis protegeros; estáis siendo invadidos y os sentáis quietos con las manos dobladas; y las órdenes de Dios están siendo desobedecidas ante vuestros ojos y vosotros estáis actuando como testigos complacientes.

Si yo os pido que marchéis en el verano vosotros queréis que yo espere hasta que termine la temporada de calor, y si yo os ordeno que os movilicéis en invierno venís con una petición de que retrase la operación hasta que termine la estación fría. Es porque no podéis soportar los rigores de las estaciones; y si no podéis enfrentaros a las estaciones nunca podéis enfrentaros a una espada desenvainada. Parece que sois hombres pero tenéis las mentes sin desarrollar de los niños y la timidez y nerviosismo de las mujeres acostumbradas a la molicie.

Ojalá que no os hubiera visto ni conocido. Pongo por testigo al Dios Todopoderoso de que el contacto con vosotros me ha traído vergüenza y sufrimiento. Vosotros habéis hecho sangrar mi corazón y habéis llenado mi mente de pena.

Al no seguir mis consejos y al desobedecer las órdenes de Dios vosotros habéis creado una situación en la que los Quraix han empezado a decir que aunque Alí es valiente, aún no conoce las tácticas de la guerra. Que Dios perdone a sus padres. ¿Hay uno entre ellos que tenga tanta experiencia de guerra como Alí? ¿Ha estado alguno de ellos más frecuentemente que Alí en la primera línea de ataque o ha actuado más frecuentemente como comandante?

Todos vosotros sabéis que yo entré al campo de batalla cuando ni siquiera tenía 20 años, y ahora tengo 60. ¿Están desperdiciadas en mí estas experiencias? No. Pero cuando los consejos de un dirigente no son seguidos él, naturalmente, no puede mejorar la situación.

SERMON 33

EN ESTE SERMON EL IMAM ACONSEJO A LAS GENTES QUE DEJARAN SUS FORMAS DE VIDA PECAMINOSAS Y QUE TRATARAN DE ALCANZAR LA SALVACION.

Es una verdad que la vida está pasando y ha pagado el peaje para su partida; el Más Allá está frente a vosotros y ha manifestado claramente su aproximación. Si queréis ganar Sus Bendiciones en el siguiente mundo, hoy es el único día que os queda en esta vida para que trabajéis para ello, mañana es el día para una recompensa; y la recompensa es el Cielo; el Infierno es el fin último de todos los que pasaron sus vidas sólamente en la búsqueda de placeres.

¿No hay uno entre vosotros que se arrepienta de sus obras antes de la muerte; compense por lo que haya hecho y haga el bien antes de que la calamidad de la retribución descienda sobre él?

¡Recordad! Vuestro hoy puede ser el único tiempo que os queda para esperar, anhelar y trabajar, y después de hoy puede estar el más grande vacío la muerte. Quienquiera que trabaje durante este período de expectación y esperanza (el período de vida asignado para él), recogerá la cosecha y la muerte no le dañará; pero la persona que no se preocupa en utilizar este período benéficamente, su tiempo y su trabajo son desperdiciados y la muerte le traerá calamidad.

Recordad: vuestro trabajo para Dios y el hombre durante este período de expectación, esperanza y respiro debería ser de los mismos estándares elevados de sinceridad y sumisión que adoptaríais cuando estuviereis enfrentándoos a peligros y ansiedades.

Creédme, yo no sé de ninguna bendición tan grande como el Paraíso y sin embargo aquéllos que lo buscan son tan perezosos y descuidados acerca de él. Y no sé de ningún castigo, tan formidable y perdurable como el Infierno y aquéllos que desean escapar de él le temen tan poco.

Recordad, el que no se beneficia por la religión, cae fácil presa del Demonio; y a quien la guía no puede conducirlo al Camino Recto, termina en calamidades y destrucción.

¡Recordad! Está decretado que la vida siga y a vosotros se os aconseja que construyáis para el siguiente mundo con pensamientos correctos y obras piadosas.

Temo por vosotros dos cosas: que podáis ser mal guiados por los deseos y que podáis ser seducidos por los pensamientos ambiciosos, evitad ambos y tomad de la vida cosas tales que os protejan del castigo en el Día del Juicio.

SERMON 34

EN ESTE SERMON EL IMAM ALI CENSURO LAS PALABRAS Y OBRAS DE LAS GENTES QUE LO RODEABAN, HABIAN JURADO OBEDECERLO Y PELEAR CONTRA LOS ENEMIGOS DEL ISLAM. PERO CUANDO LLEGO LA HORA DE LA ACCION ELLOS MOSTRARON TIMIDEZ Y COBARDIA. EL IMAM LES DIJO QUE MEDIANTE LA COBARDIA ELLOS NO PODIAN PROTEGER SUS PROPIOS HOGARES, MUCHO MENOS PODRIAN PROTEGER LOS HOGARES DE LOS DEMAS. ELLOS ESTABAN ESPERANDO LA VICTORIA SIN TRATAR DE LOGRARLA O MERECERLA.

¡Oh gentes! Aunque parezca que vivís juntos, vuestros puntos de vista y propósitos son divergentes. Vosotros hacéis alarde y habláis tan potentemente que vuestras palabras parecen lo suficientemente poderosas para romper duras rocas, sin embargo actuáis tan temerosamente como para tentar a vuestro enemigo a que os ataque más y más frecuentemente. Cuando os congregáis habláis como si fueseis a lograr un gran éxito, sin embargo cuando llega el tiempo para que luchéis por la causa de la verdad y la justicia, vosotros tratáis de impedir y evitar la lucha.

Quien acuda a vosotros pidiendo ayuda nunca logrará el honor y la gloria, y quien simpatice con vosotros nunca tendrá paz en su mente. Vuestras excusas y pretextos se deben a vuestras formas de pensar deficientes y erróneas. Vosotros queréis posponer la guerra, como un deudor moroso que inútilmente trata de posponer el día del pago.

Es cierto, que una persona dócil, despreciada y humillada no puede impedir la opresión y la injusticia; y que los derechos sólo pueden ser obtenidos por medio de los esfuerzos, el arrojo y el ejercicio.

¿La casa y el hogar de quién defenderéis cuando permitís que vuestros propios hogares sean saqueados y destruídos, y bajo la guía y el mando de quién lucharéis cuando me perdáis?

¡Por Dios! Quienquiera que confíe en vosotros es engañado terriblemente, quienquiera que trate de triunfar con vuestra ayuda está condenado al fracaso, y quienquiera que deseé llevar a cabo una guerra con vuestra ayuda está tratando de pelear con armas rotas e inútiles.

¡Por Dios! Ni creo en vosotros ni tengo esperanza en vuestro apoyo, ni puedo atemorizar al enemigo con vosotros.

¿Qué os pasa? ¿Cómo pueden vuestras mentes ser mejoradas? ¿Hay un remedio para vuestra enfermedad?

¿No os dais cuenta de que vuestros enemigos también son hombres como vosotros? Habláis de cosas sin entenderlas. No os importan los caminos y medios para el éxito debido a vuestra vida pecaminosa. Esperáis y aguardáis una victoria sin estar preparados para alcanzarla o merecerla.

SERMON 35

EN ESTE SERMON EL IMAM EXPLICO LAS CAUSAS DEL ASESINATO DEL CALIFA UTHMAN Y ACLARA QUE NO TIENE CONEXION ALGUNA CON ESTE INCIDENTE.

Si yo hubiese ordenado que él fuese asesinado, sin duda yo hubiera sido su asesino, y si yo hubiera impedido que la gente lo matara yo hubiera sido su auxiliador. Pero yo no tengo conexión alguna con ese asunto.

Aquéllos que acudieron a ayudar a Uthmán no pueden decir que fueran mejores que quienes desertaron de su lado, y aquéllos que lo abandonaron (30) no pueden decir que fueran mejores que sus protectores.

Pondré ambos lados del caso ante vosotros. Uthmán era voluntarioso y sumamente obstinado; y vosotros erais desordenadamente impacientes y precipitados. A Dios el Todopoderoso le toca juzgar entre el obstinado y el impaciente.

SERMON 36

EN ESTE SERMON EL IMAM ALI ACONSEJA A ABDULLAH IBN ABBAS CUANDO LO MANDO CON ZUBAIR IBN AWAM ANTES DE LA BATALLA DEL CAMELLO.

No te encuentres con Talha, él no está abierto a la convicción y el razonamiento. Él es arrogante y se comporta como un toro con la cabeza levantada y los cuernos apuntando hacia su espalda. Él está tratando de conducir a una chusma iletrada, ingobernable y malvada considerándolos dóciles y obedientes. Pero debes encontrarte con Zubair, él es razonable y considerado. Dile que tú tienes este mensaje de parte de su primo: "Tú me aceptaste en el Hidchaz como Califa del Profeta y como tu líder, pero en Irak te negaste a reconocer mis derechos. ¿Qué te ha hecho retractarte de tus palabras y acciones?"

SERMON 37

EN ESTE SERMON EL IMAM ALI ACONSEJO A LA GENTE QUE LLEVARAN UNA VIDA HONESTA Y PIADOSA Y LES EXPLICO LA CONDICION DE LA SOCIEDAD EN LA QUE ELLOS SE ENCONTRABAN.

¡Oh gentes! Es una realidad que vosotros os encontráis en épocas violentas y días crueles; tiempos que ponen a prueba a las almas de los hombres, tiempos en que las personas virtuosas son consideradas como malvadas y en que los tiranos y déspotas se están volviendo más y más opresivos y crueles, mientras que vosotros ni hacéis uso de vuestro conocimiento ni tratáis de mejorarlo; desgraciadamente ni siquiera os percatáis de la calamidad a no ser que os arruine.

Recordad que hay cuatro grupos mayores de gentes en este mundo: Primero están aquéllos que se abstienen del vicio, la villanía y la violencia porque son tímidos y cobardes, y porque ellos no tienen los medios necesarios ni suficiente riqueza.

Después están aquéllos que han desenvainado sus espadas, han vociferado abiertamente sus malas intenciones, y han reunido ejércitos alrededor suyo. Ellos están listos para cualquier forma de maldad y tiranía y han elegido despiadadamente poner el poder del mal adelante de todo. Ellos han vendido sus almas al Demonio a cambio de los beneficios mundanos que ellos ganan, a cambio de los ejércitos que dirigen y de los púlpitos desde los cuales predican la impiedad y el pecado. Pero verdaderamente es un mal negocio el trueque de vuestras almas y las bendiciones reservadas para vosotros recibiendo a cambio una vida viciosa y sus ilusiones.

Y hay algunos que en vez de tratar de ganar las Bendiciones de Dios con buenas obras sinceras, quieren asegurarse un lugar elevado en este mundo aparentando piedad y santidad. Ellos son hipócritas que pretenden ser humildes, honestos y abstinentes. El Dios Misericordioso no los ha expuesto al mundo y ellos con la conciencia tranquila se aprovechan maliciosamente de Su Benevolencia para ocultar sus pecados bajo el disfraz de piedad y virtud.

Por último hay gentes débiles de mente y depravadas en carácter. Ellos no pueden crear recursos ni pueden asegurarse la ayuda de los demás, y así se encuentran a sí mismos lejos de la riqueza y de las posiciones altas. Ellos también tratan de cubrir su humildad y pobreza bajo el disfraz de una vida religiosa y conformista, aparentando ser virtuosos y en paz con el mundo, aunque mañana, tarde y noche ellos no piensan en ninguna otra cosa más que en cómo adquirir riqueza y cómo asegurarse una alta posición en la sociedad.

Además de estos cuatro grupos mayores hay también una minoría insignificante de gentes temerosas de Dios a quienes su verdadero entendimiento de Su Grandeza y Poder no les permite ser villanos crueles y soberbios; y el temor al Día del Juicio no les permite llevar una vida frívola. Su situación es lamentable en los ambientes actuales. Ellos son segregados de la sociedad de sus semejantes, frecuentemente son aterrorizados, humillados y perseguidos. Algunos de ellos son trabajadores silenciosos, tratando sincera e inostensiblemente de atraer a las gentes hacia el Camino de Dios y la religión, mientras que otros, que ni siquiera pueden hallar oportunidad para esto, viven recluídos y frecuentemente rodeados de humillación y pobreza, aferrándose heróicamente a su misión. Ellos son como una persona arrojada al mar, con sus manos y sus pies atados y su boca amordazada; que ni pueden nadar hacia la seguridad ni pueden gritar pidiendo ayuda.

Ellos han cumplido su deber con el hombre y con Dios, y han tratado de hacer regresar a las gentes a la religión y la verdad hasta que fueron suprimidos tan despiadadamente que perdieron toda posición y prestigio en la sociedad, o fueron tan cruelmente matados que lo que queda de ellos es ahora una minoría insignificante.

Debéis daros cuenta de que una vida viciosa y la pompa y la gloria ganadas por medio del vicio en realidad son indignas. Renunciad al mundo así adquirido ya que es despreciable y siempre ha abandonado a quienes se enamoran locamente de él. Tomad una enseñanza del ejemplo de las vidas de otros antes de vuestras vidas se vuelvan páginas de la historia de las que otros tomen lecciones.

SERMON 38

ABDULLAH IBN ABBAS DIJO QUE EL IMAM IBA MARCHANDO A LA CABEZA DE SU EJERCITO A BASORAH. CUANDO EL EJERCITO SE DETUVO EN ZIQAR. EL ENCONTRO AL IMAM REMENDANDO Y REPARANDO SUS MUY VIEJOS Y GASTADOS ZAPATOS. IBN ABBAS MIRO ESTE ACTO DEL IMAM CON ASOMBRO; Y EL IMAM VIENDO LA EXPRESION DE SORPRESA EN SUS OJOS DIJO: "IBN ABBAS ¿CUAL CREES QUE SEA EL COSTO DE ESTE PAR DE ZAPATOS? IBN ABBAS CONTESTO: "NINGUNO SEÑOR, NI SIQUIERA EL COSTO DE LOS PARCHES QUE TIENEN, NO TIENEN NINGUN VALOR". EL IMAM DIJO: "IBN ABBAS, SI YO NO PUEDO ESTABLECER UN REGIMEN DE JUSTICIA Y VERDAD, Y NO PUEDO ERRADICAR LA TIRANIA Y LA IMPIEDAD ENTONCES EL VALOR DE ESTE CALIFATO ES MENOR PARA MI QUE EL COSTO DE ESTE PAR DE ZAPATOS". EL IMAM ENTONCES SE VOLVIO HACIA SUS OFICIALES Y LES DIRIGIO EL SIGUIENTE SERMON:

En verdad, cuando el Dios Todopoderoso envió a Muhammad (la paz y bendiciones de Dios sean con él y sus descendientes) como Su Mensajero y Profeta de la paz, no había ni una sola persona en Arabia que supiese algo acerca del Libro Celestial o que hubiese pretendido ser profeta. Nuestro Santo Profeta (la paz sea con él y sus descendientes) guió a los hombres hasta que ellos vieron el Camino Recto y encontraron la vía hacia la salvación; hasta que él les enseño a vivir simplemente y a pensar elevado; y hasta que él les trajo paz de corazón, fe y confianza.

Yo pongo a Dios como mi Testigo de que, junto con él yo también me esforcé en erradicar la ignorancia y la impiedad hasta que las mentes de sus seguidores fieles y veraces estuvieran completamente limpias de estos males. Durante esta labor yo nunca me sentí desanimado ni agotado ni tuve jamás temor a la oposición.

Mi misión, hoy, es la misma que lo fue en el tiempo del Profeta (la paz sea con él y sus descendientes). Yo lucharé hasta erradicar la impiedad y la injusticia, y hasta que yo establezca un gobierno de justicia y verdad — un régimen humano y celestial. ¡Por Dios! ¿Se han por fin rendido los Quraix a darse cuenta de quién o qué soy? Yo he luchado contra ellos y los vencí cuando eran infieles, y ahora lucharé contra ellos para eliminar su gobierno tiránico, injusto e impío.

Hoy yo sigo deseándoles el bien, como durante la época en vida del Santo Profeta (la paz sea con él y sus descendientes) y mi valor y determinación no se han deteriorado.

SERMON 39

EN ESTE SERMON EL IMAM EXPRESO SU PENA POR LAS CONDICIONES MENTALES DE LOS IRAQUIES, ADVIRTIENDOLES LOS RESULTADOS DE LA NEGLIGENCIA EN EL DEBER Y LA INDIFERENCIA HACIA LA RELIGION.

¡Sea pues! Cuando os digo que estoy cansado de aconsejaros y regañaros yo hablo más en dolor que en ira. ¿Qué os pasa? ¿Habéis realmente aceptado una vida viciosa y pecaminosa en vez de las Bendiciones Eternas? ¿Estáis satisfechos sinceramente con la humillación y la rebeldía en lugar del honor y la gloria?

Si yo os ordeno la Yihad contra los enemigos de Dios y de la religión vuestros ojos giran como si estuvieseis pasando por espasmos de un ataque de desmayo o sufriendo las agonías de la muerte. Aparentemente no tratáis de entender lo que se os enseña y así estáis asombrados y perplejos actuando como si estuvierais locos. La confusa condición de vuestras mentes es tal que os comportáis como camellos que han perdido a sus conductores y se lanzan en estampida nerviosamente y sin dirección si uno trata de congregarlos en un lugar.

He perdido por completo la fe en vosotros. Vosotros no sois el tipo de protectores en los que uno puede confiar, ni sois auxiliares tan honorables como para depender de vosotros. Sois inútiles y sin valor, paja para el fuego de la guerra. Vuestros enemigos os están haciendo tontos e intrigando contra vosotros y vosotros no sois rivales para ellos; ellos están día y noche planeando vuestra destrucción y vosotros sois insensibles al peligro; ellos están reduciendo las fronteras de vuestro reino y vosotros no os sentís preocupados por ello.

Juro por Dios que quienes se desertan y abandonan unos a otros y no adoptan una medida efectivamente colectiva para resistir a un enemigo siempre estarán sometidos y conquistados. Estoy positivamente seguro de que, en una batalla violentamente feroz cuando veáis morir a muchos y a otros muertos alrededor vuestro, vosotros desertaréis de mi lado.

Recordad que vuestra rendición a un enemigo, que despiadadamente quiere cortar vuestra carne en tiras, aplastar cada hueso de vuestro cuerpo y desollaros vivos o muertos, muestra lo incompetentes, cobardes y temerosos que sois. Estáis en libertad de adoptar tal curso de vida. En lo que a mí respecta, en vez de permitir al enemigo que gane una posición superior a la mía yo me defenderé con lo mejor de mi habilidad, y el resto le toca a Dios.

¡Oh gentes! Recordad que vosotros y yo tenemos deberes mutuos entre nosotros. Mi deber hacia vosotros es enseñaros las maneras de vida correctas, proporcionaros un estado de bienestar, elevar vuestros ingresos y niveles de vida para cada uno de vosotros, educaros e infundiros cultura superior. Vuestro deber hacia mí es que no violéis vuestra promesa de fidelidad a Dios y la Religión, serme leales incluso a mi espalda, aceptar la disciplina y obedecer las órdenes.

SERMON 40

SEGUN MOHAMMED IBN ABDAHU, MUFTI DE EGIPTO Y COMENTADOR DE LOS SERMONES DEL IMAM, CUANDO EL IMAM SE VIO ENFRASCADO EN LA BATALLA DE SIFFIN CONTRA MOAWIAH, Y EL EJERCITO DE MOAWIAH ESTABA A PUNTO DE SUFRIR UNA DERROTA DESASTROSA, ENTONCES EL COMANDANTE DE MOAWIAH, OMER-E-AAS SUGIRIO QUE ELLOS SOBORNASEN A ALGUNOS OFICIALES DEL EJERCITO DEL IMAM Y TAMBIEN USARAN EL RECURSO DE LEVANTAR EL CORAN EN LANZAS Y RINDIENDOSE Y DICIENDO QUE SE RENDIAN ANTE EL CORAN Y DESEABAN NOMBRAR UN ARBITRO QUE DECIDIERA ENTRE ELLOS SEGUN LAS REGLAS DEL CORAN. ESTE TRUCO TUVO EXITO. AUNQUE EL IMAM ACONSEJO A SUS OFICIALES QUE NO SE DEJARAN ENGAÑAR Y NO CONVIRTIERAN UNA VICTORIA APLASTANTE EN UNA TREGUA IDIOTA, AUN EL DINERO Y LA FIGURA DE UNOS CUANTOS TRAPOS

QUE FUERON LEVANTADOS EN LANZAS Y FUERON NOMBRADOS "CORAN" GANARON EL DIA, Y EXCEPTO UNOS CUANTOS OFICIALES FIELES Y CONFIABLES COMO MALIK-E- AXTAR Y QAYS IBN MAQEL, LOS DEMAS BAJARON SUS ARMAS Y SE DECLARO UNA TREGUA. SE NOMBRARON ARBITROS Y COMO LO PREDIJO EL IMAM, ESOS ARBITROS VENDIERON LA CAUSA DEL ISLAM JUNTO CON SUS ALMAS AL DEMONIO. ALGUNOS DE LOS SOLDADOS SE DIERON CUENTA DE SU TONTERIA Y VINIERON AL IMAM DISCULPANDOSE. FUE EN ESA OCASION CUANDO ESTE SERMON FUE DADO.

Al Dios Misericordioso siempre debe agradecerle aunque podáis estar pasando por tiempos difíciles o encontrando reveses y desgracias. Yo declaro que no hay dios excepto el Unico, el Todopoderoso, Él no tiene ni colega ni asociado, y declaro que Muhammad (la paz y bendiciones de Dios sean con él y sus descendientes) es Su siervo y Su Mensajero.

Quiero que aprendáis esta verdad obvia de que desobedecer el consejo de un amigo solícito y devoto y desobedecer la recomendación de un consejero experimentado y bien intencionado siempre termina en vergüenza y sufrimiento y resulta en lamentos y tristeza.

¿Recordáis el consejo que os dí con respecto a ese asunto de la arbitración? Era un consejo verdaderamente sincero y altamente valioso. Pero comportándoos como enemigos desconfiados y malintencionado o como seguidores sin fe e insinceros vosotros os negasteis a aceptar mi consejo hasta que me vi reluctantemente forzado a retirarlo. Perdisteis una oportunidad dorada, y ahora os dais cuenta de que es demasiado tarde. Ojalá que os hubieseis dado cuenta de esto a tiempo.

SERMON 41

LA BATALLA DE NAHARWAN TUVO LUGAR ENTRE EL IMAM Y LOS KHAREYITAS. LOS KHAREYITAS FUERON GENTES QUE ESTUVIERON EN EL EJERCITO DEL IMAM EN LA BATALLA DE SIFFIN. COMO SE DESCRIBIO EN LA NOTA AL SERMON 40; ELLOS FORZARON AL IMAM CONTRA SU MEJOR JUICIO, A ACEPTAR LA PROPO-

SICION DEL ARBITRIO. PERO CUANDO SU RESULTADO SE LES DIO A CONOCER Y CUANDO LAS PROMESAS HECHAS POR MOAWIAH NO FUERON CUMPLIDAS POR EL, ELLOS DECLARARON QUE EL IMAM HABIA COMETIDO UN ERROR AL ACEPTAR LA ARBITRACION, PORQUE NADIE PUEDE ARBITRAR EN LOS ASUNTOS DEL ISLAM MAS QUE DIOS. CON ESTE PRETEXTO ELLOS DECIDIERON PELEAR CONTRA EL IMAM Y REUNIERON UN EJERCITO DE MAS DE 12,000 SOLDADOS. AL PRINCIPIO EL IMAM NO QUERIA PELEAR CONTRA ELLOS Y ACONSEJO A SUS OFICIALES QUE NO INTERFIRIERAN CON ELLOS. ELLOS CONSIDERARON QUE ESTA BENEVOLENCIA DEL IMAM ERA DEBILIDAD Y ATACARON NAHARWAN, UN PUEBLO A LA ORILLA DEL EUFRATES, Y MATARON AL GOBERNADOR CON SU ESPOSA Y SUS HIJOS. LA POBRE MUJER ESTABA EMBARAZADA, Y DESPUES DE MATARLA ELLOS LE ABRIERON EL VIENTRE, SACARON EL BEBE Y CORTARON A LA POBRE CRIATURA EN PEDAZOS; ENTONCES EMPEZARON UNA ORGIA DE MATANZA Y SAQUEO, MATANDO A PERSONAS TAN FAMOSAS COMO SINAN-E-SAEDAWI Y A HARITH IBN MURRA Y A MUCHOS HOMBRES, MUJERES Y NIÑOS. ELLOS SAQUEARON MUCHAS CASAS DE NAHARWAN Y DE MUCHOS PUEBLOS CERCANOS. ASI EL IMAM SE VIO FORZADO A PELEAR CONTRA ELLOS. ESTA BATALLA SE EFECTUO EN NAHARWAN.

JUSTO ANTES DE LA BATALLA, EL IMAM LOS AMONESTO EN EL SIGUIENTE SERMON LLAMANDOLES LA ATENCION HACIA EL HECHO DE QUE FUERON ELLOS DE QUIENES HABIAN PROPUESTO LA ARBITRACION EN SIFFIN Y AHORA ELLOS HABIAN DESENVAINADO SUS ESPADAS CONTRA EL HACIENDO EXACTAMENTE LA MISMA ARBITRACION COMO CAUSA DE SU LUCHA CONTRA EL. ESTE SERMON CONTIENE UNA PREDICCION QUE SE CONVIRTIO EN REALIDAD Y CASI TODOS LOS

SOLDADOS DEL EJERCITO DE ESOS REBELDES FUERON MATADOS ANTES DE QUE TEMINARA EL DIA.

Quiero preveniros y aconsejaros contra esta batalla, pues no sea que todos vosotros podáis resultar muertos en ella, y el siguiente sol derrame su luz matutina sobre vuestros cuerpos mutilados y ensangrentados diseminados a lo largo del valle de este río. Vosotros y sólo vosotros seréis responsables de vuestra muerte; y moriréis sin justificar vuestra acción ante los hombres y Dios; no tenéis ninguna razón para declararme la guerra. Vosotros estáis enloquecidos con el deseo de la falsa grandeza de una vida pecaminosa, os ha confundido y os ha atrapado en sus redes.

¿No recordáis que desde el principio yo os aconsejé que no accedierais a la propuesta de arbitrio y tregua en Siffín? Pero comportándoos como amargos y acérrimos enemigos míos os negasteis a aceptar mi consejo; y me ví, con gran repugnancia, forzado a concederos vuestras demandas. Vuestra débil mentalidad y falta de juicio fue responsable de la pérdida. Pero ahora queréis dejar la responsabilidad ante mi puerta y lo hacéis causa de rebelión contra mí, aunque yo siempre os deseé el bien y nunca os sugerí cualquier cosa que os pudiera haber causado daño. Habéis sido viles y despreciables a así permaneceréis siempre.

SERMON 42

EN ESTE SERMON EL IMAM HA DESCRITO SU SINCERA LABOR, SU VALOR Y FORTALEZA EN LA CAUSA DEL ISLAM, EN COMPARACION CON OTROS MUSULMANES, ESPECIALMENTE DURANTE AQUELLOS DIAS TEMPRANOS CUANDO EL SANTO PROFETA (LA PAZ SEA CON EL Y SUS DESCENDIENTES) EMPEZO A PREDICAR EL ISLAM.

Yo permanecí de pie solo entre mis contemporáneos para dar la bienvenida a la Orden de Dios mientras que ellos se mantenían detrás con timidez. Yo me adelanté audazmente para defender la fe mientras que ellos se escondían nerviosamente sus cabezas bajo sus capuchas. Yo testifiqué sin vacilación el mensaje de Dios mientras que sus lenguas se hacían nudo por el miedo a los infieles. Yo caminé por la senda de la verdad bajo la Luz Divina, mientras que ellos se paraban quietos bajo nubes de incertidumbre y dudas acerca de la religión y de Dios. Yo nunca hablé en voz alta acerca de mis virtudes y nunca hice alarde de las recompensas aunque los rebasé a cada uno de ellos en lograr los Favores Divinos.

Poseyendo estos atributos y distinciones yo me elevé más alto que cualquiera de ellos y me paré solo en esa eminencia. Mi posición era firme como la de una montaña a la que ni el ciclón puede estremecer ni los tornados pueden romper. Ni una sola persona tiene causa justificable alguna para culparme o para encontrar falla en mí.

Todos aquéllos, a quienes la sociedad ha tratado con injusticia o los ha humillado injustamente, son respetables para mí y queridos para mí y yo aseguraré para ellos sus justas demandas y derechos, mientras que los arrogantes y déspotas usurpadores de los derechos humanos son despreciables a mi vista y yo los haré que regresen los derechos y privilegios usurpados perversamente.

Yo me he rendido alegremente a la Voluntad de Dios y de buena gana he inclinado la cabeza ante Sus mandatos.

Podéis creer que yo fuese capaz de forjar alguna mentira acerca de nuestro Santo Profeta (la paz sea con él y sus descendientes)? Yo fui la primera persona que lo aceptó como el Profeta de Dios, ¿cómo podría ser yo el primero en calumniarlo?. Por lo tanto, cuando deliberé acerca de mi situación llegué a la conclusión de que debo dar prioridad al cumplimiento de las promesas hechas al Santo Profeta (la paz sea con él y sus descendientes) en cuanto al problema de pedirle a las gentes que hagan el juramento de fidelidad a mí.

SERMON 43

ACERCA DE LA DUDA Y COMO SUPERARLA

Una idea que provoca una incertidumbre acerca de la religión se llama duda, y se llama así porque se parece mucho a la verdad y la realidad. Las gentes religiosas caminan a través de las tinieblas y la oscuridad de las dudas bajo la luz de la fe y la confianza en Dios. Pero los enemigos de Dios son movidos por el deseo de descarriarse y tienen oscuridad mental y falta de visión como sus guías.

¡Recordad! Aquéllos que temen a la muerte no escaparán de ella y aquéllos que desean la inmortalidad no la lograrán.

SERMON 44

EN EL AÑO 39 H. MALIK IBN KA'B ERA GOBERNADOR DE AIN-UT- THAMUR, UNA DE LAS PROVINCIAS BAJO EL GOBIERNO DEL IMAM. MALIK TENIA UN CONTINGENTE MUY PEQUEÑO DE CERCA DE 100 HOMBRES DE CABALLERIA. MOAWIAH, SIN NINGUNA DECLARACION DE GUERRA, ENVIO UN EJERCITO DE INVASION COMANDADO POR NUMAN IBN BAXIR. CUANDO LAS NOTICIAS DE ESTE ATAQUE LLEGARON AL IMAM, EL LLAMO A LOS MUSULMANES PARA QUE FUERAN EN AYUDA DE MALIK, Y AL VER LO COBARDES Y TEMEROSOS QUE SE VEIAN Y EL POBRE ESPECTACULO QUE DABAN, EL IMAM DIO EL SIGUIENTE SERMON. DESPUES DEL SERMON ADDI IBN HATHIM-E-THAI VINO AL IMAM CON MIL GUERREROS DE BANI THAI. EL IMAM LE DIO EL COMANDO DE UNA FUERZA EXPEDICIONARIA Y LE ACONSEJO QUE REUNIERA UNOS CUANTOS HOMBRES MAS. EL ESTABA OCUPADO CON LA MOVILIZACION CUANDO LLEGARON NOTICIAS DE MAALIK IBN KA'B DE QUE EL CON SUS 100 HOMBRES HABIA DERROTADO A LA HORDA DE 1000 SOLDADOS DE MOAWIAH.

Estoy cansado de gobernar a un pueblo como vosotros que son tan letárgicos para obedecer órdenes y tan indiferentes para atender vuestros deberes.

¿Qué os sucede? ¿Por qué os habéis vuelto tan débiles y miedosos? ¿Por qué no os levantáis para defender vuestros derechos y vuestra fe? ¿Qué clase de hombres sois? ¿No tenéis religión que os reúna y os haga ayudaros entre vosotros? ¿Ya no queda en vosotros sentido de honor y vergüenza para infundiros sentimientos de coraje y valentía?

Estoy parado entre vosotros exhortándoos a defender vuestro país y vuestra religión pero no prestáis atención a mi llamado y no os levantáis a obedecer las órdenes. Vuestra condición apática continuará hasta que sus malas consecuencias se hagan evidentes para vosotros, y entonces os daréis cuenta de la verdad y la importancia de mi consejo, pero será demasiado tarde.

Si me confío en vuestra ayuda será imposible vengar las injusticias cometidas contra nosotros e imposible alcanzar el fin deseado. Cuando os exhorto a ayudar a vuestros hermanos, empezáis a lamentaros como un camello que sufre un cólico, y manifestáis reluctancia como bestias de carga con la espalda lastimada. Y aquéllos de vosotros que, en respuesta a mi llamado, se ponían a mirar con atención eran una chusma de gentes tímidas y confundidas que se comportaban tan nerviosos como si estuvieran siendo arrastrados hacia la destrucción y como si realmente estuvieran enfrentándose a los horrores de una muerte terrible.

SERMON 45

COMO SE EXPLICO EN LAS NOTAS DE LOS SERMONES 40 Y 41, EN LA BATALLA DE SIFFIN EL IMAM HABIA ACONSEJADO A SUS SEGUIDORES QUE NO SE DEJARAN ENGAÑAR POR EL ASTUTO Y MALICIOSO ARDID DE MOAWIAH Y QUE NO ACEPTARAN LA TREGUA Y LA ARBITRACION, PERO LOS REGALOS EN DINERO EFECTIVO Y LA PROMESA DE MAS SOBORNOS, CON FALSOS JURAMENTOS SOBRE EL CORAN DE AMISTAD Y CAMARADERIA HABIAN GANADO A MUCHOS DE LOS OFICIALES SIN FE PARA EL BANDO DE MOAWIAH, Y EXCEPTO UNOS CUANTOS FIELES SEGUIDORES, EL RESTO SE NEGO A ACEPTAR EL CONSEJO DEL IMAM, Y CEDIERON. Y CUANDO MOAWIAH, HABIENDO ASI ASTUTAMENTE ESCAPADO DE UNA DERROTA APLASTANTE, TRATO AVARAMENTE A DICHOS OFICIALES Y VIOLO TODAS SUS PROMESAS, ELLOS SE DESILUSIONARON Y SE REBELARON TAMBIEN CONTRA EL. ELLOS SE HABIAN DESMORONADO ESPIRITUALMENTE, Y LOS DOLORES, TEMORES Y TRIBULACIONES QUE SIEMPRE RESULTAN DE TAL COMPORTAMIENTO DE PECADO LOS HICIERON DESESPERARSE. EN SU DESESPERACION ELLOS PUSIERON SOBRE EL IMAM LA CULPA DE LA TREGUA. COMO TODOS LOS CUERPOS POLITICO-RELIGIOSOS ELLOS QUERIAN UN SLOGAN PSEUDORRELIGIOSO PARA CONGREGAR A LAS GENTES ALREDEDOR SUYO PARA PELEAR

CONTRA EL IMAM. ELLOS ESCOGIERON EL LEMA "NO HAY GOBIERNO NI LEY MAS QUE LA DE DIOS". EL IMAN EN ESTE SERMON ACLARA ESTE SLOGAN Y EL FALSO SIGNIFICADO QUE ELLOS QUERIAN DERIVAR DE EL. EN CUANTO A EXACTITUD CRONO-LOGICA ESTE SERMON DEBERIA HABER PRECEDIDO AL SERMON 41, PERO SE HA SEGUIDO EL ORDEN ASIGNADO POR EL GRAN COMPILADOR SAYYED RAZI. EN ESTE SERMON EL IMAM EN NUMERO LOS DEBERES DE UN GOBIERNO BENEVOLO.

El slogan que ellos continúan repitiendo, es en sí mismo una verdad, pero ellos deducen un significado equivocado e infieren de él conclusiones dañinas para la humanidad.

¡Sí! No puede haber ley ni orden más que los de Dios; pero ellos infieren que nadie debería ser el rey o el gobernante de la humanidad más que Dios. ¿Cómo es eso posible? Necesariamente debería haber alguna forma de gobierno del hombre sobre el hombre. Debe haber un agente humano como gobernante, éste puede ser o un gobernante piadoso y benévolo o un gobierno malvado.

Un gobierno benévolo y religioso es necesario para que su bondadosa regerencia, los musulmanes y los no-mulsumanes por igual puedan prosperar y gozar de los frutos del esfuerzo de sus mentes y cuerpos; para que bajo su benigna protección Dios les conceda una vida feliz y un final pacífico; para que bajo su auspicio y gobierno ellos puedan florecer y crecer; para que bajo su estandarte ellos puedan defenderse de los enemigos; para que pueda haber seguridad de los caminos y seguridad de vida, honor, religión y del Más Allá; y para que ellos derechos y demandas de los pobres, humildes y oprimidos puedan serles asegurados arrebatándolos a las garras de los opresores ricos y poderosos para que las gentes virtuosas puedan ser protegidas de ser molestadas por los viciosos pecadores.

SERMON 46

EL IMAM DIO RAZONES DE POR QUE EL NO APRECIA LA DIPLOMACIA Y EL ENGAÑO. SU ENSEÑANZA ES QUE TANTO EL FIN COMO LOS MEDIOS DEBEN ESTAR POR ENCIMA DE TODO TIPO DE VICIO Y MALDAD. EL

DIJO QUE EL SABIA COMO ENGAÑAR, COMO DISIMULAR Y COMO SER DIPLOMATICO Y TENIA EL PODER Y EL MANDO PARA HACERLO, PERO EL TEMOR A DIOS SE LO IMPIDIO. POR LO TANTO EL FACTOR DE GUIA DE LA VIDA NO DEBE SER EL EXITO SINO EL TEMOR A DIOS'.

La fidelidad es, en efecto, un atributo humano que está relacionado con la verdad y la veracidad, y yo no conozco mejor protección para la humanidad contra el mal y los daños.

El que cree en la vida del Más Allá nunca recurrirá al engaño y la duplicidad. Pero desgraciadamente estamos pasando por tiempos en los que la mayoría de las gentes mundanas piensan que la hipocresía significa sabiduría y hacen creer a las masas ineducadas que el disimulo es la mejor forma de sagacidad.

Yo tengo suficiente conocimiento y sabiduría para saber lo que significan la diplomacia y el disimulo y tengo suficiente aptitud y autoridad para hacer uso de ellos, pero ante mí están los Mandamientos y prohibiciones de Dios el Todopoderoso que me protegen del pecado; sin embargo el hombre que no tiene respeto a la religión brinca a cada oportunidad de lograr provecho mediante el engaño, el disimulo y la diplomacia.

SERMON 47

POR MEDIO DE ESTE SERMON EL IMAM NOS ENSEÑO QUE LA AVARICIA Y LA AMBICION DESMEDIDA SERAN NUESTRA RUINA. LAS FORMAS VICIOSAS DE VIDA NO NOS PROCURARAN GANANCIAS MATERIALES DE NATURALEZA PERMANENTE. DEBEMOS DAR MAS IMPORTANCIA A LA VIDA DEL MAS ALLA.

¡Oh gentes! Yo temo mucho por vosotros especialmente debido a vuestra dos debilidades: una es vuestro anhelo de lograr y realizar todo deseo y ambición; y la otra es vuestra fe en las esperanzas y sueños. Recordad que la avaricia y la ambición os impedirán seguir el camino de Dios, y las ambiciones excesivas en esta vida os harán olvidar la siguiente.

Estad alertas de que el mundo frecuentemente voltea su cara lejos de vosotros y generalmente lo que queda de sus placeres para vosotros no es más que la humedad en un vaso de agua después de que ha sido volteado boca abajo y vaciado completamente. Estad conscientes de que el Más Allá está frente a vosotros.

Esta vida y el Más Allá son como dos madres y los seres humanos son como niños. Tomad la vida por venir como vuestra madre y no dejéis que este mundo os adopte como su hijo, porque en el Día del Juicio cada niño estará pegado a su madre.

Recordad que esta vida es un lugar de trabajo y no de juicio y que el Día del Juicio será el Día del Recuento y no de la acción.

SERMON 48

EL IMAM HABIA ENVIADO A YURAYR IBN ABDULLAH BAYALI COMO EMBAJADOR ANTE MOAWIAH, PIDIENDOLE A ESTE QUE HICIERA, COMO LOS DEMAS, EL VOTO DE ALIANZA AL IMAM. ŸURAYR ESTABA TODAVIA EN SIRIA CUANDO EL IMAM FUE INFORMADO DE QUE MOAWIAH NO ACEPTARIA AL IMAM COMO CALIFA Y ESTABA PREPARANDOSE PARA HACERLE LA GUERRA AL IMAM Y QUE EL IMAM TAMBIEN DEBERIA ALISTARSE. EN ESA OCASION EL IMAM DIO EL SIGUIENTE SERMON.

Mi preparación para la guerra cuando Yurayr aún está con Moawiah parece a los sirios como si yo estuviera cerrando la puerta de las negociaciones pacíficas y como si yo los estuviera forzando a rebelarse contra mí aun cuando ellos tuvieran un deseo genuino y sincero de hacer el voto de alianza a mí.

El hecho es que yo ya había fijado un plazo para el regreso de Yurayr. Si él se queda allá más de lo debido entonces la razón es una de estas dos: o él está siendo engañado por Moawiah o él se ha vuelto un rebelde contra mí.

Mi idea es enfrentarme a los hechos directamente y seguir mi obra fácilmente; así también vosotros sed fáciles, haced vuestro trabajo rápida pero no histéricamente, no os hace daño el estar listos y preparados para enfrentaros a vuestro enemigo.

He meditado plenamente en el problema y he considerado completamente todos los pros y los contras del caso. Me doy cuenta de que no me queda elección; o debo aplastar la rebelión por la fuerza o someterme al paganismo.

Para ahora ya debéis haberos dado cuenta de esta dura realidad (de cómo el Islam ha llegado a esta etapa) y de los peligros que hay por delante. El previo gobernante había introducido tantos cismas e innovaciones que las gentes empezaron a criticar; al principio ellos trataron de aconsejarlo y persuadirlo en contra del camino equivocado, y al caer en esto ellos se rebelaron contra él.

SERMON 49

CUANDO MUSQALA, HIJO DE HUBAYR XEBANI DEJO CUFAH Y HUYO HACIA MOAWIAH ADEUDANDO ALGO DE DINERO DEL TESORO DEL GOBIERNO, EN ESA OCASION EL IMAM DIJO:

Que Dios no perdone a Musqala ibn-Hubayr. Al principio él actuó como un jefe, pero al final huyó como esclavo. Él no les dio tiempo a sus ensalzadores para que terminaran sus elogios y antes de que ellos tuvieran tiempo de dar fe de sus buenas cualidades él los forzó a cambiar sus opiniones sobre él. Si él no hubiese huído lo habríamos forzado a pagar parte de su deuda y hubiéramos esperado por el pago del resto hasta que su condición financiera hubiere mejorado.

SERMON 50

ALABANZAS A DIOS Y CONSEJOS A LOS SERES HUMANOS

Todas las alabanzas sean sólo para Él, de Cuyos Favores nadie es privado, de Cuyas Bendiciones nadie es dejado destituído, y de Cuyas Bondades nadie debe desesperar. El que le reza a Él no tiene que sentir desgracia ni ignominia. Su Generosidad es eterna y Sus Bendiciones nunca terminarán. Este mundo es destructible por naturaleza y sus habitantes tendrán que desertarlo. Para las gentes de mente viciosa los placeres perecederos de esta vida son agradables, pero en realidad la vida se acaba rápidamente aunque uno pueda, no obstante, amarla cordial y locamente. Mi consejo para vosotros es que paséis por la vida en tal manera que llevéis con vosotros buenos resultados para el siguiente mundo; que toméis de la vida sólo aquellas cosas que os sean útiles para la próxima.

SERMON 51

DICHO POR EL IMAM EN OCASION DE SU VIAJE A SIRIA. EN REALIDAD ES UNA ORACION.

¡Oh señor! Yo te ruego que me dés Tu protección contra las dificultades del viaje, contra los sufrimientos de un triste regreso, y contra el hallar a mi familia y mi hogar sufriendo cuando regrese a ellos. ¡Señor! Tú eres el mejor compañero y guía en el viaje, y el mejor encargado bajo cuyo cuidado puedo dejar mi familia y mi casa; nadie más que Tú mi Señor, puede combinar estos dos atributos en símismo; ser mi compañero y mi guía a cuyo cuidado puedo confiar mi casa y mi hogar, y que cuide mi familia y mi fortuna si le pido que sea mi compañero y mi guía en mis viajes (porque nadie sino el Señor posee los atributos de Omnipresencia y Omnipotencia, de estar con todos y en todas partes en un mismo momento).

SERMON 52

EN UNAS CUANTAS PALABRAS EL IMAM PREDIJO EL FUTURO DE CUFAH Y CUAL SERA EL FINAL DE SUS OPRESORES.

¡Oh Cufah! Como que veo que te están tratando con poca cortesía, están siendo crueles contigo, te muelen con calamidades, y te fuerzan a través de tales catástrofes que estremecerían los cimientos de tu paz y prosperidad. Pero yo sé que el opresor que te tiraniza será castigado y procesado por Dios.

SERMON 53

EL IMAM DIO ESTE SERMON EN NOJAELA CUANDO IBA HACIA SIRIA A LA CABEZA DE SU EJERCITO.

Alabado sea Dios hasta que las noches sigan sucediendo y el mundo siga oscureciéndose y hasta que las estrellas continúen saliendo y poniéndose (o sea, hasta que la revolución de la tierra continúe; y como continuará hasta que el sistema solar continúe existiendo en galaxias y ellas continuarán mientras el Universo exista, por lo tanto significa que la alabanza a Dios continuará mientras los Universos continúen existiendo); alabado sea Dios Cuyas

Bondades nunca desaparecerán, Cuyos Favores son gratis y no necesitan pago.

Sabed que ya he hecho avanzar la vanguardia de mis ejércitos con instrucciones de que permanezcan en la rivera del Eufrates hasta nueva orden. Yo mismo he decidido cruzar el Eufrates y alcanzar el grupo de gentes que viven en la rivera del Tigris para que yo pueda hacerlos que peleen contra los enemigos del Islam y que os sean de ayuda.

SERMON 54

EN UN LENGUAJE MUY SIMPLE EL IMAM EXPLICO LA TEORIA COMPLEJISIMA DE LA ACEPTACION DE LA EXISTENCIA DE DIOS, Y COMO PUEDE UNO DARSE CUENTA DE SU EXISTENCIA.

Alabado sea Dios, Quien conoce los secretos de las cosas (Universo) y Cuyas pruebas de Existencia brillan en varias fases de la naturaleza. Ningún ojo físico lo ha visto ni lo verá. Pero quienes no lo han visto físicamente no pueden negar Su existencia, sin embargo las mentes de quienes han aceptado Su Existencia no pueden captar la verdadera esencia de la Naturaleza Divina. Su lugar es tan alto que nada puede concebirse como más alto. Él está tan cerca de nosotros que nada puede estar más cerca. La Eminencia de Su posición no lo ha colocado más alejado de Sus criaturas, y Su Cercanía no los ha puesto a Su nivel. Él no ha permitido a la mente humana que capte la Esencia de Su Ser, y sin embargo Él no ha permitido a la mente humana que capte la Esencia de Su Ser, y sin embargo Él no la ha impedido que se dé cuenta de Su Presencia. Varios aspectos del Universo fuerzan incluso a los ateos a aceptarlo (como el Gran Arquitecto del Universo), sin embargo Él está tan por encima de los conceptos de quienes niegan Su Existencia y también de quienes imaginan Sus Atributos en varias expresiones de la naturaleza.

SERMON 55

EN ESTE SERMON EL IMAM EXPLICA LAS CAUSAS DE QUE LAS GENTES SE DESCARRIEN EN LA RELIGION.

Ciertamente las causas de la discordia y la rebelión contra la religión son, que en oposición a las leyes establecidas en el Libro de Dios, las gentes siguen los dictados de sus mentes e introducen innovaciones y cismas, consecuentemente a pesar de las órdenes de Dios tales personas son consideradas jefes de religiones que no saben nada acerca de la religión.

El hecho es que, si se hubiese permitido que la falsedad se mostrase separadamente de la verdad, los buscadores de la verdad la habrían discernido fácilmente y se habrían mantenido alejados de la falsedad, las gentes no hubieran encontrado fácil el criticar la religión. Pero desgraciadamente los hombres empezaron a mezclar partes de verdad y de falsedad, y el Demonio se aprovechó de esta situación y logró el control completo de las mentes de sus seguidores; y sólamente pueden escapar de sus trampas las personas que han avanzado con la ayuda de Dios hacia las formas de meditación sobrias y racionales.

SERMON 56

EN LAS PRIMERAS ETAPAS DE LA BATALLA DE SIFFIN, MOAWIAH Y SUS EJERCITOS OCUPARON EL RIO EUFRATES Y CORTARON EL SUMINSTRO DE AGUA AL IMAM, RETANDOLO A TOMAR EL RIO POR LA FUERZA. EL IMAM VENCIENDO A LAS FUERZAS DE MOAWIAH TOMO POSESION DEL RIO Y LE PERMITIO AL EJERCITO DEL ENEMIGO EL USO LIBRE DEL AGUA. JUSTO ANTES DE LA BATALLA EL IMAM DIO ESTE SERMON.

El ejército de vuestro enemigo os ha desafiado a una batalla. O aceptáis la derrota y la humillación resultante o aceptáis el desafío y mojáis vuestras espadas con la sangre de vuestro enemigo y vuestras gargantas con el agua del Eufrates. Recordad que mientras estéis defendiendo el Islam si aceptáis la derrota y vivir como subordinados, esa vida sería peor que la muerte, pero si morís defendiendo vuestra fe, entonces en esa muerte hay vida eterna.

Estad alertas, Moawiah ha reunido hordas de gentes ignorantes; hay quienes él ha descarriado lo más posible y a quienes él ha ocultado la bondad de la verdad y la religión hasta que fanáticamente ellos han ofrecido sus gargantas como blancos para las flechas de la muerte.

SERMON 57

ESTE SERMON ES UNA ADVERTENCIA PARA AQUELLOS QUE CREEN QUE ESTE MUNDO Y LA VIDA SOBRE EL SON LAS COSAS IMPORTANTES DE LA CREACION, ELLOS NO CONCEDEN NINGUN VALOR A LA VIDA DEL MAS ALLA Y NO SE DAN CUENTA NI DEL ALCANCE DE LA MISERICORDIA, LA GENEROSIDAD Y LA BONDAD DE DIOS NI DE LA ENORMIDAD DE SUS PROPIOS PECADOS. ALGUNOS COMENTADORES CREEN QUE ESTE ERA UN SERMON MUY GRANDE QUE TRATABA DE LA DESTRUCTIBILIDAD DE LA VIDA SOBRE ESTA TIERRA, LA DEBILIDAD DE LA QUE LA CARNE HUMANA ES HEREDERA Y LA MISERICORDIA Y BONDAD DE DIOS HACIA SUS CRIATURAS. PERO COMO EL SERMON COMPLETO NO PUDO SER OBTENIDO COMO UNA UNIDAD, SUS DIVERSAS PARTES, COMO FUERON OBTENIDAS POR SAYYED RAZI, SE ENCUENTRAN DISPERSAS EN 'NAHY-UL-BALÄGHAH' APARECIENDO COMO SERMONES SEPARADOS.

Estad conscientes de que esta tierra y la vida sobre ella son destructibles, la naturaleza ha revelado completamente este hecho para vosotros. Todas esas cosas que os agradan aquí son perecederas, generalmente ellas se van de vosotros muy rápidamente. Este mundo lleva a sus habitantes hacia la muerte y el deterioro. Frecuentemente sus placeres terminan en penas y sufrimientos, y las brillantes esperanzas acaban en decepciones y desilusiones; recordad que sus gozos y alegrías nunca sacían, a menudo ni siquiera son suficientes.

¡Oh criaturas de Dios! Estad listos para la separación eterna de la casa cuyos habitantes están destinados a la destrucción y la terminación. Tened cuidado de que las esperanzas desordenadas os puedan engañar, no sea que empecéis a creer que el mero período de vuestra vida es una larga permanencia.

¡Por Dios! Si lloráis como una camella cuya cría ha muerto, os lamentáis como una paloma herida, rezáis e invocáis a Dios como un monje y renunciáis a vuestras familias y fortunas como ascetas; si hacéis todo esto para ganar el Favor de Dios o asegurar Su Perdón por aquéllos de vuestros pecados que han sido anotados por Sus Angeles, en mi opinion toda esta penitencia y aún mucha más no es suficiente para compararse favorablemente con la grandeza, inmensidad y alcance de Su Bondad y Benevolecia que Él derrama sobre los seres humanos o a la enormidad del castigo que, me temo, merecen vuestros pecados. (Vosotros nunca podéis daros cuenta de la Grandeza y Gloria de Su Benevolencia ni de la enormidad de vuestros pecados, y vuestros mayores esfuerzos no son suficientes para alcanzar la una ni para salvaros del castigo por los otros. Sólamente Su Misericordia y vuestra fe fiel y sincera en Él os pueden ayudar).

Aún si hacéis que vuestro corazón grite, os lastiméis los ojos por el llanto constante y aun si vivieseis la vida de un asceta hasta el fin del mundo, todos estos esfuerzos incansables vuestros no serán suficientes para compensar una gota de Su Compasión y Bondad, de Su Generosidad y Magnanimidad y de Su Misericordia y Caridad al dirdigiros hacia el camino de la verdad y la religión.

SERMON 58

EL IMAM EXPLICO EN LAS SIGUIENTES PALABRAS QUE TIPO DE ANIMALES PUEDEN SER SACRIFICADOS EN LA OCASION DEL ÏD-UL- ADHÀ.

Si las orejas y los ojos de un animal están sanos y saludables, es adecuado para el sacrificio aun si sus cuernos están rotos y aún si está ligeramente lisiado y cojea al ir al lugar del sacrificio.

SEMON 59

JUSTO ANTES DE LA BATALLA DE SIFFIN EL IMAM ESTABA TRATANDO AL MAXIMO DE ABSTENERSE DE LA GUERRA Y DEL DERRAMAMIENTO DE SANGRE RESULTANTE, PERO MOAWIAH ESTABA DESEOSO DE MEDIR LA FUERZA DE SU EJERCITO CONTRA LA DEL EJERCITO DEL IMAM, Y DEL LADO DEL IMAM NO SOLO LOS OFICIALES SINO TAMBIEN LOS SOLDADOS RASOS DE SU EJERCITO ESTABAN TAN ANSIOSOS DE UN ENCUENTRO CON EL ENEMIGO QUE ELLOS SE APIÑA- BAN ALREDEDOR DEL IMAM PARA SOLICITARLE SU

PERMISO PARA PELEAR. EN ESA OCASION EL IMAM DIO EL SIGUIENTE SERMON.

Estas gentes se amontonaron alrededor mío como camellos sedientos amontonandose alrededor del abrevadero cuando se les suelta para que beban. Ellos estaban demandando ansiosa y repetidamente mi permiso para la batalla hasta que empecé a sentirme aprehensivo de que ellos pudieran tratar de matarme o empezaran a pelear entre ellos y se mataran unos a otros. Yo consideré completamente las consecuencias aparentes e inherentes a una guerra y llegué a la conclusión de que sólo me quedaban dos alternativas: o pelear contra los rebeldes o traicionar las enseñanzas del Santo Profeta (la paz sea con él y sus descendientes). Yo adopté el primer camino ya que sentí que era más prudente que encarar el castigo en el Más Allá, y que la muerte para terminar esta vida era mucho mejor que la condenación eterna.

SERMON 60

EL IMAM SIEMPRE ESTABA EN CONTRA DE DERRAMAR SANGRE HUMANA Y CON ESTA RAZON EN MENTE POSPONIA EL INICIO DE LA BATALLA EN SIFFIN. EL TRATO LO MAS QUE PUDO DE EVITAR LA BATALLA Y DE ARREGLAR PACIFICAMENTE LA DISPUTA. CONTRARIO A ESTO SUS COMPAÑEROS ESTABAN MUY ANSIOSOS DE PELEAR Y CANSANDOSE DE LA DEMORA ELLOS EMPEZARON A DECIR QUE EL SE SENTIA NERVIOSO Y TEMEROSO. EL LES RESPONDIO CON LAS SIGUIENTES PALABRAS.

No es correcto que digáis que yo estoy vacilando en empezar la guerra porque tengo miedo a la muerte. Pongo a Dios como mi testigo de que nunca me importó si yo me acercaba a la muerte o si la muerte se acercaba a mí; y estáis igualmente equivocados al decir que el que yo posponga la guerra se debe al hecho de que yo no estoy plenamente convencido de la rectitud de mi causa y de la falsedad de las pretenciones de Moawiah y sus hordas asirias. ¡Por Dios!, yo nunca pospuse la guerra siquiera por un día más que con la esperanza de que algunos de los rebeldes pudiesen regresar a mí y por mi mediación ellos pudiesen ser guiados hacia la religión y al ver la luz divina ellos tratasen de iluminar sus vidas con ella. Esto me agrada más que el masacrarlos o el dejarlos en la oscuridad del pecado y el vicio, porque su condición actual de fe es tal que incluso la muerte no les va a traer paz y comodidad.

SERMON 61

DURANTE LA BATALLA DE SIFFIN EL IMAM VIO QUE AQUELLAS PERSONAS QUE MAS INSISTIAN EN QUE HUBIERA BATALLA; Y QUIENES ERAN LOS QUE MAS SONORAMENTE SE QUEJABAN POR LA DEMORA Y LOS MAS PRESUNTUOSOS DE SU VALENTIA, CUANDO LA GUERRA ESTALLO ELLOS DEMOSTRARON SER TIMIDOS Y COBARDES. EN EL SIGUIENTE DISCURSO EL LES EXPLICO LAS CONSECUENCIAS DE SU COBARDIA Y TEMORES Y LES DIJO QUE CLASE DE GENTES ERAN LOS QUE ACOMPAÑABAN AL SANTO PROFETA (LA PAZ SEA CON EL Y SUS DESCENDIENTES), CUAN ARROJADOS Y SINCEROS ERAN ELLOS EN LA CAUSA DE DIOS Y COMO AYUDARON A LOGRAR UN REFUGIO SEGURO EN MEDINA.

Aquéllos de nosotros que estábamos con nuestro Santo Profeta (la paz sea con él y sus descendientes) eramos tan arrojados y sinceros en el servicio del Islam que mientras defendíamos a nuestro Profeta (la paz sea con él y sus descendientes) y a nuestra religión peleábamos contra nuestros más queridos y más cercanos, y contra nuestros parientes. Y esta sinceridad nuestra incrementaba nuestra fe en Dios, nuestro deseo de someternos contentos y de buena gana a Su Voluntad, nuestro deseo más entusiasta de seguir el Camino Recto, nuestra voluntad para soportar pacientemente los sufrimientos o calamidades, y nuestro gusto por pelear al máximo de nuestra capacidad contra los enemigos de Dios y del Islam. Frecuentemente solía haber combates por parejas: una persona de cada bando venía a pelear contra la otra, generalmente solía ser lucha a muerte. Algunas veces vencíamos y otras veces algunos de los nuestros sufrían la derrota y la muerte.

Al fin, cuando Dios probó nuestra sinceridad de intención, la honestidad de nuestro propósito y la viveza de nuestra acción, Él nos envió la victoria y el éxito e hizo descender la derrota y la desgracia sobre nuestros enemigos, hasta que los musulmanes se volvieron una comunidad fuerte y poderosa, hasta que los musulmanes encontraron un país para vivir felizmente y a salvo en él, y hasta que el Islam se hizo popular entre las gentes.

Juro por mi vida, que si nos hubiésemos comportado como vosotros os estáis comportando ahora, si nosotros hubiésemos sido tan vacilantes y letárgicos como vosotros, el pitar de la fe no hubiera podido ser erigido y el árbol de la religión no habría florecido.

¡Por Dios! Vuestros pensamientos y obras os están haciendo daño y os traerán vergüenza y desgracia.

SERMON 62

EN ESTE SERMON HAY UNA PREDICCION DE QUE MOAWIAH GOBERNARIA EL MUNDO ISLAMICO DESPUES DE LA MUERTE DEL IMAM, Y QUE EL FORZARIA A LAS GENTES A QUE CALUMNIARAN Y ABANDONARAN AL IMAM, EL IMAM LES ACONSEJO A LAS GENTES LO QUE DEBERIAN HACER ENTONCES. ES UNA PREDICCION QUE SE CUMPLIO.

Ciertamente después de mi muerte seréis dominados y gobernados por un glotón con estómago como barril sin fondo. Él devorará todo lo que encuentre e incluso exigirá cosas que no estén disponibles.

Tened cuidado pues él os pedirá que me calumniéis y me desconozcáis. En lo que se refiere a la calumnia vosotros podéis obedecer sus órdenes ya que ello os salvará de su ira y tiranía y ello reivindicará la verdad de mi causa; pero en cuanto a desconocerme no deberíais hacerlo, porque yo soy un musulmán de nacimiento y yo fui el primero en testificar al Santo Profeta (la paz sea con él y sus descendientes) y en aceptar la orden de hacer la Égira con el Santo Profeta (la paz sea con él y sus descendientes) hacia Xobbe Abu Tälib.

SERMON 63

CUANDO MOAWIAH VIOLO LOS TERMINOS DE LA TREGUA DE SIFFIN Y EMPEZO A PREPARARSE PARA INVADIR CUFAH, EL IMAM DECIDIO NO ESPERAR EL ATAQUE DE MOAWIAH SINO INVADIR SIRIA EL

MISMO. EL LE PIDIO A LOS KHAREŸITAS QUE ACUDIERAN EN SU AYUDA PERO ELLOS SE NEGARON DICIENDO QUE COMO EL ERA EL LEGITIMO CALIFA NO DEBERIA HABER ACCEDIDO A LA ARBITRACION, YENDO CON ESTE ACTO DELIBERADAMENTE CONTRA LOS CANONES DE LA LEY MUSULMANA Y QUE SI EL ESTABA DISPUESTO A CONFESAR SU APOSTASIA Y A ARREPENTIRSE DE LA MISMA SOLO ASI ACUDIRIAN ELLOS EN SU AYUDA. EL, EN RESPUESTA A SU MENSAJE, HABLO ASI:

Que seáis castigados por Dios (por difamarme falsamente), que nadie quede entre vosotros para corregir vuestro punto de vista equivocado e introducir reformas en vuestra sociedad. Teniendo la fe que yo tengo en Dios y habiendo, en compañia del Santo Profeta (La paz sea con él y sus descendientes), defendido al Islam y los musulmanes en los campos de batalla y fuera de ellos, ¿vosotros esperáis que yo indebidamente confiese de apostasía sólo para complaceros? Sería incorrecto para mí el adoptar tal curso y si lo hago las gentes tendrán derecho para considerarme descarriado. El curso correcto para vosotros es desechar vuestros falsos puntos de vista y regresar al seno de la verdadera religión. Tened cuidado porque vuestra política descarriada os traerá muerte y destrucción, y me temo que en un futuro cercano los tiranos y los opresores tendrán por hábito el someteros a humillación, tiranía y muerte.

ESTA PREDICCION TAMBIEN SE CUMPLIO, EN LA BATALLA DE NAHARWAN CERCA DE 9.000 DE ELLOS FUERON MATADOS: Y LA HISTORIA DICE QUE DESPUES DE LA MUERTE DEL IMAM, MAHLEB IBN ABI SAFRA, LUEGO OBAIDULLAH IBN UMAR, DESPUES HARITH IBN RABIYA, ABDURRAHMAN IBN MUQNUF Y POR ULTIMO HAŸŸAŸ IBN ABU YUSUF, TUVIERON EL HABITO DE MATAR KHAREŸITAS POR TODO EL PAIS Y POR AÑOS ELLOS FUERON CAZADOS Y TORTURADOS DE PUNTA A PUNTA DEL PAIS.

SERMON 64

CUANDO LOS KHAREŸITAS ADOPTARON UNA ACTITUD AGRESIVAMENTE MILITANTE Y RESOLVIERON INVADIR BASORAH, EL IMAM FUE INFORMADO QUE EL EJERCITO DE ELLOS HABIA CRUZADO EL PUENTE DE NAHARWAN Y MARCHABA HACIA LA CAPITAL. EL IMAM CONTESTO: "ELLOS SERAN MATADOS TODOS DEL LADO DEL TIGRIS. JURO POR DIOS QUE DE SU EJERCITO DIFICILMENTE ESCAPARAN DE LA MUERTE 10 HOMBRES Y DE VOSOTROS DIFICILMENTE 10 SERAN MATADOS".

EL ULLAMA XAIKH MOHAMED IBN ABDAHU DE EGIPTO DICE QUE ESTA PREDICCION SE HIZO REALIDAD, EN LA BATALLA DE NAHARWAN EL EJERCITO DE ELLOS FUE ANIQUILADO POR COMPLETO Y SOLO NUEVE KHAREŸITAS PUDIERON ESCAPAR DEL CAMPO DE BATALLA PARA PROPAGAR SU DOCTRINA, Y DEL EJERCITO DEL IMAM SOLO 10 PERSONAS FUERON MATADAS Y CUANDO EL FUE INFORMADO DE ESTO Y LE DIJERON QUE EL KHAREŸISMO HABIA LLEGADO A SU FIN, EL CONTESTO COMO LEEMOS EN ESTE SERMON. EL ULTIMO PARRAFO DE ESTE SERMON CONTIENE EL VALOR MAS GRANDE Y MAS ALTO DE LA ETICA. MUESTRA EL RESPETO QUE EL IMAM QUERIA CREAR EN LAS MENTES DE LAS GENTES HACIA LAS DECISIONES SINCERAS. TODA PERSONA DEBE TENER EL DERECHO A DECIDIR SU PROPIA FE Y A MENOS QUE TAL PERSONA LLEVE UNA VIDA DAÑINA PARA LA HUMANIDAD (SIGUIENDO AL DEMONIO) NO DEBE SER MOLESTADA.

¡No, por Dios! No es el caso, la institución de los khareyitas no ha llegado a su fin. Muchos más khareyitas nacerán aún y dondequiera que ellos se congreguen bajo un líder y un estardante serán matados hasta que su última generación se verá forzada a vivir como asaltantes y ladrones.

Pero después de mi muerte vosotros no deberéis matar khareyitas ya que aquél que anda en busca de la verdad y la religión y fracasó en alcanzar su meta es mejor que la persona que anda en busca del demonio, lo encuentra y lo sigue.

SERMON 65

CUANDO EL IMAM FUE INFORMADO DE QUE ALGUNAS PERSONAS PLANEABAN HACER UN ATAQUE POR SORPRESA CONTRA EL Y MATARLO, EL DIJO:

El escudo protector de Dios aún está protegiéndome. El día que esté fijado para mi muerte, este escudo desaparecerá y me entregará a la muerte. En ese día la flecha de la muerte no errará el blanco y la herida de la muerte no sanará.

SERMON 66

ALGUNOS COMENTADORES PIENSAN QUE ESTE SERMON ES PARTE DEL SERMON 57. EN ESTE EL IMAM HABLO ACERCA DE LAS VERDADES DE LA VIDA Y LO QUE UNO HA DE ENCONTRAR Y HACER AQUI.

Recordad que este mundo es un lugar donde no hay seguridad de sus sufrimientos y aflicciones mientras que uno esté encerrado en él. Cualesquiera ganancias mundanas que uno adquiera aquí no pueden asegurarle la salvación. Los seres humanos son probados aquí con calamidades y sufrimientos y están siendo tentados con impiedad y pecados. Aquéllos que han reunido placeres mundanos alrededor de ellos tendrán que dejarlos y en el día de la contabilidad ellos tendrán que rendir cuentas (de cómo llegaron a adquirir tales riquezas o poderes y qué hicieron con ello). Y aquéllos que han pasado sus vidas haciendo buenas obras encontrarán sus recompensas esperándolos en el Cielo, y las disfrutarán por siempre.

Los filósofos siempre vieron a este mundo como una sombra que aparecerá extendiéndose, encogiéndose y finalmente desapareciendo por completo.

SERMON 67

EN ESTE SERMON EL IMAM NOS ADVIRTIO ACERCA DE CIERTOS HECHOS BASICOS ACERCA DE LA VIDA. EN

PRIMER LUGAR EL LLAMA NUESTRA ATENCION HACIA EL HECHO DE QUE LA VIDA Y TODO LO CONECTADO CON ELLA ES MUNDANO Y MORTAL. LA VIDA SE VE ACORTADA CON CADA SEGUNDO DE TIEMPO. LA MORADA PERMANENTE DEL HOMBRE ES EL CIELO O EL INFIERNO. UNO DEBE EN ESTA VIDA TRATAR DE GANAR UN LUGAR EN EL CIELO. EL SEGUNDO PUNTO QUE EL IMAM ENFATIZO ES LA MUERTE. SU LLEGADA ES SEGURA, PERO SU APROXIMACION ES INCOMPRENSIBLE, MISTERIOSA, INOBSERVABLE, INEVITABLE E INVENCIBLE, DEBEMOS ESTAR SIEMPRE LISTOS PARA ENCONTRARLA. LUEGO HAY UNA ADVERTENCIA CONTRA EL DEMONIO, DE COMO QUIERE DESCARRIARNOS, Y PINTANDO LOS PECADOS Y LOS VICIOS CON ENCANTO Y BELLEZA TRATA DE SEDUCIRNOS HACIA SU DOMINIO. POR ULTIMO EL IMAM NOS ACONSEJO QUE NOS DIERAMOS CUENTA DE QUE NO ESTAMOS CREADOS SIN NINGUN PLAN O PROPOSITO. POR LO TANTO DEBEMOS ALCANZAR EL PROPOSITO CON LINEAS SOBRIAS Y VIRTUOSAS.

¡Oh gentes! Temed a Dios y cualquiera cosa que hagáis, hacedla anticipando la muerte, y tratad de lograr la bendición eterna en vez de las riquezas, poderes y placeres transitorios y perecederos de este mundo.

Estad preparados para un paso rápido ya que aquí estáis destinados a una corta estadía. Estad siempre listos para la muerte ya que vivís bajo su sombra. Sed prudentes como gentes que han escuchado el mensaje de Dios y han tomado una advertencia de él.

Estad conscientes de que este mundo no está hecho parta que viváis en él por siempre, tendréis que cambiarlo por el más allá. Dios, Glorificado sea Él, no os creó sin un propósito y no os dejó sin deberes, obligaciones y responsabilidades.

No hay más barrera entre vosotros y el cielo o el Infierno que la de la muerte, la cual cada uno de vosotros tendrá que cruzar. la "vida", que está siendo acortada con cada segundo, es como un edificio que está siendo destruído en sus cimientos, por lo que a cada momento puede caer. El "ser humano", a quien cada sucesión de la noche y el día lo conduce hacia su fin, está destinado a llegar a éste rápidamente. La "muerte", que se aproxima a todos con pasos ciertos y constantes y que puede traer éxito o fracaso para el Más Allá merece ser bienvenida cordialmente. Debéis recordar recoger de esta vida tal cosecha que os sea de uso y ayuda en el Más Allá.

Todo ser humano debería temer al Dios Todopoderoso, debeería entrenar su mente en ideas honorables y virtuosas y en obras correctas y justas; debería arrepentirse de sus pecados y sus vicios; y debería mantener sus deseos, anhelos e impulsos bajo supervisión y control, porque la aproximación de la muerte es tan incomprensible, tan misteriosa, tan invisible y tan desapercibida que nunca es detectada ni comprendida; porque las ambiciones y los deseos desordenados frecuentemente lo engañan a uno y lo descarrían; y porque el Demonio siempre está acechando por oportunidades para esclavizaros, está tratando de pintar los pecados y los vicios con belleza y encanto para enredaros en ellos y está esforzándose contínuamente para haceros que pospongáis el deseo de pensar sobriamente y de arrepentiros, mediante esperanzas brillantes, hasta que la muerte os llega repentinamente cuando menos la esperábais.

Siento lástima de las gentes negligentes e inconscientes, porque en el Día del Recuento los mismos sucesos de sus vidas actuarán como una prueba contra sus malas intenciones y obras malvadas, y los conducirán al Infierno.

Ruego a Dios que me ponga entre aquellas personas a quienes Sus Bondades no los han hecho soberbios y arrogantes, cuyas obras y empresas no los han mantenido alejados de la obediencia a su Dios, y a quienes la muerte no les traerá sufrimientos y vergüenza, remordimiento y pena.

SERMON 68

DIOS EL TODOPODEROSO

A TRAVES DE ESTE SERMON EL IMAM NOS HA ENSEÑADO COMO COMPRENDER EL PODER Y LA GLORIA DE DIOS, SU OMNIPRESENCIA Y OMNI- POTENCIA. EL IMAM QUISO QUE ENTENDIESEMOS QUE NUNCA PODEMOS DARNOS CUENTA DE SU SER NI ATISBARLO NI IMAGINAR SUS ATRIBUTOS. EL CITO CIERTOS EJEMPLOS DE ATRIBUTOS HUMANOS, COMPARANDO LAS LIMITACIONES HUMANAS CON SU OMNIPOTENCIA PARA QUE NO IMAGINEMOS A DIOS

COMO UN EJEMPLO GLORIFIFICADO DE NUESTRAS BUENAS CUALIDADES Y ATRIBUTOS: UN SUPER-HOMBRE DE LA MISMA MANERA EL IMAM EXPLICO QUE DIOS ESTA MAS ALLA DEL ALCANCE DEL TIEMPO Y EL ESPACIO Y MAS ALLA DE LA POSIBILIDAD DE UN PRINCIPIO O UN FIN.

Alabado y Glorificado sea el Ser Supremo Cuya Existencia no está sujeta a cambio alguno de circunstancias y condiciones. Él estaba desde antes que cualquiera cosa empezase a existir y permanecerá después de que todo haya llegado a un fin. Su Gloria y Grandeza era distintamente aparente e indudablemente evidente incluso antes de que las mentes de Sus creaturas pudieran tratar de percatarse de Él o discernirlo.

Excepto Él, todo objeto que sea considerado es insignificante y despreciable, toda cosa existente que se cree que es grande es humilde e indigna, todo ser imaginado como fuerte es débil y apocado, todo el que se supone que es amo (de sí mismo o sus alrededores) en realidad es un esclavo de las circunstancias, toda persona considerada como sabia en realidad no es mejor que un niño de escuela y toda creatura considerada como poderosa es de hecho un ser predestinado, débil e indefenso en manos de la naturaleza.

Todo oído, excepto el Suyo, es incapaz de escuchar lo más tenue del sonido, es ensordecido por los ruidos muy fuertes y es físicamente inadecuado para detectar los sonidos muy distantes. Ningún ojo, excepto Su Visión, puede discernir los tonos más pálidos de cada color ni puede percibir las sombras de los objetos transparentes.

Excepto Su Ser Supremo toda otra cosa, que se suponga que tiene una individualidad distinta no tiene un lugar importante en el Universo; y todo ser, que se suponga que tiene un origen místico, en realidad tiene una existencia ciertamente comprensible. Él no originó a Sus criaturas para fortalecer Su Reino ni para armarse contra los cambios de circunstancias, o defenderse contra Sus rivales o enemigos. Ellos fueron creados como seres a quienes Él nutrió, sobre los cuales Él tiene completo control y los cuales son absolutamente humildes y débiles ante Su poder y fuerza.

Él no se ha encarnado a Sí mismo en Sus creaturas, y no puede decirse que Él sea parte del Universo o de las cosas creadas por Él, ni Él esté lejos de Su creación y no puede decirse que Él se descuide de ella y no tenga control sobre ella.

El dar existencia al Universo no lo cansó, ni la originación de la naturaleza lo agotó; ni Él se sintió indefenso ni mostró deficiencia en Su completo control de Sus creaturas, y Él nunca tuvo incertidumbre alguna acerca del programa de la creación; Él nunca dudó de Sus decisiones; y los destinos de las cosas ordenados por Él son inevitables e ineludibles. Su Conocimiento es supremo. Sus Ordenes son obligatorias. Cuando las calamidades y desastres nos abruman sólamente podemos tener esperanza en Él, y cuando estamos rodeados de riquezas y abundancia no debemos olvidar Su Desagrado y Su Ira.

SERMON 69

EN LA BATALLA DE SIFFIN, UN DIA AMBOS EJERCITOS LUCHARON DURANTE 24 HORAS, LA BATALLA DURANTE LA NOCHE FUE TERRIBLE, Y ES LLAMADA "LAILAT-UL-HARÏR. A LA MAÑANA SIGUIENTE EL IMAM HABLO ASI A SUS OFICIALES:

¡Oh musulmanes! Adquirid el hábito de recordar y temer siempre a Dios. Y (durante una batalla) estad calmados, serguros de vosotros mismos, resueltos y valientes, sólamente así mantendréis a las espadas de los enemigos alejadas de vosotros. Mantened vuestras armas y armaduras en buen estado y aseguráos de que vuestras espadas puedan salir fácil y libremente de sus vainas, tened un ojo alerta a los movimientos de vuestros enemigos, y mientras peleáis usad libremente vuestras lanza y espadas.

Recordad que Dios os está observando y que vosotros estáis luchando bajo el comando del Primo y Yerno del Santo Profeta (la paz sea con él y sus descendientes).

Atacad constantemente al enemigo, no aceptéis la vergüenza y desgracia de una derrota o una retirada, por la que seríais castigados en el Día del Juicio (ya que la vuestra es una Ÿihäd - lucha - en defensa del Islam, la verdad y la justicia). La muerte en el campo de batalla es una muerte por la Causa de Dios, y vosotros debéis (como verdaderos musulmanes) encararla alegremente y debéis avanzar hacia ella sin vacilar, sin parpadear, valientemente y de buen grado.

Las hordas del ejército de vuestro enemigo están frente a vosotros, atacádlas y tratad de alcanzar la última tienda. El Demonio está reposando a la sombra de esa tienda, listo para avanzar o retroceder. Debéis pelear resuelta y valientemente hasta que la Luz Divina ilumine vuestro camino y el éxito os salude hacia la gloria y hacia Dios. El Dios Todopoderoso está con vosotros y Él no pondrá medida al recompensaros generosamente por vuestro valor y valentía en esta Ÿihäd.

SERMON 70

CUANDO LAS NOTICIAS DE LOS SUCESOS DE SAQIFA-E-BANI SAA'EDA LLEGARON AL IMAM, EL PREGUNTO ACERCA DE LA REACCION DE LOS ANSAR (MEDINESES) ANTE LA CUESTION DEL CALIFATO. PARA SU SORPRESA, EL IMAM FUE INFORMADO QUE LOS ANSAR TAMBIEN FUERON PRESA DE LA AMBICION POR EL GOBIERNO Y DEMANDABAN QUE COMO PRECIO A SU ACEPTACION DE ESTO SE CONVOCARA A UNA ELECCION PARA QUE ELLOS TUVIERAN UN EMIRATO Y QUE HUBIESE UN EMIR DE LOS MUHAŸIRS (EMIGRANTES DE LA MECA) Y UNO DE LOS ANSAR. EL IMAM PREGUNTO POR QUE NADIE LES RECORDO A LOS ANSAR LA VOLUNTAD. DE NUESTRO SANTO PROFETA (LA PAZ SEA CON EL Y SUS DESCENDIENTES) ACERCA DE QUE "LOS ANSAR VIRTUOSOS DEBEN SER TRATADOS GENTILMENTE Y LOS MALOS DEBEN SER PERDONADOS". EL IMAM DIJO: "SI EL EMIRATO Y EL CALIFATO PUDIESEN SER EL DERECHO DE LOS ANSAR, EL SANTO PROFETA (LA PAZ SEA CON EL Y SUS DESCENDIENTES) NO HABRIA DECRETADO LA BONDAD Y LA CLEMENCIA HACIA ELLOS (YA QUE UN DESEO DE BONDAD Y MISERICORDIA ES SALVAGUARDAR EL PRIVILEGIO DEL GOBERNADO Y NO DEFENDER AL GOBERNANTE)". ENTONCES EL IMAM PREGUNTO ACERCA DE LA MANERA EN QUE LOS QURAIX RESPONDIERON A LA DEMANDA DE LOS ANSAR. SE LE DIJO QUE LOS QURAIX AFIRMABAN QUE PERTENECIAN AL MISMO ARBOL GENEALOGICO DEL SANTO PROFETA (LA PAZ SEA CON EL Y SUS DESCENDIENTES). APARENTEMENTE EL ARGUMENTO DEL PARENTESCO HIZO QUE LOS ANSAR

DEJARAN DE PRESIONAR SUS DEMANDAS. EL IMAM SAÑALO QUE:
Ellos (los Quraix) propusieron el argumento del árbol familiar, pero ellos ignoraron y trataron injustamente al fruto de este árbol (él mismo).

SERMON 71

MOHAMMAD, EL HIJO DEL CALIFA ABU BAKR FUE ADOPTADO POR EL IMAM DESPUES DE LA MUERTE DEL CALIFA. EL IMAM AMO, TRATO Y EDUCO A DICHO MUCHACHO COMO SU PROPIO HIJO. DURANTE SU VIDA MOHAMMAD SIEMPRE FUE LLAMADO MOHAMMAD IBN ALI Y TAMBIEN ERA DESIGNADO COMO EL TERCERO DESPUES DE LOS DOS HUSNAYN (LOS IMAMES HASSAN Y HUSSAYN, LA PAZ SEA CON ELLOS). EL CRECIO Y LLEGO A SER UN JOVEN APUESTO, VALIENTE, VIRTUOSO Y SABIO. EL TAMBIEN AMABA AL IMAM Y ODIABA A LOS ENEMIGOS DEL IMAM CON LA INTENSIDAD QUE EL AMOR A LA VERDAD EN LA JUVENTUD Y LA NATURALEZA INTREPIDA PUEDEN PRODUCIR. CON TODAS SUS BUENAS CUALIDADES EL TENIA UNA DEBILIDAD QUE LE CAUSO LA MUERTE. EL SIEMPRE SUBESTIMABA A SUS ENEMIGOS. AL ENVIARLO A EGIPTO COMO GOBERNADOR, EL IMAM LE HABIA ACONSEJADO QUE SE CUIDARA MUCHO DE MOAWIAH. DESGRACIADAMENTE PARA SI MISMO Y PARA EGIPTO, EL NO LE DIO A ESTE CONSEJO LA MUCHA IMPORTANCIA QUE MERECIA; SOBREESTIMO SU PROPIA FUERZA Y PERDIO LA BATALLA CONTRA AMR IBN AAS Y MAS TARDE FUE ENGAÑADO Y MATADO POR LOS PARTIDARIOS DE MOAWIAH. LAS NOTICIAS DE SU MUERTE ENTRISTECIERON MUCHO AL IMAM Y EN ESA OCASION EL IMAM DIJO:

Yo quería nombrar a Haxim ibn Athba como gobernador de Egipto, si yo lo hubiese hecho él no habría dejado desprotegido a Egipto y no habría dado al enemigo la oportunidad de invadirlo y ocuparlo. Al elogiar así a Haxim no tengo intención de censurar a Mohammad, él era mi hijo adoptivo y siempre nos quisimos mucho.

EL IMAM EN EFECTO QUERIA TANTO A MOHAMMAD QUE EN UNA OCASION DIJO:

Mohammad es mi hijo aunque nacido de Abú Bakr.

SERMON 72

CENSURA A LOS HIPOCRITAS DE ENTRE SUS COMPAÑEROS.

¿Cuanto puedo acariciaros como se acaricia a una camella con la espalda lastimada, o cuánto tiempo puedo seguir tratándoos tierna y delicadamente como si fuerais ropas viejas que cuando se remiendan en un lado se rompen en otro (y el dueño no puede reemplazarlas)? De vuestra timidez y cobardía es obvio que si uno de los ejércitos de Siria apareciera en el horizonte cada uno de vosotros, como una lagartija del desierto o como una hiena, huiría hacia su casa y cerraría bien la puerta por dentro.

Juro por Dios que quien crea en vuestra ayuda y trate de asegurarse el éxito con vuestro apoyo sólo logrará la desgracia y la derrota. Vosotros os reunís en multitudes en las plazas de la ciudad pero en un campo de batalla se pueden ver tan pocos de vosotros. Yo sé como forzaros a la sumisión y la obediencia, y cómo haceros trabajar, pero yo no quiero ser un tirano ni un capataz de esclavos (Quiero que vosotros adoréis a Dios y sirváis a la religión por vuestra voluntad libre).

Que seáis desgraciados por Dios, ¿no os dais cuenta de que sois atraídos más hacia la falsedad y el pecado que hacia la verdad y la religión y que no aborrecéis el vicio tanto como aborrecéis la virtud?

SERMON 73

EL IMAM NARRO ESTE SUEÑO, EN LA VISPERA DE SU MARTIRIO. A LA MAÑANA SIGUIENTE EL RECIBIO UNA HERIDA MORTAL MIENTRAS EFECTUABA SUS ORACIONES MATUTINAS.

Mientras estaba sentado me dormí y soñé que el Santo Profeta (la paz sea con él y sus descendientes) llegó frente a mí. Yo le conté las intrigas, enemistades y sufrimientos que me tocaron a manos de sus seguidores. Él me dijo que los maldijera. Y yo rogué a Dios que me diera mejores compañeros que ellos y que hiciera que un tirano los gobernara en mi lugar.

SERMON 74

EN ESTE DISCURSO EL IMAM CENSURO A LOS IRAQUIES, DICIENDOLES QUE AL PRINCIPIO ELLOS SE ESFORZARON POR LA CAUSA DE LA VERDAD Y LA RELIGION PERO JUSTO CUANDO EL LOGRO DE SU PROPOSITO ESTABA A LA VISTA Y SU CUMPLIMIENTO SE ATISBABA, ELLOS CAYERON PRESA DE LA INDIGNIDAD DEL ENEMIGO Y FORZARON AL IMAM A QUE ACEPTARA LA ARBITRACION EN SIFFIN, CONVIRTIENDO UN MERECIDO EXITO EN UNA DERROTA INESPERADA, DESHACIENDO TODO LO BUENO QUE ELLOS HABIAN HECHO Y DEJANDOSE A SI MISMOS INDEFENSOS EN MANOS DEL ENEMIGO MAS DESPIADADO, SIN NINGUNA POSIBILIDAD DE UN FUTURO BRILLANTE.

Después de alabar al Dios Todopoderoso, de rogar por paz y de bendecir al Santo Profeta Muhammad (la paz y bendiciones de Dios sean con él y sus descendientes) y a sus descendientes, quiero deciros, iraquíes, qué idiota fue vuestro comportamiento. Vosotros actuasteis como una mujer que soporta los sufrimientos y problemas de gestar un hijo durante nueve meses, y justo cuando el nacimiento del niño está próximo ella se provoca un aborto intencional (resultante en el nacimiento prematuro del niño y en peligro para su propia vida) y luego ella pierde a su esposo y lleva por largo tiempo una vida de viuda que susbsiste por las mercedes de sus parientes distantes.

Juro por Dios que yo no vine a vosotros por mi propia voluntad y elección, sino que el destino me ha enviado aquí para evitar vuestras intenciones rebeldes contra la religión y eliminar la discordia y la desunión de vuestra sociedad.

Me dais a entender que me llamáis mentiroso. Que seáis castigados por Dios por calumniarme así. ¿Contra quién podría mentir yo? ¿Podría urdir una mentira contra Dios? Juro por Él que yo soy el primero en aceptar y creer en Su Omnipotencia y Omnipresencia, en Su Gloria y Grandeza y en Su Misericordia y Bondad. ¿Podría yo fabricar una mentira contra el Santo Profeta (la paz sea con él y sus descendientes), siendo que yo fui el primero en testificarlo y aceptarlo como Su Profeta y Mensajero? Juro por Dios que yo nunca mentí contra nadie. La realidad es que la mayor parte de lo que yo digo y de lo que el Santo Profeta (la paz sea con él y sus descendientes) dijo está más allá de vuestro entendimiento y comprensión. Yo distribuyo conocimiento celestial y no quiero ningún precio por ello, siempre y cuando vosotros tratéis de entenderlo y captarlo. Pronto el mundo se dará cuenta de la verdad e importancia de mis enseñanzas.

SERMON 75

EN ESTE SERMON EL IMAM ENSEÑO A LOS MUSULMANES LA FORMA DE REZAR PARA PEDIR PAZ Y BENDICIONES PARA EL SANTO PROFETA (LA PAZ SEA CON EL Y SUS DESCENDIENTES).

¡Oh Señor! Tú que has creado y puesto en movimiento los universos, Tú que has asignado las galaxias como puertos seguros en el espacio y que has dado disposición innata a las mentes humanas para moldearse a sí mismas para el bien o para el mal, concede la más alta, la más ilustre y la más exaltada de Tus Bendiciones, y el más bienvenido, placentero y agradable de Tus Favores a Tu Siervo y Mensajero, Muhammad (que Tu paz y bendiciones sean con él y sus descendientes), el cual es el último de los profetas nombrados por Ti que abrieron las puertas cerradas del conocimiento celestial para los seres humanos; el cual inteligible, explícita y claramente proclamó la verdad acerca de Tí y Tu Mensaje, derrotó a los ejércitos poderosos de los infieles y los descarriados. Desde el tiempo en que él aceptó las responsabilidades de Tu Encomienda profética, ¡Oh Señor!, él - obedeciendo Tus órdenes y buscando complacerte - trabajó tan diligentemente, tan vigorosamente y de tan buena voluntad que ninguna amenaza de muerte y destrucción lo llegó a atemorizar, y nada lo hizo retrasarse en el cumplimiento del deber impuesto sobre él por Tí. Él protegió Tus Revelaciones, custodió Tus pactos y testamentos, y siempre llevó a cabo Tus órdenes, hasta que él hizo que la luz del conocimiento celestial iluminara el camino de la religión y la verdad para las gentes descarriadas y las personas que se agrupaban en la oscuridad de la incertidumbre y el vicio; hasta que él sacó a los seres humanos de los abismos del pecado y la impiedad, hasta que él especificó Tus órdenes sin ambigüedades y claramente testificó y señalo las pruebas de Tu Poder y Gloria.

¡Señor! Él es el guardián legítimo de Tus Revelaciones, el protector de Tu religión, el fiel depositario de los secretos Divinos, en el Dia del Recuento él será Tu testigo a la respuesta de la humanidad al llamado hacia la piedad y la religión, y él fue enviado por Tí entre los seres humanos como Tu verdadero apóstol y fiel mensajero.

¡Señor! Por Tu Gracia y Misericordia asígnale la posición más santificada y eminente bajo la gloria de Tu Grandeza y Poder, destina para él la mejor de las virtudes, haz que la religión predicada por él sea la más pura, la más noble y la mejor de todas las religiones, haz su lugar en el Cielo la más exaltada de las posiciones destinada para Tus seres favoritos y glorifica la iluminación producida por él.

¡Señor! Bendícelo por ser un profeta, cuyas palabras son aceptadas, cuyas enseñanzas son creídas, cuyos juicios son justos, y cuyas decisiones son correctas.

¡Señor! Haz que demos forma a nuestras vidas según el modelo de su vida para obtener los honestos placeres de Tus Bondades, para merecer Tus Bendiciones eternas, para la inspiración de buenos deseos, para que recemos pidiéndote felicidad inocua, que nos concedas facilidad y comodidad, que nos concedas paz del corazón, y que nos asignes un lugar- en Tus Cielos.

SERMON 76

LOS HISTORIADORES ESCRIBEN QUE CUANDO EL IMAM DERROTO A LOS HABITANTES DE BASORAH EN LA BATALLA DE YAMAL, MARWAN IBN HAKAM (UNO DE LOS JEFES DE LAS FUERZAS REBELDES) FUE HECHO PRISIONERO. MARWAN LES PIDIO AL IMAM HASSAN Y EL IMAM HUSSAYN (LA PAZ SEA CON ELLOS) QUE INTERCEDIERAN A SU FAVOR ANTE EL IMAM Y LE RECOMENDARAN QUE LO LIBERARA. LOS HERMANOS (LA PAZ SEA CON ELLOS) LE CONCEDIERON SU SUPLICA Y LE ROGARON AL IMAM QUE LO LIBERARA. EL IMAM ACCEDIO A SU PETICION Y MARWAN FUE SOLTADO. LOS HERMANOS LE

DIJERON ENTONCES AL IMAM QUE MARWAN QUERIA HACERLE EL JURAMENTO DE FIDELIDAD. EL IMAM CONTESTO: "¿ACASO NO ME JURO FIDELIDAD DESPUES DE LA MUERTE DE UTHMAN Y DESPUES FUE ENCONTRADO CONDUCIENDO ESTE EJERCITO DE REBELDES CONTRA MI? YO NO QUIERO SU RECONOCIMIENTO NI SU ALIANZA. COMO LOS JUDIOS, SUS JURAMENTOS DE ALIANZA Y RECONOCIMIENTO SON HECHOS PARA SER ROTOS. SI EL HACE UN JURAMENTO HOY EL LO ROMPERA Y VIOLARA MAÑANA".

Recordad, él va tener un reino y éste durará sólamente el tiempo que le toma a un perro para lamerse la nariz. Él será el padre de cuatro líderes militares y muy pronto él y sus hijos traerán una muerte roja al mundo musulmán.

¡QUE PREDICCIONES! LA HISTORIA MUESTRA QUE CADA UNA DE ELLAS SE CUMPLIO. MARWAN LLEGO A SER REY DEL ESTADO MUSULMAN DESPUES DE LA MUERTE DE YAZID, EL HIJO DE MOAWIAH, Y EL PERIODO DE SU GOBIERNO FUE DE CUATRO MESES Y DIEZ DIAS. SUS CUATRO HIJOS LLEGARON A SER JEFES. ABDUL MALIK IBN MARWAN LLEGO A SER CALIFA DESPUES DE SU PADRE, ABDUL AZIZ FUE GOBERNADOR Y JEFE DE EGIPTO, EL TERCER HIJO BAXIR FUE GOBERNADOR DE IRAK Y EL CUARTO HIJO, MOHAMMED, FUE GOBERNADOR DE ALŸUZÄ'IR. LA MASACRE Y EL DERRAMAMIENTO DE SANGRE DE MUSULMANES A MANOS DE MARWAN Y SUS CUATRO HIJOS SON HECHOS RECONOCIDOS POR LA HISTORIA.

SERMON 77

EL IMAM DIO ESTE DISCURSO EN OCASION DEL CALIFATO DE UTHMAN.

Vosotros sabéis muy bien que yo merezco el Califato más que cualquier otro. Juro por Dios que seguiré soportando esta injusticia en tanto que no se recurra a la opresión y al derramamiento de sangre de los musulmanes y en tanto que sólamente yo sea el blanco único de sus tiranías. Yo espero ser recompensado en el Cielo por soportar esta injusticia y tiranía en este mundo. Este mundo y su pompa y gloria (que acompañan al poder, la riqueza y el gobierno) nunca me atrajeron, ellos siempre han sido insignificantes a mis ojos.

SERMON 78

CUANDO LLEGARON AL IMAM LAS NOTICIAS DE QUE BANI UMMAYAH LO ACUSABAN FALSAMENTE DE HABER TENIDO PARTE EN EL ASESINATO DEL CALIFA UTHMAN, EL DIJO:

¿El conocimiento de mi carácter no evitó que Bani Ummayah me acusara falsamente de tener una mano en el asesinato de Uthmán? ¿El hecho de que yo fui el primero en testificar el Islam, el hecho de mis servicios al Islam y a los musulmanes, no disuadieron y evitaron que esas malvadas gentes me calumniaran y difamaran? Aunque el consejo y la orden de Dios el Todopoderoso acerca de la calumnia o la difamación está expresada en las frases y oraciones más poderosas y explícitas de las que yo podría forjar (32) (aun así ninguno de estos hechos hizo que dichas gentes se contuvieran de cometer el pecado). Ciertamente yo siempre protesto contra los heréticos y los cismáticos y siempre odio a aquéllos que dudan y sospechan de la verdad, la bondad y la sinceridad del Islam.

Los hechos acerca de la verdad de los cuales sentimos dudas e incertidumbres deberian ser deliberados a la luz del Corán y sus enseñanzas. Indudablemente en el Día del Recuento, los hombres serán recompensados o castigados de acuerdo a su fe y a sus creencias sinceras.

SERMON 79

CUALIDADES DEL VERDADERO MUSULMAN.

Que Dios bendiga al hombre que ha escuchado Sus órdenes y las ha recordado; el cual fue llamado por Él y obedeció los mandatos; el cual se ha afiliado a Su Mensajero y así se ha asegurado la salvación el cual ha obedecido fielmente los mandamientos y ha respetado las prohibiciones de su Protector y Preservador y teme las consecuencias de sus pecados; el cual ha sido sincero al hacer tales buenas obras que le ganarán recompensas en el Cielo; el cual ha actuado siempre virtuosa, correcta y honorablemente, el cual ha tratado de ganar Sus Bendiciones y ha evitado los pecados y los vicios; el cual ha repudiado y desechado la pompa y la gloria falsas de este mundo y se ha concentrado en alcanzar una posición exaltada en el mundo venidero; el cual ha controlado y restringido completamente sus deseos y anhelos y ha mantenido bajo control sus fantasías y ambiciones; el cual ha decidido que la paciencia en el sufrimiento es el mejor camino para alcanzar el Cielo y que la abstinencia de pecado es el mejor modo de asegurar la salvación; el cual ha adoptado la mejor de las religiones (el Islam) como su credo y ha seguido el camino brillante de la verdad y la justicia; el cual ha decidido correctamente que la duración de su vida es un período de gracia que le ha sido concedido para que haga el bien antes de la muerte, y habiéndose provisto a sí mismo para el Más Allá está ansioso por darle la bienvenida a la muerte.

SERMON 80

EN ESTE SERMON EL IMAM SE QUEJO DEL COMPORTAMIENTO DE LOS UMMAYAH DURANTE EL CALIFATO DE UTHMAN AL PRIVAR AL IMAM DEL LEGITIMO USO DE SU HERENCIA A LA QUE TENIA DERECHO.

Los Bani Ummayah avaramente me permitieron en pequeñas porciones mi herencia del Santo Profeta Muhammad (la paz y bendiciones de Dios sean con él y sus descendientes): ¡Por Dios! Si yo permanezco vivo para reformar y mejorar sus mentes descarriadas ciertamente les daré una lección.

SERMON 81

UNA LECCION ACERCA DE COMO ROGAR POR EL PERDON DE DIOS

¡Oh Señor! Perdóname mis pecados, los cuales Tú conoces mejor que yo. ¡Señor! Si yo repito estos pecados deja que Tu Perdón los cubra otra vez. ¡Señor! Yo siempre me he prometido a mi mismo obedecer Tus Ordenes y siempre he roto estas promesas Perdona esta debilidad mía. ¡Señor! Yo siempre he declarado que me acercaré a Ti pero mi mente se oponía a esto, perdona esta falta de mi mente. ¡Señor! Perdona los pecados cometidos por mis ojos. Perdona mis palabras viciosas y pecaminosas, y perdona mi inhabilidad para resistir las tentaciones.

SERMON 82

EL IMAM PARTIA DE CUFAH PARA IR A ENFRENTAR LA REBELION DE LOS KHAREŸITAS EN NAHARWAN CUANDO UNO DE SUS COMPAÑEROS LLAMADO AFIF LE DIJO QUE NO EMPRENDIERA EL VIAJE EN ESE MOMENTO PORQUE SEGUN LOS HALLAZGOS DE LA ASTROLOGIA NO ERA UN MOMENTO FAVORABLE, Y SU VIAJE NO TERMINARIA EN VICTORIA. EL IMAM LE RESPONDIO EN LAS SIGUIENTES PALABRAS. MEDIANTE ESTA RESPUESTA EL IMAM DENUNCIO A LOS ASTROLOGOS Y ACONSEJO A LAS GENTES QUE TUVIERAN FE EN DIOS Y NO EN DICHOS ADIVINOS.

¿Piensas que tú eres suficientemente competente para decir de la vez en que un viaje, si se emprende, terminará en fracaso de la misión, y que estás suficientemente capacitado para atemorizar a cualquiera que crea que si se emprende una expedición en un momento particular resultará en pérdida y desastre? Quienquiera que testifique o acepte las afirmaciones falsifica las enseñanzas del Corán, y es indiferente a la Misericordia y la Bondad de Dios, las cuales le permiten asegurar los objetos que desea tener y alejan las desgracias y las calamidades. Además esta declaración tuya hace ver claro que quienes crean en tus afirmaciones deberian alabarte en vez de a Dios, ya que tu puedes siempre dirigirlos a actuar en tales momentos oportunos en que ellos siempre ganarán y nunca perderán o sufrirán.

DICIENDO ESTO A AFÏF, EL IMAM SE VOLVIO HACIA LOS DEMAS REUNIDOS ALLI Y DIJO:

¡Oh gentes! Absténeos de aprender y creer en la astrología, excepto aquellos hechos (de Astronomía) que os guiarán sobre la tierra y el mar, ya que la astrología os conducirá hacia la magia, la brujería y la adivinación. El astrólogo es como un mago (que se dedica a la magia negra) y dicho mago es un infiel, y todos los infieles están destinados al Infierno. Vosotros, gentes, empezad vuestro viaje en el nombre de Dios.

SERMON 83

DESPUES DE LA BATALLA DE ŸAMAL, EL IMAM DIO EL SIGUIENTE SERMON

¡Oh gentes! Las mujeres sufren de tres deficiencias: de fe, de la mente y de participación en la herencia. Su deficiencia en religión es obvia del hecho de que en ciertos tiempos ellas se mantienen alejadas de las oraciones y los ayunos, la deficiencia de la mente podría ser estimada de la circunstancia de que dos testigos femeninos son consideradas iguales a uno masculino, y la deficiencia en participación en la herencia está clara del incidente de que su porción es igual a la mitad de la porción de los hombres.

Mantenéos apartados de los trucos de las mujeres malvadas y no consintáis mucho incluso a las buenas, no sigáis ciegamente sus consejos aun en buenas obras para que ellas no estén tentadas a conduciros hacia las obras malas.

SERMON 84

ABSTINENCIA DE LOS PECADOS

¡Oh gentes! ¿Os dais cuenta de lo que significan la piedad y la devoción a Dios? Significan el atajar los deseos desordenados, agradecer a Dios por Su Misericordia y Sus Bondades, y la abstención de las obras y pensamientos prohibidos. Si vosotros no podéis alcanzar estas alturas, al menos sed de manera tal que la ambición por los vicios y pecados no sobrepasen a vuestra paciencia y buen juicio, y no debéis olvidar agradecer al Dios Misericordioso por Sus Bondades y Bendiciones. Recordad que Dios ha rechazado e ignorado todas las excusas inaceptables del hombre por razones distintas e indudables y por Sus enseñanzas explícitamente claras.

SERMON 85

"ESTE MUNDO"

¿Cómo puedo elogiar un lugar donde la entrada de uno se vé acompañada de dolor y pena para él y la salida de uno se debe a la muerte? Un lugar en el cual las actividades de uno han de ser evaluadas y si son legítimas y legales, uno tiene que dar cuenta de ellas y si son prohibidas y contrarias a las órdenes de Dios, uno será, castigado por ellas. En donde los ricos y acaudalados generalmente están absorbidos en pecados y vicios y aquéllos que son pobres y marginados están encerrados en sufrimientos y calamidades. Elude a aquéllos que tratan de obtenerlo y rinde homenaje a quienes son indiferentes a sus seducciones. Es un buen maestro para aquéllos que toman lecciones de la historia de las naciones, pero ciega a quienes son atraídos sólamente por sus falsos encantos y bellezas.

SERMON 86

EL SIGUIENTE ES UNO DE LOS SERMONES FAMOSOS DEL IMAM ES LLAMADO KHUTBA-E-GHURRA (SERMON EMINENTE) O KHUTBAT- ÄYIBAH (SERMON MARAVILLOSO).

Toda alabanza sera para Dios Quien es sublime (no debido a cualquiera eminencia que pueda ser descubierta y discutida, sino) debido a Su Poder y fuerza. El Cual esta cerca de todo (no mediante una cercanía fisica sino) debido a Su Conocimiento, Su Bondad y Su Misericordia. Él Solo puede otorgar toda ventaja, utilidad y ganancia, puede conceder toda celebridad, eminencia y fama, y puede proteger de la peor clase de calamidades y desgracias.

Yo lo alabo y le agradezco por Sus Favores constantes y por Sus vastas Bondades y por Su duradera Protección. Es mi firme creencia que Él es Eterno y existía desde antes que cualquiera cosa tuviera existencia, y que Él es el Poderoso Creador. Yo busco Su Guía porque Él es la fuente de dirección más cercana a mí. Yo le solicito Su Ayda ya que Él es suficientemente Poderoso para ayudarme dondequiera y cuando lo necesite. Yo confío en Él porque Él puede protegerme y asistirme para superar toda dificultad.

Yo testifico que Muhammad (la paz y bendiciones de Dios sean con él y sus descendientes) es Su siervo y Su Mensajero. Él lo asignó como Profeta para que ejecutara Sus Ordenes, y que portara Su Mensaje final para advertir a las gentes de los resultados de sus acciones señalándoles los ejemplos de las gentes que lo desobedecieron y sufrieron las consecuencias.

¡Oh creaturas de Dios! Os aconsejo que temáis a Dios, El Cual con la maxima Bondad puso para vosotros ejemplos y os dio intelecto para que pudieseis juzgar por vosotros mismos las consecuencias y efectos posteriores de las obras buenas o malas: El Cual ha fijado períodos para las diversas etapas de vuestra vida y un tiempo para su fin: El Cual os dio una mente racional tal que podáis procuraros a vosotros mismas (desde las regiones polares hasta el Ecuador) y en todas las variedades de tierras (desde los desiertos calcinantes hasta las riveras pantanosas de los ríos [ver Nota 1 al final del sermón]); El Cual arregló para vosotros variedades de alimentos interminables y superiores [ver Nota 2 al final del sermón]

Él está plenamente consciente de vuestras capacidades y habilidades para hacer obras buenas o malas. Él ha fijado recompensas para vuestras buenas obras. Él os ha conferido extensos favores y las mejores bendiciones. Él os ha advertido con razones lógicas y efectivas acerca de las consecuencias de vuestras acciones. Desde el principio de la raza humana hasta el final de ella, Él conoce a cada ser humano; y ha fijado la edad de cada uno de ellos en este mundo, en el cual ellos están siendo puestos a prueba, y Él ha predicho los efectos de sus pensamientos y acciones buenos y malos.

¡Oh gentes! Vosotros estáis siendo probados y vuestros errores de comisión y omisión serán tomados en cuenta. Los arroyos de este mundo son sucios y sus manantiales son turbios (la mayoria de las formas y medios de disfrutar este mundo son viciosos y muchas fuentes de ingresos son pecaminosas). Su apariencia y su manifestación son hermosas pero destructivas. Es un engaño fugaz, una luz que se extingue rápidamente, una sombra que pasa de prisa y una protección débil y poco confiable. Es tan engañoso que espera hasta que aquéllos que lo aborrecen empiezan a tomar interés en él, y aquéllos que no conocen su engaño son atraídos por él y son satisfechos con él, entonces él les muestra recompensas apenas suficientes, los tienta y los cautiva y amarrando la cuerda de la muerte alrededor de sus cuellos los arrastra a sus tumbas; de allí ellos serán resucitados para recibir el castigo por sus obras e ir hacia su destino final.

En este mundo el destino de toda posteridad es similar al de sus ancestros. Ni la muerte pone fin a la obra de la destrucción ni los sobrevivientes desisten de sus actividades pecaminosas. Los seres humanos siguen, sobre las huellas de los demás; grupos tras grupos y naciones tras naciones terminan sus días sin enmendar sus pasos.

Así puede continuar hasta que el mundo llegue a un fin y llegue el Día del Recuento. Entonces Dios los resucitará a todos, sacándolos de sus tumbas - si ellos han sido enterrados - o de los cuerpos de otros animales (bestias, aves, peces y reptiles) si sus cuerpos han sido devorados. Ellos se congregarán todos juntos, distribuyéndose en grupos y avanzando quieta y silenciosamente, y, en filas sobre filas ellos continuarán hacia adelante para obedecer la Orden Divina. Así ellos se apresurarán hacia su destino. Todos ellos estarán ante la vista de Dios y cada uno de ellos oirá al que los llama convocándolos hacia sus lugares.

Sus condiciones serán desgraciadas e indefensas, absolutamente humillantes y dignas de lástima; nadie estará allí para ayudarlos o para acudir en su socorro, Ningún argumento o excusa será de utilidad alguna para ellos y no les quedará esperanza.

El abatimiento de los corazones, la muerte de las esperanzas, el silenciamiento de las voces, la supresión de los tonos, el sudor de los cuerpos y la petrificación de las mentes por el terror serán los signos de esa asamblea. Cuando los seres humanos sean así congregados para recibir la decisión final y Su decreto de recompensa o castigo, la voz retonante del anunciador proclamándoles sus destinos hará a cada uno temblar de terror y asombro.

La creación de los seres humanos es una prueba de Su Majestad y Poder, ellos no adquirieron existencia por su propia voluntad y deseo; sus nacimientos, su crecimiento y desarrollo mental están todos sujetos a las leyes de la creación como Él lo decretó ellos están (físicamente) obligados a obedecerlas. Como en el caso de su nacimiento, así en su muerte ellos no tienen otra opción ni poder alguno. En la hora de la muerte sus almas son extraídas de sus cuerpos, y los cuerpos son arrojados a las tumbas donde se desintegran. Luego, cada uno de ellos será resucitado individualmente y será retribuído de acuerdo a sus obras. Durante su vida a todos ellos les fueron dadas oportunidades para lograr su emancipación y su salvación, también a ellos se les mostraron las formas correctas de alcanzarlas y también se les dio tiempo y oportunidades para alcanzar el Reino de Su Gracia y Su Complacencia. Ellos fueron provistos de oportunidades justas y normales para disipar sus dudas, aprensiones, perplejidades y sospechas acerca de la religión. Entonces a ellos se les dio completa libertad de pensamientos y obras en este mundo para pensar como gustasen y actuar como deseasen, para que ellos pudiesen educar sus mentes y con la ayuda de dichas mentes entrenadas, de libre albedrío y del período de vida asignado a ellos, ellos puedan encontrar el propósito para el cual fueron creados. El tiempo de vida que les es dado fue el suficiente para alcanzar las bendiciones eternas y para proveer para el Más Allá.

De manera sumamente sencilla y fácil se os han explicado estos hechos acerca de la vida y la muerte en forma de ejemplos correctos, proverbios y dichos para ayudaros a mejorar vuestra facultad de pensamiento. Vosotros podéis aprovecharlos sólo si desarrolláis una mente virtuosa, y una alma que acepte consejos, una fuerte voluntad y una disposición juiciosa y prudente.

Temed a Dios como quien ha escuchado Su mensaje y se ha inclinado ante éste, como quien admite los pecados que ha cometido y reconoce la enormidad de ellos, quien teme las consecuencias de sus acciones y, por lo tanto, hace buenas obras, quien tiene gran temor a la Ira de Dios y se apresura a llevar una vida virtuosa, quien cree en el Día del Juicio y esto le produce honestidad y piedad, y cuando se le aconseja que haga caso a la advertencia, acepta el consejo y se abstiene de las malas acciones.

Temed a Dios como quien cree fielmente en Sus Ordenes y decide sinceramente seguirlas, como quien se arrepiente de los pecados que ha cometido y de las buenas obras que dejó sin hacer, quien sigue cuidadosamente las huellas de las gentes virtuosas que lo precedieron, y cuando se le habla de la verdad él la reconoce y se asocia con ella.

Temed a Dios como quien pasa su vida en búsqueda de la verdad, y cuando siente los lazos viciosos de un mundo perverso se deshace de ellos y renuncia a ellos, quien se prepara cuidadosamente para el Más Allá, quien mantiene su mente libre de malos deseos y ambiciones pecaminosas, quien purifica su alma y quien se prepara para asegurarse un lugar en el Cielo.

¡Oh vosotros, que habéis sido creados por Dios! Tened siempre presente el propósito para el cual habéis sido creados y temed a Dios, o de lo contrario fracasaréis en cumplir dicho propósito. Temedlo tanto como Él quiere que lo temáis. Si creéis que Él dará cumplimiento a Sus promesas y si teméis los terrores del Día del Juicio entonces tratad de merecer todas las bendiciones que Él ha reservado para vosotros.

[LO SIGUIENTE TAMBIEN ES PARTE DE ESTE SERMON]

Él os ha dado oídos para que podáis escuchar y conservar en la mente las cosas útiles para vosotros. Él os ha dado ojos para que podáis adquirir tal conocimiento que os saque de las tinieblas de la ignorancia y os haga ver la luz del razonamiento y la sabiduría. El también os ha dado tantos órganos corporrales útiles, cada uno de los cuales está compuesto de muchas partes, su funcionamiento depende de su interdependencia y de su simetría; sus formas y períodos de utilidad, sus acciones coordinadas para servir al cuerpo, su conexión con un corazón que es adecuadamente alimentado (con sangre) y nutrido, de hecho este cuerpo perfectamente eficiente y la mente son las bendiciones concedidas a vosotros además de muchas otras bondades y regalos y protecciones dignos de gratitud. Él fijó entonces un límite de vida para cada uno de vosotros y lo ha mantenido en secreto.

En las historias de las naciones pasadas y de las vidas de individuos, Él os proporcionó oportunidades para que estudiéis las huellas en las arenas del tiempo y seáis advertidos de las consecuencias de las malas acciones. Las vidas de hombres, que disfrutaron a sus anchas y tuvieron perfecta libertad de acción, contienen lecciones útiles que enseñar. Simplemente leédlas una y otra vez y ved cuán prontamente la muerte los sorprendió. Ellos no tuvieron tiempo para satisfacer sus deseos completamente antes de que la muerte pusiera un fin a sus vidas y los pusiera más allá de cualquiera posibilidad posterior de cumplir dichos deseos. Cuando ellos tuvieron salud y oportunidades nunca pensaron en prepararse para el Más Allá. Cuando ellos tuvieron juventud y vitalidad no les importó que se les advirtiera. ¿Qué estaban esperando y qué estáis esperando vosotros? ¿Estáis - en los mejores años de vuestra juventud - esperando la vejez incapacitante para que os advierta acerca de los efectos de una vida malvada? ¿Estáis - en un estado floreciente de salud - esperando por los repentinos e inclementes ataques de enfermedades para que os enseñen una lección acerca de no poner demasiada fe en la vida y sus oportunidades? ¿Estáis los vivos de entre vosotros esperando a estar muertos? ¿Para qué es esta demora y con qué propósito? ¿Os dais cuenta de que cuando sea la hora para que os vayáis y cuando se aproxime la hora de la partida, cuando los dolores de la enfermedad y los ataques de remordimiento os barran, cuando los ahogos sofocantes no dejen que vuestra saliva pase por la garganta, cuando os estéis revolviendo en la cama, volteándoos de un lado a otro y solicitando a vuestros amigos, parientes e hijos que vengan en vuestro auxilio, no quedará tiempo alguno para el pensamiento y la acción? ¿Podrán vuestros parientes prolongaros la vida y alejaros la muerte? ¿Os serán de alguna utilidad la simpatía y el sufrimiento de vuestros parientes?

No, la muerte vendrá y se llevará consigo vuestra vida. Seréis colocados en una tumba oscura y angosta, atados de pies y manos, y solos. Allí, los insectos y los reptiles se abrirán paso comiendo vuestra piel y vuestra carne. Gradualmente, la descomposición normal destruirá completamente vuestro cuerpo y el paso del tiempo hará que vuestra reputación y fama se desvanezcan, incluso vuestra tumba desaparecerá para dejar el lugar a una casa para los vivos u ;otra tumba para otros muertos ¿Qué os sucederá? Vuestro fuerte y robusto cuerpo estará descompuesto, incluso los huesos se convertirán en polvo. Vuestra alma tal vez esté yaciendo bajo el peso de vuestros pecados. Entonces y sólo entonces vuestra alma tendrá fe plena en todo lo que se le había dicho acerca de la vida después de la muerte. Será conocimiento de primera mano. Pero este conocimiento no os será de utilidad. No habrá tiempo para que incrementéis el monto de vuestras buenas obras ni para que os arrepintáis de vuestros pecados.

¿Es la imagen que se os presenta en estas palabras ficticia o alegórica? ¿No es una realidad? ¿No habéis visto gentes alrededor de vosotros pasando por todas estas etapas? ¿No estaban algunos de ellos emparentados con vosotros? ¿No sois acaso hermanos, hijos o padres de alguno de aquéllos que han muerto? ¿No os dais cuenta de que vosotros tendréis que pasar a través de etapas similares antes de llegar al umbral de la muerte y de pasar por el? ¿No pasaréis por el camino que ellos pasaron antes que vosotros? Sin embargo vuestros corazones aún no están deseosos de alcanzar la salvacio,n y son indiferentes a la guía hacia la verdad. Vosotros todavía os aplicáis a seguir el camino equivocado; como si todas estas enseñanzas de la religión no fueran para vosotros; como si la muerte y la descomposición no fueran para vosotros; y como si el adquirir riqueza y poder y el disfrutar a vuestra entera satisfacción fuese todo lo que se esperara de vosotros.

Recordad que vosotros tendréis que pasar por el puente de Sirat (puente sobre el infierno, de acuerdo a la creencia musulmana): un lugar donde la gente tropieza y resbala y donde a cada paso hay tantos peligros y horrores.

Temed a Dios como lo hace el hombre sabio, cuya mente está tan llena de pensamientos acerca del mañana que él ha olvidado todo lo demás (todas sus ideas, palabras y obras están concentradas en el único propósito de pensar en cosas elevadas, decir cosas buenas y hacer buenas obras para que así pueda ser alcanzado un lugar merecido en el reino del Cielo), cuya mente se ha dado cuenta cabal de la enormidad de Su Ira y para escapar de ella él se dedica a ejercitar lo mejor de sus habilidades. Las oraciones nocturnas lo han mantenido despierto mientras muchas gentes están durmiendo o disfrutando. En la esperanza de recompensas celestiales, pasa sus días haciendo buenas obras aun bajo el calcinante sol del verano e incluso bajo la fatiga y la sed del ayuno. La piedad ha mantenido sus deseos bajo control. Todo el tiempo su lengua está ocupada con oraciones y su mente está llena de pensamientos acerca de Dios. Él está alerta de los peligros y trampas antes de encontrarlos, y al evitar los caminos dudosos y torcidos él toma el camino recto y verdadero, así que él puede llegar a salvo a su destino. La vanidad y el orgullo no lo llevan al autoengaño y no voltean su mente. Él nunca es engañado por argumentos dudosos o falsos. Él conoce su lugar en el Cielo, él está consciente de que será recompensado, él tiene fe en la promesa de su Señor. Con esta fe y esperanza él lleva una vida pacifica, feliz y conforme, siempre ocupado en hacer buenas obras y siempre tranquilo en cuanto a la vida y sus problemas. Así él lleva una vida gloriosa, y al pasar este periodo de transición con carácter meritorio y ejemplar él llega al Más Allá felizmente y con facilidad. Él conoce por anticipado los peligros a los que uno tiene que enfrentarse allí y se protege bien con la ayuda de pensamientos sublimes, virtudes ideales y obras nobles. Y así pasa él los pocos días de estadía temporal asignados para él en este mundo. Él se concentra en las formas y medios de obtener Su Favor, se esfuerza exitosamente para mantenerse alejado del vicio y la maldad, tiene presente en su mente a la muerte y se prepara para encontrarse con ella.

¿Que recompensa y bendición más sublime puede haber que un lugar en Su Cielo y qué peor castigo puede haber que el Infierno? ¿Qué vengador puede haber más poderoso que el Señor y quién puede recompensar más gererosamente que Él? ¿Y qué libro puede ser mejor guía en este mundo y más poderoso defensor en el Más Allá que el Sagrado Corán?

Yo os aconsejo que temáis a Dios, Quien ha dispuesto de la manera más perfecta cómo educaros e informaros de los efectos de una vida buena o mala, de la virtud y el vicio, y del pecado y la bondad. Él no os dejó oportunidad para que pongáis excusas y pretextos, para que pretendáis ignorancia, ni para que reclaméis y postuléis justificación para el pecado y la perversión. Él os ha advertido del enemigo (el Demonio) que silenciosa y sutilmente os insinúa y seduce y os arrastra hacia la eterna condenación; el cual os alienta con falsas esperanzas, el cual colorea los crímenes más peligrosos y los pecados más condenables con tonos encantadoramente hermosos y los hace aparecer inocuos e inocentes; y una vez que él ha tenido éxito en arrastraros hacia su madriguera, os ha convencido para que trabajéis para su condenación y la vuestra, y ha logrado completamente su propósito, entonces y sólo entonces os abre los ojos a las realidades, os hace apreciar la enormidad de vuestros pecados, os hace ver claras las cosas inevitables, y os advierte de las tristes consecuencias de vuestras palabras y actos (pero esto es siempre demasiado tarde) y no habrá tiempo para que os arrepintáis o reparéis el mal hecho por vosotros.

[OTRA PARTE DEL SERMON EN LA CUAL EL IMAM HABLA ACERCA DE LA CREACION DEL HOMBRE]

Simplemente dad una mirada al hombre, el cual recibió su forma y la perfección de su cuerpo en la intensa oscuridad y las regiones bien cubiertas del vientre de su madre. Al principio él era un organismo viviente microscópico, brillante e intensamente activo como un coágulo de sangre solidificado sin ninguna forma particular. Entonces él gradualmente adquirió forma humana y se convirtió en un embrión y después nació como un infante débil que vive y crece con la leche como su único alimento. Gradualmente pasa de allí a la niñez, y luego a la juventud y entonces a la edad adulta. Dios lo dotó de un corazón que funciona perfectamente, una mente sana y protectora, una lengua capaz de hablar, oídos para escuchar y ojos para ver, para que él pudiese adquirir conocimiento correcto, pudiese descubrir lo que es bueno para él y lo que es dañino pudiese escuchar los consejos útiles, se pudiese dar cuenta de su utilidad y pudiese moldear su vida de acuerdo con principios correctos de sabiduría y verdad, se abstuviese del vicio y adoptase la virtud como el principio fundamental de su vida.

¿Pero sabéis que pasa en la realidad? Cuando su cuerpo se desarrolla a sus proporciones normales, cuando él adquiere vigor y salud, cuando crece para ser alto y fuerte, se vuelve orgulloso y vano; se niega a dejarse guiar por la verdad y la virtud; se empieza a agrupar en la oscuridad de la ignorancia y el vicio, comienza a adquirir poder y riqueza y empieza a gozar los placeres viles para el contento de su corazón. No satisfecho con esto, él arriesga su actual existencia y su eternidad y vende su alma y su salvación a cambio de los placeres viciosos de la vida. Él no teme ningún peligro ni teme las consecuencias de sus acciones, y continúa así hasta la hora de su muerte. Intoxicado por el vicio y la maldad y aún llevando una vida pecaminosa, él se encuentra con la muerte. Él no cumplió sus deberes hacia el hombre y hacia Dios ni le interesó ganar recompensas celestiales. En realidad solía estar ocupado en el mal y la injusticia y aun cuando lo sorprendieron las enfermedades que portaban la muerte seguía engrosando su caudal de obras malas y errores. Lo inesperado del ataque de la muerte lo dejó confundido y anonadado. Las agonías y los sufrimientos de la enfermedad y los agudos dolores y los paroxismos de su indisposición lo mantenían despierto durante las noches e inquieto durante los días. Gradualmente se iba acercando hacia la muerte. Ante los ojos de su devoto hermano, su querido padre, su amada hermana y su amorosa y angustiada madre, él yacía en la agonía de la muerte, sus sentidos se perdían en paroxismos indetectables y su aliento se sofocaba en ahogos, y finalmente paso, a la inconciencia, entregando su alma a la muerte. Entonces se le envolvió en una mortaja como una manifestación y símbolo de su estado totalmente indefenso e inútil. En esta condición su cuerpo fue sometido a todo tipo de tratamiento ofrecido por los demás, fue obligado a yacer y a soportar toda indignidad a que se le sometía; él no podía resistirse ni reclamar. Como un camello, cansado y exhausto por un largo viaje y atacado de una enfermedad grave, él no tenía control sobre sus miembros y no podía moverlos; estaba necesitado de la ayuda y el apoyo de sus parientes y amigos, los cuales lo cargaron hacia la tumba llevándolo en un ataúd. Ésta era una extraña morada y una residencia donde todas las conexiones mundanas quedaban totalmente cortadas, donde nadie vendría a verlo y la cual él no podría dejar para ir a encontrarse con otros. En esa vivienda, los parientes, los amigos y las plañideras lo solían dejar a su suerte y se regresaban a sus casas. En ese lugar nuevo y extraño él tenía que enfrentarse con nuevos horrores, él se veía obligado a someterse al interrogatorio acerca de su vida, efectuado por los ángeles; al contestarles él tenía que dejar su arrogancia, soberbia y presunción; las circunstancias lo forzaban a adoptar la mansedumbre y la humildad; el peor horror del lugar eran las torturas del Infierno preparadas para quien las merezca. Recordad que para los pecadores no habrá reposo en la tumba para aliviar los cansancios y fatiga de la enfermedad de antes de la muerte ni los sufrimientos de la muerte, ni habrá tranquilidad ni paz ni nadie que venga en su ayuda y socorro, ni siquiera habrá muerte que los libre de los horrores y dolores: será un castigo constante e interminable, sin tregua ni intervalo.

¡Oh creaturas de Dios! ¿Podéis decirme dónde están aquellas gentes a las que les fue concedida una larga vida pero que la desperdiciaron en la facilidad y la comodidad, y en el vicio y el lujo? ¿Dónde están aquellas gentes que fueron provistas de buenas mentes y de oportunidades igualmente buenas para que adquirieran sabiduría y conociesen la verdad, pero que después de conocer y entender las formas verdaderas de vida desperdiciaron las facultades concedidas y el tiempo otorgado y el conocimiento que se les impartió? A ellos se les dio tiempo y oportunidades pero ellos no los aprovecharon. Se les dotó de completa salud y un cuerpo robusto, pero ellos los usaron extravagante e imprudentemente, olvidando que estas cualidades fueron el Favor de Dios y merecían un uso agradecido y juicioso. A ellos se les confirió una larga vida y abundancia de cosas buenas, fueron advertidos de las consecuencias de las malas obras, y también se les prometieron las recompensas celestiales. Pero nada los mantuvo alejados del vicio y la maldad.

Tenéis sus ejemplos ante vosotros. Vosotros os abstenéis de aquellos vicios que atraerán Ira de Dios sobre vosotros. ¡Oh vosotros! Vosotros que tenéis ojos y oídos, que tenéis salud y vigor, y que tenéis riqueza y poder, ¿os habéis dado cuenta de los malos efectos de una vida malvada? ¿Habéis encontrado un camino para escapar de la Ira de Dios? ¿Habéis encontrado a alguien que os escude contra ella? ¿Podéis huír y escapar de ella? ¿Podéis encontrar un refugio contra ella? ¿Hay alguna posiblilidad de regresar a este mundo (después de la muerte) y de deshacer todo lo que habéis hecho? Entonces meditad y pensad cuidadosamente acerca de lo que estáis haciendo con vuestras vidas. ¿A dónde vais? ¡Cómo os estáis engañado! Simplemente mirad cuidadosamente alrededor

vuestro. Fuera de esta tierra que se estira a vuestro alrededor, lejos a cada lado vuestro, vuestra porción y la de toda otra persona es escasamente la altura (su tumba) en que yaceréis con vuestra mejilla sobre la tierra desnuda. Vosotros no vais a obtener nada más que eso, por más que tratéis (entonces, ¿para qué tanta ambición de poder, fuerza, gloria e imperios?). Si llegáis a esta verdad y realidad entonces, ¡Oh gentes!, haced uso correcto de todo lo que os ha sido dado. Cuando todavía hay salud y energía en vuestro cuerpo, cuando todavía hay vida y oportunidades a vuestra disposición, cuando aún hay tiempo para buscar la verdad, para encontrarla y seguirla, cuando todavía hay permiso disponible para hacer lo que debéis, cuando todavía tenéis un sitio donde congregaros y para tener espíritu cooperativo para trabajar juntos, cuando todavía tenéis una oportunidad de hacer el bien o reparar el mal que hicisteis y cuando aún tenéis tiempo para arrepentiros y lamentaros, entonces arrepentíos y haced el bien. Sí, haced el bien antes de que la puerta del arrepentimiento y la puerta de la acción sean cerradas para vosotros; antes de que la paz, la tranquilidad y la comodidad os dejen para siempre, antes de que las aflicciones o las adversidades os alcancen antes de que los problemas, las ansiedades y los temores caigan sobre vosotros, antes de que la muerte cierre vuestros ojos para siempre y antes de que Su Ira descienda sobre vosotros.

SAYYED RAZI, EL COMPILADOR ORIGINAL DE ESTOS SERMONES DIJO QUE ESTE SERMON FUE TAN EFECTIVO QUE ANTES DE QUE EL IMAM LLEGARA AL FINAL DEL MISMO, LAS GENTES EMPEZARON A LLORAR, MUCHOS DE ELLOS TEMBLABAN Y MUCHOS OTROS SE ESTREMECIAN EN SUS SITIOS, Y BASTANTE TIEMPO DESPUES DE QUE EL SERMON HABIA

TERMINADO HUBO SILENCIO TOTAL EN LA MEZ-
QUITA Y NADIE SE ATREVIA A MOVERSE NI A DEJAR
SU SITIO. ALGUNAS PERSONAS HAN LLAMADO A ESTE
SERMON "KHUTBA-E GHURRA"

NOTA No. 1: Debe recordarse que ningún animal excepto el hombre puede vivir cómodamente o incluso sobrevivir a los extremos de clima sin ningún cambio en la piel o el pelo. Un oso polar o un zorro polar o un venado moriría en Ecuador; similarmente un tigre, un leopardo, un camello o un elefante moriría en las regiones polares. Algunos tipos de animales pueden ser encontrados en todas las diferentes zonas climáticas, por ejemplo un oso y un zorro, pero sus pieles, piel y grasa cambian de acuerdo con el cambio de clima. Y este cambio se lleva a cabo en cientos de generaciones y después de que millones de animales hayan muerto debido a la falta de habilidad de sus cuerpos para adaptarse a las condiciones climáticas cambiantes. Pero, el hombre, simplemente con un cambio de ropa puede en unas horas estar feliz en los polos así como en el desierto del Sahara. Ahora él está desarrollando un vestido (traje espacial) que lo proteja en el vacío del espacio, Esta peculiaridad del hombre es una de sus particularidades más sobresalientes.

NOTA No 2: Como el vestido, el alimento es otra peculiaridad del hombre. Hay especies de animales en este mundo que son millones de años más antiguos que el hombre, pero sus modos de alimentación no han cambiado, ellos están a merced de su alimento. La escasez del alimento que consumen, algunas veces ha exterminado a la especie completa. Por ejemplo el tigre, es un carnívoro y no puede vivir de pasto u hojas; si su alimento no está disponible, morirá o recurrirá al canibalísmo. Similar será la condición de todos los animales herbívoros, si las variedades del alimento de que dependen desaparecen, ellos mueren o se ven forzados a cambiar de habitat, por ejemplo los animales acuáticos se vuelven terrestres o los terrestres se van al mar. Ellos no pueden cultivar ni criar la variedad de la que depende su subsistencia, pero no es el caso con el hombre. Él no sólo cultiva, cría, desarrolla o hace crecer la variedad que quiere, sino que ha hecho algo más maravilloso. Él ha desarrollado y producido nuevas especies y nuevas variedades y ahora sintetiza alimentos a partir de elementos. Así con la ayuda de la fábrica de alimentos, él puede vivir cómodamente donde ninguna planta puede crecer ni ningún animal puede habitar. Él incluso puede controlar la precipitación fluvial y el clima, y así puede convertir los desiertos en campos floridos. ¿No es acaso una mente con tales capacidades colosales una

Bendición del Señor? ¿No debería Él ser agradecido y temido? ¿Acaso no puede Él tomar de vuelta todo lo que Él ha concedido? El Imam, en estas tres frases, ha explicado las tres bendiciones principales otorgadas al hombre. La cualidad de aprender mediante ejemplos, los atributos de adaptarse a los diferentes ambientes y climas y la facultad de tener control sobre sus alimento, cultivándolo, criándolo, desarrollándolo y derivando nuevas variedades para sortear los rigores del clima, y también sintetizando alimento a partir de los elementos.

SERMON 87

EN ESTE SERMON EL IMAM SE REFIRIO A LA FALSA PROPAGANDA DIFUNDIDA CONTRA EL POR AMR IBN AAS.

Es al go extraño que el hijo de Nabeghah (nombre de la madre de Amr ibn Aas) instigue diariamente a los asirios contra mí. El les dice que yo bromeo constantemente y que soy dado a los deportes, juegos, diversión y pasatiempos. Él sigue mintiendo contra mí deliberadamente, y con ello está cometiendo un pecado. Recordad que mentir es algo malvado y pecaminoso. Vosotros sabéis bien que Amr ibn Aas es una persona que tiene arraigada la costumbre de mentir, él miente generalmente, hace promesas sin intención de cumplirlas. Si él pide una cosa suele presionar para ello, pero si se le pide algo se comporta como un avaro. Habitualmente rompe sus pactos, nunca sostiene su palabra y es despiadado y severo.

En el campo de batalla antes de que las espadas sean desenvainadas y la lucha comience, él es generalmente muy vigoroso para dar órdenes y muy conspicuo en su pretensión de conducir al ejército; pero cuando la batalla empieza ralmente, su mayor táctica es mostrar su trasero desnudo a sus oponentes (33).

Juro por Dios que el pensamiento de la muerte me ha mantenido siempre alejado de la búsqueda del placer, mientras que su indiferencia (de Amr ibn Aas) hacia el Más Allá siempre lo hace ser osado en sus mentiras. A no ser que se le pague muy bien para que venda su alma, sólo así pudo jurar su fidelidad a Moawiah.

SERMON 88

UNOS CUANTOS ATRIBUTOS DE DIOS Y ALGUNOS CUANTOS CONSEJOS A SUS SEGUIDORES. APARENTEMENTE ESTOS PASAJES SON PARTES DE UN SERMON MUY GRANDE.

Yo declaro que no hay otro creador y gobernador del Universo más que Dios el Todopoderoso. Él es Unico y no tiene quien comparta Su Poder y Su Gloria. Él ha estado en existencia desde toda la eternidad, nada existió antes que Él, y Su Existencia nunca llegará a un final. Ninguna imaginación puede sondear la realidad de Sus atributos y ninguna mente puede captar la manera de Su Entidad. Él es tan Unico que la división o la serparación de Su Ser en partes no puede ser imaginada siquiera. Ningún ojo puede verlo y ninguna mente puede imaginarlo...
[Otra parte del sermón]... ¡Oh creaturas de Dios! Tomad advertencia de los ejemplos útiles, y aprended de los ejemplos claros y tangibles. Dejad que los horrores del castigo os mantengan alejados de los pecados. Aprovechad tan prontamente los buenos consejos y las enseñanzas religiosas como si la muerte os tuviera fuertemente agarrados y todas las conexiones con el mundo se hubiesen roto, como si estuvieseis siendo conducidos hacia el destino al cual está decretado que llegue todo ser viviente. En el Día de la Resurrección todo ser humano estará acompañado por un conductor (un ángel) y un testigo (otro ángel), uno lo conducirá hacia la asamblea donde será juzgado y el otro dará testimonio acerca de su fe y sus obras...
[Otro pasaje del mismo sermón]... En lo que se refiere a eminencia y honor, hay grados en el Cielo, uno superior al otro; superándose en excelencia y en grandeza y gloria. Las bendiciones celestiales que descenderán sobre sus habitantes nunca cesarán ellos vivirán allí por siempre, no sufrirán de vejez y no tendrán privaciones ni sufrimientos.

SERMON 89

UN CONSEJO A LAS GENTES PARA QUE CREAN SINCERAMENTE EN LA RELIGION Y ACTUEN DE ACUERDO CON SUS ENSEÑANZAS.

Verdaderamente Dios conoce los secretos de los corazones y los pensamientos escondidos en las mentes. Su Conocimiento abarca todo. Su Poder domina todo y Él puede hacer cualquiera cosa que desee.

Cada uno de vosotros debería trabajar para asegurarse las bendiciones eternas, durante el período asignado a vosotros antes de que la muerte os reclame. Deberíais actuar durante el tiempo oportuno permitido antes de que os veáis privados de él. Atesorad bienes celestiales para vuestro hogar permanente en el Cielo durante vuestra estadía temporal en esta morada terrena.

¡Oh gentes! Temed a Dios en cuanto a aquellas cosas que Él, en Su Libro, os ordenó que recordarais. Cuidad los bienes que os fueron confiados, y las obligaciones que os fueron impuestas, ya que Dios el Todopoderoso no os creó sin un propósito y Él no os ha dejado sin obligaciones y deberes ni os ha tenido desinformados o ignorantes de los mismos. Él os ha explicado en gran detalle lo que hay que hacer en la vida y qué no se debe hacer y por qué no. Vuestros pensamientos no son secretos para Él y Él ha fijado la duración de vuestra vida.

Él ha revelado Su Libro para vosotros el cual os explica y describe todo. Él permitió que el Santo Profeta (la paz sea con él y sus descendientes) viviera entre vosotros el tiempo suficiente para explicar completamente mediante sus palabras y hechos la religión que le fue revelada, hasta que Él tuvo Sus enseñanzas e instrucciones completamente transmitidas y hasta que se hubo alcanzado tal perfección de Su religión elegida que lo satisfizo y lo complació.

A través de Su Mensajero (la paz sea con él y sus descendientes) Él os ha dado plenas instrucciones acerca que lo que se debe hacer y lo que no se debe hacer en la vida explicando racionalmente todo aspecto de la religión y cerrando con lógica correcta toda avenida para los argumentos falsos. Él prometió Sus Bendiciones y también os advirtió de Sus terribles Castigos.

Tened cuidado con los días que os quedan y compensad y arrepentíos de las malas obras que habéis cometido y tratad de manteneros alejados del vicio y el pecado, ya que el período de vida que os queda es probablemente mucho menor que el período de ignorancia y oscuridad a través del cual habéis pasado indiferentes a los buenos consejos e instrucciones que vuestra religión os ha dado.

No permitáis que vuestro ego se arroje locamente en pos de los deseos desordenados ya que os conduciría hacia el camino de la maldad y el vicio o de la opresión y la tiranía.

No permitáis que la pereza y la desidia os mantengan alejados del seguimiento de las órdenes de Dios: esto os conduciría hacia el pecado y el mal. El hombre que más obedece a Dios es el mejor y más sincero amigo de sí mismo, y el hombre que desobedece a Dios es su propio peor y más mortal enemigo. El que trata de engañarse y dañarse es un tonto y un perdedor, y realmente gana quien mantiene a su mente libre de vicio y pecado. Afortunado es quien toma lecciones de sus alrededores, y desgraciado es quien es seducido por sus deseos y pasiones inmoderados.

Aprended estas verdades: aun la más pequeña hipocresía hacia Dios es un tipo de politeísmo; el permitirse la compañía de una persona malvada y libertina es la forma más fácil de olvidar las enseñanzas de la religión y de invitar al Demonio para que tome el control de la mente de uno.

Abstene,os de decir mentiras ya que el mentir os mantendría alejados de la religión y de Dios. Una persona veraz y amante de la verdad será el receptor de la salvación y el honor de parte de Dios, mientras que el mentiroso será desgraciado y humillado por Él. No envidiéis, porque la envidia destruye vuestra fe en la religión como el fuego destruye la madera. No os odiéis ni detestéis unos a otros, ya que ello os conduciría a las calamidades y la mala suerte.

Recordad que las vanas esperanzas y los sueños ambiciosos afectan tristemente vuestra capacidad mental y os harán olvidar a Dios. Luchad contra tales esperanzas y deseos ya que son ilusiones, y quien crea en ellos será engañado y decepcionado.

SERMON 90

EN ESTE SERMON EL IMAM DESCRIBIO LAS SEÑALES POR LAS CUALES SE PUEDE RECONCOCER A UN FIEL Y VERDADERO MUSULMAN Y A LA PERSONA QUE COMPLACE A DIOS. EL EXPLICO LO QUE SIGNIFICAN LA INFIDELIDAD Y LA APOSTASIA Y COMO PUEDEN ALCANZARSE LA GUIA Y LA SALVACION. EL ENSEÑO LAS MANERAS DE LOGRAR LOS FAVORES DEL SEÑOR Y DE EVITAR SU IRA.

¡Oh gentes! El que más complace a Dios es aquél que ha rogado por Su ayuda para superar sus pasiones, quien reconoce la seriedad y la tristeza de la vida y quien teme a Dios; aquél que ha aceptado la verdadera religión y está listo para encontrar a la muerte cuando ésta venga; aquél que se da cuenta de la meta final de su existencia y estádispuesto a soportar toda dificultad con tal de llevar una vida virtuosa y tener un final feliz; aquél que ha estudiado los hechos y las realidades de la existencia en esta Tierra y ha tomado lecciones y advertencias de los mismos; y - con Él siempre en mente - aquél que trata, lo mejor que puede, de hacer el bien. Aquél que se esfuerza para adquirir la perfección que Dios le ha ayudado a alcanzar, y después de lograrlo, camina por la senda de la piedad y la verdad. Aquél que ha superado los deseos inmoderados y sólo está ansioso de avanzar en el Favor de Dios y de recibir Sus Bendiciones.

Aquél que ha superado la ceguera mental, ha abandonado la compañía de las gentes viciosas y se ha convertido en una fuente de dirección hacia la verdad y en un medio de control sobre las actividades viciosas.

Aquél que ha visto el Camino Recto de la religión y lo ha adoptado, ha reconocido la verdad y la justicia, y valientemente enfrentándose a las dificultades y superando los obstáculos se ha relacionado con Dios y la religión.

Su fe en Dios es como un sol que irradia virtud e ilumina el camino de la verdad. Él se ha dedicado al servicio de Dios resolviendo los problemas de la vida con la ayuda de la verdad y la justicia y dirigiendo a las gentes hacia la religión; él es como una vela encendida en la oscuridad de la incertidumbre, que despeja las dudas, deshace los problemas difíciles y saca a las gentes del caos del paganismo.

Si él habla es para explicar hechos y realidades, si se queda callado es porque él ha aceptado la lógica de la verdad escondida en la religión.

Como él es sincero en su amor y devoción a Dios, Él también lo ha escogido para que actúe como una guía y como dirigente de los hombres, como una de las fuentes de Su Religión y como uno de los pilares de la fe en esta Tierra.

Una persona tal como él se obliga a sí mismo a ser siempre justo y el primer acto de justicia que él hará será eliminar de su mente los deseos inmoderados la ambición y hablar la verdad y actuar de acuerdo a ella. Él no dejará de hacer ninguna obra buena ni dejará de pensar cualquier buena idea.

Él ha basado sus pensamientos y sus acciones en el Corán, el cual es su líder y su guía, él acepta sus enseñanzas y sigue cuidadosamente sus órdenes.

A diferencia de él, hay otra persona, que pretende ser conocedor, pero no lo es. Él ha acumulado nociones tontas e ignorancias de las gentes ignorantes, e ideas erróneas y cismas de las personas descarriadas y viciosas. Para engañar a las gentes él ha puesto trampas de mentiras y engaños alrededor de sí mismo. Él explica el significado de los libros sagrados acomodándolos a sus propósitos y tuerce la verdad para que coincida con sus deseos y anhelos. Él pacifica la conciencia de las gentes y los incita a cometer grandes pecados empequeñeciendo los crímenes atroces y odiosos. Él declara que siempre es precavido acerca de las dudas y los cismas, sin embargo en realidad está profundamente enredado en ellos. Él parece un hombre pero tiene el intelecto subdesarrollado de una bestia. Ni conoce el camino de la verdadera religión para seguirlo ni el curso del verdadero ateísmo para evitarlo; la suya es una mente muerta en un cuerpo vivo.

¿A dónde vais y a quién seguís? La verdad (el Islam) ha fijado sus límites visibles, ha iluminado sus señales y ha puesto indicadores de dirección, pero a pesar de todo esto estáis siendo descarriados y confundidos. ¿Pero por qué deberíais estar perplejos cuando tenéis a los descendientes - Ahl-ul-Bayt - del Santo Profeta (la paz sea con él y sus descendientes) entre vosotros? Ellos os dirigirán hacia la verdad y la religión, os guiarán hacia el Camino de Dios, ellos os hablarán en el lenguaje de la verdad. Amadlos y respetadlos como amáis y respetáis al Sagrado Corán. Para satisfacer vuestra sed de realidades de la vida tornad hacia ellos como los animales sedientos se reúnen alrededor de los abrevaderos.

¡Oh gentes! Escuchad y recordad bien los dichos del Santo Profeta (la paz sea con él y sus descendientes) de que nuestra muerte física no significa que hemos desaparecido totalmente de entre vosotros y que nuestra vejez no significa que nos hayamos vuelto seniles e inútiles (nuestras enseñanzas, nuestras tradiciones, nuestros principios directores y nuestra guía siempre permanecerán con vosotros para guiarnos y dirigiros).

¡Oh gentes! No habléis de cosas que no conocéis, porque puede que neguéis así verdades, no consideréis reponsable de vuestros vicios y pecados a la persona cuyos consejos y enseñanzas os habéis negado a ceptar. ¿No os he explicado yo el Corán? ¿No os he dejado a los Ahl-ul-Bayt (descendientes del Santo Profeta, la paz sea con él) para que os guíen? ¿No he mantenido en alto el estandarte de la fe para que os reunáis bajo él? Con la fuerza de mi justicia y trato equitativo ¿no os he proporcionado paz y prosperidad? Y con palabras y hechos ¿no os he enseñado a vivir con sencillez y a pensar en cosas elevadas? Con mi ejemplo ante vosotros ¿no os he educado para que aceptéis los valores superiores de la moralidad? *Así que por favor recordad que no debéis tratar de formaros opiniones y llegar a conclusiones acerca de cosas que no entendéis o no podéis comprender.*

La supremacía de los Omeyas sobre el estado Islámico permanecerá el tiempo suficiente para que las gentes se imaginen equivocadamente que su gobierno será eterno y que sus crueldades y tiranías sobre los musulmanes nunca tendrá fin. Dicha noción es errónea; para ellos los placeres de este gobierno impío son como un trago agradable que pueden guardar en la boca por un rato pero entonces se verán forzados a escupirlo poco a poco.

SERMON 91

ACERCA DE LOS MUSULMANES DE ESE PERIODO QUE ADOPTARON UN CAMINO EQUIVOCADO EN EL SEGUIMIENTO DE LAS ENSEÑANZAS DEL ISLAM.

Sabed que el Dios Todopoderoso no castiga a los tiranos a menos que Él le haya concedido tiempo suficiente, abundancia y comodidad (a menos que les haya soltado bastante cuerda), y Él no mejora las condiciones de ninguna nación sino hasta que ésta haya sido probada mediante calamidades y sufrimientos o evaluada con privaciones y miserias

Las aflicciones que ya habéis encarado y las dificultades por las que habéis pasado deberían haber sido una buena fuente de educación para vosotros; pero desgraciadamente no todo hombre que tiene células grises en su cabeza es sabio, no toda persona que tiene vista posee previsión y no todo el que tiene oídos está dispuesto a escuchar un buen consejo.

¿No es ciertamente sorprendente y no debería yo asombrarme de aquellas personas que se dan cuenta de que las doctrinas religiosas frecuentemente son explicadas diversa y contradictoriamente y sin embargo ni les importa seguir a su profeta ni quieren actuar como virreyes o representantes de él? El hecho es que ellos en realidad no tienen nada de fe en Dios, y, por lo tanto, no se abstienen del vicio. Ellos actúan de acuerdo a las suposiciones equivocadas de sus mentes y siguen las ambiciones de sus pasiones. Cualquiera cosa que les agrada y desean, ellos la consideran como algo bueno y virtuoso, y cualquier cosa que no les guste, ellos la consideran mala y perversa. Cuando son llamados para resolver problemas difíciles, ellos tratan de hacer uso de su conocimiento imperfecto, y cuando se trata de cuestiones religiosas ellos se basan en sus ideas infundadas como si cada una de ellas fuese su propia guía y su líder y como si cualesquiera conclusiones a las que llegue estuvieran basadas en un conocimiento muy correcto y muy profundo de la verdad y la religión.

SERMON 92

EN ESTE SERMON EL IMAM DESCRIBIO LA CONDICION DE LA SOCIEDAD ANTES DE QUE DIOS ENVIARA AL SANTO PROFETA (LA PAZ SEA CON EL Y SUS DESCENDIENTES) COMO SU MENSAJERO Y APOSTOL. EL LE ACONSEJO A LAS GENTES QUE APRENDIERAN LAS LECCIONES DE LA HISTORIA, Y SE DIERAN CUENTA DE QUE EN TAN CORTO TIEMPO ELLOS YA HABIAN OLVIDADO LAS COSAS ENSEÑADAS POR EL SANTO MENSAJERO DE DIOS Y QUE LAS CONDICIONES DE SU TIEMPO NO SON MUY DIFERENTES A LOS DE LOS DIAS PREISLAMICOS. AL FINAL EL LES ACONSEJO QUE ENTENDIERAN QUE EL LES ESTABA ENSEÑANDO UNA Y OTRA VEZ LAS MISMAS COSAS QUE EL SANTO PROFETA (LA PAZ SEA CON EL Y SUS DESCENDIENTES) LES HABIA ENSEÑADO.

El Dios Todopoderoso envió a nuestro Santo Profeta (la paz sea con él y sus descendientes) con Su encomienda en una época en que el mundo había sido dejado por mucho tiempo sin profeta o guía alguno; cuando las naciones habían pasado años sin darse cuenta del deber del hombre hacia Dios y los hombres; cuando los hombres habían pasado por siglos de disturbios y discordia; cuando los largos períodos de guerra habían desvastado la sociedad humana y cuando el mundo pasaba a través de la máxima oscuridad y falsas opiniones.

Él envió a nuestro Santo Profeta (la paz sea con él y sus descendientes) entre los seres humanos cuando la Humanidad tenía un pasado muy triste, un presente terrible y, habiendo disipado sus energías, no tenía esperanzas en cuanto a su futuro. Las enseñanzas de los previos profetas habían sido olvidadas y por doquier eran aparentes las señales de destrucción y ruina. El mundo se había convertido en un lugar muy poco saludable y lleno de problemas para la humanidad, lleno de destrucción y de muerte, pánico y terrorismo y de guerras y tumultos.

¡Oh gentes! Dejad que la historia del hombre os enseñe una lección. Dejad que las vidas de vuestros padres y hermanos os prevengan contra la adopción del curso de vida que ellos siguieron y del cual ellos tendrán que dar cuentas.

¡Juro por mi vida! No ha pasado mucho tiempo entre vosotros y ellos, y no podéis haber olvidado tan rápidamente sus vidas. Pero esas vidas no os han enseñado ninguna lección, no han cambiado vuestro modo de ver las cosas y no han mejorado vuestras mentes.

Os estáis comportando en la misma manera en que se comportaban vuestros ancestros durante los días del Santo Profeta (la paz sea con él y sus descendientes).

Juro por Dios que yo os estoy enseñando las mismas cosas con las que el Santo Profeta (la paz sea con él y sus descendientes) inició a vuestros antepasados, y vuestras reacciones a mis enseñanzas son exactamente similares a las de las gentes que rodeaban a nuestro Profeta, algunos aceptando la verdad y la mayoría de ellos ya sea teniendo dudas e incertidumbres u oponiéndose a ellas con todas sus fuerzas; la condición de vuestras mentes también indica que no habéis aprendido nada del pasado. Recordad que yo no os estoy diciendo nada que no fuera dicho a vuestros padres y que no se os pide que sigáis otra religión diferente a la que les fue enseñada a ellos, y que estáis pasando por problemas similares a aquéllos por los que ellos pasaron, dejad que sus vidas sean una educación para vosotros.

Dejad que os advierta que las cosas como la riqueza, el poder, los placeres, los vicios y los pecados con las que han rodeado los impostores astutos y los extraviadores deshonestos, no deben seduciros y tentaros, porque la vida es como una sombra a través de la tierra, la cual antes de desaparecer finalmente puede alargarse por algún tiempo, pero al fin y al cabo se desvanecerá.

SERMON 93

ESTE SERMON ES UN DISCURSO ACERCA DE LOS ATRIBUTOS DE DIOS Y DE COMO CREO EL LAS COSAS; COMO VA A TRATAR A SUS CREATURAS OBEDIENTES Y DESOBEDIENTES. TAMBIEN CONTIENE UN CONSEJO AL HOMBRE PARA QUE HAGA EL BIEN MIENTRAS LE QUEDA TIEMPO PARA ACTUAR.

Todas las gracias le sean dadas a Dios, el cual puede ser reconocido sin ser visto. La creación de los universos no le provocó cansancio mental.

Él ha existido desde la eternidad cuando no había espacio dividido en galaxias ni universos (ni tiempo tampoco); cuando no había puntos oscuros en el espacio actuando como cortinas y cerrando la vista de los universos con algunas ventanas (espacios abiertos) en ellos (para dejar pasar una información muy limitada); cuando ni siquiera había la oscuridad (mucho menos la luz); cuando no había tierra para cargar y nutrir la vida sobre su superficie; ni altas montañas con oscuros desfiladeros en su seno; ni valles profundos; ni océanos que rodearan a las tierras; ni creaturas con pensamiento y facultades mentales.

Verdaderamente Él es el Dios que creó a todas las criaturas y que también provocará su aniquilación total y completa. Él permanecerá cuando todos ellos hayan tenido un fin. Él es su Señor y Él los preserva y los nutre. Los soles y los sistemas solares se mueven en el espacio de acuerdo a los caminos destinados por Él; desgastando toda cosa nueva que se pone en contacto con ellos y convirtiendo el presente en pasado, ellos cubren distancias gigantescas en el espacio durante sus viajes.

Él ha fijado y preordenado la calidad y la cantidad y los medios de subsistencia de cada tipo de criatura. Él conoce la capacidad, la propiedad, la facultad y actividad de cada una de ellas asícomo la duración de los períodos de sus existencias. Él sabe lo que todas y cada una de ellas indica y lo que hay en las mentes de quienes están dotados de mente y capacidades mentales. Él sabe a través de cuántos cuerpos de padres pasó un ser viviente antes de nacer, así como el tiempo cuando cada uno de ellos adquirió el ser, y cuánto permanecerá existiendo.

No obstante todas las Bondades que Él ha derramado sobre ellos en este mundo Él va a castigar severamente a Sus enemigos, y Sus amigos van a ser bendecidos por Él y a recibir Sus Favores a pesar de toda la severidad de Sus Castigos. Él subyuga a quienes tratan de comprar fuerzas con Él, destruye a aquéllos que lo desobedecen, humilla a aquéllos que tratan de oponérsele, y domina a aquéllos que se comportan como Sus enemigos. Pero a quienes ponen su confianza en Él y dependen de Él y a aquéllos que le ruegan, Él siempre les concede según sus méritos a quienes son caritativos con los demás. Él otorga hermosas Recompensas, y a aquéllos que siempre le agradecen Él les concede Sus Bendiciones.

¡Oh gentes! Juzgáos a vosotros mismos, antes de que seáis juzgados y haced un recuento de vuestras actividades antes de que se os pida que rindáis cuentas de ellas, arrepentíos mientras aún hay tiempo a vuestra disposición y sometéos a Sus Ordenes antes de que la muerte acabe con todas las posibilidades de mejorar.

Recordad que a menos que tratéis de mejoraros a vosotros mismos y de ayudaros entre vosotros para asegurar Su Favor, ningún consejo ni educación puede mejoraros; a menos que disciplinéis vuestra mente, ninguna disciplina exterior podrá mejoraros.

SERMON 94

"JUTBAT-UL-AXBAH"

ESTE SERMON ES LLAMADO AL-AXBAH Y ES UNO DE LOS SERMONES QUE HAN SIDO MUY FRECUENTEMENTE REFERIDOS POR LOS HISTORIADORES Y LOS BIOGRAFOS. LOS COMENTARISTAS DE NAHY-UL-BALAGHAH DICEN QUE UNA VEZ ALGUIEN LE PIDIO AL IMAM QUE DESCRIBIERA A DIOS EN TAL MANERA QUE ELLOS PUDIESEN SENTIR COMO SI LO ESTUVIERAN VIENDO CON SUS PROPIOS OJOS. EL IMAM SE SINTIO MOLESTO POR ESTO, YA QUE NO ES POSIBLE DESCRIBIR A DIOS DE ESTA FORMA, NI ES NECESARIO TRATAR DE COMPRENDERLO EN ESTA MANERA NI ES DE NINGUNA UTILIDAD EN EL MUNDO EL HACERLO ASI. EL EXPLICO EN ESTE SERMON LOS ATRIBUTOS DE DIOS QUE INDICAN QUE NO HAY NADA EN COMUN ENTRE DIOS Y EL HOMBRE Y QUE ÉL NO PUEDE SER EXPLICADO EN LA FORMA PEDIDA. DESPUES EL DEFINIO LAS PROPIEDADES DEL HOMBRE Y LOS ANGELES. LA PALABRA AXBAH ES EL PLURAL DE XABAH QUE SIGNIFICA FORMAS, CUALIDAD, PROPIEDAD Y ATRIBUTO DE LAS COSAS. LAS CUALIDADES Y FORMAS DEL HOMBRE SON EXPLICADAS EN ESTE SERMON.

Alabado sea el Señor Cuya riqueza ni se incrementará ni se multiplicará si Él cesa de ser Generoso y Magnánimo hacia Sus creaturas, ni Su Benevolencia lo empobrece o disminuye Su Riqueza, mientras que a toda persona cada acto generoso le disminuye una parte a su fortuna, y todo el que se abstiene de ayudar a los demás es considerado malo y perverso. Él es un Benefactor Cuyos favores son ilimitados, Cuyas concesiones son abundantes, Cuyas bendiciones son sublimes y Quien ha destinado al hombre para que alcance la grandeza. Él trata a todas las creaturas como si fueran Sus hijos. Él ha dispuesto para ellos medios de subsistencia. Él ha establecido variedades y tipos de alimentos adecuados y capaces de nutrir a todas las diversas especies vivientes en la tierra. Él les enseñó las formas de adquirir sus requerimientos de los alrededores y también cómo lograr Sus Bendiciones y Favores. Él es tan Generoso que Sus regalos alcanzan tanto a quienes no los piden como a quienes los buscan y solicitan.

Él es tal Ser que no tuvo principio y nada existía antes que Él, y Él no tiene fin y nada puede ser imaginado que exista después de Él. Él hizo imposible el que los ojos lo vean y el que las mentes lo visualicen. El tiempo no puede afectarlo y el cambio de las circunstancias y condiciones no puede provocar ningún cambio en Él (Él está más allá del alcance del tiempo). Similarmente Él no ocupa espacio alguno, por lo que no puede imaginarse que Él tenga movimiento ni que cambie de lugar, que todo en la naturaleza y todo objeto creado dependan para su movimiento y reposo (como lo explica la teoría de la inercia) de Su Poder y Fuerza (que no son parte de la naturaleza sino algo más allá y por encima de ella), y otros aspectos intrincados de la creación y su funcionamiento nos obligan a concebir que hay algún poder y fuerza detrás de ellos que los conduce a actuar como lo hacen. Las maravillas de la creación en todas y cada una de las fases presentan las características más gloriosas y brillantes de la belleza y elegancia de Sus diseños artísticos y las indicaciones y evidencias innegables de Su Supremo Conocimiento y Poder, tanto que toda creatura en sus aspectos de creación, existencia, interdependencia con los demás y decadencia, es la prueba suprema de Su arte de creación; incluso aquellas criaturas que nos parecen mudas e incapaces de hablar, con su pura existencia y actividades pronuncian y declaran el plan y propósito del Gran Arquitecto del Universo, y le enseñan a uno a darse cuenta de la belleza exquisita y majestuosa del arte de la creación.

¡Señor! Yo testifico que quienquiera que te compare con Tus criaturas, tomando en cuenta las diferencias en sus diversas partes componentes o la simetría y la tendencia suplementante de sus múltiples secciones y segmentos y así atribuyendo todas las cualidades, funciones y—por lo tanto, limitaciones— de Tus creaturas a Tí, no ha forzado su mente a entender y darse cuenta de Tu Grandeza y Tu Gloria, y él no tiene fe en que Tú seas el Uno y Unico Señor y Creador que no tiene socios ni copartícipes. Él imagina que Tú podrías ser como los ídolos que él produce y adora. Como si él no hubiese oído a aquellas personas que una vez habían adorado a dichos dioses y después (al reconocer su tontería) se desentendieron de ellos y renunciaron a su fidelidad a ellos y dijeron: "¡Por Dios! Qué tontos fuimos y cuán tristemente persistíamos en el error y el pecado cuando creíamos y os declarábamos (a los ídolos) iguales al Señor que ha creado y mantiene al Universo". ¡Señor! Ellos son descarriados y mentirosos, aquéllos que te consideran igual a otros y te comparan con sus ídolos y dioses. Ellos te adjudican atributos y cualidades de Tus criaturas, y en su imaginación ellos tratan de dividir Tu Poder y Majestad supremos y Tu Saber infinito en varios atributos, cualidades y características diferentes. Ellos creen que Tú poseés un cuerpo y una mente como los de una de Tus criaturas, un cuerpo que pudiese servir diferentes funciones y una mente que sólo pudiese actuar bajo varias limitaciones.

Yo testifico, ¡Oh Señor!, que quienquiera que piense que Tú eres como las criaturas creadas por Tí, que imagine un ser igual a Tí, y quienquiera que imagine tal ser, se niega a aceptar los explícitos, indiscutibles y unívocos versos del Sagrado Corán que, con la ayuda del intelecto y las razones y argumentos lógicos, demuestran Tu Unicidad, Saber infinito, Omnipotencia y Omnipresencia. ¡Señor! Tú eres el Ser que está Solo, a Quien la imaginación y la mente no pueden abarcar, la deliberación y la meditación no lo pueden captar y Quien no puede ser puesto dentro de los límites de la comprensión y la concepción.

(OTRA PARTE DEL SERMON)

Él ha destinado ciertas limitaciones y circunscripciones y asignado cierto lugar y confín en el tiempo y el espacio a todo lo que Él ha creado. A cada uno de ellos Él les asignó un lugar y una posición — en la organización de la naturaleza tan perfectamente adecuados que nadie puede cambiarlos, ni puede ir más allá de ellos ni quedarse atrás. Todos ellos se mueven en una dirección (el movimiento y unidireccional de la naturaleza es el descubrimiento más reciente de la ciencia) y tienen que alcanzar el lugar que Él ha decretado para ellos. Cuando a la naturaleza y a todo lo que hay en ella le fue ordenado que actuase de acuerdo con Su Voluntad, ellos obedecieron inmediata e implícitamente. Cómo podrían ellos atreverse a desobedecer Sus órdenes cuando su misma existencia y de todo alrededor de ellos, dentro de ellos y más allá de ellos, fue el resultado de Su Voluntad y Su Decreto. Él originó e inventó todas las diversas formas de creación (desde la energía hasta el hombre y su mente maravillosa) sin sentir ninguna necesidad de especular ni de estudiar el proceso, ni de meditar sobre las formas, ni de contemplar las leyes que gobiernan la creación, la existencia y la interdependencia de las diversas criaturas. Su arte es maravilloso.

Si Él da todo lo que las montañas dejan salir de sus minas (como el oro, la plata, el hierro, el manganeso, el carbón, la mica, el azufre, el petróleo etc.)

y todo lo que crece en los océanos (como las perlas, el coral, etc.) aún así Su Generosidad y poder de dar no se reducirá ni puede reducirse. Él puede seguir creando nuevas formas de riqueza o multiplicando las formas ya existentes como y cuando Él lo quiera. Sus recursos no pueden agotarse ni siquiera por los constantes y excesivos deseos del hombre de obtener más y más de Sus Bondades. Él es un Creador Fuerte y Poderoso y un Benefactor tan Generoso y Magnánimo que aún si Él diera todo lo que existe en el Universo, Su Magnificencia y Generosidad y Su Poder de crear de la nada objetos o materia y nuevas fuentes y medios, no se terminarán.Él es tan Compasivo, tan Bondadoso y tan Benévolo que la constante petición de Su Benevolencia no lo convertirán en un avaro.

¡Oh vosotros! Quien desee entender Sus Atributos que lea el Sagrado Corán. Este Libro Sagrado os ha dirigido hacia esos atributos, recibid guía de él, y tratad de entender y de iluminar vuestras mentes de acuerdo a él. Sabed y entended que el Demonio os ha insinuado que tratéis de descubrir ciertas cosas acerca de Dios, Cuyo conocimiento no os ha sido hecho obligatorio ni por el Corán ni por las órdenes y tradiciones del Santo Profeta (la paz sea con él y sus descendientes) ni por las enseñanzas de los verdaderos Imames de la progenie del Santo Profeta (la paz sea con él y sus descendientes). Dejad para Dios el conocimiento de estas cosas. Ellas están más allá de la capacidad de la mente humana. La obligación impuesta a vosotros por Dios es que sepáis y entendáis (acerca de Dios) sólamente lo que fue explicado por el Corán, el Santo Profeta (la paz sea con él y sus descendientes) y los Imanes de su progenie. Recordad que los bien versados en el conocimiento son sólamente aquéllos que tienen fe firme en un Solo Dios, en Sus Mensajeros y en aquellos secretos ocultos acerca de la Divinidad que son sobrenaturales y más allá del alcance del entendimiento humano. Ellos creen simplemente en estas cosas y no sobrecargan sus mente tratando de sondear en los misterios de Su Ser y Sus Atributos. Ellos están conscientes de las limitaciones de sus mentes y también las del conocimiento humano y no desperdician sus energías y capacidades sondeando profundamente en estos secretos. Ellos saben cómo usar sus capacidades en la mejor manera en el servicio de la Humanidad y de Dios. Dios elogia a quienes admiten sus limitaciones y no pierden el tiempo y la vida tratando de entender cosas que no han sido hechas obligatorias para ellos; en efecto el darse cuenta de las propias limitaciones así como de las obligaciones es real profundidad de conocimiento y altura de entendimiento.

¡Oh hombres! Hay en la naturaleza suficientes campos de investigación abiertos para vosotros, aplicad vuestras energías allí, cortad vuestras especulaciones acerca de la naturaleza Divina. Con el alcance muy limitado de la mente y el poder mental no tratéis de sondear e investigar los secretos de Dios y los misterios de Su Poder. Majestad, Gloria y Excelencia pues de lo contrario pereceréis eternamente. Recordad que Su Ser está muy por encima del alcance y comprensión del entendimiento humano. La experiencia, la razón y la visualización, tanto que la imaginación no puede concebirlo y el pensamiento profundo no puede entenderlo; por más profundamente que la mente humana trate de sondear en los secretos de la Divinidad, ella no puede asirlos y por más sincero y entusiasta que sea el deseo del corazón humano de captar las realidades de Sus Atributos, no puede vislumbrarlos. Tan le ha ordenado Él que todo intento y esfuerzo para entender la Naturaleza Divina ha fallado y siempre fracasará y el hombre se vé forzado a reconocer que el Ser de Dios y Su Majestad, Gloria y Poder no pueden ser entendidos por él con la capacidad mental limitada que la naturaleza le ha concedido y con el conocimiento a su disposición, igualmente limitado. (34)

Él es el Señor Todopoderoso, el cual originó a todas las criaturas (energías, materias, compuestos, formas de vida y leyes de la naturaleza) sin tener ningún modelo ante Sí y sin tener ningún especimen de creaciones elaboradas por dios alguno antes que Él. Él ha manifestado Su Gloria, Poder y Sabiduría mediante las complejidades de la naturaleza tan maravillosas y asombrosas, las cuales definitivamente declaran la grandeza suprema de Su Omnipotencia y Su Saber infinito. El hecho de creación no fue el resultado de ningún deseo o ambición, oculto en Su Espíritu, de hacer algo, ni necesitaba utilizar las experiencias proporcionadas por el paso del timepo o el envejecimiento de la creación, ni Él fue forzado a solicitar la ayuda de un copartícipe para modelar, desarrollar o inventar este invento maravilloso. Fue simplemente Su deseo y la creación adquirió existencia obediente a Sus órdenes y sometido a Sus mandatos. No había posibilidad de que nada se atrasara en el cumplimiento de estas órdenes ni objetara a seguir el curso establecido por Él. Sus órdenes no admitían retraso, ni disensión, ni excusa ni objeción; por doquiera habia obediencia, sumisión, cumplimiento y dependencia. Cada parte y cada partícula, cada segmento y cada sección, y, cada aspecto y cada fase de la creación era absolutamente perfecto e idealmente completo. Pues al traerlo a la existencia Él eliminó todas las discrepancias e inconsistencias que pudieran haber surgido; Él fijó límites para las propiedades, atributos, tendencias, actividades e incluso el período de existencia para todo lo que adquirió existencia. Él suavizó o eliminó, donde fuera necesario, todas las tendencias contradictorias y opuestas, las propiedades conflictivas e inarmónicas, y todas las disparidades y diversidades que presentan afinidades, atracciones, similaridades y analogías. Él hizo que cada parte de esta grandiosa organización y todo lo que hay en ella fuese dependiente de otras partes (así que ninguna pudiese existir sin la otra; el tiempo no puede existir sin el espacio o la materia y similarmente el espacio no puede existir sin el tiempo y la materia, y la materia no puede existir sin el espacio y el tiempo, y esta triple alianza o triángulo de interdependencia es la mas reciente teoría de la relatividad general, la cual es aludida probablemente por el Imam en la frase anterior). Entonces Él dividió la creación entera en grupos y secciones (de energía, materia, compuestos, galaxias, estrellas, polvo estelar, planetas, cuerpos vivos de plantas, animales y hombres). Cada grupo es distinto del otro y cada grupo tiene sus propias peculiaridades, propiedades, atributos y limitaciones. Dicha fue la primera creación del Universo al que Él dio existencia con suma elegancia y belleza y según Su deseo y Voluntad.

[PARTE DEL SERMON, ACERCA DE LOS CIELOS]

Dios ha unido y agrupado galaxias vastas y gigantescas en racimos sin eslabones aparentes y visibles entre ellas. De la misma manera Él dispuso los espacios intermedios en tal orden que estas galaxias pueden influenciarse unas a otras (35). Él las forzó a actuar al unísono. El sistema entero de estos racimos está arreglado tan maravillosamente que los ángeles que descienden con Sus mensajes y regresan con el registro de las actividades de Sus criaturas no hallan ninguna dificultad para ir y venir. Cuando el Universo aún estaba en la forma de gas (primordial), Él le ordenó que adquiriese forma y contorno y el gas (primordial) se coaguló (asumiendo la forma de millones de galaxias, cada una de ellas consistente en soles, planetas, polvo de estrellas y grupos de estrellas).

Entonces Él cerró esas galaxias de tal manera que no hubiera espacios discontínuos y cada una fuese una unidad completa, sino que la materia en ellas estuviese dispuesta de tal manera que permitiese que ciertas formas de creación pasasen a través de ellas (por ejemplo la luz, los rayos cósmicos, la radiación) y al mismo tiempo los espacios abiertos estuviesen tan bien protegidos por los astros (meteoritos, meteoros, soles, planetas y polvo estelar) para que nada pudiese pasar por estos puestos de guardia a menos que Él lo desee. Él ordenó a estos guardianes que estuviesen en su puesto asignado y no vagasen fuera de su curso; todos ellos obedecen Sus órdenes. Él le ordeño al sol que proporcionase luz (para esta tierra), y a la luna que iluminase las noches oscuras con su luz agradablemente tenue y difusa. Él los hizo que girasen en sus órbitas respectivas y fijó sus velocidades, para que el día y la noche pudiesen ser diferenciados, y pudiera fijarse el período del año, y que otros cálculos y mediciones útiles (como las estaciones, vientos y corrientes marinas, movimientos de las nubes, tormentas de viento, tormentas eléctricas, etc.) pudiesen ser estimados correctamente. (Mirad el cielo, parece como si) el sol, las estrellas, los planetas, son lámparas colgadas en el firmamento o perlas ensartadas en hermosos diseños. Hay meteoritos que actúan como arqueros y guardianes del espacio exterior. Todos y cada uno de los astros están puestos en su lugar ya será como planetas, luna, sol, cometa o meteoro moviéndose a lo largo de sus órbitas, algunos de ellos parecen acercarse a la tierra y luego retirarse.

[PARTE DEL SERMON ELOGIANDO A LOS ANGELES]

Él creó a los seres maravillosos, llamados ángeles, para que poblaran los diversos espacios de los cielos (galaxias) y habitaran las regiones más altas y más distantes de Su reino. Él llenó con ellos cada rincón y lugar de los espacios vacíos (de las galaxias). Sus voces, elevándose para alabarlo y recitar sus oracions, llenaron el espacio y su eco resonó a través de las regiones de las galaxias santificando el Universo y llenándolo con la aclamación de Su Gloria y de la grandiosidad de la creación. Más allá de esos ecos, que dejarían sordos a quienes pudieran oírlos, está el área de brillantez suprema, su luminosidad es tan intensa y profunda que los ojos no pueden soportarla y, por lo tanto, no pueden verla.

Él creó a los ángeles en diferentes formas y tamaños. Ellos están dotados con cuerpos y fuerza adecuados para volar. Ellos alaban Su Gloria y ruegan por Su Gracia y Su Favor. Ellos saben lo que son y ni pretenden tener Sus Atributos, ni afirman que sean capaces de crear cualquier cosa que sólo Él puede crear. Ellos son Sus criaturas honorables, respetables y leales, ellos lo obedecen y nunca dicen cosa alguna a menos que Él desee que lo digan. Dios los ha hecho confiables mensajeros de Sus revelaciones, llevando Sus órdenes y Sus mensajes a Sus profetas y apóstoles. Ellos están por encima de la duda y la sospecha. Como ellos nunca actúan contra Su Voluntad, El los ha dotado con Su Guía y Su Gracia.

Ellos son humildes y obedientes ante Él. Ellos pasan la vida alabándolo e invocando Sus favores y gracia. Ellos entienden plenamente que no hay dios excepto Él, el Todopoderoso. Su existencia no está cargada de pecados. Los días y las noches (o sea, el paso de tiempo) no los afecta. Las dudas acerca de Su Poder, Su Justicia y Su Majestad nunca han agitado su fe. Su fe nunca puede dejar lugar al escepticismo. Ellos no se envidian entre ellos. La Gloria de Dios y la Grandeza de Su Reino es tan bien reconocida por ellos que ningún poder ni nada que los induzca puede estremecer su fe. Las tentaciones no tienen lugar en sus mentes, así que ellos tienen una idea muy clara y correcta del propósito para el cual fueron creados.

Algunos de ellos están situados encima de las nubes pesadas de lluvia, algunos están asignados sobre las montañas y cerros, y algunos tienen sus deberes en el reino de las tinieblas perpetuas. mientras que hay otros que han pasado a la profundidad de la tierra. Ellos son como banderas blancas que han sido clavadas en el espacio donde sopla un viento suave y los ayuda a mantenerse en sus lugares.

Ellos no tienen más trabajo que rezarle a Dios y cumplir los deberes impuestos por Él. Su firme creencia en Dios y Su Poder y Gloria es la raiz de su fe. Y esta fe ha hecho que no piensen en nada más que en Dios y en los deberes asignados por Él. Ellos no esperan ni desean nada de nadie más que Su Gracia y Sus Bondades. Ellos han visto la grandeza de Su Poder y han reconocido plenamente la grandiosidad de su Reino. Ellos temen sinceramente a Dios y son constantes en sus oraciones. No hay indolencia ni letargo en ellos y ellos nunca pueden rebelarse contra Sus órdenes y no pueden ser negligentes en la ejecución de sus deberes.

Aunque su larga existencia pasa en la solicitud de Su Favor y Su Satisfacción, ellos nunca se cansan ni fatigan. Aunque ellos tienen una posición tan noble y alta en Su Reino, ellos son humildes y temen a Dios como todas las demás creaturas. Ellos no son presuntuosos ni se imaginan que su trabajo, el cumplimiento de sus deberes y sus oraciones sean algo de lo que puedan estar orgullosos. El concepto verdadero de Su Poder y Grandeza nunca los ha dejado que consideren sus virtudes como muy elevadas. La larga vida de oración y deberes no los ha hecho indolentes ni perezosos, ni ellos se han cansado de pedir Sus favores, ni tienen ellos otro trabajo que los distraiga de las oraciones y el deber. Ellos no buscan el descanso y el placer, ellos no olvidan sus obligaciones y deberes, y ellos no ceden a las tentaciones. Ellos desean hacer su fe y confianza en Dios como una provisión para el Día del Recuento. Ellos no le ruegan por ambición sino porque la única meta de su existencia es buscar y procurar agradarlo. Su ardiente deseo de lograr Su favor, y su temor a Dios los mantiene vigilantes, cuidadosos y perseverantes, y los hace alejarse de la negligencia, el letargo, las tentaciones, la avaricia, la vanidad, la arrogancia y la soberbia. Los placeres mundanos no los tientan ni los mueven a concentrarse en actividades mundanas y dejar sus deberes. La vanidad nunca los ha engañado para que tengan en mucho su propio ser ni sus obras. El Demonio nunca los puede seducir para que duden de la justicia de Sus órdenes ni de las recompensas o castigos. Los celos no hacen que se separen ni se distancien entre ellos. La mutua enemistad y la malicia no los afectan haciéndolos disentir entre ellos u oponerse unos a otros. La timidez y el miedo no han podido asirlos. Ellos son sinceros en su fe y el mal nunca puede confundirlos y la pereza no puede mantenerlos alejados de sus deberes. Nada puede hacerlos que dejen a Dios. No hay una pulgada del espacio en los cielos en que no haya un ángel rezándole a Dios o cumpliendo algún deber asignado a él. Entre más rezan mayor se vuelve su conocimiento acerca de Dios y más firme se vuelve su fe en su Poder y Su Gloria.

[PARTE DEL SERMON DISCUTIENDO ACERCA DE LA TIERRA, LO QUE ELLA CONTIENE Y COMO FUE HABITADA POR ADAN Y SU PROGENIE]

El Dios Todopoderoso solidificó y extendió esta Tierra a partir de las olas gigantescas y terribles (de una nebulosa) y encima de la materia (nebular) muy profunda. La violenta masa (nebular) era tan turbulenta que las enormes olas se empujaban unas a otras, rodaban una sobre la otra y así solidificaban gradualmente su masa. Esto continuó hasta que la presión de la tierra sólida (corteza) puso bajo control a las masas internas (volcánicas) como si la tierra estuviera presionando con su pecho al turbulento material dentro de ella (de su corteza) y lo forzase a enfriarse. Su corteza sólida con la ayuda de sus montañas lo presionó desde todas las direcciones en tal manera que fue forzada a liberar su energía (en forma de volcanes) y rendirse a la fuerza superior y la presión. La tierra se enfrió así, el tumulto fue controlado en su interior y tuvo salida en forma de volcanes que sacaban grandes cantidades de agua en forma de pequeñas corrientes. Estas corrientes empezaron a llenar de agua los valles, las depresiones y las tierras bajas, convirtiéndolos en lagos, lagunas, mares y océanos. La violenta energía (volcánica) de la tierra encontró otro camino. Se enfrió en forma de montañas altas y grandiosas con sus bases profundamente incrustadas en la corteza de la tierra. Estas montañas tienen un gran efecto equilibrante y actúan como un obstáculo a sus movimientos (flotación de los continentes).

Entonces Dios dotó de aire a la tierra para proporcionar medios de respiración y existencia para los seres vivientes que lo harían su habitat. El océano de la atmósfera era muy amplio, extendiéndose como un sobre desde la superficie de la tierra hasta las profundidades bastante grandes del espacio. Después de disponer así la tierra, Dios dio existencia a los seres vivientes para que poblaran su superficie y les proporcionó todos los requerimientos, necesidades y amenidades que fuesen necesarias para mantenerlos vivos y propagándose en esta tierra. Las tierras que no pudieron recibir agua de los ríos y los lagos no fueron dejadas altas y secas; Dios arregló que fueran regadas por las nubes cargadas de lluvia. Estas nubes trajeron vida a esas tierras altas donde la vegetación floreció, el pasto creció y los bosques se desarrollaron. Los pequeños parches de nubes dispersos en el cielo se agruparon juntos para formar nubes gruesas forradas de agua extendiéndose en grandes áreas. Ellas fueron movidas por los vientos y el rayo y el trueno fueron puestos en su seno. Se les ordenó que fueran hacia las tierras que tenian que regar. Acarreadas por las alas de los vientos (monzones), estas nubes viajaron de lugar en lugar regando, inundando y fertilizando las tierras altas y los valles. Asi regadas, estas tierras se volvieron fértiles. ¡Qué hermosas se veían con bellas flores, campos verdes y árboles cargados de frutos!, proporcionando alimento para el hombre y las bestias. Dios también dispuso la tierra en tal forma que la gente pudiese moverse de un lugar a otro e hizo que el sol, la luna y las estrellas proporcionasen luz durante los días y las noches y actuasen como indicadores de dirección. Cuando el Señor Misericordioso hizo a la tierra perfectamente adecuada para los seres vivientes, Él escogió a Adán de entre todas las criaturas porque Adán tenía una mente y un cuerpo superiores. Él lo puso como el primer ser humano y el padre de la Humanidad. Él le permitió a Adán que viviera en Su paraíso y le dio libertad para comer y beber cualquier cosa que él desease excepto una. Adán fue advertido de las consecuencias de ir contra esta prohibición, y de la desobediencia, y ello pondría en gran peligro su posición y su prestigio. Pero Adán no pudo resistir la tentación e hizo lo que se le había prohibido que hiciera, su espíritu estaba dispuesto pero la carne era débil. El Dios Misericordioso supo lo que sucedería y cuando Adán se arrepintió Él lo envió a esta tierra. Esta tierra le fue asignada porque Dios quería que la progenie y los descendients de Adán habitasen la tierra y que por medio de ellos Su Gloria y Su Poder fuesen demostradas y Su Majestad y Su Grandeza pudiesen ser reconocidas.

Después de llamar a Adán de regreso a los cielos Él no dejó a sus descendientes ignorantes de las evidencias de Su Divinidad y no los dejó en oscuridad en cuanto a las formas de reconocer Su Divinidad y comprender Su Benevolencia y Su Generosidad. En todo período de la civilización humana y en cada país Él envió a Sus profetas entre los seres humanos. Ellos portaron Sus mensajes y actuaron como un eslabón entre Dios y el hombre; y esto continuó hasta que por medio de nuestro Santo Profeta Muhammad (la paz y bendiciones de Dios sean con él y sus descendientes) este curso de educación de la mente humana alcanzó su etapa final. Nuestro Santo Profeta (la paz sea con él y sus descendientes) es el último Mensajero de Dios, él completó esa educación y amonestó lo más posible a los seres humanos acerca de los efectos de ignorar a Dios.

El Dios Todopoderoso asignó el sustento y los medios de vida para cada criatura. A algunos les asignó más y a algunos menos. Por lo tanto hay algunos que son ricos mientras que hay otros que son pobres. Pero este tipo de distribución está basado en la equidad. El hecho es que Él ha probado a las gentes de esta manera. Algunos fueron puestos a prueba por medio de la opulencia mientras que otros lo fueron por medio de la pobreza. Él quiere descubrir si la riqueza hace que la gente sea agradecida a Dios y los convenza que muestren su gratitud por medio de sus palabras y sus acciones; y si la pobreza produce paciencia y perseverancia en el hombre y si él se acuerda de ser agradecido hacia Él aun en circunstancias restringidas. Siempre están, mezclados con las grandes riquezas, los peligros de la pobreza y el hambre. Acechando en el seno de la paz y la prosperidad están los monstruos de las calamidades desconocidas y las desgracias imprevistas; y generalmente las tristezas y los sufrimientos se encuentran mezclados con las alegrías y las comodidades. En pocas palabras, ninguna felicidad y bendición en este mundo carece de mezcla (con desgracias). Uno debe recordar esto y no debe dar lugar a la vanidad y la arrogancia ni a la desesperanza y la desobediencia.

Como sucede con la riqueza, la comodidad y la felicidad, así sucede con la edad. Él ha fijado diferentes períodos de vida para las diferentes gentes. A algunos les son dados períodos más largos mientras que a otros les son asignadas duraciones más cortas; algunos siempre irán adelante y otros siempre seguirán. Pero la vida siempre termina en la muerte.

Sus atributos de Saber infinito y Omnipresencia hacen fácil para Él que conozca todo. Él conoce los secretos de aquéllos que tratan de esconderlos. Él escucha los susurros emitidos en tonos sumamente suprimidos. Él está bien enterado de los pensamientos ocultos en la profundidad de la mente, las malas intenciones formadas en la privacía de los corazones y los deseos malvados cubiertos con cortinas de hipocresía. Las pláticas en voz baja que son difíciles de captar aun con el mayor cuidado y atención son conocidas por Él. No hay nada absolutamente que Él ignore. Él sabe dónde y cómo pasan la vida los más pequeños organismos vivientes. Él sabe dónde pasan el verano las hormigas y dónde duermen los gusanos durante la estación del invierno. Él escucha los gritos lastimeros de los animales mudos y los pasos de las personas que caminan quieta y silenciosamente. Él sabe como se desarrolla cada botón de flor bajo la cubierta de hojas verdes y cómo se abre para convertirse en una flor. Él está enterado del habitat y la madriguera de cada bestia en las cuevas de las montañas y en la densidad de las selvas. Él sabe debajo de cuál hoja y dentro de la corteza de cuál árbol viven y se multiplican los mosquitos. Él sabe de qué parte de una rama brotará el retoño, y qué esperma pasará a través de su curso normal y natural y formará un feto. Él sabe qué gotas de agua (de un océano) subirán (en forma de vapor) para formar nubes, cuáles de esas nubes se agruparán y qué parte de la tierra fertilizarán. Él está enterado de la historia de cada gota de lluvia, de cada partícula de arena, cómo empezó su existencia individual, cómo ha soplado el viento de un lugar a otro y cómo un día llegará a un fin. Él conoce todas aquellas tierras y lugares que han sido destruídos o nivelados por las inundaciones. Él reconoce las huellas de los insectos en las dunas de arena, los nidos de los pájaros sobre los altos picos de las montañas y las canciones de las aves que gorjean a la sombra de los verdes árboles. Él sabe cuál concha contiene perlas y cuál no, qué hay escondido en las profundidades del oceáno, qué tratan de esconder las noches oscuras, qué revelan los rayos del sol, qué está en la oscuridad absoluta y cómo viaja la luz e ilumina las cosas. Él está bien enterado de las formas de movimiento y locomoción de cada organismo viviente y también la forma como reacciona al tacto o a cualquiera impresión externa. Él escucha el sonido de cada palabra dicha, vé el movimiento de cada labio, conoce el peso de cada partícula; de hecho toda cosa sobre esta tierra y más allá de ella, es sabida por Él. Él no tiene que hacer un esfuerzo para conocer o entender todas estas cosas. Nada puede evitar que Él conozca todas las cosas acerca de Sus creaturas ni que las sostenga, nutra, mantenga y proteja. Él nunca se sintió cansado, aletargado, desganado o débil de manejar al Universo como Él desea. Él conoce plenamente cada detalle de toda esta gigantesca organización y vé que cada parte de él funcione según el plan dispuesto por Él. Su Poder, Su Majestad y Su Voluntad para organizar, gobernar e influenciar cada parte, cada fase, y todo aspecto de esta maravillosa creación, y Sus Favores y Sus Bondades alcanzan a todas las criaturas. Y ellas no son capaces de agradecerle tanto como lo merecen Su Bondad y Su Misericordia, ni de mostrar gratitud tanto como deberían.

¡Oh Señor! Tú y sólo Tú mereces todos los elogios, las alabanzas y las aclamaciones. ¡Señor!, el tener fe, confianza y esperanza en Ti es la mejor manera de lograr la comodidad, el valor y la firmeza de la mente. El esperar lo mejor de Tus Bendiciones es la mejor forma de expectación y esperanza. ¡Oh Señor! ¿Cómo puedo agradecerte? Tú me has concedido tal poder de elocuencia que no puedo alabar a nadie más que a Ti. Yo no puedo alabar a otro; yo no puedo aclamar a aquéllos que no lo merecen; y yo no puedo exaltar ni elogiar a aquéllos que no pueden ser confiados, que no están seguros de sí mismos y de los que siempre se tienen sospechas. Yo siempre me he abstenido de alabar a los seres humanos y de elogiar a Tus creaturas. ¡Señor!, todo aquél que reconoce sinceramente los favores que le han sido concedidos y alaba al otorgante, merece la recompensa de aquél a quien él ha alabado; mi confianza, ¡oh Señor!, está en Tí. Yo espero que Tú me perdonarás, porque sólo Tú eres la Fuente de perdón, el amor, la salvación y la bendicion eterna. ¡Señor!, estoy de pie ante Ti y soy la persona que cree sinceramente que no hay dios excepto Tú. No necesito la ayuda ni la protección de nadie más que Tú. Nadie puede satisfacer mis necesidades y nadie puede venir en mi auxilio excepto Tú. Dame la gracia, Señor mío, de Tu Favor y Tu Beneplácito, y no dejes que extienda mis manos ante nadie que no seas Tú. Verdaderamente Tú eres el Omnipotente, el Todopoderoso.

SERMON 95

DESPUES DE LA MUERTE DEL CALIFA UTHMAN CUANDO LAS GENTES SE REUNIERON POR MILLARES ALREDEDOR DEL IMAM PIDIENDOLE QUE ASUMIERA EL CALIFATO Y ROGANDOLE QUE ACEPTARA GOBERNARLOS, EL IMAM DIO EL SIGUIENTE SERMON. EN ESTE CONTEXTO, UN PASAJE DEL LIBRO "LAS GENTES DE MOHAMMED" DEL FAMOSO HISTORIADOR Y ARABISTA, ERIC SCHROEDER, ES INTERESANTE Y SE AÑADE COMO NOTA AL FINAL DE ESTE SERMON.-

Dejadme solo y buscad a alguien más. Vosotros dentro de poco os enfrentaréis a temas tan debatibles y a problemas tan controvertidos que tienen soluciones contradictorias y aspectos divergentes, y debido a las dudas e incertidumbres introducidas en la verdadera religión (a partir de la muerte del Santo Profeta, la paz sea con él y sus descendientes) las gentes no están preparadas para aceptar los verdaderos significados del mensaje de Dios, ya que sus mentes no pueden soportar la prueba de severidad y sobriedad predicada en él.

¿Podéis negar el hecho de que las nubes de la impiedad y del cisma han oscurecido los cielos de la religión y que el camino brillante de la fe está bajo tal bruma que no puede ser distinguido correctamente?

Recordad que si yo acepto vuestro califato yo os haré seguir la religión de acuerdo a mis propios juicios y órdenes, yo no aceptaré sugerencias de nadie ni tomaré en cuenta el descontento y el enojo de las personas insatisfechas porque yo sé que ellos no han entendido real y verdaderamente las enseñanzas del Santo Profeta (la paz sea con él y sus descendientes) ni sus mentes están libres de deseos de lograr riquezas y poder.

Si vosotros me dejáis solo yo seré como vosotros, simplemente un ciudadano más del estado Islámico, y en ese caso, si el gobernante escogido por vosotros gobierna y actúa honesta y piadosamente, yo seré — en los asuntos mundanos — más obediente a él que ninguno de vosotros. De hecho, yo prefiero guiaros y aconsejaros que gobernaros.

"LAS GENTES DE MUHAMMAD"

por Eric Schroeder

(UN CUENTO DE ANTOLOGIA)

Cinco días después de la muerte del Califa Uthmán los rebeldes llamaron a los hombres de Medina y después de discutir decidieron: 'No conocemos a ningún hombre más adecuado que Alí. Pero él no asumirá la carga del Imamato'.

Entonces fue decidido por ellos presionarlo hasta que consintiera. Entonces todos ellos vinieron a la casa de Alí y le dijeron: 'Si nos vamos de nuevo a nuestras casas sin un Imam, se armará tal discordia que no podrá nunca ser calmada de nuevo'. Después de largas discusiones Alí consintió con la condición de que Talha y Zubair le juraran fidelidad. Ambos vinieron a él junto con algunos otros.

'Poco deseo yo tener esta autoridad' dijo Alí, 'pero los creyentes deben tener un jefe y con gusto yo juraré fidelidad a otro — a Talha'.

'No, tú tienes más derecho que yo', dijo Talha. Uno que estaba presente hizo que Alí extendiera su mano con la suya. Así Talha le juró fidelidad a Alí como Califa. Zubair hizo lo mismo, y después, en la mezquita, las gentes hicieron sus juramentos.

SERMON 96

EL IMAM DIO ESTE SERMON DESPUES DE QUE DERROTO APLASTANTEMENTE A LOS JAREYITAS EN LA BATALLA DE NAHARWAN.

¡Oh gentes! Sabed que yo he suprimido la rebelión de los Jareyitas. Vosotros deberíais reconocer que nadie más que yo pudo haberlo hecho, especialmente cuando la rebelión había excitado tanto la ambición por riqueza y poder en las mentes de esas gentes.

Vosotros podéis preguntarme ahora lo que queráis, antes de que me perdáis de vista (antes de que mi muerte me lleve de vosotros — ¡Qué predicción! Ya que muy poco tiempo después de esto, el Imam fue asesinado en la mezquita de Cufah). Yo juro por Dios que vosotros no haréis ninguna pregunta acerca de eventos importantes que pudiesen suceder desde hoy hasta el Día del Juicio sin que yo os las explique todas. Yo os contaré de tales ideologías que dentro de poco empezarán a existir, y que guiarán a cientos de gentes hacia la verdad, y de muchas otras que descarriarán a cientos más. Yo os diré los nombres de las personas que propagarán estas ideologías y de aquéllos que los guiarán y apoyarán y también los países de los que ellos surgirán y los países donde ellos se establecerán firmemente. Yo incluso os diré cuántos de estos propagadores serán matados y cuántos perecerán de muerte natural. Estad alertas, que si no aprovecháis mi conocimiento y mi visión y si las calamidades y los sufrimientos os visitan después de mi muerte, las gentes a las que acudiréis para que os aconsejen no serán capaces de ofreceros buen consejo ni conduciros a la seguridad alejándoos de los peligros y los desastres.

Esto sucederá en un tiempo en que seréis arrastrados a largas guerras; seréis forzados a defenderos sin medios adecuados; el mundo os tratará muy cruel y duramente y encontraréis los días de vuestros sufrimientos y aflicciones, pero el Dios Misericordioso vendrá en vuestra ayuda y os concederá la victoria y la paz a través de los pocos selectos y mejores de entre vosotros que sobrevivirán.

Recordad que cuando los descuidos pecaminosos de la religión entran en una sociedad, ellos siempre vienen bajo el disfraz de virtudes reales, piedad y bondad y después de haber hecho su peor daño ellos se quitan sus disfraces al partir; o sea, los vicios no pueden ser reconocidos fácilmente mientras se aproximan, ellos sólo pueden ser reconocidos cuando se van y después de haber cumplido su misión de maldad, sus malos efectos se hacen aparentes; ellos se mueven por ahí como huracanes visitando a algunas sociedades y no tocando a otras.

Recordad que yo no considero ningún cisma o vicio peor que el que ha sido introducido por los Omeyas. Ellos son verdaderos pecadores y tienen la capacidad de convertir al mundo alrededor de ellos en un lugar pecaminoso. Ellos tiranizarán a la sociedad pero sus peores crueldades estarán dirigidas contra Ale-Rasul (los descendientes del Santo Profeta, la paz sea con él y sus descendientes). En su régimen las personas honestas y piadosas sufrirán y los criminales y los pecadores prosperarán

¡Por Dios!, después de mi muerte encontraréis a los crueles, tiránicos y opresores gobernantes Omeyas, ellos os explotarán, os despojarán, os terrorizarán y ninguno de vosotros será dejado sin humillación e insultos a no ser que sirva para sus propósitos o no signifique un obstáculo en sus caminos impíos. Ellos no descansarán tranquilos sino hasta que su régimen esclavizante os reduzca a la situación de esclavos. Su gobierno demoniaco, terrible y despótico descenderá sobre vosotros en una forma tan terroríficamente opresiva y tan repugnantemente cruel que no os quedará ninguna luz de la fe con la que podáis ser guiados ni un centro de verdad y justicia para buscar en él la rectificación.

Los Ahl-ul-Bayt, los descendientes del Santo Profeta (la paz sea con él y sus descendientes), no tendrán ninguna conexión con ese régimen de terror.

Entonces Dios el Todopoderoso hará que su reino injusto y malvado termine; a su gobierno le será puesto un fin por Él por medio de tales gentes que los arrastrarán hacia las penas y los sufrimientos, los harán pasar a través de la humillación y la ignominía máxima, y los aterrarán y matarán. Será el tiempo cuando los Quraix desearán verme y tenerme de vuelta entre ellos aunque sea por unos segundos. Ellos estaban dispuestos a pagar ambos mundos (este y el Más Allá) a cambio de verme y oírme y de mi consejo y guía, y que asi puedan aceptar por completo (que los dirija y gobierne), los cuales ellos me están negando hoy aun en parte.

LA ULTIMA PARTE DE ESTE SERMON ACERCA DE LOS OMEYAS ES UNA PROFECIA QUE SE CUMPLIO PALABRA POR PALABRA. EL GOBIERNO TIRANICO DE LOS OMEYAS EMPEZO EN EL AÑO 42 H., UN AÑO Y MEDIO DESPUES DE LA MUERTE DEL IMAM. Y EN ARABIA TERMINO APROXIMADAMENTE EN EL 125 H., OCHENTA AÑOS DE REGIMEN NERONIANO. ELLOS SAQUEARON LA MECA, APEDREARON LA SAGRADA CAABA, LA QUEMARON Y COLGARON A ABDULLAH IBN ZUYAYR DENTRO DE SU RECINTO. ELLOS PILLARON MEDINA, MATARON A MAS DE 10,000 PERSONAS EN ESA CIUDAD, DESPOJARON LA MEZQUITA DEL SANTO PROFETA (LA PAZ SEA CON EL Y SUS DESCENDIENTES) Y SU SANTUARIO, Y CORRIERON A TRAVES DE DICHA CIUDAD CON ORGIAS DE ASESINATO, SAQUEO, INCENDIOS Y VIOLACIONES. ELLOS MATARON AL IMAM HASSAN Y AL IMAM HUSSAYN (LA PAZ SEA CON ELLOS) JUNTO CON OTROS FIELES MUSULMANES. ELLOS MATARON A MUCHOS COMPAÑEROS DEL SANTO PROFETA (LA PAZ SEA CON EL Y SUS DESCENDIENTES). EN LO QUE SE REFIERE EN GENERAL A DERRAMAMIENTO DE SANGRE, UNO DE SUS GENERALES — EL SOLO — HUYYAY IBN-ABU-YUSUF FUE RESPONSABLE DE LA MUERTE DE 40,000 PERSONAS. LOS ABASIDAS PUSIERON UN SANGRIENTO FINAL A ESE GOBIERNO, MASACRANDO HOMBRES, MUJERES Y NIÑOS EN ORGIAS DE CARNICERIA Y MATANZA. FUE EN ESE PERIODO CUANDO LOS QURAIX DESEARON QUE HUBIERA ALGUIEN CON LAS CUALIDADES DEL IMAM PARA QUE LOS GUIASE, ALGUNOS ACUDIERON A SU TATARANIETO, EL IMAM YAFAR SADIQ PERO ESTE IMAM SE NEGO A TENER QUE VER CON LAS FUERZAS IMPIAS Y DECIDIO NO ALINEARSE CON NINGUN PARTIDO.-

SERMON 97

EN ESTE SERMON EL IMAM ELOGIA AL PROFETA

Alabado sea Él Cuyo Ser no puede ser alcanzado por ningún vuelo de la imaginación ni altura de sabiduría, el Cual siempre ha sido y siempre permanecerá.

Dios hizo que cada uno de sus profetas descendiera de los padres más nobles y virtuosos. Siempre que alguno de ellos partía de este mundo, su sucesor asumía el deber de propagar la religión de Dios; esta cadena de Su Benevolencia y Bendición (el nombramiento de profetas, uno tras otro) continuó de generación en generación de la humanidad, hasta que Él finalizó y completó Su Mensaje por medio del Santo Profeta Muhammad (la paz y bendiciones de Dios sean con él y sus descendientes).

Muhammad (la paz y bendiciones de Dios sean con él y sus descendientes) también descendía de ancestros muy nobles e ilustres y de una familia que ha dejado una historia de excelentes cualidades y características sublimes, así como de altos estándares morales. Fue una familia que afirmaba con derecho el haber tenido como miembros suyos a varios grandes profetas y a muchos mensajeros fieles del Señor (Abraham, Isaac, Ismael, Jacob, José, Moisés y Jesús, la paz sea con ellos), siendo el último y más exaltado de todos ellos Muhammad (la paz y bendiciones de Dios sean con él y sus descendientes). Así, su linaje fue el mejor, y su descendencia y su familia fueron los más nobles y los más conocedores de entre todos los seres humanos.

Él nació en la ciudad santa de Dios, fue criado en ambientes eminentemente piadosos, tuvo ancestros inmediatos solemnemente exaltados en carácter, y nadie será capaz de superar la gloria, el honor la nobleza y la eminencia de sus descendientes.

Él fue el dirigente de las gentes piadosas, y la fuente de inteligencia y consejo para quienes buscaban la guía hacia Dios y la religión, una lámpara que ilumina el camino hacia la verdad y la justicia, una estrella brillando en el sendero de la fe y el conocimiento y una luminaria que alumbró las épocas oscuras del hombre.

La moderación en la vida fue su diposición y su carácter su tradición (sunnah) fue un camino bien pavimentado hacia la nobleza y la piedad, sus sermones y discursos fueron siempre bien explícitos para hacer que la diferencia entre lo correcto y lo incorrecto fuese bastante clara y distinta, y sus decisiones siempre estuvieron basadas en la justicia y la equidad.

Dios el Todopoderoso lo envió como Su Mensajero y Profeta en un tiempo en que el mundo había estado por largo tiempo sin un profeta, cuando las gentes se habían extraviado del verdadero camino, y se conducían con presteza hacia la ignorancia, la estupidez y la tontería. Dios, al nombrarlo como Su Mensajero, ha sido Bondadoso y Misericordioso con vosotros. Seguid el camino así iluminado para vosotros por Él, y os conducirá hacia la Eterna Morada de Sus Bendiciones y de la Paz. Recordad que vosotros ahora estáis pasando por una vida en la que vuestras acciones y vuestros pensamientos están siendo registrados por los ángeles, y que tendréis que rendir cuenta de los mismos. Se os ha concedido una vida en la que estáis dotados con una mente y un cuerpo, para pensar y trabajar, en donde tenéis algún tipo y cierta medida de poder y autoridad a vuestra disposición para hacer uso de ello, y una lengua para hablar como gustéis. Haced uso de estas bondades y de las oportunidades que ofrecen, para pensar, hablar y hacer el bien. Aún hay oportunidad para vosotros para que se os acepte vuestro arrepentimiento y oportunidades para que recurráis a las buenas obras.

SERMON 98

ALGO ACERCA DE LAS CONDICIONES DE LOS ARABES EN LA EPOCA EN QUE DIOS NOMBRO A NUESTRO SANTO PROFETA (LA PAZ SEA CON EL Y SUS DESCENDIENTES) COMO SU MENSAJERO.-

En la época cuando Dios le encomendó a Muhammad (la paz y bendiciones de Dios sean con él y sus descendientes) la misión de transmitir Su Mensaje a la Humanidad, las gentes eran ignorantes en religión, tenían nociones confusas de la verdad, se habían extraviado del camino verdadero y vagaban en la región de la impiedad y el pecado. Las ambiciones irracionales y los deseos desordenados los habían fascinado y encantado. la arrogancia y el orgullo los había mantenido alejados de la religión. El paganismo los había hecho sumamente tontos y estúpidos. La conducción ignorante de sus mentes los había afectado tanto que se habían vuelto violentamente emocionales, inestables y supersticiosos. El Santo Profeta (la paz sea con él y sus descendientes) hizo todo lo posible para educarlos e iluminarlos, para conducirlos hacia el camino recto del conocimiento real y la religión. Él les enseñó en la forma más fácil y mejor y menos tediosa.

SERMON 99

[EN LA ALABANZA A DIOS Y DEL SANTO PROFETA]

Toda alabanza le corresponde a Él, que es el Primero y no hubo nada antes de Él y Quien permanecerá cuando todo lo demás haya cesado de existir; nadie puede sobrepasar Su Poder y nada es más imposible de comprender que Su Entidad.

[EN ESTE SERMON EL IMAM ELOGIA AL SANTO PROFETA, LA PAZ SEA CON EL, EN LOS SIGUIENTES TERMINOS]

Su familia (del Profeta) fue la más eminente y exaltada de entre los seres humanos, y su raza estuvo muy por encima de sus semejantes en cuanto a nobleza de carácter y solemnidad de comportamiento.

Las mentes virtuosas y los intelectos honestos fueron atraídos hacia el. Por medio de él, Dios hizo que la gente enterrara sus celos y desechara sus venganzas y derramamientos de sangre. Él hizo que la Humanidad reconociera y alcanzase el principio y la práctica de la hermandad del hombre, y abandonase las intrigas y conspiraciones contra la verdad y la justicia.

Gracias a él, la situación del oprimido y el humillado, del conquistado y el sometido, y del dominado y el subyugado, fue elevada, y debido a sus enseñanzas la arrogancia, la soberbia, la vanidad y los deseos brutales, de los conquistadores, tiranos y déspotas de tiranizar, se vieron obstaculizados. Sus sermones dieron a conocer el alma de la verdad y su silencio manifestó el espíritu de la virtud y la fe.

SERMON 100

EN CENSURA Y CONDENACION DE AQUELLOS DE SUS SEGUIDORES QUE NO RESPONDIAN CUANDO ERAN LLAMADOS A DEFENDER LA CAUSA Y EL PAIS.-

Si Dios le ha concedido tiempo y oportunidades a algún tirano, no significa que Él haya perdido el control completo sobre él. Él puede esperar antes de hacer descender Su Castigo, del cual nadie puede escapar y contra el cual nadie puede ofrecer protección ni siquiera la muerte.

Yo juro por Dios que este grupo (los Omeyas) os derrotarán, no porque ellos estuvieran defendiendo la justicia o protegiendo la fe, sino simplemente porque ellos implícita y voluntariamente obedecen a su líder aunque sea en el vicio y el pecado mientras que vosotros sois perezosos para reuniros a mi alrededor cuando os llamo a defender la causa de la religión y de Dios.

Hay naciones que pasan sus días bajo la ansiedad y el temor de la tiranía de sus crueles gobernantes, pero yo paso mis días preocupado y tiranizado por mis súbditos (ya que el Imam no era un gobernante cruel ni un tirano déspota sobre ellos, y les permitía gozar de la libertad de diferencia de opiniones y Libertad de voluntad, pero ellos no estaban dispuestos a dar ni siquiera la ayuda justificada que le debían).

Yo os pido que defendáis vuestra religión y fe pero vosotros no seguís mi consejo. Yo trato en toda manera honorable e inteligible de hacer que escuchéis la verdad pero vosotros no le prestais atención. Yo os doy el mejor consejo posible, pero entra en oídos sordos.

Vuestra presencia ante mí no es mejor que vuestra ausencia. Ni pudieron prestar atención a lo que se les explicaba ni trataban de entenderlo y reconocerlo. A todas luces parecéis mis súbditos obedientes, pero en la realidad actuáis en forma contraria.

Yo os leo aquellos pasajes del Corán que incrementarán vuestro conocimiento, vuestra visión, vuestro juicio y vuestra sabiduría, pero no os importa escucharlos. Yo trato de darles los mejores consejos y advertencias muy sensatas, pero huís de ellos. Cuando quiero aconsejaros que protejáis vuestro país, vuestros hogares y vuestra religión de los ataques de los rebeldes contra el Islam, encuentro que ya os habéis dispersado incluso antes de que yo llegue al final de mi discurso.

Cuando me dejáis y os congregáis en vuestras asambleas, os engañáis uno a otros con consejos equivocados. En la mañana yo os hago ver una verdad y reconocerla pero en la noche cuando regresáis a mí encuentro que vuestras mentes están tan torcidas como si hubieran sido pervertidas (en vez de haber sido correctamente advertidas).

¡Oh gentes! Os comportáis como si tuvierais cuerpos y mentes pero no intelectos; como si tuvieseis punto de vista sumamente divergentes y no quisiéseis congregaros y obedecer a una autoridad. Esta desidia y esta discordia y disensión os está trayendo calamidades, ruina y desgracia.

¡Oh gentes! Cuando vuestro Emir os ordene que obedezcáis a Dios, vosotros lo desobedecéis, pero cuando el gobernador de Siria comete flagrantes delitos y va contra las órdenes de Dios los sirios lo siguen y obedecen sin reservas. Así como las monedas de oro se convierten a equivalente en plata, así voy a hacer un trato con Moawiah para cambiaros por sirios, uno de los sirios por 10 de vosotros.

¡Oh habitantes de Cufah! Estáis en dificultades debido a tres defectos que habéis desarrollado y a dos cualidades que no poseéis. Vuestros tres defectos son: aunque poseéis oídos, aun así, en lo que se refiere al buen consejo, os comportáis como si estuviéseis sordos y no pudiéseis oir lo que se os dice; aunque tenéis facultad de hablar, sin embargo, en lo que se refiere a la declaración de la verdad, actuáis como si fuéseis mudos; tenéis ojos para ver y mente para entender, sin embargo cuando se os pide que veáis los hechos y las realidades os comportáis como si no fuéseis capaces de ver y fuéreis incapaces para entender. Y las dos cualidades de las que carecéis, son: no sois valientes en tiempos de guerra, y no sois compañeros dignos de confianza en los tiempos de adversidad y calamidad. Os comportáis como camellos que no tuviesen cuidador, si sois congregados en un lugar seguro os lanzáis nerviosamente en estampida y os dispersáis en otra dirección.

Vuestra imagen en mi mente es la de personas que cuando estalla la guerra me abandonarán y actuarán como mujeres aterrorizadas que no saben protegerse. Y sin embargo, ¡Por Dios!, yo voy por un camino de Dios perfectamente entendible, y claramente distinguible, y sobre las tradiciones del Santo Profeta (la paz sea con él y sus descendientes) fácilmente inteligibles. Yo voy por una vía brillante e iluminada hacia la verdad y la piedad, la cual os estoy tratando de explicar en detalle.

Mantened la vista en los descendientes del Santo Profeta (la paz sea con él y sus descendientes), hacéos obligatorio el seguir su dirección y el actuar según sus tradiciones, ya que ellos nunca os extraviarán ni descarriarán. Cuando ellos os ordenen que os adhiráis firmemente a una causa u os levantéis contra un enemigo, obedecédlos. No tratéis de usurpar su liderazgo, porque ese deseo os conducirá hacia el extravío, y no tratéis de repudiarlos ya que esto causaría vuestra muerte mental y moral.

Yo vi a los compañeros el Santo Profeta (la paz sea con él y sus descendientes). Ninguno de vosotros lleva una vida como las de ellos, ellos solían pasar las noches en oración y meditación, muy frecuentemente estaban de pie o inclinándose y postrándose ante su Señor, la inquietud por el Día del Juicio siempre estaba en sus mentes; el pensar en Dios el Todopoderoso siempre los tenía con temor. Ellos temían Su Ira y se mantenían esperando Sus Bendiciones y Recompensas.

SERMON 101

ESTE SERMON ES UNA PREDICCION ACERCA DE LA FORMA EN QUE LOS OMEYAS GOBERNARIAN AL ESTADO MUSULMAN DESPUES DEL IMAM. COMO OTRAS PREDICCIONES DEL IMAM, ESTA TAMBIEN SE CUMPLIO, Y LA HISTORIA HA REGISTRADO EL GOBIERNO TIRANICO DE DICHAS GENTES SOBRE LOS MUSULMANES

Juro por Dios que estos Omeyas permanecerán en el poder hasta que ellos fuercen a las gentes a desechar el Islam tan flagrantemente que todo acto prohibido por Dios será considerado y seguido como legitimo y lícito; hasta que toda obligación religiosa y moral sea disuelta; hasta que su tiranía y opresión entren en cada casa y vivienda, aun en cada tienda o choza, llevando a su paso calamidades y sufrimientos; y hasta que las mentes de las gentes sean llenadas con sufrimientos, algunos lamentándose por la pérdida de su religión y otros por sus pérdidas mundanas.

Las condiciones de la sociedad se deteriorarán tanto que aun cuando ellos traten de ser bondadosos, su comportamiento hacia vosotros será tal como el de un amo tolerante hacia sus esclavos (no seréis tratados ni tolerados como personas libres)

En su presencia los obedeceréis y a sus espaldas los insultaréis. Los más piadosos de entre vosotros serán quienes mas sufren.

Durante estos tiempos severos si Dios os concede paz y seguridad estad agradecidos por ellos y si Él os prueba por medio de calamidades y sufrimientos soportadlos heróicamente con valor y paciencia. Recordad que las Bendiciones y Recompensas del Más Allá están reservadas sólo para las personas buenas y virtuosas.

SERMON 102

EN ESTE SERMON EL IMAM DESCRIBIO LA VIDA Y LA CONDICION ABSOLUTAMENTE INCONSTANTE Y MORTAL, DE TODO LO RELACIONADO CON ELLA. EL ADVIRTIO A LAS GENTES CONTRA LAS SEDUCCIONES DEL MUNDO VICIOSO Y PECADOR Y LES ACONSEJO

QUE SE ABSTUVIERAN DE LA INDULGENCIA EN LOS PLACERES.

Yo alabo a Dios y le agradezco por todo lo que he pensado en la vida y le ruego y suplico por Su Auxilio en los tiempos y eventos a que tendré que enfrentarme en el futuro. Y al rogarle que conserve mi salud y mi energía, asímismo le solicito y le pido que proteja mi fe en la religión.
 Oh gentes! Os aconsejo que abandonéis la indulgencia en los asuntos viles y pecaminosos de este mundo. Es un lugar que os repudiará aunque vosotros no queráis renunciar a él; un lugar que gradualmente deteriorará vuestro físico aunque vosotros mucho quisiéseis permanecer siempre jóvenes o poder rejuveneceros. Recordad que vuestra vida aquí es como la de un viajero en el camino; sin embargo vosotros os comportáis como si vuestro viaje hubiese llegado al final y como si hubieseis alcanzado vuestro destino. Es una falsa impresión para aquéllos que tienen que continuar su viaje; ellos tienen que seguir, es inevitable; y ellos tendrán que llegar al fin, es ineludible. El creer en la inmortalidad en este mundo es un autoengaño sin beneficio para aquél cuyo período de vida está fijado y que está destinado a enfrentarse a la muerte hacia la cual la vida misma lo está conduciendo.
 No ambicionéis el honor y la gloria falsos de un mundo vicioso, no codiciéis inmoderadamente su pompa y sus placeres pecaminosos, y similarmente no os atemoricéis ni intimidéis ante sus calamidades y desastres, ya que la pompa y el placer, el honor y la gloria de este mundo son etapas pasajeras que tienen que llegar a un fin tarde o temprano. Cada fase de la vida en esta Tierra está moldeada de forma tal que cambie y todo ser viviente está predestinado a morir.
 Decidme; ¿no tiene acaso la historia del hombre ninguna lección para que la aprendáis? ¿Acaso las vidas de vuestros ancestros no trajeron a vuestras mentes las verdades acerca de la vida y la muerte? ¿Nunca habéis visto a las gentes morir? ¿Os dáis cuenta vosotros, o los herederos de los que han muerto, de que los muertos nunca regresarán y que quienes están vivos hoy no vivirán por siempre? ¿Que no veis a las gentes a vuestro alrededor? ¿En qué diversas condiciones pasan ellos sus días y cómo los hallan sus mañanas y noches? En un lugar veis a una persona muerta y algunas gentes que están llorando por él mientras que hay otro que está condoliéndose por la muerte de su pariente; encontráis a un hombre en las garras de la enfermedad y a otros que lo atienden, mientras que hay algunos que están muriendo. A pesar de todas estas escenas, por un lado encontraréis gentes en loca búsqueda de los placeres

viciosos y de la pompa de esta vida sin darse cuenta de que la muerte anda en búsqueda de ellos, y por otro lado veréis personas imprudentes que llevan vidas apresuradas, como si la muerte fuera a pasarlos por alto lo cual ella no hará — todos ellos siguen las huellas de aquéllos que los precedieron. Tomad mi consejo y recordad que cuando andáis en búsqueda del vicio y el pecado no debéis olvidar la muerte, la cual puede interceptar abruptamente o destruir totalmente todos los placeres y también puede poner fin a todos los deseos desordenados. Cuando os enfrentéis a tales tentaciones invocad siempre Su ayuda para el cumplimiento de las obligaciones impuestas sobre vosotros y para la liberación de vuestros deberes, e invocad Su auxilio, mostrando vuestra gratitud por las innumerables bendiciones que Él os ha conferido.

SERMON 103

EN ESTE SERMON EL IMAM, DESPUES DE ELOGIAR AL SANTO PROFETA (LA PAZ SEA CON EL Y SUS DESCENDIENTES), EL IMAM DICE ALGO ACERCA DE SI MISMO, DE SU MUERTE PREMATURA Y DE LA PERSONA QUE VENDRA EN AYUDA DE LOS MUSULMANES DESPUES DE EL.

Todas las alabanzas le corresponden a Él, Quien ha distribuído ampliamente Sus Regalos y ha extendido Sus favores entre Sus criaturas. Yo le doy gracias por todos los asuntos de mi vida, hayan sido éstos benéficos para mí o perjudiciales, y yo invoco Su ayuda para cumplir los deberes que me han sido impuestos y para darles la debida importancia.

Yo declaro que no hay dios excepto Dios, y que Muhammad (que la paz y bendiciones de Dios sean con él y sus descendientes) es Su siervo y Su Mensajero. Él lo envió para que portase cuidadosamente su mensaje y transmitiera exactamente Sus órdenes y prohibiciones. Y el Santo Profeta (la paz sea con él y sus descendientes) cumplió sus deberes honestamente, llevó una vida prudente y bien guiada y a su paso dejó entre nosotros altos estándares de iluminación y verdad para guiarnos. Quienquiera que trate de superar estos estándares se desviará de la verdadera religión y quienquiera que se comporte con indolencia e irrespetuosamente hacia ellos se convertirá en un hereje, pero quien se adhiera a ellos alcanzará y seguirá el verdadero camino. La persona que os guiará hacia esos estándares es uno que delibera muy cuidadosamente, balanceando todos los hechos y razones antes de hablar sobre cualquier tema; y no emprenderá una obra a menos que haya meditado y pesado todas las consecuencias de la acción, y una vez que haya decidido llevar a cabo una acción será muy rápido en realizarla (36).

Pero en el tiempo cuando decidáis obedecerlo y seguirlo y le juréis el voto de fidelidad, la muerte os lo arrebatará (¡qué predicción!) y vosotros tendréis que esperar un líder hasta que Dios decida otorgaros uno. Verdaderamente Él a su debido tiempo os dará dicho líder, el cual os congregará y reunirá alrededor de una autoridad central y disipará la desunión y la confusión que reine entre vosotros.

No esperéis que una persona que lleva una vida retirada y no manifiesta ningún deseo de gobernaros acepte vuestro gobierno, y al mismo tiempo no os desaniméis ni perdáis la fe en él. Su falta de interés puede deberse al hecho de que aunque él posea un deseo muy fuerte de conduciros hacia la verdadera religión de Dios, sin embargo debido a la escasez de seguidores que lo apoyen él quizás no esté en posición de asumir vuestro gobierno, y naturalmente tendrá que esperar hasta que su bando se vuelva suficientemente fuerte para que apoye su causa.

Recordad que los descendientes del Santo Profeta (la paz sea con él y sus descendientes) son como estrellas en el cielo, si una se pone otra se levantará para iluminar vuestro camino; el Señor Misericordioso ha completado así Sus Bendiciones entre vosotros. Y ahora yo os he explicado las cosas que queríais entender.

SERMON 104

UNA VEZ MAS EL IMAM DIO UNA IMAGEN EXACTA PREDICIENDO LOS TIEMPOS DEL GOBIERNO OMEYA EN ARABIA Y SU COMPLETA DESTRUCCION A MANOS DE LOS ABASIDAS.

Alabado sea Dios, el Cual es un Ser tan Primero que nadie lo precedió y tan Ultimo que nada existirá después de Él. Yo declaro que no hay dios excepto Dios, y yo afirmo esto sin reservas mentales; es una declaración de mi fe sincera.

¡Oh gentes! Cuidáos de que vuestra enemistad hacia mí no os lleve a repudiarme y desconocerme y que vuestra oposición contra mí no os incite a desobedecerme. Recordad cuando yo os hablé que no debéis subestimar el valor de mis palabras y no mostréis indiferencia o falta de respeto hacia ellas.

Juro por Dios, Quien creó la vida, que cualquier mensaje del Santo Profeta (la paz sea con él y sus descendientes) que yo os transmito es verdadero ya que el Mensajero de Dios (la paz sea con él y sus descendientes) no fue un mentiroso y yo (a quien él confió lo que habia recibido de Dios) nunca fui negligente ni iletrado.

Estoy pensando en una persona de Siria, el cual está descarriado y está extraviando a las gentes con mentiras sonoras y descaradas (Ibn-Abil-Hadid dice que con esto el Imam se refiere a Moawiah). Ahora él ha enviado sus ejércitos hacia la provincia de Cufah.

Cuando él tenga una oportunidad de hablar más fuertemente y cuando la gente empiece a poner fe en sus mentiras y su cisma abiertamente declarado, su arrogancia no conocerá límites, y su opresión y su tiranía no tendrán restricciones. Descenderán sobre vosotros hostilidades mutuas sangrientas y mortales haciéndoos matar incluso a vuestros parientes y amigos, habrá guerras con intensidad de tormentas rugiendo entre vosotros y los días duros y crueles serán seguidos por noches más duras y más crueles.

Entonces habrá un gobierno de anarquía y la fuerza bruta dominará. El pecado y el vicio avanzarán hacia vosotros como noches oscuras o mares tormentosos. Cufah tendrá que encontrarse con cosas aun peores, será desgarrada y dividida por un derramamiento de sangre y una lucha peores y al final estallará una guerra civil, en la cual el conquistador será tristemente mutilado y los conquistados serán completamente aniquilados.

SERMON 105

ESTE SERMON ESTA EN TRES PARTES. LA PRIMERA PARTE TRATA ACERCA DEL DIA DE LA RESURRECION. LA PARTE 2 ES UNA PREDICCION ACERCA DEL TIEMPO INMEDIATAMENTE POSTERIOR A LA MUERTE DEL IMAM. LA PARTE 3 ES UNA PROFECIA ACERCA DE BASORAH. APARENTEMENTE EL SERMON ENTERO NO PUDO SER CONSEGUIDO. SUS PARTES DESLIGADAS FUERON HALLADAS Y FUERON ACOPLADAS.

El Día de la Resurrección será el día del recuento y el juicio. Dios el Todopoderoso resucitará y congregará a todos los seres humanos para que reciban su merecido: recompensas por sus buenas obras y castigos por sus pecados. Ellos se reunirán en completa sumisión y humildad, inmensos en la ansiedad, el temor y la esperanza. La tierra estará temblando y meciéndose bajo sus pies, aquéllos que consigan mantenerse de pie firmemente y tengan suficiente espacio libre para respirar fácilmente serán afortunados y benditos.

DESPUES DEL PASAJE ANTERIOR UNA GRAN PARTE DEL SERMON SE PERDIO, Y SOLO LOS SIGUIENTES PASAJES SE HAN HALLADO:

Los disturbios y las calamidades que os visitarán después de mi muerte serán desastrosos y oscurecerán ominosamente vuestros días. Nadie será capaz de soportarlos ni de superarlos. Su llegada será rápida y furiosa. Ellos serán agitados por gentes de condición muy baja y de origen humilde a quienes la ambición inmoderada los estará conduciendo locamente hacia el terrorismo y la anarquía. Y aquéllos que se levanten a pelear contra estas fuerzas malvadas, sirviendo así a Dios y al hombre, serán las gentes que generalmente son despreciadas por los ricos y arrogantes y que son humillados por la sociedad, pero ellos tienen una posición elevada ante Dios y Sus seres benditos...

¡Ay de ti, oh Basorah! Tú serás maldecida en el futuro con una guerra en la que el polvo no será levantado (por los ejércitos al moverse) ni se oirá el sonido (ya sea de los pasos de la infantería, la carga de la caballería o el ruido de los pesados vehículos de guerra y cañones) sino que tus habitantes tendrán que enfrentarse y pasar a través de la muerte roja que será seguida de una hambruna desvastante y arrasante (37).

SERMON 106

EN ESTE SERMON EL IMAM LLAMO LA ATENCION HACIA LA MORTALIDAD DE ESTE MUNDO, HACIA LOS MALES DE UNA VIDA VICIOSA, HACIA LA IMPORTANCIA QUE DAMOS A LAS GANANCIAS MUNDANAS Y A NUESTRO DESEO DE TRABAJAR SOLO PARA ELLAS, Y HACIA LA ACTITUD QUE DEBERIAMOS ADOPTAR CUANDO ENFRENTAMOS TIEMPOS SEVEROS Y DIFICILES.

Ved la vida viciosa de este mundo bajo la luz correcta, la luz de aquéllos que han renunciado a ella y de aquéllos que le han vuelto la espalda. Porque, ¡por Dios!, este mundo dentro de poco abandonará a quienes han tratado de asegurarse un refugio en él y desolará, decepcionará y traerá sufrimientos a aquéllos que piensan en encontrar seguridad e inmunidad bajo su protección. Las condiciones y los tiempos por los que uno ha pasado nunca regresarán, y nadie sabe lo que el futuro le tiene guardado como para que pueda anticiparlo temerosa y precavidamente o feliz y alegremente. Los placeres de este mundo están mezclados con sufrimientos, y sus bendiciones están mezcladas con aflicciones. ¡Recordad!, la fuerza moral y física de aquéllos que llevan una vida viciosa y pecaminosa será pronto desplazada por la debilidad y la cobardía. Estad alertas para que los placeres impíos y la pompa de esta vida no os seduzcan porque muy poco de ellos os quedará y ninguno de ellos os acompañarán al Más Allá.

Que Dios tenga misericordia de quien hace una evaluación de los problemas de esta vida y del Más Allá, medita cuidadosamente acerca de ellos y esta profunda meditación lo hace percibir que cualquier cosa que encontremos en este mundo tiene una corta vida, no es inmortal y está sujeto a la decadencia, y que cualquier cosa que esté reservada para la vida del Más Allá, por pequeña e insignificante que pueda parecer, es eterna. Él se da cuenta que cualquier cosa que él tome en consideración de los valores de esta vida, es perecedero y destructible y cualquier cosa que es esperada (la vida después de la muerte) está destinada a llegar pronto.

En este mundo, sabio es quien pueda juzgar sus propios méritos y su propia carencia de ellos correctamente y pueda fijar exactamente su valor mientras que el no ser capaz de evaluarse a sí mismo es suficiente para demostrar la ignorancia y la incompetencia propia.

Dios mantiene alejado de Sus Bendiciones y Su Guía y deja actuar según su juicio y decisión a la persona ignorante que, desviándose del camino recto de la religión y abandonando a los líderes espirituales, quiere seguir su propio camino; siempre que es exhortado a que se esfuerce para obtener ganancias materiales él trabaja industriosa y diligentemente, pero si el deber lo llama hacia algún trabajo que sólamente le aporte ganancias en el Más Allá, él puede ser hallado letárgico y perezoso, como si su deber fuese únicamente trabajar para obtener ganancias y beneficios mundanos y no hubiese obligación para él de asegurar algo para la vida por venir.

Durante los días de problemas y disturbios sólamente pueden vivir en relativa paz y seguridad aquellos fieles creyentes que son personas sin importancia en la sociedad, si se encuentran en cualquiera compañía nadie los nota y si están ausentes de cualquier lugar su ausencia generalmente no es notada. Dichas personas son como lámparas que alumbran el camino de la luz y la religión. Ellos no crean disturbios en la sociedad ni discordia o desunión entre los hombres. Para ellos Dios ha abierto la puerta de Sus Bendiciones y ha cerrado la puerta del Castigo.

¡Oh gentes! Dentro de poco estaréis enfrentándoos a tiempos tristes y crueles en los que las enseñanzas del Islam serán alteradas y revolucionadas, en los que Dios quizás os protegerá por Su Bondad y Misericordia de la opresión y la tirania, pero vosotros no seréis protegidos de las severas calamidades, las tentaciones y la prueba de vuestra fe en la verdad y la religión. ¿No recordáis que el Señor Todopoderoso dijo: "Verdaderamente en tales pruebas y calamidades hay lecciones que aprender y en verdad intentamos poner a prueba vuestra fe y creencias" [Corán 23, 30]?

SERMON 107

ESTE SERMON EXPLICA LAS CONDICIONES DEL MUNDO ANTES DEL SANTO PROFETA (LA PAZ SEA CON EL Y SUS DESCENDIENTES) Y EL INICIO DE SU PROPAGACION DEL ISLAM, COMO ENTRENO Y EDUCO A SUS SEGUIDORES, QUE TIPO DE OBSTACULOS TUVO QUE ENCARAR Y LA LABOR DEL IMAM EN LA PROPAGACION DE ESTA RELIGION.

Después de alabar a Dios y de invocar Sus Bendiciones sobre el Santo Profeta Muhammad (la paz y bendiciones de Dios sean con él y sus descendientes). Quiero aseguraros que cuando el Señor escogió y nombró a nuestro Santo Profeta (la paz sea con él y sus descendientes) como Su Profeta y Mensajero, los árabes eran iletrados, inadecuados e ignorantes y ninguno había pretendido ser Su profeta y haber recibido revelaciones divinas.

Al propagar el mensaje de Dios, el Santo Profeta (la paz sea con él y sus descendientes) fue forzado, con la ayuda de sus fieles seguidores, a defenderse a sí mismo y al Islam contra quienes resentían esta introducción de una religión y la propagación de la verdad. Pero él siguió exhortando a las masas a que se aseguraran los medios para salvarse y los urgió a aceptar la verdad acerca de la religión antes de que fuese demasiado tarde y antes de que la muerte los alcanzara. Cuando las gentes no podían captar fácilmente la filosofía de una religión tal como el Islam o cuando ellos perdían entusiasmo en la obediencia a sus predicaciones y prácticas, él estaba siempre a su lado para explicar los preceptos en la forma más simple y más fácil y para mostrar con su ejemplo la manera en la cual esta religión podía ser seguida en la práctica, hasta que ellos entendiesen plenamente los principios del Islam y empezaran a seguirlos deseosa y entusiastamente. Pero también habían gentes que constante e incesantemente disentían, se oponían y peleaban contra el Islam, nada podía hacerse por ellos, ellos se ganaron su muerte eterna. Sin embargo, a pesar de todas sus objecciones, el 'Santo Profeta (la paz sea con él y sus descendientes) tuvo éxito en mostrar a sus gentes el camino a la salvación, el modo de mejorar sus estándares de vida y la manera de lograr la grandeza, hasta que ellos alcanzaron todos estos objetivos.

Juro por Dios que yo estuve allí al lado del Santo Profeta (la paz sea con él y sus descendientes) persuadiéndolos a que viesen la luz, convenciéndolos de la verdad de la religión y defendiéndolos contra los ejércitos de los infieles hasta que abandonasen el paganismo y abrazasen el Islam. Durante todo ese período de dura lucha para establecer la verdad y la justicia yo ni una vez mostré debilidad y cobardía, ni pereza y deshonestidad hacia la causa. Y por Dios yo seguiré desvaneciendo la impiedad hasta que la verdad clara, brillante y visible emerja de la oscuridad y el caos de la falsedad.

SERMON 108

EN ESTE SERMON EL IMAM EXPLICO LA MISION DEL SANTO PROFETA (LA PAZ SEA CON EL Y SUS DESCENDIENTES, ELOGIO SU CARACTER, Y LUEGO EXPLICO COMO PUDIERON LOS OMEYAS APODERARSE DEL ESTADO, Y FINALMENTE PREDIJO UN FIN RAPIDO PARA SU CRUEL REGIMEN.

En el tiempo más oportuno y adecuado, el Dios Misericordioso escogió al Santo Profeta Muhammad (la paz y bendiciones de Dios sean con él y sus descendientes) para que actuara como su Testigo Digno de Confianza (al hecho de que los diversos profetas en todo el mundo habían hecho lo mejor posible para enseñar a la Humanidad la verdad acerca de la vida y la muerte, el contraste entre la virtud y el vicio y la diferencia entre la rectitud y el pecado, y que nuestro Santo Profeta — tenía que finalizar estas enseñanzas y dar testimonio de que ninguna nación fue dejada sin enseñanzas (38). Él le asignó el deber del mensajero: el portar las nuevas de las Recompensas Celestiales y las advertencias acerca de los Castigos eternos.

De niño, el Santo Profeta (la paz sea con él y sus descendientes) tuvo la disposición más noble y la personalidad más exaltada, y ya de adulto él fue el héroe más grande de la Humanidad. Su cortesía, su sinceridad y su carácter eran sublimes y nadie podía superarlo en generosidad.

¡Oh Omeyas!, sólo después de su muerte pudisteis tomar posesión del rico Estado Árabe y pudisteis disfrutar su riqueza y su poder hasta satisfacer vuestros corazones. Vosotros pudisteis hacerlo así porque encontrasteis gentes débiles, egoístas y ambiciosas controlando el estado y el poder (y pudisteis hacer uso de su debilidad y su ambición para asegurar vuestros propósitos).

Para ciertas gentes, las riquezas y los placeres prohibidos e ilicitos son más excitantes y fascinantes y las posesiones y adquisiones legítimas y permitidas religiosamente no les interesan y les resultan distantes y aun inexistentes.

¡Oh Omeyas!, por Dios vosotros encontrasteis, aunque sólo por un tiempo corto, el Estado Musulmán extendiéndose bajo vuestro gobierno como una sombra creciente. El mundo a vuestro alrededor estaba descuidado y desprotegido, vosotros pudisteis estirar vuestras manos en cualquiera dirección y pudisteis agarrar todo lo que deseáis. Vuestras espadas desenvainadas obstaculizaron e impidieron a los lideres verdaderos y sinceros a que defendieran a la Humanidad contra vuestro cruel gobierno. Recordad que la crueldad, la opresión y el derramamiento de sangre humana serán vengados; y la usurpación de los derechos humanos tendrá que ser retribuída con el castigo.

Y Él, Quien dictará sentencia en el Día del Recuento vengará a nuestros mártires a quienes vosotros habéis matado sin misericordia. Él es el Todopoderoso, el Omnipotente y Supremo, nadie puede rehusarse a presentarse ante Él, y de cuya ira nadie puede escapar. Yo juro por Dios que muy pronto vosotros hallaréis a este Califato en manos de sus enemigos.

Recordad que talentosa es la mente que permite a uno que vea las realidades de la vida, y que el oído que hace que uno preste atención al buen consejo es razonable.

¡Oh gentes! Aceptad los consejos de aquel consejero que practica lo que predica, y recoged conocimientos de la fuente que está libre de toda impureza.

¡Oh gentes!, no insistáis en permanecer ignorantes, ineducados y sin iluminar y no tratéis ciegamente de lograr vuestros deseos inmoderados, ya que aquéllos que persistentemente siguen ese curso, llevan a cuestas la carga de sus pecados e iniquidades de una etapa de vicio y depravación a otra, hasta que ellos aterrizan en el Infierno; dichas gentes generalmente aspiran y pretenden merecer y tener el apostolado de Dios y el liderazgo de los hombres, atributos cuya posesión está lejos de su capacidad.

¡Oh gentes!, recordad que no tiene caso el presentar vuestras quejas a las gentes ignorantes o mal informadas o a las personas descarriadas e impías. Ellos no pueden resolver vuestros problemas mundanos ni pueden eliminar las dudas que han sido profundamente incrustadas en vuestras mentes ---contra la religión --- por el Demonio.

Recordad que un Imam no tiene más responsabilidad que la que le ha sido impuesta por Dios, él debe esforzarse plenamente para consejar y guiar a las gentes para que vivieran a la luz de la religión. Él debe mantener vivos los mandamientos de la religión y la sunnah del Santo Profeta (la paz sea con él y sus descendientes); él debe hacer efectivos la ley y el orden concediendo recompensas y aplicando castigos a quienes los merezcan, y asignando sus derechos y participaciones justas a los legítimos demandantes.

Esforzáos en adquirir conocimiento y sabiduría antes de que se vuelva difícil para vosotros el alcanzar la fuente del aprendizaje, antes de que vuestra indulgencia en los placeres viciosos y los deseos carnales no os permita llegar a esos manantiales. Aconsejad a las gentes que no cometan pecados y vicios, y vosotros también absteneos de ellos, porque os ha sido ordenado el absteneros del pecado, primero, y luego persuadir a los demás a que hagan lo mismo (vosostros debéis poner antes el ejemplo).

SERMON 109

ESTE SERMON NOS HABLA ACERCA DEL ISLAM, EL SANTO PROFETA (LA PAZ SEA CON EL Y SUS DESCENDIENTES) Y LOS MUSULMANES: ¡CUAN GRANDE ES EL ISLAM!, QUE SUBLIME ES EL SANTO PROFETA (LA PAZ SEA CON EL Y SUS DESCENDIENTES) Y LOS MUSULMANES, COMO FUERON HONRADOS, PERO COMO ESTAN TRATANDO CON LA AYUDA DE LOS OMEYAS, DE DESHACER EL BIEN QUE DIOS LES HA OTORGADO A TRAVES DEL ISLAM.

Alabado sea Dios, el Cual reveló las Leyes Divinas a través del Islam. Para sus seguidores, Él ha hecho su código fácil de entender y dio a sus principios una posición tan exaltada y tan noble que su eminencia supera todas las objeciones y controversias. Él destinó al Islam para que fuera un heraldo de paz eterna y un refugio de seguridad firme para quienes entran en su seno. Sus doctrinas proporcionan argumentos lógicos y bien basados para quienes quieren defender la verdad y la justicia. Sus precetos contienen la mejor protección para llegar a la piedad y la virtud. Es un faro celestial para quienes buscan la luz y una gran fuente de iluminación para las personas intelecutales. Quienes le presten la debida atención encontrarán gran sabiduría en sus enseñanzas, y su examen cuidadoso probará que es una manifestación muy brillante de la bondad de la virtud. El Islam proporciona los patrones más educativos y ejemplos para aquéllos que quieren discernir entre lo correcto y lo incorrecto, para quienes están dispuestos a aceptar sus oportunas advertencias sobre las consecuencias del mal y la falsedad. Trae salvación a quienes testifican su verdad, gran fuerza moral a quienes creen en él, paz y tranquilidad perpetuas a sus fieles seguidores y considerable poder de resistencia contra el pecado y el vicio a aquéllos que soportan pacientemente los sufrimientos de la vida.

El Islam es el camino más brillante y el sendero más claro hacia la salvación. Sus ilustres principios sobresalen en gloria y nobleza, sus métodos son distinguibles y perfectos y sus brillantes preceptos traen iluminación a quienes viven en la más oscura ignorancia acerca de la verdad. Sus enseñanzas son tan completas que se extienden y sobrepasan a las enseñanzas de las religiones más antiguas. Es una religión cuyos seguidores compiten entre ellos tratando de superar unos a otros en bondad y virtud. La confirmación de la verdad y la justicia es su camino, la iluminación de la Humanidad es su objeto principal, el esperar y enfrentarse valiente y noblemente a la muerte es uno de los puntos principales de sus enseñanzas. Este mundo es el lugar donde el Islam quiere prepararos para vuestra alta posición en el Más Allá, por lo tanto, el Día del Recuento será el día cuando sus verdaderos seguidores superarán a los demás y el Cielo será su recompensa.

EL IMAM HABLO ASI ACERCA DEL SANTO PROFETA
(LA PAZ SEA CON EL Y SUS DESCENDIENTES):

El Santo Profeta (la paz sea con él y sus descendientes) guió a los seres humanos, hasta que aquéllos que buscaban la verdad aprendieran cómo y dónde encontrarla, y hasta que aquéllos que estaban perdidos en la oscuridad de la ignorancia y de la herejía pudieran ver fácilmente los faros brillantes de la religión.

¡Señor!, él es Tu Mensajero leal y confiable, y en el Día del Juicio él dará testimonio de si los seres humanos aceptaron verdadera y sinceramente Tus Ordenes. Él es el portador de Tus Bondades y Beneficios hacia la Humanidad y el mensajero fiel que lleva a la Humanidad el mensaje de Tu Clemencia y Misericordia.

¡Oh Señor!, mediante Tu Justicia recompénsalo generosamente por sus buenas obras, y por medio de Tu Misericordia haz sus virtudes y excelencia eminentes y exaltadas. ¡Oh Señor!, haz que la religión predicada por él sobrepase a todas las otras religiones, glorifica su acercamiento y ascensión a Tu Reino y exalta y ennoblece su posición cerca de Ti. Haz que él sea el medio más exaltado de acercarse a Ti, y concédele preeminencia y excelencia sobresaliente.

¡Oh Señor!, en el Día del Juicio resucítanos y congréganos en su compañía como sus seguidores para que no nos sintamos avergonzados de nuestras limitaciones ni seamos humillados.

¡Oh Señor!, no dejes que nos descarriemos, ayúdanos a seguir el Camino Recto y a cumplir las promesas que hemos hecho a Ti y a él.

¡Oh Señor!, no dejes que seamos extraviados y no nos hagas pasar por las tentaciones y las pruebas severas.

EL IMAM SE DIRIGE ASI A SUS COMPAÑEROS

¡Oh gentes!, el Dios Misericordioso ha exaltado — mediante Su Bondad — vuestra posición tanto que incluso vuestros esclavos se sienten alegres bajo vuestra gloria reflejada y vuestros vecinos son respetados por respeto a vosotros. Debido al Islam vosotros estáis sobrepasando a aquéllos, sobre los cuales actualmente no tenéis superioridad ni eminencia, y que no están obligados con vosotros. Incluso os respetan aquellas gentes a quienes vuestra pompa y gloria no los terrifican y sobre los cuales no tenéis control. Todo esto se debe a la Bondad y Misericordia de Dios, pero vosotros sois tan indiferentes a la religión que veis a vuestro alrededor a las gentes rompiendo sus votos de fidelidad a Él y sin embargo vosotros no os sentís molestos aunque os ponéis sumamente enojados y os sentís insultados si las promesas hechas a vuestros antepasados fueran deshonradas. Originalmente las órdenes de Dios venían a vosotros a través del Santo Profeta (la paz sea con él y sus descendientes) y se supone que deberían ser transmitidas por medio de vosotros. Pero vosotros habéis permitido a los tiranos que obtengan supremacía sobre vosotros y controlen vuestros asuntos, incluso entregándoles las órdenes de Dios y confiando así la Palabra de Dios a aquéllos que no tienen verdadera fe en el Islam. Ellos abiertamente se sumergieron en el escepticismo y llevaron vidas viciosas.

Juro por Dios que si para preservar su gobierno estos Omeyas dispersasen a los verdaderos musulmanes por todo el sistema solar, Dios el Todopoderoso los reunirá algún día para que atestigüen la caída de los Omeyas.

SERMON 110

DURANTE LA BATALLA DE SIFFIN UN DIA ALGUNOS SOLDADOS DEL EJERCITO DEL IMAM SE RETIRARON POR UN TIEMPO CORTO Y LUEGO TOMARON OTRA VEZ LA POSICION PERDIDA. EN ESA OCASION EL DIO EL SIGUIENTE SERMON:

Yo os vi retirándoos del campo de batalla. Yo me entristecí al veros que escapabais de una chusma desordenada de pueblerinos sin educación y sin escrúpulos, sedientos de sangre, de Siria, aunque vosotros erais los más nobles y más valientes de todos los árabes provenientes de clanes y familias nobles notables por su sabiduría y valentía. Pero al final me complació ver que valientemente detuvisteis vuestra huída, volvisteis al campo, los presionasteis forzándolos a regresarse y los hicisteis huir con la ayuda de vuestras espadas y lanzas. Sus filas delanteras al regresar caían sobre su retaguardia en tal confusión como podría verse sólamente entre los camellos sedientos cuando ellos caen unos sobre otros para alcanzar primero el agua.

SERMON 111

EN ESTE SERMON EL IMAM EXPLICO ALGUNOS ATRIBUTOS DEL SEÑOR TODOPODEROSO, ALGUNOS DEBERES SUBLIMES DEL SANTO PROFETA (LA PAZ SEA CON EL Y SUS DESCENDIENTES) QUE LE FUERON ASIGNADOS POR DIOS, Y POR ULTIMO ACERCA DE SI MISMO Y DE LAS GENTES A SU ALREDEDOR: COMO TRATABA EL DE SERVIR A LA HUMANIDAD, COMO SE

SENTIA ASOMBRADO POR EL COMPORTAMIENTO DE LOS SERES HUMANOS —SUS ACCIONES CARENTES DE ALMA Y DE SENTIDO, LAS TRAMPAS QUE LOS RODEABAN, SU ACTITUD DESPREOCUPADAS ENTRE DICHOS PELIGROS Y LOS RESULTADOS QUE SEGURAMENTE SEGUIRIAN. AL FINAL, EL PREDIJO LOS TIPOS DE GOBIERNOS QUE HABRIAN DE AFLIGIR AL HOMBRE.

ACERCA DE DIOS

Gloria a Dios, el Cual sólo puede ser entendido y reconocido mediante el estudio de Sus creaciones, Él es revelado a las mentes de las gentes solamente a través de la innegable evidencia de la inferencia. Él creó los universos y todo lo que ellos contienen sin premeditación, pre-examinación, pre- planeación y revisión de Sus planes. La premeditación, la pre-planeación, la pre-examinación y la revision de planes son atributos de la mente y obras suyas, y Él está por encima de todos los esfuerzos de la mente. Nada puede permanecer oculto a Su Conocimiento y nada puede escapar de él.

ACERCA DEL SANTO PROFETA

(LA PAZ SEA CON EL Y SUS DESCENDIENTES)

De entre Sus profetas Dios lo escogió a él para que fuera Su más grande Mensajero, para que fuera la fuente de aprendizaje y el manantial del conocimiento, para que fuera la Luz divina que ilumina las tinieblas de la ignorancia con sus enseñanzas, y para glorificar el sitio del Islam.

EN SEGUIDA ESTA OTRA PARTE DE ESTE SERMON PERO ALGUNOS COMENTADORES, POR EJEMPLO IBN-MAYSUM, ETC., CONSIDERAN QUE ESTE ES UN DISCURSO COMPLETAMENTE DISTINTO DEL IMAM EN DONDE EL HABLA ACERCA DE SI MISMO, EXPLICANDO SU POSICION ENTRE LAS GENTES.

Él conoce cómo tratar las enfermedades del intelecto y del razonamiento, ayudando a aquéllos que sufren y que necesitan tratamiento y cuidado. Él conoce curas específicas y su sistema de tratamiento es infalible. Donde hay mentes sufriendo de deseos viciosos, donde hay ojos ciegos a las virtudes de la piedad y la justicia, donde hay oídos sordos al llamado de misericordia y paciencia y donde hay lenguas mudas para la declaración de la verdad; allí lo encontraréis, ocupado entre los pacientes, tratándolos cuidadosa y tiernamente, buscando las causas de las enfermedades entre las fuentes de ignorancia y prejuicio y los orígenes de la confusión y la perplejidad. Él suele andar entre aquéllos que no ha recibido la luz de la educación y del conocimiento — y por ello están confundidos y llenos de prejuicios — y les trae luz, paz y bienestar a sus vidas.

Los secretos acerca de la vida, su ambiente y su final último han sido revelados a aquéllos que tienen visión, inteligencia y previsión; el camino brillante del Islam está provisto para la educación de los infieles ignorantes y descarriados, la verdad acerca del Día del Juicio y del recuento ha sido claramente explicada; su importancia puede ser entendida fácilmente por quienes desean examinar cuidadosamente las consecuencias de dicho suceso.

Yo estoy sorprendido por vuestro comportamiento ya que no obstante todo esto, vosotros aún os comportáis como cuerpos sin alma o mentes sin poder de discernimiento; como oraciones sin piedad o como mercaderes sin deseo de ganancia. Aunque aparentáis estar bien despiertos, vosotros no estáis conscientes de la seriedad de la situación. Físicamente estáis presentes para oírme pero vuestras mentes están lejos, vosotros no captáis ni entendéis lo que se os dice. Encuentro a mi alrededor ojos sin vista, oídos sin poder de escuchar, lenguas sin habla y mentes sin capacidad de visión.

Yo veo al cisma asegurándose un sitio firmemente plantado en vuestras mentes y extendiendo sus tentáculos alrededor de vosotros, os está midiendo, os atormenta para probar vuestro poder de resistencia contra la depravación y el pecado. El dirigente de este movimiento es un infiel que ha desertado del Islam y está apoyado a la impiedad resoluta y firmemente. Él tendrá el control de vuestro país, y especialmente aquéllos de vosotros que hubieren permanecido fieles al Islam serán humillados, insultados, maltratados y masacrados por él (¡qué predicción!). (Todo esto sucederá a causa de vuestra debilidad y vuestra política equivocada).¿Os dais cuenta de a dónde os llevan estos errores y deseos irracionales, a dónde os conducen vuestras tendencias paganas, y cómo os seducen y extravían vuestras falsas esperanzas (de poder, placer y goces)? ¿Os dais cuenta de que os estáis engañando a vosotros mismos?

Recordad que todo período tiene un fin y que cada acción es seguida por una reacción, por lo tanto no sólo es aconsejable sino imperativo para vosotros que escuchéis los consejos que os da el Califa de Dios y actuéis de acuerdo a ellos (será por vuestro bien). Estad listos para obedecer sus órdenes y para seguirlo.

Es el deber de los líderes de entre vosotros el anotar cuidadosamente lo que escuchan de mí y repetirlo palabra por palabra entre las gentes, ellos deberían concentrarse acerca de mis palabras y corregir sus ideas confusas y dispersas.

Verdaderamente yo os he explicado todo claramente, separando la verdad de la falsedad y la virtud del paganismo. Yo he dado información completa acerca de los peligros y riesgos hacia los que os apresuráis ciegamente.

Recordad que cuando los malos tiempos os visiten encontraréis que los que no creen en el Islam estarán en el poder, el número de personas rebeldes contra Dios y la religión se incrementará y las gentes piadosas y religiosas serán torturadas, y los tiempos severos atacarán como bestias feroces y hambrientas a las gentes, se dirán mentiras abierta y repetidamente; las gentes cooperarán de buen grado en la falsedad y el pecado, y se desunirán y caerán en extremos en lo que se refiere a la verdad, la piedad y la religión. Durante dichos tiempos los hijos serán una fuente de ansiedad y preocupación para sus padres; incluso la bondad y la benevolencia habrán cambiado de valores sólamente, la sociedad estará compuesta en su mayoría por gentes innobles y avaras; y las gentes generosas y de mente noble se verán reducidas a una simple minoría. Las gentes de esos tiempos serán como lobos hambrientos; los gobernantes serán como bestias carnívoras, devorando vorazmente a la clase media y matando audazmente a los pobres. Muy poco de la verdad quedará ya que la falsedad reinará entre los hombres. Sólo habrá simpatía de labios para afuera ya que la hipocresía y la enemistad oculta tendrán un asiento firme en las mentes de las gentes, los vicios y los pecados serán adorados y las enseñanzas del Islam serán volteadas al revés como una ropa indeseable y empolvada.

SERMON 112

EN ESTE SERMON EL IMAM NOS EXPLICO LAS LIMITACIONES DE LA MENTE HUMANA PARA ENTENDER A DIOS Y PARA DESCRIBIRLO, E HIZO HINCAPIE EN LOS ATRIBUTOS DE DIOS QUE AFECTAN AL HOMBRE EN GENERAL. MAS ADELANTE DESCRIBIO A LOS ANGELES, COMO ELLOS TEMEN Y OBEDECEN A DIOS. LUEGO HIZO UN BOSQUEJO DE LA DEBILIDAD Y LA MALDAD DEL HOMBRE. SU IMPRUDENTE DESCUIDO DE SUS OBLIGACIONES, SU OBSTINADA PERSISTENCIA EN LOS PLACERES VICIOSOS Y SU RECONOCIMIENTO FINAL PERO INOPORTUNO DE ESTAS LIMITACIONES Y VICIOS, Y LA FUTILIDAD DE DICHO RECONOCIMIENTO. LLAMO NUESTRA ATENCION HACIA EL GENERO HUMANO, COMO TERMINARA, COMO ESTA TIERRA VA A TERMINAR SU CARRERA Y COMO SERAN RESUCITADOS LOS SERES HUMANOS Y REUNIDOS PARA EL RECUENTO FINAL. POR ULTIMO EL ELOGIO AL SANTO PROFETA (LA PAZ SEA CON EL Y SUS DESCENDIENTES), ALABANDO SUS ENSEÑANZAS Y EXPLICANDO COMO EL ACTUO DE ACUERDO A LOS PRECEPTOS QUE ENSEÑO Y PROBO QUE ELLOS SON ADAPTABLES Y PRACTICOS.

Todo está destinado a ser naturalmente sumiso ante Dios. Todo existe porque Él desea que exista y continúe.

Sólo Él puede hacer ricos a los limosneros, y sólo Él es la fuente de poder para los débiles y los deprimidos, y el puerto de refugio para los oprimidos y tiranizados.

Él oye a los que hablan y conoce los secretos de aquéllos que se mantienen silenciosos. Los que están vivos encuentran su sustento debido a Él, y los muertos están obligadamente destinados a regresar a Él.

¡Oh Señor! Nadie puede describirte, porque nadie te ha visto ni podrá verte jamas. Tú existías desde mucho antes que las creaturas que te alaban adquiriesen existencia. Tú no los creaste para eliminar Tu Soledad, ni para obtener beneficio alguno de ellos.

Aquél a quien Tú llamas no puede escapar de Tu llamada, y a quien Tú detienes en un lugar no puede escapar de Tu restricción. La desobediencia de las gentes nunca perjudicará Tu Soberanía, ni la obediencia de ellos incrementará Tu Poder. Aquéllos que no están de acuerdo con Tus Decisiones no pueden rechazarlas (están forzados por la naturaleza a vivir regidos por ellas), y aquéllos que se resisten a obedecer Tus Ordenes y Prohibiciones no pueden arreglárselas sin Tus Bondades y Regalos. Todo secreto es conocido por Ti y toda cosa oculta es claramente obvia para Ti.

Tú eres Eterno y no tienes fin, Tú eres la Meta de todo, y nada puede escapar de Tí. Nadie que merezca Tu Ira puede escapar de ella, excepto a través de Tu Misericordia y Benevolencia. Todo está bajo Control y su retorno es hacia la meta destinada por Ti.

Gloria a Ti, Señor, y Alabado seas. Qué vastos son lo universos creados por Ti y sin embargo, a pesar de su grandeza, cuán insignificantemente pequeños son cuando se compran con Tu Poder. Qué completo y detallado y qué supremo y absoluto es Tu Control sobre la naturaleza, Control que puede ser discernido y entendido, y sin embargo qué pequeña es su grandeza cuando se compara a esa fase de Tu Omnipotencia que está oculta a nuestros ojos y que nuestras mentes no pueden captar. Qué benévolos y generosos son Tus Favores en esta vida, y sin embargo qué pequeños son cuando se comparan con las bondades celestiales del Más Allá.

EN ESTE SERMON EL IMAM HABLO ASI ACERCA DE LOS ANGELES:

Algunos de los ángeles son tales que Él los ha destinado a que estén en los cielos, muy por encima de la Tierra. Ellos Te entienden mejor, te temen más y están más cerca de Tu Favor que cualquiera otra creatura. Ellos no están sujetos a las necesidades biológicas, y los cambios de las épocas y de las circunstancias no les producen deterioro alguno. Aunque ellos están tan cerca de Ti, y tengan tan elevada posición en Tu Gracia, aunque ellos no piensan más que en obedecerte y están tan lejos de la infidelidad a Ti, si ellos pudieran darse cuenta de la grandeza y magnificencia verdaderas de Tu Soberanía que están ocultas para ellos, sus oraciones y su posición les parecerían insignificantes y ellos considerarían que nunca han ofrecido las alabanzas que Tú mereces.

Gloria a Ti, oh Señor! Tú eres el Creador y mereces adoración. Y Tú, después de probar la capacidad del hombre de la mejor manera, creaste Cielos — para quienes los merecen — con las viandas y bebidas más escogidas, con

- para quienes los merecen - con las viandas y bebidas más escogidas, con las mejores compañeras y sirvientes y con palacios en las riveras de los hermosos ríos bordeados de bellos jardines y huertos. Luego Tú enviaste mensajeros para que invitasen a las gentes hacia estas bendiciones. Pero las gentes ni prestaron atención al llamado de estos mensajeros ni mostraron deseo alguno de ganar y merecer estas bendiciones, ni ningún deseo de alcanzar estas metas. En vez de ello se voltearon hacia la inmundicia de los goces mundanos, fueron unánimes en disfrutar estos placeres, se conformaron con la desgracia que estos placeres les traían y coincidieron en su amor a este mundo.

Si un hombre ama una cosa, se vuelve ciego a los defectos de ella, su mente está predispuesta a su favor, su vista y su oído pierden el poder de ver y escuchar las realidades y él no puede tolerar ver y oír cualquier cosa que vaya en contra de objeto de su devoción. Tal es la condición de las gentes que van ciegamente en pos de los placeres mundanos. Sus mentes están tristemente afectadas y la ambición por los goces terrenales mata sus conciencias. Ellos están locamente enamorados del mundo y consecuentemente se convierten en sus esclavos, así como esclavos de los antros de placeres viciosos y de las fuentes de riqueza y poder. Ellos se inclinan y se arrodillan cuando el mundo así lo desea y van a donde el mundo quiere que vayan.

Los consejos y las premoniciones de los profetas no tienen efecto sobre ellos, aunque ellos vean el estado de los pecadores alrededor de ellos; así que cuán repentinamente estas personas descarriadas serán llamadas a rendir cuentas de sus actos sin tener oportunidad alguna de volver de nuevo a la vida, ni posibilidad alguna de ser perdonados. Ellos ven que la muerte, a la cual durante sus vidas ellos ignoraron completamente, desciende sobre ellos sin ninguna advertencia; ellos ven cómo son forzados a partir de este mundo en donde ellos habían sido tan felices y tan bien protegidos, y cómo ellos tienen que enfrentarse al siguiente mundo que les fue predicho.

La transición de dicha persona de esta vida a la siguiente es tan dolorosa que no puede ser fácilmente descrita. La dolorosa sensación de la muerte, y la desilusión y la vergüenza de haber perdido oportunidades de toda la vida para ser buenos y hacer el bien, se amontonan en su mente. La conciencia de una vida culpable lo hace sentirse triste y avergonzado. Y el horror y la desesperanza de la situación lo dejan livido. Justo en ese momento la muerte hace que se termine la facultad del habla y de la expresión. El hombre moribundo está rodeado por sus parientes. Aunque su poder de habla le ha abandonado, sin embargo su mente está ahora asombrosamente clara. Él puede ver y oír, él puede visualizar las realidades, y puede entender la verdad.

El piensa en la vida que desperdició, en la riqueza que él amasó por medios pecaminosos y viciosos adoptando todo medio sucio. Él se da cuenta ahora de que tiene que enfrentarse a las consecuencias de amasar esa riqueza de la cual él es forzado ahora a separarse para siempre, dejándola a otros, los cuales gozarán (los frutos de sus pecados). Él sabe que los placeres del uso de esa fortuna serán de ellos y que los dolores del castigo serán la porción que a él le tocará. ya que todos los pecados y crímenes que él cometió para acumular esto fueron anotados por los ángeles de Dios. En este momento qué claramente evidente es para él que él hipotecó irrecuperablemente su alma para reunir esas posesiones terrenales, y cómo ahora es imposible deshacer lo que hizo; y es demasiado tarde para arrepentirse. Él sufrimiento y la vergüenza de la situación son tan agudos que lo hacen encogerse y odiar las mismas cosas que él tanto amaba cuando estaba vivo para el mundo y sus placeres. Él desea que aquellas personas que solían envidiarlo por su poder, su riqueza y sus posesiones mundanas, se quedaran con todos éstos, y que él hubiera llevado una vida simple y honesta. Mientras su mente pasa a través de estas torturas de sufrimiento, vergüenza, arrepentimiento y contrición, la muerte se aproxima a él un paso más, y así como él perdió el poder del habla, también pierde la facultad del oído. Ahora él no puede ni oír ni hablar, sin embargo todavía tiene el poder de la visión, él puede ver a las gentes a su alrededor, puede ver sus labios moviéndose pero no puede oír sonido alguno. La muerte se acerca aún más y gradualmente su vista también lo abandona; poco después el alma se separa del cuerpo, dejándolo como un cadáver entre sus parientes. Ahora ellos sienten temor a acercarse a su cuerpo muerto y quieren mantenerse alejados de él. Él no puede ahora simpatizar con los que se lamentan ni puede responder a sus llamados. Luego él es llevado a su tumba y es entregado allí a las consecuencias de su fe y sus obras. Ellos no lo volverán a ver sino hasta el Día de la Resurrección, un día cuando todos los seres humanos serán acompañados por aquéllos que los siguieron, es el día cuando el período asignado para la vida sobre la Tierra llegará a un fin, y la Voluntad de Dios para crear y resucitar a los seres humanos será hecha efectiva

Cuando este día (el Día del Juicio) se acerque, el Sistema Solar será destruído, la Tierra vagará fuera de su curso (órbita), será rota en fragmentos, las montañas serán arrancadas de país, y Su Majestad y Poder las hará chocar unas con otras y se hará que las porciones internas de la Tierra salgan. Y las personas muertas también serán resucitadas, después de haber estado separadas unos de otros por largo tiempo, todos ellos serán recolectados juntos.

Como todos y cada uno de los seres humanos tendrá entonces que rendir cuentas de sus pensamientos y obras, él será obligado a presentarse — de pie -—separada e individualmente. Después del recuento todos ellos serán divididos en dos grupos. Aquéllos que hubieren obedecido Sus Ordenes serán recompensados y quienes lo hubieren desobedecido serán castigados.

Los bienaventurados recibirán la dicha eterna de Su Aprobación a sus obras, y las bendiciones de los Cielos, donde la vida es eterna, donde no hay cambio (para empeorar), ni temor a nada, ni enfermedad de ningún tipo. Allí nadie tendrá que enfrentarse a peligros o calamidades, nadie será forzado a salir del paraíso.

En cuanto a los pecadores, los castigos serán de acuerdo a la enormidad de sus pecados. Su vivienda será horrible y triste será la vida que llevarán. Ellos serán completamente privados de los poderes de autodefensa y de modificación del ambiente. Ellos estarán rodeados de fuego ardiente, que perpetuamente los quemará (sin carbonizarlos ni aniquilarlos), ardiendo con calor intenso y con sonidos terroríficos. No habrá escape de esta tortura del fuego; y no habrá cambio ni alivio, y no se aceptará ningún pago como compensación. Esta morada de horror es eterna, no hay fin para ella y quienes estén presos allí tendrán que sufrir el castigo eternamente.

EL IMAM LUEGO ELOGIO AL SANTO PROFETA (LA PAZ SEA CON EL Y SUS DESCENDIENTES) EN LAS SIGUIENTES PALABRAS:

Él (el Profeta, la paz sea con él y sus descendientes) siempre consideró despreciable y mala a la vida; dedicada a la búsqueda del placer, y él odió y aborreció tal vida. Él estaba convencido de que ya que Dios quiso exaltarlo y glorificarlo, por lo tanto Él lo puso muy por encima de las seducciones y las tentaciones de los pecados y los vicios; mientras que aquéllos a quienes Él consideraba como despreciables por razón de sus pensamientos y sus obras, el Señor les permitió todos los goces y placeres de una vida viciosa. Dándose cuenta de esto, él miraba estos placeres con desprecio y los ignoraba como a algo despreciable y aborrecible. Él daba su espalda a la pompa y la gloria de ellos, con suprema indiferencia, y nunca sacó nada del mundo ni pensó en considerarlo como su morada permanente. Él vivió como predicaba (su vida fue un modelo de sus enseñanzas). Él advirtió a las gentes acerca de los castigos del Infierno, les explicó las bendiciones del Cielo y los invitó a seguir su camino que los conduce directamente al Cielo.

¡Oh gentes! Sabed que nosotros somos sus descendientes; nosotros somos los centros que reciben los mensajes de Dios y a donde los ángeles llegan con Sus Ordenes; somos fuentes de conocimiento y manantiales de sabiduría.

El que sea nuestro amigo y seguidor, merece las Bendiciones de Dios, y el que sea nuestro enemigo puede esperar el castigo que merece.

SERMON 113

ESTE SERMON NOS DICE EN QUE HAY QUE CREER, QUE HAY QUE HACER Y COMO LOGRAR VENTAJAS CORRECTAS DEL CORAN.

Para aquéllos que quieran acercarse al Reino de Dios a través de las buenas obras, a continuación están los mejores medios para lograr el éxito.

Lo primero y más importante es tener fe completa en Dios y en Su Santo Profeta (la paz sea con él y sus descendientes); (lo segundo es) esforzarse en el servicio de Dios al máximo de las propias capacidades, ya que dichos esfuerzos (ya sea una guerra en defensa del Islam o cualquiera otra forma de actividad intensiva por la causa de la religión y la justicia) son las alturas sublimes de la gloria del Islam; (en tercer lugar) la repetición —y la creencia en su significado — de las frases de devoción (las frases de "No hay dios excepto Dios" — LA LLAHA `IL-LAL-LAH —y de que Muhammad — la paz sea con él y sus descendientes — es Su Profeta) ya que ellas son los conceptos básicos de la religión del Islam; (cuarto) continuar ofreciendo las oraciones diarias, ya que estos actos de adoración son el alma de la religión, (luego) el pago del derecho de los pobres (zakät), ya que es un acto obligatorio (para los musulmanes); (el sexto es) el ayuno durante el mes de Ramadan, ya que lo salva a uno de la Ira de Dios; (lo séptimo es) la Peregrinación a la Casa de Dios (la Caaba) durante los días del Hayy y en otro tiempo (umrah), ya que los viajes en estas ocasiones reducen la pobreza y limpian de pecados al alma; (lo octavo es) apiadarse de los parientes pobres y ayudarlos en sus problemas económicos, ya que estas caridades significan un incremento en la riqueza de las gentes: (lo noveno es) la caridad y la ayuda prestadas a todas y cada una de las personas pobres y necesitadas o deformadas y lisiadas, estas caridades cuando se dan en secreto lavan los pecados de uno, y cuando se dan abiertamente, evitan la muerte accidental u horrible; y por último, ser amable, comprensivo y solícito con las creaturas de Dios, este hábito evita que uno caiga en calamidades, miserias y desgracias.

¡Oh gentes!, tratad al máximo de alabar a Dios y de hablar más y más de Él, ya que esto es el mejor discurso. Cread en vuestras mentes un deseo intenso por el Cielo que está prometido a los piadosos. Ciertamente Sus Promesas son verdaderas. Seguid el modo de vida y el carácter de vuestro Santo Profeta (la paz sea con él y sus descendientes), ya que ello es la mejor forma de llevar una vida. Adheríos a sus tradiciones y obedeced implícitamente sus enseñanzas porque ellas son la mejor guía para una vida noble. Leed cuidadosamente el Sagrado Corán porque él es el más sublime de todos los libros sagrados, tratad de entenderlo, y estudiadlo diligentemente porque es el mejor alimento para la mente, poned luz en vuestras mentes con sus enseñanzas porque su luz divina es la mejor cura para el pensamiento enfermo, y leedlo con intenciones sinceramente buenas porque él contiene episodios de la historia del hombre muy útiles e instructivos.

Recordad que si un hombre — incluso uno muy educado — actúa contra su conocimiento y convicciones, él se comporta como una persona iletrada y sin educación que tiene una mente confundida, como alguien que no quiere salir de la condición comatosa de la ignorancia. En el Día del Recuento dicha persona no podrá justificar su actitud, se arrepentirá tristemente de su tontería y tendrá que enfrentarse a una severa censura.

SERMON 114

EN ESTE SERMON EL IMAM HABLO ACERCA DEL MUNDO VICIOSO, COMO SEDUCE Y CAUTIVA, COMO ABANDONA Y DESERTA, CUAN DESPIADADO ES SU TRATAMIENTO PARA AQUELLOS QUE SE ENAMORAN DE EL, Y CUAL ES EL FIN ULTIMO DE LOS SERES VIVIENTES DE ESTE MUNDO.

¡Oh gentes!, después de alabar a Dios y de darle gracias, y de bendecir al Santo Profeta (la paz sea con él y sus descendientes), quiero advertiros contra las seducciones de una vida viciosa. Esta advertencia es necesaria porque, por todas las apariencias externas, dicha vida presenta dulzura, encanto y atracción peculiares. Se ha rodeado a Sí misma de tentaciones y es amada por casi todos porque ofrece placeres que pueden ser obtenidos rápida y fácilmente, aunque ellos puedan durar sólo por un tiempo corto, y porque proveé tales adornos que aunque sean momentáneos y escasos pueden hacer que uno la ame. Se ha dorado a Sí misma con falsas esperanzas y expectaciones ilusorias, y se ha guarnecido a sí misma con engaños y traiciones.

Recordad que sus placeres no durarán mucho y que ella no os puede ofrecer libertad de dolores, sufrimientos y penas. Es una mentirosa consumada, una engañadora caprichosa y una ruinosa malvada. Sus regalos no son meramente destruíbles sino que son peligrosamente destructivos y positivamente aniquiladores. Sus conexiones se rompen fácilmente y sus placeres se desvanecen y desaparecen rápidamente. Su pompa y su gloria están sujetas ellas mismas al agotamiento y la decadencia rápidos, y consumen y destruyen a sus amantes igualmente rápido.

Su comportamiento con aquellas gentes que están apegadas a ella y pasan sus vidas en pos de ella, es muy peculiar; cuando ellos alcanzan la cumbre de su búsqueda, ella súbitamente los deja caer, abandonándolos a la ruina y la decadencia máximas. En el Sagrado Corán, Dios ha explicado esto con una parábola. Él dice; ¡Es como lluvias que hacemos descender desde las nubes;, ellas hacen que la vegetación de la tierra se vuelva verde y frondosa, y entonces lo verde se vuelve seco, se despedaza y es dispersado por los vientos; sólo Dios tiene control sobre todas las cosas".

Recordad que nadie ha disfrutado dicha vida (por cualquier período) sin que se haya arrepentido de ello, sin que se haya lamentado por los días así gastados y por el tiempo así desperdiciado. Nadie ha recibido las sonrisas de sus favores y fortunas sin que haya terminado sus días en sufrimientos y pérdida (en una forma u otra). Aquéllos sobre los cuales ha derramado sus dones de riqueza, poder, pompa y gloria, al fin y al cabo tienen que enfrentarse a adversidades, calamidades, humillaciones y desgracias. Es un hecho común que a quien ha favorecido y concedido su amistad durante la mañana, lo haya tratado como a un enemigo en la noche. Si un aspecto de su comportamiento es agradable, encantador y seductor, el otro aspecto es feamente feroz. Quien quiera que logre el éxito aquí tendrá que pasar por reveses y calamidades. Aquéllos que pasan la noche con facilidad y comodidad muy frecuentemente despiertan para enfrentarse a frustraciones, decepciones y peligros. Una vida rodeada de placeres viciosos y pompa es un fraude para las almas de uno y un engaño para las de otros. Es transitoria; cada fase suya es efímera y todo en ella es de duración sumamente corta. Nada de la vida puede actuar como una provisión para el Más Allá, excepto las buenas obras. El que menos ceda a los medios malvados de la vida y se asegure lo menos posible de ella, está en la mejor posición para escapar de los grandes sufrimientos y los castigos severos; y quien trate de sacar lo máximo de ella, en realidad se esfuerza para acumular cosas que no sólo son momentáneas por naturaleza sino que portarán consigo daño y destrucción enormes para él.

¡Oh vida viciosa y pecaminosa! Cuántos de aquéllos, que tenían fe absoluta en ella fueron descaradamente traicionados; cuántos de aquéllos que tenían plena confianza en ella fueron tristemente abandonados: cuántos de aquéllos que poseían poder, pompa y gloria fueron deshonrados y arrojados al olvido; y cuántas cabezas orgullosas fueron forzadas a agacharse en desgracia y humillación.

Todo tipo de poder y autoridad bajo ella está sujeto a cambios rápidos, toda vida en su seno está sujeta a alteraciones y vejaciones, todo manantial en su dominio que se supone que es de agua fresca, es en realidad salado; toda dulzura deja un resabio amargo tras de sí, y todo comestible es realmente un veneno para la mente y el alma de uno. Allí las alianzas y conexiones son débiles y no se puede confiar en ellas. Allí los seres vivientes están constantemente enfrentándose a la muerte y las personas saludables perpetuamente tienen que confrontar enfermedades. Allí los imperios parecen desaparecer rápidamente y los poderosos déspotas tienen el control sólo para después ser sometidos. Sus riquezas y posesiones son fuentes de destrucción y de pobreza, y todo allí está destinado a ser robado y arrasado algún día.

¿Acaso no estáis vosotros ahora ocupando las habitaciones de aquéllos que murieron y que habían vivido antes que vosotros? Algunos de ellos tuvieron vidas más largas, dejaron tras de ellos monumentos más duraderos y restos de su gloria y poder, tuvieron mayores esperanzas y expectaciones de la vida, fueron más numerosos y tuvieron ejércitos más poderosos que vosotros.

¿Habéis considerado alguna vez cómo sirvieron a este mundo y lo adoraron y cómo trataron de adaptarse a sus caprichos viciosos y rápidamente cambiantes, y en qué resultó? Ellos fueron forzados a dejarlo en tal forma que no tuvieron provisión para el siguiente mundo, ni guía ni debida preparación para cualquier forma de conveniencia o comodidad durante su viaje a la eternidad.

¿Alguna vez se os dijo que este mundo les tendiese una mano amiga, les ofreciese compensarles sus sufrimientos y sus pérdidas, o mostrase simpatía o compasión hacia ellos? No. Por el contrario, habéis oído que fue despiadado y cruel con ellos, hizo llover sobre ellos sufrimientos y miserias, los debilitó bajo su control tiránico, los estremeció con calamidades y aflicciones, los humilló y los avergonzó, los aplastó bajo su pie, ayudó a las adversidades contra ellos y acumuló sobre ellos las desgracias.

Sin duda habréis notado cómo maltrató a quienes le eran fieles, la prefirieron más que a la vida del Más Allá y estaban completamente dedicados

a tratar de poseerla. Cuando les llegó la hora de separarse de ella para siempre, ¿qué les dio ella como regalo de despedida sino esperanzas incumplidas, deseos insatisfechos, decepciones, desilusiones y remordimiento? ¿En dónde los colocó sino en una tumba muy angosta y muy oscura, en la oscuridad del pecado y el olvido de la desesperación?
Viendo todo esto, ¿todavía os gusta este tipo de vida?
¿Estáis satisfechos con lo que tiene para ofreceros? ¿Todavía la ambicionáis? ¿Por qué? ¿No os dais cuenta de que este mundo vicioso es el peor lugar para aquéllos que no lo consideran lleno de desgracia y deshonroso y que no toman en cuenta los peligros y las trampas que abundan aquí? Estad alertas. Yo estoy seguro de que ya sabéis que sois mortales, que vais a dejar este mundo y a separaros de él para siempre.

Tened cuidado de aquéllos cuyo lema es "no hay nadie más poderoso que yo". Ellos fueron a sus tumbas dejando detrás de ellos todo su poder y toda su gloria. Ellos fueron llevados a sus últimos lugares de reposo pero sus llegadas no fueron anunciadas, ellos fueron puestos en las fosas excavadas para ellos pero nadie estaba allí para darles la bienvenida y entretenerlos.

Sus vecinos eran tumbas hechas de piedra, mortajas hechas de polvo, y huesos podridos. ¡Qué vecinos!, ellos no responden cuando se les habla, no acuden en ayuda cuando se les necesita y no les importa si el sufrimiento y la miseria abundan alrededor de ellos. Ellos no están felices si el mundo se comporta gentilmente con ellos (o sea, con sus tumbas o su memoria) y no se preocupan si son tratados cruelmente. Aunque esten amontonados en un espacio pequeño, están serparados unos de otros; aunque estén puestos tan cerca, ellos nunca se han conocido. Ellos parecen tolerarse entre ellos haciendo a un lado la enemistad y el odio y parece que han perdido todo sentido de malicia y mala voluntad. Ellos no parecen darse cuenta de ningún peligro ni de tener defensa. Ellos han aceptado el cambio de vivir sobre la tierra a vivir bajo ella, un cambio de residencia de casas palaciegas a un sitio en tumbas estrechas, un cambio de la sociedad de sus parientes y amigos a la soledad, y un cambio de las luces de la vida al olvido y la oscuridad de una tumba. Así como ellos partieron de este mundo, desnudos y destituídos sin llevar nada consigo más que la carga de sus propios pecados, así aparecerán en el Día de la Resurrección para entrar a las moradas de vida eterna de acuerdo a su merecido. El Dios Todopoderoso dice: "Así como los originamos y los creamos la primera vez, así los crearemos una vez más. Es una Promesa Nuestra. No siempre cumplimos Nuestras Promesas".

SERMON 115

EL ANGEL DE LA MUERTE, COMO TRABAJA

Cuando el Angel de la Muerte entra a una casa, ¿puede alguien sentirlo con sus sentidos? ¿Puede alguien ver a este ángel cuando extrae el alma de una persona? ¿Cómo se lleva la muerte el alma de un bebé cuando está todavía en el vientre de su madre? ¿Cómo entra él allí? ¿Pide permiso el alma del niño para salir a encontrarse con el Angel de la Muerte o vive éste en el vientre junto con el niño? ¿Cómo puede alguna persona describir los atributos de Dios cuando él no puede describir los atributos de Su creación (el Angel de la Muerte)?

SERMON 116

DE LA VIDA Y SUS PLACERES

EN ESTE SERMON EL IMAM COMENTO ACERCA DE ESTE MUNDO Y SUS PLACERES VICIOSOS; LA ACTITUD DE LAS GENTES PIADOSAS HACIA LA VIDA; LA MANERA IRRACIONAL EN QUE LAS PERSONAS DE MENTE MUNDANA CODICIAN LOS PLACERES MORTALES Y LAS POSICIONES.

Os advierto contra este mundo porque es una morada de mortalidad, y una residencia temporal, o es un lugar donde uno pueda encontrar prosperidad y paz duraderas. Se ha decorado a sí mismo con tentaciones y atracciones y seduce a las gentes con estos adornos. Sus medios viciosos son despreciables y aborrecibles ante Dios.

Es un lugar donde las bendiciones y las virtudes exentas de mezcla no pueden encontrarse, donde las cosas lícitas están tristemente mezcladas con las prohibidas, donde las virtudes están irremediablemente confundidas con los vicios, donde los placeres están irremediablemente confundidas con los vicios, donde los placeres están amalgamados con el dolor y donde la vida termina en muerte.

Dios no lo ha aprobado para Sus amigos ni lo ha retirado de Sus enemigos. Las virtudes son raras en él y los vicios son evidentes y obvios. Aquí la riqueza acumulada está sujeta al agotamiento y la terminación, aquí los poderosos imperios están expuestos a ser eliminados y derrocados; aquí las personas prósperas están próximas a ser rápidamente convertidas en pobres.

¿Qué es bueno en una casa que sea tan fácilmente rompible y destruíble? ¿Qué es bueno en una vida que llegue a una terminación inesperada y se acabe como las provisiones en un viaje (donde no hay posibilidades de renovarlas)? ¿Qué hay de bueno en una era que termina abruptamente como un viaje corto? ¡Oh gentes!, obedeced las órdenes de Dios, y solicitad Su Ayuda para cumplir vuestros deberes y obligaciones. Estad preparados para la muerte incluso antes de que ella os llame.

Las gentes piadosas son realmente aquéllas que aunque vivan en ambientes mundanos sin embargo llevan vidas muy sobrias; aunque parezcan felices y alegres, sin embargo sus mentes están llenas de ansiedad acerca de sus obligaciones morales y religiosas; en cuanto a sus pensamientos y obras, ellos son capataces muy severos contra ellos mismos aunque el mundo los envidie por las bondades y bendiciones concedidas a ellos por Dios.

¿Cómo es que habéis olvidado la muerte y siempre mantenéis esperanzas inalcanzables y deseos irrealizables ante los ojos de vuestras mentes? El mundo ha tomado tal posesión de vuestro intelecto que excluye de vuestros pensamientos toda consideración del Más Allá. Sus seducciones y atracciones son tan poderosas que os han hecho olvidar el mundo por venir. Vosotros sois tan atraídos por los placeres mortales que la vida venidera no halla un lugar en vuestra imaginación.

Aunque el Islam os hizo hermanos y no hay nada que os divida, sin embargo vuestras mentes bajo la influencia de la maldad, la malicia y el vicio, crean disensiones y desunión entre vosotros con el resultado de que vosotros no os ayudáis ni os aconsejáis unos a otros, y no os amáis unos a otros ni cooperáis unos con otros.

¿Qué os sucede? Vosotros estáis felices y complacidos con los placeres despreciables e indignos - aunque fácilmente obtenibles - de este mundo, y la privación de las inmensas y abundantes bondades del Cielo no os aflige. La pérdida de posesiones mundanas - a pesar de lo despreciable y viles que puedan ser - os pone tan tristes que incluso vuestras caras reflejan la profundidad de vuestro sufrimiento y la intensidad de vuestra aflicción y abatimiento, como si vosotros y este mundo fueseis ambos inmortales y como si su riqueza y placeres fueran eternos.

Cúan viles sois, la única cosa que os impide exponer las debilidades y defectos de vuestro hermano es el temor de que él, a su vez, exponga vuestras limitaciones y vuestra maldad.

Parece que los factores comunes sobre los que estáis de acuerdo y que os unen son vuestro deseo intenso de lograr riqueza y poder en este mundo y vuestra total indiferencia a la vida del Más Allá. Vuestra religión está sólamente sobre vuestros labios, no ha tocado vuestros corazones. En lo que se refiere a Sus Ordenes y Prohibiciones os comportáis como el hombre que no necesita trabajar y que se ha asegurado la aprobación y el consentimiento de su amo para sus obras y pensamientos.

SERMON 117

¿QUE ES LA PIEDAD?
QUE ES LA PIEDAD Y COMO ALCANZARLA; QUE ES UNA VIDA PECAMINOSA Y QUE TRAERA.

Todas las alabanzas sean para Dios, el Cual junta Sus Bendiciones y ordena la gratitud para la prosperidad y la felicidad. Yo Lo alabo por las calamidades con las que me pone a prueba y Lo alabo por las bondades que Él me confiere. Solicito Su ayuda para vencer la pereza y la repugnancia para obedecer Sus Ordenes y Mandatos y para resistir las tentaciones de atreverse deseosa y activamente contra Sus Prohibiciones. Yo ambiciono Su Perdón para mis pecados y limitaciones que Él conoce, y cuyas varias formas han sido explicadas completamente por Su Libro. No hay límite para Su Conocimiento y Su Libro no ha dejado de explicar cosa alguna. Yo tengo fe en Él como quien ha visto con sus propios ojos los secretos ocultos de la naturaleza y que cree plenamente en todo lo que le ha sido prometido por Él. Mi fe en Él es tal que no ha dejado en mi posibilidad para la infidelidad ni el politeísmo y ha convertido completamente el escepticismo en fe verdadera.

Yo testifico que nadie merece ser adorado excepto Dios. ÉL es Uno y Unico y no tiene paralelo, ni colaborador ni socio. Además testifico y declaro que Muhammad (la paz y bendiciones de Dios sean con él y sus descendientes) es Su siervo y Su Mensajero. Las dos declaraciones son testimonios que elevan el nivel de las palabras de uno a los planos más altos, y elevan las obras de uno a los niveles más nobles. Cuando se comparan con otros dogmas, la importancia de ambas declaraciones se manifestará a sí misma; y si elimináis estos principios, nada serio y sobrio queda en la fe de uno.

Os aconsejo, ¡Oh gentes!, que seáis piadosos, ya que la verdad es la mejor provisión para el mundo futuro y es la mejor protección contra el pecado. Es una provisión que os ayudará a llegar al Cielo y es un refugio que os protegerá de la Ira de Dios. Es un consejo que el mejor legislador de Dios, el Santo Profeta (la paz sea con él y sus descendientes) os ha dado y que fue aceptado y recordado por lo mejor de la Humanidad. Él fue un aconsejador que explicó todo y aquéllos que lo aceptaron y lo siguieron tuvieron éxito en lograr las Bendiciones de Dios. ¡Oh gentes!, la piedad evita que las gentes buenas caigan en los pecados y vicios, los hace temerosos de Dios, los convence que pasen sus noches adorándolo y que pasen sus días cumpliendo sus deberes hacia Dios y el hombre; y el cumplimiento de las oraciones y la labor de ejecutar sus deberes les da placer y satisfacción. Ellos siempre tienen a la muerte ante los ojos de su mente, ellos enriquecen la cantidad y la calidad de sus obras, y manteniendo sus ojos puestos en el Más Allá ellos ven con indiferencia los placeres y las ganancias de este mundo.

Oídme una vez más deciros que este mundo es perecedero y destruíble, sus fases cambian rápidamente, dejando frecuentemente tras de sí sólamente tristes lecciones. Una prueba de la mortalidad de todo lo que hay en este mundo es el hecho de que hay destrucción y decadencia por doquier, las calamidades atacan a todos sin errar una oportunidad y los sufrimientos visitan sin permitir una sola oportunidad de escape; aquí todo ser viviente tendrá que pasar por las puertas de la muerte, toda persona saludable tendrá las visitas de la enfermedad, y todo individuo feliz tendrá que enfrentarse a los sufrimientos tarde o temprano. En su deseo de destrucción este mundo se comporta como un glotón cuya hambre nunca es satisfecha o como un borracho cuya sed nunca es calmada (demanda más y más de la creación para la decadencia y la destrucción). De los sufrimientos y de las severidades interminables de esta vida es suficiente visualizar que aquéllos que amasan riqueza rara vez la disfrutan, aquéllos que construyen casas es raro que vivan en ellas. Ellos siempre dejan este mundo en tal forma que ellos no pueden llevar consigo sus riquezas y propiedades. Los agudos, repentinos y violentos cambios de circunstancias en la vida son ejemplos de los que hay que tomar lecciones. Encontramos desposeídos que se vuelven tan ricos que son envidiados, y millonarios que se convierten en pobres de la noche a la mañana debido a la desaparición de su riqueza y a la visita de las aflicciones. Hay suficientes advertencias a nuestro alrededor, si sólo miramos cuidadosamente a nuestro alrededor y vemos a personas a la puerta del éxito que son visitadas repentinamente por la muerte, la cual no perdona al triunfador ni deja que las buenas nuevas de su éxito lleguen a él. ¡Gloria a Dios! Qué seductores y engañosos son los placeres de este mundo; cómo se incrementa la ambición y la avaricia aquí con cada crecimiento y aumento de riqueza y posición; y cómo la protección ofrecida aquí muy frecuentemente termina en castigo y dolor; ¡qué lugar es éste, donde ni la muerte puede ser evitada ni el pasado puede ser revivido! ¡Oh Dios! Qué cerca de la muerte están los seres vivientes por el hecho de la aproximación de la muerte hacia ellos, y qué lejos están unos de otros ya que ellos no pueden por su propio deseo hacer contacto con aquéllos que han cesado de existir.

No hay peor castigo que el castigo de Dios, ni recompensa mejor que la Suya. Las cosas mundanas es más fácil oírlas que verlas, y las bendiciones celestiales es más fácil verlas que oirlas. Pero en esto debéis estar satisfechos con lo que escucháis dicho por el Santo Profeta (la paz sea con él y sus descendientes) acerca de la bondad y la grandeza de las bendiciones celestiales, y contentáos con las noticias acerca de las bondades invisibles puesto que vosotros no las podréis ver mientras viváis.

Recordad que es mejor tener menos en este mundo y más en el siguiente que tener más en este mundo y menos en los Cielos, porque muy pocas cosas aquí son realmente benéficas y muchas son — al fin y al cabo — dañinas.

Recordad, el Dios Misericordioso ha sido muy tolerante con vosotros y no ha sido severo. Él os ha permitido muchas cosas y os ha prohibido muy pocas. Absteneos de esos pocos actos y pensamientos que están declarados como pecaminosos a cuenta de los muchos que están permitidos por Él.

Indudablemente Él se ha hecho responsable de vuestra subsistencia, y ha ordenado las buenas obras. Bajo estas circunstancias tened cuidado de que no vayáis a esforzaros contínuamente sólo por aquéllo que ya ha sido prometido y asignado y descuidéis lo que os ha sido ordenado que hagáis.

A pesar de todo lo que os ha sido enseñado y predicado, yo encuentro, ¡por Dios!, que os estáis volviendo escépticos y que el escepticismo se está convirtiendo en vuestra doctrina de vida. Tanto que sentís como vuestro deber el concentraros sólamente en adquirir más y más de lo que ya os ha sido garantizado por Dios y descuidáis los deberes que Él ha impuesto sobre vosotros.

¡Oh gentes!, apresuráos en el cumplimiento de vuestro deber y para llevar a cabo las obligaciones impuestas sobre vosotros, y temed a la muerte que puede visitaros repentinamente, ya que no hay posibilidad de recuperar la vida que ha pasado pero siempre hay esperanzas de recuperar la riqueza y el poder perdidos. Es un fenómeno común que las oportunidadeds perdidas frecuentemente regresen en número incrementado, pero el tiempo y la vida nunca regresarán; podéis esperar por el futuro, pero lo pasado está pasado. Temed a Dios tanto como Él lo merece, y enfrentáos a la muerte sólo como buenos musulmanes.

SERMON 118

ORACIONES PARA PEDIR LLUVIA.

¡Oh Señor!, por falta de lluvias nuestras montañas se han agrietado, nuestras tierras están cubiertas de polvo y nuestros animales están sedientos, corren por todos los pastizales buscando agua; el constante vagar de un prado a otro y de un abrevadero a otro los ha puesto enfermos y débiles.

¡Oh Señor!, ten piedad de nuestros animales que vagan en búsqueda de agua y pasto, y ten piedad de sus lamentos y de la profundidad de su sufrimiento a la vista de los abrevaderos secos y de los pastizales sin hierba.

¡Señor!, hemos salido de nuestras casas para rogarte, ahora el hambre nos ha arruinado y nos abruma, y ahora que Tus lluvias productoras de alimento y dadoras de vida nos han abandonado. Porque ¡Señor mío!, sólo Tú eres la esperanza de los infelices y los destituídos, y sólo a través de Ti puede uno alcanzar la meta. Te rogamos, ¡Señor mío!, cuando todos nosotros estamos desanimados y descorazonados, cuando las nubes han retenido las lluvias y cuando nuestros animales se están muriendo. Por favor, ¡Señor!, no nos castigues por nuestros pecados y haz descender Tus Bondades sobre nosotros, con nubes cargadas de lluvia, con vegetación exuberante y con pastos verdes y florecientes. Deja que las nubes cargadas de agua la dejen salir en tal cantidad que nuestros campos secos se pongan verdes otra vez y nuestras tierras muertas adquieran vida de nuevo.

¡Oh Señor!, Te rogamos que nos concedas lluvias que puedan dar vida a las tierras muertas y fertilicen las tierras secas; te rogamos nos dés lluvias abundantes, que llenen nuestros requerimientos, que actúen como heraldos del florecimiento y la abundancia, que llenen nuestros requerimientos, que actúen como heraldos del florecimiento y la abundancia, que traigan Tus Bendiciones en forma de felicidad y afluencia y en forma de cosechas ricas y frutas deliciosas. Que nuestros campos crezcan exuberantemente y nuestros árboles dén gran cantidad de frutos, para que los ciudadanos débiles y hambrientos recuperen su salud, que nuestras tierras remotas florezcan y las tierras altas resecas sean ayudadas con suficiente provisión de agua.

Por favor, ¡Señor!, deja que Tu Misericordia ilimitada y Tus vastas Bendiciones hagan llover la prosperidad sobre las personas pobres y necesitadas y proporcionen rico forraje para nuestros animales que vagan en busca de agua y pasto.

¡Señor!, haz que tengamos lluvias tan continuas y aguaceros tan tupidos uno tras otro que saturen nuestras tierras y llenen nuestros ríos. No dejes que haya tormentas de rayos y truenos sin lluvia, que no haya nubes dispersas y vacías de agua, y que no haya vientos fríos y escarcha — los cuales anulan los efectos vivificantes de las lluvias — y haz que las gentes afligidas por el hambre reciban el beneficio completo de Tus Bondades.

En verdad, ¡mi Señor!, Tú eres el Unico que hace descender las lluvias cuando ya las gentes habían perdido toda esperanza. Tú eres el Unico que extiende Su Benevolencia sobre todos. Tu proporcionas el alimento, Tú eres el Amo y Tú mereces todas las Alabanzas.

SERMON 119

EN ALABANZA DEL SANTO PROFETA (LA PAZ SEA CON EL Y SUS DESCENDIENTES); UNA DESCRIPCION DE LA VIDA DEL MAS ALLA Y UNA PREDICCION ACERCA DE HAYYAY IBN-ABU-YUSUF.

Dios Todopoderoso envió a nuestro Santo Profeta (la paz sea con él y sus descendientes) para que invitara a las gentes hacia la verdad y también para que fuese testigo del hecho de que sus enseñanzas fueran entendidas o no. Él transmitió el mensaje de Dios sin minimizarlo y sin manifestar debilidad al presentarlo. Él combatió a los enemigos de Dios sin vacilar y sin pretextos. Él es el líder de quienes aceptan la piedad y él es una guía para quienes tienen visión y previsión.

EN EL MISMO SERMON EL IMAM DIJO:

Si tuvieseis el mismo conocimiento de las cosas acerca de la vida después de la muerte (acerca del futuro de quienes están muy dedicados a los asuntos mundanos), cosas que están ocultas para vosotros y que me han sido manifestadas, la información os habría hecho dejar vuestras casas y vuestros hogares y dispersaros en el mundo llorando por vuestros pecados, sometiéndoos vosotros mismos a la tortura por las malas acciones cometidas por vosotros y dejando vuestra riqueza y propiedad en tal manera que no habría nadie para cuidarla ni para heredarla. La aprehensión acerca del futuro y el remordimiento por el pasado habría afectado tanto a cada uno de vosotros que nadie habría tenido tiempo para pensar en nada más que en su propio futuro.

Pero habéis olvidado lo que os ha sido enseñado y (equivocadamente) os consideráis a vosotros mismos como bien protegidos contra las cosas de las que fuisteis advertidos. El resultado es que vuestros planes son alterados y vuestros asuntos son confundidos.

Ruego a Dios que me separe de vosotros y me deje tener la compañía de aquéllos que ameritaron mi compañía y cuya compañía yo merezco (quizás el Imam estaba hablando de aquéllos de sus compañeros y de la Sahaba del Santo Profeta — la paz sea con él y sus descendientes — que en el pasado habían trabajado con el Imam y ahora estaban muertos). ¡Por Dios!, ellos eran las gentes que mantuvieron una visión muy sobria y seria acerca de la vida. Ellos fueron pacientes y humanitarios con las gentes. Ellos fueron los primeros en aceptar sinceramente el Islam, siguieron siempre el verdadero camino y muriendo como verdaderos musulmanes ellos tuvieron éxito en alcanzar posiciones altas en los Cielos.

¡Por Dios!, un joven réprobo del clan de los Bani-Saqíf tendrá control sobre vosotros. Él será soberbio, vano, de mal carácter, avaro, de bajo linaje y un apóstata de la religión. Él obtendrá el control de vosotros. Él usurpará vuestras posesiones materiales y os privará de vuestra riqueza ganada con dificultad. Que la cucaracha negra os cuente el resto de la historia.

LOS COMENTARISTAS DICEN QUE EL IMAM SE REFERIA — AL DECIR "JOVEN REPROBO" — A HAYYAY IBN-ABU-YUSUF ASSAQAFI. EL ERA GOBERNADOR DE IRAQ DURANTE EL REGIMEN DEL CALIFA ABDULMALIK IBN MARWAN. EL FUE TAN CRUEL QUE MATO A MAS DE 40,000 GENTES Y TORTURO A MUCHOS MAS. EL DESPOJO A LOS IRAQUIES DE SUS JARDINES, PALACIOS, JOYAS, GANADO Y OTRAS RIQUEZAS. EL PASAJE ACERCA DE LA CUCARACHA NEGRA SE DICE QUE SE REFIERE A UNA FASE MUY VIL DE LA VIDA DE HAAY. SUS DETALLES Y LA CAUSA DE LA MUERTE DE HYYAY SON EPISODIOS DESAGRADABLES DE LA HISTORIA DEL ISLAM, IBN-

ABD-EL-HADID DESCRIBIENDO TODOS ESOS HECHOS DICE QUE EN REALIDAD EL IMAM USO UNA PARABOLA, SIMBOLIZANDO, CON EL CARACTER OMNIVORO Y COPROFAGO DE LA CUCARACHA, LA AMIBICION Y LA LUJURIA DE HAYYAY. ESTE SERMON ESTA CONSIDERADO COMO UNA DE LAS MAS GRANDES PREDICCIONES DEL IMAM.

SERMON 120

UN CONSEJO PARA GASTAR LA FORTUNA EN LA CAUSA DE DIOS.

Vosotros evitáis gastar vuestra fortuna para el grandioso propósito para el cual Dios os ha concedido tanta prosperidad. Vosotros falláis en el cumplimiento de vuestras obligaciones aunque habéis sido creados para cumplir vuestro deber. De todas las creaturas de Dios, vosotros (como seres humanos) estáis en un nivel superior, y sin embargo no mostráis vuestra gratitud hacia Él ni repetáis Sus Ordenes.

Todo lo que ahora está en vuestra posesión estuvo una vez bajo el control de algún otro, que su partida y el hecho de que un día la muerte os separará de vuestra familia y vuestras posesiones, os sirvan de advertencia.

SERMON 121

EN ESTE SERMON EL IMAM ELOGIO A SUS FIELES COMPAÑEROS

Vosotros sois los que apoyan la verdad y la justicia. Vosotros sois hermanos en religión. En las guerras, en las dificultades y desgracias os ayudáis y os protegéis unos a otros. Vosotros sois mis verdaderos amigos, más cercanos a mí y más queridos para mí que los demás.

Con vuestra ayuda yo lucho contra los apóstatas y los traidores, y espero mantener el control sobre quienes quieran seguirme.

Contemplad, examinad y aceptad mis consejos sinceros, honestos y veraces, los cuales están por encima de la predisposición y el prejuicio y están libres de escepticismo y falacias. ¡Por Dios!, yo soy el más sincero cuando deseo el bien para la Humanidad.

SERMON 122

EL IMAM CONGREGO A LAS GENTES Y LES ACONSEJO QUE SALIESEN A LUCHAR EN DEFENSA DE LA RELIGION, LA VERDAD Y LA JUSTICIA. EN RESPUESTA HUBO UN SILENCIO LARGO E ININTERRUMPIDO. ENTONCES EL DIJO: "¿ESTAIS MUDOS?". ALGUNOS DE ELLOS RESPONDIERON: "SI EL COMANDANTE DE LOS CREYENTES SALE PARA LA YIHAD NOSOTROS LO ACOMPAÑAREMOS". DANDOSE CUENTA DE LA FALTA DE FERVOR Y SINCERIDAD EN ESTA RESPUESTA EL SE DIRIGIO A ELLOS EN LAS SIGUIENTES PALABRAS:

¿Qué os ha sucedido? ¿No se os ha mostrado nunca el verdadero camino o nunca se os ha aconsejado que sigáis el curso correcto? ¿Es prudente y adecuado para mí el salir en persona para tal misión y en tal momento? No. Yo eligiré a una persona de entre vosotros para que os conduzca en esta expedición. Él será valiente, honesto un buen estratega y un guerrero experimentado. No es aconsejable que yo salga desprotegido a la ciudad, el ejército y el tesoro central o que deje sin resolver las disputas de los musulmanes y los asuntos legales más importantes acerca de los derechos. (Para un gobernante los problemas de la justicia y la paz y los asuntos internos, o sea las finanzas, la ley y el orden son cosas tan importantes como la defensa del estado. Una condición insatisfecha y sin resolver en un estado es tan peligrosa como los ejércitos de un enemigo). Yo no puedo dejar todo eso y salir a la cabeza de un ejército y dejar que una horda de personas insatisfechas y con problemas pendientes de solución subleven un ejército contra mí. Yo no quiero ser una flecha solitaria moviéndose de lado a lado en un carcaj vacío. Yo soy como el pivote de un molino manual; si estoy en mi lugar adecuado el molino dará vuelta con suavidad, pero si abandono mi lugar, el molino vacilará y temblará e incluso la piel de cabra debajo del molino no permanecerá en su lugar. Por lo tanto la sugerencia de que yo acompañe a este ejército está tramada con insinceridad y malas intenciones.

¡Por Dios!, si no deseo otra cosa que el martirio enfrentándome a los enemigos de Dios, yo habría recogido mi montura y habría partido de vosotros para siempre; y nunca habría vuelto en vuestra búsqueda.

¡Recordad!, a menos que tengáis concordia, armonía y unidad entre vosotros, la mera superioridad numérica no os servirá de nada. Estoy tratando de conduciros hacia un camino brillante y recto, yendo por el cual nadie perece excepto el descarriado. ¡Recordad!, el que siga firmemente este camino va al Cielo, y el que se aleja de él va al Infierno.

SERMON 123

UN CONSEJO A SUS COMPAÑEROS, UNA PALABRA ACERCA DE SI MISMO Y DE LOS DESCENDIENTES DEL SANTO PROFETA (LA PAZ SEA CON EL Y SUS DESCENDIENTES) Y ACERCA DE LA PIEDAD Y SU RECOMPENSA.

Juro por el Señor que yo conozco completamente bien todos los mensajes de Dios que el Santo Profeta (la paz sea con él y sus descendientes) recibió, las formas de cumplir las promesas hechas por Dios y de todo el conocimiento que la ciencia o la filosofía pudiesen revelar.

Nosotros, la progenie del Santo Profeta (la paz sea con él y sus descendientes), somos las puertas a través de las cuales la sabiduría real y el verdadero conocimiento alcanzarán a la Humanidad; somos luces de la religión.

Recordad que todos los caminos que conducen al reino de Dios son uno, ellos son rectos y dirigen a las gentes hacia la moderación en la vida. Aquéllos que los alcanzan llegan a la verdad y ganan la recompensa que merecen; quienes pierden estos senderos se pierden y (demasiado tarde) lo lamentarán.

Recordad, hoy es el momento más oportuno para que hagáis buenas obras y os preparéis para el día cuando vuestra posición cambió de la de juez a la de acusado. El día cuando la falsedad de la piedad de los hipócritas sea expuesta (y los hombres sabrán si realmente merecen recompensa o castigo). Si la sagacidad y la sabiduría de uno no le son de utilidad en este mundo, no le podrán servir de nada en el próximo. Temed el fuego del Infierno; el fuego que es sumamente caliente y profundo, donde hay alrededores duros e incómodos, y la peor clase de sustento.

Recordad, si Dios le concede a un hombre buena reputación y buena fama para dejar tras de sí, es mejor que la riqueza que pueda dejar a sus descendientes, los cuales rara vez lo recordarán con respeto y raramente hablarán de él con bondad y consideración.

SERMON 124

EN SIFFIN EL IMAM AL PRINCIPIO SE OPUSO FUERTEMENTE A LA ARBITRACION, DICIENDOLE A SU EJERCITO QUE SE DIERAN CUENTA DE QUE ESTABAN A PUNTO DE LOGRAR LA VICTORIA, Y QUE PARA SALVARSE DE UNA DERROTA APLASTANTE EL ENEMIGO HABIA LEVANTADO PEDAZOS DE PAPEL Y TRAPOS EN LA PUNTA DE LAS LANZAS DICIENDO QUE ERAN EL SAGRADO CORAN TRATANDO ASI DE LOGRAR UNA TREGUA, Y QUE NO SERIA PRUDENTE DEJARSE ENGAÑAR POR ESA ASTUCIA. PERO EL CONSEJO DADO POR EL IMAM NO FUE ESCUCHADO Y ALGUNOS DE LOS OFICIALES DEL EJERCITO QUE HABIAN RECIBIDO CUANTIOSOS SOBORNOS DEL ENEMIGO Y QUERIAN TERMINAR LA GUERRA A FAVOR DE ESTE, ESTABAN A PUNTO DE REBELARSE. VIENDO ESTO EL IMAM, ACCEDIO DE MALA GANA A LA TREGUA. EN ESTA ETAPA UNO DE ENTRE LAS FILAS DEL IMAM QUE NO PODIA ENTENDER ADECUADAMENTE LA SITUACION SE LEVANTO Y LE PREGUNTO AL IMAM: "AL PRINCIPIO OBJETABAS LA TREGUA Y DESPUES ACCEDISTE A ELLA. SOMOS INCAPACES DE ENTENDER CUAL ACCION ERA MAS CERCANA A LA CAUSA DE LA VERDAD Y LA JUSTICIA". A ELLO, EL IMAM APESADUMBRADO, CONTESTO ASI:

Esta confusión se debe a la presencia de aquellas gentes que no pueden mantener sus promesas y no pueden obedecer sinceramente las órdenes que les dan.

Tened cuidado de lo que decís; cuando yo os estaba mandando os ordené algo que os repugnó (seguir peleando); si hubieseis obedecido mis órdenes Dios os habría dado buenos resultados. Si hubieseis permanecido constantemente en el camino recto mostrado por mí, os habria guiado hacia el éxito habría corregido vuestra vacilación ordinaria y el castigo de rutina habría sido el resultado de la desobediencia. Esto hubiera sido el curso correcto, y habría producido buenos resultados. Pero la mayoría de vosotros os rebelasteis completamente contra mí. ¿Apoyado en quién podría yo dar órdenes y podría forzar a los demás a obedecerme? Yo quería hacer que fueseis un medio para tratar la mentalidad enferma de la nación y para guiarla hacia el camino de la verdadera religión, pero vosotros mismos os estáis comportando como la peor forma de enfermedad. El tratar de arrancar un problema con vuestra ayuda es como tratar de desarraigar un mal con la ayuda de otro mal sabiendo todo el tiempo que los males tienen la tendencia a armonizar y cooperar unos con otros.

¡Oh Dios!, la condición mental de estas gentes es tal que aquéllos que querían mejorarla han sido tristemente decepcionados en su expectación y aquéllos que querían conducir al país hacia mejores formas de vida se sintieron cansados y desanimados.

¿A dónde han ido aquellas gentes que cuando se les invitaba al Islam lo aceptaban sinceramente, que leían en el Corán y seguían de todo corazón las órdenes que contiene, que amaban al Islam como una camella ama a su pequeño hijo, y que cuando se les ordena que luchen en defensa del Islam dejan de buen grado sus hogares y sus familias? Algunos de ellos murieron como mártires y algunos sobrevivieron las duras experiencias. El éxito nunca los sobreexcitó y la muerte nunca los hizo desesperar. La visión de la miseria humana entristeció sus vidas, la absorción constante de sus mentes y cuerpos en el cumplimiento de sus deberes hacia Dios y el hombre los hacía verse pálidos y fatigados; y la humildad se manifestaba por sí misma de su comportamiento (al contrario de la vanidad de las gentes falsamente piadosas). Ellos fueron hermanos para mí.

Ellos se han ido (han muerto). Es justo que yo desee encontrarme con ellos una vez más y el que yo esté triste por estar separado de ellos.

¡Oh gentes!, el Demonio ha hecho los caminos del vicio fáciles y placenteros para vosotros; trata de desatar cada nudo con los que la religión os ha atado en grupos de gentes apegados unos a otros y unidos entre sí, e introduce la discordia y la disensión entre vosotros. Alejáos de él. No dejéis que las dudas y el escepticismo os descarríen. Escuchad el consejo y las instrucciones del hombre que es vuestro líder y vuestro guía (él mismo), tratad de entender plenamente estos consejos y nunca los olvidéis.

SERMON 125

UN SERMON A LOS KHAREYITAS
DESPUES DE LA BATALLA DE SIFFIN UN GRUPO DE AQUELLAS GENTES QUE HABIAN HECHO LO PEOR EN ESA OCASION Y HABIAN TENIDO EXITO EN FORZAR AL IMAN A LA TREGUA SE REBELARON CONTRA EL. ORIGINALMENTE ELLOS ESTABAN EN EL EJERCITO DEL IMAM PERO AL RECIBIR CUANTIOSOS SOBORNOS DE MOAWIAH ELLOS HICIERON QUE SE PRODUJERA LA TREGUA.
DESPUES ELLOS VIERON SU ERROR Y SE SINTIERON HUMILLADOS POR HABER SIDO ENGAÑADOS COMO TONTOS POR AMR-IBN-AAS Y MOAWIAH. PERO EN VEZ DE RECONOCER EL HECHO DE QUE ELLOS ACARREARON TODO ESTO SOBRE SI MISMOS Y SOBRE LA NACION, ELLOS CON CONCIENCIA LIGERA TRATARON DE DEJAR LA CULPA ANTE LA PUERTA DEL IMAM Y SE REBELARON CONTRA EL.
CUANDO ELLOS CONSTANTEMENTE SE NEGARON A ACEPTAR SUS BUENOS CONSEJOS, PERSISTIERON EN LA REBELION, DECIDIERON LUCHAR CONTRA EL Y LO FORZARON A COMBATIR DE MALA GANA CONTRA ELLOS. EL SALIO AL CAMPO DE BATALLA Y PONIENDOSE FRENTE A LAS FILAS DE ELLOS PREGUNTO: "¿ESTUVISTEIS TODOS VOSOTROS PRESENTES EN EL CAMPO DE BATALLA DE SIFFIN?" ELLOS RESPONDIERON: "ALGUNOS DE NOSOTROS ESTUVIERON PRESENTES MIENTRAS QUE OTROS NO ESTUVIERON ALLI".
ENTONCES EL LES PIDIO QUE SE DIVIDIERAN EN DOS GRUPOS, UNO CONSISTENTE DE AQUELLOS QUE ESTUVIERON PRESENTES EN EL CAMPO DE BATALLA Y EL OTRO CON AQUELLOS QUE NO ESTUVIERON ALLI, PARA QUE EL PUDIERA HABLARLES SEGUN EL NIVEL DE CONOCIMIENTO DE LOS HECHOS QUE CADA GRUPO TUVIERA. "ESTAD EN SILENCIO SOLO POR UN MOMENTO, ESCUCHADME CUIDADOSAMENTE

PRESTAD ATENCION A LO QUE DIGO Y CUANDO YO OS LO PIDA ENTONCES CONFIRMAD LOS HECHOS VERAZ Y SINCERAMENTE". DICIENDO ESTO EL LES DIO UN LARGO DISCURSO. DE CUYAS PARTES SE PRESENTAN ALGUNAS A CONTINUACION. Cuando el ejército de Moawiah truculenta y astutamente levantaron el Sagrado Corán en la punta de lanzas con el propósito de engañaros para evitar que tuvierais una victoria cierta y segura, ¿No dijisteis que ellos eran vuestros hermanos y eran seguidores de la misma religión? ¿No dijisteis que ellos querían que la guerra terminase y querían refugiarse bajo el Libro sagrado? ¿No me rogasteis que aceptara su solicitud y que les diera paz y protección? ¿No os dije que ellos pretendían aparecer como musulmanes, pero tenían en sus corazones escondida la enemistad hacia Dios? ¿No os dije que vuestra debilidad y vuestra muestra de piedad resultarían en nuestra desgracia y humillación? ¿No os ordené que fueseis y continuaseis luchando brava, valiente y pacientemente hasta que el enemigo fuera completamente vencido y derrotado? ¿No es un hecho que yo ya os había aconsejado que no prestaseis atención a esos asnos rebuznantes (Amr ibn Aas, y Moawiah) porque el responder a su llamado resultaría en vuestra desviación del camino recto?, y si vosotros no hubierais accedido a sus peticiones ansiosas ellos habrían sido derrotados y humillados, pero vosotros estabais empeñados en aceptar sus engaños y en creer en la palabra de los apóstatas, y no descansasteis sino hasta que la tregua se efectuase y vuestra humillación se completase. ¿No fueron estos los hechos?

CUANDO ELLOS TESTIFICARON QUE ASI FUE, EL IMAM CONTINUO:

¡Por Dios!, yo estoy obligado por Dios a no aceptar esta humillación y desgracia y yo no cometo ningún pecado en resistirme a acceder a ello. Si hubiese yo aceptado una tregua habría sido sobre los principios enseñados por el Sagrado Corán y hubiera estado plenamente justificado para tomar dicha acción. Vosotros sabéis completamente bien que desde que yo tomé este libro (el Sagrado Corán) nunca lo abandoné.
Vosotros sabéis muy bien que cuando íbamos a guerras en la compañía del Santo Profeta (la paz sea con él y sus descendientes) contra los enemigos del Islam, nosotros nos enfrentábamos y luchábamos incluso contra nuestros

parientes más cercanos y más queridos, nos sometíamos a la orden de Dios implícita y sinceramente, y soportábamos paciente y alegremente los sufrimientos de los dolores de las heridas. Nuestros sufrimientos incrementaban en nosostros una firme resolución de triunfar y de servir a Dios. Hoy estamos peleando contra aquéllos de nuestros hermanos que pretenden ser musulmanes, pero que son apóstatas y herejes. Las falacias, el cisma y la interpretación errónea del Corán se ha apoderado de su religión y las dudas acerca de la verdad de sus doctrinas ha trepado en sus mentes. Cuando queramos la paz será con la esperanza de que Dios nos una y acerque a nuestros enemigos hacia el Islam. Si esto parece posible, desearemos la paz y no la guerra.

SERMON 126

PARTE DE UN SERMON DEL IMAM QUE EL DIRIGIO EN UN CAMPO DE BATALLA. CONTIENE UN CONSEJO PARA LAS GENTES FUERTES Y VALIENTES PARA QUE AYUDEN A LOS DEBILES Y NERVIOSOS.

Quienquiera que en el campo de batalla se encuentre a sí mismo suficientemente bravo y valiente para enfrentarse al enemigo y soportar con fuerza las penalidades de la guerra y vé a uno de sus hermanos en un estado nervioso, debería acudir en auxilio de su compañero nervioso y defenderlo de sus enemigos con el mismo valor y celo que exhibe al defenderse a sí mismo. Esto debería ser una señal de gratitud por el valor y la fuerza que Dios le concedió. Si Dios así lo desea la otra persona también adquirirá valor y fuerza (por su ejemplo).

Recordad que la muerte es un buscador tan rápido y ávido que no detiene sus manos ante nadie. Nadie es perdonado por ella, ni el que trata de cerrarle la puerta en la cara ni el que trata de huír de ella. Juro por Dios, el Cual es el Dueño de la vida del hijo de Abu Tálib (él mismo) que considero más noble el morir en un campo de batalla con cientos de heridas en mi cuerpo que morir en una cama.

EL SIGUIENTE PASAJE ES CONSIDERADO POR ALGUNOS COMO PARTE DEL DISCURSO ANTERIOR Y POR OTROS COMO UN FRAGMENTO DE OTRO SERMON, POR LO QUE LO HE NUMERADO COMO:

SERMON 126-A

Siento como si estuviera viéndoos en la ocasión de vuestra huída de un campo de batalla, gritando como una multitud de lagartijas (antes de morir). Ni tenéis el valor para levantaros a defender vuestros derechos, la verdad y la justicia, ni tenéis la caballerosidad para poner un alto a la crueldad y la opresión. Se os ha mostrado el camino de la salvación y estáis en libertad de aceptar o rechazarlo. El que sigue el camino de Dios consigue la salvación y el que se desvía de él está condenado.

SERMON 127

INSTRUCCIONES A SUS SOLDADOS ACERCA DE COMO PELEAR, COMO AVANZAR Y COMO COMPORTARSE EN EL CAMPO DE BATALLA. ALGUNOS COMENTADORES CONSIDERAN A ESTE SERMON COMO PARTE DEL SERMON 126, DADO EN EL CAMPO DE BATALLA.

A aquéllos que tienen puestas sus armaduras, debe dárseles un lugar en las filas delanteras, y los que no tengan armadura deben estar en la retaguardia. Sed firmes (no dejéis que el nerviosismo haga castañear vuestros dientes) porque la firmeza y el valor son los mejores escudos contra las espadas de vuestro enemigo. Asid fuertemente vuestras lanzas ya que una mano firme hace que el movimiento de las lanzas sea muy efectivo. No sobreestiméis la fuerza y las armas de vuestro enemigo, pues la verdadera confianza en vuestro número y vuestras armas os dará valor y reducirá vuestro nerviosismo y os sentiréis mejor equipados para la lucha. No gritéis (perdiendo así vuestro aliento) pues la retención del aliento y el silencio os harán más determinados e incrementará vuestro valor. Tened cuidado especial de vuestros estandartes y banderas. No dejéis que sean portadas por personas inadecuadas. Que vuestros abanderados sean soldados valientes y experimentados que puedan mantener los estandartes en alto a pesar de las circunstancias adversas manteniendo así el prestigio de vuestro ejército, así como su valor. No dejéis solas a estas banderas ni a los abanderados, congregáos alrededor de ellos cuando sea necesario. Que sólo aquéllos que pueden soportar pacientemente los sufrimientos y aquéllos que son guerreros probados y experimentados se congreguen alrededor de las banderas, especialmente cuando la batalla esté rugiendo furiosamente y cuando haya mucha sangre derramada, recordad que las personas experimentadas no se retirarán entregando las banderas ni avanzarán dejándolas desprotegidas.

El que se sienta fuerte contra su enemigo debe tratar de ayudar a sus compañeros débiles y nerviosos y no debería dejarlos enfrentándose al enemigo ellos solos; el egoísmo profundo y la insensibilidad en el campo de batalla frecuentemente resultan en daño para la persona insensible, pues generalmente el enemigo después de derrotar al antagonista débil se une con sus compañeros para dominar a los fuertes (así que los fuertes deberían recordar que el egoísmo no trae nada bueno).

¡Por Dios!, si vosotros no os enfrentáis hoy a las espadas de vuestro enemigo, y huís de ellos, nunca estaréis a salvo de sus espadas en el futuro. Es más, siendo nobles de Arabia y hombres de posición y alcurnia, no deberíais exhibir cobardia ni nerviosismo.

Recordad que huyendo del campo de batalla incurrís en la Ira de Dios y recogéis desgracia permanente y humillación perpetua; el que huye del campo de batalla no puede incrementar — con su huída — la duración de su vida, ya que nada puede posponer el día de su muerte (el cual está predestinada).

Quienquiera que está tan ansioso por alcanzar el reino de Dios como una persona sedienta está ansiosa de alcanzar un pozo de agua, debería recordar que el Paraíso está bajo las sombras de esas lanzas a las que os enfrentáis cuando defendéis el Islam.

Hoy (el día que uno pasa en el campo de batalla defendiendo el Islam) es el día que las personas piadosas y sinceras deben ser puestas a prueba en cuanto a su sinceridad en la religión y su fe en Dios. (en lo que a mí respecta) estoy más deseoso por enfrentarme a mi enemigo que ellos por llegar del campo de batalla sanos y salvos a sus casas.

¡Oh Dios!, si ellos se niegan a aceptar la verdad, entonces por favor dispersalos; no los dejes unir las fuerzas del mal contra Dios y el hombre y castígalos por sus pecados.

Sus formas de vida viciosas y pecaminosas no cesarán de envenenar las mentes de los humanos, a no ser que sus fuerzas sean completamente derrocadas, a menos que sean iluminados y exterminados, y a menos que los centros de sus actividades sean destruídas.

SERMON 128

ACERCA DE LA TREGUA DE SIFFIN Y ACERCA DE ALGUNOS DE SUS COMPAÑEROS.

La verdad del caso de la tregua es que nosotros nunca estuvimos de acuerdo (originalmente) en tener a dos personas de entre nosotros como árbitros, sino que accedimos a tener al Sagrado Corán como árbitro entre nosotros. Pero como sabéis el Sagrado Corán es un libro encerrado entre sus dos cubiertas, no puede hablar como un ser humano; requiere naturalmente de alguien que lo entienda y lo explique, y es igualmente natural el tener seres humanos que lo traduzcan y dén órdenes de acuerdo a sus principios.

Cuando Moawiah y sus hordas me invitaron al Corán para decidir yo no pude darle la espalda al Libro de Dios. El Dios Poderoso y Glorioso ha declarado que "Si disputáis acerca de cualquiera cosa, referidla a Dios y Su Mensajero" [4:59]. El referirse a Dios significa que debemos investigar el Libro Sagrado y actuar de acuerdo a sus principios y mandamientos. El referirse al Santo Profeta (la paz sea con él y sus descendientes) significa que deberíamos seguir su ejemplo y actuar según sus tradiciones.

Si uno sigue las enseñanzas del Sagrado Corán honesta y sinceramente y sin reservas, entonces encontrará que nosotros (el Imám mismo y los descendientes del Santo Profeta) somos las mejores gentes a quienes obedecer. Si uno acepta las tradiciones del Santo Profeta (la paz sea con él y sus descendientes), nosotros y sólo nosostros merecemos comandar y enseñar a los fieles.

En cuanto a vuestra objeción, de por qué dejé pasar tanto tiempo antes de actuar contra un juicio que estaba basado en el cisma, la hipocresía, la astucia y el engaño y que fue incorrectamente llamado arbitración, digo que actué así para que las gentes ignorantes — durante ese período — pudiesen llegar a distinguir entre la verdad y la falsedad, y para que las personas bien versadas en las enseñanzas del Sagrado Corán y las tradiciones del Santo Profeta (la paz sea con él y sus descendientes) pudiesen establecer firmemente sus convicciones, y también con la esperanza de que quizás durante estos días quietos y pacificos las gentes pudiesen utilizar la guía de la religión Divina para mejorar sus métodos y para diferenciar entre lo justo y lo injusto, para lo cual debería dárseles oportunidad antes de pedírseles que decidieran o de castigarlos por decidir equivocadamente.

Verdaderamente, ante Dios, el más excelente y el más merecedor (de Sus

Bendiciones) es la persona que desearía aceptar la verdad y actuar justa y correctamente aunque sus creencias y sus acciones pudieran causarle severas pérdidas y sufrimientos, y que no adoptaría formas pecaminosas de vida aunque ellas pudieran traerle poder y abundancia.

Yo no sé cómo y cuándo el escepticismo y la confusión entraron en vuestros pensamientos y cómo el Demonio se apoderó de vuestras mentes para que os hayáis vuelto tan ansiosos por uniros a las filas de las gentes escépticas y extraviadas quienes, cuando ven la verdad y la justicia les vuelven la espalda, los cuales son crueles, tiránicos y opresivos, los cuales violan los derechos de los demás y no entienden las enseñanzas del Sagrado Corán. Ellos se han descarriado del verdadero camino de la religión. Pero, ¡sea por Dios!, tampoco se puede confiar en vuestra fe en el Islam, ni se puede esperar algo de vuestras promesas y juramentos. Al defender el Islam yo no puedo buscar, con confianza, vuestra ayuda, ni sería prudente que yo os considerara como aliados tan honorables como para depender de vosotros en tiempos de necesidad. Vosotros sois además las peores gentes para provocar guerras y luchas. Que la pena sea sobre vosotros; vosotros siempre me habéis causado ansiedad y dolor. Siempre que os invito a que acudáis en ayuda de la causa de la religión, vosotros nunca probáis vuestra valentía y sinceridad, y siempre que yo os confío secretos importantes vosotros siempre me traicionáis.

SERMON 129

CUANDO EL IMAM EMPEZO A ASIGNAR PORCIONES IGUALES DEL BAYT-UL- MAL (TESORO DEL GOBIERNO) A TODOS LOS MUSULMANES, SIN IMPORTAR SI ERAN ARABES O NO-ARABES, PENINSULARES O IRAQUIES, PERSAS O NEGROS, AMOS O ESCLAVOS, NOBLES O PLEBEYOS, RICOS O POBRES, HEREDEROS DE CLANES NOBLES O POBRES DE LA CALLE, JEFES DE COMUNIDADES O LIMOSNEROS DEL ARROYO, CONQUISTADORES Y CONQUISTADOS, GOBERNANTES O SUBDITOS, Y CUANDO MOSTRO MAS CONSIDERACION A LOS ENFERMOS, LOS INVALIDOS Y LOS LISIADOS, Y LOS DEBILES Y LOS VIEJOS, CUANDO DIO PRIORIDAD Y LA DEBILIDAD, LA DEFORMIDAD FISICA Y LA POBREZA, Y CUANDO LOS RICOS Y LOS PODERO-

SOS FUERON REBAJADOS AL MISMO NIVEL DE LOS POBRES Y LOS DEBILES, SE LEVANTO UN CLAMOR ENORME. LAS EXPECTACIONES FRUSTRADAS, LOS PLANES BURLADOS DE ADQUIRIR FORTUNA Y OPULENCIA, LOS PLANES ANULADOS DE ALCANZAR GRANDEZA Y POMPA, Y LAS ESPERANZAS ROTAS DE CONTROLAR LOS CENTROS DE RIQUEZA Y PODER, HICIERON QUE AQUELLOS QUE PLANEABAN Y TRAMABAN GRANDES FUTUROS PARA SI MISMOS RESINTIERAN ESTE SISTEMA DE IGUALDAD DE RIQUEZA Y DE OPORTUNIDADES. MUCHOS SINTIERON QUE LOS DESPOSEIDOS, LOS POBRES, LOS DESTITUIDOS, LOS INVALIDOS Y LOS ENFERMOS SE ESTUVIERAN CONVIRTIENDO EN LOS CENTROS DE INTERES Y SIMPATIA DEL GOBIERNO Y QUE ELLOS MISMOS ESTABAN PERDIENDO LA IMPORTANCIA QUE HASTA ENTONCES HABIAN MANTENIDO. ELLOS SE LEVANTARON COMO UN SOLO HOMBRE PARA PROTESTAR. MUCHAS DELEGACIONES ACUDIAN AL IMAM, ALGUNAS ENCABEZADAS POR ZUBAIR, OTRAS POR IBN-ABBAS, Y ALGUNAS POR IBN-L-HANIF.

EN CADA OCASION EL IMAM LES EXPLICO LOS PRINCIPIOS DE EQUIDAD Y JUSTICIA, LAS TEORIAS DE DISTRIBUCION JUSTA DE LA RIQUEZA Y DE LAS OPORTUNIDADES, LAS DOCTRINAS DE LA IGUALDAD ENTRE LOS HOMBRES Y LAS ORDENES DE DIOS Y DEL SANTO PROFETA (LA PAZ SEA CON EL Y SUS DESCENDIENTES) A ESTE RESPECTO, EN UNA DE ESAS OCASIONES DIO EL SIGUIENTE SERMON:

¿Queréis que yo solicite vuestra ayuda oprimiendo y tiranizando a las gentes sobre las cuales he sido asignado (por Dios) para gobernarlos? ¡Por Dios!, esto no sucederá mientras yo siga viviendo en este mundo y en tanto que las estrellas sigan actuando bajo gravitación mutua. Yo nunca puedo abusar del poder depositado en mí ni puedo ser cruel con los seres humanos. Si fuese posible, incluso hubiera distribuído mi propiedad personal igualmente entre los necesitados y los pobres. Pero (la riqueza nacional) es la propiedad de Dios (confiada al cuidado de los humanos). ¡Tened cuidado!, que al gastar en ocasiones que no lo ameritan y el dar a las personas que no lo merecen es disipación y desperdicio de riqueza. El despilfarrador puede ganar alguna (mala) popularidad en este mundo pero su posición en el siguiente no será envidiable. Las donaciones injustificadas e inmerecidas pueden enriquecer la posición de un hombre en su ambiente profano, pero él es tristemente humillado a la vista de Dios. El que gasta su fortuna en malos caminos y en personas indebidas es privado — por el Señor — de la gratitud de aquéllos en quienes gastaron; estos beneficiarios sin derecho generalmente se vuelven contra él y en tiempos de problemas y necesidad él los encuentra como sus peores enemigos, censurándole sus acciones y culpándolo por sus espléndidos regalos.

SERMON 130

EL IMAM DIO ESTE SERMON CUANDO LLEGARON A EL LAS NOTICIAS DE QUE LOS JAREYITAS ESTABAN ASESINANDO Y MATANDO MUSULMANES SIMPLEMENTE PORQUE ESTOS MUSULMANES NO PODIAN VERSE A LOS OJOS CON ELLOS.

Vosotros habéis resuelto creer que yo he cometido un error y que soy un pecador; y si no estáis dispuestos a entender nada más, sois bienvenidos. Pero simplemente por que queréis oponeros a mí, ¿por qué consideráis a todos los seguidores del Santo Profeta Muhammad Mustafa (la paz y bendiciones de Dios sean con él y sus descendientes) como equivocados y extraviados? ¿Por qué los hacéis responsables de mis errores? ¿Por qué los consideráis infieles por mi pecado (por algo que suponéis que es mi pecado)? Tenéis espadas en vuestras manos y las usáis indiscriminadamente contra todos, matando tanto a los pecadores como a las gentes inocentes y piadosas.

Vosotros sabéis muy bien que cuando el Santo Profeta (la paz sea con él y sus descendientes) ordenó que un hombre fuera castigado (apedreado a muerte) por adulterio, él, después de la muerte del adúltero efectuó la oración funeral sobre él, y permitió que la propiedad del muerto fuese entregada a los herederos; similarmente, cuando solía dictar sentencia de muerte para algún asesino, él dejaba a los herederos que recibieran la herencia; incluso los ladrones y los fornicadores después de haber recibido el castigo al que eran sentenciados eran considerados por él como dignos de recibir su porción de donativos de la Bayt-ul-Mál (el tesoro público) y se les permitía que se casaran con musulmanas. Cuando él encontraba a los hombres culpables de pecados, él los castigaba por haber transgredido los límites (puestos por Dios a la libertad humana); y él ordenaba que recibieran el castigo que merecían y sin embargo, nunca los privó de los derechos de la ciudadanía ni los declaraba infieles.

De todas las gentes malvadas y pecadoras de este mundo vosotros sois los peores. Vosotros sois las gentes a quienes Satanás ha usado para sus propósitos pecaminosos y a quienes a conducido hacia caminos viciosos.

Verdaderamente, con respecto a mi posición entre los hombres, dos clases de personas se perderán (debido a su ignorancia): un grupo debido a un amor tan excesivo hacia mí, que ciertamente los hará extraviarse del Camino de Dios; y el otro grupo debido a su enemistad hacia mí, la cual ciertamente los descarriará lejos de la verdad y el Islam. Por lo tanto, en lo que a mí se refiere, los que están en lo correcto son aquéllos que tratan de mantener el respeto, amor y admiración que yo merezco — un punto de vista moderado, sin exageración ni inmoderación.

Yo os aconsejo que sigáis este curso y que os congreguéis alrededor de este principio, porque la Mano de Dios siempre protegerá y guiará a este grupo. No provoquéis disensiones ni os mantengáis alejados de ese grupo ya que la separación de este partido os hará víctimas voluntarias de los planes de Satanás, como la oveja que alejándose del rebaño y vagando cae fácil presa del lobo. ¡Tened cuidado!, quienquiera que os trate de persuadir a que os unáis a los jareyitas matádlo, aun si su cabeza estuviese cubierta con mi turbante.

En cuanto a la cuestión de la tregua, debéis recordar que los dos árbitros fueron nombrados con órdenes claras y explícitas y con el propósito único de que ellos tenían que hacer efectivos aquellos principios que el Sagrado Corán revivió y anular aquellos vicios y pecados que el Sagrado Corán prohibió. Revivir el Corán significa estar de acuerdo con los principios expuestos por él y aceptarlos, y la muerte del Corán significa el ignorar sus mandatos y prohibiciones.

Si el Corán nos dice que nuestros oponentes tienen la razón, deberemos seguirlos, y si el Sagrado Corán los trae hacia la verdad y la justicia, ellos deben obedecernos.

Yo no os aconsejé nada pecaminoso, ni os extravié ni os oculté cosa alguna como secreto. Al mismo tiempo nunca dudé de vuestra sinceridad hacia el Islam. Cuando demandasteis unánime e indomablemente el nombramiento de dos árbitros, yo accedí a ello pero les hice prometer que actuarían de acuerdo con las órdenes del Libro Sagrado y que no se desviarían de él. Pero esos dos no guardaron sus promesas, y — propuesta y deliberadamente— no actuaron conforme al juramento tomado de ellos. Ellos se desviaron de la verdad y del Sagrado Corán conscientes todo el tiempo de la injusticia y la maldad de su acción. Aunque se percataban plenamente de dónde estaban la verdad y la justicia, ellos tuvieron un deseo inmoderado de ir contra Dios y la religión. Yo ya les había explicado que yo no actuaría según su decisión si ésta estuviera en contra del Sagrado Corán y si estuviera basada en la injusticia y la opresión.

SERMON 131

EN ESTE SERMON HAY UNA PREDICCION CIERTA, LA CUAL HABLA ACERCA DE UN GUERRERO Y SU EJERCITO Y ACERCA DEL LUGAR EN DONDE ESTE EJERCITO ATACARA, ALGUNOS TRADUCTORES SON DE LA OPINION DE QUE EL LUGAR ERA BASORAH Y EL EJERCITO ERA EL DE SAHIBO-UL-ZUNY, LOS CUALES INVADIERON BASORAH APROXIMADAMENTE 100 AÑOS DESPUES DE LA EPOCA DEL IMAM; MIENTRAS QUE OTROS CREEN QUE LA PREDICCION ERA ACERCA DE FAMOSO IMPOSTOR QUE SE AUTONOMBRO PROFETA Y MARCHO SOBRE BASORAH, EN EL REGIMEN ABBASIDA, DURANTE LA EPOCA DEL IMAM HASSAN ASKARI (LA PAZ SEA CON EL), PERO POR RAZONES OBVIAS YO NO ESTOY DE ACUERDO CON NINGUNA DE LAS DOS OPINIONES. EL EJERCITO, EL ARMAMENTO Y LA FORMA DE INVASION ES DEL TIPO QUE EL HOMBRE TODAVIA NO HABIA DESARROLLADO COMPLETAMENTE; ALGUN TIEMPO DEBE TRANSCURRIR ANTES DE QUE EL MUNDO VEA UN MOVIMIENTO SILENCIOSO DE TROPAS — CUANDO LOS TRANSPORTES SUPERSONICOS SEAN CAPACES DE CRUZAR DE ESTE A OESTE Y DE NORTE A SUR Y LLEGUEN A SU DESTINO AUN ANTES QUE EL SONIDO DE ESTOS AVIONES, O LA PREDICCION PUEDE SER A-

CERCA DE LOS MISILES DIRIGIDOS QUE PORTAN BOMBAS DESTRUCTIVAS. AHNUF ERA UN COMPAÑERO DEL SANTO PROFETA (LA PAZ SEA CON EL Y SUS DESCENDIENTES). EL PERTENECIA A LA TRIBU DE BANI TAMIM Y FUE EL QUIEN CONVIRTIO A SU CLAN AL ISLAM. DESPUES DEL SANTO PROFETA (LA PAZ SEA CON EL Y SUS DESCENDIENTES) EL PASO SUS DIAS CON EL IMAM. ESTE SE DIRIGIO A EL EN ESTE SERMON.

¡Oh Ahnuf!, si me parece como que estoy con esa persona que ha marchado a la cabeza de un ejército cuyos movimientos no producen ningún sonido ni levantan polvo del suelo. Sus pájaros de mal agüero (39), no rugirán. Esas gentes persistirán en incitar guerras sobre la tierra con la perseverancia del avestruz sin entender los efectos remotos de esa guerra (40).

Siento pena por vuestras calles bien pobladas, por vuestras casas bellamente decoradas — casas que fueron tan bien doradas que brillan como las alas de las águilas y cuyos desagües eran como trompas de elefante. Me dan lástima esas gentes que, cuando sean matadas y aniquiladas, no serán lloradas y cuya desaparición total no será deplorada (41). Yo no tengo interés en este mundo vicioso ya que yo conozco todo su pasado, su presente y su futuro, y reconozco completamente su indignidad.

EN EL MISMO SERMON EL IMAM HABLO DE UNA CIERTA NACION. LOS COMENTARISTAS PIENSAN QUE SE REFIRIO A LOS MONGOLES (TURCOS).

Como si los estuviera viendo realmente con mis propios ojos; ellos son gentes con caras redondas y planas, como escudos puestos uno sobre el otro (caras redondas con pómulos salientes, planas). Ellos están vestidos de seda y brocado, sus transportadores veloces y poderosos se seguirán uno tras otro. Ellos pondrán tanta violencia y furia en la batalla que caminarán heridos encima de los cuerpos de los muertos y muy pocos escaparán a la muerte y a la prisión (42).

CUANDO EL SERMON LLEGO A ESTE PUNTO, UNA PERSONA DEL CLAN DE BANI KILAB SE LEVANTO Y PREGUNTO: "¡OH COMANDANTE DE LOS CREYENTES! ¿PUEDES PREDECIR EL FUTURO?". EL IMAM SONRIO Y DIJO:

¡Oh hermano del clan de Kilab! Lo que yo os he dicho no es el conocimiento oculto absoluto que es sabido sólamente por Dios, sino que es un conocimiento que nos ha sido concedido por Él que creó el conocimiento (Dios). El conocimiento oculto absoluto es el del Día del Juicio y de las cosas que el Dios Todopoderoso ya ha enumerado. Él mismo dice, en el Sagrado Corán: "Verdaderamente el conocimiento del Día del Juicio está sólamente con Dios" [57:21].

Él sabe lo que hay en el vientre de una madre, si es un niño o una niña, si es un bebé hermoso o feo, si crecerá para ser generoso o avaro, afortunado o desgraciado, si llevará una vida piadosa entrando así al Cielo en compañía de los profetas o ganará el Infierno con sus obras. Éste es el conocimiento oculto sabido únicamente por Dios. Aparte de esto, el resto del conocimiento ha sido revelado por Él al Santo Profeta (la paz sea con él y sus descendientes), el cual, a su vez, me lo develó todo, y ruego a Dios que pueda yo asimilarlo completamente y guardarlo cuidadosamente.

SERMON 132

ACERCA DE LAS ACTIVIDADES MUNDANAS Y EL CIELO

¡Oh gentes!, vosotros y todo lo que vosotros deseáis de este mundo sois como visitantes con un tiempo de estadía muy limitado. Pero vuestras obligaciones (morales y religiosas) son como deudas con una demanda de pago constante y apremiante, y las cuales tenéis que pagar en un período muy limitado de vuestra vida y con un conjunto de acciones que deben ser tomadas en cuenta. Algunos de vosotros sois tales que debido a la ignorancia pasáis vuestras vidas sin propósito, mientras que muchos otros sois exageradamente solícitos y, desconociendo la manera adecuada, hacéis una cosa en exceso o la hacéis mal, y así no podéis alcanzar lo que queríais.

Habéis nacido en una época en la que os enfrentáis a más maldad, y encontráis al bien retrocediendo lejos y más lejos de vosotros. Es una época en la que Satanás tiene mayor deseo de descarriar a las gentes. Sus maniobras y estrategias están siendo ejecutadas más y más vigorosamente; sus trucos astutos para seduciros se están volviendo muy comunes, y ahora para él es muy fácil reunir víctimas de entre vosotros.

Mirad cuidadosamente a vuestro alrededor y recoged de la sociedad información verdadera. Encontraréis limosneros que sufren las torturas de la pobreza o ricos que corresponden a las bondades de Dios con ingratitud y sin agradecimiento; avaros que aunque posean millones se resisten a atender sus obligaciones o a pagar sus deberes para con Dios y el hombre, o personas tan arrogantes y soberbias que no les interesa escuchar los buenos consejos y las sugerencias (dadas por la religión).

¿Donde están vuestros hombres generosos, misericordiosos, nobles y desprendidos? ¿Dónde están aquéllos que han sido honestos en sus negocios y transacciones? ¿Dónde están las gentes que habían hecho a la piedad su meta en la vida? ¿No han dejado este mundo que es tan vil y está tan lleno de calamidades y aflicciones? ¿Qué obtuvisteis de este mundo después de ellos sino desechos o desperdicios humanos y materiales? Varios estratos de vuestra sociedad están hoy compuestos de tales gentes que ni siquiera son dignos de que se hable mal de ellos (ni siquiera merecen que se les calumnie). Verdaderamente somos de Dios y a Él ciertamente regresaremos [2:156]. Que Dios nos conceda paciencia ante esta pérdida de los estándares de moralidad.

La maldad y la depravación se han extendido tanto que aquéllos a quienes no les agradan no pueden ponerles un alto y, aquéllos que las odian y aborrecen no pueden mantenerse alejados de ellas. Con todos estos vicios y perversidad, ¿aún deseáis asegurar un lugar en el Reino de Dios (el Paraíso) o ser considerados como Sus amigos? ¡Qué infantil capricho! Nadie puede engañar a Dios y asegurarse un lugar en Su Cielo por medio de trampas, y nadie puede ganar Su Favor sino mediante la obediencia implícita a Él. Que la maldición de Dios caiga sobre aquéllos que aconsejan a los demás que sean buenos pero no siguen ellos mismos el consejo. ¡Ay de aquéllos que les dicen a los demás que se abstengan del mal y ellos mismos no se abstienen de él!

SERMON 133

PARTE DEL SERMON DADO EN LA OCASION CUANDO EL IMAM FUE A DESPEDIR A ABUZARR, EL CUAL FUE FORZADO A IR A RABZA Y FUE EXILIADO DE MEDINA DURANTE EL TERCER CALIFATO.

¡Oh Abuzarr!, ya que tu indignación y tu ira contra los enemigos de Dios fue por la causa de Dios y para complacerlo a Él, por lo tanto tú puedes justamente esperar Su Bendición. Las gentes te temen porque ellos perderán sus posesiones terrenales y sus posiciones (por razon de tu interpretación correcta del Islam), y tú tuviste miedo de ellos porque pensaste que el Islam sufriría por causa de ellos. Ahora déjalos con lo que ellos temían perder por tu causa (las posesiones mundanas viciosas y pecaminosas de ellos) y llévate en tu custodia segura eso por lo que estaban ansioso de que quizás sufriese a manos de ellos una seria pérdida (las verdaderas enseñanzas del Islam). En realidad, ellos están real y verdaderamente necesitados de lo que te llevas contigo (la paz y las bendiciones concedidas por la religión) y tú puedes pasarla muy convenientemente sin lo que ellos quieren retener a cualquier costo (el poder y la riqueza mundanas), y en el futuro cercano (en el Día del Juicio) sabrás quién fue beneficiado por esta transacción y quien es envidiado por esta ganancia.

Aun cuando las puertas del Cielo estuvieran cerradas para un hombre, si él reza sincera y piadosamente, el Dios Misericordioso le conferirá las bendiciones de ambos mundos.

¡Abuzarr!, ama sólamente la verdad y la justicia y odia sólamente la falsedad y la impiedad. Las gentes impías son ésas que te tendrán por amigo sólo si aceptas sus maneras de vivir, y te tomarán bajo su protección si entras a su rebaño (ellos no acudirán en tu ayuda simplemente por principios humanitarios no porque merezcas justamente ayuda y protección).

SERMON 134

UN CONSEJO A LAS GENTES QUE SE CONGREGABAN ALREDEDOR DEL IMAM EN CUFAH.

¡Oh gentes!, vosotros tenéis creencias divergentes y visiones diferentes de la vida, tenéis cuerpos humanos pero vuestra capacidad mental es muy baja. Yo quiero que améis y apreciéis la verdad y la justicia pero vosotros estáis tan temerosos de ellas como una oveja teme al rugido del león. ¡Qué lástima! Hallo imposible el hacer que seáis un ejemplo de la realización de los principios de equidad y justicia en la sociedad o el hacer que avancéis por un Camino Recto.

¡Señor!, Tú sabes muy bien que todo lo que yo hice no fue con el deseo de asegurarme un reino ni con ambición de los beneficios temporales de un mundo transitorio. Lo que yo hice fue con el único propósito de mostrar y hacer efectiva la verdad de la Religión, la verdad que estaba desapareciendo rápidamente y estaba siendo despreciada por el hombre. Mi meta era traer justicia, paz y prosperidad a Tus creaturas para que los oprimidos recibiesen debida protección, y los límites a la libertad humana fijados por Tus

Mandamientos fuesen debidamente observados. ¡Señor!, yo fui el primero en reconocer Tu Gloria y Tu Poder, en escuchar Tu Mensaje y en aceptar Tu Orden. Nadie más que el Santo Profeta (la paz sea con él y sus descendientes) me precedió en ofrecerte oraciones e invocaciones.

¡Oh gentes!, debéis entender y reconocer que en lo que se refiere a la protección de las propiedades, los derechos y el honor del mundo musulmán, la propagación y la preservación de las leyes musulmanas y la custodia de las finanzas musulmanas, no se debe confiar el gobierno de un estado musulmán a una persona ignorante, ni a un avaro, un tirano, un hombre que acepta sobornos o el que ha abandonado los principios de equidad y justicia. Una persona miserable codiciará la riqueza de aquéllos sobre quienes gobierna, un ignorante los descarriará; un tirano los oprimirá y tiranizará; uno que no tema los tiempos y las políticas cambiantes seguirá — en detrimento del Islam — formando alianzas impías con una nación tras otra; un gobernante corrupto, que esté abierto al soborno, violará los derechos y no administrará la justicia; y el que haya abandonado las tradiciones del Santo Profeta (la paz sea con él y sus descendientes) será reponsable de la destrucción de los ideales y las doctrinas Islámicas.

SERMON 135

UN SERMON ACERCA DE LA MUERTE Y COMO ESTAR PREPARADO PARA ELLA

Glorificado sea Dios, Él castiga a quienes merecen el castigo y recompensa a quienes se ganan los premios. Él merece alabanzas por las bondades concedidas por Él y por las calamidades por medio de las cuales nos prueba y evalúa, Él conoce todas las cosas ocultas. Él conoce nuestros pensamientos secretos así como todo lo que miramos secretamente o lo que codiciamos en el fondo de nuestros corazones.

Yo declaro que nadie merece adoración excepto Dios, y que Muhammad (la paz y bendiciones de Dios sean con él y sus descendientes) es Su Profeta escogido, al cual Él confió Su mensaje. Yo testifico todo esto con mi lengua así como con mi corazón. Yo creo honesta y sinceramente en este testimonio.

¡Por Dios!, aquéllo con lo que os estoy tratando de alertar no es un fantasma, es algo que tiene una realidad innegable e irrefutable, no es una ficción sino un hecho real y una certeza inevitable. ¿Qué es? Qué otra cosa podría ser sino la muerte. ¡Escuchad!, ha sonado la campana y no pospondrá su visita.

Tened cuidado!, que no os engañe la visión de los miles de seres humanos alrededor vuestro. Todos ellos están destinados a partir, uno tras otro. Vosotros habéis tenido sufuciente experiencia de tal o cual persona que estaba viva apenas el otro día. Él amasó riquezas y temía a la pobreza. Él se creía inmune a las consecuencias de la vida (procesos biológicos del principio y el final de la vida), él tenía esperanzas inmoderadamente altas y se consideraba a sí mismo como a salvo de las manos de la muerte. Vosotros habéis visto también cómo lo alcanzó la muerte; cómo lo arrancó de su casa y su hogar; cómo fue llevado a la tumba sobre los hombros de los demás.

¿No habéis visto a tales gentes que tenían grandes expectaciones, habían construído mansiones palaciegas para vivir en ellas y reunieron grandes riquezas alrededor de sí mismos? ¿No se convirtieron sus casas en tumbas? ¿No fue la riqueza que acumularon destruída o fue heredada por otros, o sea que de todas maneras ellos tuvieron que separarse de ella? ¿No se casaron sus viudas con otras personas? Ahora (después de la muerte) ellos no pueden añadir nada a sus obras ni pueden ofrecer excusa alguna por las vidas malvadas que llevaron.

Pero la persona que ha decidido llevar una vida honesta y virtuosa, ha hecho uso real del período de vida que le fue concedido y ha triunfado en asegurar la recompensa reservada para tal vida. Recordad que ninguno de vosotros es inmortal; la duración de vuestra vida aquí es como el paso por un puente. Haced buenas obras en esta vida y paraáos así para el siguiente mundo. Cumplid vuestro deber y estad preparados para una rápida partida.

SERMON 136

APARENTEMENTE LA TOTALIDAD DE ESTE SERMON NO FUE ENCONTRADA POR LOS COMPILADORES Y COLECCIONISTAS DE LOS SERMONES, CARTAS Y DICHOS DEL IMAM. SOLAMENTE CINCO PARTES DESARTICULADAS HAN SIDO ENCONTRADAS, LAS CUALES SON CONSIDERADAS POR ALGUNOS COMO CINCO DIFERENTES DICHOS Y POR OTROS COMO PORCIONES DE UN SERMON GRANDE QUE TRATA ACERCA DEL TEMA DEL CORAN Y SUS ENSEÑANZAS, EL SANTO PROFETA (LA PAZ SEA CON EL Y SUS DES-CENDIENTES) Y SU MISION, Y FINALMENTE CON EL

DIOS TODOPODEROSO Y SU PODER Y MAJESTAD, DONDE EL IMAM DIJO QUE LOS UNIVERSOS OBEDECEN SUS ORDENES.

ACERCA DEL CORAN:

Entre vosotros está el Libro de Dios (el Sagrado Corán). Él os guía incansablemente hacia el Islam. Sus enseñanzas son como una casa plantada sobre fuertes pilares (que mantienen a quienes entran al seno del Islam a salvo de las calamidades de ambos mundos). Es una fuente de tal poder inherente que aquéllos que lo siguen nunca serán humillados ni derrotados.

Y LUEGO ELOGIA AL SANTO PROFETA (LA PAZ SEA CON EL Y SUS DESCENDIENTES) ASI:

Dios lo envió (al Santo Profeta, la paz sea con él y sus descendientes) como Su Profeta y Mensajero cuando había habido un intervalo muy largo había transcurrido entre Sus Revelaciones y cuando había un desacuerdo general acerca de la fe en Dios y la religión. Para eliminar esta confusión de la mente humana Él decretó a nuestro Santo Profeta (la paz sea con él y sus descendientes) como Su último Mensajero y mediante ello puso fin a la continuación de Sus Revelaciones. El Santo Profeta (la paz sea con él y sus descendientes) luchó en defensa del Islam contra aquéllos que se interponían en el camino de su propagación y aquéllos que querían aplastar con su poder al Islam.

ACERCA DE ESTE MUNDO Y TODO LO RELACIONADO CON EL, DIJO:

Este mundo es una cosa de importancia grande y exclusiva para aquéllos que no tienen amplitud de visión, y que no pueden ver ni conceptuar lo que está detras de él o más allá de él. El hombre con verdadera visión de las cosas se da cuenta de que no es éste, sino el siguiente mundo, el lugar para descansar y para recibir recompensas. El que entiende las realidades no le importa sólamente trabajar para este mundo, sino que sólo aquél que no las puede comprender concentra su mente y sus energías en esta vida.

OTRA PARTE DEL SERMON

Aprended y recordad que todo en este mundo es tal que aquéllos que hoy lo ambicionan no pueden saciarse de él y mañana estarán disgustados con él. Esto es cierto para todos: la mente desea sólo la vida misma, ya que nadie se cansa realmente de la vida o piensa en hallar placer y descanso en la muerte. Verdaderamente una visión real de la filosofía de la vida y la muerte es la fuente de conocimiento que dará nueva vida a las mentes muertas a las actualidades, dará vista a los ojos ciegos a las realidades, conferirá poder de oír a los oídos sordos a la voz interior de la conciencia y del razonamiento, y satisface la sed de mayor conocimiento. Recordad que para el que acepta la religión sincera e inteligentemente, en ella está la completa emancipación del control legal, social, político e intelectual del paganismo, las supersticiones y los tabúes, en ella está basada la completa liberación del poder del Demonio y sus seducciones, y en ella descansa la verdadera paz y la tranquilidad real. Vuestra salvación está garantizada por el Libro de Dios. Con su ayuda vosotros reconoceréis el camino que Él quiere que sigáis; a través de él hablaréis la verdad; de él escucharéis la voz de la razón y la verdad; sus dichos difíciles o dogmáticos se explicarán unos a otros y darán testimonio de su racionalidad y continuidad; al explicar Sus Ordenes y prohibiciones no hay contradicciones en sus versos y no descarriará ni malinformará a quienes traten de entenderlo y seguirlo.

Es una lástima que hayáis resuelto llevar una vida de hipocresía, os comportéis hipócritamente unos con otros, y seáis envidiosos y celosos unos de otros. Por lo tanto la estructura de vuestra sociedad descansa sobre la mala voluntad, la malicia y la enemistad. Pretendéis sinceridad para lograr vuestros fines y desarrolláis amarga enemistad cuando surgen las ocasiones de distribución de riqueza y oportunidades.

Verdaderamente el Demonio os ha confundido, y vuestros deseos inmoderados os están descarriando. Bajo tales condiciones, ruego a Dios que me ayude para guiaros.

SERMON 137

CUANDO EL SEGUNDO CALIFA QUISO INVADIR EL IMPERIO ROMANO, CONSULTO AL IMAM SI DEBIA ENCABEZAR LA INVASION. EL IMAM RESPONDIO ASI:

Dios proporciona la seguridad de las vidas y el honor de los musulmanes. Él los ayudó cuando estaban en absoluta minoría e incapaces de defenderse a sí mismos. Él los defendió, cuando eran tan pocos en número que no se podían defender, contra todos los pronósticos. Él es el Ser Eterno, no hay muerte para Él.

Si tú comandas personalmente esta invasión y sufres una derrota o eres matado, entonces no quedará ninguna línea de defensa para los musulmanes y ellos serán dejados sin un poder central que los proteja. Sus pueblos y sus provincias quedarán indefensos. Nombra a un oficial experimentado para que se haga cargo de la invasión y pon bajo su mando a soldados tales que puedan soportar las dificultades, sepan obedecer órdenes y tengan experiencia en la guerra. Si Dios les concede la victoria tú logras tu propósito, y si ellos son derrotados tú estarás allí, en el centro, para proteger y ayudar al estado Islámico.

SERMON 138

UNA CONTROVERSIA TUVO LUGAR ENTRE EL IMAM Y EL TERCER CALIFA. EN ESA OCASION MUGHIRA IBN AKHNUS, QUE DURANTE LA EPOCA DEL SANTO PROFETA (LA PAZ SEA CON EL Y SUS DESCENDIENTES) ERA CONSIDERADO UN APOSTATA E HIPOCRITA, HABIA DICHO QUE EL SE LAS BASTABA PARA DEFENDER AL TERCER CALIFA CONTRA EL IMAM Y QUE EL IMAM ESTABA EQUIVICADO. CUANDO EL IMAM OYO ACERCA DE ESTO, CONTESTO EN LAS SIGUIENTES PALABRAS:

Tú eres el hijo maldito de aquella persona cuya identidad no pudo ser establecida con certeza. Perteneces a una familia que nunca tuvo ninguna posición. Y tú, (un cobarde) te atreverías a pelear contra mí. ¡Por Dios! El Señor nunca le concederá la victoria a quien tú ayudes. El que reciba tu auxilio nunca podrá ayudarse a sí mismo. Lárgate de mi sociedad. Que Dios no te ayude a lograr tus fines. Tú nunca lograrás el éxito, aun si trataras de apoyarme, mucho menos cuando tu vanidad hace que te imagines a tí mismo capaz de derrotarme.

SERMON 139

ORIGINALMENTE ZUBAIR ERA AMIGO DEL IMAM, EL FUE UNO DE LOS QUE HICIERON PRIMERO EL JURAMENTO DE FIDELIDAD AL IMAM. PERO DESPUES CUANDO SE SINTIO INSATISFECHO CON LA POLITICA DEL IMAM DE DISTRIBUIR EQUITATIVAMENTE LA RIQUEZA PUBLICA Y LAS OPORTUNIDADES, Y ENCONTRO QUE NO RECIBIRIA TANTO COMO ESPERABA, Y CUANDO MOAWIAH LO ENGAÑO CON PROMESAS DE APOYO PARA ASEGURARSE EL CALIFATO, SE REBELO CONTRA EL IMAM. TALHA SE UNIO A EL BAJO EL SENTIMIENTO DE MOTIVOS SIMILARES, Y LA BATALLA DE BASORAH FUE EL RESULTADO DE ESTA ALIANZA IMPIA ENTRE ELLOS Y UNOS CUANTOS OTROS. ACERCA DE ESTE COMPORTAMIENTO MALVADO DE TALHA Y ZUBAIR EL IMAM DIO MUCHOS DISCURSOS, A CONTINUACION ESTA UNO DE ELLOS. EN EL, EXPLICO BREVE PERO LUCIDAMENTE LAS RAZONES DE DICHA REBELION.

Vuestro juramento de fidelidad a mí no fue una acción apresurada y precipitada, ya que vosotros hicisteis el juramento después de cuidadosa consideración y debida deliberación. Yo no quería vuestra ayuda para ganar beneficios personales sino para establecer un gobierno divino entre las creaturas de Dios. Vosotros queríais mi apoyo para mejorar vuestras posiciones personales en este mundo.

¡Oh gentes!, preferid la causa de Dios antes que vuestro engrandecimiento personal y ayudadme a ayudar a Su causa. ¡Por Dios!, yo quiero apoyar a los oprimidos contra el opresor, ayudar a los atropellados contra los tiranos. Yo trataré en lo mejor de mis capacidades de suprimir la tiranía y la opresión aun si vosotros no me ayudáis (43).

SERMON 140

COMO YA MENCIONE ANTES; TALHA Y ZUBAIR ESTABAN DISEMINANDO UNA PROPAGANDA EXTENSIVA CONTRA EL IMAM, ESTABAN INSTIGANDO A LAS MASAS IGNORANTES PARA UNA REBELION Y HABIAN UNIDO FUERZAS CON MARWAN Y UNOS CUANTOS OTROS ARCHIENEMIGOS DEL IMAM. ESTO SIGUIO HASTA QUE LA BATALLA DE ŸAMAL (BASORAH) TUVO LUGAR Y ESOS REBELDES SUFRIERON UNA DERROTA APLASTANTE. DURANTE ESOS DIAS TUMULTUOSOS EL IMAM TENIA QUE DIRIGIRSE A LAS GENTES FRECUENTEMENTE PARA ACLARARLES LAS AMBIGUEDADES Y LAS DUDAS CREADAS POR ZUBAIR Y SU PARTIDO. MUCHOS DE ESOS DISCURSOS LLEGARON A NOSOTROS EN FRAGMENTOS Y EL TEXTO COMPLETO NO PUDO SER PRESERVADO A CONTINUACION ESTA UNO DE ESOS DISCURSOS:

¡Por Dios!, ellos no han dejado de decir todo lo malo contra mí ni todo abuso dirigido a mí, ellos no me hicieron justicia. Ellos quieren que yo vengue una sangre que ellos derramaron y que mate a alguien por el asesinato que ellos cometieron. A quién podría yo castigar por el asesinato del califa Uthmán cuando Talhah y Zubair, los verdaderos instigadores y los hombres números uno y dos detrás del movimento de este derramamiento de sangre, han cambiado de colores y han resultado ángeles vengadores. Incluso si yo hubiese sido un cómplice en el asunto, yo hubiese sido el cómplice de ellos, y ellos no podrían ser declarados inocentes de este cargo. Si el hecho fue cometido sin mi conocimiento o permiso entonces ellos y sólo ellos son responsables de ello y deberían sufrir por ello. Su primera acción de justicia habría sido efectuar un juicio contra ellos mismos.

Verdaderamente yo nunca extravié ni descarrié a nadie, ni permití jamás a persona alguna que me hiciera tonto. Yo sé con certeza que el partido que está ahora demandando retribución y venganza (por la muerte del Califa Uthmán) consiste de gentes rebeldes, maliciosas y pecadoras (para lograr sus fines mundanos y esconder sus crímenes ellos estaban gritando fuertemente pidiendo venganza). En realidad ha salido a la luz, las alegaciones de que yo estuve involucrado en el asesinato del califa Uthmán están falsificadas por la lógica de eventos y las lenguas de los instigadores contra mí se han quedado calladas. ¡Por Dios!, yo también reuniré fuerzas para pelear contra ellos y les ocasionaré tal derrota que nunca podrán volver a levantarse contra mí.

MAS ADELANTE EL IMAM, DIRIGIENDOSE A LAS GENTES QUE SE HABIAN CONGREGADO A SU ALREDEDOR, CONTINUO:

Vosotros os habíais reunido a mi alrededor y os habíais vuelto hacia mí con la misma solicitud de una camella hacia su recién nacido. Vosotros exhibisteis ansiedad por hacerme el juramento de fidelildad, y me solicitabais repetidamente que lo aceptara. Conociendo las maquinaciones internas de vuestras mentes yo me abstenía de comprometeros al juramento de fidelidad pero vosotros lo forzasteis sobre mi.

¡Señor!, esos dos (Talha y Zubair) cortaron los lazos de amistad, ellos me han hecho injusticias; y rompiendo el juramento de alianza, ellos, ahora instigan a las gentes a que se rebelen contra mí. ¡Señor!, por favor no dejes que sus intrigas contra mí tengan éxito, y no los dejes que logren sus propósitos impíos y déjalos que vean el día terrible que ellos merecen. ¡Señor!, antes de la guerra yo les dí una oportunidad para que ratificaran su juramento, y los traté con bondad y afecto, pero ellos trataron la oportunidad con desprecio y me aventaron mi bondad, de vuelta, a la cara.

DIOS CONCEDIO LAS ORACIONES. LOS REBELDES PERDIERON LA BATALLA DE BASORAH, TALHA FUE MATADO POR SU AMIGO Y PROTEGIDO MARWAN IBN HAKAM, Y ZUBAIR FUE MATADO POR UNA DE LA PERSONAS A QUIENES EL TRATABA DE INSTIGAR CONTRA EL IMAM.

SERMON 141

ACERCA DE LOS PELIGROS PENDIENTES SOBRE LA HUMANIDAD, Y ACERCA DEL IMAM QUE TRAERA SOCORRO A LA HUMANIDAD.

Cuando los hombres hayan torcido los significados del Sagrado Corán para lograr sus deseos pecaminosos y le hayan dado una falsa interpretación a sus órdenes para acomodarlas a sus caminos viciosos, él (el Imán de la época) los hará regresar a la obediencia de las órdenes del Santo Profeta (la paz sea con él y sus descendientes) y del Libro Sagrado.

CONTINUANDO SU DISCURSO EL IMAM MENCIONO LAS CONDICIONES QUE PREVALECERAN DURANTE EL TIEMPO QUE EL ESTABA PREDICIENDO

La sociedad estará enfrascada en guerras furiosas, desbordante de caos y devastación. Al principio los conquistadores se sentirán muy felices por sus triunfos y por los botines recogidos, pero todo tendrá un final muy triste. Yo os prevengo acerca de las guerras del futuro, no tenéis idea de la enormidad del mal que ellas traerán. El imám que creará un estado mundial hará que las naciones dominantes paguen por sus crímenes contra la sociedad. Él traerá socorro a la Humanidad. Él sacará del corazón de la tierra la riqueza escondida y la distribuirá equitativamente entre los necesitados y los merecedores. Él os enseñará a vivir con sencillez y a pensar elevadamente. Él os hará entender que la virtud es un estado de carácter que es siempre un medio entre los dos extremos y que está basada en la equidad y la justicia. Él revivirá las enseñanzas del Sagrado Corán y las tradiciones del Santo Profeta (la paz sea con él y sus descendientes) después de que el mundo las haya ignorado como letra muerta.

DESPUES DESCRIBIO LAS ACTIVIDADES DE ALGUN FUTURO CONQUISTADOR CRUEL - TAL VEZ EL ANTICRISTO.

Siento como si estuviera viendo realmente con mis propios ojos. Él revela su identidad en Siria y rápidamente extiende su dominio en la vecindad de Cufah (el Golfo Pérsico), luego la invadirá con la ferociadad de una bestia y dejará la tierra llena de cuerpos muertos. Él arrasará país tras país hasta que la tierra gima bajo su tiranía. Su dominio será extensivo y sus invasiones serán cruelmente feroces. ¡Por Dios!, él os dispersará (a los musulmanes) por toda la tierra; vuestro número será reducido considerablemente y seréis hechos pasar por desastres, calamidades y sufrimientos.

Esto continuará hasta que los árabes recobren su superioridad mental perdida y regresen al camino de Dios y de la religión. Durante estos tiempos terribles deberíais seguir cuidadosamente las verdaderas enseñanzas del Sagrado Corán y las tradiciones correctas del Santo Profeta (la paz sea con él y sus descendientes), y debéis vivir según las órdenes de las personas de Ahlulbayt (44) que estarán entre vosotros. Recordad, esto será una tarea difícil ya que el Demonio hará sus caminos fácilmente accesibles y os seducirá para que caigás en las trampas.

SERMON 142

ANTES DE SU MUERTE EL SEGUNDO CALIFA HABIA NOMBRADO UN GRUPO DE CONSEJEROS PARA ELEGIR UN CALIFA. EL IMAM MISMO FUE NOMBRADO COMO UNO DE ELLOS. ANTES DE QUE LA REUNION DE LOS CONSEJEROS SE EFECTUARA, EL DIO ALGUNOS DISCURSOS; EL SIGUIENTE ES UN PASAJE DE UNO DE ELLOS Y CONTIENE UNA PREDICCION QUE SE CUMPLIRIA PALABRA POR PALABRA.

Vosotros sabéis muy bien que nadie me ha superado en invitar a las gentes hacia la verdad y en llamarlos hacia el Santo Profeta (la paz sea con él y sus descendientes). Nadie me superó en bondad y caridad hacia vuestras gentes. Escuchad cuidadosamente lo que digo y conservadlo en vuestra mente. Está cercano el tiempo en que el Califato será reclamado a punta de espada y cuando las promesas serán audazmente rotas. Las condiciones se deteriorarán tanto que algunos de vosotros conduciréis a las gentes hacia la herejía y el cisma mientras que otros estarán siguiendo a falsos líderes (imames).

SERMON 143

PARTE DE UN SERMON ACERCA DE LOS MALES DE LA CALUMNIA Y LA MALEDICENCIA

Aquellos que están bien protegidos contra los pecados y que se guardan a símismos contra la desobediencia a Dios y al Santo Profeta (la paz sea con él y sus descendientes) deben reconocer que todas virtudes son Sus Dones para ellos. Es obligatorio para ellos que (como señal de agradecimiento) muestren misericordia hacia las gentes pecadoras y viciosas y estar agradecidos con Dios por sus formas de vida piadosas y bien balanceadas.

Yo no puedo entender cómo una persona pueda calumniar y atacar la reputación de otro hombre acusándole de vicios y pecados. ¿No recuerda él cómo el Dios Misericordioso le ha cubierto y ocultado sus pecados y vicios, los cuales eran de mayor enormidad que los de la persona a la cual él está exponiendo? ¿Cómo puede él criticar a otro hombre por pecados cuando él mismo es culpable de pecados similares? Y si él no ha cometido el mismo tipo de pecados, puede que su maldad y ofensas sean de mayor magnitud - aun - en otro campo. Suponiendo que él no haya cometido pecados mayores y que sus ofensas contra Dios y la religión sean de naturaleza menor, él debe recordar que la difamación, la calumnia y el hablar mal de los demás son pecados mayores.

¡Oh hombre!, no os precipitéis a difamar y a abusar verbalmente al otro hombre, pues puede que sus pecados hayan sido perdonados, y no minimicéis la gravedad y seriedad de vuestros propios pecados menores porque vosotros podéis ser castigados por los mismos.

Cuando una persona conozca los defectos de otra persona, debe abstenerse de calumniarlo, él debe recordar sus propios defectos y limitaciones (las cuales él cuidadosamente trata de esconder y ocultar de la vista pública). Si él encuentra que está libre de los pecados cometidos por el otro hombre, él debe ocuparse en darle gracias a Dios por este acierto de su carácter (en vez de ponerse a criticar al otro).

SERMON 144

PARTE DE UN SERMON ACONSEJANDO A LAS GENTES QUE NO PRESTEN OIDOS A LAS DIFAMACIONES Y ESCANDALOS Y QUE NO LO APOYEN NI LOS FOMENTEN.

Oh gentes, quienquiera de vosotros que conozca con certeza la sinceridad en religión y la piedad de su hermano no debe prestar oído cuando esa persona sea difamada y no debe alentar el escándalo contra él. Recordad que el mejor arquero a veces puede errar el blanco, pero las flechas de la calumnia y la difamación muy rara vez dejan de dar en el blanco y sus efectos posteriores son siempre ruinosos.
Verdaderamente el Dios Omnipresente vé y oye todo. Recordad que la diferencia entre ver una cosa (verificando los hechos) y oírla es la distancia cubierta por cuatro dedos (la distancia entre un ojo y una oreja). Recordad que vuestra afirmación de que habéis oído algo (que queréis creer y repetir) es una afirmación basada en la inequidad y el error, pero si decís que realmente habéis visto una cosa, entonces vuestra afirmación puede estar basada en la verdad y la realidad.

SERMON 145

PARTE DE UN SERMON ACONSEJANDO A LAS GENTES QUE GASTEN JUICIOSA Y PRUDENTEMENTE EN PERSONAS Y CAUSAS MERECEDORAS.

Si uno otorga su generosidad indebidamente, favorece a quien no lo merece y trata de patronizar las ocupaciones y actividades dañinas para el hombre, entonces a vuelta de lo que haya gastado y lo que haya hecho él no obtendrá sino alabanzas de los viles, elogios de los malvados y admiración de los tontos y los más bajos, y eso además en tanto que siga gastando en ellos. Dicha persona es generalmente dadivosa al gastar en las personas equivocadas, ocupaciones equivocadas y ocasiones equivocadas, pero cuando llega el tiempo de gastar en causas y personas merecedoras, y de gastar en la causa de Dios y el hombre, él es muy mísero.

Si Dios concede riqueza y prosperidad a cualquiera persona, ésta debería mostrar bondad a sus parientes merecedores, debería proveer para los pobres, debería acudir en ayuda de aquéllos que están oprimidos con calamidades, desgracias y reveses, debe ayudar a los pobres y los desposeídos y debe ayudar a las gentes honestas para que liquiden sus deudas; así, al cumplir sus deberes morales y al soportar pacientemente las dificultades para sacar a los otros de sus aflicciones, él se calificará a sí mismo para las Recompensas y Bendiciones de Dios, ya que sólamente estos atributos lo llevarán al pináculo de las virtudes en este mundo y a la cumbre de la excelencia en el próximo.

SERMON 146

PARTE DEL SERMON EN OCASION DEL OFRECIMIENTO DE ORACIONES PIDIENDO LLUVIA

Recordad que tanto la tierra sobre la que vivís como la atmósfera que os envuelve obedecen a Dios. Las bendiciones que ellas os confieren y las bendiciones que os conceden porque sientan simpatía con vuestras privaciones y sufrimientos ni para ganar vuestro favor ni porque ellas esperen ningún pago de parte vuestra, sino porque Dios les ha ordenado que os entreguen Sus dones. Ellas han sido hechas responsables de satisfacer vuestros requerimientos y ellas obedecen estas órdenes.

No hay duda de que cuando los pecados y los vicios alcanzan los extremos, Dios os prueba y evalúa con privaciones, con la disminución de los productos de vuestros campos y huertos y también con la facilidad para que os cerréis vosotros mismos las puertas de Sus Bendiciones, para que así podáis sentir los dolores de los sufrimientos y las heridas de las privaciones, para que podáis daros cuenta de la enormidad de vuestra maldad, y aquéllos de vosotros que se quieran arrepentir puedan arrepentirse, y aquéllos que tomen una advertencia de los sucesos puedan abstenerse de incurrir en pecados y vicios.

Verdaderamente Dios ha decretado el arrepentimiento para que sirva como un medio para incrementar la prosperidad y los medios de vida y como un instrumento para lograr Sus Bendiciones. Él dice en Su Libro Sagrado: "Pedid Su Perdón y aspirad a Su Misericordia, en verdad Él es El que todo perdona, el Misericordioso. Él constantemente envía hacia vosotros nubes cargadas de lluvia, e incrementa vuestra prosperidad y vuestra descendencia" [71:10-12]. Que Dios bendiga al hombre que se arrepiente de sus pecados, resuelve no volver a incurrir en ellos y pide Su Perdón antes de que la muerte lo alcance.

LUEGO EL IMAM ROGO POR LLUVIA EN LAS SIGUIENTES PALABRAS:

¡Oh Dios!, el llanto de los niños hambrientos y de los animales famélicos nos han hecho salir de nuestras casas pidiendo Tu Misericordia, esperando obtener Tus Bendiciones y temiendo Tu Ira y Tu Castigo.

¡Señor!, deja que las lluvias nos traigan Tus Bendiciones. No dejes que nos regresemos desanimados. No dejes que el hambre nos mate. Que Tu Ira no nos visite por causa de los malvados y lo viles de entre nosotros. ¡Oh Tú que eres el más Misericordioso y Bondadoso con los seres humanos!

¡Señor!, hemos salido de nuestras viviendas quejándonos de algo que no es desconocido para Ti. Hemos venido ante Ti cuando las adversidades extremas nos tienen agarrados, cuando el hambre nos está expulsando de nuestros hogares, cuando se nos niegan los requerimientos mínimos de la vida, y cuando las calamidades en gran intensidad se han congregado alrededor nuestro.

Te rogamos, ¡oh Señor!, por favor no nos envíes de regreso a nuestros hogares entristecidos y rechazados, no nos disciplines por nuestros vicios, ni nos castigues en proporción a nuestros pecados.

¡Oh Señor!, que Tu Misericordia haga descender sobre nosotros las lluvias vivificantes, otórganos Tus Bendiciones y concédenos nuestro sustento. Que las lluvias sean benéficas, refrescantes y fertilizantes. Que los árboles que están casi muertos reverdezcan otra vez. Que nuestras tierras muertas revivan. Que las lluvias sean realmente útiles, cargando de frutas a nuestras huertas, regando nuestros campos, llenando nuestros ríos y arroyos, cubriendo nuestros árboles con hojas verdes, reduciendo los altos precios flotantes y disminuyendo nuestros costos de vida. Tú tienes Poder, Majestad y Misericordia para concedernos todo esto.

SERMON 147

EN ESTE SERMON EL IMAM DIO RAZONES PARA LAS MISIONES DE VARIOS PROFETAS Y TAMBIEN LAS CAUSAS DE QUE LAS GENTES ENVIDIEN A AHL- UL- BAYT (LOS DESCENDIENTES DEL SANTO PROFETA, LA PAZ SEA CON EL).

Él depositó en Sus Profetas la misión sublime de llevar Sus Mensajes a la

Humanidad y los eligieron para que recibieran Sus Revelaciones. Él les asignó el deber augusto de probar a la Humanidad la universalidad de la verdad y la religión para que la Humanidad no pueda poner el pretexto de haber sido dejados sin vigilancia ni educación. Al final de las largas sucesiones de mensajeros Él envió a nuestro Santo Profeta (la paz sea con él y sus descendientes) para finalmente develar al hombre la última verdad acerca del Creador y Sus creaturas y para invitar a la Humanidad hacia el camino de Su religión.

Dios conoce perfectamente el poder de entendimiento y la capacidad mental del hombre. Él no envió a Sus Profetas para que descubrieran esto, sino para probar quiénes eran los mejores - en lo que se refiere a obras - para que los merecedores pudiesen ser recompensados con Sus Bendiciones, y que Su Ira descendiese sobre los malvados.

¿Dónde están esas gentes que pretenden que ellos y no nosotros - los Ahl-ul-Bayt - tienen el conocimiento completo del Libro Sagrado, sabiendo todo acerca de la creación y que dicen que poseen Conocimiento Divino? Estos impostores y falsos aspirantes mienten contra la verdad y hacen un gran perjuicio a la causa de Dios y el hombre. Ellos mienten contra nosotros y codician nuestra posición, ya que el Dios Misericordioso ha exaltado nuestra posición y los ha hecho inferiores a nosotros. Él nos ha conferido la eminencia que ha evitado para ellos. Él nos permitió la entrada a la esfera trascendental de la Revelación Divina, entrada que les fue negada a ellos.

Recordad que la guía sólamente a través de nosotros puede adquirirse la guía y despejarse al ignorancia. Indudablemente los Imames pertenecerán a la tribu de los Quraix, (pero ello significa) de los descendientes de Haxim (hijo de Abdelmanaf). El nombramiento divino ha sido para esta Progenie Augusta y nadie más merece este rango sublime y sagrado.

EN EL MISMO SERMON EL IMAM DIJO:

Estos Omeyas prefirieron el mundo vicioso más que al Reino de Dios. Ellos escogieron las aguas sucias de este mundo antes que el néctar celestial. Siento como si estuviera viendo a uno de sus califas malvados e impíos (algunos comentaristas piensan que con esto el Imám se refirió a Abdul Málik ibn Marwán), él es un libertino y un pervertido, él adoptó la vida inmoral y empezó a amarla, y él sólo podía obtener placer del pecado y la perversidad. Él llevó su vida viciosa hasta que su cabello se volvió blanco por la maldad y la corrupción y los malos hábitos se volvieron su naturaleza. Entonces él se volvió hacia el mundo, deseando apasionadamente más y más, babeando espuma por la boca ante la oposición, y dejando de respetar los derechos de la Humanidad. Al satisfacer sus deseos viciosos y explotar los derechos humanos él era como un río desbordado que no le importa a quién ahogue o como un fuego rugiente que consume irracionalmente todo con lo que haga contacto.

¿Dónde están aquellas gentes que han encendido las lámparas de su sabiduría con luz divina y que han mejorado su visión con la ayuda de la piedad y la virtud? ¿Dónde están los corazones dedicados a la causa de Dios y que han hecho votos de obedecerlo implícitamente? Que vean cómo estos Omeyas se abalanzan sobre las ganancias mundanas y cómo están peleando entre ellos por el poder para hacer más pecados y cometer más vicios. Aunque ellos habían sido completamente iniciados con los secretos del Cielo y el Infierno, ellos le han dado la espalda al Cielo, y muestran un ávido deseo de abrazar el Infierno. Ellos se han negado a escuchar el llamado de Dios y se volvieron hacia el Demonio para aceptar su invitación.

SERMON 148

PARTE DE UN SERMON EN EL CUAL EL IMAM ACONSEJO A LAS GENTES QUE MIRARAN EL MUNDO A SU ALREDEDOR Y SE DIERAN CUENTA DE QUE AQUI NADA PUEDE SER ALCANZADO SIN PERDER ALGO MAS, Y QUE EN LA VIDA HAY MAS SUFRIMIENTOS QUE ALEGRIAS.

¡Oh gentes!, ¿(no os dais cuenta) de que vuestras vidas aquí son como blancos a los cuales el destino dirige sus flechas? ¿(No os dais cuenta de que cada trago de agua y cada bocado de comida tiene la posibilidad latente de irse por la tráquea o de ahogaros y quitaros la vida? Vosotros rara vez obtenéis alguna cosa buena en la vida sin que tengáis que separaros - en pago por ello - de algo igualmente bueno. Cada nuevo día que amanece sobre uno, lo alcanza sólo cuando él ya ha terminado un día de su vida (no hay incremento en la duración total de la vida, se añade un día sólo cuando el día previo se ha terminado, o sea, perdido). Ningún nuevo alimento es de utilidad para nadie a menos que él haya consumido el que ya había tomado. Ninguna nueva tradición se establece sin eliminar a la antigua (ninguna nueva teoría adquiere existencia a menos que una teoría vieja sea refutada).

Nada nuevo viene a este mundo a menos que alguna cosa vieja salga de él. Para cuando los descendientes de un hombre se establezcan sus padres ya no estarán. Nuestros ancestros están muertos y se han ido, nosotros estamos vivos hoy, pero ¿cuánto tiempo seguiremos vivos?

EL IMAM DIJO DESPUES:

La inovación trepará dentro del Islam sólo cuando las tradiciones del Santo Profeta sean descartadas (la paz será con él y sus descendientes). Mantenéos alejados de la innovación y seguid sinceramente los principios y doctrinas del Islam. Lo que Dios os ha ordenado que hagáis son realmente lo mejor que os puede suceder, y lo que Él os ha prohibido son realmente las cosas más dañinas para vosotros.

SERMON 149

EL SEGUNDO CALIFA SOLICITO EL CONSEJO DEL IMAM DE SI DEBIA CONDUCIR EN PERSONA EL EJERCITO CONTRA LOS PERSAS. EL LE HABIA DICHO AL IMAM QUE LOS PERSAS HABIAN REUNIDO UN EJERCITO ENORME PARA INVADIDR EL MUNDO MUSULMAN. EL IMAM LE ACONSEJO EN LAS SIGUIENTES PALABRAS QUE NO FUERA EN PERSONA (VER EL SERMON 137 EN EL CUAL EL IMAM LE ACONSEJO AL SEGUNDO CALIFA QUE NO COMANDASE PERSONALMENTE EL EJERCITO QUE INVADIO ROMA).

En lo que se refiere a la victoria o la derrota de las fuerzas musulmanas, recuerda que no dependen de la fuerza del ejército. El Islam es la religión de Dios, la cual Él auxilió hasta que la comunidad alcanzó la posición que ahora tiene y se aseguró la situación que ahora mantiene. Tenemos fuerte fe en la Promesa de Dios. Él cumplirá Su Promesa y acudirá en auxilio de Su ejército. La posición del rey del mundo musulmán es como el hilo en un collar de perlas (manteniendo bien coordinadas a todas las diversas secciones de la comunidad). Si este hilo se rompe, todas las perlas se desparramarán. Aunque los árabes no sean hoy numéricamente fuertes, su fe en Dios y el Islam es la mayor fuente de su fuerza y un escudo contra la vulnerabilidad, y su unidad

les traerá victorias.
Tu no debes dejar tu sitio, sé como un pivote alrededor del cual gira la piedra del molino. Envía el ejército musulmán al mando de alguien más. Si sales de Medina varias tribus de los árabes pueden invadir la capital, y tú puedes verte forzado a concentrarte más seriamente en la defensa de aquéllos a quienes dejaste atrás que en atacar a aquéllos a quienes tienes que encontrar en el campo de batalla.

Hay otra cosa digna de consideración, y es que si esos persas te ven en el frente, naturalmente sentirán que tú eres el alma del movimiento del ejército, y tratarán de capturarte vivo bajo la impresión de que al arrestarte ellos, las defensas del mundo musulmán llegarán a su fin. Tal idea los alentará a concentrarse contra tu persona.

Me dices que los persas se han vuelto agresivos. Déjame decir que Dios el Todopoderoso nunca quiere a las gentes agresivas y Él es más poderoso que tú para aniquilar a aquéllos a quienes Él no aprueba. En lo que se refiere a la superioridad numérica de los persas sobre los musulmanes, recuerda que el Santo Profeta (la paz sea con él y sus descendientes) nunca luchó contra su enemigo con un gran ejército. Cuando él luchaba contra los infieles tenía más fe en la ayuda de Dios que en la superioridad numérica.

SERMON 150

EN ESTE SERMON EL IMAM DISCUTIO LOS SIGUIENTES TEMAS, MUY BREVEMENTE PERO MUY CLARAMENTE:

A) ¿CUAL FUE EL PROPOSITO DE DIOS AL ENVIAR AL SANTO PROFETA (LA PAZ SEA CON EL Y SUS DESCENDIENTES) Y A OTROS MENSAJEROS?
B) COMO CASTIGA DIOS A QUIENES LO DESOBEDECEN.
C) COMO SERA AFECTADO EL ISLAM, Y COMO SERAN TRATADOS EL CORAN Y AHL-UL-BAYT (LOS DESCENDIENTES DEL PROFETA) DESPUES DEL IMAM.
D) ¿POR QUE SUFREN LAS NACIONES?
E) ¿QUE CLASE DE GENTE SON LAS PERSONAS PIADOSAS?
F) ¿COMO PUEDE UNO DISTINGUIR LO BUENO DE LO MALO Y LA VIRTUD DEL VICIO?
G) ¿QUE ES LO QUE LE ENSEÑA A LAS GENTES PIADOSAS A

TENER HUMILDAD ANTE DIOS?

El Dios Misericordioso nombró a Muhammad (la paz sea con él y sus descendientes) como Su Mensajero verdadero y confiable y le encomendó la misión de convertir a la gente de la idolatría hacia la adoración a Dios, y de guiarlos a que lo obedezcan a Él en vez de obedecer al Demonio.

El Santo Profeta (la paz sea con él y sus descendientes) explicó el Libro Sagrado para que por razón de sus enseñanzas las gentes pudieran reconocer a su Creador y su Señor, y para que aquéllos que previamente no tenían fe en Dios pudieran cambiar su visión, y que aquéllos que originalmente eran infieles pudieran convertirse a la religión verdadera.

Glorificado sea Él, Él está muy por encima de la imperfección de los seres vistos por los ojos humanos, y sin embargo Él se reveló a Símismo a la Humanidad a través de Su Lilbro de tal manera que, sin verlo realmente, ellos pudieran ver Su Gloria y Su Poder, pudieran comprender Su Enojo y pudieran darse cuenta de cómo Su Ira aniquiló a los pecadores y cómo descendió Su Castigo sobre las gentes malas y viciosas.

¡Oh gentes!, pronto después de mí vendrá un tiempo en el que encontrarás que no habrá nada más oculto, más enigmático y más inteligible que la religión, la verdad y la justicia, ni nada más evidente que la infidelidad, el error y el ateísmo. Entonces nada será más prevalente ni de práctica más común que las mentiras contra Dios y su Santo Profeta (la paz sea con él y sus descendientes). Las gentes sentirán que nada es más dañino para sus creencias y actividades que el significado verdadero y correcto del Corán, ni nada es más adecuado para sus deseos y ambiciones que el torcer su significado y malinterpretar sus órdenes y prohibiciones. Nada será más odioso que la bondad y la piedad, ni nada será más amado que el vicio y el pecado. Aquéllos que se supone deben tener fe en este Libro prestarán escasa atención a sus enseñanzas y aquéllos que se supone lo deben saber de memoria y recordarlo en detalle, lo olvidarán completamente. El Libro Sagrado y sus guardianes, las gentes que lo entienden y pueden explilcarlo (los descendientes del Santo Profeta, la paz sea con él y sus desciendientes) sufrirán la forzada exclusión del reconocimiento y la aceptación por la sociedad. Ellos dos (el Corán y Ahl-ul-Bayt) serán compañeros de viaje, nadie querrá hacerse amigo de ellos y nadie les ofrecerá un refugio. Ellos estarán entre los hombres, pero éstos no harán uso del conocimiento de ellos dos. Esto sucederá porque no puede haber nada en común entre el paganismo y el deseo de conocer el verdadero camino a la salvación; porque ellos no pueden complementarse ni unirse, aunque existan cerca unos (el paganismo y el pecado) de otros (el Corán y sus guardianes). El resultado será que los musulmanes estarán en desacuerdo uno con otros y perderán cohesión. Ellos actuarán como si fueran obligados a seguir el Corán y el Corán no estuviese allí para guiarlos. Entre tales gentes nada quedará del Sagrado Corán más que su nombre. Nada será comprendido por ellos más que sus letras y números. Antes de llegar a esa etapa final dichas gentes maltratarán y tiranizarán a las personas piadosas cuyas verdades serán consideradas como mentiras y cuyas obras piadosas serán consideradas como vicios y pecados.

Es una verdad histórica que las gentes siempre han perecido miserablemente debido a sus deseos desmedidos y a sus ambiciones inmoderadas. Ellos nunca pensaron que tendrían que enfrentarse a la muerte hasta que la muerte los tomo desprevenidos y entonces fue demasiado tarde para que ellos se arrepintiesen y la puerta del arrepentimiento se les cerró y fueron condenados para siempre.

¡Oh gentes!, el que desea buscar el consejo de Dios triunfa en su empresa y Dios le concede oportunidades para asegurar Su Favor, y quien tome Su Libro Sagrado como su guía es dirigido hacia el verdadero camino. Verdaderamente aquéllos que están cerca de Dios (moralmente) gozan de la paz y la bendición eternas, y los enemigos de Dios están en constante peligro y temor de condenación. Aquéllos que entienden la Gloria y la Grandeza de Dios, no piensan que sea adecuado el considerarse a sí mismos grandes. Ellos entienden que su grandeza (de mente) está en reconocer la Grandeza y la Gloria de Dios y ellos comprenden plenamente cuán insignificante es su existencia cuando se compara con Su Majestad. Aquéllos que pueden comprender verdaderamente Su Poder consideran como una Bendición el seguir Sus Ordenes.

No tratéis de manteneros alejados del verdadero Imám, como una persona sana tratando de escapar de una persona que sufre de una enfermedad contagiosa. Vosotros debéis comprender plenamente que nunca podréis daros cuenta de qué es y cómo actúa la guía a no ser que entendáis el caso de la persona descarriada o el del que se extravía debido a su ignorancia. Vosotros no podréis cumplir los pactos que habéis contraído con el Sagrado Corán a no ser que reconozcáis y entendáis por completo la debilidad de las personas que violan dichos pactos. No podréis adheriros a las enseñanzas del Corán a no ser que podáis reconocer completamente a la clase de personas que lo han abandonado. Vosotros debéis solicitar el conocimiento a aquéllos que puedan dároslo. Debéis aprender el Sagrado Corán de aquéllos que lo conocen a aque ellos le dan vida al conocimiento y eliminan la ignorancia. Ellos son gentes cuyas órdenes revelan la intensidad y la extensión de su conocimiento, cuyo silencio es tan elocuente como su plática, cuyas vidas cotidianas manifiestan la cumbre de su piedad y sinceridad. Ellos no están en contra de ninguna religión ni la critican innecesariamente. Una religión entre ellos es un testigo silencioso pero veraz de la piedad la sinceridad y la grandeza de sus mentes.

SERMON 151

ESTE SERMON ES ACERCA DE LA ACTITUD DE TALHA Y ZUBAIR Y FUE DADO LA VEZ CUANDO ELLOS SALIERON PARA BASORAH. DISPONIENDOSE A REBELARSE CONTRA EL IMAM

Cada uno de estos dos (Talha y Zubair) está esperando el Califato para sí mismo sólamente y quiere usurpárselo al verdadero Califa (el Imam). Ellos no se adhieren al modo de vida que Dios les ordenó (o sea, el Islam). ni buscan los medios para avanzar ellos mismos en Su Favor. Cada uno de ellos está celoso del otro. Sus celos serán expuestos pronto.

ESTO RESULTO CIERTO: DURANTE EL VIAJE A BASORAH, TALHA Y ZUBAIR DISCUTIERON POR EL ASUNTO DE VER QUIEN GUIARIA - COMO IMAM - LAS ORACIONS DIARIAS, Y A IXAH TUVO QUE INTERVENIR PARA ARREGLAR ESTA DISPUTA. ELLA ORDENO QUE NINGUNO DE ELLOS DOS DEBIA SER EL IMAM DE LAS ORACIONES, Y EN VEZ DE ELLO, UN DIA EL HIJO DE ZUBAIR - ABDULLAH - SERIA EL IMAM Y EL SIGUIENTE DIA MOHAMMAD, EL HIJO DE TALHA, DIRIGIRIA LAS ORACIONES; ASI SE HIZO QUE ELLOS DESISTIERAN DE LA POSICION DE IMAM DE LAS ORACIONES EN FAVOR DE SUS HIJOS.

EL SERMON CONTINUA ASI:

¡Por Dios!, si uno de ellos consigue el Califato el otro tratará de matarlo y también será matado a su vez.

Los rebeldes (Talha, Zubair y sus partidos) están listos para pelear contra el Islam, pero ¿dónde están las personas que convencerán a las gentes para que sigan los Mandamientos de Dios? Dejadlos que avancen. Los dictados de la religión ya les han sido plenamente explicados por el Santo Profeta (la paz sea con él y sus descendientes). Él dijo una y otra vez muy frecuentemente a los musulmanes que el Corán y su Ahl-ul-Bayt (45) deben ser seguidos; ellos no pueden ni deberán ser separados hasta el Día del Juicio, y quienes los sigan no se extraviarán.

Recordad que hay una causa para cada vicio o pecado cometido (estad atentos a dichas causas); y todo el que viole un pacto sagrado provoca una duda acerca de su sinceridad y su piedad (examinad cuidadosamente la sinceridad y la piedad de cada uno que rompa un juramento sagrado).

¡Por Dios!, yo no soy ignorante ni descuidado de los peligros que se están reuniendo contra el Islam y yo sé cómo evitarlos.

SERMON 152

ERA LA HORA PARA LA ORACION MATUTINA. EL DIA 19 DE RAMADÄN ESTABA A PUNTO DE AMANECER. EL IMAM HABIA LLAMADO A LAS GENTES PARA LA ORACION, HABIA DESPERTADO A AQUELLOS QUE DORMIAN EN LA MEZQUITA DE CUFAH. ABDURRAHMAN IBN MULŸM ERA TAMBIEN UNO DE

ELLOS. EL IMAM LE HABIA ACONSEJADO COMO DEBE UNO YACER CUANDO SE VA A DORMIR CON EL FIN DE OBTENER EL MEJOR DESCANSO Y TAMBIEN LE DIJO QUÉ ESTABA ESCONDIENDO ENTRE SUS ROPAS (UNA ESPADA) Y CUALES ERAN SUS MALAS INTENCIONES (ASESINAR AL IMAM). LUEGO EL IMAM ATENDIO A LAS LAMPARAS COLGADAS EN LA MEZQUITA, ENCENDIENDO AQUELLAS QUE SE HABIAN APAGADO, Y FUE A SU SITIO DE ORACION. ERA SU PRIMERA RAKÄ' AH DE LAS ORACIONES MATUTINAS Y ESTABA INCLINADO ANTE DIOS, Y LAS PALABRAS "GLORIA A DIOS EL MAGNIFICO Y ALABADO SEA" ESTABAN EN SUS LABIOS CUANDO ABDURRAHMAN IBN MULŸIM DIO EL GOLPE CON LA MISMA ESPADA QUE EL IMAM HABIA SEÑALADO. LA ESPADA HIZO UN CORTE PROFUNDO EN LA CABEZA DEL IMAM.

LA ORACION FUE INTERRUMPIDA. IBN MULŸIM EMPEZO A CORRER Y LA GENTE FUE TRAS EL. NADIE ESTABA ATENDIENDO A LAS ORACIONES, HABIA CONFUSION EN TODAS PARTES, PERO EL IMAM TERMINO SU INCLINACION Y LAS DOS POSTRACIONES Y ENTONCES SE DEJO CAER EN LOS BRAZOS DEL IMAM HASSAN Y EL IMAM HUSSAYN (LA PAZ SEA CON ELLOS). SE ATENDIO SU CABEZA SANGRANTE. LOS LABIOS SE INUNDARON DE SANGRE Y SE ABRIERON DANDO GRACIAS DICIENDO: "TE DOY GRACIAS, ¡OH SEÑOR!, POR RECOMPENSARME CON EL MARTIRIO. ¡QUE BONDADOSO Y BENEVOLO ERES!, QUE TUS MISERICORDIAS ME CONDUZCAN HACIA LA GLORIA DE TU REINO".

IBN MULŸM, QUE HABIA SIDO ATRAPADO POR SASA IBN SAUHÄN, FUE TRAIDO ANTE EL. LAS MANOS DEL ASESINO ESTABAN ATADAS POR ATRAS DE SU ESPALDA. EL IMAM VIO QUE LA CUERDA CON LA QUE ESTABA ATADO LE ESTABA CORTANDO LA PIEL. EL SE OLVIDO DE LA HERIDA DE SU CABEZA, EL SINTIO QUE AUNQUE IBN MULŸIM LE HABIA DADO UN GOLPE MORTAL CON LA ESPADA, ERA UN SER HUMANO Y DEBIA SER TRATADO COMO TAL. EL LE ORDENO A SASA QUE AFLOJARA LA CUERDA DE IBN MULYIM Y LO TRATARA HUMANAMENTE. EL GESTO DE BONDAD TOCO EL CORAZON DEL ASESINO. EL CUAL EMPEZO A LLORAR, Y TODOS TAMBIEN LO HICIERON UNA SONRISA SE DIBUJO EN LOS LABIOS DEL IMAM Y CON VOZ DEBIL DIJO: "ES DEMASIADO TARDE PARA QUE TE ARREPIENTAS AHORA QUE YA HICISTE TU MALA ACCION. ¿FUI UN MAL IMAM, IBN MULŸIM?"

EL IMAM VIVIO DOS DIAS DESPUES DE ESTO Y EN ESTE PERIODO CADA VEZ QUE SALIA DE LA INCONCIENCIA DABA UNOS CUANTOS SERMONES. EL SIGUIENTE SE SUPONE QUE FUE EL ULTIMO.

¡Oh gentes!, toda persona trata de escapar de la muerte, sin embargo se encuentra a la muerte en una de esas huídas. La muerte es ese fin último de la vida hacia el cual todo está siendo conducido. La mejor forma de escapar de la muerte es encararla cuando llegue (un hombre sólo puede morir una vez y para un hombre piadoso la muerte significa vida eterna). Cuántos días de mi vida pasé en ansiosa búsqueda del día y la forma de mi muerte hasta que al fin me fue dada a conocer. Nadie puede saber qué tipo de muerte le tocará, ni cuándo. Este conocimiento está oculto al hombre, y es sabido sólamente por Dios. (No tratéis de descubrirlo, este tipo de búsqueda sería infructuoso, y cuando sepáis de él, será demasiado tarde para utilizar el conocimiento; por lo tanto una mejor manera de vivir la vida es que) no consideréis a nadie como socio o compañero de Dios. (Él es el Unico). Él y sólo Él merece ser adorado; y vosotros no debéis infligir heridas espirituales a las sunnat (tradiciones) del Santo Profeta (la paz sea con él y sus descendientes). Observad estos dos pilares del Islam manteniéndoos en ellos firme y constantemente. Mantened encendidas estas dos lámparas. Nadie os censurará si protegéis vigilante y sinceramente estas lámparas. Cada uno de vosotros tiene que cargar con su responsabilidad de acuerdo a su capacidad; la carga de los ignorantes e iletrados es menor que la de los educados y bien informados, porque vuestro Dios es Misericordioso (Él no sobrecargará a una persona más allá de la capacidad mental de ésta). Vuestra religión es fuerte (no puede ser presa fácil de la inovación y el cisma), y vuestro Imán es sabio.

Hasta ayer yo fui vuestro gobernante y dirigente (cuando gozaba de cabal y vigorosa salud; yo os servía, os defendía y os enseñaba el Islam). Hoy soy meramente una fuente de consejo para vosotros (incapaz de hacer nada de lo que hacía cuando estaba sano) y puede que parta de vosotros, que el Dios Misericordioso me perdone. Si yo sobrevivo a esta herida yo me someteré a la Voluntad de Dios, y si yo muero no hay nada de qué asombrarse, pues la duración y la estabilidad de nuestra existencia es como un tiempo pasado bajo la sombra de un árbol (la cual se mueve de un lugar a otro junto con el sol y nunca permanece mucho tiempo en un lugar) o como la sombra proyectada por las nubes cuyas posiciones están a merced de los fuertes vientos; cuando las nubes desaparecen del cielo sus sombras también desaprarecen; así es la vida.

Hasta ayer yo fui vuestro compañero y vecino, yo estaba sano y saludable entre vosotros. Pero dentro de poco hallaréis mi cuerpo sin alma. Encontraréis que después de haber estado moviéndose, trabajando y efectuando sus deberes, ahora está inmóvil e ncapaz de hacer cosa alguna, encontraréis que

después de haberos hablado, enseñado, sermoneado y advertido, ahora está absolutamente silencioso. Aprended una lección de mi silencio y de la quietud inalterable de mi cuerpo muerto. Puesto que la visión de una persona que se mueve, actúa, piensa y habla, y que se convierte súbitamente en un cuerpo silencioso, quieto e inmóvil, es una mejor forma de advertencia que la mejor conferencia, y es el sermón más efectivo.
Quiero deciros adios, espero encontraros otra vez en el Cielo. Vosotros reconoceréis mañana (después de mí) los méritos de mi Gobierno. Después de que yo haya desocupado este lugar y después de ver a alguien más en mi asiento conoceréis y reconocereis mi valor y mi carácter.

SERMON 153

EN ESTE SERMON HAY UNA PREDICCION ACERCA DEL FUTURO Y ACERCA DEL DUODECIMO IMAM DE LA PROGENIE DEL SANTO PROFETA (LA PAZ SEA CON EL Y SUS DESCENDIENTES).

Éstas son las gentes que habiendo disistido del Camino Recto de la religión andan vagando en el desierto del error y la irrealidad. No os apresuréis en invitar al futuro ni tratéis de evitarlo; esperádlo, es inevitable y está destinado a llegar. Hay muchas gentes que frecuentemente desean algo con ansiedad, y cuando lo consiguen, desean que no hubiera llegado. Hoy está tan cerca a mañana (que ni siquiera es necesario desearlo ni tratar de evitarlo); el futuro es el resultado inevitable del presente y está inseparablemente conectado con él.

¡Oh gentes!, recordad que el tiempo presente es el tiempo cuando algo que ha sido prometido sucederá y los eventos que no conocéis o no podéis prever o predecir tendrán lugar. Durante los días de pruebas y tentaciones, aquéllos que reconozcan la importancia y el valor de Ahl-ul-Bayt (la progenie del Santo Profeta, la paz sea con él y sus descendientes), no sólo pasarán a salvo por todas las épocas - como una persona que camina en la oscuridad con una lám,para en la mano - sino que serán de utilidad para los demás y actuarán como gentes piadosas. Esto continuará hasta que el verdadero Imám de la época aclare las dudas creadas por la herejía y el cisma, libere a las gentes de la opresión y la tiranía, eduque a los malinformados y a los ignorantes, introduzca reformas en la sociedad y rellene los huecos que la maldad y la impiedad puedan haber creado en las verdaderas enseñanzas del Islam. Por algún tiempo él estará escondido de los ojos del hombre de tal manera que el mayor rastreador del día no podrá encontrar ni rastro de él por más que trate. Pero cuando él aparezca, él educará a la Humanidad de tal forma que la visión humana se expanderá por medio de las enseñanzas del Corán, los hombres podrán adquirir verdadera sabiduría y sus mentes serán capaces de elevarse a los planos más altos de la ciencia y la filosofía.

SERMON 154

ALGO ACERCA DE AQUELLOS QUE SE OPUSIERON AL ISLAM DURANTE LOS DIAS DEL SANTO PROFETA (LA PAZ SEA CON EL Y SUS DESCENDIENTES) Y DE AQUELLOS QUE SE VOLVIERON APOSTATAS DESPUES DE QUE EL MURIO, Y ACERCA DE SUS COMPAÑEROS QUE NOBLE Y VALIENTEMENTE SUFRIERON JUNTO CON EL.

El gobierno de los tiranos fue largo para que su tiranía y su opresión pudiesen ser completamente expuestas y para que su infamia y su vergüenza fueran descubiertas. Ellos merecieron la revolución que los derrocó. Ellos fueron destruídos y aniquilados y las gentes fueron rescatadas de las calamidades y la destrucción y fueron liberados de la guerra y el derramamiento de sangre que fueron producidos por los tiranos. Las gentes piadosas, que valientemente pasaron por esos días, soportaron pacientemente los sufrimientos y dieron sus vidas por la causa de la justicia y el Islam. Ellos se humillaban ante Dios, nunca - ni por un momento - magnificaron su paciencia ni su valentía, y nunca imaginaron que ellos estuvieran haciéndole un favor a Dios y a Su Religión. Entonces Dios ordenó que los tiempos de pruebas y aflicciones terminaran. Se les dio permiso a ellos para que defendieran su fe con la ayuda de sus espadas, y obedecieron las órdenes de Dios de acuerdo con las enseñanzas del Santo Profeta (la paz sea con él y sus descendientes).

Las cosas continuaron así hasta que Dios llamó al Santo Profeta (la paz sea con él y sus descendientes) de vuelta. Entonces muchos se volvieron apóstatas o volvieron al paganismo, ellos fueron malditos por la perversidad de sus mentes y sus caprichos. Ellos pusieron fe en sus parientes que estaban extraviados o en instigadores que eran paganos. Ellos descartaron los medios (la progenie del Santo Profeta, la paz sea con él y sus descendientes) a los cuales se les había ordenado que debían amar, respetar y seguir y que los habrían mantenido dentro de los límites de la verdadera religión. Así, ellos dañaron los cimientos de la verdadera religión y trataron de introducir el cisma y la herejía en el Islam. Ellos se convirtieron en mina y manantiales de pecados, y en fuentes de todos los vicios. Ellos fueron perversos y estaban borrachos de poder, arrogancia y maldad. Ellos adoptaron las maneras del Faraón y sus gentes, estaban apegados a los poderes y placeres mundanos y se alejaron de la verdadera religión.

SERMON 155

LOS COMENTADORES DICEN QUE EN EL SIGUIENTE SERMON EL IMAM PREDIJO LOS GOBIERNOS IMPIOS E INHUMANOS DE LOS OMEYAS Y LOS ABASIDAS, PERO MI OPINION ES QUE EL IMAM HABLABA DE UNA EPOCA QUE HABRIA DE VENIR MUCHO DESPUES QUE LA DE LOS REGIMENES OMEYA Y ABASIDA. EN ESTE SERMON EL NOS INFORMO DE TODO LO QUE EL SANTO PROFETA (LA PAZ SEA CON EL Y SUS DESCENDIENTES) LOGRO PARA NOSOTROS Y COMO ELLO SERA OLVIDADO Y TRAICIONADO.

Invoco la ayuda de Dios para repeler al Demonio y para salvarme de sus trucos y engaños. Yo declaro que Muhammad (la paz y bendiciones de Dios sean con él y sus descendientes) es el Siervo de Dios, y Su Mensajero, elegido, exaltado y dignificado por Él. Nadie lo ha superado ni lo superará en eminencia y nadie será capaz de remplazarlo; el perderlo - o sea, el traicionar sus enseñanzas - es una pérdida que nada puede compensar. El mundo estaba en la total oscuridad de la ignorancia, las creencias supersticiosas y los bajos estándares de moralidad cuando él iluminó a la sociedad humana con la Luz Divina. Antes de él las gentes estaban acostumbradas a considerar lo malo como bueno y el vicio como virtud; ellos se burlaban de las gentes de mente elevada y ridiculizaban a los filósofos. Ellos vivían sin religión y morían como infieles.

¡Oh árabes!, tened cuidado, no sea que os veáis envueltos en calamidades y desgracias - las cuales no están lejos de vosotros - y no dejéis que el poder y la riqueza os hagan volver al cabeza hacia ellos, y tened en mente la intensidad del castigo Divino. Sed fieles a vuestra religón cuando la oscuridad del paganismo y la hipocresía os rodeen, cuando la impiedad y la maldad provoquen en vuestras mentes dudas (acerca del Islam), cuando la infidelidad y el escepticismo se infiltren - secreta y misteriosamente - entre vosotros y cuando la perversidad disfrazada salga de su escondite enigmática e incomprensiblemente. Sed firmes en vuestra fe cuando el paganismo enmascarado se establezca y extienda sus tentáculos por todo (el mundo Islámico). Aparecerá de lugares ocultos y desconocidos y súbitamente se convertirá en abierto libertinaje y en depravación e impiedad repugnantes. Su crecimiento será como el de un hombre joven, creciendo más y más con el paso del tiempo, y sus efectos (posteriores) serán tan duraderos como una roca. Este régimen cruel será pasado de un tirano a otro, pasará a través de tratados y pactos y, a través de promesas y convenios, de opresor a opresor.

Aquellos que empiecen esa revolución impía conducirán el movimiento y los seguirán generaciones. Su único deseo será el poder y el placer y ellos pelearán por éstos como perros peleando por un cadáver desagradablemente podrido. A intervalos cortos, los seguidores de entre ellos seguirán peleando con los líderes y se estarán rebelando contra sus dictadores. Las naciones constantemente estarán efectuando guerras sanguinarias o propaganda sucia (guerra fría) unas contra otras.

Esta situación será seguida por un disturbio general tan grande y un levantamiento tal que alterarán las civilizaciones. Tendrá tal efecto desequilibrante en la sociedad que incluso aquéllos que hasta entonces habían estado siguiendo el Camino Recto lo dejarán, ellos abandonarán las formas pacíficas de vida. Durante esos días de confusión y desorden la Humanidad desarrollará puntos de vista muy divergentes y contradictorios acerca de la verdad y la justicia. Quienquiera que trate de luchar contra esa anarquía y ese caos y trate de mejorar la situación será dominado, aplastado y aniquilado. Habrá enemistad y discordia totales entre los diversos sectores de la sociedad, cada uno tratando de dañar al otro. La religión perderá su control sobre las mentes humanas, la verdadera apreciación de las ciencias y de la filosofía dejará lugar a la ceguera de sus usos viles y dañinos, y sólamente los tiranos y los dictadores tendrán poder para expresar sus opiniones (el hombre común y corriente estará atado de lengua).

Este levantamiento será especialmente más dañino para los beduinos y los nómadas. Ellos serán aplastados y masacrados. Pero por doquiera tanto los individuos como las naciones se hundirán en este abismo.

Tiempos como ése están destinados a llegar. Durante esos días las gentes se regocijarán en la masacre, la carnicería y el derramamiento de sangre, perderán la fe en la religión y la maltratarán. Las gentes sabias y piadosas tratarán de escapar de dicho ambiente, pero los viciosos y viles les impondrán por la fuerza sus políticas. Los lazos familiares, las relaciones familiares y el amor familiar desaparecerán (no habrá estructura familiar). Las gentes abandonarán el Islam en grandes números. La civilización entrará en una conflagración mundial de excitación, carnicería y masacre. Los buenos musulmanes serán quienes más sufran, ellos tratarán de escapar de esos ambientes pero no lo lograrán, la mayoría de ellos serán matados y masacrados impunemente y algunos, temiendo esos tratamientos crueles, tratarán de obtener algún tipo de protección, serán apaciguados a una falsa seguridad con promesas engañosas y juramentos traicioneros.

Durante tales días aciagos tened cuidado de no apoyar los cismas ni las inovaciones, y no os unáis a la opresión y la tiranía, sino que tratad siempre de mantener firme la causa que traerá bien y paz generales a las masas y tratad siempre de seguir el Islam. Presentáos ante Dios como oprimidos y maltratados y no como opresores o tiranos. Apartáos de los caminos de Satanás y abstenéos de rebelaros contra Dios. No viváis del salario de la iniquidad y el pecado. Recordad que estáis ante Dios, el Cual ha prohibido estrictamente los pecados y vicios y ha ordenado un curso de adoración y devoción a Él y de obediencia a la religión, que es fácil, conveniente y natural para que lo siga la Humanidad.

SERMON 156

SE SUPONE QUE ESTE SERMON FUE UNO DE LOS PRIMEROS QUE EL IMAM DIO DESPUES DE TOMAR A SU CARGO EL ESTADO ISLAMICO. EN ESTE SERMON EL - EN SU ESTILO UNICO Y SIN PARALELO - HABLO ACERCA DE DIOS, ACERCA DE AHL-UL-BAYT Y EL ISLAM, ACERCA DE SU TOMA DE POSESION DEL GOBIERNO, ACERCA DE LA MISERICORDIA Y LA IRA DE DIOS Y ACERCA DE FENOMENOS PSICOLOGICOS DE LAS ALMAS HUMANAS.

ACERCA DE DIOS

Glorificado sea Aquél Cuyas creaciones son prueba de Su Existencia. El principio mismo, y el origen, de la creación (en el tiempo y el espacio) prueba que Él es Eterno. Las similitudes entre Sus creaturas y las analogías en la naturaleza prueban que no hay nadie similar a Él. ¡Oh Señor!, la inteligencia no puede comprenderte pero nada puede ocultar, cubrir o envolver Tu Gloria y Tu Grandeza. Hay una diferencia natural entre el que crea o inventa y las cosas que son creadas o inventadas; entre lo finito y lo infinito y entre el que nutre y mantiene y las creaturas que no pueden continuar existiendo a no ser que sean mantenidas y nutridas.

Él es Uno pero no es una unidad numérica (la cual) pueda ser subdividida matemática y lógicamente. Él es un Creador poero Su acto de creación no le ha provocado ningún movimiento o ejercicio. Él oye pero sin la ayuda de órganos corporales o de auxiliares o instrumentos. Él vé pero sin la asistencia de órganos de la vista o de medios externos. Él está presente en todas partes pero Él no es una presencia física. Él está lejos de todo lo creado pero está distancia no es en cuanto a espacio o dimensiones. Su Omnipresencia es indudable e inteligiblemente evidente pero Él no puede ser visto, discernido ni visualizado. Él está oculto a la vista humana pero no debido a delgadez o pequeñez. Él está remoto de Su cración debido a Su Control, Majestad y Poder completos sobre ella, y las creaturas están alejadas y separadas de Él debido a que fueron puestas en existencia por Él, porque ellas no pueden existir sin Su Voluntad y Su Misericordia y porque ellas están forzadas por la naturaleza a obedecerlo y someterse a Sus Ordenes (así, no hay nada en común entre Él y Sus criaturas que se las cerque físicamente a Él).

El que limite o clasifique Sus Atributos lo confina dentro de esos límites y clasificaciones, el que trata de confinarlo así le asigna una entidad matemática y quien lo describe así niega Su Eternidad. El que quiere saber cómo es el Señor, quiere traerlo dentro de los límites y fronteras de los atributos (sugeridos y propuestos por el hombre). El que desea saber dónde está Él, quiere confinarlo a un lugar. (Y así ninguna forma, ningún tiempo y nigún lugar pueden serle asignados). Él conoce cada detalle de todas las cosas antes de qu ellas adquiriesen existencia. Él ya tenía el poder de mantener, nutrir y proteger todas las cosas existentes aun desde antes de que fueran creadas. Cada creatura estaba ya bajo Su completo Control aun desde antes de que fuese diseñada, producida y formada.

LUEGO EL IMAM HABLO ASI ACERCA DE SU TOMA DE POSESION DEL GOBIERNO Y ACERCA DE AHL-UL-BAYT Y DE QUE SON:

Verdaderamente el sol ha salido para alumbrar el Camino de Dios, y la estrella que guía a la Humanidad hacia el Cielo está brillando. El camino hacia la verdad y la justicia que estaba torcido ha sido otra vez enderezado. Dios ha remplazado a los sirvientes del tiempo con personas piadosas y honestas, y ha cambiado los malos tiempos por días buenos y auspiciosos. Hemos estado esperando este cambio como las gentes atacadas por el hambre esperan por las lluvias vivificantes.

Sabed y recordad que los Imänes (de la descendencia del Santo Profeta, la paz sea con él) son los Califas nombrados y designados por Dios para conducir y gobernar a los seres humanos; ellos y sólamente ellos pueden guiar a la Humanidad hacia el Cielo. Sólamente aquéllos que reconozcan el liderazgo de estos Imänes y, a su vez, sean aceptados como verdaderos seguidores, entrarán al Cielo; y quienes renuncien a aliarse a ellos, o sean rechazados por ellos, irán al Infierno.

ACERCA DEL ISLAM

Vosotros debéis estar agradecidos a Dios de que os haya hecho musulmanes y os haya escogido para representar y propagar el Islam. Como su nombre lo indica, es una religión que trae paz y salvación a la Humanidad. Él ha otorgado nobleza y dignidad a las reuniones de los musulmanes. Él ha escogido el Islam como un camino hacia la salvación. Él ha probado claramente la universalidad de la verdad a través de su código simple, distinto e inteligible, así como a través de las más profundas y extensas significancias e inferencias ocultas en sus órdenes y prohibiciones. Las maravillas que el Islam puede lograr, mejorando la mente humana, y los milagros que puede realizar, para elevar el nivel de la vida humana, nunca tendrán fin. El Islam tiene los secretos de la paz y la prosperidad reales que nunca adquiriréis más que con su ayuda; puede dirigiros hacia las formas de mejorar vuestro conocomiento (tanto acerca del mundo material como del espiritual) y nunca podéis conseguir esto si no es a través de su guía. El Dios Misericordioso os ha ordenado que aceptéis fielmente sus principios y que obedezcáis sincera y diligentemente sus órdenes y prohibiciones. El trae salvación a quienes lo sigan y protección en este mundo a quienes entren a su seno.

ACERCA DEL COMPORTAMIENTO HUMANO

El hombre es libre de escoger y actuar como quiera. Se le ha concedido plena libertad, así como tiempo y oportunidades para escoger el camino correcto. Si él ha abandonado el vedadero camino y la verdadera guía entonces, naturalmente, él despertará en compañía de las personas pecadoras y se hallará en la sociedad de las gentes extraviadas. Las vidas de dichas personas son generalmente idénticas y similares. Ellos continúan sus vidas viciosas hasta que la maldad de sus caminos les es expuesta (demasiado tarde) y hasta que ven el fin de sus carreras malvadas e indiferentes y hasta que el castigo, hacia el cual habían sido tan indiferentes y en el cual ellos nunca habian tenido fe, los encara; ellos son forzados a dejar el mundo y sus placeres, lo cual era todo para ellos en sus mentes (el principio, la duración y el fin de la vida); ellos no pueden disfrutar lo que se han procurado ni pueden obtener beneficio de lo que ellos han asegurado.

 Yo he aprendido una lección y quiero advertiros contra dicha situación. Haced uso moral y correcto de vuestra capacidad mental. Sabio es quien medita cuidadosamente acerca de lo que oye (y luego acepta sólo la verdad), quien trata de ver las cosas en su perspectiva real y actual y quien toma advertencias de los sucesos del mundo. Bendito es quien escoge un camino noble y verdadero y se cuida contra los callejones sin salida de las dudas, el escepticismo y la herejía. No deberíais permitir que las gentes extraviadas, o los agnósticos tomen control de vuestras mentes y las subyuguen por vuestro extravío del Camino Recto, alterando con palabras y falsificando los significados del Libro Sagrado y temiendo declarar y aceptar la verdad.

 ¡Oh vosotros que escucháis!, despertad, salid del estupor de la ignorancia, y no os abalancéis en pos del mundo vicioso sino que deliberad cuidadosamente acerca del Mensaje de Dios transmitido a vosotros por el Santo Profeta (la paz sea con él y sus descendientes). Es imperativo para vosotros que entendáis y obedezcáis estas órdenes. Nadie puede escapar de esta obligación y responsabilidad. Oponéos a las personas que posponen las órdenes del Satno Profeta (la paz sea con él y sus descendientes) y que están inclinados hacia otra cosa. Dejádlos a ellos y a sus doctrinas a su destino. Humillad vuestro orgullo y vuestra arrogancia. No deis importancia suprema al poder y la riqueza. Mantened siempre ante vuestra mente la visión de vuestra tumba, ya que cada uno de vosotros tiene que pasar por ella. Recordad que como sembréis cosecharéis, y como tratéis así serésí tratados. Vuestras acciones de hoy serán pagadas mañana. Arreglad vuestro hoy de tal manera que podáis ser recompensados en el futuro con la felicidad eterna. Que vuestras obras de hoy provean bendiciones para la vida del Más Allá. ¡Oh vosotros que escucháis!, estad alertas y sed guiados. ¡Oh vosotros, personas descuidadas e indiferentes!, tratad, esforzáos y lograd. Nadie puede informaros mejor que el hombre que conoce realmente los secretos (de la vida y la muerte).

UNA ADVERTENCIA ACERCA DE LAS TRAMPAS EN EL CAMINO DE LA SALVACION Y UN CONSEJO ACERCA DE LA ALTURA DE LOS VALORES MORALES QUE HAY QUE OBTENER.

En el Sagrado Corán hay ciertos deberes impuestos por Dios al hombre, cuya obediencia o desobediencia son los criterios de los que depende Su Agrado o Su Ira, ellos son las pruebas para juzgar el derecho de uno a Sus Bendiciones o el merecimiento de Su Castigo. A menos y hasta que él los tenga en mente y los obedezca fielmente su obra no tendrá ningún buen resultado. Sin embargo, diligente y cuidadosamente uno puede tratar de obedecer las órdenes y prohibiciones de Dios. Sus esfuerzos no le serán de ninguna utilidad si él se presenta ante Dios teniendo cualquiera de los siguientes vicios y defectos: si él adora a cualquiera aparte de Dios; si permite que la irritación y la tensión nerviosa de su mente culminen en el suicidio; si trata de obtener crédito por el trabajo hecho por otros; si sus obras no coinciden con sus palabras; si introduce inovaciones y cismas para satisfacer sus deseos; si él es un hipócrita y enfrente de las personas habla y se comporta como amigo de ellos pero a sus espaldas los difama y los calumnia y arroja sospechas sobre los actos de ellos. Entended estos puntos y tened cuidado de no desarrollar estos defectos y vicios en vosotros.

Recordad que el único propósito en la vida de un animal es comer y beber hasta llenarse, y que la principal ocupación de las bestias cazadoras es matar a los animales más débiles; (similarmente) el deseo predominante de una mujer es decorarse hasta estar satisfecha y crear maldad y discordia. Verdaderamente la suerte de los fieles seguidores del Santo Profeta (la paz sea con él y sus descendientes) es la pobreza y la opresión pero ellos son amigos honestos y sinceros de la Humanidad.

SERMON 157

EN ESTE DISCURSO EL IMAM DECLARO Y AFIRMO LAS VIRTUDES, LOS MERITOS, LA EMINENCIA Y LA EXCELENCIA SOBRESALIENTE DE LOS MIEMBROS DE LA AHL-UL-BAYT (LOS DESCENDIENTES DEL SANTO PROFETA, LA PAZ SEA CON EL Y SU PROGENIE), Y

LUEGO ACONSEJO A LAS GENTES PARA QUE LLEVARAN UNA VIDA CORRECTA Y MORAL.

Una persona sabia reconoce seriamente el propósito principal de su existencia. El pondera sobriamente las altas y las bajas de la vida. El Profeta (la paz sea con él y sus descendientes) llamó a las gentes hacia Dios, y dondequiera que él pueda estar vigilando como un pastor que cuida su rebaño. Aceptad su invitación y tratad de lograr y asegurar la protección ofrecida por él.

Los hombres se han hundido otra vez en las profundidades de la impiedad y del vicio, ellos han abandonado los caminos y las tradiciones del Santo Profeta (la paz sea con él y sus descendientes) y se han dado a la inovación y el cisma; los verdaderos seguidores están observando un silencio forzado y los malvados mentirosos están declarando abiertamente sus opiniones.

Recordad que nosotros somos los Ahl-ul-Bayt (la progenie) del Santo Profeta (la paz sea con él y sus descendientes), nosotros somos sus verdaderos compañeros, nosotros somos los guardianes y los tesoreros del conocimiento que le fue otorgado a él y nosotros somos las puertas a través de las cuales uno pudiese llegar a esta bodega de sabiduría y conocimiento. Es ilegal entrar a una casa por otra parte que no sea su puerta, y el que descuide este principio es un transgresor o un ladrón.

HABLANDO MAS ACERCA DE LOS AHL-UL-BAYT DEL SANTO PROFETA (LA PAZ SEA CON EL Y SUS DESCENDIENTES), DIJO:

Ellos poseen y tienen en sus obras y sus palabras la excelencia y la nobleza que el Sagrado Corán predica. Ellos son las casas del tesoro de la Misericordia y la Benevolencia de Dios y ellos son las fuentes de las que la sabiduría real y el verdadero conocimiento, destinados por Él para el hombre, pueden ser obtenidos.

Sus discursos contienen sólamente la verdad. Si ellos no hablan acerca de algún tema no es porque no sepan nada acerca de él o porque alguien más pudiese hablar mejor, sino simplemente porque es aconsejable no hablar entonces. Es imperativo para el hombre que ha sido destinado por Dios para guiar a la Humanidad, que explique las cosas correcta y verdaderamente a sus seguidores, debe utilizar su sabiduría para el bienestar de ellos, debe pensar más en el Más Allá y enseñar a las gentes a que le den más importancia, ya que ellos vienen de allí y tienen que regresar allí. Un hombre con visión y previsión pondera profundamente los pros y los contras de cada una de sus acciones, y emprende y continúa las obras que son útiles y se abstiene de aquéllas que son dañinas y perniciosas. Si un hombre no sabe cómo hacer una cosa y trata de hacerla, él nunca logrará el éxito, él es como un viajero que no conoce el camino y emprende el viaje, debido a la ignorancia, entre más siga en su camino más se alejará de su destino. Y el que tiene pleno conocimiento de lo que hace y de sus acciones y obras, es como un hombre que sabe a dónde ir y qué camino tomar, él tomará la vía correcta y alcanzará la meta. Un hombre de prundencia y percepción debe observar cuidadosamente si se va acercando al final planeado o si se está extraviando.

ACERCA DE LOS PENSAMIENTOS Y LAS OBRAS DEL HOMBRE

Recordad que para la apariencia externa de cada cosa o acción hay una identidad interna, y si la externa da pruebas de sinceridad, nobleza y santidad entonces la causa o individualidad interna es tambíen sincera, noble y piadosa , y si el exterior mismo es vil y vicioso entonces la identidad interna también es malvada y pecadora. Él verdadero Profeta de Dios (la paz sea con él y sus descendientes) ha declarado que el Dios Misericordioso ama a Sus creaturas, pero Él aborrece las malas obras (porque son hechas con malas intenciones internas), y a Él le disgustan los infieles pero Él aprecia sus buenas obras (porque son causadas por intenciones internas nobles). Sabed bien que ninguna planta crecerá sin agua, y las variedades de plantas alimentadas con agua fresca y dulce producirán frutos dulces y deliciosos, y las plantas que subsisten con agua sucia o salina producirán frutos amargos y enfermos.

SERMON 158

ACERCA DEL MURCIELAGO

Todas las alabanzas le pertenecen a Él, Cuya Entidad no puede ser descrita, explicada ni expuesta con palabras, y Cuya Majestad y Poder están más allá del alcance del intelecto, por lo tanto las mentes humanas no son capaces de entender la extensión y la amplitud de Su Sabiduría y Gloria. Él y sólo Él es Dios, el Rey Todopoderoso, dios, el Autoevidente, la Verdad. Su ser es tan manifiesto que los ojos nunca podrán discernirlo. Aun el intelecto más alto no puede definir ni delinear Su Perfección y Su Excelencia ya que cualquier estimación sería una comparación con Sus creaturas (en cualquiera forma que lo describamos, la descripción contendrá alguna forma de analogía con algún ser creado). Las mentes no pueden evaluar Su Poder y Su Supremacía, ya que cualquier tipo de evaluación lo pondrá en comparación con Sus creaturas, la cual no sería una comparación correcta. El Gran Arquitecto del Universo creó la totalidad de la creación sin el auxilio de un modelo y sin la ayuda de un consejero o asesor. Sólo fue necesaria una orden Suya y la creación adquirio existencia, obutuvo perfección (cada cosa en su lugar); los seres obedecieron sin objeción alguna las leyes de la naturaleza relativas a ellos y siguieron sin resistencia el curso diseñado para ellos.

Si uno quiere estudiar las maravillas del arte de la creación en la naturaleza como fue diseñada y destinada por Él, debe estudiar la profundidad del arte y la ciencia de la construcción de un cuerpo exhibidos en la creación de un murciélago.

La luz del día, el medio con cuya ayuda la mayoría de los animales pueden ver, mirar, observar y percibir las cosas y distinguirlas unas de otras, deja ciego al murciélago, y la oscuridad que envía al retiro a muchos de los animales, actúa como un medio de visión para él. ¿Cómo es que sus ojos son incapaces de hacer uso de la luz solar para moverse y aprovecharla para sus actividades de subsistencia? Ella evita que pueda moverse de un lugar a otro durante la luz del día y lo hace dormir de día en su madriguera. Pero él convierte sus noches en días. La noche oscura es como un día luminoso para él, y él sale en busca de su alimento. La negra oscuridad no es un obstáculo para que él se transporte de un lado a otro y vea las cosas claramente. Pero tan pronto como el día amanece y el sol se levanta enviando su luz a todo rincón y recoveco, él regresa a su escondite cerrando sus ojos a la brillantez del sol, y se satisface con lo que ha reunido durante la noche. Glorificado sea Dios, el Cual hizo que la oscuridad de la noche actúe para el murciélago como la luz del día para trabajar y buscar su alimento, y el Cual puso al día para su descanso y retiro.

El le dotó al murciélago con alas de carne (no de plumas), y cuando lo desea puede elevarse y volar con la ayuda de ellas. Ellas parecen como si fueran parte de sus orejas, sin plumas ni huesos, pero podéis ver muy fácilmente las líneas de las arterias y las venas corriendo en ellas. Estas alas no son ni demasiado débiles como para que se quiebren ni tan gruesas como para que sean demasiado pesadas. Cuando él vuela, su crío se adhiere y se agarra bien a su cuerpo, refugiándose bajo sus alas extendidas. El pequeño sube y baja junto con su madre y nunca se separa de sus padres sino hasta que crece y se fortalece, y sus alas se vuelven suficientemente poderosas y robustas para soportar el peso de su cuerpo, y hasta que desarrolla suficiente instinto animal para reconocer su alimento y los factores de su seguridad y bienestar. Cuán Exaltado es Él y cuán sublimemente Gloriosa es Su Sabiduría al haber creado todo sin un especimen y sin un modelo creado por alguien más.

SERMON 159

JUSTO ANTES DE LA BATALLA DE BASORAH EL IMAM SE ENFRENTO A LOS EJERCITOS OPOSITORES Y DIO EL SIGUIENTE SERMON, EN EL CUAL EXPLICO SU LIDERAZGO, LA ACTITUD MENTAL DEL COMANDANTE DE LAS FUERZAS DE LOS REBELDES, LAS ENSEÑANZAS DEL CORAN Y LAS TRIBULACIONES Y PRUEBAS A TRAVES DE LAS QUE TENDRAN QUE PASAR LOS MUSULMANES.

Quienquiera (de entre vosotros) que pueda someterse a la Voluntad de Dios debe hacerlo. Así, si me seguís y obedecéis, yo - si Dios quiere - os guiaré al camino que conduce al Cielo y a sus bendiciones; aunque es un camino que al principio os hará pasar por dificultades, problemas y sufrimientos.

En lo que se refiere a esa mujer (la que tomó el mando de los ejércitos que se enfrentaron al Imän en esa batalla), su mente característicamente femenina está hirviendo de envidia, odio y celos. Si el objeto (el gobierno del estado musulmán) hubiera ido a alguien más y si entonces se le hubiera pedido a ella que pelease contra él, ella no lo habría hecho; sin embargo a pesar de su comportamiento maligno y pernicioso yo mantendré hacia ella la misma actitud respetuosa que yo observaba durante los días del Santo Profeta (la paz sea con él y sus descendientes), pero ella tendrá que responder de sus obras ante Dios.

LOS SIGUIENTES PASAJES SE SUPONE QUE SON PARTES DEL MISMO SERMON

El Camino hacia Dios es una calzada brillante y amplia, es un faro luminoso y brillante. La fe precede a las buenas acciones, y las buenas acciones apuntan hacia la fe, ellas se complementan recíprocamente. La fe también guía al hombre hacia la educación y el aprendizaje; y el conocimiento lo hace que reconozca la cercanía de la muerte. La muerte es la que pone fin a todas las conexiones mundanas. Verdaderamente no hay refugio para los seres humanos que los proteja contra el Día del Recuento, y la Humanidad está dirigiéndose a gran velocidad hacia ese día.

OTRA PARTE DEL MISMO SERMON

Verdaderamente (en el Día del Juicio) las gentes saldrán de sus tumbas y se dirigirán a sus destinos (el cielo o el Infierno). Nadie podrá cambiar el lugar que le ha sido asignado de acuerdo con sus méritos.

El aconsejar a las gentes que hagan el bien y se abstengan de las obras malas y los pensamientos malvados son dos principios básicos de la religión. Y estas órdenes y prohibiciones no acercan al hombre a la muerte ni disminuyen su sustento.

Vosotros deberíais actuar según las enseñanzas del Libro de Dios; es un contrato permanente, una señal luminosa brillante, una cura duradera para las mentes torcidas y un trago que intencionalmente satisface la sed de conocimiento; protege a quienes se adhieren a él y trae salvación a aquéllos que siguen sus principios. Es una instrucción que nunca se desvía y por lo tanto no requiere ser enderezada, y que nunca se descarría por lo que nunca necesita corrección. Su repetida lectura lo mantendrá fresco en las mentes. El que hable por medio de lo que oye de él (según sus enseñanzas), siempre hablará la verdad; y el que actúe según él está destinado a ir al Paraíso.

CUANDO EL SERMON LLEGO A ESTA ETAPA, UNO DE LOS OYENTES SE PUSO DE PIE Y PREGUNTO: "POR FAVOR INFORMANOS CUALES SON LAS TRIBU-LACIONES, PRUEBAS Y TENTACIONES POR LAS QUE TENDREMOS QUE PASAR; ¿LE PREGUNTASTE ALGUNA VEZ ACERCA DE ELLAS AL SANTO PROFETA (LA PAZ SEA CON EL Y SUS DESCENDIENTES) Y COMO RESPONDIO EL?" A ELLO EL IMAM CONTESTO:

Cuando el Dios Todopoderoso reveló el verso "¿Creen los hombres que serán dejados que digan que tienen fe (en Dios, el Santo Profeta y el Islam) y que no serán puestos a prueba?" [29:2], yo supe que no habría ningún examen o escrutinio durante el tiempo en que estuviera vivo el Santo Profeta (la paz sea con él y sus descendientes) y le pregunté: "¡Oh Mensajero de Dios!, por favor infórmanos cuáles son esas pruebas a través de las que tienen que pasar los musulmanes y que Dios ha predicho en este verso". Él respondió: "¡Oh Alí!, pronto después de mi tiempo, mis seguidores tendrán que pasar por un escrutinio severo". Al oír esto yo dije: "¡Oh Mensajero de Dios!, en el campo de batalla de Uhud muchos musulmanes fueron coronados con el martirio pero yo quedé vivo (no tuve la muerte del mártir). Yo me sentí triste por ello, pero tú me consolaste y me dijiste que yo alcanzaría el martirio tiempo después de tu muerte". A ello contestó el Santo Profeta (la paz sea con él y sus descendientes): "Por suspuesto, como yo lo dije así será. Pero Alí, ¿te resignarás pacientemente a ello?" Yo constesté: "Ello (mi martirio) será (para mí) una ocasión de regocijo y de agradecer a Dios, no hay cuestión de resignarse pacientemente a ello". El Santo Profeta (la paz sea con él y sus descendientes) dijo entonces: "¡Oh Alí!, después de mi muerte mis seguidores ambicionarán tristemente las riquezas mundanas. Ellos imaginarán que ellos tienen a Dios obligado a ellos debido a la aceptación del Islam como su religión, por lo tanto ellos esperarán Su Bendición (como si se les debiera) y se considerarán inmunes a Su Ira. El escepticismo y la pérdida de la fe mezclados con los deseos enloquecedores y los anhelos desmedidos los harán que legalicen las acciones ilegales y los persuadirán a que otorguen dictámenes religiosos permitiendo las obras prohibidas. Ellos beberán vinos llamándolos `jugos de frutas'. Ellos aceptarán sobornos bajo el nombre de `regalos'. Ellos santificarán la usura y la denominarán `comercio '". Al oír esto pregunté: "¿Deberán entonces ser considerados ellos como personas escépticas y sediciosas o como apóstatas?". El Santo Profeta (la paz sea con él y sus descendientes): "Ellos deberán ser tratados como musulmanes sediciosos".

SERMON 160

EL TIEMPO Y LA VIDA, Y COMO SE DEBE HACER USO DE ELLOS PARA BENEFICIO ETERNO

Alabado sea Dios, el Cual ha puesto Su Alabanza como la llave para Su recordatorio, la causa de aumento de Sus Favores y la guía para entender Sus Glorias y para reconocer Su Grandeza y Su Poder.

¡Oh creaturas de Dios!, dáos cuenta de que este mundo tratará a las gentes actuales como trató a las pasadas. El tiempo que ha transcurrido nunca regresará y lo que hoy es presente no permanecerá así eternamente. El mundo se comporta hoy como se ha comportado en el pasado, las penas y los sufrimientos que inflige son contínuos, sus catástrofes y desgracias se suceden unas a otras metódica y regularmente como causas y efectos. Ha hecho que el tiempo os conduzca tan despiadadamente como el camellero conduce a aquellas camellas cuyas ubres se han secado. Si una persona se ocupa en acciones impropias, se confunde a sí mismo en ignorancia e impiedad y su alma perece. El Demonio lo hace rebelarse contra Dios, y adorna y embellece las acciones viciosas y los pecados para seducirlo. Recordad que el Paraíso es para aquéllos que son piadosos y hacen buenas obras; y el Infierno está puesto para aquéllos que exceden los límites fijados por Dios o para aquéllos que abandonan sus obligaciones y deberes.

Sabed, ¡oh creaturas de Dios!, que la piedad es un refugio grandemente fortificado y respetable, y la vida pecaminosa y viciosa es un refugio tan pobre y poco confiable que no puede proteger ni guardar a quienes se refugian allí. Recordad que el temor a Dios puede protegerlo a uno contra los males de los pecados; y que a través de la verdadera fe uno puede alcanzar la grandeza, la excelencia y la perfección.

¡Oh gentes!, temed a Dios, especialmente donde estéis involucrados vosotros mismos o aquella persona por la cual sentís amor y consideración desmedidos. Verdaderamente el Dios Misericordioso os ha mostrado claramente y ha iluminado brillantemente para vosotros el camino de la verdad y la justicia. Así, lo que os queda es el escoger la Bendición Eterna o la condenación perpetua. Vosotros habéis sido guiados a los caminos y medios de prepararos con provisiones para el siguiente mundo, y habéis sido ordenados a proceder hacia la salida final (la muerte) y a estar listos para ellos. Vuestra estadía aquí es como la de una caravana descansando junto al camino; vosotros no sabéis cuándo será dada la orden de marchar.

¡Escuchad!, ¿cómo puede el que ha sido creado para la Bendición Eterna, ganar algo por medio de las formas de vida viciosas y pecaminosas? ¿Y cómo puede uno sacar beneficio permanente de la riqueza que le será quitada rápidamente dejando tras de sí la responsabilidad de responder por sus usos correctos o incorrectos?

¡Oh gentes!, todo lo que el Dios Misericordioso haya prometido con Su Benevolencia alcanzará a la Humanidad, por lo tanto nada debería tentar a los hombres sabios hacia la maldad y hacia el mal que se le han prohibido a la Humanidad. ¡Oh gentes!, temed el día cuando vuestras acciones serán examinadas e investigadas, un día en el que prevalecerán la angustia y el desánimo, y el día que será tan terrible y terrorífico que hará envejecer a los jóvenes.

¡Oh gentes!, recordad que vuestro ego interno (la mente inconsciente) está vigilando vuestras actividades, vuestros miembros darán testimonio de vuestras obras y los ángeles de Dios están llevando un registro exacto de cada una de vuestras acciones y de incluso el número de veces que respiráis durante la vida. Aun la noche m„as oscura no puede evitar que estos ángeles os vean, e incluso las puertas cerradas no os pueden esconder de ellos. Recordad que mañana (el Día del Recuento) no está lejos de joy.

Hoy con todo lo que contiene (sus placeres y dolores, sus glorias y sufrimientos, sus altas y bajas) morirá y el mañana lo sucederá inmediantamene. Veo como si todo hubiera alcanzado su destino solitario, la tumba. ¡Qué solitaria es esa casa, qué lugar tan abandonado, desolado y melancólico, qué morada tan abandonado, desesperado y solitario para el que llegue como extraño al final de su viaje! Siento como si oyera la trompeta llamándoos para la Resurrección, como si viera que ha amanecido el Día del Recuento, como si vosotros estuvieseis saliendo de vuestras tumbas para recibir lo que merecisteis. De vuestras mentes, las nociones de rechazo a Dios y Su Poder están ahora expulsadas, la oscuridad ha desaparecido y vosotros podéis ver la realidad cara a cara y podéis reconocer la verdad predicada por el Islam. Escuchadme y aprended lecciones de los cambios de las vidas y los tiempos y procuráos las lecciones que el temor a Dios y la piedad os enseñan.

SERMON 161

EN ESTE DISCURSO EL IMAM HABLO ALTAMENTE ACERCA DEL SANTO PROFETA (LA PAZ SEA CON EL Y SUS DESCENDIENTES) Y DEL SAGRADO CORAN, Y LUEGO HIZO ALGUNAS OBSERVACIONES ACERCA DE SI MISMO Y DE LOS OMEYAS. EL PREDIJO QUE LOS OMEYAS DESPUES DE HABER PERDIDO SU CONTROL SOBRE ARABIA NUNCA LO VOLVERIAN A RECUPERAR ALLI: UN HECHO QUE HASTA AHORA HA PROBADO SER CIERTO.

El Dios Misericordioso envió a nuestro Santo Profeta (la paz sea con él y sus descendientes) como Su Mensajero hacia la Humanidad en una época cuando el mundo habia estado, por largo tiempo, sin un guía y sin un profeta, cuando la Humanidad había pasado siglos en ignorancia, infidelidad y paganismo; cuando las enseñanzas de los profetas previos estaban tristemente atenuadas y borradas.

Él vino certificando, confirmando y dando testimonio de las enseñanzas de los profetas que pasaron antes que él y de los Libros Sagrados que les fueron revelados. Él trajo consigo una Luz Divina que es el Sagrado Corán. Vosotros le pedís al Libro Sagrado que os hable. (ya sé que) no puede hablar (naturalmente), pero yo explicaré sus enseñanzas e interpretaré y traduciré palabra por palabra las órdenes y las prohibiciones encontradas en él. Recordad que este libro puede predecir acerca del futuro de la Humanidad, contiene historia del pasado y puede recetar la cura mejor y más segura para las conciencias enfermas y las mentes desviadas.

EN EL MISMO DISCURSO EL IMAM DIJO:

Durante esos días (el régimen Omeya) no habrá una residencia de ricos ni una vivienda de pobres en donde la opresión y la injusticia o las penas y los sufrimientos no sean impuestos por la fuerza por el gobierno tiránico, o donde el vicio y la maldad no sean introducidos; y nadie acudirá en ayuda de las personas oprimidas y maltratadas.

Vosotos habéis escogido a personas inadecuadas e inmerecedoras para el Califato y habréis entregado las riendas del estado a manos impías y malvadas.

(Pero este régimen impío no continuará por siempre) y Dios - en un futuro cercano - castigará a los tiranos y los opresores; se les pagará en la misma moneda; ellos serán degradados y tendrán que sufrir la depravación, la injusticia, la crueldad, la violencia y las torturas en la misma forma y en la misma medida en que ellos mismos habían recurrido a ellas.

¡Por Dios!, esos Omeyas tendrán que rendirse entregando este Estado (no mucho tiempo) después de mí, y el Estado nunca regresará a ellos.

¡CUANTA VERDAD!, EL IMAM DIJO TODO ESTO APROXIMADAMENTE EN EL AÑO 38 DE LA EGIRA, Y ANTES DE UN SIGLO EL REGIMEN DE PECADO Y OPRESION DE LOS OMEYAS TERMINO, PARA NUNCA SER REPETIDO EN ARABIA, AUNQUE OTRA RAMA DE ESA FAMILIA TUVO UN LARGO GOBIERNO EN ESPAÑA.

SERMON 162

EL IMAM EN UNAS CUANTAS PALABRAS DIJO LO QUE EL HIZO POR AQUELLOS DE SUS SUBDITOS.

Yo he cumplido - en forma meritoria - mi deber hacia vosotros como vuestro vecino y amigo. Yo os he protegido al máximo de mi capacidad. Yo os he liberado de la opresión, la desgracia, la humillación y el deshonor. Pasando por alto aquéllas de vuestras numerosas limitaciones y faltas que pueden ser detectadas fácilmente yo hice todo esto a cambio de los pequeños servicios prestados por vosotros al Islam.

SERMON 163

EN ESTE SERMON, DESPUES DE ALABAR A DIOS Y DE EXPLICAR LAS GLORIAS DE SU CREACION, EL IMAM EXPRESO EL ASOMBRO QUE LE CAUSABAN LAS GENTES QUE SUELEN DECIR QUE SUS ESPERANZAS ESTAN PUESTAS EN DIOS PERO, EN REALIDAD, SIRVEN A LOS HOMBRES DE PODER Y RIQUEZA DE MEJOR GRADO QUE COMO SIRVEN A DIOS. LUEGO EL ACONSEJO A LAS GENTES QUE MANTUVIERAN ANTE SUS OJOS COMO MODELOS LAS VIDAS DE LOS PROFETAS (LA PAZ SEA CON ELLOS), ESPECIALMENTE LA VIDA DE NUESTRO PROFETA (LA PAZ SEA CON EL Y SUS DESCEMDIENTES), CUYA GRANDEZA DE CARACTER Y CUYAS MANERAS DE VIDA EXPLICO EL IMAM EN DETALLE.

Sus decretos son irreversibles y decisivos, ellos están basados en Su Sabiduría y Justicia Supremos. Su complacencia o Aprobación se manifiesta a sí misma en su Misericordia y Perdón. Sus decisiones son finales porque Su Conocimiento cubre todos y cada uno de los hechos. Su Perdón es debido a Su Paciencia, Compasión y Caridad (hacia Sus creaturas).

¡Oh Señor!, Tú mereces la alabanza por cada bendición que Tú confieres así como por cada felicidad que tú quitas; Tú mereces la alabanza por cada cura que se le concede a un cuerpo enfermo así como por cada padecimiento que lo visita a uno. Tú mereces tales alabanzas que sean adecuadas y apropiadas a Tu Gloria, alabanzas que puedan merecer Tu Aprobación, que puedan ser suficientemente sublimes para expresar Tu Grandeza, que puedan enunciar mejor los diversos aspectos de Tu Gloria y Tu Poder, que puedan ser agradables a Tí, que no puedan ser consideradas inadecuadas para lograr la eminencia y el honor de Tu Complacencia y la trascendencia de Tu Aprobación y Aceptación.

¡Oh Señor!, nosotros no sabemos cuán Grande eres Tú pero nosotros sabemos que tú eres Inmortal y Eterno; y Tú tienes tal Poder y Sabiduría supremos que ninguna forma de debilidad, letargo u olvido puedan siquiera acercarse a Ti. Nadie puede verte jamás ni comprenderte, pero tú ves a todo y a todos. tú sabes la edad de cada creatura; y cada objeto en el Universo está bajo Tu completo Control.

Las maravillas de Tu Creación y los ejemplos de Tu Poder que vemos alrededor de nosotros, nos tienen soprendidos y asombrados y nos hacen darnos cuenta de cuán grandes son Tu Conocimiento y Tu Sabiduria y qué supremos Tu Majestad y Tu Poder. Sin embargo, ¡oh Señor!, nuestras mentes son incapaces de penetrar completamente o de sondear la extensión de tu Reino, de concebir o comprender los precesos de Tu Creación, de investigar o entender las leyes que gobiernan Tus Universos, y de percatarse de las etapas por las que ha pasado. Tales son nuestras limitaciones en lo que se refiere a Tu Creación, la cual podemos ver y contemplar. Pero estamos seguros de que aquellas de Tus Creaciones que están absolutamente ocultas a nuestro conocimiento, que no podemos visualizar ni entender, y que están escondidas bajo pesadas cortinas (de las limitaciones de la mente humana y las limitaciones de la ciencia), son aún más maravillosas, más misteriosas y más asombrosas.

Quienquiera que libere su mente de las conexiones y los deseos mundanos y pueda concentrarla para contemplar la grandeza de Tu Reino alrededor suyo, encuentra que su mente da vueltas, su visión y sus auxiliares (telescopios, microscopios, espectroscopios, radares, y otros aparatos) fallan, su intelecto se confunde y su conocimiento no le puede ayudar a entender. ¡Oh Señor!, ¿cómo creaste el espacio? ¿Por qué has dado existencia a las creaturas? ¿Cómo flotan las galaxias en el gas (primordial o elemental)? ¿Cómo estabilizaste la Tierra en los remolinos de fluídos cambiantes, ondulantes y rodantes?

UNA PARTE DEL SERMON ANTERIOR

El hombre frecuentemente afirma que sólo confía en Dios. Pero, por el

Gran Dios, sus acciones lo desmienten a él y a su fe. Las acciones de cada hombre revelan naturalmente lo que él espera como reacciones en forma de recompenzas o castigos. Pero en lo que se refiere a su fe en Dios, se encuentra que su fe en Dios y Su Justicia no es pura ni sincera. El hombre parece estar afectado por todo tipo de temor, excepto el temor a Dios. Parece como si al temor a Dios él le hubiera concedido importancia secundaria. Obviamente el hombre debería esperar grandes recompensas de Dios y menores recompensas de sus semejantes, pero sin embargo él sirve al hombre más sincera, vigorosa y diligentemente que a Dios. Cuando se trata de Dios, el comportamiento del hombre es sumamente asombroso. Él resiente dar a Dios lo que ofrece sinceramente y de buen grado a los hombres. ¡Oh hombre!, ¿temes que tus semejantes no te recompensen a menos que trabajes para ellos más fiel y persistentemente que como trabajas para Dios, o es que no esperas encontrar ninguna fuente de recompensa más genuina, objetiva y real que la de un hombre como tú mismo?

Similar es el fenómeno de la mente humana cuando teme a otro individuo o a la sociedad de sus semejantes; este temor en él se manifiesta más impactantemente que el temor a Dios. ¿Por qué es así? ¿Es más sincera, convincente y poderosa la fe del hombre en el enojo y el descontento de otro hombre que su fe en la Ira de Dios? ¿Cree él que el enojo del hombre tendrá resultados inmediatos mientras que la Ira de Dios es pura habladuría o algo que puede tener o no tener efecto en un futuro distante e incierto?

Idéntico es el caso de aquéllos que dan indebida importancia a este mundo y le han concedido gran significancia. Ellos le muestran más respeto y consideración a él que a Dios el Todopoderoso, y ellos se apegan a él y se vuelven sus esclavos.

El ejemplo del Santo Profeta (la paz sea con él y sus descendientes) está ante vosotros para que lo sigáis. Es suficiente para vosotros que seáis guiados al hecho de que él censuró este mundo y explicó completamente los males, corrupciones y vicios que hay en él. Sus placeres viciosos y malvados no eran para él, sino que eran para los enemigos de Dios y el hombre. Él no gozaba los placeres de la vida ni se adornaba con su pompa y gloria.

Si queréis estudiar las vidas de los grandes hombres entonces ahí tenéis la vida de Moisés (la paz sea con él) ante vosotros. Él siempre rezaba ante Dios: "¡Señor!, yo realmente necesitaba aquéllo que Tu bondadosamente me has concedido. ¡Señor!, por favor no me abandones". En realidad él rezaba dando gracias por una hogaza de pan ya que generalmente él comía verduras y vivía de hierbas comestibles. Él vivió tanto tiempo comiendo puras verduras verdes (crudas e insípidas) que su piel (en algunos lugares) adquirió un tinte verde.

Ahí tenéis ante vosotros el ejemplo de David (la paz sea con él), el dulce cantor de los Cielos, a quien le fueron revelados los Salmos. Él solía hacer canastos con hojas de palmera datilera, solía venderlos y vivía del producto de estas ventas (aunque era rey y tenía un gran ejército a sus órdenes). Podéis imitar el noble ejemplo de Jesucristo (la paz sea con él). Él usaba una piedra como almohada y se vestía con una tela tosca. El hambre era la única salsa que él usaba. Sólo la luna alumbraba sus noches y sólo el sol le daba calor durante los inviernos. Sus postres y golosinas eran esas plantas verdes que también los animales comen. Él no tenía esposa que lo distrajera en asuntos mundanos, ni hijos cuyo amor pudiera interponerse entre él y su deber; él no tenía riqueza, cuya protección y obtención pudieran haber distraído su mente del pensamiento en el mundo futuro. Él no era ambicioso, por lo que nunca se humilló. Su medio de transporte eran sus piernas y sus sirvientes eran sus manos. Si queréis podéis seguir su ejemplo.

Pero el mejor ejemplo a seguir para vosotros es nuestro Santo Profeta (la paz sea con él y sus descendientes). Seguidlo sincera y fielmente. Él es el máximo líder para quienes necesitan un líder y el mejor maestro para quienes quieren alcanzar el respeto propio. Entre Sus criaturas Dios prefiere a quien mejor obedezca a este profeta de Dios y siga sus pasos.

Nuestro Santo Profeta (la paz sea con él y sus descendientes) hizo uso de las cosas mundanas sólamente para las mínimas necesidades de la vida, y nunca pensó en obtener ninguna comodidad o fasilidad en la vida, ni siquiera temporalmente. Él comía poco y generalmente tenía hambre. Cuántas veces le fueron presentados los placeres del mundo y él se negó a aceptarlos. Su voluntad era la Voluntad de Dios. Él detestaba aquéllas cosas que disgustaban a Dios, él se burlaba de aquéllas cosas que Dios menospreciaba y despreciaba aquellas obras que eran despreciadas por Dios.

Recordad que esos aspectos de nuestro carácter que nos agradan, esas cosas que desagradan a Dios y por Su Santo Mensajero (la paz sea con él y sus descendientes) y a las que les damos gran importancia, y esas cosas que son detestadas por Dios y Su Santo Profeta (la paz sea con él y sus descendientes), son suficientes para hacernos enemigos de Dios y rebeldes contra Sus Ordenes.

Nuestro Santo Profeta (la paz sea con él y sus descendientes) solía tomar sus comidas sentado en el suelo, y solía sentarse como una persona ordinaria (y pobre, y no como un rey o un señor); él reparaba sus propios zapatos, lavaba su ropa, cabalgaba sobre un burro sin ensillar y (si había escasez de monturas) solía llevar a alguien en las ancas de su burro. Una vez él encontró sobre su puerta una cortina con algunas imágenes pintadas. Él le dijo a su esposa que quitara la cortina, diciendo que esas imágenes le recordaban este mundo malvado y sus viciosas seducciones.

Él odiaba sinceramente el esplendor y la pompa de este mundo y eliminó de su mente el deseo por sus placeres. Él despreciaba y odiaba las ostentaciones de la vida lujosa y no quería que fueran a tentarlo y a hacerlo pensar en este mundo como un lugar de morada permanente o un lugar para entregarse al lujo y la opulencia. Él no tenía absolutamente ningún gusto por una vida de comodidad y facilidad, ésta no tenía encanto para él ni lugar en su corazón. Incluso la plática misma acerca del mundo era aborrecible para él, él odiaba ver a su alrededor y oír acerca de sus seducciones en su sociedad, como una persona que odia ver a su peor enemigo y detesta oírlo mencionar en su sociedad.

Verdaderamente la vida y el carácter del Santo Profeta (la paz sea con él y sus descendientes) os enseñará qué malos y viciosos son este mundo y sus caminos. Él, los miembros de su familia - Ahl-ul-Bayt - y sus fieles compañeros generalmente sufrían hambre, y, aunque él tenía reservado un lugar supremamente alto en el Reino de Dios, aun así evitaba la ostentación y la pompa en su forma de vida, y sus verdaderos seguidores lo seguían en este respecto. Un hombre con sentido común puede razonar muy bien si el Dios Omnipotente al asignarle una vida tan sencilla a Su Mensajero escogido le mostró realmente gran consideración o lo humilló. Si él dice que Dios lo humilló y le deparó una vida de pobreza y destitución, entonces él miente. (Ya que el hecho histórico es que el Santo Profeta - la paz sea con él y sus descendientes - era el vástago de una familia bastante rica y noble y se había casado con su esposa muy rica, Khadiÿah y gradualmente se convirtió en el gobernante y el soberano del estado árabe, por lo tanto, la vida pobre y sencilla no le fue impuesta por la fuerza como una humillación o una necesidad sino que él la adoptó voluntariameante y le fue asignada por Dios como una señal de Su alta consideración hacia Su Mensajero. El ser rey y hombre rico y llevar voluntariamente la vida de un pobre y entregar todas las riquezas a los pobres no es un signo de humillación sino una señal y un emblema de grandeza).

Y si él piensa que Dios ha elevado así la posición y eminencia del profeta, entonces tendrá que admitir que, al asignar vidas de riqueza, esplendor y lujo a sus enemigos y al mantenerlos alejados de Su Mensajero más predilecto, Él ha humillado a los enemigos del Santo Profeta (la paz sea con él y sus descendientes).

Por lo tanto, es el deber de sus seguidores recibir ejemplo de su vida y tratar de imitarlo, seguir sus pasos y llevar una vida como la que llevó el Mensajero de Dios (la paz sea con él y sus descendientes), o de lo contrario nada puede salvarlos de la condenación eterna.

Recordad que el Dios Todopoderoso le ha asignado el trabajo de advertiros del Día del Juicio, de transmitiros las buenas nuevas del Paraíso, y de atemorizaros con el Infierno.

Él dejó el mundo pobre y sin posesiones (aunque él era el rey del mundo musulmán cuando murió) y alcanzó su destino de merecer la grandeza. Mientras vivió él nunca se construyó una casa para símismo y cuando Dios lo llamó a su Reino él se fue felizmente a su casa eterna.

La mayor bendición del Dios Misericordioso sobre nosotros es que Él nos ha otorgado dicho profeta, una guía que debemos seguir y un líder a quien debemos obedecer. Miradme, yo he parchado mi ropa tan frecuentemente que siento vergüenza entregarla para que le pongan más parches. Alguien me sugirió que la desechara; pero yo le dije: "lárgate, no trates de tentarme, ya que aquéllos que soportan las penalidades en esta vida pasarán felices los días en el Más Allá".

SERMON 164

EN ESTE SERMON EL IMAM ALABO AL SANTO PROFETA (LA PAZ SEA CON EL Y SUS DESCENDIENTES) EXPLICANDO LAS FUNCIONES DE LA MISION PROFETICA; Y ACONSEJO A LAS GENTES QUE ABRAZARAN EL ISLAM Y QUE SIGUIERAN SUS PRINCIPIOS SINCERA Y FIELMENTE. EL ADEMAS ACONSEJO A LAS GENTES QUE TEMIERAN A DIOS, QUE HICIERAN EL BIEN Y APRENDIESEN LECCIONES DE LA VIDA Y LA MUERTE DE LAS GENTES QUE LOS PRECEDIERON.

El Dios Omnipotente ha enviado al Santo Profeta (la paz sea con él y sus descendientes) como Su Mensajero acompañado de una Luz Divina (el Imäm Alí, la paz sea con él), un código claro (de leyes y doctrinas del Islam), un camino iluminado (la sunnah) y un Libro Divino de guía (el Sagrado Corán). Sus ancestros y sus descendientes fueron la mejor raza de la Humanidad, su progenie (Ahl-ul-Bayt) fueron gentes de carácter sublime y glorioso y sus enseñanzas fueron la mejor guía para la Humanidad.

Su lugar de nacimiento fue la Meca y su lugar de migración fue Medina. Desde Medina su fama viajó lejos y sus enseñanzas fueron llevadas de un lugar a otro.

Él Dios Misericordioso lo envió equipado con los argumentos más efectivos y adecuados (para probar su profecía), con los sermones más realmente convicentes (para advertir a las gentes acerca de los resultados de una vida pecaminosa) y con una religión que eliminará de la sociedad todo pecado, vicio, impiedad y crimen.

Por medio del Islam el Santo Profeta (la paz sea con él y sus descendientes) enseñó a la Humanidad tales principios de verdad y justicia que no eran conocidos debido a la ignorancia. Él erradicó esas malvadas inovaciones que se habian colado dentro de las religiones del mundo. Él explicó claramente las órdenes y prohibiciones de Dios. Si ahora alguna persona adopta cualquiera religión diferente al Islam, ello será su desgracia; él se arruinará, estará cometiendo un gran error y sellará su destino para la condenación eterna.

Mi confianza está en Dios y mi regreso será hacia El. Yo le ruego que me guíe al Camino Recto que me conducirá a Su Paraíso; es el destino que Él desea que todos los seres humanos alcancen.

¡Oh gentes!, Yo os aconsejo que temáis y obedezcáis a Dios; ya que el temor y la obediencia al El son los dos medios de salvación en el Día del Recuento, una salvación que es eterna. Nuestro Santo Profeta (la paz sea con él y sus descendientes) trató al máximo de enteraros y preveniros de los horrores del Infierno y las consecuencias de Su Ira. Él no sólo os los explicó sino que también citó ejemplos de vuestra sociedad y de la historia, acerca de los resultados finales del logro de riqueza y poder; él os dijo qué rápidamente se separarán de vosotros la riqueza y el poder, qué rápido se descomponen y cuán pronto es su deterioro. Él os aconsejó que evitaseis esas cosas mundanas que os atraen y seducen ya que ellas estarán con vosotros sólo un tiempo corto. Recordad que el mundo (la vida), el cual tiene grandes oportunidades para induciros al pecado es una morada de Su Ira, y es un lugar con el que Él no está complacido. ¡Oh creaturas de Dios!, no os dediquéis por completo a lograr ese mundo ya que vosotros sabéis que no vale la pena, no es duradero y no es realmente benéfico. Sed consejeros bondadosos y comprensivos con vosotros mismos y aconsejad a vuestro ego que se abstenga de dicho esfuerzo y ejercicio. Aprended una lección de la historia y de la muerte y la destrucción de las gentes (ricas y poderosas) que os precedieron. Sus nombres y su fama no están con ellos y sus placeres y pompa han desaparecido. Ellos ya no pueden vivir con sus esposas e hijos. Su orgullo y su vanidad han desaparecido. Sus conexiones con la humanidad se han cortado, ellos no pueden producir hijos, no pueden encontrarse unos con otros y no pueden servir como vecino unos a otros.

¡Oh gentes!, temed a Dios como quien ha dominado sus emociones y deseos y como el que ha adquirido el completo control de su mente; temed a Dios como quien ha desarrollado su conocimiento y su sabiduría y como el que ha logrado el dominio de sus pasiones. Los cánones del Islam y los Mandamientos y las Prohibiciones os han sido completamente explicados. La señal de guía ya ha sido fijada para vosotros. El camino de la salvación está abierto para vosotros y ésta es una vía recta y abierta. (¿Qué más queréis?).

SERMON 165

UNO DE SUS COMPAÑEROS, UN MIEMBRO DEL CLAN DE BANI ASAD, LE PREGUNTO AL IMAM COMO ES QUE FUE DESPOJADO DEL CALIFATO AUNQUE, COMO MIEMBRO DE LA FAMILIA, COMO YERNO Y COMO EL MAS CERCANO COMPAÑERO DEL SANTO PROFETA (LA PAZ SEA CON EL Y SUS DESCENDIENTES), EL LO MERECIA. EN ESTE SERMON EL IMAM EXPLICO BREVEMENTE LA SITUACION, LLAMO LA ATENCION DE LOS OYENTES HACIA LA IRONIA DE LOS EVENTOS Y LAS CIRCUNSTANCIAS QUE MOVIERON AL HIJO DEL ARCHIENEMIGO DEL ISLAM, MOAWIAH, A PRETENDER EL CALIFATO. UNA MUJER DEL CLAN DE BANI ASAD FUE ESPOSA DEL SANTO PROFETA (LA PAZ SEA CON EL Y SUS DESCENDIENTES). EL IMAM EN ESTE SERMON SE REFIRIO A ESTO DICIENDO QUE ESTE PARENTESCO LE DIO AL INTERROGANTE EL DERECHO PARA HACERLE LA PREGUNTA AL IMAM.

¡Oh hermano de la tribu de Bani Asad!, aparentemente no estás bien enterado de las circunstancias que condujeron a ello. Pero como tu tribu está emparentada con el Santo Profeta (la paz sea con él y sus descendientes), tienes derecho a hacer esa pregunta. Tú quieres saber la verdad, y quieres entender la razón de por qué mis derechos fueron usurpados, y por qué fue adoptado contra mí dicho despotismo. Tú sabes muy bien que yo provengo del mejor clan de Arabia y estoy muy cercanamente emparentado con él. (No fue porque yo fuese una persona de bajo origen o de una tribu distante del Santo Profeta - la paz sea con él y sus descendientes - por lo que este Califato fuera usurpado), sino porque un partido tenía el deseo inmoderado de apoderarse del gobierno del estado musulmán, mientras que el otro partido no le daba mucha importancia a ello (ya que estaban ocupados arreglando el funeral del Santo Profeta, la paz sea con él y sus descendientes). En el Día del Juicio Dios pasará Su Decisión entre lo correcto y lo incorrecto.

Pero, amigo, abandona este tema sobre el que se ha dicho mucho y sobre el que yo he hablado frecuentemente, sino que mira la ironía de los eventos que suceden ahora y mira el comportamiento de Ibn Abú Sufyän. Cómo me ha hecho reír el mundo por su tonta y grotesca actictud de correr detrás de cosas tan rápidamente perecederas como la pompa y la gloria mundanas, y cómo me ha dado tristeza el destino de los musulmanes y el Islam. Nada de ello me sorprende (las religiones del mundo tienen que pasar por todo esto). Pero lo que me ha sorprendido de Moawiah es el hecho de que después de haber logrado incorrectamente el deseo de su corazón (el gobierno despótico de un rico estado), no está satisfecho y está constantemnte ocupado en introducir inovaciones y cismas en el Islam. Este enemigo de Dios quería extinguir la Luz Divina, cerrar la fuente del conocimiento Divino, ensuciar el manantial límpio como el cristal que es el Islam. Si yo paso exitosamente a través de estos períodos de pruebas y sediciones yo haré todo lo posible por eliminar esas inovaciones, para limpiar las fuentes de conocimiento Divino de toda contaminación y para hacer que el Islam os guíe hacia Dios como debiera, pero si fracaso, no perdáis el ánimo, y no déis paso a la desesperación. Dios sabe atrás de qué andan Moawiah y sus partidarios (y Él defenderá al Islam contra ellos).

SERMON 166

ESTE ES UN SERMON ALABANDO A DIOS. TAMBIEN CONTIENE UN CONSEJO AL HOMBRE PARA QUE ENTIENDA DE QUE ESTA HECHO Y COMO NACIO Y QUE RECONOZCA LA GLORIA Y LA MAJESTAD DEL GRAN ARQUITECTO QUE LO DISEÑO.

Gloria a Dios, Quien creó la Humanidad, Quien dio a esta Tierra una superficie (corteza), Quien hizo que fluyeran ríos a través de esta corteza y Quien permitió que la vegetación cubriese incluso las tierras altas y las montañas.

No hay comienzo para Su Entidad ni fin para Él (Él está más allá del tiempo). Él es tan Primero que no pueden ser imaginados un principio ni un final para Su Existencia. La naturaleza y todo en ella (desde el microcosmos hasta el macrocosmos) se inclinan humildemente ante Él, obedecen sumisamente Sus Ordenes y ofrecen reverentemente alabanzas a Su Gloria.

Al principio de la creación Él otorgó a todo (desde la radiación y la energía, hasta los compuestos de la materia, la vida y la mente) propiedades especiales y adecuadas. Y así limitó a todo dentro de los confines de esos atributos tal que cada uno de ellos es una prueba de que ha sido creado y es meramente una creatura (obedeciendo un programa dispuesto para ellos).

La imaginación falla para localizarlo dentro de los confines de las dimensiones, no puedes sugerir ningún movimiento o cambio de lugar para Él ni puede pensar de algún tipo de forma o cuerpo para Él. Él está más allá de la comprensión y el entendimiento. Así, no puede decirse cuándo Él adquirió existencia y cuánto tiempo permanecerá. Su Existencia es autoevidente pero no puede decirse cómo Él se manifiesta a Sí mismo. Él está oculto a nuestros sentidos y a nuestro intelecto, pero no puede decirse dónde está escondido. Al no tener forma ni cuerpo, Él no está sujeto a ningún cambio, decadencia ni destrucción. Ninguna cortina puede cubrirlo u ocultarlo. Él no está cerca de Sus creaturas en una manera que ellos puedan sentirlo o tocarlo físicamente, ni Su lejanía de Sus creaturas es como la de un cuerpo alejado de otro.

Nada está oculto para Él, Él sabe lo que un hombre vé, lo que piensa y lo que dice abierta o secretamente. Él también vé cuando un hombre transgrede los límites de la moralidad y los cánones de la justicia osada, abierta y desvergonzadamente o sin miedo a la sociedad y a Dios, o detrás de las cortinas de la privacía, escondido de los ojos de los otros hombres.

Él supera al principio del tiempo y del espacio. Él está muy por encima de esos números y cifras y muy por encima de tales espacios y dimensiones que los hombres de conocimiento (filósofos y científicos) han descubierto. (El tiempo, el espacio; las dimensiones y los números son para Sus creaturas y no para Él), Él no creó los universos a partir de materia y energía que ya estuviese existiendo, ni de acuerdo a modelos y formas que existieran previamente, ni ha dotado a la naturaleza de existencia perpetua o eternidad. Pero Él le dio creación espontánea basada en Su Suprema Previsión y Sabiduría, y dio a cada objeto una forma, lugar y las propiedades más adecuadas a él. Nada en la naturaleza puede desobedecerlo, pero esta obediencia no lo beneficia en absoluto. Él sabe lo que ha sucedido y lo que está sucediendo. Él conoce lo que está más allá del espacio, así como lo que lo constituye.

PARTE DEL SERMON ANTERIOR

¡Oh hombre!, tú que eres la obra maestra de creación en esta Tierra, cuyo cuerpo recibió la forma final en las regiones oscuras del vientre de su madre, detrás de cortinas espesamente superpuestas, recuerda que tú estás hecho de polvo, y por un periodo fijo (mientras se efectuaba tu desarrollo) estuviste oculto a los ojos humanos. Tus movientos allí estaban escondidos, tú no podías oír a nadie ni podías responder si te hablaban. Entonces fuiste dado a luz y naciste en un lugar que era bastante nuevo para ti, en el que eras un extraño, donde no sabías lo que era bueno para ti o lo que era dañino. ¿Quién te enseñó obtener el alimento del pecho de tu madre y quién te enseñó a succionar la leche? ¿Quién te enseñó a expresar tu placer y tus demandas con tus movimientos y gritos? Verdaderamente, si no puedes entenderte completamente a tí mismo, ¿cómo puedes entender a tu Creador? Es imposible para tí entender a Dios por los atributos que corresponden sólamente a Sus creaturas.

SERMON 167

DURANTE EL REINADO DEL CALIFA UTHMÄN LAS GENTES SE CONGREGARON ALREDEDOR DEL IMAM QUEJANDOSE DEL MALTRATO QUE RECIBIAN Y DEL DAÑO QUE SE LES HACIA. ELLOS SOLICITARON AL IMAM QUE SE APROXIMARA AL CALIFA Y LE ACONSEJARA QUE SIGUIESE LOS CAMINOS DE LA VERDAD Y LA JUSTICIA. ASI QUE EL FUE AL CALIFA UTHMÄN Y LO ACONSEJO ASI:

Las gentes estaban aguardándome para que les lleve tu respuesta. Ellos me han enviado a ti como mensajero para que yo actúe como mediador entre tú y las masas.
¡Por Dios!, yo no sé qué decirte. Tú estás tan conciente de la situación como yo. Tú puedes darte cuenta de lo seria que es. Yo soy un hombre imparcial, así que yo no sé nada de lo que tú no estés enterado ni he oído nada que no haya sido relatado ya a ti y que yo te pueda traer como noticia. Yo no quiero

conducirte hacia nuevos problemas. De la exigencia presente yo he visto sólamente tanto como tú has visto y yo he oído sólo lo que ya te han dicho. Pero quiero recordarte que tú también pasaste tus días en compañia del Santo Profeta (la paz sea con él y sus descendientes) junto con todos nosotros. Tú lo oíste él te enseño a hacerlo?). La responsabilidad de manejar un Estado sobre los principios de equidad y justicia ya no descansa más sobre el hijo de Abú Qahafa (el califa Abú Bakr) ni del hijo de Khattäb (el califa Omar) más que sobre ti. Por el contrario, la tuya es la mayor responsabilidad, ya que tú estás emparentado con el Santo Profeta (la paz sea con él y sus descendientes) y en cierto modo, tu fuiste su yerno (46).

¡Por Dios!, yo no te estoy explicando esto porque tú no puedas reconocer estos hechos o porque los hayas olvidado. La ignorancia no puede ser una excusa en este caso, ya que el camino establecido por el Islam es bastante claro, la via es recta e iluminada, los cánones que dictó el Santo Porfeta (la paz sea con él y sus descendientes) son inconmoviblemente firmes y duraderos y no hay posibilidad de ambigüedad en las órdenes y las prohibiciones de Dios. ¡Recuerda!, el mejor hombre ante Dios es un gobernante justo y benévolo, un gobernante que ha sido guiado por el Islam y que puede guiar a otros hacia el Islam, que ha mantenido las tradiciones del Santo Profeta (la paz sea con él y sus descendientes) y que trata al máximo de enfrentarse y luchar contra las inovaciones que se introducen sutilmente en las enseñanzas de la religión. Verdaderamente todas las tradiciones del Santo Profeta (la paz sea con él y sus descendientes) son bastante claras y fácilmente inteligibles, y a través de ellas los principios básicos de un buen gobierno son permanentemente fijas, ellas no pueden ser alteradas. Similarmente los métodos del cisma y la inovación son también bastante obvios. No hay posibilidad de ambigüedad, lo malo no puede ser confundido con lo bueno.

Ante Dios el peor ser humano es el líder cruel y errado; él mismo está descarriado y extravía a otros; él descuida el camino establecido por la religión, las enseñanzas impartidas por ella y las reformas introducidas por ella; y trae de vuelta a la sociedad Islámica las viejas y malas costumbres erradicadas por el Santo Profeta (la paz sea con él y sus descendientes).

Yo he oído decir al Santo Profeta (la paz sea con él y sus descendientes): "El líder cruel será llevado ante Dios, en el Día de la Resurrección, no habrá nadie que interceda por él y acuda en su ayuda. Él será enviado al Infierno donde será arrojado a un remolino de un castigo tras otro hasta que encuentre el castigo que merece".

Yo te ruego por el nombre de Dios que no seas un líder tan cruel y malicioso como para que sea matado por las masas oprimidas, ya que se dijo que en el Islam un gobernante (un líder de los musulmanes) será matado, el cual con su política incorrecta y sus crueles acciones abrirá permanentemente los caminos de las crueldades, atrocidades, ferocidades y derramamiento de sangre. Él creará dudas en las enseñanzas del Islam, introducirá inovacions en ellas, provocará que la impiedad y la infidelidad se apoderen con firmeza de las mentes de las masas. Debido a su mala influencia las gentes no serán capaces de distinguir entre lo correcto y lo incorrecto, y culpándose unos a otros por estas calamidades, ellos se hallarán envueltos en sufrimientos y penas.

Tú eres una persona bastante vieja y experimentada y a esta edad y con la experiencia y el conocimiento a tu disposición, no te conviertas en una bestia de carga para Marwän ni lo dejes que te cabalgue donde quiera y te arrastre a donde él quiera.

AL OIR ESTO, EL CALIFA UTHMÄN RESPONDIO: "POR FAVOR ALI, PIDELES A ESAS GENTES QUE ME DEN TIEMPO PARA QUE PUEDA COMPENSARLAS POR LO QUE HAN SUFRIDO Y PARA REPARAR EL DAÑO QUE SE LES HA HECHO". A ELLO EL IMAM DIJO:

¿Por qué pides tiempo? En lo que respecta a Medina, tú emites órdens inmediatas, y en cuanto a las provincias del exterior, el tiempo para que tus órdenes lleguen allí será suficiente período de gracia. Piensa acerca de ello y actúa en el nombre de Dios.

SERMON 168

EN ESTE SERMON EL IMAM ATRAJO LA ATENCION DE LAS GENTES HACIA LAS MARAVILLAS DE LA CREACION, Y LA PERFECCION (EN SU PROPIA ESFERA DE EXISTENCIA) CONCEDIDA POR DIOS A CADA CREATURA. EL CITO AL PAVO REAL COMO EJEMPLO Y EXPLICO VARIOS PUNTOS DE BELLEZA EN SU CUERPO, Y LUEGO CONCLUYO QUE CADA TIPO DE VIDA ES UNA GRAN EXHIBICION DEL ARTE MAESTRO DE CREAR VIDA.

ALGUNOS COMENTADORES QUE HAN HECHO SU

COSTUMBRE CRITICAR ADVERSAMENTE AL IMAM, AHORA HAN EMPEZADO A DECIR QUE EL TENIA UNA MENTE PESIMISTICAMENTE ASCETICA; QUE EL SIEMPRE MIRABA A ESTE MUNDO Y A TODO LO RELACIONADO CON EL EN UNA FORMA COMO SI NO HUBIERA EN EL BELLEZA, ENCANTO, NI ESPERANZA, NI PLACER, NI OPORTUNIDAD NI TIEMPO PARA PERMANECER O VIVIR FELIZMENTE.

ESTE SERMON Y MUCHOS OTROS COMO ESTE DESMIENTEN DICHOS COMENTARIOS. ELLOS MUESTRAN QUE EL IMAM AMABA LA NATURALEZA, EL DISFRUTABA EL ESCRUTINIO DE ELLA, LE MARAVILLABA EL ARTE QUE ELLA EXHIBIA, POR LA PROFUNDIDAD DEL CONOCIMIENTO REVELADO, POR EL PODER SOBRE LA MATERIA Y LA ENERGIA MANIFESTADO EN ELLA, EL VEIA LA MANO DEL GRAN ARQUITECTO DEL UNIVERSO EN TODO ESO. LAS MARAVILLAS DE LA NATURALEZA LE AGRADABAN Y LO HACIAN ALABAR A DIOS POR SU GLORIA Y SU PODER. EL NOS ENSEÑO A HACER LO MISMO.

LO QUE EL DESAPROBABA Y CONTRA LO CUAL HABLABA ERA UN MUNDO LLENO DE MANERAS DE VIDA VICIOSAS Y PECAMINOSAS DONDE NO HABIA JUSTICIA, NI VERDAD, NI IGUALDAD DE DERECHOS, NI OPORTUNIDADES. EL ABORRECIA ESE MUNDO CON UN ODIO PROFUNDO SIN PARALELO EN LA HISTORIA DEL HOMBRE. EL ACONSEJABA A LOS DEMAS QUE LO ODIARAN Y QUE RECORDARAN QUE LA VIDA - BUENA O MALA - ES MORTAL E INDIGNA DE SER VIVIDA EN VICIO Y MALDAD.

Qué maravillas de creación ha exhibido Dios el Todopoderoso en Sus creaturas; sean ellas organismos vivientes o materia inanimada, cuerpos con movimiento propio o aquéllos que no pueden moverse por sí mismos, todos ellos han sido originados y formados de la manera más maravillosa. El Gran Arquitecto del Universo ha mostrado señales claras, obvias y tangibles de

Elegancia y Gracia en cada diseño de la creación, y de la Grandeza y Gloria de Su Poder en cada forma y sistema que recibió la existencia dada por Él. Mirad a la naturaleza y de lo que consiste. ¡Oh!, qué exhibición de sabiduría, filosofía, ciencia y arte; y qué manifestación de poder y majestad es ella. Ha hecho que los grandes científicos, los filósofos sabios y los artistas talentosos - en resumen, las grandes mentes y los grandes intelectos - se asombren ante su sublimidad, admiren su grandeza, se inclinen ante su vastedad y magnificencia, y acepten a un intelecto Unico y Supremo. Un Dios detrás de esto.

Mirad alrededor vuestro, mirad los pájaros. Cuántas especies de ellos creó Él, qué innumerables formas y configuraciones, Están aquéllos que viven en las riberas de los ríos o en las sanjas de los bancos de los ríos, están aquéllos que reposan en valles y están aquéllos cuyas moradas son las cumbres de las altas montañas. Sus alas y plumas son de tantas formas y estructuras diferentes, que la variedad de una especie difícilmente se parece a otra. Ellos vuelan, flotan y planean en el espacio según las formas predestinadas para ellos. Todo acerca de su existencia indica claramente que sus formas y configuaraciones, los diseños de sus huesos, plumas, alas y colores; sus moradas y sus alimentos; sus formas de volar y de construír nidos; incluso sus gorjeos, trinos y cantos fueron todos destinados antes de que ellos recibieran la existencia. Algunos de ellos fueron creados con cuerpos tan pesados que no pueden volar sino sólo brincar. A ellos Él les ha dado plumas de hermosos colores y tonalidades; algunos tienen un diseño de un solo color de tal manera como si no puediera encontrarse un lugar en sus cuerpos para cualquier otro color mientras que otros tienen colores tan variados que la banda alrededor de sus cuellos es de un color bastante diferente al del cuerpo principal.

Uno de los patrones de color más fascinantes es el de las plumas del pavo real. Su cuerpo es fuerte y bien construído, y las plumas íntimamente entretejidas de sus alas y las de la cola desplegable tienen colores y tonalidades hermosa y artísticamente combinados y mezclados. Él despliega a menudo orgullosamente su cola de tal manera que al arquearse y extenderse por encima de su cabeza parece una hermosa vela multicolor de un bote que cambia su posición como y cuando lo desea el barquero. Parece como si el ave conociese la estética belleza del diseño de color dado a su cuerpo y estuviera orgulloso de él. Su danza de cortejo parece como si fuera efectuada para mostrar su orgullo y su vanidad.

Su método de apareamiento es normal como el de otras aves. No hay nada especial ni anormal en él, como falsamente se dice con frecuencia, yo os digo un hecho de la historia natural que el sistema reproductor de esta ave coincide absolutamente con las otras aves de estas especies. No hay nada fuera de lo común en él. Ellos dicen que cuando un pavo real llora la hembra ingiere las lágrimas que están en los extremos de ambos ojos del macho. Este líquido se convierte en un huevo en el cuerpo de ella - eso dicen - y no hay otro método de apareamiento para esta ave. La ignorancia del conocimiento de la historia natural ha dado pie a tal ficción. Una cosa como eso no es posible. Este cuento es tan asombroso como el que prevalece acerca del cuervo. Aquí también dicen ellos que el cuervo alimenta a su pareja con su pico y así la hembra queda impregnada. Éstas son meras figuras de la imaginación.

Si miráis cuidadosamente a un pavo real os parecerá como si los puntos que conectan las plumas con los huesos estuvieran hechas de plata y los diversos círculos multicolores que encontráis sobre las plumas se vieran como muchos soles hechos de oro y esmeraldas. Si no os satisface compararlo con metales y piedras y queréis compararlo con algo más delicado, entonces podéis decir que es un ramo en el que las flores de diversos colores y tonos han sido arregladas arti,sticamente. Si lo comparáis con el vestido diréis que es una vestimenta con estampados hechos de hilos de oro y plata entrelazados, y si lo comparáis con joyas entonces diréis que las piedras preciosas de diferentes colores han sido bellamente engarzadas en oro y plata. Haced la similitud que queráis, sentiréis que el patrón de color del cuerpo de esta ave es una mezcla de arte delicado, selección cuidadosa y combinación soberbia.

Cuando un pavo real camina a veces felizmente y a veces morosamente parece, como si feliz por la belleza de la forma y la galaxia de colores en su cuerpo y forma, se desplazase pomposamente, pero cuando mira para abajo y vé la fealdad de sus patas, se sintiera triste y desapareciera el paso vanidoso y caminase lenta y tristemente. Debido a que sus piernas se ven como las piernas de una cruza de diversas aves y son bastante delgadas en comparación con su cuerpo y bastante feas (por eso se pone triste). Tiene una especie de callo en un dedo saliente a mitad de la plata.

Sobre su cuello hay un hermoso crecimiento de un plumaje fino de un tono verde delicado. El cuello mismo es largo y agraciado como el cuello de una copa delicadamente tallada. Donde el cuello se une al cuerpo abajo del comienzo del pecho, el color es verde oscuro y profundo con un jaspeado tan delicado y brillante que parece como un terciopelo suavemente brillante o como un vestido de seda muy entallado de color negro verdoso salpicado de color verde plateado. De los hoyos de sus oídos corre hacia arriba una delgada línea blanca del color de la flor de camomila e ilumina el color negro de las partes circundantes.

Un cuidadoso estudio os mostrará que, demarcando un poco, todos los otros colores del arco iris bordean esta línea blanca y debido a su luminosidad, y a su brillo glaseado y sedoso, se ven como abigarradas flores de primavera arregladas muy artísticamente.

A veces véis al ave arrancándose las plumas y quedando desnudo, pero ésta es una fase temporal. Las plumas crecen otra vez en los mismos colores y tonos y en el mismo patrón de antes. Ningún color cambia, ningún tono se intensifica o palidece y ningún diseño se altera. Es una repetición del mismo diseño perfectamente exacta hasta el más minucioso detalle. El patrón de color de su cuerpo es maravilloso, algunas partes son de color rosado floral, otras son verde esmeralda mientras que otras son amarillo dorado. En todas partes la combinación es maravillosa.

Ahora pensad otra vez; ¿cómo puede un hombre inteligente describir la belleza del diseño y el color del cuerpo de dicho animal? La mente falla para seguir la belleza de las líneas y los colores, las palabras fallan para describirlos. Glorificado sea Dios, Quien crea dichas creaturas las cuales, aunque estén ante nuestros ojos, aunque podamos verlas a nuestro gusto y podamos estudiarlas cuidadosamente, sin embargo no podemos describirlas y hacer justicia, en nuestras palabras, a la grandeza de sus formas y configuraciones.

¿No podemos darnos cuenta de las limitaciones de nuestro conocimiento cuando vemos que una fase menor y ordinaria de las maravillas de Sus creaciones nos confunden tanto que no podemos entender cómo la belleza, la gracia y la majestuosidad pudieron ser combinadas en forma tan artística que deja perplejas a las mentes y encantados a los intelectos?

Cuán Glorioso es Él y qué perfecta es Su creación, tanto que el hombre no puede captar los "por qués" de las formas, diseños, estructuras y colores de estas creaturas Suyas, las cuales se encuentran todas alrededor del hombre y han sido creadas del mismo material destructible que él. Él es tan Glorioso que las lenguas no pueden describir Su Gloria y las mentes no pueden encontrar palabras para alabarlo. Alabamos a Dios, el Cual ha llenado las aguas, las tierras y el aire de esta Tierra con Su craturas, hay millones de variedades de vida acuática, miles de especies de aves e insectos, y casi cada rincón y recoveco de la tierra es la morada de algún animal, desde los mosquitos hasta los elefantes, de las hormigas al hombre, ¿quién puede ennumerar fácilmente las variedades? Él le dio a cada uno de ellos un cuerpo, fuerte y adecuado para su papel en la vida, e hizo su decadencia y su muerte un factor obligatorio y predestinado de su existencia.

SERMON 169

ALGUNOS COMENTADORES PIENSAN QUE ESTE SERMON ES PARTE DEL ANTERIOR. EN ESTE, EL IMAM ALABA A LOS CIELOS.

Si pretáis atención cuidadosa y tratáis de entender y comprender todo lo que ha sido dicho en alabanza del Paraíso, perderéis interés en estos placeres mundanos a los que generalmente consideráis como los más altos, los mejores y los más disfrutables. Las escenas y los sonidos que ahora son tan placenteras a los ojos y los oídos, y las empresas y las ocupaciones que son tan deliciosas para la mente y el cuerpo parecerán sin valor, huecas y vanas.

Si visualizáis el Paraíso encontraréis ante los ojos de vuestra mente pabellones de verdes árboles, hermosa y dulcemente perfumados, a lo largo de los bancos de claros arroyos. Hay árboles cuyas raíces están embebidas en tierra con aroma de perfume de almizcle que despide tal fragancia que no puede ser imaginada. Hay árboles cuyas ramas están cargadas de diversas clases de deliciosas frutas que son tan agradables a la vista (como al paladar) y que pueden ser tomadas sin problema.

Hay hermosos palacios para quienes puedan entrar al Cielo. Les serán servidas miel clara y bebidas deliciosas. Las gentes que entren al Cielo son aquéllos que hubieren merecido respeto honesto y veneración en la vida, o sea, aquéllos que eran piadosos y buenos por lo que su piedad y bondad les merecieron el respeto y la veneración. La Misericordia y las Bondades de Dios siempre estuvieron con ellos, hasta que llegaron a su lugar final de reposo, el Cielo. Ahora ellos han alcanzado la paz y el descanso eternos.

¡Oh vosotros que me escucháis!, si pudieseis conocer y visualizar realmente todo lo que hay en los Cielos, desearías tan ansiosamente llegar allí que vuestras almas podrían dejar vuestros cuerpos por ese deseo anhelante, y vosotros preferiríais la vecindad de las tumbas más que a vuestros lugares terrenales para así poder llegar pronto al Cielo.

Que el Señor a través de Su Misericordia os asigne un merecido lugar en esa morada Bendita.

Verdaderamente el Dios Todopoderoso ha enviado un libro para vuestra guía. Es un libro que define claramente, describe y distingue entre lo correcto y lo incorrecto, entre el vicio y la virtud, entre la verdad y la falsedad. Adoptad el camino de la verdad y de la virtud para que podáis ser guiados, y alejáos del vicio y de la maldad para que podéis lograr la salvación. Descubrid vuestras obligaciones sociales, morales y religiosas y cumplid vuestros deberes sinceramente; el cumplimiento sincero de vuestros deberes os hará dignos del Paraíso.

Dios ha ordenado que ciertas acciones sean ilegales, inmorales e irreligiosas y nos las ha explicado por completo misericordiosamente; Él también ha decretado que ciertas cosas sean lícitas y santificadas, éstas son los pensamientos y las obras que no traerán daño ni perjuicio a la Humanidad. El respeto del musulmán es una cosa que ha recibido la más alta santidad, y los derechos de los musulmanes también han estado, para el propósito de la unidad social, estrechamente ligados y relacionados con la fe sincera en el Islam y el unitarianismo (o sea, para aquéllos que creen en el Islam y en la Unicidad de Dios, es obligatorio respetar los derechos de los musulmanes).

Un verdadero musulmán es aquél de cuyas manos todos los demás musulmanes están seguros, pero no al costo de la verdad y la justicia. A nadie le está permitido transgredir los derechos de un musulmán, excepto cuando la justicia lo demande.

Apresuráos a resolver los problemas de justicia social, paz y seguridad, estos problemas son comunes a todos; y cuando hayáis hecho vuestro deber en estas esferas entonces pensad en el problema que es particular a cada uno de vosotros como individuo, el cual es la muerte. Recordad que aquéllos que merecen vuestra atención, vuestro cuidado y vuestra simpatía, (la sociedad y la introducción de refromas en la estructura social y el estado) están frente a vosotros, y aquéllos hacia los cuales os acercaréis son los días de vuestro recuento y recompensa, si es que vuestra aproximación es acompañada de buenas obras; la muerte os está acercando a ellos día a día. Sed valientes, reducid la carga de vuestros pecados y haced el bien para que la muerte os pueda traer la oportunidad de estar en la compañia de las gentes escogidas. Las gentes que os precedieron están esperando a aquéllos que tienen que seguirlas.

Temed a Dios en lo que se refiera a la santidad de los derechos de un individuo o una sociedad, ya que vosotros seréis interrogados acerca del cumplimiento de vuestros deberes y obligaciones en vuestra esfera de actividades incluso con respecto a el terreno sobre el que vivís y de los animales con los que convivís.

Obedeced a Dios y no os rebeléis contra Sus Ordenes, tratad de alcanzar y lograr el bien cuando y donde encontréis una ocasión para ello y alejáos del mal doquiera que lo veáis.

SERMON 170

UN CONSEJO A LAS GENTES ACERCA DE COMO COMPORTARSE UNOS CON OTROS Y COMO SER BONDADOSO Y TOLERANTE.

Vuestros jóvones deben seguir y obedecer a sus mayores, y las gentes ancianas deben tratar con bondad a los jóvenes. No regreséis a esa cruel intolerancia que prevalecía entre vosotros antes del Islam. Las gentes eran entonces despiadadas, inhumanas y bárbaras. Ellos eran ignorantes, iletrados y no tenían ninguna educación religiosa, ni usaron jamás su intelecto para pensar acerca de Dios y la religión. Ellos eran como los huevos de un peligroso reptil (serpiente o lagarto del desierto) hallados en la arena suave destinada a los huevos de una avestruz. Parecería cruel destruirlos, pero si se deja que se incuben saldrán de ellos reptiles venenosos.

SERMON 171

ESTE SERMON ES CONSIDERADO COMO PARTE DEL ANTERIOR. EN ESTE, EL IMAM DISCUTIO LA MENTALIDAD DE SUS COMPAÑEROS Y LAS RAZONES DE POR QUE FUERON DERROTADOS; EL IMAM TAMBIEN PREDIJO LO QUE CAERIA SOBRE ELLOS DESPUES DE QUE EL HUBIESE MUERTO Y TAMBIEN CUAL SERIA EL DESTINO DE LOS OMEYAS AL FINAL DE SU REGIMEN.

Estos árabes después de haber estado unidos (durante los días desl Satno Profeta, la paz sea con él y sus descendientes) se han divivido otra vez. La mayoría de ellos han dejado al verdadero Imäm y están ahora confundidos y perplejos. Hay algunos que se han aliado fielmente al verdadero Imäm, ellos lo siguen y le obedecen. En un futuro cercano Dios congregará a estas gentes dispersas para que atestiguen la caída de los Omeyas (¡Qué predicción!). Él los hará ayudarse, tolerarse y amarse unos a otros. Él los reunirá como reúne en el cielo a las nubes de lluvia, y luego Él abrirá para ellos la puerta de Su Misericordia. Unidos ellos serán una potencia y barrerán a los Omeyas ante ellos como dos ríos desbordantes de Irak. Nadie será suficientemente fuerte para resistirlos o para impedir su avance. Dios les concederá el control en las tierras altas, en los llanos, en los desiertos y a lo largo de los lechos des los ríos.

Ellos recuperarán los derechos usurpados por uno u otro grupo. Ellos conquistarán ciudades y pueblos. Y, ¡por Dios!, el poder y la gloria de los Omeyas se derretirán como el sebo frente al fuego.

¡Oh gentes!, si vosotros, al ayudar a la verdad yla justicia, hubieseis permanecido unidos, no os habríais abandonado unos a otros y no habríais mostrado debilidad y cobardía para pelear contra el mal, y entonces el hombre (Moawiah) no habría osado atacaros. El hombre que es inferior a vosotros ha tenido éxito para venceros porque vosotros os habéis descarriado y estáis confundidos como los israelitas en el valle del Jordán. ¡Por mi vida!, después de mi partida, vuestra confusión será multiplicada muchas veces. vosotros habéis taicionado a la religión y habéis dado la espalda a la verdad y la justicia, habéis abandonado a la persona que era un verdadero amigo para vosotros y habéis establecido concesiones con uno que quiere explotaros. Si tan sólo hubieseis seguido a la persona que os invitaba hacia la verdad y hacia el Islam, él ciertamente os habría conducido hacia le camino del Santo Profeta (la paz sea con él y sus descendientes) y vosotros os habríais salvado de la desgracia de llevar una vida equivocada y de protar la carga de los pecados y la maldad.

SERMON 172

ESTE ES CONSIDERADO COMO UNO DE ESOS POCOS SERMONES QUE EL IMAM DIO POCO DESPUES DE QUE ASUMIO EL GOBIERNO DEL ESTADO ISLAMICO. EN ESTE SERMON EL IMAM ACONSEJO A LAS GENTES QUE RESPETARAN LOS DERECHOS DE LOS DEMAS, QUE NO DAÑASEN A OTROS SERES HUMANOS, QUE HICIESEN EL BIEN, RESPETASEN LA VERDAD Y LA JUSTICIA Y SIGUIESEN LOS DICTADOS DE DIOS Y DE LA RELIGION.

SERMON 173

DESPUES DE QUE EL IMAM ASUMIO EL GOBIERNO DEL ESTADO MUSULMAN Y LAS GENTES LE JURARON FIDELIDAD, ELLOS ACUDIERON A EL CON UNA SOLICITUD DE QUE TOMARA ACCION CONTRA LOS ASE-

SINOS DEL TERCER CALIFA; EN ESA OCASION EL IMAM LES ACONSEJO CON EL SIGUIENTE SERMON. ESTE MUESTRA QUE GRANDE ERA EL DESEO DEL IMAM POR EVITAR EL DERRAMAMIENTO INNECESARIO DE SANGRE Y POR PERMITIR QUE LA JUSTICIA TOME SU PROPIO CURSO EN UNA MANERA CIVILIZADA Y PACIFICA. ES UNA FASE TRISTE DE LA HISTORIA DEL ISLAM EL QUE LOS OPONENTES DEL IMAM LO FORZASEN A TOMAR LAS ARMAS EN AUTODEFENSA Y EN DEFENSA DEL ISLAM, Y EL RESULTADO FUERON LAS BATALLAS DE ŸAMAL, SIFFÎN Y NAHARWAN.

¡Oh hermanos!, estoy plenamente enterado de lo que sabéis y lo que queréis. Pero cómo puedo yo vengarlo cuando aquéllos que entonces se habían reunido en sus fuerzas (contra el califa asesinado) aún tienen gran poder. Ellos, y no nosotros, controlan todavía la situación. La condición actual es tan seria que incluso vuestros esclavos y los árabes nómadas de las regiones desérticas han unido fuerzas contra ellos. Hoy estas gentes están entre vosotros en tal forma y en tal número que pueden heriros como y cuando quieran y vosotros no podéis dañarlos ni defenderos.

¿Podéis sugerir una forma de encarar y superar esta grave situación? Si no, entonces vuestro deseo de venganza es tonto y habla del fanaticismo pre-Islámico en cuanto a la venganza. ¿No podéis daros cuenta de que ellos tienen gran apoyo a mano? Además, cuando la cuestión del talión empiece, las gentes se dividirán en varios grupos con diversas ideas. Habrá algunos que tengan la misma opinión que vosotros y querrán

ayudaros, algunos sostendrán puntos de vista opuestos y estarán en desacuerdo con vosotros, mientras que habrá unos cuantos que tendrán un punto de vista neutro, (bajo estas circunstancias el mejor curso será que) tengáis paciencia y dejéis que las mentes de las gentes se asienten, dejádlos que tengan algo de paz y descanso, para que pueda lograrse un camino para lograr vuestro deseo sin una guerra civil ni derramamiento de sangre. Estad satisfechos conmigo, esperad y ved cómo y cuándo daré mis órdenes. No hagáis nada que pueda romper vuestro poder y os traiga humillación y derrota. Yo trataré al máximo de evitar la guerra civil, y si no puedo tener éxito en alcanzar este fin, el derramamiento de sangre seguirá naturalmente.

SERMON 174

CUANDO EL EJERCITO DE ŸAMAL BAJO LAS ORDENES DE TALHA, ZUBAIR Y 'Ä' IXAH PARTIERON HACIA BASORAH Y LAS NOTICIAS LLEGARON AL IMAM, EL DIO UN SERMON, UNA PARTE DEL CUAL SE CONSERVA COMO SIGUE:

Verdaderamente el Dios Misericordioso envió al Santo Profeta (la paz sea con él y sus descendientes) para guiar e iluminar a la Humanidad. Él estaba acompañado por uno (el Isläm) que pudiera explicar el Libro Sagrado y con un código que es suficiente para guiar a la Humanidad en cualquier época. Quien deseé la condenación eterna se opondrá a ellos. La apostasía y la inovación actúan muy destructivamente cuando se disfrazan de verdad y de justicia. Pero aquéllos a quienes (debido a la sinceridad de su fe en Dios) Dios quiera protegerlos de esto, no serán afectados por ello.

Verdaderamente si seguís al verdadero Imäm entonces hay seguridad eterna para vosotros. Por lo tanto, obedeced las órdenes de Dios irreprochable, sincera, implícitamente y sin resistencia. ¡Por Dios!, o seguís al verdadero Imäm (como Él quiere que lo hagáis) o el Dios Todopoderoso os quitará el control del Estado musulmán, el cual será entregado a alguien más, y se irá para nunca regresar.

En lo que se refiere a la posición contra mi Califato, ellos se han unido para ello. Yo lo soportaré pacientemente en tanto que vosotros no contraigáis esta infección. Pero si a pesar de la debilidad de sus argumentos ellos lograran afectaros, las conexiones tendrán que ser cortadas y procederá el derramamiento de sangre. Ellos envidian al hombre (o sea él mismo) a quien Dios nombró Califa. Ellos quieren la supremacía en la religión para convertir a ésta en un medio para arrebatar la riqueza y el poder (imperialismo). Ellos quieren que el Islam regrese a las formas pre-Islámicas de vida y de civilización.

Si permanecéis fieles a Dios y sinceros al Islam entonces vuestros justos derechos y demandas pueden ser que os permitamos seguir el Libro Sagrado y las maneras de vida y las tradiciones del Santo Profeta (la paz sea con él y sus descendientes), establecer la verdad y la justicia y probar que el Islam es la religión más exaltada y suprema.

SERMON 175

JUSTO ANTES DE LA BATALLA DE ŸAMAL, CUADNO EL IMAM LLEGO A BASORAH A LA CABEZA DE SU EJERCITO, LOS HABITANTES DE BASORAH ENVIARON A UN HOMBRE, KALIB-E-ŸIRMI.., PARA PREGUNTAR AL IMAM SI ERA CORRECTO QUE EL HICIERA ESTA GUERRA. EL IMAM LE EXPLICO PLENAMENTE LA SITUACION. AL OIR TODOS LOS DETALLES Y CONVENCERSE DE LOS HECHOS DEL CASO EL COMPRENDIO QUE EL IMAM TENIA RAZON EN HACER LA GUERRA EN DEFENSA PROPIA Y EN DEFENSA DEL ISLAM. EL EXPRESO SU SATISFACCION Y DIJO QUE REGRESARIA A TRATAR DE CONVENCER A LOS HABITANTES DE BASORAH. DESPUES DE ELLO LA SIGUIENTE CONVESACION TUVO LUGAR ENTRE EL IMAM Y KALÏB-E-ŸIRMÏ:

EL IMAM LE ACONSEJO QUE ESTUVIESE DEL LADO DE LA VERDAD Y LA RELIGION. KALÏB DIJO QUE EL ERA UN MENSAJERO Y QUE A MENOS QUE REGRESASE A LAS GENTES QUE LO HABIAN ENVIADO, EL NO HARIA NADA NUEVO.

AL OIR ESTO EL IMAM LE PREGUNTO: "Supón que algunas gentes te envían a buscar agua y pasto (forraje para los animales) y supón que los encuentras y vas a ellos con las noticias y dispuesto a guiarlos hacia el oasis, y supón que ellos se niegan a aceptar la verdadera información traída por ti y a seguir tu guía, y, deciden ir hacia un lugar donde no hay agua ni pasto, ¿qué harás?". EL CONTESTO QUE SE OPONDRIA A ELLOS, NO IRIA CON ELLOS Y ACTUARIA SEGUN SU PROPIA INFORMACION. EL IMAM DIJO: "Si ésa es tu decisión entonces deberías hacerme el juramento de fidelidad". EL CONTESTO: "¡POR DIOS, OH AMO DE LOS FIELES! ANTE TAL ARGUMENTO NO HAY OTRA ALTERNATIVA PARA MI QUE EL JURARTE FIDELIDAD". ASI QUE LE HIZO EL JURAMENTO DE FIDELIDAD AL IMAM.

SERMON 176

ESTA ES UNA PARTE DEL SERMON QUE EL IMAM DIO CUANDO DECIDIO DEFENDER AL ISLAM CONTRA MOAWIAH. EN CONEXION CON ESTE SERMON QUIERO LLAMAR OTRA VEZ LA ATENCION DE LOS LECTORES HACIA LOS DOS SIGUIENTES HECHOS:

UNO ES ACERCA DE LOS PRINCIPIOS DE ASTROFISICA QUE EL IMAM EXPUSO EN UNA EPOCA CUANDO NADIE PODRIA SIQUIERA IMAGINARLOS; EN UNA EPOCA CUANDO SE CONSIDERABA QUE ESTA TIERRA NUESTRA ERA EL CENTRO DEL UNIVERSO, CUANDO LA TIERRA, EL AGUA, EL FUEGO Y EL AIRE ERAN CONSIDERADOS COMO ELEMENTOS, CUANDO NADIE PENSABA SIQUIERA EN CREER EN ALGO TAN IMAGINARIO COMO LA RADIACION Y LA ENERGIA, CUANDO LAS IDEAS DE LO FINITO O DEL UNIVERSO NO HABIAN ENTRADO EN LAS MENTES DE LOS GRANDES PENSADORES (FILOSOFOS Y CIENTIFICOS); CUANDO LAS ESTRELLAS ERAN CONSIDERADAS COMO CUERPOS FIJOS EN EL CIELO, EL IMAM HABLABA DE LO FINITO DEL UNIVERSO, LA DISIPACION DE LA ENERGIA, LA DIFUSION DE LA OSCURIDAD, LOS VIRUS INVISIBLES, EL MOVIMIENTO DE LOS CONTINENTES FLOTANTES Y TODO ESO EN UN SERMON. ¡QUE VARIADOS TEMAS Y QUE AMPLITUD DE CONOCIMIENTO! ¿NO PRUEBA ESTO QUE LA FUENTE DEL CONOCIMIENTO DEL IMAM NO ERA TERRENAL SINO DIVINO?

EL OTRO PUNTO ES QUE EL IMAM, CON TODO ESTE CONOCIMIENTO CELESTIAL SUYO, NUNCA PENSO EN ENSEÑAR FISICA, QUIMICA, BIOLOGIA O ASTRONOMIA. PARA EL ERA MAS IMPORTANTE LA EVOLUCION DE LA MENTE HUMANA EN PLANOS MORALES. EL MERAMENTE DABA INDICACIONES DE LOS HECHOS ACERCA DE LA NATURALEZA SOLAMENTE CUANDO

EL ESTABA DISCUTIENDO O EXPLICANDO LOS ATRIBUTOS DE DIOS EL TODOPODEROSO O CUANDO EL ESTABA HABLANDO ACERCA DE SU PODER, SU GLORIA Y SU MAJESTAD.

¡Oh Señor!, Creador de los altos cielos y del espacio finito. Tú eres el Poderoso, el Cual puso al espacio como un lugar donde la luz (energía) se disipa y la oscuridad se difunde (por las estrellas, el polvo estelar y las nebulosas), un lugar a través del cual se mueven el sol y la luna, un lugar para que los planetas giren y dén vueltas, una residencia para aquellos ángeles que nunca se cansan de alabarte.

¡Oh Señor!, Tú eres el Uno que mantiene a la Tierra en su posición y en su lugar. Tú la pusiste como morada para el hombre, un lugar donde los insectos, los reptiles y los mamíferos llegaron a existir y desaparecieron habiendo tenido cada grupo su control sobre la tierra por algún tiempo y donde surgieron innumerables formas de vida por grados - algunas de las cuales pueden ser vistas por el hombre, mientras que muchas otras eran tales que son invisibles (como los virus) para el ojo humano.

¡Oh Señor!, Tú has mantenido a las montañas en su posición y las has hecho que actúen como pivotes (para el hombre y los animales).

¡Oh Señor!, si Tú nos permites lograr una victoria sobre nuestros enemigos, entonces aléjanos de la vanidad y el falso orgullo y haz que permanezcamos firmes sobre el camino recto de Tu religión. Y si, ¡oh Señor!, les das una victoria sobre nosotros confiérenos el honor del Martirio (déjanos morir valientemente) y protégenos de la opresión y la tiranía.

¿Dónde están aquéllas gentes que siempre defendían una causa digna, que soportaban pacientemente las dificultades y que protegían al Islam y a sus lugares sagrados? ¡Recordad!, si huís de un campo de batalla, la humillación y la desgracia siempre os segirirán, pero sin os enfrentaís valientemente al enemigo, entonces el Cielo estará frente a vosotros (para que entréis en él).

SERMON 177

EN SEGUIDA ESTAN TRES FRAGMENTOS INCONEXOS DE UN DISCURSO EN EL QUE EL IMAM DISCUTIO LOS COMENTARIOS DE SAAD IBN WAQQAS ASI COMO LA ACCION DE TALHA Y ZUBAIR AL PERSUADIR A 'Ä IXAH PARA QUE DEJARA SU CASA Y SU HOGAR Y

SALIESE A LA CABEZA DE UN EJERCITO.

Todas las alabanzas corresponden sólo a Dios de Cuya vista un cielo no puede esconder a otro y una tierra no puede actuar como cubierta para otra.

PARTE DEL DISCURSO ANTERIOR:

Una persona (Sa'd ibn Abí Waqqas) me dijo una vez: "¡Oh hijo de Abú Tälib!, tú ambicionas el Califato ". Yo le respondí: "Por el contrario, túeres más ambicioso que yo. Es más, tú no tienes ningún merito ni aptitud que te haga adecuado para el puesto mientras que yo soy suficientemnte competente para la posición, digno de sustentarlo y más cercano a él en todo respecto. Y tú has estado tratando constantemente al máximo de interponerte entere mí y mi derecho y te has esforzado incesantemente de privarme de él. Nadie que reclame su derecho puede ser considerado justamente como ambicioso, pero si aquéllos, que no tienen ni el derecho ni las aptitudes para ocupar un puesto, lo desean, ellos son considerados justamente como ambiciosos". Y cuando yo le expliqué completamente la situación ante toda las gentes (que se habían reunido en la mezquita), él se confundió y no pudo refutar los argumentos.

¡Oh Señor!, invoco Tu ayuda y protección contra la enemistad y el antagonismo de los Quraix y sus aliados. Ellos han cortado sus lazos y relaciones conmigo, han usurpado mis derechos, desatendido mis reclamaciones, ignorado la eminencia de mi posición y la superioridad de mi situación. Ellos se han congregado continuamente para luchar contra mí por algo que era mi derecho y sobre lo cual ellos no tenían derecho alguno. Ahora ellos me dicen, que la verdad es que nadie sino yo merece el Califato, y al mismo tiempo me aconsejan que lo decline (que desista de hacer valer mis derechos).

EN EL MISMO DISCURSO EL IMAM HABLO ASI ACERCA DEL COMPORTAMIENTO DE TALHA Y ZUBAIR.

Esas gentes (Talha y Zubair y sus aliados) salieron de la Meca hacia Basorah en tal manera que ellos conducían a la espossa ('Ä ixah) del Santo Profeta (la paz sea con él y sus descendientes) de un lugar a otro como los traficantes de esclavos llevan a las doncellas esclavas de un mercado a otro. Esos dos líderes han dejado a sus esposas sanas y salvas en sus hogares y han traído a la esposa del Santo Profeta (la paz sea con él y sus descendientes) para que sirva a sus motivos impíos y malvados. ¡Qué acción tan indeseable! Ella salió abiertamente dirigiendo a un ejército formado por aquellas gentes que al principio me habían jurado fidelidad sinceramente y que fueron después instigados por los renegados para que se rebelaran contara mí. Cuando el ejército llegó a Basorah ellos atacaron a mis oficiales, algunos de los cuales fueron hechos prisioneros mientras que otros fueron matados despiadadamente, y luego ellos saquearon la Bayt-ul-Mäl (tesoro público). Los detalles de la brutal masacre que fue efectuada por ellos fueron horribles. Algunos de los musulmanes fueron torturados hasta la muerte en la prisión y algunos fueron matados carniceramente de inmediato.

¡Por Dios!, si ellos hubieran matado una persona inocente sin ninguna causa justificada, yo habría tenido razón y derecho para ordenar la pena capital para cada uno de ellos, ya que todos ellos unieron fuerzas en el crimen y cometieron el pecado a sabiendas. Mientras que la situación es que ellos han sacrificado despiadadamente a tantas personas indefensas e inocentes como soldados hay en su ejército.

SERMON 178

EN ESTE SERMON EL IMAM HIZO VALER COMO UNA BARRERA CONTRA SUS OPONENTES UN ARGUMENTO QUE UNA VEZ FUE USADO POR ELLOS CONTRA EL. PARA ENTENDER ESTO, ES ESENCIAL CONOCER UNOS CUANTOS HECHOS DE LA HISTORIA. ESOS HECHOS SON QUE INMEDIATAMENTE DESPUES DE LA MUERTE DEL SANTO PROFETA (LA PAZ SEA CON EL Y SUS DESCENDIENTES) ALGUNOS MUSULMANES, DEJANDO DESATENDIDO E INSEPULTO EL CUERPO DEL MENSAJERO DE DIOS (LA PAZ SEA CON EL Y SUS DESCENDIENTES), SE ABALANZARON A LA SAQÏFA-E-BANI SAÏDA PARA DECIDIR ACERCA DEL CALIFATO. EL IMAM NO SE UNIO A ESE GRUPO; SU OPINION ERA QUE EL FUNERAL DEL PROFETA DEL ISLAM NO SE UNIO A ESE GRUPO; SU OPINION ERA QUE EL FUNERAL DEL PROFETA DEL ISLAM (LA PAZ SEA CON EL Y SUS DESCENDIENTES) TENIA PRIORIDAD SOBRE CUALQUIERA OTRA ACCION. EL RESTO DEL CLAN DE BANI HAXIM TAMBIEN SE ABSTUVIERON DE TOMAR

PARTE EN ESA ACTIVIDAD. ASI EL CASO DEL CALIFATO FUE RESULETO ENTRE LOS POCOS QUE SE HABIAN REUNIDO EN LA SAQÏFA. ELLOS LO LLAMARON "ELECCION". CUANDO EL IMAM SE NEGO A ACEPTAR AL CALIFA DECIDIDO EN ESA FORMA, EL ARGUMENTO MENCIONADO ARRIBA FUE ARGÜDO PARA PROBAR QUE EL IMAM NO TENIA DERECHO A NEGARSE A ACEPTAR AL CALIFA.

ESTE ARGUMENTO ERA EN TRES PARTES: LA PRIMERA PARTE DECIA QUE EL CALIFA (SUCESOR) DEL SANTO PROFETA (LA PAZ SEA CON EL Y SUS DESCENDIENTES) DEBERIA SER DECIDIDO POR ELECCION GENERAL, LA SEGUNDA PARTE ERA QUE AQUELLOS QUE ESTABAN PRESENTES EN EL MOMENTO DE LA DECISION NO PODRIAN RETRACTARSE DE ELLA MAS ADELANTE; Y LA TERCERA PARTE ERA QUE QUIENES ESTABAN AUSENTES DEBERIAN ACEPTAR LA DECISION DE AQUELLOS QUE ESTUVIERON PRESENTES EN LA ELECCION.

LAS GENTES DE QUIENES MAS TARDE MOAWIAH RECIBIRIA APOYO ERAN LOS QUE PROPONIAN MAS VOCIFERANTEMENTE ESE ARGUMENTO. PERO CUANDO EL GOBIERNO DEL ESTADO MUSULMAN, EN FORMA DE CALIFATO LLEGO AL IMAM, ELLOS SE REBELARON CONTRA ELLO, MUCHOS DE ELLOS SE REBELARON AUN DESPUES DE HABER JURADO FIDELIDAD AL IMAM, DICIENDO ALGUNOS DE ELLOS QUE ELLOS NO ESTUVIERON PRESENTES CUANDO LAS GENTES SE CONGREGARON ALREDEDOR DE EL Y LE SOLICITARON QUE ACEPTARA EL CALIFATO.

EL IMAM CITO EL ARGUMENTO ARRIBA MENCIONADO SIMPLEMENTE PARA TAPARLES LA BOCA CON SUS PROPIAS PALABRAS, SIMPLEMENTE PARA PROBAR LO FICTICIOS Y FRAGILES QUE ERAN LOS PUNTOS ARGÜIDOS POR SUS ENEMIGOS PARA

DESPOJARLO DE SUS JUSTOS DERECHOS Y COMO SE RETRACTABAN DE SUS PRINCIPIOS ACEPTADOS, PARA PERJUDICARLO. EL, EN REALIDAD, EN CUANTO A LA RELIGION, NUNCA ACEPTO LA ELECCION NI EL PRINCIPIO QUE SE INVOLUCRO EN ELLA.

LA CONVICCION DEL IMAM ERA QUE EL CALIFA DEL SANTO PROFETA (LA PAZ SEA CON EL Y SUS DESCENDIENTES) DEBERIA SER UNA PERSONA QUE MERECIESE JUSTAMENTE EL PUESTO, QUE EL DEBERIA SER NOMINADO POR EL SANTO PROFETA (LA PAZ SEA CON EL Y SUS DESCENDIENTES) BAJO LAS ORDENES DE DIOS, QUE EL CONTROL DE LA RELIGION NO PUEDE SER DEJADO A MERCED DE LAS MASAS IGNORANTES, QUE EL SANTO PROFETA (LA PAZ SEA CON EL Y SUS DESCENDIENTES) YA HABIA DADO LOS NOMBRES DE LOS DOCE CALIFAS O APOSTOLES QUE DEBERIAN SUCEDERLO UNO TRAS OTRO Y QUE NO HABRIA MAS QUE ESOS DOCE EN TOTAL.

Muhammad (la paz y bendiciones de Dios sean con él y sus descendientes) es el Santo Profeta a quien Dios confió la Revelación. Él es el último de todos los profetas. Él trajo las buenas nuevas de la Misericordia de Dios y él advirtió a los seres humanos acerca de las consecuencias de la Ira de Dios.

¡Oh gentes!, de entre vosotros sólo merece ser califa aquél que posea la fuerza moral para mantener la paz y para llevar un gobierno basado en la equidad y la justicia; y que haya entendido mejor que nadie las órdenes de Dios para éste propósito. Si uno se rebela contra dicho gobierno, él debería ser disuadido desde el principio de sus malas intenciones y aconsejado para que se arrepienta por lo que haya hecho; y si él no se abstiene de sus actividades entonces no queda más alternativa que el uso de la fuerza.

¡Por Dios!, si la cuestión del Califato no puede ser resuelta (como ellos dicen) a no ser que todas las gentes se reúnan y decidan unánimemente, entonces no hay posibilidad física de que tal cosa suceda. Para superar esta imposibilidad ellos decidieron que aquéllos en el poder y aquéllos que pueden controlar la situación puedan llegar a una conclusión y decidan en favor de cualquiera. Entonces fue hecho obligatorio para los que estaban presentes que obraran según la decisión (aun si ellos no estaban de acuerdo con ella) y los ausentes no tenían derecho de elegir a nadie más, ellos también tendrían que rendirse y someterse a la decisión. Cuando una persona no sólo ha aceptado un principio sino que también ha forzado a los demás a que se humillen ante él, ¿cómo puede ahora retractarse? ¿No prueba acaso que al principio él propagó ciertos peseudo-principios y cuando ellos funcionaron en su contra se retractó de ellos?

Sabed todos que yo ciertamente pelearé contra dos tipos de personas. Primeramente, contra aquéllos que reclaman el Califato aunque no lo merezcan, y segundo, contra quienes no cumplen la obligación impuesta sobre ellos por Dios (o sea, adherirse fielmente al voto de fidelidad que juraron).

(PARTE DEL SERMON ANTERIOR)

¡Oh creaturas de Dios!, os aconsejo que temáis a Dios, ya que de todos los consejos que jamás hayan sido dados a la Humanidad éste es el mejor; sus efectos y sus consecuencias son grandes, todo aquéllo del Reino de Dios a lo que uno podría aspirar. Desgraciadamente, una guerra civil ha empezado entre vosotros y otros musulmanes. Nadie debería dirigiros en esta guerra más que la persona que tiene sabiduría, que puede soportar pacientemente los sufrimientos, que sabe dónde están la verdad y la justicia y os puede guiar hacia ellas. Ahora, haced lo que se os ha dicho que hagáis y absténéos de lo que os ha sido prohibido. No os precipitéis sino considerad completamente cada acción antes de que decidáis hacerla. en aquéllos asuntos que os desagradan yo estoy dispuesto a aceptar modificaciones razonables y justificables.

Recordad que este mundo que vosotros codiciáis tan ardientemente y tratáis de adquirirlo tan ansiosamente - y que a veces os molesta y otras veces os complace tanto - no es ni vuestro hogar ni vuestro destino permanente. Vosotros no habéis sido creados para él, ni invitados a él como lugar de descanso. No permanecerá con vosotros por siempre ni vosotros permaneceréis en él eternamente. Si él os ha encantado con sus bellezas, también os ha advertido y prevenido de los peligros reales que acechan en su pliegues. Tomad en cuenta las advertencias que os ha dado y no os dejéis seducir ni engañar por sus trampas. Que esas advertencias os atemoricen evitando que seáis demasiado ambiciosos o demasiado codiciosos por poseer al mundo. Tratad de avanzar hacia el lugar a donde habéis sido invitados para la felicidad eterna y dad la espalda al mundo vicioso.

No lloréis ni os angustiéis como una esclava por aquéllos placeres y beneficios mundanos que os han sido negados. En obediencia a las órdenes de Dios soportad vuestra pérdida pacientemente, protegiendo las cosas que se os ha ordenado que protejáis. Rezad y suplicadle a Dios que os dé Sus Bondades y Bendiciones. Recordad que si seguís vuestra religión fielmente y observáis sus preceptos cuidadosamente entonces ninguna pérdida mundana os perjudicará permanentemente. Pero si habéis perdido vuestra fe en la religión y de Dios entonces nada de lo que habéis reunido y recogido de este mundo podrá seros de utilidad.

Que el Dios Misericordioso nos guíe al camino de la verdad y la justicia y que nos enseñe a soportar pacientemente nuestros sufrimientos.

SERMON 179

TALHA ERA PARIENTE Y AMIGO DE UTHMÄN PERO DURANTE EL CALIFATO DE ESTE ULTIMO EL HABIA DISPUTADO CON EL. MARWAN ERA UNA DE LAS MAYORES CAUSAS DE ESTA DISPUTA. DESPUES DE HABER CAIDO DE LA GRACIA DEL TERCER CALIFA EL TRATO AL MAXIMO DE INCITAR A LAS MASAS CONTRA EL. EL ERA UN PROPAGANDISTA DE NO MUY BUENAS CARACTERISTICAS Y USABA ESTOS TALENTOS DUDOSOS PARA DETERIORAR LA SITUACION LO MAS POSIBLE. CUANDO LAS MASAS IRRUMPIERON EN EL PALACIO DE UTHMÄN, EN REALIDAD TALHA LOS RESPALDABA. TODO EL TIEMPO EL ESPERABA QUE DESPUES DEL TERCER CALIFA EL CALIFATO SERIA PARA EL. PERO CUANDO, MUY EN CONTRA DE LO QUE EL ESPERABA, LAS GENTES LE JURARON FIDELIDAD AL IMAM ALI, EL SE SINTIO FRUSTRADO. EN ESTE ESTADO DE ANIMO, EL HALLO UN COMPAÑERO EN ZUBAIR. AMBOS INTRIGARON CONTRA EL IMAM. EL LEMA DE LA GUERRA ERA "LA VENGANZA DE LA MUERTE DEL TERCER CALIFA".

EN ESTE SERMON EL IMAM EXPLICO QUE BAJA Y VIL ERA LA POSICION DE TALHA Y QUE INDIGNO ERA SU DESAFIO AL IMAM RETANDOLO A PELEAR. EL IMAM

HABIA LLEVADO REALMENE UNA VIDA DE GUERRERO DESDE LOS 14 AÑOS DE EDAD Y FUE EL UNICO HOMBRE QUE GANO LAS BATALLAS DE BADR, UHUD, KHAYBAR, KHANDAQ, HUNAYN Y VARIAS OTRAS BATALLAS MENORES. DURANTE ESAS BATALLAS EL MATO A MUCHOS MARISCALES Y GUERREROS FAMOSOS DE LA PENINSULA ARABIGA COMO MARHAB, ANTUR, ABDEWÜDH, HARITH, NOAFIL IBN KHALID, AMR, EL TIO DEL MISMO TALHA, Y TALHA IBN ABI TALHA. ERA REALMENTE RIDICULO PENSAR EN AMEDRENTAR A DICHA PERSONA CON LA GUERRA. EL IMAM EXPLICO LA RAZON POR LA QUE TALHA DEMANDABA TAN ARDIENTEMENTE LA VENGANZA DEL ASESINATO DEL TERCER CALIFA.

Yo no puedo ser amedrentado con la guerra, ni me he sentido jamás temeroso de enfrentarme al enenmigo. Yo tengo siempre plena confianza y fe en la ayuda que me fue prometida por Dios, y nunca me ha fallado.

¡Por Dios!, Talha se ha levantado, como una espada desenvainada, para demandar la sangre de los asesinos de Uthmän simplemente porque él teme que él mismo pueda ser acusado justamente de ello. Efectivamente, la mayoría de las gentes lo consideran como uno de los asesinos de Uthmän. Y es un hecho que entre los enemigos de Uthän, que demandaban su sangre, ningún enemigo era tan feroz ni tan decidido a asesinarlo como Talha.

Ahora él ha adoptado esta táctica de salir como vengador de la sangre de Uthmän simplemente para crear dudas en las mentes de las gentes y para desviar el objeto de sospecha de él hacia alguien más. Esta colección de fuerzas armadas y este ruidoso clamor de venganza no son para otro propósito que para ése.

¡Por el Señor!, si Talha fuera una persona sincera y honesta él debería haber adoptado cualquiera de estos tres cursos. Si Ibn Affän (el califa Uthmän) fue un tirano, como Talha lo consideraba, Talha debería haber ayudado a sus enemigos (como realmente lo hizo) pero no debería haber formado después un partido de sus dizque amigos (como está haciendo ahora). y si Uthmän realmente fue un buen hombre y estaba siendo oprimido por sus enemigos, y si Talha era su amigo, entonces talha debería haber acudido en su ayuda durante el tiempo de vida de Uthmän y durante los días cuando sus enemigos se reunieron alrededor de él con las espadas desenvainadas, pero él no hizo esto. Y si él tenía sus dudas acerca de la bondad de Uthmän y él fuera un musulmán honesto, él debería haberse retirado del campo durante la vida y después de la muerte del Uthmän, y haber dejado la situación en manos de aquéllos que conocían el terreno. Pero tampoco hizo esto.

De hecho él no adoptó ninguno de los tres cursos abiertos para un fiel musulmán y para un ciudadano honesto del país, sino que en contra de todos los cánones de equidad y justicia, él ha salido ahora con una demanda que no puede ser ni justificada ni probada.

SERMON 180

EL IMAM, COMO JESUCRISTO (LA PAZ SEA CON EL), INFORMO AL MUNDO QUE LE CONOCIA EL PASADO Y EL FUTURO DEL MUNDO, NO SOLO EN GENERAL SINO TAMBIEN DE CADA SER HUMANO INDIVIDUAL. Y EL HECHO ES QUE COMO CRISTO (LA PAZ SEA CON EL) Y NUESTRO SANTO PROFETA (LA PAZ SEA CON EL Y SUS DESCENDIENTES) EL NUNCA UTILIZO ESTE CONOCIMIENTO PARA BENEFICIO PROPIO.

¡Oh gentes!, ¡oh vosotros! que sois tan indiferentes a vuestras obligaciones y tan negligentes de vuestros deberes, recordad que vosotros no tendréis excusa por ese descuido y esa negligencia. ¡Oh vosotros! que queréis saliros del seno de la religión, recordad que no dejaréis de ser interrogados y castigados.

¿Cómo es que os encuentro alejándoos más y más de Dios y corriendo hacia los pensamientos y los actos impíos? Vosotros os comportáis como si fuerais animales a los que el pastor conduce hacia un pastizal o a un abrevadero donde abundan las enfermedades mortales para los animales y ellos no pueden resistirse a esta conducción, o como aquellas ovejas que están siendo engordadas con forraje fresco y buen pasto para ser sacrificadas y no se dan cuenta de que están siendo tratadas tan bien para que cuando las maten dén carne suave y grasosa. Su visión es tan limitada que ellos consideran a los días por los que están pasando como si fueran el período completo de sus vidas, y el único propósito de su existencia fuera comer y beber.

¡Por Dios!, si yo quisiera podría decir a cada uno de vosotros cómo empezó su vida y cómo va a terminarla, de dónde viene y a dónde va a ir y cómo pasa sus días. Pero yo no hago esto para que no vayan ellos a considerarme superior al Santo Profeta (la paz sea con él y sus descendientes), pero yo se los diré a aquéllos de mis fieles seguidores acerca de los cuáles no tengo temor de que vayan a convertirse en apóstatas.

Juro por Aquél que nombró al Santo Profeta (la paz sea con él y sus descendients) como su Mensajero confiable para que le llevara al hombre la verdad más sublime, y lo escogió de entre todas Sus creaturas para esta obra, que estoy diciendo la verdad. El Santo Profeta (la paz sea con él y sus descendientes) me heredó todo esto. Yo sé quién se condenará y quién logrará la salvación. Yo conozco el destino de este Califato y lo que me sucederá

¡Oh gentes!, juro por Dios que yo no os hago obedecer ninguna orden de Dios a no ser que primero yo mismo ya la haya obedecido fielmente, y yo no os prevengo de ningún vicio o pecado a no ser que primero yo mismo ya me haya abstendio de él.

SERMON 181

EN ESTE SERMON EL IMAM ACONSEJO A LAS GENTES QUE APROVECHARAN COMPLETAMENTE LO QUE DIOS LES REVELO A TRAVES DEL SANTO PROFETA (LA PAZ SEA CON EL Y SUS DESCENDIENTES). EL EXPLICO EN DETALLE LO QUE EL SANTO PROFETA (LA PAZ SEA CON EL Y SUS DESCENDIENTES) PREDICABA Y LO QUE EL CORAN PUEDE ENSEÑARLES Y LO QUE PUEDE LOGRAR PARA ELLOS EN ESTE MUNDO Y EN EL MAS ALLA. EL LES DIJO QUE TOMARAN EN CUENTA SUS PENSAMIENTOS Y SUS OBRAS, QUE TOMARAN ADVERTENCIAS DE LAS VIDAS DE LAS GENTES QUE LOS PRECEDIERON, QUE APRENDIERAN LECCIONES DE LAS COSAS QUE PASABAN ALREDEDOR DE ELLOS Y QUE CONTROLASEN SUS LENGUAS. EL ADEMAS LES ACONSEJO LA FORMA DE VIDA QUE DEBERIAN ADOPTAR, O SEA, QUE SUS MANOS NO DEBERIAN MANCHARSE CON LA SANGRE DE OTROS SERES HUMANOS, SUS LENGUAS DEBERIAN ESTAR LIBRES DE ESCANDALOS Y NO DEBERIAN EXPLOTAR A LOS DEMAS PARA AMASAR RIQUEZAS. EL LES INFORMO QUE LA HIPOCRESIA Y LA INOVACION EN RELIGION SON LOS DOS PEORES ENEMIGOS Y QUE HAY TRES

CLASES DE OFENSAS POR LAS QUE UNO TIENE QUE DAR CUENTAS: LA OFENSA CONTRA DIOS, LA OFENSA CONTRA EL HOMBRE Y LA OFENSA CONTRA UNO MISMO. EL TERMINO EL SERMON DESCRIBIENDO LAS CUALIDADES DE AQUELLOS A QUIENES EL LLAMO BENDITOS.

Tratad de aprovechar lo que el Dios Misericordioso os ha enseñado (en el lenguaje de la religión), haced caso a los consejos dados por Él y tened fe sincera en ellos. Él ha explicado los efectos de los vicios y las virtudes con la ayuda de argumentos tan claros que no os queda lugar para la duda ni para presentar excusas para ir contra ellos. Él ha refutado muy expresiva y enfáticamente todo argumento contra la piedad, la virtud y la pureza, y os ha dicho qué le agrada y qué no, para que hagáis el bien y os abstengáis del mal.

El Santo Profeta (la paz sea con él y sus descendientes) dijo que "el Cielo está en medio de los deberes y las obligaciones que los seres humanos generalmente consideran desagradables, difíciles, duros y dolorosos, pero para llegar allí uno tiene que pasar a través de todos éstos; y, al contrario, el Infierno se encuentra entre aquellas actividades que son aparentemente atractivas, seductoras, agradables, cómodas y gratificantes". Recordad que cada orden de Dios parece ser difícil, desagradable y severa, y que cada pecado os seduce en la forma de vuestro deseo más intenso, súmamente atractiva y altamente grata para la mente y el cuerpo.

Que Dios bendiga al hombre que despeja de su mente los bajos deseos y la avaricia, ya que la mente humana tiene la debilidad de desarrollar deseos ardientes, y es este ardor lo que lo conduce a uno hacia los vicios y los pecados. ¡Oh creaturas de Dios!, vosotros debéis estar conscientes de que cada mañana y noche el musulmán fiel mira sus pensamientos y sus obras con dudas y sospecha (de adoptar el vicio disfrazado de virtud), se culpa a sí mismo por sus limitaciones y se fuerza a sí mismo a luchar más y más para pensar y hacer el bien.

Tratad de seguir a esas gentes buenas que pasaron antes que vosotros. Ellos dejaron este mundo como quien va procediendo en un largo viaje. Ellos pasaron a través de esta vida como si fuera una etapa de su ruta donde su estadía debia ser de muy corta duración.

Recordad que el Sagrado Corán es un libro sagrado que nunca os engañara, es una guia que nunca os extraviará y un comentador tal que nunca os confundirá ni os dejará perplejos. Quien entre en contacto con él, y tiene un propósito sincero de lograr este contacto, el Libro Sagrado no lo dejará sin enriquecerle sus virtudes y disminuírle sus vicios.

Sabes todos, que si uno ha estudiado el Corán cuidadosamente, no requiere ningún otro libro sagrado que lo guíe; y sin conocer el Corán ningún conocimiento está completo ni es útil. Si habéis perdido el sano balance mental debido a vuestro apego a los vicios y los pecados, entonces buscad el tratamiento y la guía de este Libro Santo, él curará vuestras mentes de las enfermedades del cisma, la duda, el paganismo y la crueldad. Buscad su ayuda, él os enseñará a enfrentaros a las desgracias y las calamidades. Invocad la ayuda de Dios por medio de él, id hacia Él con el amor a él en vuestra mente. Pero recordad, no lo hagáis un instrumento de mendicidad en la sociedad, ya que este Libro os enseña cómo solicitar la ayuda de Dios y no mendigar de vuestros semejantes.

Recordad que en el Día del Recuento este libro intercederá (un hombre que lo conozca bien tendrá el derecho y la oportunidad de defender su causa basado en él) y su intercesión será aceptada. Será (como) un orador cuyas palabras son, cada una, verdaderas y aceptadas. En ese día aquéllas personas cuyos pensamientos y obras sean hallados virtuosos y buenos de acuerdo a sus principios recibirán la salvación, y aquéllos cuyos vicios sean condenados por medio de él serán malditos; será declarado que aquéllos que hayan basado su fe y sus creencias sobre las enseñanzas de este Libro tendrán sus almas salvadas, y los destinos de los otros será condenado. Así que dejad que el Corán os guíe, tomad instrucciones de él y hacedlo vuestro líder para que os lleve al reino de Dios.

¡Oh gentes!, tomad su consejo. No déis preferencia a vuestra opinión contra sus doctrinas. Creedme que vuestras opiniones son bastante extraviadas cuando se comparan con sus principios. Haced el bien. Tened fe en la vida después de la muerte. Tened paciencia en las calamidades y los sufrimientos. Sed piadosos.

Sed virtuosos. Para cada uno de vosotros el Islam ha fijado un ideal. Esforzáos para alcanzarlo. Para todos vosotros hay una señal en el camino; tratad de guiaros por ella. El Islam tiene su meta para que cada uno de vosotros aspire a ella y la alcance. Dios ha impuesto ciertos deberes y obligaciones sobre vosotros; cumplid esos deberes y seguid esas órdenes. En el Día del Juicio yo daré testimonio de vuestras actividades.

Fijáos que lo que ha sido destinado que sea, ha sucedido, y la decisio,n de Dios se ha efectuado. Verdaderamente yo os hablo de acuerdo con la promesa de Dios y del Sagrado Corán.

Él ha declarado en Su Sagrado Corán: "Verdaderamente aquéllos que dicen: `Nuestro Señor es Dios' y luego continúan viviendo sinceramente de acuerdo a su fe, los ángeles descienden hacia ellos y les dicen: `No temáis y no os aflijáis, sino que recibid las felices noticias del Cielo que ha sido prometido'".

Si vosotros declaráis también que vuestro Señor es Dios, entonces es obligatorio para vosotros obedecer los principios dispuestos en el Corán, seguir las órdenes de la religión y efectuar la Adoración Divina según las mejores maneras enseñadas por el Islam. No os descarriéis. No introduzcáis inovaciones y cismas en el Islam. No tratéis de saliros de su seno, ya que en el Dia del Juicio los desertores no tendrán participación de la Misericordia de Dios.

Es obligatorio para vosotros que no desempeñéis el papel de un hipócrita en la religión y que no degradéis vuestro carácter. Hablad siempre la verdad. Es necesario para un hombre que tenga completo control de su lengua, ya que frecuentemente lo traiciona ella y lo lleva a la muerte y la condenación. Juro por Dios que yo nunca vi que nadie se beneficiase de la virtud y la piedad si no tenía completo control de su lengua. Verdaderamente la lengua de un musulmán fiel sigue a su mente, y la mente de un hipócrita sigue a su lengua. Pues cuando un verdadero musulmán quiere hablar, él sopesa los pros y los contras de sus palabras, y si él las encuentra útiles y dignas de ser dichas, él habla, pero si encuentra que pudieran ser dañinas e injuriosas para alguien, él se abstiene de decirlas. Y un hipócrita dice lo que le viene a la mente sin pesar primero si sus palabras harán bien o harán daño.

El Santo Profeta (la paz sea con él y sus descendientes) declaró: "Ningún hombre puede alcanzar una fe firme, a no ser que desarrolle fuerza de carácter y eso no puede ser logrado a menos que uno adquiera el hábito de hablar la verdad". Por lo tanto, cada uno de vosotros debe tratar de alcanzar a su Señor en un estado tal que sus manos no estén manchadas con la sangre de otro ser humano, su riqueza no consistia de la propiedad robada a otros, y su lengua esté libre de escándalo y difamación contra los demás. Tratad de alcanzar todos estos atributos.

¡Oh gentes!, recordad que para un fiel musulmán todo lo que alguna vez haya recibido una sanción religiosa aprobatoria siempre será lícito y todo lo que haya sido prohibido una vez permanecerá ilegal por siempre. Recordad que las inovaciones introducidas por el hombre no pueden legalizar las cosas que Dios ha declarado como ilegales. Lo lícito es sólo aquéllo que ha sido declarado lícito por Dios, y lo ilícito es sólamente aquéllo que Él ordenó que así fuera. Ya habéis sido completamente enterados y aconsejados sobre estos puntos, y el estudio del pasado y la experiencia del presente deben haceros que os déis cuenta del daño hecho a la Humanidad por medio de las inovaciones introducidas en el Islam.

Éstos son los hechos obvios y las verdades evidentes hacia los que vuestra atención ha sido frecuentemente llamada y que han sido traídos forzosamente a vuestra mente. Sólamente un sordo no puede oír esa predicación, y sólamente un ciego no puede ver esas realidades manifiestas. Y si un hombre no puede tomar advertencias de la historia y de los sucesos alrededor suyo tan misericordiosamente provistos por Dios, entonces ningún consejo puede serle útil. Él permanecerá por siempre en pecado y siempre considerará correcto lo que es indebido y viceversa.

Hay dos tipos de gentes, aquéllas que siguen sincera y fielmente la religión (el Islam) y aquéllas que introducen inovaciones en ella. Éstas últimas no tienen ninguna autoridad dada por las tradiciones reveladas por Dios al Santo Profeta (la paz sea con él y sus descendientes), ni les importa nada la lógica ni el razonamiento (ellas dan rienda suelta a su imaginación).

Indudablemente el Dios Omnipotente no ha dado un mejor consejo del que Él reveló a través del Sagrado Corán, pues este Libro es la mejor guía hacia el reino donde reside la Gloria de Dios, y es una autoridad tal en los problemas de la religión que se puede confiar en él. Contiene los mejores placeres para una mente superior. Es la mayor fuente de conocimiento para la Humanidad. Él purifica las ideas de uno y ensancha la visión de uno. ¡Ea!, aquéllos que lo entendían y actuaban de acuerdo a sus ensenánazas han muerto, y la mayoría de aquéllos que olvidaron sus enseñanzas o actuaron deliberadamente para hacer que los demás las olvidaran, están vivos hoy. Ahora es vuestro deber ayudar y prestar asistencia a aquéllos a quienes encontréis haciendo el bien, y evitar a aquéllos a quienes halléis envueltos en vicios y pecados.

Recordad que el Santo Profeta (la paz sea con el y sus descendientes) dijo: "¡Oh hijo de Adán!, haz el bien, evita el vicio y la maldad, y si actúas así serás un buen hombre que sigue el verdadero camino".

Recordad que hay tres variedades de error. Una nunca será perdonada, una debe ser castigada y una que puede ser perdonada. En cuanto al pecado que nunca será perdonado o disculpado es la asociación de cualquier ser con Dios como Su co-partícipe. Él mismo declaró esto: "Verdaderamente Dios no perdona el qu alguien le adjudique un socio o co-partícipe en Su Divinidad" [4,48]. El pecado que será perdonado es el que una persona realiza contra sí mismo en forma de ofensas menores contra la religión. Y el pecado que será castigado es el pecado cometido por un hombre contra otro, será severamente castigado en el Más Allá, y este castigo será peor que la tortura más bárbara que pudiera ser imaginada.

No seáis hipócritas en la religión y no cambiéis de opinion constantemente. Vuestra atención y concentración y vuestra cooperación mutua y vuestra coordinación en la verdad y la justicia, aunque las encontréis desagradables, son mejores para vosotros que la adopción de numerosas formas de introducción inovaciones o falsedades en la religión, por más agradables y placenteros que os pueda parecer. Dios nunca ha otorgado Sus Bondades en el pasado y no lo hará ahora a las gentes si ellas se desvían y se extravían de la verdad y la religión.

¡Oh gentes!, bendito es quien lamenta tanto sus limitaciones que no tiene ánimo ni tiempo para criticar los vicios de los demás. Feliz es el hombre que lleva una vida retirada; se contenta con lo que tiene; pasa su tiempo sirviendo a Dios y a la religión; se apena por los pecados y los vicios cometidos por él, y así pasa su tiempo para que nadie resulte lastimado o dañado por él.

SERMON 182

EN ESTE DISCURSO EL IMAM EXPLICO COMO LOS DOS ARBITROS, ESCOGIDOS EN SIFFIN, CONTRA SUS DESEOS, ACTUARON EN CONTRA DE LOS TERMINOS DE REFERENCIA QUE SE LES DIERON, Y ASI SU DECISION NO ERA MORALMENTE OBLIGATORIA.

Cuando vosotros, gentes, decidisteis (contra mi deseo) escoger a dos árbitros (uno de cada bando), yo les hice prometer que ellos actuarían según los principios y las órdenes del Sagrado Corán, que no debían transgredirlos por ninguna razón, y que sus mentes y sus decisiones deberían seguir las enseñanzas del Libro Sagrado. Pero ellos se desviaron del Corán y cerraron sus ojos a la verdad que los miraba fijamente a la cara. Ellos se descarriaron de los términos de referencia. Ellos no tenían deseo de hacer justicia a la causa del Islam sino que querían servir a sus motivos ulteriores. Aunque al principio mismo fue hecho imperativo para ellos que decidieran de acuerdo a los principios de la verdad y la justicia y no dieran cabida al pecado y la maldad, ellos actuaron maliciosamente, se descarriaron del Libro Sagrado y se desviaron de los términos de referencia. Ésta fue razón suficiente para no aceptar su decisión.

SERMON 183

EN ELOGIO DEL SANTO PROFETA (LA PAZ SEA CON EL Y SUS DESCENDIENTES) Y UN CONSEJO A SUS COMPAÑEROS.

Él es el Señor a Quien una obra no lo puede detener de otra; en Quien el tiempo no puede producir ningún cambio; a Quien el espacio no puede rodear ni abarcar; y a Quien nadie puede comprender ni alabar (como lo merece). Él sabe cuántas gotas de agua hay en el Universo y cómo se mueve el gas (primordial o interestelar) en el espacio. Aun los movimientos de los pequeños insectos en la profundidad de la noche, y los lugares donde caen las hojas de los árboles (en todo el mundo), así como las intenciones secretas de las mentes, no están ocultas para Él.

Yo declaro que no hay dios excepto Dios. Él no tiene igual ni semejante. Su Existencia no puede ser dudada. Su religión puede ser fácilmente entendida y no puede ser contradicha. Su Poder de creación no puede ser negado. Yo testifico todo esto como un hombre que es sincero y honesto en su fe, cuya mente está libre de hipocresía, cuya fe es pura, y cuya balanza de sus acciones está a su favor.

Yo testifico además que Muhammad (la paz y bendiciones de Dios sean con él y sus descendientes) es la criatura y el Mensajero de Dios, un profeta elegido por Él; de todos los profetas su explicación de las órdenes y las leyes de Dios fue la mejor; él estaba dotado de virtudes ejemplares, carácter inmaculado, y era digno de merecer tal excelencia. Él fue escogido para transmitir el gran mensaje al hombre, y para iluminar el camino de Dios en medio del ateísmo y de las tendencias materialistas.

¡Oh gentes!, el mundo engaña al hombre que ambiciona poseerlo y que confía tontamente en él. Él abandona a aquéllos que lo aman y tratan de acercarse a él. Él domina a quienes desean controlarlo. ¡Por Dios!, si todas aquellas gentes que una vez disfrutaron lo mejor de todo perdieron esas bondades y bendiciones, se debió absolutamente a su adopción de los medios de vida pecaminosos y viciosos, ya que Dios no es cruel ni injusto con Sus criaturas (los sufrimientos son, en su mayoría, reacciones y efectos de los pecados y los vicios). Si en los tiempos en que acaecen las desgracias, las bondades desaparecen y las bendiciones dejan el paso a las penas y sufrimientos, (entonces) las gentes se arrepienten sinceramente, abandonan sus caminos viciosos, rezan a Dios sincera y anhelantemente, pidiéndole Su Protección y rogándole por Sus bendiciones. Él los perdonará y mejorará, sus condiciones y restaurará Sus Bendiciones.

Yo temo que podáis recaer en los caminos pre-Islámicos. Vosotros ya os habéis desviado del camino correcto una vez y ésa no fue una acción recomendable, pero si vosotros sois traídos al Camino Recto, yo estoy seguro de que tenéis la capacidad para seguirlo. Yo estoy tratando al máximo de enseñaros las mejores cosas que pudieran ser enseñadas. Yo conozco todas vuestras malas intenciones y puedo declararlas, pero yo ruego a Dios que perdone vuestros pensamientos y vuestras obras (y os muestre el Camino Correcto).

SERMON 184

UN HOMBRE LLAMADO ZAGHLAB, HABITANTE DE YEMEN Y COMPAÑERO DEL IMAM, UNA VEZ LE PREGUNTO AL IMAM: "¡OH COMANDANTE DE LOS CREYENTES!, ¿HAS VISTO ALGUNA VEZ A DIOS?". EL IMAM DIJO: "¿LE REZO A AQUEL A QUIEN NO HA VISUALIZADO?". ZAGHLAB PREGUNTO: "¿COMO LO HAS VISTO, MAESTRO?". A ELLO EL IMAM RESPONDIO ASI:

Los ojos no pueden discernirlo en la forma en que ellos ven a los cuerpos físicos, pero las mentes pueden darse cuenta de Su Existencia con la pureza de su fe y la sinceridad de su creencia. Él está cerca de todo en el mundo, pero esta cercanía no es física. Él está lejos de todo, pero esto no significa desinterés en la existencia y el bienestar de Sus criaturas. Él ordena pero no está obligado a premeditar o pensar antes los que Él ordena. Él desea pero no está obligado a pensar y deliberar el asunto por anticipado (Su Conocimiento es tan supremo que nunca hubo ni nunca habrá necesidad de deliberación o premeditación de Su Parte.) Él crea pero sin ayuda de cuerpo o forma. (Él mismo no tiene cuerpo ni forma). Él no puede ser visto físicamente pero esto no significa que Él no pueda ser visualizado. Él es el Señor Supremo de todos los universos pero Él no es un dictador opresivo. Él puede ver todo pero los sentidos no pueden ser atribuídos a Él. Él es Bondadoso y Misericordioso pero la debilidad de carácter no es característica Suya. Todo lo que hay en el Universo es humilde ante Él y teme Su Ira.

SERMON 185

EN ESTE SERMON EL IMAM DESCRIBIO CON PRECISION A AQUELLAS GENTES QUE ESTABAN ALREDEDOR DE EL Y QUE SE DECLARABAN HIPOCRITAMENTE COMO SUS SEGUIDORES. ESTE ERA EL TIPO DE MUSULMANES CON LOS QUE TENIA QUE ENFRENTARSE A MOAWIAH POR UN LADO, A LOS JAREYITAS POR OTRO, Y A LOS SEGUIDORES DE ABDULLAH IBN-ZUBAIR POR EL TERCERO. AUN ANTE TALES OBSTRUCCIONES EL IMAM LLEVO A CABO SU OBRA TAN

EXITOSAMENTE QUE CUANDO ESOS ENEMIGOS DEL ISLAM NO PUDIERON TRIUNFAR DIRECTAMENTE, ELLOS INTRIGARON CONTRA EL Y LO MATARON CUANDO ESTABA OCUPADO REZANDO EN LA MEZQUITA DE CUFAH, Y EL FUE ASESINADO MIENTRAS SE ARRODILLABA ANTE DIOS.

Yo alabo a Dios por cualquiera cosa que Él haya decidido y destinado para mí. Yo también lo alabo por las pruebas por las que estoy pasando por causa de vosotros y por las calamidades que tengo que enfrentar debido a vosotros. Vosotros sois la clase de gentes que me desobedecen cuando doy una orden y que se niegan a atenderme cuando los llamo. Si tenéis una tregua en las guerras incurrís en la vana presunción y en la auto-exaltación, y si empieza una guerra vosotros sois los mayores cobardes con los que uno se puede encontrar. Si otros se congregan a mi alrededor vosotros los criticáis con comentarios despreciativos. Si sois traídos por fuerza a un campo de batalla vosotros simplemente huís. Aun con todo esto yo todavía ruego a Dios que os muestre el Camino Recto y que no deje prosperar a vuestro enemigo. Pero decidme, ¿qué estáis esperando? ¿Por qué no tratáis de ayudaros a vosotros mismos y no lucháis por vuestra causa? ¿Estáis esperando a que la muerte os libere de estas responsabilidades o a que la desgracia y la humillación extremas dén los toques finales a la profundidad de vuestra degradación?

Por Dios!, cuando llegue el día de mi muerte, y algún día tiene que llegar, esta separación será un alivio para mí ya que yo odio vuestra compañía y estoy solo y solitario en medio de vuestra multitud. Que Dios os ayude.

¡Me asombráis! ¿No es suficiente el Islam para uniros en un centro? ¿No os queda sentido del honor para que defendáis a vuestra causa y a vosotros mismos?

¿No es sorprendente que Moawiah haya reunido a un número de mercenarios viles, bajos y bárbaros a su alrededor y que ellos lo ayuden sincera y obedientemente sin ninguna expectación del futuro (más que el saqueo y la explotación que se les permite que realicen), mientras que yo os invito con todos los prospectos de un presente feliz y un futuro brillante en este mundo y el siguiente y, sin embargo, vosotros no me obedecéis y os oponéis a mí a pesar de que sois considerados como la crema y nata de la sociedad musulmana y lo mejor del grupo? (Como yo no os permito que vayáis saqueando despiadadamente y explotando cruelmente a los débiles e indefensos) vosotros os negáis a obedecer mis órdenes, ya sean ellas de acuerdo con vuestras opiniones o contra ellas.

De todos los eventos y cosas que yo tendré que encontrar, lo que más amo es mi muerte. (Qué feliz estaré de encontrarla). Recordad que yo os he enseñado el Libro Sagrado y os lo he explicado con todos los razonamientos lógicos y los argumentos racionales. Yo he realizado juicios que estuvieron completamente basados en los principios de la equidad y la justicia. Yo he traído a vuestro conocimiento cosas que antes no sabíais. Yo os hice que reconocierais cosas que antes ignorabais. Yo hice que os dieseis cuenta de la belleza y la utilidad de tantas cosas en la vida, las cuales eran desagradables para vosotros y a las cuales vosotros odiabais.

¿Podrían ver los ciegos y podría despertar de su sueño el hombre sumido en el profundo sopor de la ignorancia y el paganismo?

¡Qué ignorantes y alejadas de las enseñanzas de Dios están aquellas gentes que tienen a Moawiah como líder y al hijo de Nabegha (Amr ibn Aas) como su maestro!

SERMON 186

LOS SOBORNOS DE DINERO EN METALICO Y LOS DONATIVOS DE CAMELLOS Y ESCLAVAS OFRECIDOS POR MOAWIAH CAUSARON DESTRUCCION DENTRO DEL EJERCITO DEL IMAM EN LA BATALLA DE SIFFIN. EXCEPTO UNOS CUANTOS MUSULMANES FIELES Y SEGUIDORES LEALES. EL RESTO DEL EJERCITO EMPEZO UN CLAMOR PIDIENDO QUE SE ACEPTARA LA ARBITRACION PROPUESTA POR MOAWIAH. EL IMAM TRATO DE RAZONAR CON ELLOS Y QUERIA QUE SE DIERAN CUENTA DE QUE LA VICTORIA ESTABA A LA VISTA; PERO LA CORRUPCION HABIA HECHO SU PEOR DAÑO Y ELLOS SE REBELARON ABIERTAMENTE Y EL FUE OBLIGADO A ACCEDER A LA TREGUA. DESPUES DE QUE LA ARBITRACION FUNCIONO A SU FAVOR, MOAWIAH SE NEGO A COMPARTIR LA GLORIA Y EL ENCANTO DE ESTE EXITO IMPIO CON ESOS REBELDES. EXCEPTO POR UNOS CUANTOS DESERTORES DE ALTO RANGO, LOS DEMAS FUERON TRATADOS POBREMENTE. Y AQUELLOS QUE FUERON ASI TRATADOS POR MOAWIAH QUISIERON ECHAR AL IMAM LA

CULPA DE DICHA ARBITRACION JARIS IBN-RAXID ERA UNO DE ESAS PERSONAS. EL ERA MIEMBRO DEL PODEROSO CLAN DE BANI-NAYLIA. EL ACUDIO AL IMAM Y DIJO: "TU TRAICIONASTE A LA CAUSA DEL ISLAM Y YO QUIERO SEPARARME DE TI". EL IMAM LE ACONSEJO A JARIS QUE FUERA RAZONABLE Y DISCUTIESE LA SITUACION CON EL PARA SU SATISFACCION. EL PROMETIO REGRESAR AL DIA SIGUIENTE Y REGRESO A SU CLAN, EL CUAL FORMABA PARTE DEL EJERCITO DEL IMAM.

DESPUES DE QUE JARIS SE FUE, EL IMAM ENVIO A ALGUIEN PARA QUE TRAJERA NOTICIAS DE ESA SECCION DEL EJERCITO. ELLOS DESEABAN UNIRSE A LOS JAREYITAS, PERO EL TEMOR AL IMAM LOS DETENIA A HACER ESO ABIERTAMENTE. CUANDO EL MENSAJERO REGRESO EL IMAM LE PREGUNTO: "¿ESTAN ESAS GENTES SATISFECHAS Y HAN PERMANECIDO O HAN HUIDO COBARDEMENTE?". EL CONTESTO: "¡OH, AMIR-AL- MU'MININ! [N. del T.: Comandante de los creyentes], ELLOS ESTABAN TEMEROSOS Y NERVIOSOS Y ESCAPARON CORRIENDO HACIA LOS CAMPAMENTOS DE LOS JAREYITAS". A ESTO, EL IMAM DIJO:

Que Dios mantenga Su Misericordia alejada de ellos como hizo Él con las gentes de Thamud (tribu de los árabes antiguos). Ellos se arrepentirán cuando los ejércitos sean traídos contra ellos. Hoy Satanás les ha insinuado que deserten de la causa del Islam y mañana (en el Día del Juicio) él los desertará y los abandonará a sus destinos. Sus deseos de abandonar el seno del Islam verdadero, de regresar a los métodos oscuros de los infieles, y de rebelarse contra la causa de la verdad y la justicia, son suficientes para hacerlos merecedores de la Ira de Dios.

SERMON 187

ESTE SERMON FUE DIRIGIDO APROXIMADAMENTE UNA SEMANA ANTES DE SU ASESINATO; LA OCASION FUE QUE EL QUERIA MOVILIZAR VOLUNTARIOS PARA QUE PELEASEN CONTRA SIRIA. COMO DE COSTUMBRE, EL IMAM EMPEZO ESTE SERMON CON LA ALABANZA A DIOS, ENFATIZANDO SU DESEO SINCERO DE ALABARLO, EL EXPLICO LOS EFECTOS QUE UNA ALABANZA AL SEÑOR EXPRESADA SINCERAMENTE TIENE SOBRE LAS MENTES HUMANAS Y EL AMBIENTE HUMANO EN ESTA VIDA Y EN EL MAS ALLA. LUEGO ENUMERO ALGUNOS ATRIBUTOS DE DIOS, HACIENDO HINCAPIE EN LA ETERNIDAD DE SU EXISTENCIA, SU OMNIPOTENCIA, SU OMNIPRESENCIA, SU OMNISAPIENCIA, SU PODER PARA CREAR TODO SIN EL EJERCICIO DEL CUERPO O LA MENTE (YA QUE EL NO TIENE CUERPO NI MENTE HUMANA) Y SIN LA AYUDA DE NINGUN MODELO O COLABORADOR, Y SU BENEVOLENCIA Y MISERICORDIA HACIA SUS CRIATURAS. EL IMAM TAMBIEN DESCRIBIO BREVEMENTE ALGUNAS MARAVILLAS DE LA NATURALEZA, MENCIONANDO LA CREACION DE LAS GALAXIAS, LOS ESPACIOS VACIOS ENTRE LAS GALAXIAS Y DENTRO DE CADA UNA DE ELLAS, EL PASO DE LA LUZ Y DE OTRAS FORMAS DE ENERGIA A TRAVES DE ESTOS ESPACIOS; EL TAMBIEN ACONSEJO A LOS SERES HUMANOS QUE ENTENDIERAN Y RECONOCIERAN LA IMPORTANCIA DE LA MENTE Y EL INTELECTO CONCEDIDOS A ELLOS, Y QUE AGRADECIERAN AL SEÑOR POR ELLO, Y DESCRIBIENDO ASI LOS ATRIBUTOS DE DIOS EL DIJO QUE LA ENTIDAD DE DIOS NO PUEDE SER COMPRENDIDA Y QUE LAS LIMITACIONES DE LA MENTE HUMANA SIEMPRE SERAN TALES QUE EL SER HUMANO NI SIQUIERA PUEDE VISUALIZAR A MUCHAS DE LAS CRIATURAS DEL SEÑOR.

EL IMAM LUEGO ELOGIO AL SANTO PROFETA (LA PAZ

SEA CON EL Y SUS DESCENDIENTES) Y AL CORAN Y HABLO ACERCA DE LA MORTALIDAD DEL HOMBRE Y DE TODO LO QUE ESTE DESEA ADQUIRIR, ACERCA DEL HABITO DEL HOMBRE DEL MAL EMPLEAR, DESPERDICIAR Y DESPOJAR LAS ENSEÑANZAS DE LA RELIGION Y DE INTRODUCIR INOVACIONES EN SUS DOCTRINAS PARA ACOMODARLAS A SUS MOTIVOS ULTERIORES; Y COMO EL ISLAM ESTABA SIENDO TRISTEMENTE AFECTADO POR ESAS TENDENCIAS Y COMO LOS VERDADEROS MUSULMANES DEBERIAN TRATAR DE PROTEGER A ESTA RELIGION. POR ULTIMO, EL IMAM HABLO ACERCA DEL DUODECIMO IMAM DEL ISLAM, EL CUAL HA DE VENIR Y DE FORMAR UN ESTADO ISLAMICO MUNDIAL. COMO SE DEFENDERA A SI MISMO Y DEFENDERA A SU ESTADO CON LA AYUDA DE LAS CIENCIAS, TENIENDO MUCHO CUIDADO DE NO USARLAS EN PERJUICIO DE LA HUMANIDAD, Y COMO EMPEZARA COMO UNA PERSONA INDEFENSA, Y CUAL SERA LA CONDICION DEL ISLAM EN LA EPOCA DE SU APARICION, Y COMO SU GOBIERNO TRAERA JUSTICIA Y PAZ PARA LA HUMANIDAD.

Todas las alabanzas sean para el Señor, Quien es el final de todo y a Quien todo regresará. Lo alabamos por Su Bondad Suprema, por la clara y gráfica explicación de la verdad (el Islam) y por la continuidad de Sus Bondades y Bendiciones para el hombre. Es la clase de alabanza que hará justicia a las obligaciones bajo las que existimos y que se elevarán al nivel que merecen Su Misericordia y Su Benevolencia. Es la alabanza que no se acercará a las Recompensas Celestiales y que nos hará merecer el gran Favor del Señor.

Yo solicito Su ayuda como quien espera sinceramente Su Misericordia y Su Bondad, como quien tiene esperanza en Su Benevolencia y Sus Abundancias, tiene fe en Su Protección y Su Refugio y lo obedece fielmente en pensamiento, palabra y obra. Yo tengo verdadera fe en Él y esperanza sincera en Su Benevolencia y una creencia auténtica en Su Omnipotencia y Omnipresencia. Yo le rezo con tanta humildad y modestia como lo demandan Su Grandeza y Su Gloria. Yo creo de todo corazón que no hay más Dios Todopoderoso que Él. Yo trato al máximo de buscar Su Protección y Su Refugio.

Él es el Unico Dios. Él no tiene padre que comparta Su Grandeza y Su Gloria ni hijos que hereden Su Poderoso Dominio si Él cesara de existir. Él estaba desde antes que el Tiempo y el Espacio empezaran a existir. Ningún aumento ni ninguna disminución de Su Poder y Su Majestad han sucedido o pueden suceder. Por el contrario, el sistema bien diseñado y bien controlado de la naturaleza, organizado por Él, está tan bellamente arreglado y tan maravillosamente dispuesto que su misma existencia da indicaciones claras y poderosas de Su Conocimiento, Su Poder y Su Majestad Supremos. Tomad por ejemplo la creación de todas las diversas galaxias que existen sin ningún apoyo o soporte. Él ordenó que fueran y ellas espontáneamente adquirieron su existencia. Si ellas no hubieran aceptado Su Señorío y si no hubieran obedecido inmediatamente Sus Ordenes, Él no les habría concedido un lugar en Su espacio, no las habría puesto como morada para Sus Angeles y no las habría destinado como lugares para exhibir Su Gloria y como albergues de bendiciones para quienes lo obedecen sincera y fielmente. (En realidad ellas no habrían adquirido existencia y no era físicamente posible para ellas que desobedecieran Sus Ordenes. A Su Orden ellas empezaron a ser y tomaron los lugares asignados para ellas).

Él hizo que las estrellas de los cielos fueran claras y luminosas señales y manifestaciones para aquéllos que quieren entender las formas y los medios de cómo los universos y los espacios entre ellos llegaron a existir. Estas mismas estrellas despejan la oscuridad del espacio, la cual no puede impedir que sus luminosidades irradien ni puede poner una barrera a las luces de las lunas y los planetas.

Gloria a Dios, de Cuyo Conocimiento no están ocultas aquellas partes del espacio que están envueltas en oscuridad, ni las caras de los planetas cuando la oscuridad se extiende sobre ellos cubriéndolos completamente, tanto la profundidad de los valles o los picos de las altas y elevadas montañas; ni el rugido del trueno en las nubes (este rugido es un homenaje a Su Gloria); ni aquellas cosas a las que el rayo alcanza y destruye; ni siquiera todas las hojas que caen de los árboles y son dispersadas por el viento y la lluvia, alejándolas de los lugares donde cayeron. Él sabe de dónde viene cada gota de agua y dónde permanecerá. Él conoce todo acerca de los movimientos, vivienda y morada de cada una de las hormigas que existen, acerca de cuánto alimento necesita cada mosquito individual y de dónde lo obtiene, y si el bebé en el vientre de su madre es un niño o una niña. (Su Conocimiento es prevaleciente sobre todo y cubre los detalles diminutos de la existencia y los requerimientos de cada una de Sus criaturas).

Todas las alabanzas sean para el Señor, Quien ya estaba allí cuando aún no había espacio ni tiempo, ni galaxias o universos, ni sistemas solares o tierras (planetas que puedan sostener y mantener la vida), ni hombres ni espíritus. Él es el Señor, el Cual está muy por encima de la comprensión y el entendimiento. La concesión de Bondades a aquéllos que anhelan Su Benevolencia no lo mantiene alejado de otras obras, ni esos regalos ilimitados pueden reducir Sus recursos. Ningún ojo puede verlo, ningún espacio puede confinarlo dentro de límites y ningún paralelo puede ser sugerido para Él. Él crea sin la ayuda de nadie y sin instrumentos, y Él entiende sin ayuda de los sentidos. En realidad, nadie puede entenderlo basándose en los atributos, las facultades, las propiedades y los poderes de Sus criaturas. Él es el Señor que habló a Moisés (la paz sea con él) y le exhibió una de Sus grandes Maravillas pero sin la ayuda de partes corporales o de instrumento alguno. ¡Oh vosotros! que tratáis al máximo de entenderlo y describirlo, tratad simplemente de ver si es posible para vosotros invocar en vuestra mente imágenes claras de los dos ángeles Gabriel y Miguel o de otros ángeles que en los lugares santos y divinos están ocupados constantemente rindiéndole homenaje y rezándole. Vosotros no podéis describirlos y ellos, a su vez, son incapaces de definir y describir al Gran Creador de los Mundos.

Recordad que vosotros sólo podéis describir y definir las cosas que poseen cuerpo, ocupan espacio, están dotadas de atributos, propiedades y facultades, y cuya existencia tendrá fin algún día.

Recordad que no hay dios excepto Dios, el Cual puede iluminar todo rincón oscuro del espacio y puede oscurecer todo punto brillante.

¡Oh gentes!, yo os aconsejo que adoptéis la piedad por la causa del Dios Benévolo y Misericordioso, el Cual os enseñó cómo proteger vuestro cuerpo con la ayuda del vestido y las cubiertas, y el Cual abrió para vosotros los caminos y los medios para controlar las cosas de esta Tierra (47).

Si alguien tuvo mayor posibilidad de una vida inmortal y de escapar de la muerte, ése fue Salomón (la paz sea con él), el hijo de David (la paz sea con él). Él fue un profeta tal que Dios le concedió el completo control sobre los hombres así como sobre los espíritus (además del control normal que él poseía sobre otros seres terrenales aparte de los demás humanos). Pero cuando el período de vida asignado para él llegó a su fin, él tuvo que enfrentarse a la muerte como cualquier otro mortal. Su ciudad favorita y su imperio poderoso fueron heredados por otros.

Verdaderamente la historia del hombre contiene lecciones y advertencias para vosotros. ¿Dónde están los amalecitas y sus descendientes? ¿Dónde están los faraones y sus cortes? ¿Dónde están aquellos poderosos gobernantes que fundaron un imperio en el país de Rass? Ellos mataron a los profetas y a los mensajeros de Dios, trataron al máximo de destruír las religiones y tuvieron un control impío y tiránico sobre los hombres. ¿Dónde están ellos y dónde están los ejércitos enormes que ellos movían de país a país derrotando y conquistando naciones tras naciones, matando a miles de millares de seres humanos y arrasando ciudad tras ciudad y luego erigiendo ciudades nuevas en su lugar?

LO QUE SIGUE SE SUPONE QUE ES PARTE DEL SERMON, HABLANDO ACERCA DEL ULTIMO IMAM QUE VENDRA A GOBERNAR EL MUNDO, EL PROMETIDO DEFENSOR DE LA HUMANIDAD Y EL GOBERNANTE BONDADOSO DEL ESTADO MUNDIAL.

Él se protegerá y defenderá con recursos de la ciencia y del conocimiento supremo. Su control sobre esos recursos será completo; él sabrá cuán supremos son y qué cuidadosamente deberán ser usados; su mente estará libre de los deseos de causar daño y perjuicio a la Humanidad. Ese conocimiento será para él como la propiedad que fue indebidamente poseída por otros y de la que él estaba esperando el permiso para reposeerla y usarla. Él, al principio, será como un pobre forastero desconocido e ignorado, y el Islam entonces estará en el lamentable y desesperado estado de un camello exhausto que ha apoyado su cabeza en el suelo y mueve la cola. Con tal comienzo él establecerá un imperio de Dios en este mundo. Él será la demostración y prueba final del deseo del Dios Misericordioso de informar al hombre acerca de las formas correctas de vivir.

EL IMAM CONTINUO EL SERMON ASI:

¡Oh gentes!, yo os he aconsejado e instruído acerca del camino que todos los profetas aconsejaron e instruyeron a sus seguidores, y yo os he entregado todo lo que me fue confiado tal como todos aquéllos que fueron confiados con las interpretaciones de la Voluntad de Dios por los profetas antes, yo he tratado de enseñaros disciplina en la vida pero vosotros prestasteis escasa atención a mis enseñanzas, luego yo traté de conduciros forzosamente hacia las formas Islámicas de vivir pero no os importó adoptarlas. Que Dios os ayude. ¿Estáis esperando algún otro guía (imán) que os enseñe estos caminos divinos y que os conduzca hacia el Camino Recto de Dios?

Tened cuidado, vosotros habéis desechado las ventajas de la guía divina, y las ideologías pre-Islámicas han tomado posesión de vuestras mentes otra vez.

Las personas religiosas de entre vosotros han decidido dejar este mundo, han vendido los placeres mortales y viles de esta vida a cambio de la bendición perpetua en el Más Allá.

¿Podéis indicarme el daño que ocurrió a aquéllos de nuestros hermanos que recibieron el martirio en el campo de batalla de Siffín? ellos no están hoy entre nosotros. Pero su situación es más feliz que la nuestra. Si ellos hubieran estado vivos hoy, ellos habrían tenido que enfrentarse a los mismos desengaños, humillaciones, sufrimientos y pruebas que nosotros estamos encontrando.

Juro por Dios que el suyo fue un destino feliz. Ellos están frente a su Señor. Ellos han recibido recompensas divinas, y después de una vida de preocupaciones, calamidades y peligros, ellos están en paz consigo mismos y con sus alrededores celestiales. Pero lamentamos haberlos perdido, los extrañamos y sentimos su ausencia. ¡Oh!, ¿dónde están mis hermanos que llevaron una vida piadosa y murieron en olor de santidad? ¡Oh!, ¿dónde está, Ammar el hijo de Yasser? ¿Dónde está Ibn Thehan? ¡Oh!, ¿donde está jazima, el D̲h̲ül-shahadatayn (El profeta ordenó que su testimonio fuera valorado como el testimonio de dos personas piadosas y justas, por lo que fue llamado D̲h̲u-l-xahadatayn, o sea, el equivalente a dos testigos). ¿Dónde están esas otras gentes que estuvieron una vez conmigo, que prometieron vivir y morir por el Islam y que se mantuvieron en la primera fila de defensa contra los ataques de los transgresores pecadores?

NAWF, EL NARRADOR DE ESTE SERMON DICE QUE CUANDO EL IMAM EMITIO LOS NOMBRES DE ESTOS AMIGOS Y SEGUIDORES, SU RECUERDO ENTRISTECIO SU CORAZON, SUS OJOS BRILLANTES COMO DE AGUI-LA SE EMPAÑARON, SE LLENARON DE LAGRIMAS Y ESTAS FLUYERON SOBRE SU BLANCA BARBA. Y ENFRENTE DE MILES DE PERSONAS REUNIDAS ALLI PARA ESCUCHARLO, EL NO SINTIO VERGÜENZA DE LLORAR POR ELLOS Y DE LAMENTAR SU PERDIDA. EL GRAN SOLDADO Y GRAN ORADOR NO PUDO CONTI-NUAR SU DISCURSO Y LLORO, MOSTRANDO LO TIER-

NO DE SU CORAZON Y LO QUERIDO Y AMADO QUE ERA SU RECUERDO. DESPUES DE UNOS MOMENTOS EL IMAM CONTINUO SU SERMON.

Qué triste me siento por la pérdida de esos hermanos míos que leían el Corán y lo entendían, que meditaban profundamente sus obligaciones y cumplían sus deberes, que mantenían vivas las tradiciones del Santo Profeta (la paz sea con él y sus descendientes) y luchaban tenazmente contra las inovaciones, y cuando se les llamaba para que defendieran al Islam acudían bien dispuestos con fe plena en su líder e imam y lo seguían fielmente.

ENTONCES EL IMAM PROCLAMO EN VOZ ALTA:

¡Yihad, Yihad, Yihad! ¡Oh criaturas de Dios! Sabed y estad concientes de que hoy estoy movilizando un ejército de voluntarios para defender el Islam. Quien quiera lograr el favor de Dios, que dé un paso al frente.

NAWF DICE QUE MAS DE 40.000 PERSONAS SE CONGREGARON ALREDEDOR DEL IMAM. EL LOS DISTRIBUYO EN MUCHAS DIVISIONES Y BATA- LLONES. LA PRIMERA DIVISION DE 10.000 SOLDADOS FUE PUESTA A LAS ORDENES DEL IMAM HUSSAYN (LA PAZ SEA CON EL). OTRAS DIVISIONES DE LA MISMA FUERZA FUERON PUESTAS AL MANDO DE QAYS IBN- ABBADA, ABU AYUB AL-'ANSÄRI — UN COMPAÑERO DEL SANTO PROFETA (LA PAZ SEA CON EL Y SUS DESCENDIENTES) — Y MUCHAS UNIDADES MAS PE- QUEÑAS BAJO OTROS OFICIALES MENORES. EL ESTABA ASI ORGANIZANDO UNA GRAN FUERZA Y HABIA RESUELTO MARCHAR HACIA SIRIA UNA VEZ MAS. LA RESPUESTA A SU LLAMADO FUE MARA- VILLOSA, LAS GENTES SE REUNIAN POR MILLARES BAJO SU BANDERA CUANDO EN MENOS DE UNA SEMANA DE HABER DICHO ESTE SERMON, EL IMAM RECIBIO UN GOLPE MORTAL DADO POR LA ESPADA DE IBN MULYIM MIENTRAS EL IMAM SE ARRO- DILLABA REZANDO EN LA MEZQUITA DE CUFAH. ESTO FUE EN EL MES DE RAMADAN. DESPUES DE SU

MUERTE, LOS EJERCITOS QUE SE HABIAN CONGREGADO ALREDEDOR DE EL SE DISPERSARON Y NUESTRA CONDICION SE VOLVIO COMO LA DE UN REBAÑO DE CABRAS SIN PASTOR Y QUE ERAN ATACADAS POR LOS LOBOS POR TODOS LADOS.

SERMON 188

COMO DE COSTUMBRE,EL IMAM EMPEZO ESTE SERMON ALABANDO A DIOS Y EXPLICANDO ALGUNOS DE SU ATRIBUTOS. EL IMAM NOS DIJO QUE EL SEÑOR CREO DE LA NADA EL UNIVERSO, QUE PARA TODO EN LA NATURALEZA FIJO PROPIEDADES, VALORES Y DIMENSIONES Y TAMBIEN UN PERIODO EN EL TIEMPO, DEPENDIENDO UNOS DE OTROS PARA SU EXISTENCIA, QUE EL NO TUVO QUE HACER ESFUERZO ALGUNO PARA ESTA OBRA, QUE EL HIZO ESTA TIERRA COMO MORADA PARA LOS SERES HUMANOS Y ENVIO PROFETAS PARA ENSEÑARLES LAS FORMAS CORRECTAS DE VIVIR. EL IMAM EXPLICO LUEGO LO QUE ES EL SAGRADO CORAN Y LO QUE TRATA DE ENSEÑAR, CUAN CLARAS Y PRECISAS SON SUS ENSEÑANZAS; QUE LE HA PROPORCIONADO DIOS AL HOMBRE Y QUE ESPERA DE EL; COMO RECOMPENSARA DIOS A LAS PERSONAS PIADOSAS Y TEMEROSAS DE DIOS, CUAL SERA EL TIPO DE LUGAR QUE LES SERA CONCEDIDO EN EL CIELO Y QUE CLASE DE CASTIGO LES AGUARDA A LOS PECADORES. EL IMAM NOS INFORMO LA VERDADERA IMPORTANCIA DE LA DEMANDA DE AYUDA DEL HOMBRE POR PARTE DE DIOS Y DE PEDIRLE LA DEUDA DE HONOR. EL SERMON ENTERO ES UN CONSEJO AL HOMBRE PARA QUE ESTE SEPA CUAL ES SU LUGAR EN LA NATURALEZA Y PARA QUE TRABAJE PARA SU SALVACION.

Toda alabanza sea para Dios, el Cual es reconocido sin ser visto y Quien ha creado los universos sin ningún esfuerzo. Él dio forma y configuró a Sus criaturas de la nada, simplemente por obra de Su Poder y Su Majestad. Él hizo que los grandes hombres del mundo se dieran cuenta de su insignificancia e inutilidad ante Su Poder y Su Gloria y de su modestia comparados con Su Benevolencia y Generosidad.

Él es el Señor, Quien hizo esta Tierra como una morada para Sus criaturas y envió a Sus profetas entre los seres humanos y los espíritus para revelarles los secretos de la vida, para prevenirlos acerca de las consecuencias de los pensamientos y obras malos, para citar ejemplos de dichas consecuencias, para abrirles los ojos a los defectos de una vida viciosa, para garantizarles sus aspectos rápidamente cambiantes de la salud a la enfermedad, de la riqueza a la pobreza, y de la grandeza a la humildad, y a decirles cómo recompensará Dios a Sus criaturas obedientes y castigará a los desobedientes.

Alabo a Dios Tan sincera y asiduamente como Él espera que Sus criaturas lo hagan.

Él destinó para todo en la naturaleza valores, dimensiones o propiedades, y para cada valor, dimensión y propiedad Él fijó un período de tiempo (uno es dependiente del otro y ellos no pueden existir independientemente uno de otros) y cada uno de estos períodos de tiempo está predestinado y fijado (nadie puede producir ningún cambio en cualquiera de ellos).

EL IMAM HABLA ACERCA DEL CORAN ASI:

El Sagrado Corán os ordena que hagáis el bien y que os abstengáis del mal. Aunque aparentemente está callado (siendo simplemente un libro), en realidad explica lo que tiene que explicar clara, breve y sencillamente. Es la Palabra final de Dios para Sus criaturas. Él ha tomado de vosotros una promesa de que actuaréis de acuerdo a sus principios y os ha ordenado que sigáis cuidadosamente sus órdenes. Él ha completado Sus prédicas a través de él y ha finalizado en él el código del Islam. Él llamó al Santo Profeta (la paz sea con él y sus descendientes) de regreso al Cielo sólo cuando el Mensajero del Señor hubo explicado completamente las órdenes de Dios reunidas en este Libro, las cuales, si son seguidas, traerán paz y salvación eternas para la Humanidad.

Alabad y elogiad a Dios con los atributos que Él mismo ha anunciado y declarado, ya que El no ha mantenido secreta para vosotros ninguna faceta de la religión, y también os ha enseñado cómo meditar acerca de Él y cómo adorarlo. Él ha indicado claramente los métodos que Él aprueba y los que no aprueba. Estas indicaciones son precisas, explícitas y sencillas, diciéndoos qué hacer y qué no hacer. Nunca habrá alteraciones en Sus Mandamientos ni cambio alguno en los estándares de Sus Aprobaciones y Rechazos. Recordad que Él no estará complacido con vosotros si hacéis cosas que Él reprobó en las gentes que os precedieron, y que Él no estará enojado o indignado con vosotros por aquéllos de vuestros pensamientos y obras que Él haya aprobado en otros. Es suficiente para vosotros que sigáis los caminos sencillos y claros dispuestos para vosotros y que digáis y hagáis las cosas que las cosas buenas que os precedieron dijeron e hicieron. Él ha asumido la responsabilidad de hacer que la naturaleza cuide de vosotros y de proveer para vosotros todo lo que es física y básicamente necesario para vuestro bienestar y quiere que estéis agradecidos por estas oportunidades, que hagáis uso honesto y justo de ellas y que llevéis una vida piadosa, honorable y conciente, que Él ha fijado como ápice de vuestro desempeño y como único propósito de vuestra creación.

Temed a Dios, ante Quien vosotros tendréis que rendir cuentas de vuestros actos, Quien tiene completo control de vuestra existencia y ha predestinado vuestro lugar en la naturaleza. Si tratáis de esconder de Él algo, Él lo sabrá y tendrá testigos que anoten y den fe de vuestros pensamientos y vuestras obras. Estos testigos nunca anotarán algo equivocado, no dejarán de anotar nada, y nunca confirmarán evidencias falsas.

Recordad que para quienes temen a Dios, Él hallará medios y caminos para mantenerlos alejados de la maldad y los problemas, fuera de los vicios y las iniquidades, y alejados de las tentaciones y las pruebas. Él los guiará de la oscuridad hacia la luz. Él les concederá Sus Bondades en este mundo, y en los Cielos Él les otorgará un lugar tan exaltado que estará en la vecindad de Su Trono, serán iluminados con la Luz Divina y tendrán ángeles, profetas y santos como visitantes y vecinos. Ahora, aprestáos para ese mundo glorioso, hacéos merecedores de él y estad listos para encarar a la muerte feliz y confiadamente, ya que la muerte alcanzará a cada uno de vosotros y cuando ella llegue, la puerta para el arrepentimiento estará cerrada y las oportunidades para hacer buenas obras se habrán perdido. recordad que todavía estáis pasando por un período hacia el cual quisieran regresar aquéllos que os precedieron (la vida), pero vuestra estadia aquí es también efímera, vosotros también sois viajeros. Estad listos para partir de esta morada que no es vuestro hogar y donde no vais a permanecer eternamente. Él os ha informado claramente que esta vida es una fase transitoria y que debéis preparar provisiones para el mundo del Más Allá antes de que partáis hacia él.

Recordad que vuestros cuerpos débiles y vuestras pieles delicadas no pueden soportar los fuegos y las torturas del Infierno. Tened piedad de vosotros mismos. Os habéis examinado bajo las dificultades y las calamidades de esta vida, debéis haberos dado cuenta de lo débiles que sois para enfrentaros al dolor y la angustia; un piquete de alfiler os hace gritar y la mera visión de la sangre hace desmayarse a muchos de vosotros, y el contacto con la arena caliente y ardiente os hace aullar y gritar. Imaginad las condiciones de aquéllos hombres que fueron arrojados al fuego del Infierno, teniendo a Satanás como su único compañero y consuelo. ¿Podéis imaginar cómo estalla en llamas el fuego del Infierno, cómo destruye y cómo crece rápidamente chocando contra las puertas del Infierno?

¡Oh tú!, que has envejecido y te has debilitado; cuando eras joven y fuerte no podías soportar las dificultades de esta vida, ¿cómo podrías soportar las torturas del Infierno cuando todavía hay tiempo para que pienses y actúes; cuando tienes fuerza y salud, riqueza y oportunidades, poder y posición, y la vida con sus capacidades para hacer el bien y el mal. Haz el bien y piensa en tu salvación. No os sobrealimentéis y no disipéis vuestras vidas en actividades dañinas ni la desperdiciéis durmiendo. Trabajad, pero trabajad duro. Gastad vuestra riqueza para bien de los pobres y los necesitados, dejad que vuestro cuerpo soporte las penalidades para mejorar vuestra mente. Ayudad a Dios (a la causa de Dios y de Sus criaturas) y Él acudirá en vuestra ayuda. En Su Libro Sagrado, Él dice: "Dios ayudará a quienes lo ayuden y los hará perseverantes y firmes en Su Camino", y también dice: "Y quien haga a Dios un préstamo generoso (ayudando a los pobres y los desposeídos), no sólo se le será pagado doblemente, sino que además será noble y bellamente recompensado por Él".

Recordad que Él no está solicitando vuestra ayuda porque Él sea débil y esté necesitado de socorro; y que Él no os pide préstamos porque esté pobre y necesitado. ¿Os dais cuenta de por qué ha solicitado Él vuestra ayuda, siendo que los universos y las galaxias están a Su Disposición y Orden, y que Él los creó, los puedes destruír y puede recrearlos una y otra vez? Suyos son el Poder y la Majestad. ¿Por qué os solicita préstamos siendo que Él mismo creó todo lo que consideráis como vuestra fortuna, siendo que la prosperidad, la abundancia y las fortunas son Suyas para que Él ordene y dirija? Sin embargo Él solicita vuestra ayuda y vuestra riqueza porque Él quiere probaros y recompensaros o castigaros de acuerdo a vuestra capacidad para obedecerle y para servir a la Humanidad o vuestra arrogancia al desobedecer Sus órdenes.

Ahora proceded hacia Su Reino con abundancia de buenas obras a vuestro crédito; tratad de alcanzar esa morada donde vuestros vecinos serán Su

Gloria, Sus profetas, Sus ángeles y Sus santos. Ellos nunca han sufrido las torturas del Infierno. Él ha dicho: "Él la concede (Su recompensa) a quien Él quiere. Y Dios es el Señor de Abundancia, Bondad y Gloria" [57, 22].
Yo he cumplido con mi deber. Yo os he dicho lo que tenía que deciros. Ahora os toca a vosotros actuar según mi consejo o no prestar atención a mi sermón. Dios es Suficiente para acudir en vuestro auxilio. Él es muy Suficiente para nosotros y Él es el mejor Director de nuestros destinos.

SERMON 189

BURY IBN MUXA'AR-E-TAAE ERA UN POETA JAREYITA. LOS JAREYITAS HABIAN DESARROLLADO UN DICHO CONTRA EL IMAM: "NO HAY ORDEN NI DECISION MAS QUE LA DE DIOS". BURY TENIA LA COSTUMBRE DE REPETIR ESTE LEMA EN VOZ ALTA, ESPECIALMENTE CUANDO EL IMAM ANDABA CERCA. UNA VEZ CUANDO ESTABA REPITIENDO DICHO SLOGAN EL IMAM LO OYO Y DIJO:

¡Cállate, oh tú con boca sucia y dientes rotos! Que Dios no te perdone. Cuando la verdad y la justicia estuvieron en el poder tú estabas en una posición humilde y desgraciada, y cuando la iniquidad y el pecado empezaron su reinado tú empezaste a adquirir poder y apareciste repentinamente como los cuernos de una cabra.

SERMON 190

EL IMAM EN ESTE SERMON ALABO AL SEÑOR, DICIENDO QUE EL ES ETERNO Y SIN PAR; LA CREACION MISMA DE LOS UNIVERSOS, EL CAMBIO EN LAS CONDICIONES DE LA MATERIA Y LA DISIPACION DE LA ENERGIA PRUEBAN QUE EL ES EL CREADOR Y QUE NADA EN EL UNIVERSO ES ETERNO EXCEPTO EL. EL IMAM LLAMO LA ATENCION DEL HOMBRE HACIA LAS MARAVILLAS DE LA CREACION CITANDO DOS EJEMPLOS DE LA VIDA DE LOS INSECTOS: LA HORMIGA Y LA LANGOSTA. ENTONCES EXPRESO SU ASOMBRO

ANTE AQUELLOS QUE HABIENDO VISTO LAS MARAVILLAS DEL UNIVERSO SE NIEGAN A ESTUDIARLAS Y A ACEPTAR AL GRAN CREADOR.

Alabado sea el Señor, a Quien los ojos no lo pueden captar, los sentidos no lo pueden abarcar, y el espacio no lo puede contener, y a Cuya Gloria y Majestad nada en la naturaleza las pueden cubrir u ocultar. El inicio de la existencia de los universos y la edad del universo por sí misma son la prueba clara y la evidencia de Su Pre-existencia y Eternidad (Las ciencias modernas han calculado una edad aproximada para el universo, o sea, la materia, la energía, el espacio y el tiempo. Ésta puede que no sea bastante correcta, y puede que el desarrollo futuro de las ciencias aumente o disminuya el valor calculado de estos períodos, e incluso puede ser que concluyan los científicos que los universos junto con el espacio y el tiempo tienen una existencia pulsante, un ciclo entre caos y cosmos. Pero debe haber y hay un principio en alguna parte. La existencia misma del universo prueba que el proceso empezó alguna vez. El Imán llama a esto "Hudus", o sea, principio de la creación y arguye que este principio prueba que Él está más allá del tiempo y por lo tanto es Eterno, nadie Lo creó y por lo tanto nadie pudo existir antes que Él). La decadencia y la destrucción en la naturaleza prueban que Él existirá por siempre (El ciclo de energía y materia y de caos y cosmos, la pulsación de las galaxias hacia gas primordial y de este gas de nuevo a galaxias, prueba lógica y matemáticamente que todo alguna vez tendrá que llegar a una terminación, así como una vez empezó, y que Él no tuvo principio, así que Él no tendrá fin). Similarmente, en las propiedades, los atributos y las características de las cosas creadas hay una evidencia de que no puede haber similitud alguna entre Él y Sus creaturas y que Él no tiene igual ni par. Él es veraz y fiel a Sus promesas y Él está por encima de la opresión y la tiranía. No hay error de comisión u omisión en Su Gobierno, ni exceso o redundancia, ni deficiencia o escasez (Él ha destinado y dispuesto la naturaleza en tal forma que proporciona para las cosas existentes todo lo que ellas requieren para su existencia y sólo la cantidad que ellos necesitan).

La existencia misma de las cosas es una evidencia de que Él es el Creador y que Él existía antes que ellas. La imposibilidad en todas las formas de creación de que pudieran existir por sí mismas y de que pudieran proveerse a sí mismas (sin ninguna ayuda exterior es una prueba de Su Omnipotencia y Su Capacidad Infinita. El constante cambio de las condiciones de la materia y la permanente disipación de la energía revelan a la razón Su atributo de

Eternidad). Todos estos hechos prueban que Él es Uno, pero Su Unidad no es una cualidad matemática; prueban que Él es Eterno, no teniendo principio ni fin; que Su Ser y Su Existencia no requiere de ningún apoyo o ayuda de Sus criaturas; que las mentes aceptan Su Existencia, pero no con la ayuda de la vista y los sentidos; que Sus criaturas dan testimonio de Su Ser sin haber entrado en contacto con Él y que la imaginación y la comprensión no pueden abarcarlo pero pueden reconocer Su Infinita Existencia. Él es Grande pero no debido a dimensión, ya que Su Grandeza no es una grandeza corporal; Él es Grande debido a Su Majestad, Gloria y Poder.

Yo declaro que Muhammad es Su criatura, Su Mensajero escogido, su Profeta seleccionado y Su siervo confiable (que la paz y las bendiciones de Dios sean con él y sus descendientes). Él envió a este Mensajero elegido para que viviera entre nosotros para mostrarnos el camino correcto y él vino acompañado de pruebas irrefutables, logros innegables y órdenes claras. Este Profeta nos transmitió Su Mensaje, guiándonos para diferenciar entre lo correcto y lo indebido, entre la verdad y la falsedad, entre el vicio y la virtud, y entre la piedad y el pecado. Él nos mostró el verdadero camino hacia la salvación, iluminó el camino de la religión fijando minaretes de luz a lo largo de todo el camino y fortaleciendo los lazos del Islam y las ligaduras de la fe.

EN LA SIGUIENTE PARTE DISCUTIO LAS BELLEZAS DE LA CREACION EN DIVERSAS FORMAS DE VIDA.

Si las gentes tan sólo pudiesen estudiar cuidadosamente la belleza y la grandeza del arte de creación y la bendición ocultas en las diversas formas de vida, ellos serían impactados por las maravillas, aceptarían sinceramente Su Grandeza, seguirían el camino dispuesto por Él, tratarían de lograr Su Bendición y temerían a Su Ira. Pero es una gran desgracia para el hombre el que él tenga una mentalidad enferma y una visión insana. ¿Por qué es él así? ¿No puede ver acaso esas pequeñas criaturas que abundan alrededor de él? ¿No puede darse cuenta de cómo Dios hizo a esos seres tan pequeños y, sin embargo, tan fuertes y robustos? Qué pequeños, delicados e indefensos se ven, pero qué fuertemente están construídos sus miembros y qué firmemente están conectados entre sí. Ellos tienen ojos, oídos, huesos y piel como cualquier animal grande.

Mirad a la hormiga. Qué pequeño es su cuerpo y qué delicadas son sus características. Es una criatura tan pequeña que frecuentemente escapa a un vistazo rápido, y a pocas gentes les importa concederle importancia entre los seres vivos que se hallan sobre esta Tierra. Miradla y estudiad sus formas de vivir; cómo se arrastra; cómo ataca su alimento; cómo levanta un grano — muchas veces más pesado que su cuerpo — y lo carga hasta su agujero; cómo almacena los granos; y cómo en el verano, reúne y guarda alimento para el invierno y los días lluviosos. El Dios Misericordioso ha ordenado que la naturaleza le proporcione el alimento que ella necesita físicamente. El Señor Misericordioso no ha abandonado ni siquiera a una creatura tan pequeña y la naturaleza proveé para ella y cuida de ella aun si tiene su morada en lugares por donde entra el alimento y por donde sale el desperdicio, los cartílagos de sus costados que protegen sus sistemas circulatorio y respiratorio y su estómago, su cabeza con sus ojos como puntas de alfiler y sus órganos de audición y sus conexiones con el cerebro y el cuerpo, os asombraréis ante las maravillas de creación en este pequeño cuerpo y no podréis explicarlas y describirlas fácilmente.

Grande y Glorioso es el Señor que la creó, la hizo pararse sobre sus patas e hizo que los microscópicos órganos de su cuerpo funcionasen en formas perfectamente normales armonizándose unos con otros. Nadie fue Su socio en esta obra y nadie lo ayudó a producir la creación.

Si vosotros inspeccionáis y examináis seria y diligentemente la naturaleza, os daréis cuenta de que el Uno, Quien creó a la hormiga, también creó a la palma datilera. Los detalles de los organismos vivientes son maravillosamente pequeños y delicados y asombrosamente intrincados; y las diferencias en los órganos de las diversas formas de vida son diminutas pero precisas. La creación de las formas microscópicas de vida así como de los seres enormes y monstruosos, los fuertes y los débiles, y los delicados y los robustos, no tiene diferencia para Él; para Su Poder y Su Grandeza, una forma de creación es tan fácil como la otra. Similar es el caso de la creación del agua, el aire, la atmósfera y el cielo. Mirad al sol, la luna, la verde vegetación, los poderosos árboles, las piedras y las rocas, las noches y los días siguiéndose unos a otros, los ríos que fluyen, las cordilleras de montañas y sus cumbres elevadas, y las diferencias de raza y de idioma en los hombres, todos ellos son tantas fuentes de beneficios y bendiciones para la Humanidad.

Es una lástima que el hombre se niegue a aceptar la existencia de este Gran Arquitecto del Universo y a este Poderoso Creador de la Naturaleza. Es una pena que él crea que su propia existencia es un accidente o que él ha adquirido el ser por su propio acuerdo y que nadie lo creó. Él piensa que él es como una planta a la que nadie ha hecho crecer ni la ha formado, una vida sin plan ni propósito. Pero él no ofrece pruebas racionales y objetivas de esto. ¿Puede haber un edificio sin constructor? ¿Puede haber un efecto sin causa? Hay otro ejemplo cerca de vosotros para estudiar los detalles de su creación. Mirad a la langosta. ¿O os maravilláis ante la simetría de su cuerpo, sus dos ojos rojos que brillan como dos estrellas, sus dos delicados y ocultos órganos del oído, sus sentidos adecuados para sus medios de vida, su boca tan apropiada para sus medios de alimentación? Sus agudas quijadas son útiles para comer pasto y hojas, y sus patas artísticamente delicadas pero bastante fuertes son suficientemente poderosas para soportar el peso de su cuerpo sobre las hojas del pasto y de los árboles. Los granjeros le temen, pero ellos no pueden evitar que traiga la devastación y la destrucción a sus campos. Qué grandes y fuertes son ellos y qué pequeña es la langosta en comparación con ellos, pero estos campesinos, aun cuando se reúnen en gran número, no pueden expulsar de sus campos a las langostas. Ella se aposenta en sus campos y jardines y come hasta llenarse. Ella no es mayor que el dedo meñique de un granjero, pero es un gran problema para él.

Glorioso y Exaltado es el Señor, ante Quien todo en la naturaleza ha de postrarse voluntaria o involuntariamente, debe permanecer humilde y manso y debe rendir su propia existencia a Él y a Su Orden. Las aves en el aire (que nos parece que se mueven tan libremente) están bajo Su completo control. Él sabe cuántas plumas tiene cada una de ellas y cuántas veces respirará en su vida. A algunas de ellas las ha destinado Él a la tierra y a algunas les ha ordenado que sean aves acuáticas. El les ha fijado sus formas de vivir y conoce sus variedades, especies y géneros. Allí están el cuervo, el halcón, la paloma y la avestruz, cada especie está creada con sus peculiaridades y con su hábitat y maneras de alimentación.

Y qué decir acerca de esas espesas nubes, tan pesadamente cargadas de lluvia, a cada tierra le está asignada su porción de ellas. Ellas convierten las tierras secas en campos verdes y las tierras muertas en verdor sonriente y jardines placenteros.

SERMON 191

EN ESTE SERMON EL IMAM DISCUTIO EN CIERTO GRADO LOS ATRIBUTOS DE DIOS, ADVIRTIENDONOS QUE NO LE ASIGNEMOS A DIOS NUESTRAS CUA-LIDADES Y ATRIBUTOS CREANDONOS ASI NUESTRA IMAGEN GLORIFICADA COMO UNA DEUDA PERSO-

NAL. AL DESCRIBIR LOS ATRIBUTOS DIVINOS EL SEÑALO LAS LIMITACINES DE LA MENTE HUMANA, LA CIENCIA Y LA NATURALEZA, MENCIONO LA TEORIA DE LA INERCIA Y LA ANIQUILACION TOTAL DEL UNIVERSO Y DE SU RECREACION.

Quienquiera que le asigne cualidades y calificaciones a Dios no puede creer realmente en Su Unidad (Él es tan Sublime y Trascendente que la mente no puede formar ninguna idea de Sus verdaderos atributos ni sugerir en Él sus propias buenas cualidades. El Imán dice que esta actitud es incorrecta y que de esta forma el hombre crea su propia imagen exaltada y la llama su dios, y así un panteón de dioses se produce en vez de haber Un Dios). Quienquiera que trate de hallar entre las cosas creadas un ejemplo o una analogía para Sus Atributos nunca entenderá la realidad de Su Existencia. Quienquiera que se atreva a compararlo con cualquiera de Sus criaturas fracasará en visualizar Su Grandeza, Su Omnipotencia y Su Omnipresencia.

Un ser que puede ser comprendido en base a sus peculiaridades, atributos y limitaciones es un ser creado, y uno que no puede existir por sí mismo sino que requiere de otros algún tipo de apoyo o de ayuda para su existencia no puede ser un dios y no pudo haber adquirido la existencia por su propio deseo.para efectuar una acción o una obra Él no requiere de la ayuda de órganos corporales (como manos, pies, mentes, ojos, oídos, etc.) ni de cualquier tipo de instrumento. Él ha predestinado y pre-ordenado toda fase y todo aspecto de la naturaleza pero no se vio obligado a requerir de la ayuda de las facultades mentales. Él es Rico pero no con la ayuda de las cosas creadas por Él. Él está más allá del alcance del tiempo y el espacio y es demasiado Poderoso para requerir de ayuda alguna de Sus criaturas.

La creación de la mente y las capacidades mentales para Sus criaturas prueba que ellas no pueden existir sin Su Bondad y Su Gracia, y que Él está por encima de la necesidad de la ayuda o el consejo de ellos. La creación de facultades y propiedades opuestas en la naturaleza prueba que nadie puede ser puesto en oposición a Él. La dependencia de unos de otros en los aspectos de la naturaleza es una evidencia del hecho de que él no depende ni necesita de ayuda o apoyo de Sus criaturas. Él es el Señor que creó el contraste entre la luz y la oscuridad, la tierra y el mar, los sólidos y los líquidos, y entre el calor y el frío, Quien reunió y combinó las fuerzas opuestas y contradictorias e hizo que las facultades antitéticas se complementaran mutuamente; Quien obligó a las capacidades contrarias a que actuaran complementándose unas a otras, y forzó a las propiedades y los objetos separados o divorciados que actuasen como suplementos unos de otros (lo cual prueba Su completo control sobre todo en la naturaleza, para hacer y deshacer, crear y destruír, unir y separar, y reunir y dispersar las cosas, energías, propiedades y capacidades, como y cuando Él lo desea). Él es el Creador de todo y es libre para moldear la naturaleza como Él quiera. El espacio no puede confinarlo y Su Grandiosidad no puede ponerse dentro de los límites de los cálculos matemáticos.

La propiedades (físicas o químicas), las capacidades y las cualidades son atributos de las cosas que tienen cuerpo. El tiempo de su creación (cualquiera que pueda haber sido y sin importar qué tanto se haya extendido en el pasado) muestra que ni el Universo ni nada en él es eterno. La misma interdependencia de las cosas en la naturaleza para su existencia muestra que nadie puede existir sin Su apoyo o ayuda y Destino o decreto. A pesar de esta dependencia las mentes sólo pueden concebir Su Grandeza y Su Gloria, pero los ojos no pueden verlo y nunca lo verán.

Ningún movimiento o desplazamiento ni descanso o reposo tienen acceso a Su Ser Supremo. Él creó el movimiento y lo impartió a las cosas y lo introdujo en la naturaleza como una señal de que para ello cada cosa es dependiente de alguna fuerza externa (nada en el Universo puede ponerse en movimiento por su propio deseo a menos que algún agente externo le imparta movimiento, y una vez puesto en movimiento se pondrá en reposo a menos que alguna fuerza fuera de su cuerpo ponga un alto a su movimiento. a menos que un factor externo lo obligue. Ésta es la ley de la inercia, la cual — dice la ciencia — fue la primera que Newton dio a conocer al hombre; pero 1,200 años antes de Newton, el Imán ya había discutido esta teoría al discutir los atributos de Dios). Junto con el movimiento, Él impartió reposo y quietud cuando fuese necesario. ¿Cómo podrían los atributos y las limitaciones, que Él impartió a las cosas creadas por Él, actuar sobre Él? ¿Cómo podrían trazarse en Él las cualidades que Él originó en los demás? Si tal cosa fuese posible, entonces Su Ser estaría sujeto a cambios (de lugar y condición). Si se acepta un cambio de condición o lugar en Su Ser, entonces el análisis de Su Entidad también se habría aceptado, y esto, al fin y al cabo, nos descarriaría de nuestra fe en Él, en Su Eternidad y en Su Omnipotencia y Omnipresencia.

Si aceptáis que cualquier ser pudiese haber existido antes que Él, lógicamente tendríais que admitir que algo permanecerá existiendo aun después de Él. Si suponéis que Él necesita algo, entonces estaríais obligados a suponer que el 'algo' sólo pudo ser provisto por un agente externo. Así, los atributos y las limitaciones de los seres creados tendrían que ser aceptados en el

Supremo Creador y Él tendría que ser rebajado (en nuestras mentes) al nivel de Sus criaturas. Por lo tanto no es una acción sensata y racional sugerir en Su Ser calificaciones y cualidades de Sus criaturas, pues por elevadas o sublimes que ellas pudieran ser, ellas sufren de limitaciones, lo cual es resultado de que forman parte de la naturaleza, y Él no puede ser afectado con ninguna clase de limitación.

Debe ser recordado, por lo tanto, que Él está por encima de todos los atributos de Sus criaturas; que las cosas que afectan, influencias y actúan sobre el universo mortal y todo lo que él contiene no afectarán a Él ni podrán afectarlo; que ningún cambio puede ocurrir en Él, y que no es posible ningún aminoro, disminución, encogimiento, decadencia ni disipación de Su Poder y Su Gloria, que Él no fue engendrado por nadie ni engendra Él a nadie, que Él es demasiado trascendente como para poseer parientes y semejantes o para tener deseos sexuales.

Él es inaccesible al intelecto más alto, el cual no puede formarse nunca una idea correcta de Su Poder y Su Gloria. Él es Incomparable. Las mentes no pueden hallar ninguna similaridad o analogía para visualizar Su Ser. Los sentidos no pueden alcanzarlo y Él no puede ser sentido ni tocado con las manos. Él no cambia ni pasa de una condición a otra. Los eones eternos no pueden envejecerlo. La luz y la oscuridad no pueden producir variación alguna en Su Poder. Él no tiene cuerpo ni forma. Nada en el Universo puede elevar Su Poder o Su Prestigio y nada puede reducirlos. Nadie puede guiarlo ni dirigirlo, ni puede influenciar Su Plan y Sus políticas. Nada puede abarcarlo ni sobrelaparlo y Él no cubre físicamente cosa alguna. Él es el Creador de todo y no es afectado por Sus criaturas. Su Omnipresencia estriba en el completo control de todo en el Universo.

Él habla aunque no tiene lengua ni boca. Él oye aunque no tiene oídos. Él ve aunque no tenga ojos. Él recuerda todo sin la ayuda de la mente y la memoria. Sus órdenes son transmitidas sin palabras de cualquier lenguaje. Él piensa y desea sin el intermedio de la mente o el corazón. Su Misericordia o Benevolencia no es debida al reblandecimiento del corazón y Su Ira no es debida al prejuicio, la malicia o la enemistad. Cuando Él desea crear una cosa (materia, energía, condiciones o estados) Él sólo le ordena que sea y ello empieza a existir; pero esta orden no es transmitida en palabras con una lengua que pudiese formularlas ni con sonido enviado a los oídos. El dicho de Dios es Su Voluntad obedecida en acción por todas y cada una de sus criaturas que existen o que adquieren existencia debido a Su Orden. Sus Ordenes son inmutables pero ellas no son eternas; la única Existencia Eterna es Su Ser y nada más. Si sus Palabras fuesen consideradas eternas, ellas mismas serían otro dios.

Es incorrecto pensar que Él adquiriese existencia (lo que significa que hubo una vez en que Él no era y entonces llegó a ser). Si vosotros lo imagináis así, entonces entended una vez más que introducís en Él todas las limitaciones, de una criatura efímera y mortal y que rebajáis al Creador al nivel de las cosas creadas por Él. Recordad que Él es Absoluto e Infinito, un Ser sin las limitaciones, atributos o cualidades de Sus criaturas. Él creó todo sin necesidad de la ayuda de un modelo, patrón, muestra o espécimen de cosas creadas por algún otro dios, ni Él fue ayudado para el acto de la creación por cualquiera de Sus criaturas.

Él creó la Tierra sin ejercitarse en la creación ni ocupándose con la obra. Él la suspendió en el espacio sin apoyos ni soportes. Él la puso a salvo de romperse en pedazos y de estallar en fragmentos. Él creó montañas sobre ella para que actuasen como estacas (para que actuasen contra el movimiento de los continentes flotantes). Él hizo que las corrientes fluyeran y abrió los valles y los lechos para los ríos.

La creación de los universos no lo cansó, y el fortalecimiento de Sus criaturas no lo debilitó. Por Su Poder Él gobierna sobre todos los universos y por Su Supremo Conocimiento Él conoce todos los secretos de la naturaleza. Por Su Majestad, Su Dominio prevalece sobre todo lugar y todas las cosas. Nada puede permanecer fuera de Su control ni rehusarse a aceptar Sus Ordenes. Nadie puede pasar más allá de las demarcaciones impuestas por Su Autoridad y Jurisdicción. Él no necesita de ser alguno más rico o poderoso para que lo sostenga o lo mantenga. Todo en la naturaleza está sumiso y es obediente a Sus Mandatos. Nadie en el Universo puede atreverse a pensar en escapar más allá de los límites de Su Dominio (establecidos por Él). Nada puede prescindir de Sus Bondades ni puede ser indiferente a Su Autoridad. Él no tiene par ni igual.

Él puede destruir las cosas creadas por Él en tal manera que ellas cesarán de existir y desaparecerán en la nada. Aniquilar la totalidad del Universo, después de haberlo creado una vez, no es más maravilloso y difícil para Él que la creación original a partir de la nada. Si todas las criaturas animadas e inanimadas unieran sus fuerzas para crear un mosquito, ellas no lograrán hacerlo, y ni siquiera sabrán cómo hacerlo. Ellas estarán confundidas ante el problema y confesarán su inutilidad. Similar será su inutilidad si quieren exterminar una cosa haciéndola desaparecer por completo del Universo. (Sólo quienes hayan entendido plenamente la más reciente teoría de la antifísica o física de la antimateria pueden captar el significado oculto en estas frases).

Verdaderamente después de poner fin al Universo Él existirá Solo como Él existía antes de que creara todo esto. Otra vez no habrá tiempo ni espacio; los años, los días y las horas desaparecerán, asimismo las tierras, los soles, las lunas (y las galaxias). Todo se desvanecerá, en la nada, sólamente Él, el Poderoso Señor de la creación y destrucción, el Gran Arquitecto y el Supremo Aniquilador permanecerá. Estaba más allá del poder del universo adquirir existencia por su propio deseo y estará más allá de su poder el evitar su propia decadencia y destrucción. Si tuviera poder para permanecer inmortal entonces cada una de sus criaturas habría alcanzado la inmortalidad.

Cuando Él deseó crear una cosa Él jamás sintió dificultad alguna para hacerlo ni el trabajo lo dejó exhausto.

Él no creó el Universo para hacer fuerte Su Dominio, ni para detener la decadencia de Su Poder y Su Gloria, ni para obtener ayuda y apoyo contra un enemigo poderoso, ni para expandir las fronteras de Su Reino, ni para satisfacer Su vanidad o para terminar con Su soledad. Él no lo aniquilará porque se hubiere cansado de cuidarlo o mantenerlo, ni porque le preocuparan sus constantes demandas por Sus Recursos, o porque Él quisiera descanso, reposo y recreo, o porque fuera una carga para Su mente o su longevidad lo estuviera preocupando o molestando. Por la creación del universo fue un acto de Gracia de Su parte; fue creado debido a Su Gracia, mantenido por Su Poder y fue retenido por eones a través de Su Grandeza. Después de aniquilarlo, puede que Él lo recree, no porque Él estuviere necesitado de su existencia, ayuda o compañía, ni para incrementar Su Conocimiento con experimentos y pruebas ni para incrementar Su Riqueza y Su Poder, ni para convertir Su humildad en Gloria. Como la creación original, la aniquilación y la recreación serán actos de Gracia.

SERMON 192

EN ESTE SERMON EL IMAM DIO A LOS MUSULMANES UNA IDEA DE LAS CONDICIONES POR LAS QUE FRECUENTEMENTE UNA SOCIEDAD TIENE QUE PASAR Y COMO DEBE COMPORTARSE UN HOMBRE PIADOSO ANTE TALES CIRCUNSTANCIAS PROVOCANTES.

¡Oh!, cómo amo, respeto y venero a aquellas personas que son más conocidas y respetadas en el Cielo que en la Tierra. Recordad que las decepciones constantes pueden ser lo que os toque en la vida. La sociedad puede estar desorganizada, vuestras conexiones pueden romperse e interrumpirse. Aquéllos de entre vosotros que están en un nivel mental y moral bajo — los tontos y los vagos — pueden llegar al poder. Ésos serán los días cuando un musulmán fiel encontrará que es más fácil que lo dañen o lo hieran a que gane un dirreme (moneda de muy bajo valor) honesto. Cuando los hombres amasen riquezas por medios deshonestos y dén caridad para ganar fama y popularidad, sus acciones filantrópicas estarán vacías de sinceridad y de deseo de servir a la Humanidad, y ellos no serán recompensados en el Cielo por estas obras (aparentemente) buenas. Cuando las gentes virtuosas y escrupulosas sean forzadas a solicitar asistencia y a mendigar, su mendicidad les hará merecer una recompensa celestial ya que ellos habrán tenido que elegir entre las ganancias deshonestas y la mendicidad, y se verán obligados a escoger el medio de vida más humilde en el que ellos no se verán obligados a dañar a otros seres humanos. Ésos serán los días cuando vosotros estaréis intoxicados, no con vino sino con riqueza y lujo; cuando pondréis a Dios como testigo, falsa e innecesariamente, sólo para obtener ganancias despreciables, y vosotros lo haréis sin ser forzados a ello; entonces las desgracias severamente os perseguirán y os oprimirán. ¡Oh!, qué largo será el periódo de esas pruebas para vosotros y qué difícil será para vosotros salir de ellas.

Oh gentes!, abandonad las falsas esperanzas y no deis cabida a los deseos pecaminosos que os están conduciendo hacia las formas viciosas de vivir. No desertéis a vuestro Imán o de lo contrario os arrepentiréis tristemente por ello.

No saltéis a ciegas dentro al remolino de pecado y vicio creado por la sociedad, evitad sus métodos y alejáos de ellos. Juro por mí mismo que ése es un fuego tal que quemará al musulmán fiel pero los paganos y los infieles se encontrarán a salvo en él, puede que incluso prosperen allí (por el momento).

Yo estoy entre vosotros como una lámpara en la oscuridad. Aquéllos que así lo deseen pueden obtener el beneficio de esta Divina luz. ¡Oh gentes!, escuchad y recordad mi consejo. Prestad atención cuidadosa a lo que yo digo, para que podáis entender completamente.

SERMON 193

EN ESTE SERMON EL IMAM ACONSEJO A LOS MUSULMANES QUE TEMIESEN A DIOS Y LES RECOMENDO QUE MIRASEN ALREDEDOR DE ELLOS MISMOS Y SE DIERAN CUENTA DE QUE BONDADOSO, BENEVOLO Y MISERICORDIOSO HA SIDO DIOS CON NOSOTROS Y QUE FRECUENTEMENTE NOS PERDONO NUESTRAS LIMITACIONES Y NUESTROS PECADOS. EL IMAM NOS ADVIRTIO QUE NO OLIVIDEMOS LA MUERTE, EL FINAL ULTIMO DE LA VIDA.

¡Oh gentes!, os aconsejo que teméis a Dios, y que seáis agradecidos hacia Él por las Bondades que os ha conferido, las bendiciones que os ha otorgado, los favores que os ha mostrado, así como por las pruebas por las que Él os ha hecho pasar.

¿Os dáis cuenta de cuán Bondadoso ha sido Él con vosotros, de cómo ha reservado Su Favor para vosotros y cómo ha hecho descender Sus Bendiciones sobre vosotros (los seres humanos)? Vosotros habéis estado viviendo en pecado, pero Él ocultó vuestros secretos, escondió vuestras culpas, y corrió una cortina sobre vuestros vicios. Vuestras obras tenían bien merecido el castigo pero Él no os castigó inmediatamente, y os dio tiempo para que os arrepintiéseis y trataseis de deshacer el mal que habíais hecho.

Yo os aconsejo que recordéis la muerte y seáis menos olvidadizos de ella. No sé por qué vosotros olvidáis y sois tan indiferentes acerca de una cosa que no os ignorará ni os olvidará cuando os llegue vuestro momento. ¿Por qué esperáis pereza y negligencia de una cosa (la muerte) que va a ser muy diligente y expedita? ¿No es suficiente para vosotros ver a las gentes muriendo a vuestro alrededor? ¿No son esas gentes —a quienes veis, oís y con quienes habláis — llevadas a sus tumbas justo ante vuestros ojos? Ellos no podían impedir que los llevaran así. Ellos fueron puestos en sus tumbas y no pudieron evitar que los bajaran así. Ellos no fueron allí por su propia voluntad ni entraron a las tumbas por su propio deseo.

Ellos así desaparecieron de esta tierra como si nunca hubieran nacido y como si sus tumbas fueran sus moradas permanentes. Ellos fueron forzados a abandonar el lugar que ellos habían hecho su país natal y fueron obligados a establecerse en una vivienda que ellos tanto temían y miraban con terror. Con cuánto cuidado planearon y surtieron un lugar que tuvieron que dejar y cuán descuidados y desinteresados eran por el lugar que ellos tuvieron que ocupar.

Cuando la muerte les cerró los ojos no había para ellos ni siquiera una posibilidad para que se arrepintieran de sus pecados ni para que hiciesen el bien. Ellos perseguían locamente a este mundo vicioso que los engañó y los abandonó. Ellos confiaron en él y él los traicionó.

Que Dios tenga misericordia de vosotros. Sed rápidos en proveer para el lugar que ha sido ordenado para que os establezcáis en él, hacia el cual sois invitados y al cual se os persuadía para que os gustase y lo prefiriéseis.

Haced el mejor uso de Sus Favores y Bendiciones obedeciendo a Dios sincera y fielmente, ya que mañana no está muy lejos de hoy. En lo que se refiere a vuestro período de vida, ¿no os dais cuenta de qué rápido pasan las horas en un día, con qué rapidez se mueven los días en un mes y cuán velozmente los meses se convierten en un año y qué fluidamente vuelan los años?

SERMON 194

ESTE, APARENTEMENTE, NO ES EL SERMON COMPLETO. ALGUNOS PASAJES SE HAN PERDIDO, POR LO TANTO LOS CUATRO PARRAFOS APARECEN DESCONECTADOS. EN ESTE SERMON EL IMAM DIO INDICACIONES ACERCA DE LOS TIPOS DE MENTES EN LO QUE SE REFIERE A LA FE, Y TAMBIEN ACERCA DE LOS PRINCIPIOS DE LA EGIRA (MIGRACION). EN ESTE SERMON EL LLAMO NUESTRA ATENCION HACIA SU OMNISCIENCIA (CONOCIMIENTO INFINITO).

Hay dos clases de fe. Una es en la que un hombre ha llegado a una conclusión y cree sincera y firmemente en ella; ésta es una fe invulnerable. La otra variedad es de una naturaleza vacilante y temblorosa, en la que ninguna fe o convicción se adhiere firmemente a una mente. Por lo tanto si estáis molestos y disgustados con una persona debido al mal que encontráis en ella, no lleguéis a conclusiones inmediatas, sino que esperad y ved, quizás esa persona mejore. Si él continúa llevando una vida malvada hasta su último día, entonces por supuesto él merece vuestro aborrecimiento y vuestro odio.

La emigración del hogar y del país de uno por la causa de Dios es tan obligatoria hoy como lo fue durante los días del Santo Profeta (la paz sea con él y sus descendientes). En cuanto al Señor Todopoderoso, no hay diferencia para Él si uno acepta Su religión (el Islam) abierta o secretamente. A no ser que una persona reconozca al verdadero Imán y lo siga, el crédito y la recompensa celestial por la Égira (emigración por la causa de Dios) está perdida para él. Quien reconoce al verdadero Imán y lo acepte y lo siga, y emigre por instrucciones del Imán ameritará las Bendiciones de Dios. Quien haya alcanzado el Mensaje de Dios (a través del verdadero Imán). no tiene excusa para no seguir las órdenes acerca de la emigración.

Verdaderamente la fe sincera en nosotros (los miembros de la Ahl-ul-Bayt, o sea los descendientes del Santo Profeta — la paz sea con él y sus descendientes) no es fácil para una mente ordinaria y las circunstancias la han hecho más ardua y difícil, sólamente pueden creer plenamente en nosotros aquellas personas que han sido probadas y aprobadas por Dios. Nuestra filosofía y nuestras enseñanzas sólo podrían ser entendidas por las mentes superiores y los corazones sinceros.

¡Oh gentes!, preguntadme lo que queráis antes de que me perdáis (antes de que yo muera) pues verdaderamente yo conozco tanto y aun más acerca del Universo, de las galaxias y sus evoluciones, y del Cielo y sus bendiciones, que acerca de esta Tierra. Preguntadme cuando aún hay paz y antes de que la rebelión y el desorden os abrumen y antes de que el cisma y la herejía oscurezcan totalmente vuestra mente. Será un desorden terrible. alterará completamente a la sociedad y hará que las gentes pierdan la cordura.

SERMON 195

EN ESTE SERMON DESPUES DE ALABAR A DIOS Y AL SANTO PROFETA (LA PAZ SEA CON EL Y SUS DESCENDIENTES), EL IMAM ACONSEJO A LOS HOMBRES QUE ADOPTASEN LA PIEDAD COMO PRINCIPIO EN SUS VIDAS. EL ENSEÑO A LOS SERES HUMANOS COMO DEBEN PREPARARSE PARA LA MUERTE, Y LES INFORMO LAS ETAPAS POR LAS QUE UNO TIENE QUE PASAR ENTRE LA MUERTE Y EL DIA DE LA RESURRECCION, Y TAMBIEN LAS CALIFICACIONES PARA MERECER EL CIELO Y LOS DEFECTOS QUE LO LLEVAN A UNO AL INFIERNO.

Alabo al Señor por Sus Bendiciones y Bondades hacia mí. Yo solicito Su ayuda para cumplir los deberes impuestos por Él. Él es el Señor de los Poderosos Ejércitos y del Poder Supremo.

Yo declaro que Muhammad (la paz y bendiciones de Dios sean con él y sus descendientes) es Su siervo confiable y Su Mensajero escogido; él invitó a las gentes a que obedecieran a Dios, él luchó contra los enemigos del Señor y los derrotó, y cuando las gentes se unieron contra él para desafinarlo y rechazarlo y para poner obstáculos en el camino del Islam, él, a pesar de su poderosa oposición, llevó a cabo exitosamente tu obra misionera.

Es obligatorio para vosotros que seáis piadosos ya que la piedad es la forma de vida más exaltada y noble y el lazo más fuerte entre el hombre y Dios. Cumplid vuestro deber hacia el hombre y hacia vuestro Creador antes de que la muerte o la enfermedad extrema hagan imposible que podáis hacerlo. Estad preparados para encarar la muerte, con la ayuda de vuestras buenas obras. Estad listos para partir antes de que os llegue la orden. Recordad que la última meta para todo ser humano es el Día de la Resurrección, y el conocimiento de este hecho es una lección para una persona prudente y una advertencia para la imprudente.

¿Sabéis a través de qué cosas tendrá que pasar cada uno de nosotros entre el día de la muerte y el Día de la Resurrección? Allí están la tumba oscura y estrecha, los sufrimientos del Barzakh (el lugar de sufrimiento y expiación temporales), la desconexión total de aquéllos a quienes amamos y que nos aman, y la condición indefensa en que estaremos.

Temed a Dios, ¡oh criaturas de Dios! Verdaderamente, el mundo no va a cambiar su actitud hacia vosotros. Os tratará como ha tratado a aquéllos que os precedieron. Recordad que vosotros y vuestro día del juicio estáis fuertemente unidos. Nadie puede escapar de ese día. Cada uno de vosotros tendrá que encararlo. Se ha hecho evidente y ha dado pruebas irrebatibles e inequívocas de sus efectos y su aproximación en la vida de cada uno. Vosotros estáis en camino hacia esa meta. Está flotando sobre vuestra cabeza. Nunca es demasiado tarde para que os déis cuenta de que la 'vida' ha renunciado de su propiedad sobre vosotros y os ha entregado al poder y la influencia de la 'muerte'. Imaginad que la vida que habéis vivido es un día o, cuando mucho, un mes que ha transcurrido para nunca regresar. Sus novedades se han vuelto rancias y han empeorado debido a la edad; su riqueza ha desaparecido; os está entregando a una tumba estrecha y oscura. Una tumba es un lugar tal que puede conduciros (si vuestra fe y vuestras obras merecen tal tratamiento) al Infierno, el cual es inimaginablemente caliente. Aunque el Infierno es tan caliente que su calor no puede ser imaginado, aunque las llamas allí están rugiendo hambrientamente, sin embargo el lugar es totalmente oscuro y terrorífico. Allí el fuego llameante es tan fiero y tan poderoso que no puede ser extinguido, su profundidad no puede ser medida, en él se forman inumerables remolinos y vórtices y hacen al lugar suma y terriblemente terrorífico y horrible.

La tumba misma puede conducir a ciertas personas al Cielo. Allí ellos estarán escudados y protegidos contra el Infierno y sus torturas. Ellos gozarán los placeres del Cielo. Ellos estarán complacidos y agradecidos por el lugar asignado a ellos. ¿Quienes serán ellos? Ellos serán las personas piadosas. Personas que llevaron una vida intachable. Ellos eran honestos y bondadosos. El temor a Dios estaba siempre en sus mentes, las condiciones de los pobres siempre los entristecían y deprimían. Ellos convirtieron sus noches en días y se mantenían despiertos rezando y deliberando acerca de los deberes impuestos por Dios sobre ellos. Ellos convirtieron sus días en noches impidiendo la presencia en la sociedad de las gentes viciosas y pecadoras, evitando a las personas ricas y mundanas, y moviéndose entre las viviendas oscuras y viles de los pobres tratando de encontrar la forma y los medios para ayudarlos. Dios los ha recompensado por sus buenas obras. Él los ha premiado con Sus Bendiciones en el Cielo, un lugar de Alegría eterna bajo Su Eterno Dominio.

Por lo tanto, ¡oh gentes!, haced tales obras que sean de ayuda y beneficio para vosotros en el siguiente mundo y evitad aquéllas que serán dañinas allí para vosotros. Haced recuento de vuestra vida, revisad vuestros puntos de vista, mejorad vuestra visión mental, rectificad vuestras obras, enmendad vuestros métodos y haced todo esto antes de que la muerte os atrape desprevenidos. Imaginad que la muerte os está mirando fíjamente a la cara y que después de este momento ya no os quedará tiempo para arrepentiros, para reformaros ni para deshacer el mal hecho en vida.

Que Dios nos conserve en el camino del Santo Profeta (la paz sea con él y sus descendientes) y que nos dé valor para seguirlo fiel y sinceramente. Que Dios tenga misericordia de nosotros. Que Dios nos perdone y nos disculpe.

Permaneced donde estáis (en Cufah). Soportad los sufrimientos valiente y pacientemente. No os enojéis y no dejéis salir completamente vuestros sentimientos sin pensar en lo que decís, y no dejéis que estos sentimientos os inciten al derramamiento de sangre y a la guerra.

Verdaderamente la muerte en un campo de batalla en la causa de Dios es martirio, pero para un hombre que cree en Dios verdadera y sinceramente y tiene fe en el Santo Profeta (la paz sea con él y sus descendientes) y sus Ahlul-Bayt, una muerte en su casa y en su lecho es también martirio. Él recibirá la recompensa de un mártir. Él la merecerá. Su sincero deseo de servir a la causa del Islam o de morir sirviendo a la causa es tan bueno como la muerte misma. Recordad que Dios ha fijado un tiempo para todo (y el tiempo para que empuñéis vuestras espadas aún no ha llegado).

SERMON 196

EN LA MAYORIA DE SUS SERMONES EL IMAM ACONSEJABA A LAS GENTES QUE ADOPTARAN LA PIEDAD COMO EL PRINCIPIO BASICO DE LA VIDA Y QUE NO LE PRESTARAN DEMASIADA IMPORTANCIA INDEBIDA A LOS PLACERES MUNDANOS. ESTE SERMON ES UN EJEMPLO TIPICO DE ESTE TEMA.

EMPEZANDO COMO DE COSTUMBRE CON LA ALABANZA A DIOS, EL EXPLICO EL PODER Y LA MAJESTAD DE DIOS, Y SU JUSTICIA Y MISERICORDIA Y SU CONSIDERACION Y BONDAD HACIA SUS CRIATURAS EL IMAM LUEGO DISCUTIO ACERCA DEL PLAN DE DIOS Y SU PROPOSITO AL ORIGINAR LA CREACION.

DESPUES DE ALABAR A DIOS EL HABLO ACERCA DEL SANTO PROFETA (LA PAZ SEA CON EL Y SUS DESCENDIENTES)— EXPLICANDO COMO Y EN QUE OPORTUNO MOMENTO ESTE MENSAJERO DE DIOS BENEFICIO A LA HUMANIDAD CON SUS ENSEÑANZAS.

ENTONCES, ACONSEJANDO A LA HUMANIDAD QUE ADOPTASEN LA PIEDAD COMO EL PRINCIPIO BASICO DE LA VIDA, EL DIJO QUE LA PIEDAD ES UN DEBER IMPUESTO SOBRE EL HOMBRE. EL ACONSEJO AL HOMBRE QUE SOLICITARA LA AYUDA DE DIOS PARA LLEVAR UNA VIDA PIADOSA, Y QUE BUSCARA LA AYUDA DE LA PIEDAD PARA GANAR SUS FAVORES. EL DIJO QUE LA PIEDAD FUE ACONSEJADA A TODAS LAS

NACIONES POR LOS DIVERSOS PROFETAS; QUE EL HOMBRE RECONOCERA PLENAMENTE SUS BENEFICIOS CUANDO SEA LLAMADO A RENDIR CUENTAS DE SU USO DEL PODER. LA RIQUEZA Y LA CONDICION CONCEDIDAS A EL. ES EL MEJOR ESCUDO CONTRA LOS VICIOS Y LOS PECADOS Y LOS AYUDARA A DESARROLLAR UN CARACTER NOBLE. EL ADEMAS ACONSEJO A LAS GENTES QUE NO SUBESTIMASEN A LAS PERSONAS PIADOSAS Y QUE NO SOBREESTIMASEN A LA RIQUEZA MUNDANA, LA PROSPERIDAD MATERIAL, EL PODER Y LA POSICION.

HABLANDO ACERCA DE ESTE MUNDO Y DE TODO LO RELACIONADO CON EL, ACONSEJO A LOS HOMBRES QUE NO SE DEJASEN ENCANTAR POR SU BRILLO, YA QUE "NO TODO LO QUE BRILLA ES ORO", Y PORQUE EN EL MUNDO LOS ELOGIOS NO SON SINCEROS Y LA RIQUEZA Y EL PODER ESTAN SUJETOS A RAPIDA DECADENCIA. ESTE MUNDO ES UN MENTIROSO INFIEL Y SIEMPRE ABANDONARA SUBITAMENTE A AQUELLOS A QUIENES HA LOGRADO SEDUCIR. ES UN LUGAR DONDE LA GUERRA, EL DERRAMAMIENTO DE SANGRE, LA DEVASTACION Y LA ANIQUILACION SIEMPRE GOBERNARAN. LA PIEDAD Y SOLO LA PIEDAD OS MANTENDRA FUERA DE SUS DAÑINAS Y MORTALES GARRAS.

Todas las alabanzas sean para el Señor, a Quien todo en la naturaleza le ofrece alabanzas, Cuyo Poder prevalece y controla todos los aspectos de la naturaleza y Cuya Gloria predomina en todas partes. Yo lo alabo por Sus constantes Bendiciones y Sus grandes Favores. Él es tan Misericordioso y Magnánimo que pasa por alto muchas de nuestras limitaciones y perdona muchos de nuestros pecados. Sus Decisiones y Ordenes se basan en la equidad y la justicia. Él sabe lo que ha pasado y lo que va a pasar. Él dio origen al Universo (lo inventó y lo originó) y lo hizo funcionar según Su Deseo. El plan y el programa para todo salió de Su Supremo Conocimiento. Él no siguió el consejo ni el diseño de nadie ni necesitó aprender nada de nadie. Él no tuvo modelos de ningún arquitecto antes que Él (ya que no hubo nadie antes de Él), ni vaciló jamás en Sus planes, ni cometió error alguno.

Yo declaro que Muhammad (la paz y bendiciones de Dios sean con él y sus descendientes) es Su Mensajero escogido y Su siervo elegido, el cual fue enviado entre los seres humanos cuando ellos estaban confusos y confundidos, se agrupaban en la oscuridad de la ignorancia, estaban siendo arrastrados hacia la condenación y tenían prejuicios contra la verdad y la justicia.

¡Oh criaturas de Dios!, os aconsejo que adoptéis la piedad como el principio básico de vuestras vidas. Recordad que la piedad es un deber que ha sido hecho obligatorio para vosotros por Dios, y es también vuestra petición de Su Benevolencia, Sus Favores y Bendiciones. Solicitad Su ayuda para adoptar la 'piedad'; actuará como vuestro escudo y defensa y en la otra vida será una guía hacia el Cielo. Sus caminos son claros y simples. Aquéllos de vosotros que os desposéis con ella serán beneficiados por ella. Y Aquél que la ha impuesto sobre vosotros la guardará y os guardará.

La piedad fue ordenada a las naciones antes de vosotros y a los individuos que llevaban vidas viciosas. Ellos y vosotros conoceréis su valor y su utilidad cuando Dios os reclame, cuando Él recupere de vosotros todo lo que os concedió y os pida que déis un recuento de cómo usasteis el poder, el privilegio, la posición y la riqueza concedidos y la bendición otorgada a vosotros. Entonces vosotros encontraréis que no habrá muchos que hayan cumplido su deber hacia Dios y el hombre, ellos serán muy pocos y ellos ciertamente merecerán la alabanza que ha sido conferida para ellos en el Sagrado Corán: "Y muy pocas de Mis criaturas son agradecidas" [34:13].

Así amigos, prestad vuestros oídos al llamado de la piedad, tratad al máximo de manteneros piadosos, haced que ello compense por vuestras faltas pasadas y dejad que la piedad actúe como vuestra defensa contra la intrusión de las ideas pecaminosas y las personas viciosas. Dejadla que os saque de vuestra ignorancia insana en cuanto a los verdaderos métodos del Islam.

Pasad vuestros días como personas piadosas. Haced a la piedad un hábito en vuestras vidas. Borrad vuestros pecados con su ayuda. Sometéos a sus curaciones para vuestras enfermedades morales. Permitid que haya oportunidades para que ella os proporcione Sus Gracias y Bendiciones. Aprended una lección de aquéllos que la despreciaron y la desecharon y no dejéis que vuestra vida sea una lección y una advertencia para quienes quieran entender cómo han pasado por este mundo las personas impías. Protegedla contra las ambiciones salvajes de los deseos viciosos y dejadla que os proteja contra las caídas, fragilidades y fallas. Manteneós indiferentes a los vicios y los pecados que prevalecen en este mundo, y amad el mundo del Más Allá. No consideréis poca cosa ni subestiméis al hombre a quien la piedad ha exaltado, y no admiréis demasiado ni sobreestiméis el poder y la fuerza de las personas a quienes el mundo considera grandes.

No dejéis que el brillo de este mundo os haga ciegos a sus realidades, no prestéis atención a sus (falsas) alabanzas, y no os dejéis atraer por sus encantos. No respondáis a su llamado. No penséis que su brillo temporal iluminará vuestro camino hacia el éxito. No codiciéis sus lujos y placeres, ya que todo lo que está conectado con este mundo es falso y engañoso. Este mundo es tal que no todo lo que brilla en él es oro. Sus alabanzas son engañosas y su riqueza y su poder están sujetos a la rápida decadencia y la destrucción. Recordad que es un seductor infiel que os dará la espalda en cuanto os haya capturado. Es como un compañero de bajo origen, un mentiroso, un obstinado, ingrato, deshonesto, inconfiable y un traidor difamador. Cada movimiento suyo está fraguado con desgracia, peligro y destrucción. Los honores concedidos por él traen consigo desgracia y vergüenza. Las cumbres que presenta son en relaidad abismos de degradación moral. Es una casa de derramamiento de sangre, guerra, servilismo y aniquilación. Quienes viven en él permanecen allí temporalmente esperando día y noche las órdenes de partir, las cuales nadie puede rehusar. Pasan su tiempo haciendo nuevas relaciones y amigos y despidiéndose (mayormente debido a la muerte) de los viejos.

Los caminos de este mundo son dudosos, confusos y extraviantes y su planeación ha sido siempre un fracaso. Una vez envueltos en sus calamidades y desastres hay muy pocos que puedan salir de ellos a salvo. Incluso quienes se consideran a sí mismos a salvo y seguros dentro de sus defensas son abandonados por él, muy frecuentemente sus parientes más cercanos los rechazan y desconocen, y su sabiduría y sagacidad mundanas resultan dañinas y perjudiciales. Aquéllos que están intensamente interesados en él se encuentran a sí mismos tristemente mutilados y lisiados. Si los estudiáis cuidadosamente los encontraréis como un cuerpo que tiene roto cada hueso, cada miembro cortado, la piel desollada, y que se ha desangrado hasta la última gota.

Ellos generalmente estarán lamentándose por sus fracasos, retorciéndose las manos de angustia; algunos de ellos serán encontrados buscando todavía los caminos para salir de este caos, mientras que otros estarán arrepintiéndose de sus decisiones equivocadas deseando volver sobre sus pasos. Pero el tiempo para arrepentirse y para volver sobre los pasos se habrá ido, para nunca regresar. La muerte está ante ellos. Los caminos de retirada están cerrados para siempre. El tiempo y la vida nunca regresarán. La vida ha pasado sobre ellos adquiriendo para ellos lo que deseaban y dejando atrás el resultado de esas acciones que generalmente son dañinas. Lamentándose y arrepintiéndose ellos murieron y el mundo no sintió su ausencia, ni lamentó su pérdida.

SERMON 197

EL SIGUIENTE ES EL FAMOSO SERMON CONOCIDO COMO JUTBA-E-QASEA. ES UNO DE ESOS SERMONES QUE HAN SIDO ACEPTADOS COMO EL DISCURSO ORIGINAL DEL IMAM POR LOS MUSULMANES DE TODAS LAS OPINIONES. EN ESTE SERMON EL CENSURO AL DEMONIO POR SU VANIDAD Y SU ARROGANCIA. EL NO SOLO LO LLAMO "EL PRIMERO EN ABRIR LOS CAMINOS DE LOS PECADOS" SINO QUE TAMBIEN EXPLICO LAS DIVERSAS MANERAS EN QUE EL INSINUA AL HOMBRE Y LO SEDUCE HACIA EL VICIO Y EL PECADO. EL ADVIRTIO A LA HUMANIDAD ACERCA DE LO QUE SUCEDERA SI SIGUEN SUS CAMINOS.

Toda la alabanza y la gloria sean para Dios, el Cual y sólo Él posee el Poder y la Grandeza verdaderos. Él ha escogido estos dos atributos sólo para Sí mismo, los ha hecho inaccesibles para cualquiera de Sus criaturas y le prohibió que pretendiesen falsamente estos atributos ya que ellos son la consecuencia de Su Poder y Su Gloria. Él ha destinado la Venganza Divina y la condenación eterna como destino de aquéllos que arrogantemente pretenden poseerlos. Él incluso puso a prueba a Sus ángeles favoritos para ver si ellos pretendían incorrecta e injustamente poseer estos atributos o si ellos se sentían verdadera y sinceramente humildes ante Su Poder y Su Gloria. Aunque Él conocía los secretos de sus corazones sin embargo (para enseñarles una lección a sus criaturas) Él les dijo a los ángeles: "Yo voy a crear al hombre de la materia (encontrada en) la tierra, así que cuando él esté completamente hecho y cuando Yo sople en él Mi inspiración, entonces postráos ante él en señal de respeto" (A esta orden del Señor, todos los ángeles cayeron postrados ante Adán, excepto Satanás) [38:71-72]. Satanás se burló de esta idea y bajo la falsa noción de la superioridad de origen y de la vanidad fanática (fuego vs. tierra) miró con desprecio a Adán (la paz sea con él).

Así, él se convirtió en el primer enemigo del Señor, el líder de las personas vanas y el jefe de los arrogantes rebeldes contra Dios. Él tendió los cimientos de la vanidad fanática e imaginó falsamente que él podría usurpar Sus Atributos de Poder y Grandeza. El pensó que en lo que se refería a Su Poder y Su Majestad él podría con conveniencia comportarse arrogante e insubordinadamente, y podría con igual facilidad echar a un lado la humildad y la sumisión a Su Voluntad.

¿Os habéis dado cuenta de cómo la conducta de Satanás reaccionó sobre él, y cómo el Señor lo degradó por su comportamiento, y cómo su vanidad trajo sobre él la humillación y la desgracia? Durante su vida él estará maldito por Dios, y en el Más Allá su lugar es el Infierno.

Recordad que si Dios hubiera querido dotar a Adán (la paz sea con él) de un cuerpo de tan alta luminosidad que hiciera su vista insoportable a los ojos, o de tal belleza que una mirada a su cara hubiera sido suficiente para encantar y atraer a las mentes, o de fragancia tan dulce que abrumase las facultades mentales, Él podría haberlo hecho así fácilmente. Y sí Él así hubiera creado a Adán (la paz sea con él) haciéndolo capaz de ejercer influencia y poderes sobrenaturales sobre los demás, habría significado que Él no les habría permitido a los ángeles el uso libre de su albedrío y todos ellos, incluyendo a Satanás, se habrían postrado — sin vacilar — ante Adán (la paz sea con él). Esta obediencia forzada no habría sido un acto voluntario de parte de ellos y ellos no habrían merecido ninguna recompensa por ello (hubiera sido algo forzado sobre ellos por la naturaleza). Pero Dios, el Todopoderoso, prueba a Sus criaturas con tales órdenes en las que las razones para esos mandatos no están muy claras (confunden a uno) pero en las cuales la criatura tiene libre opción de obedecer la orden y hacer como el Señor quiere que haga o rehusarse a obedecerla ya que Él quiere crear una línea clara de demarcación entre las gentes buenas y las malas (entre aquéllos que tienen fe implícita en Su Omnisciencia y en la Sabiduría de Sus Ordenes y aquéllos que creen más en su conocimiento que en el de Dios) y porque Él quiere eliminar de la mente de sus criaturas la arrogancia, la vanidad, la presunción y el egoísmo.

Debéis tener a Satañas como un objeto de advertencia ante los ojos de vuestras mentes y debéis daros cuenta de cómo lo trató el Señor. Los largos períodos de adoración divina efectuada y la obediencia mostrada por él fueron reducidos a cero. Él había adorado a Dios por 6,000 años; no puede decirse con certeza cuál era el período real cubierto por esos años, si ellos eran años terrestres (de acuerdo al sol y la tierra) o si fueron períodos antes de que alguien sea inmune a la Ira de Dios si comete pecados similares? No ¿Cómo podéis creer que Dios admitirá al Cielo a un hombre a pesar del pecado por el que Él expulsó de allí a un angel? No. No será asi. Y así como fue para los ángeles, así será para el hombre. Sus Ordenes tendrán el mismo efecto en todas partes, el Cielo o la Tierra. Ninguna de Sus criaturas tiene una intimidad tan cercana con Él como para ser excenta de cualquiera de Sus Ordenes yendo contra ella sin sufrir por ello.

¡Criaturas de Dios! estad en guardia contra Satanás, el enemigo de Dios, o de lo contrario él envenenará vuestras mentes, os seducirá con falsas esperanzas y tratará de venceros con la ayuda de sus colegas y seguidores (vuestros malos deseos y las gentes malvadas a vuestro alrededor). Juro por mi vida que su único propósito de su vida es desorientaros y enviaros por el camino de la condenación. Él ha hecho arreglos completos para esto y ha descubierto vuestros puntos débiles. Él tuvo la suficiente arrogancia para declarar esto ante Dios; como lo revela el Señor en Su Santo Libro, donde cita sus palabras: "¡Señor!, aunque Tú me has dañado y eres injusto conmigo, yo adornaré los caminos malvados de la vida para la Humanidad y así tentaré, engañaré, seduciré y extraviaré a todos ellos" [15:39]. Esta afirmación contiene una falsa acusación y una presunción vacía; pero las gentes viles, viciosas y presuntuosas no sólo hicieron que esta vana presunción se hiciera realidad sino que se comportaron en una manera como si su acusación tampoco fuera falsa sino justificable. Y así gradualmente todas las gentes arrogantes y vanagloriosas aceptaron el liderazgo de Satanás y sus esperanzas de seducirlos y extraviarlos; crecieron más y más de época en época, y como todos los secretos de vuestra mentalidad débil, falsas esperanzas y deseos irrazonables le fueron revelados a él, su control sobre vosotros se volvió más fuerte al ir pasando los días.

Él invadió el reino de vuestras mentes con sus mercenarios y sus favoritos, reclutados de entre vosotros. Ellos os están empujando hacia el abismo de degradación y desgracia, y del vórtice de las guerras, los asesinatos y el fratricidio. ¿No podéis sentir que ellos han destruído vuestra capacidad para resistir el mal, os han hecho ciegos a la religión y a toda forma de verdad, han aplastado vuestro amor propio y dignidad, y convirtiéndoos en esclavos ciegamente obedientes ellos os han arrastrado al Infierno, el cual está creado para los seguidores de Satanás?

Recordad que Satanás es peor que todos esos enemigos vuestros que han declarado abiertamente su enemistad y contra los cuales reunís armas y ejércitos; él hará a este mundo demasiado caliente para que podáis vivir en él pacífica y cómodamente, y él también dañará vuestra religión. Por lo tanto es necesario para vosotros que estéis en guardia contra él, que no toleréis sus proposiciones y que tratéis su autoafirmación y su confianza con desprecio e ira. Tratad al máximo de luchar contra él.

Desde el mero principio él objetó a la superioridad de vuestro padre (Adán, la paz sea con él) sobre él, y fue arrogante hacia él y se rió y burló de su origen. Él hizo que los malos deseos invadieran vuestra mente y que las supersticiones os impidieran seguir los caminos correctos. Esos deseos desordenados, esas supersticiones y esos tabúes os tienen agarrados en todo período de vuestra época y en todo camino de vuestra vida. Vosotros no podéis encontrar fácilmente vuestro escape de ellos ni podéis deshaceros de ellos aunque ellos os arrastran a las humillaciones y desgracias, privaciones y necesidades, peligros y condenación.

Debéis abandonar la idea de superioridad de nacimiento, sangre o clan, y debéis abandonar las aversiones, la malicia y las hostilidades prevalecientes entre vosotros desde los días pre-Islámicos, ya que la vanidad, el egoísmo, la maliciosa y la mala voluntad son debidas a las sugestiones e incitaciones de Satanás. Su orgullo y arrogancia, su deseo de veros humillados y condenados y su anhelo de seduciros y calumniaros actúan para incitaros y persuadiros hacia esos defectos. Estad en guardia contra él. Dejad que la humildad y la mansedumbre sean las coronas que adornen vuestras cabezas, y dejad que la presunción, la autoalabanza y la autoglorificación sean abandonadas por vosotros. La humildad, la paciencia y la perseverancia son las mejores defensas en todas partes contra las hordas de Satanás, ya que él tiene mercenarios y seguidores en todo país y toda nación.

No seáis como el hombre (el hijo de Adán — la paz sea con él — Caín, que mató a Abel) que era vano y presuntuoso contra su propio hermano sin poseer ninguna superioridad real sobre él. Él se volvió arrogante porque su envidia se convirtió en celos, y sus celos se convirtieron en animosidad en su mente, y Satanás abanicó esas llamas para convertirlas en furia (y lo hizo que matara a su hermano), con el resultado de que él fue eternamente maldito y en él recae la responsabilidad de todos los asesinatos cometidos, todos los fratricidios efectuados y todas las guerras que fueron libradas desde entonces.

¿Os dáis cuenta de que comportándoos abiertamente como enemigos de Dios, y al salir a pelear contra los fieles musulmanes, habéis llevado la tiranía y la opresión hasta sus límites, habéis creado discordia y desunión entre los hombres y habéis fomentado luchas y guerras? Temed a Dios y no os comportéis como vanos y arrogantes jefes feudales y señores de los días pre-Islámicos, ya que la vanidad y la presunción crean desconfianza mutua y odio, los cuales son el suelo más fértil para que Satanás siembre sus semillas; por medio de ellos él sedujo y tentó a las naciones pasadas y los arrastró a los abismos de ignorancia y de infamia, y por siglos tras siglos, naciones tras naciones se siguieron las huellas unas a las otras, surgiendo una nación sobre el cadáver mutilado de la anterior. Recordad que la arrogancia y la vanidad son los vicios que estrechan la visión humana (los hombres se olvidan de que son hermanos entre ellos).

Tomad mi consejo y no obedezcáis a aquellos líderes y a aquellos jefes de tribus que son vanos y arrogantes debido a sus riquezas, poder y posición; quienes se enorgullecen de sus antepasados; quienes echan a Dios la responsabilidad del mal; quienes niegan que Dios haya sido Bondadoso con ellos: quienes desprecian Sus Ordenes y Prohibiciones, y quienes son ingratos a Sus Favores y Bondades. Ellos son baluartes del espíritu partidista, el provincialismo y la intolerancia hacia los demás (ellos se oponen a la idea de la hermandad del hombre), ellos son los centros de las tentaciones, las maldades y las rebeliones (contra la ley y el orden), y ellos propagan y defienden la idea de la superioridad de una raza sobre la otra, la cual ha probado ser tan dañina para la Humanidad. Así que cuidáos de esos líderes. Temed a Dios, no hagáis mal uso de las Bondades conferidas sobre vosotros y no os envidiéis unos a otros por los Favores concedidos por Él, ya que la envidia y la ingratitud harán que Sus Favores os sean quitados. No respondáis al llamado de aquéllos que no son realmente musulmanes pero que pretenden serlo. Vosotros frecuentemente mezcláis vuestras ideas puras y honorables con sus creencias viciosas, pecaminosas e impías, vuestros puntos de vista sanos con sus preceptos insanos e incorrectos, y frecuentemente invitáis y dais la bienvenida a sus inclinaciones y tendencias irracionales, erróneas y perniciosas en medio de vuestras formas de vida honestas y honorables. Vosotros no os dais cuenta de que dichas gentes son bestias de carga sobre las que Satanás ha colocado sus planes de maldad y vicio, ellos actúan como los cimientos sobre los que se levantan los edificios de la inmoralidad y la iniquidad. Ellos son adictos a los hábitos de desobedecer los dictados de Dios y del Santo Profeta (la paz sea con él y sus descendientes). Ellos son los soldados de Satanás con cuya ayuda él invade a la sociedad y ellos son sus propagandistas a través de los cuales él llega a vuestros corazones y mentes, colorea vuestra visión, y afecta adversamente vuestra capacidad de escuchar la verdad y de apoyar a la injusticia. Así ha completado él su plan para haceros su blanco, para suprimiros y engañaros, y vuestros semejantes están actuando como sus herramientas e instrumentos contra vosotros.

A vosotros os toca armaros contra dicho adversario. Debéis tomar una advertencia del destino de las naciones que os precedieron. Qué fuertes y poderosas eran y cómo suprimían y aterrorizaban a la Humanidad, cómo fueron castigadas por su iniquidad y tiranía, cómo descendió la Ira de Dios sobre ellas, y a través de qué penalidades, sufrimientos y humillaciones fue hecho que pasaran. Id y ved sus ruinas, los lugares donde su poder fue humillado y sus ejércitos fueron aniquilados, y las tumbas donde sus cabezas coronadas yacen bajo la tierra y las piedras. Así como solicitáis Su Protección contra los caprichos del tiempo, rogad Su apoyo y refugio contra la intrusión de las ideas de vanidad, arrogancia y superioridad de nacimiento y posición.

Si el Señor Todopoderoso hubiera permitido a cualquiera de Sus criaturas que estuviese orgullosa de algo, Él habría escogido a Su Profeta y Mensajero escogido. Pero Él no lo hizo. por el contrario, Él mantuvo a Sus Mensajeros libres de todo tipo de orgullo, vanidad y arrogancia. Él quiso para ellos la humildad y la mansedumbre. Ellos eran humildes ante su Señor, ellos eran corteses, considerados y bondadosos con los fieles y honestos seguidores de la religión, eran (en toda apariencia) mansos e indefensos en este mundo. Ellos fueron puestos a prueba por medio del hambre, penalidades y con adversidades y calamidades. Así que tened cuidado y no consideréis a las riquezas, el poder y la pluralidad de hijos como criterio de Sus Favores, ya que vosotros no sabéis cómo prueba Dios a los seres humanos mediante el poder y la afluencia. Así el Sagrado Corán nos advierte: "Cuando dotamos a alguien con riqueza abundante y muchos hijos, las gentes creen que Nos los estamos favoreciendo. No es así. Las gentes no conocen la verdadera razón" [23:55-56].

Similarmente, Él prueba a las gentes arrogantes, presuntuosas y soberbias por medio de Sus amigos a los cuales esas personas presuntuosas consideran humildes, indefensos, mansos e inferiores. Ahí está el ejemplo de Moisés y su hermano Aarón (la paz sea con ellos). Cuando ellos fueron a encontrarse con el Faraón, ellos vestían capas de lana tosca y llevaban en las manos cayados de pastores. Ellos le dijeron al Faraón: "Si tú aceptas nuestras enseñanzas retendrás tu imperio, tu poder, tu prestigio y tu posición". El Faraón al oír esto volteó hacia sus hombres importantes y sus nobles y dijo: "¿No os asombra que estas dos personas traten de regatear mi imperio y mi poder? En qué condición tan miserable e infeliz se hallan, y ellos quieren que yo crea que si yo acepto su religión ellos garantizarán la continuación de mi imperio y mi trono. ¿Por qué no les doy a cada uno de ellos unas cuantas monedas de oro (para que estén satisfechos y se vayan)?" El Faraón dijo esto porque para él, el oro, su obtención y su posesión, era el logro más grande y la meta más alta de la vida humana, y él consideraba a las ropas andrajosas como degradantes y humillantes para el hombre. Pero Dios tiene diferente opinión acerca de la culminación de las metas y los logros para la Humanidad. Si Él tuviera la misma opinión que el Faraón, Él habría provisto a Sus profetas con minas de oro y plata y con campos verdes, huertas y jardines. Él habría hecho que las aves y las bestias obedeciesen sus órdenes. Y si Él lo hubiera hecho así, las gentes soberbias y poderosas no podrían haber sido probadas junto con los pobres y los humildes (Ellos habrían obedecido a los profetas debido a su majestad, poder y riqueza). Todas las pruebas y exámenes habrían sido inútiles. No habría habido cuestión de recompensas y castigo; y todo lo que fue revelado a través de los profetas no habría sido de valor. El soportar las pruebas y las calamidades valiente y bravamente no habría tenido ningún peso. El fiel seguimiento de la religión no habría traído consigo ninguna recompensa celestial. Y las palabras y las promesas del Señor no habrían tenido ningún significado.

Por lo tanto, Dios hizo a Sus profetas fuertes en la fe, firmes en sus convicciones y valientes para encarar cualquier tipo de aflicción, pero al mismo tiempo — aparentemente — ellos se veían pobres, mansos, humildes e indefensos sin embargo ellos estaban satisfechos con su suerte y felices en las peores etapas de las pruebas por las que pasaron. Su conformidad, su valor, su valiente humildad y su determinación de no solicitar la ayuda de las gentes malvadas les valieron el respeto y la veneración de quienes los veían y oían. Sus privaciones y aflicciones eran frecuentemente penosas de ver, sin embargo nadie podía más que admirar su firmeza y valentía.

Si los profetas hubieran sido dotados de tal fuerza, poder y majestad que nadie pudiera atreverse a maltratarlos y dañarlos o tratase de suprimirlos, si ellos hubieran sido emperadores de imperios tan poderosos que su control y su influencia hubieran hecho que las gentes se arrodillaran ante ellos, entonces todos y cada uno habrían tratado al máximo de apoyar a esos imperios, y a esas condiciones que hubieran resultado muy favorables para la propagación de cualquiera doctrina. La reticencia a aceptar la ideología de las personas o imperios poderosos habría resultado imposible ya que no podría haber libre elección ni libre albedrío para aceptar o rechazar las enseñanzas predicadas desde cualquier púlpito apoyado por una corona y un imperio. El temor a la supresión, la tiranía y la tortura, para algunos, y el deseo de ganar riquezas y favores, para otros, habrían traído a las gentes en gran número al seno de la religión que pudiese contar con el respaldo de un gobierno poderoso o de un monarca. Bajo esas circunstancias la aceptación de la fe no sería un acto de obediencia sincera a las Ordenes de Dios. Pero el Señor quiso que las gentes aceptaran a sus profetas, dieran testimonio de Sus Libros y obedecieran Sus órdenes por su propia voluntad libre, sólo por Él y no por motivos ulteriores viles o debido al temor. Entre más difícil sea la prueba pasada en Su Camino, más noble y más grande es la recompensa.

¿No veis que el Señor, desde Adán (la paz sea con él) hasta el momento actual, ha probado y examinado a todas las naciones — a las que ya pasaron y a las que veis a vuestro alrededor — con piedras (ídolos)? Esos ídolos eran tales que no podían ver ni oír ni hacían daño o bien alguno. Y de piedras similares Él hizo construir una casa y la dedicó a Sí Mismo, ordenando que ésta fuera un lugar de paz y seguridad (La Caaba en La Meca). Hay dos puntos importantes dignos de mención acerca de esta Casa de Dios. El primero es que los musulmanes deben recordar que la Caaba es una casa dedicada a Dios y no un dios en sí misma, el segundo es que el lugar donde se localiza este santuario está destinado a ser una tierra alta pedregosa en el medio de un desierto. Tiene poco o nada de tierra fértil. Es un valle angosto rodeado de cerros desnudos y escarpados llenos de arena suave a los que el viento somete a rápidos cambios. Aunque tiene pozos de agua, éstos son escasos y lejanos unos de otros. Muy pocas aldeas existen, dispersas en el valle, en donde las aves y los animales tienen escasas oportunidades de prosperar. Él (habiendo colocado Su Casa en un lugar tan seco y desolado, como una prueba) ordenó a Adán (la paz sea con él) y a sus hijos que dirigieran sus rostros hacia ella cuando ofrecieran sus oraciones y que vinieran a ella en peregrinación. Así, ella se convirtió en un centro religioso para ellos. Ellos venían a ella desde tierras lejanas, valles e islas remotos. Ellos cruzaban desiertos, montañas, valles, ríos y mares para llegar a ella. Y una vez que llegaban allí, ellos efectuaban sincera y obedientemente las diversas funciones de la peregrinación con completa devoción; circunambulando la Caaba; repitiendo Su Nombre en voz alta y declarando que ellos están allí en obediencia a Su llamado, con el cabello revuelto, y con la cara polvorienta y con bultos de ropa a la espalda ellos corrían de un lugar a otro en este valle. Ésta es una prueba severa y un examen difícil para medir la sinceridad de la fe de uno. Dios ha hecho que esa prueba severa y un examen difícil para medir la sinceridad de la fe de uno. Dios ha hecho que esa prueba sea el medio para lograr Su Favor y alcanzar los Cielos.

Si Dios así lo hubiese querido, él habría situado Su Casa Sagrada (la Caaba) y muchos otros santuarios, dedicados a Él, en medio de verdes valles, o en lugares rodeados de jardines y hermosos parques con ríos y arroyos fluyendo a través de ellos, con huertas repletas de árboles cargados de frutas, con campos tras campos de rica cosecha de trigo fino y otros granos alimenticios, y en ciudades prósperas con abundancia de edificios palaciegos y redes de buenos caminos (proporcionando así toda facilidad de transporte, estadía, placer y comodidades adecuadas para un reposo placentero). Entonces las ansiedades, las preocupaciones y los problemas de los peregrinos habrían sido reducidas mucho (y la peregrinación se habría convertido en un viaje de placer), y la recompensa Celestial también habría sido reducida en la misma proporción.

Si el Señor Todopoderoso hubiera construído Su Casa con diamantes inapreciables, hermosas esmeraldas verdes, rubíes rojos como la sangre y otras piedras preciosas que reflejaran la luz y desprendieran brillos gloriosos, su visión quizás hubiera asombrado las mentes de las gentes, y quizás Satanás no hubiera podido lograr tan bien insinuar a las gentes contra la humildad aparente y la desolación del lugar y las dificultades del viaje.

Pero el Señor quiere probar la calidad de la fe y la sinceridad de Sus criaturas mediante las dificultades y los sufrimientos. Él quiere ponerlos a prueba y ver como soportan ellos los problemas y los sufrimientos en obediencia a Sus Ordenes, qué tan felizmente ofrecen sus oraciones y dan gracias en medio de los problemas y las preocupaciones, las adversidades y los reveses, o las aflicciones y los desencantos, para que así sus mentes puedan ser limpiadas del orgullo y la vanidad así como de la arrogancia y la presunción, y que mediante la mansedumbre, la humildad, la fe y la sinceridad puedan ellos ganar Sus Favores y encuentren lugares en Sus Cielos.

Temed la Ira de Dios, la cual es ciertamente el efecto de la insubordinación y la desobediencia a Sus Ordenes, el resultado de la arrogancia y la vanidad contra Él y la consecuencia de la tiranía y el forzamiento a otros seres humanos. Recordad que la vanidad y la presunción son las trampas más fuertes de Satanás y sus estratagemas más sutiles contra vosotros, son el veneno más mortal y una flecha que nunca falla el blanco. Nadie puede estar seguro contra él. El hombre más conocedor a pesar de su conocimiento y lo que ha aprendido, y el más pobre limosnero a pesar de sus ropas harapientas y su forma humilde de vivir, son adecuados para caer presa de estas armas de Satanás. El Señor protege a Sus criaturas fieles y obedientes con la ayuda de las oraciones diarias, el ayuno, el Zakat (la contribución obligatoria o derecho de los pobres) y la Yihad (la lucha por la Causa de Dios). Así concede Él paz a sus corazones, comodidad a sus cuerpos y humildad y mansedumbre a sus mentes.

Durante las oraciones vosotros postráis ante Dios vuestra cabeza sobre el piso, y así la humildad y la sumisión son adquiridas por la mente en lugar de vanidad y presunción. Mientras ayunáis vosotros sufrís, voluntariamente y obedeciendo las órdenes de Dios, los dolores del hambre y la sed y puede que aprendáis a sentir lo que son el hambre y la necesidad. Al pagar el derecho de los pobres (Zakat) vosotros distribuís las ganancias de la tierra y el dinero entre los pobres y los desposeídos, y así vosotros en cierta medida aliviáis su pobreza y hacéis contacto con ellos.

Tratad de daros cuenta de cómo la obediencia a efectuar estas formas de devoción mejoran vuestras mentes e intelectos, cómo eliminan el orgullo, la vanidad, la presunción y la soberbia de vuestras mentes y reemplazarlas con humildad, mansedumbre y sentimientos altruístas hacia los otros seres humanos.

Yo investigué las mentes humanas y no encontré una sola persona que defendiera una causa o se adhiriera a un principio sin tener un motivo o una razón para ello. Pero parece que vosotros sois la excepción a la regla.

Sois vanos acerca de algo y estáis a favor suyo sin causa o razón alguna; ¡que tontos sois! Incluso el Diablo mismo tuvo una razón detrás de su acción. Tenía prejuicios contra Adán (la paz sea con él) por vanidad, su presunción hizo que creyera que él era de origen superior a Adán (la paz sea con él). Él insultó a Adán (la paz sea con él) diciendo: "Tú fuiste creado del polvo (de la tierra) mientras que yo fui creado de fuego". Similarmente los favoritos del Diablo, las gentes ricas e importantes de las naciones grandes y poderosas, presumen en la cumbre de su vanidad acerca a sus posiciones y su lugar en la sociedad. Ellos dicen frecuentemente: "¿Quien o qué puede dañarnos? Nosotros poseemos tanta riqueza y tenemos tantos hijos. Nosotros somos invencibles. Ni siquiera la Ira de Dios puede alcanzarnos". (Así, Satanás y sus principillos tienen razones, por falsas y supersticiosas que éstas pudieran ser, de nacimiento, riqueza y mayoría, pero ¿qué razones tenéis vosotros? Ninguna).

Si vosotros queréis tener prejuicios en favor de algo, entonces desarrollad orgullo y prejuicio en favor de adquirir un carácter ejemplar, altos valores morales y cualidades ideales, como era la costumbre entre los nobles clanes árabes de antaño. Ellos solían enorgullecerse de sus actos de valentía y caballerosidad, de su alto carácter, nobles cualidades y sabiduría superior. Tratad vosotros también de desarrollar altas cualidades en vosotros; ayudad y defended a vuestros vecinos, cumplid vuestras promesas, seguid los ejemplos de las gentes virtuosas, abstenéos de los métodos de las personas arrogantes y vanas, desarrollad nobleza de carácter, refrenáos de la tiranía y la supresión, evitad el derramamiento de sangre humana, adheríos a los principios de equidad y justicia en vuestros tratos con las criaturas de Dios, tened completo control de vuestro temperamento y desistid del vicio, la maldad y la depravación.

Temed la Ira de Dios, la cual cayó sobre las naciones pasadas por sus vicos y pecados. Escrutinizad vuestras obras (buenas o malas), y mientras tanto aprended una lección de aquéllos que os precedieron. Tened cuidado de no seguir a las gentes malvadas y de no sufrir la misma suerte. Cuando deliberéis cuidadosamente acerca de las historias de las naciones pasadas seguid los caminos que les trajeron honor y gloria, que mantuvieron alejados a sus enemigos, que les produjeron paz y prosperidad, que portaban consigo las bendiciones del Señor y que incrementaron su respeto, veneración y reverencia entre sus contemporáneos.

¿Sabéis cuáles eran las cualidades que trajeron todas las bendiciones mencionadas a las gentes que os precedieron? Ellos evitaban la discordia, estaban unidos entre ellos y convencían a los demás a ello. Seguid estos hábitos, y evitad los otros que rompieron la espalda de quienes eran adictos a ellos, y convertid su poder en debilidad. Esas malas cualidades eran la discordia y la hipocresía. Ellos se odiaban mutuamente, tenían malicia unos contra otros y rehusaban la ayuda y la cooperación mutuas. Los efectos de tales formas de vida fueron obvios.

De la misma manera estudiad las condiciones a través de las cuales los fieles y sinceros musulmanes que os precedieron pasaron sus vidas. Ellos pasaron por tremendos sufrimientos y terribles dificultades. Sus aflicciones fueron mayores que las de otras gentes. El mundo fue más severo con ellos que con los demás. Los hombres de poder y posición, los faraones de sus épocas, los trataban peor que a esclavos y los forzaban a pasar por experiencias horroríficas. Los tiranos obstinados estaban unidos contra ellos. Las vidas de esos musulmanes fieles fueron una serie de dificultades y problemas, unos peores que otros. Ellos fueron llevados al extremo de la terrible humillación para ser ésta seguida por la ruina y la muerte. Ellos aparentemente no tenían nadie que los ayudara ni ninguna manera de salir de las calamidades. Entonces el Señor Misericordioso acudió en su ayuda. Él los había probado y sabía cuán sinceros eran en su amor a Él, qué fieles eran a Su Religión, qué valientes para soportar los resultados de sus convicciones, qué pacientes para sufrir las aflicciones y qué bravos para enfrentarse a las experiencias terribles. Él les

proporcionó los medios para que salieran de esas situaciones horriblemente alarmantes. Él cambió sus humillaciones por honor y poder, y cambió sus ambientes degradantes y peligrosos por un estado próspero y pacífico. Así ellos lograron el poder terrenal y el liderazgo religioso y recibieron Sus Favores para más de los que ellos habían soñado siquiera.
Ahora considerad cuidadosamente otra vez su caso. Si esas gentes estaban unidas y tenían amistad entre ellos, si sus mentes actuaban en perfecta armonía, si sus corazones y sus manos se apoyaban unos a otros, si sus espadas están usadas para una causa común y para la defensa mutua y si su previsión era perfecta y sus decisiones eran unánimes entonces ¿Cúal era su condición? ¿No habían ellos logrado el control de la tierra? ¿No habían suprimido y sojuzgado a sus enemigos?
El otro lado de este cuadro es también instructivo e interesante: lo que les sucedió a estas mismas gentes cuando la amistad, la cooperación y el amor dieron paso a la animosidad, la discordia y el odio mutuo. Sus corazones así como sus lenguas perdieron el unísono, se dividieron en diversas facciones y grupos y empezaron a calumniarse unos a otros y a luchar unos contra otros. El resultado fue que Dios los humilló y los degradó. Todo el honor, el poder y la prosperidad que les habían sido concedidos les fueron quitados. Y los hechos de su subida y su caída quedaron como historia para vosotros para que tomaseis una advertencia y una lección de ellos.
Pasad a otro capítulo de la historia y estudiad lo registrado acerca de Bani Ismail (los descendientes de Ismael, la paz sea con él) y Bani Ishaq (los descendientes de Isaac — la paz sea con él — o sea, el Pueblo de Israel). Sus condiciones eran similares a las de los primeros musulmanes. Sólo ved lo que les sucedió cuando abandonaron el apoyo mutuo, la unión y la cooperación. Aquellos conquistadores los expulsaron de sus tierras fértiles y de los llanos del Tigris y el Eufrates hacia las tierras de arbustos espinosos, los valles barridos por el viento y las regiones donde poco podía obtenerse de la tierra y con mucha dificultad, hasta que se volvieron pobres y destituídos. La única profesión que les quedó fue el cuidar de los camellos famélicos y muertos y las únicas viviendas que les fueron dejadas eran las tiendas de pelo de camello. Sus ciudades grandes y prósperas y sus hermosas casas les fueron arrebatadas, sus habitaciones eran tiendas viejas, sucias y sobrepobladas, y sus tierras estaban secas y arrasadas por las adversidades. Nadie se preocupaba en acudir en su ayuda y oír sus quejas y nadie se atrevía a simpatizar con ellos. Aun en esta condición ellos estaban desunidos; su populacho estaba dividido en partidos y facciones; sus sufrimientos eran horribles y su ignorancia era

deplorable. Ellos solían enterrar vivas a sus hijas pequeñas (para que no fuesen raptadas por los conquistadores). En cada hogar tenían un ídolo para adorarlo. Ellos habían roto los lazos familiares y habían traicionado la ayuda mutua. Su único deseo era explotarse unos a otros. ¿Sabéis desde qué altura cayeron tan bajo? Pero el Señor Misericordioso los favoreció una vez más. Él envió entre ellos a Su profeta escogido, el cual los invitó a seguir a Dios, los hizo que lo obedecieran, y los reunió en un centro. La prosperidad regresó a ellos, las bondades y las bendiciones los rodearon y las leyes Islámicas les abrieron las puertas de la paz. La fortuna los favoreció abrumadoramente con abundancia y afluencia. Ellos pasaban sus vidas bajo la gracia de Sus Favores, y bajo el gobierno benigno de un jefe poderoso y justo (el Santo Profeta del Islam, la paz sea con él y sus descendientes). Varios aspectos de la civilización y varias fases de la cultura fueron organizados. Se hizo que ellos mejoraran sus métodos y que se educaran para lograr mejores estándares de vida y valores morales más altos, hasta que ellos lograron el respeto y la veneración. Un imperio poderoso llegó a estar bajo su control, lo cual hizo que gobernaran sobre aquéllos que una vez los gobernaron, y los puso en posición de infligir indignidades a aquéllos que una vez los habían sometido a la máxima humillación.

Haced un examen de vosotros mismos y ved cómo os habéis pasado hacia la insubordinación y la desobediencia y cómo habéis permitido que los métodos pre-Islámicos lleguen a traspasar las fortificaciones erigidas alrededor de vuestra sociedad por las tradiciones Islámicas. Recordad que el Señor Misericordioso ha otorgado — en forma del Islam — tal Favor y tal Bendición que nadie de entre Sus creaturas puede formarse una idea verdadera de su valor y su utilidad. Este Don es más útil para la Humanidad que cualquiera cosa que pudiese ser imaginada, y más honorable que cualquiera cosa que ellos pudieran concebir.

Tened cuidado, pues después de haberos divorciado del paganismo y la infidelidad estáis siendo arrastrados hacia ellos sin sentirlo, habiendo una vez estado unidos en la hermandad común de los musulmanes estáis desarrollando involuntariamente el mismo espíritu de clan de antaño y os estáis dividiendo en facciones y grupos. Vuestra conexión con el Islam es meramente de nombre, vuestra fe en la religión y el Santo Profeta (la paz sea con él y sus descendientes) es religión de palabra y vuestras oraciones son adoración sin sinceridad; no conocéis nada mejor que eso. Vosotros decís que preferiríais el Infierno a la desgracia. No sé que queréis decir con eso; ¿preferís la humillación del Islam antes que vuestra desgracia personal?

¿Queréis romper vuestro pacto con Dios y arrojar el Islam al suelo, indefenso y sin ayuda? ¿Han de ser tratados así el Islam, el pacto y la religión, la cual quiso el Dios Misericordioso que fuese el remanso de paz y protección para la Humanidad sufriente? Recordad que si abandonáis y traicionáis al Islam y entráis a cualquier otro seno, los infieles pelearán contra vosotros, y entonces ni los ángeles, no los Muhayirun (los que emigraron por la causa del Islam) ni los Ansar (los habitantes de Medina que recibieron a los emigrantes como sus hermanos) acudirán en vuestra ayuda. Vosotros tendréis que defenderos solos hasta que Dios pase Su Juicio acerca de vuestras acciones y hasta que su Ira descienda sobre vosotros en la forma de severas calamidades, máximas humillaciones, duros castigos y la aniquilación total de vuestra cultura y vuestra sociedad. No subestiméis Su Ira, no empequeñezcáis Su Indignación. Los ejemplos de Su Ira están ante vosotros, aprended de ellos una lección y no subestiméis Su Poder para castigaros, no ignoréis Su Control y no toméis a la ligera Su Castigo. ¿Sabéis por qué Dios ha castigado a las naciones? Porque ellas dejaron de aconsejarse unas a otras a hacer buenas obras y dejaron de prohibirse unos a otros el pecado y el vicio, Él castiga a tantos los sabios y los tontos por sus pecados de comisión y omisión.

Estad advertidos de que habéis violado los mandamientos del Islam, habéis transgredido sus leyes y habéis roto los lazos puestos por Dios. Tened cuidado, pues el Señor me ha ordenado que efectúe una guerra santa contra quienes se rebelen contra el Islam, quienes hayan roto el juramento de fidelidad y quienes propaguen el vicio, la corrupción y la depravación. Así yo luché contra quienes rompieron el juramento de fidelidad a mí (la Batalla del camello), luego contra los herejes y disidentes (la Batalla de Siffín), y finalmente aplasté a quienes se habían rebelado contra el Islam y se habían salido de la religión (la Batalla de Naharwan), ellos tenían que ser desgraciados y humillados. Durante esa batalla (Naharwan), la Ira de Dios descendió sobre esa encarnación del Demonio (Sudeya) en la forma de un rayo del cielo, él debió de haberlo anticipado pues yo pude oír el latido de su corazón y el temblor de sus huesos. Yo no tuve que matarlo ya que el rayo del cielo lo hizo por mí. Ahora algunos de esos herejes y disidentes andan todavía libres, efectuando abiertamente sus vicios y pecados. Si Dios me permite luchar una vez más contra ellos yo terminaré con ellos y pondré fin a su dominio. Yo cambiaré la dirección y la forma del gobierno, basándolo en los principios de equidad y de justicia y entonces sólo escaparán de mis manos aquellos apóstatas y renegados que hayan sido dispersados hasta los límites

exteriores del estado musulmán.
Yo he estado combatiendo a esos enemigos de Dios desde mi juventud. Yo he derrotado y matado a muchos de sus generales y mariscales. Yo he humillado a muchos de sus valientes caballeros en los campos de batalla. Yo humillé el orgullo de los famosos clanes de Rabi^{c}ah y Muzar.
¿Conocéis —debido a mi parentesco y a mi valor y mis méritos — cuáles eran mis relaciones con el Santo Profeta (la paz sea con él y sus descendientes)? Desde el principio de mi vida él me amó y yo lo amé. Él me cargó en sus brazos cuando yo era un bebé y desde entonces yo estuve siempre con él, él frecuentemente me tuvo abrazado cerca de su corazón, él me dejaba dormir a su lado; solíamos estar tan cercanos que yo sentí el calor de su cuerpo y olí la fragancia de su aroma. Cuando yo era un bebé él me alimentó con sus manos y frecuentemente masticaba para mí los bocados duros. Él nunca me encontró ni débil y vacilante. Desde que el Profeta (la paz sea con él y sus descendientes) era niño, Dios le asignó el Espíritu Santo (el Arcángel Gabriel) para que estuviera siempre con él y este Arcángel lo conducía hacia las cualidades ejemplares y los altos valores morales, y yo seguía al Santo Profeta (la paz sea con él y sus descendientes) paso a paso como un pequeño camello sigue a su madre. Diariamente él solía poner ante mí un estándar de eficiencia recién revelado y solía ordenarme que lo siguiera cada año que él solía permanecer en una gruta en el Monte Hira por algún tiempo, y nadie solía estar con él más que yo. Nadie podía entonces verlo u oírlo ni estar cerca de él más que yo. Durante esos días el Islam era la religión sólamente del Profeta (la paz sea con él y sus descendientes) y de su esposa Jadiya, y yo era el tercero del trío. Nadie más en este mundo había aceptado el Islam. Yo incluso solía ver entonces la Divina Luz de la Revelación y de la Profecía y oler la fragancia celestial del Apostolado. Cuando el Santo Profeta (la paz sea con él y sus descendientes) recibió la primera revelación Satanás se lamentó en voz alta. Yo le pregunté al Santo Profeta (la paz sea con él y sus descendientes): "¿Quién se lamenta y por qué?". El contestó: "Es Satanás, que ha perdido la esperanza de adquirir completo control sobre la mente humana. En esta desilusión él se está lamentando por la oportunidad perdida. Verdaderamente, Alí, tú también oyes lo que me es revelado y tú también vés lo que me es mostrado, con la diferencia de que tú no has sido encomendado con la Profecía. Pero Tú serás mi sucesor, auxiliar y visir, y tú siempre sostendrás la verdad y la justicia".
Yo estaba con el Santo Profeta (la paz sea con él y sus descendientes) cuando los principales de los clanes de los Quraix vinieron a verlo. Ellos le dijeron: "¡Oh Muhammad!, tú afirmas ser un profeta y eso es una pretensión

seria y grave. Ninguno de tus antepasados, ni miembro alguno de tu familia se declaró jamás a sí mismo profeta. Te pedimos una cosa, y si tú satisfaces nuestra demanda te aceptaremos como profeta y mensajero, pero si no, te consideraremos un impostor y un mentiroso". El Profeta (la paz sea con él y sus descendientes) les pidió que expusieran su demanda. 'Ellos le dijeron que querían que él ordenara a un árbol, que estaba a una cierta distancia del Santo Profeta (la paz sea con él y sus descendientes), que viniera y se plantara cerca de él. Él contestó que Dios tiene el Poder y la Fuerza para hacer lo que Él desea, pero que ellos debían abrazar el Islam si su petición les era concedida. Ellos dijeron que abrazarían el Islam voluntariamente. A ello el Santo Profeta (la paz sea con él y sus descendientes) respondió: "Yo realizaré el milagro como deseáis, pero yo sé que vosotros, aun entonces no me aceptaréis como profeta y no adoptaréis el Islam como vuestra religión, ya que en vuestro grupo hay unas cuantas personas (como Abú-Yahl y 'Utba bin Walid, etc.) que más tarde lucharán contra mí, serán matados y arrojados a un pozo en el lugar llamado Badr y hay ciertas otras personas (Abú Sufyan, su hijo Moawiah y Akrama, hijo de Abú Yahl) que instigarán a los clanes de los árabes contra mí para que se lancen en una batalla (Khandaq o Ahzab)!' (Éstas fueron grandes profecías del Santo Profeta —la paz sea con él y sus descendientes —que se cumplieron palabra por palabra). Y entonces el Santo Profeta (la paz sea con él y sus descendientes) le ordenó al árbol que se acercara a él, diciendo: "¡Oh árbol!, si tienes fe en Dios y en el Día del Juicio, y si crees que yo soy el Profeta de Dios, entonces, por la Gracia y la Orden de Dios, desenráizate y ven y plántate cerca de mí". Juro por Dios que no bien acabaron de salir estas palabras de su boca cuando el árbol se desarraigó y empezó a moverse hacia el Santo Profeta (la paz sea con él y sus descendientes); el susurro de sus hojas sonaba como el batir de las alas de los pájaros, se acercó a él y se plantó allí metiendo sus raíces en la tierra. Algunas de sus ramas daban sombra sobre él (la paz sea con él y sus descendientes) y otras tocaban mi hombro. Yo estaba parado a la derecha del Profeta (la paz sea con él y sus descendientes). Cuando los Quraix vieron este suceso maravilloso, su enemistad y su antagonismo se incrementaron, y dijeron arrogantemente que ellos querían que le ordenara al árbol que se dividiera en dos partes, y que una mitad se quedara donde estaba y la otra mitad fuera cerca de él. El Profeta (la paz sea con él y sus descendientes) le ordenó al árbol que hiciera como ellos deseaban. El cumplimiento de la segunda orden del Santo Profeta (la paz sea con él y sus descendientes) fue más maravilloso que el primero. Con un sonido fuerte el árbol se dividió en dos partes, una parte de él se desenraizó otra vez y se acercó aún más a él, y vino tan cerca que podría haber abrazado al Mensajero del Señor (la paz sea con él y sus descendientes). Pero ni siquiera la vista de esto hizo que ellos vieran la luz de la verdad, ellos todavía eran arrogantes y querían que devolviera esa mitad con órdenes de que se uniera a la otra mitad y fueran otra vez un árbol. Y así lo ordenó el Profeta del Señor (la paz sea con él y sus descendientes) y el árbol obedeció inmediatamente y fue un solo árbol como antes.

Ésa era una escena que hubiera impresionado a todo hombre de pensamiento correcto; a mí me impresionó y dije: "No hay dios excepto el Señor Todopoderoso, ¡oh Profeta de Dios! Yo fui el primero en dar testimonio de tu misión y yo soy el primero en declarar que este árbol ha dado testimonio de tu misión profética y ha aceptado la grandeza y la gloria de tu orden obedeciéndola implícitamente. Lo que acabamos de ver fue un hecho y no una ilusión". Al oírme, todos ellos gritaron unánimemente: "¡No, no! Él es un mago de primer orden y un mentiroso. Su magia es maravillosa, él es un experto en ella y él puede ser testificado sólo por una persona de su calibre". Con esto ellos se referían a mí. No me importó esa referencia y la burla, ya que yo pertenezco a un grupo al que no le importa ninguna censura en la causa de Dios. Ése es un grupo tal que las caras de quienes pertenecen a él indican claramente su sinceridad, veracidad y honestidad. Su plática sigue el patrón de conversación de las gentes piadosas y virtuosas. Ellos pasan sus noches rezándole a Dios y sus días actuando como guías para los buscadores de la verdad. Ellos siguen fielmente al Corán. Ellos reviven la religión revelada por Dios y las tradiciones del Santo Profeta (la paz sea con él y sus descendientes). Ellos no son vanos ni soberbios, ni ambiciosos o deshonestos, ni envidiosos o maliciosos, y ellos no crean disensiones ni sofismas. Sus mentes están llenas del amor al Cielo y sus cuerpos están ocupados trabajando para obtenerlo.

SERMON 198

SOBRE LOS ATRIBUTOS DE LA PIEDAD

ESTE ES UNO DE LOS FAMOSOS DISCURSOS DEL IMAM ACERCA DE LOS ATRIBUTOS DE LA PIEDAD. EXPLICA LAS CUALIDADES DE LAS PERSONAS PIADOSAS Y TEMEROSAS DE DIOS. LA MAYORIA DE LOS SERMONES DEL IMAM TRATAN ACERCA DE ESTE TEMA PERO ESTE SERMON TIENE DOS PECULARIDADES: LA PRIMERA ES QUE EL IMAM HA EXPLICADO LO QUE REALMENTE SIGNIFICA LA PIEDAD Y QUE CLASE DE HOMBRES SON LAS PERSONAS PIADOSAS, DESCRIBIENDO DETALLES GRAFICOS DE SUS FORMAS DE VIVIR, PENSAR, REZAR Y TRATAR CON OTROS HOMBRES. LA SEGUNDA ES QUE UNA HISTORIA MUY TRISTE ESTA RELACIONADA CON ESTE SERMON.

LA TRISTE HISTORIA ES ACERCA DE HAMAM, QUIEN ERA UNO DE LOS COMPAÑEROS DEL IMAM, UN HOMBRE MUY PIADOSO Y TEMEROSO DE DIOS. EL LE PIDIO UNA VEZ AL IMAM QUE EXPLICARA LARGAMENTE LAS CUALIDADES DE LAS PERSONAS PIADOSAS. EL QUERIA QUE LA EXPLICACION FUERA TAN GRAFICA Y TAN VIVA QUE EL PUDIERA OBTENER LA IMAGEN DE UN HOMBRE PIADOSO EN LOS OJOS DE SU MENTE. EL IMAM SABIA QUE HAMAM TENIA UN CORAZON MUY TIERNO, Y EL NO SE SENTIA INCLINADO A EXPLICAR LA PIEDAD EN LA FORMA QUE HAMAM HABIA SOLICITADO, Y EVITANDO EL TEMA CONTESTO: "¡HAMAM!, TEME A DIOS Y HAZ BUENAS OBRAS. RECUERDA QUE DIOS ES SIEMPRE UN COMPAÑERO DE LAS GENTES PIADOSAS Y BUENAS". PERO HAMAM NO ESTABA SATISFECHO CON ESTA RESPUESTA Y QUERIA QUE EL IMAM DIJERA ALGO MAS. EL LE INSISTIO TANTO, Y TANTOS SE UNIERON A EL Y APOYARON SU PETICION, QUE EL IMAM A

REGAÑADIENTES DIO EL SIGUIENTE SERMON, YA QUE EL IMAM TEMIA EL EFECTO DE ESTE SERMON RESULTARA FATAL PARA HAMAM, Y EFECTIVAMENTE, ANTES DE QUE EL SERMON LLEGARA A SU CONCLUSION, HAMAM EXPIRO.

DESPUES DE ALABAR AL SEÑOR Y DE PEDIRLE BENDICIONES PARA EL SANTO PROFETA (LA PAZ SEA CON EL Y SUS DESCENDIENTES), EL IMAM SIGUIO ASI:

Cuando Dios creó a la Humanidad, Él no tenía necesidad de su obediencia y sus oraciones, ni estaba Él temeroso de su desobediencia, ya que la desobediencia o la insubordinación de los hombres no pueden dañarlo, y similarmente la obediencia de las gentes piadosas no puede beneficiarlo en absoluto. Él está más allá del alcance del daño y el beneficio. Después de crear al hombre, Él destinó para él la variedad de alimentos que su cuerpo pudiera absorber y asimilar, y los lugares que fuesen adecuados para que él viviese y se reproduce. Entre estos seres humanos, son excelentes los piadosos que temen a Dios.

Ellos poseen pre-eminencia y excelencia porque siempre hablan la verdad, correctamente y van al grano; su forma de vivir está basada en la moderación; y su modo de tratar a los demás hombres está basada en su buena voluntad, su sentimiento caritativo y la cortesía hacia ellos. Ellos se niegan las cosas prohibidas por Dios. Ellos concentran sus mentes en el conocimiento de las cosas que les traerán la felicidad eterna. Ellos toleran las dificultades y los sufrimientos tan felizmente como ellos disfrutan las comodidades y los placeres. Si Dios no hubiese fijado la duración de la vida para cada uno de ellos, sus almas — por el deseo de lograr Su Cielo y por temor a caer de Su Gracia — no hubieran permanecido en sus cuerpos por mucho tiempo.

Ellos han visualizado mentalmente la Gloria de Dios en tal manera que aparte de Él, nada en este mundo los alarma, asusta o atemoriza. Todo lo que no sea Su Poder es para ellos insignificante y humilde. Ellos creen en el Cielo con sus propios ojos. Del mismo modo, su fe en el Infierno y sus tormentos es tan fuerte como la de una persona que hubiera pasado por todos sus sufrimientos. Ellos sienten que las torturas del Infierno están alrededor y muy cerca de ellos.

Los métodos de las gentes profanas les dan lástima. Ello no dañan a nadie.

El exceso de comida y la búsqueda de placer no los hacen engordar (ya que ellos no caen en esos vicios). Sus necesidades son limitadas. sus deseos son pocos. Ellos han aceptado pacientemente los sufrimientos y las adversidades en esta vida mortal y transitoria a cambio de la felicidad eterna, lo cual por la Gracia de Dios probó ser para ellos una transacción muy provechosa. El mundo vicioso deseaba su compañía pero ellos le dieron la espalda. Él quería atraparlos pero ellos voluntariamente aceptaron todo problema y molestia para librarse de sus garras. Ellos pasan sus noches estudiando cuidadosamente el Corán por sentir pesar por su debilidad y sus limitaciones, y tratan de encontrar en este Libro Sagrado las formas para mejorar sus mentes. En el estudio del Corán cuando ellos se encuentran con algún pasaje que describa el Cielo ellos se sienten altamente atraídos hacia él y desarrollan un deseo tan intenso de llegar allí que sus bendiciones se visualizan en sus mentes. Mientras que los pasajes acerca del Infierno los llenan de temor y los hacen sentir como si estuvieran viendo y oyendo el fuego rugiente y los quejidos y lamentos de aquéllos que están sufriendo las torturas del Infierno.

Ellos pasan las noches rezando ante el Señor y pidiéndole y rogándole que los libre del Infierno. Los días los encuentran ocupados en obras tales que indican claramente su sabiduría, la profundidad de su conocimiento, su virtud y su piedad. El ayuno constante, la dieta simple, el evitar todo tipo de lujo y el trabajo duro regular los hacen verse delgados y fatigados, pero ellos poseen salud muy buena y robusta. Cuando las gentes los oyen discutiendo diversos problemas de la vida, frecuentemente los toman por caprichosos, fanáticos e incluso imbéciles. Pero no es así; parecen confusos e infelices porque no están satisfechos con la calidad y la cantidad del trabajo hecho por ellos por la causa de la religión y de la Humanidad. Entre más trabajan, más insatisfechos se sienten; habiendo fijado un estándar de eficiencia muy alto para su trabajo, ellos se sienten temerosos de que la indolencia pueda hacer imposible para ellos alcanzar esas alturas.

Si cualquiera de ellos es elogiado por su piedad, virtud y por las buenas obras hechas por él, a él no le gusta que se le alabe así, teme que ese elogio pudiera tentarlo e inducirlo a la vanidad, el autoelogio y la autoglorificación. Él dice: "Yo conozco mi mente y mi trabajo más que los demás, y Dios los conoce mucho mejor que yo. ¡Oh Señor!, por favor no me hagas responsable de lo que ellos han dicho acerca de mí. Tú sabes muy bien que yo no los instigué para que me alabaran así. ¡Por favor, Señor!, concédeme una excelencia más grande que aquélla con la que me han elogiado. Y ¡Señor!, por favor perdona mis pecados y mis fallas que ellos no conocen".

Encontraréis que toda persona piadosa posee los siguientes atributos: Él es firme en su fe. Es resuelto, aunque bondadoso y de corazón tierno. No vacila en sus convicciones y creencias. Él está ávido de conocimiento. Perdona a quienes le han hecho daño — sabiendo plenamente que ellos han sido injustos con él. Aun cuando poseen riqueza, sus formas de vida están basadas en la moderación. Sus oraciones son modelos de humildad y sumisión a Dios. Aunque se esté muriendo de hambre, conservará su dignidad. El soportará pacientemente los sufrimientos. Sólo recurrirá a medios honestos de vida. Conducir a los demás hacia la verdad y la justicia le dará placer. Él deseña la avaricia y la ambición. Aunque haga buenas obras todo el tiempo, aún se siente preocupado por sus limitaciones. Cada noche agradece a Dios por haberle dejado pasar un día más bajo Su gracia y Su Misericordia. Cada mañana lo halla empezando el día con las oraciones al Señor. En las noches es cauteloso para no desperdiciar descuidadamente — en descanso y comodidades — esas horas. Él empieza feliz sus días con el pensamiento de que el Señor le ha concedido otro día para que cumpla con su deber. Si su mente desea algo malvado e impio, él se niega a obedecer sus dictados. Su deseo es alcanzar la felicidad eterna. El placer mundano no le interesa. Su sabiduría está mezclada con paciencia. Sus obras corresponden a sus palabras (él hace lo que dice). Los deseos inmoderados no lo atormentan. Él tiene pocos defectos. Es cortés con los demás. Posee una mente conforme. Come poco (no es un glotón). No daña a nadie. Él es fácil de complacer. Es fuerte en su fe. Sus pasiones están muertas. Su temperamento está bajo control. Las gentes esperan de él sólo el bien y se consideran a salvo con él. Aun si se encuentra entre gentes ateas su nombre estará escrito en la lista de las personas devotas. Si está en compañía de aquéllos que siempre recuerdan a Dios, naturalmente su nombre no estará incluído entre aquéllos que lo olvidan. Él perdona a quienes lo dañan. Ayuda a quienes lo han traicionado y se han negado a ayudarlo. Es bondadoso con aquéllos que han sido crueles con él. Hace el bien a quienes le han causado males. Nunca pierde el tiempo en pláticas vanas. No tiene vicios, y sus buenas cualidades son muy sobresalientes, notables y prominentes. Cuando se enfrenta a los peligros y desastres está calmado e imperturbable. En los sufrimientos y calamidades es paciente y optimista. En la prosperidad es agradecido con Dios. No dañaría a su peor enemigo. Nunca cometerá un pecado, ni siquiera por causa de su mejor amigo. Antes de que alguien tenga que dar testimonio de su falta él la acepta y la reconoce. Nunca se apodera sin derecho de algo que le ha sido confiado. Él nunca olvida lo que se le ha dicho. No calumnia a persona alguna. No perjudica a sus prójimos.

Cuando las desgracias caen sobre alguna persona él no la culpa, ni se siente feliz por las pérdidas que sufran los demás. Nunca se descarría del Camino Recto ni sigue un camino equivocado. Su silencio no indica mal humor, y sus risas no son sonoras y violentas. Soporta pacientemente la persecución y Dios castiga a su opresor. Es severo consigo mismo y muy tolerante con los demás. Soporta las dificultades de esta vida para alcanzar la comodidad y la paz eternas. Él nunca comete injusticias contra sus semejantes. Si evita a alguien es para conservar su piedad y su rectitud. Si tiene contacto con alguien es debido a su bondad y su clemencia. Él no evita a nadie por orgullo o vanidad, ni se mezcla con los demás por motivos ulteriores de hipocresía, pretensión y vileza.

EL NARRADOR DICE QUE HAMAM ESCUCHABA MUY ATENTAMENTE EL SERMON, Y CUANDO EL IMAM LLEGO AL PASAJE ANTERIOR, HAMAM SE DESMAYO Y MURIO DURANTE SU DESMAYO. AL VER ESTO EL IMAM DIJO:

¡Por Dios!, yo vacilaba en explicar todo esto a Hamam justamente por esta razón. El consejo efectivo a las mentes dispuestas a recibirlo frecuentemente produce resultados casi similares.

ABD-IBN-KUWWA, QUIEN MAS TARDE SE VOLVIO JAREYITA Y ENEMIGO ACERRIMO DEL IMAM, AL OIR EL COMENTARIO DEL IMAM DIJO: "¿POR QUE ESTE CONOCIMIENTO NO ACTUO SOBRE TI DE LA MISMA MANERA EN QUE ACTUO SOBRE HAMAM?" EL IMAM CONTESTO:

Verdaderamente la muerte es inevitable e ineludible, pero para cada persona una hora para su muerte ha sido fijada, nadie puede rebasarla, y siempre hay una causa aparente para ella. Tú sabes que Satanás fue quien te hizo hacer esa pregunta. Trata en el futuro de no aceptar sus insinuaciones.

SERMON 199

ESTE SERMON TRATA ACERCA DE LOS HIPOCRITAS Y LOS METODOS DE LOS HIPOCRITAS. AQUI EL IMAM EXPLICO EN DETALLE LAS FORMAS DE ACTUAR DE AQUELLOS QUE NO ACEPTAN EL ISLAM CON SINCERIDAD.

Toda alabanza sea para Dios, el Cual me permitió obedecerlo y refrenarme del pecado. Yo le ruego que me favorezca con Sus Bendiciones y que me mantenga firme en Su Camino. Yo declaro que Muhammad (la paz y bendiciones de Dios sean con él y sus descendientes) es Su siervo y Su profeta, que él soportó todo género de dificultad y sufrimiento para ganar Su Favor, y que él suprimió su ira y contuvo su excitación para lograr Su Complacencia. Aquéllos que estaban cerca de él se unían para oponérsele. Los árabes también se levantaron contra él y, de cerca y de lejos, ellos se unieron para luchar contra él, y para crearle todo tipo de problemas y frustaciones.

¡Oh criaturas de Dios!, os aconsejo que temáis a Dios, y os prevengo contra los hipócritas. Ellos están extraviados y os extraviarán. Ellos están perdidos en el laberinto de los pecados y los vicios y os harán que perdáis vuestro Camino Recto en esa maraña tortuosa. Ellos cambian de color para adaptarse a sus alrededores, y sus palabras siempre tienen doble significado. Para convertiros a sus ideologías y para ganar vuestra simpatía ellos recurrirán a toda clase de fraudes y engaños, ellos adoptarán variedades de artificios y pretextos y aplicarán todas las tentaciones y los trucos que haya. Ellos siempre acechan escondidos para seduciros. Ellos pretenden ser sinceros y honestos pero sus corazones están llenos de hipocresía y vileza. Sus movimientos son muy sutiles. Para descarriaros ellos actúan tan hábil y astutamente que vosotros no podéis discernir fácilmente sus propósitos. Ellos envenenan vuestras mentes sin que os déis cuenta de ello, como una enfermedad extendiéndose dentro de vuestro cuerpo sin que os percatéis del hecho. Ellos se comportan como si estuvieran administrando curas para vuestras enfermedades, ellos hablan como si realmente se preocuparan por vuestros problemas, pero el resultado de sus actividades y sus persuasiones os afectarán, como una enfermedad incurable.

La felicidad y la prosperidad de los demás los pone celosos y los hace infelices. Ellos harán todo lo posible para arrastrar a los demás a las dificultades, los reveses y los problemas. Ellos se esforzarán para convertir las esperanzas de los demás en desilusiones y desesperación. Y ellos tienen víctimas dentro de todos los ámbitos de la vida.

Ellos saben cómo tocar vuestro corazón y cómo ganarse vuestros oídos. Para cada pena vuestra ellos tienen lágrimas de cocodrilo para derramarlas, y para cada dolor ellos os ofrecen un bálsamo — ineficaz o dañino. Si ellos os elogian es con la esperanza de obtener de vosotros mayores alabanzas. Si ellos quieren conseguir algo de vosotros, ellos os abrumarán con sus demandas. Si ellos desean difamar a alguien, ellos lo expondrán hasta dejarlo desnudo. Si ellos juzgan, siempre traicionan a la equidad y la justicia.

Ellos son oportunistas y convenencieros y poseen una gran adaptabilidad de carácter. Para cada ocasión ellos tienen un truco que adoptar y una indignidad a la cual recurrir. Ellos pueden contar una mentira aparentemente convincente contra toda verdad, os pueden conducir hacia un camino torcido en oposición a todo camino recto, y ellos frecuentemente os aconsejarán que prefiráis a un vil asesino antes que a una persona respetable y honesta. Ellos pretenden poseer luz para toda oscuridad de vuestra vida y ellos tratan de levantar falsas esperanzas en lugar de las verdaderas decepciones, para ganarse vuestra confianza y convenceros de su sinceridad. Ellos saben cómo pintar una mentira para que parezca verdad y cómo colorear una acción sucia para que se vea como una buena obra.

Ellos son suficientemente viles para facilitarse la maldad y el vicio y ellos tratan de poner obstáculos para los demás en el camino de la religión y de la verdad. Ellos son sirvientes del Demonio, merecedores del Infierno. Dios ha dicho acerca de ellos: "Ellos pertenecen al grupo de Satanás y verdaderamente los partidarios de Satanás serán quienes sufren y serán los perdedores" [58:19].

SERMON 200

EN ALABANZA A DIOS, AL SANTO PROFETA (LA PAZ SEA CON EL Y SUS DESCENDIENTES) Y A LA PIEDAD.

Toda alabanza sea para Dios, Quien manifestó la Gloria de Su Poder y Su Sabiduría de tal manera que la grandiosidad del arte de la creación mantiene asombrados y boquiabiertos a todos los hombres sabios, y el Cual hizo posible para las mentes que entendieran la profundidad y la importancia de Sus Atributos.

Yo declaro que no hay dios excepto Dios, el Todopoderoso. Este testimonio mío es la señal de mi fe sincera, la creencia verdadera, la convicción firme y el honesto deseo de obedecerlo. Además yo declaro que Muhammad (la paz y bendiciones de Dios sean con él y sus descendientes) es Su siervo y Su profeta. Él lo nombró profeta en una época cuando las señales de la verdadera religión habían desaparecido completamente y cuando el Camino de Dios había sido totalmente abandonado. El Santo Profeta (la paz sea con él y sus descendientes) hizo que la Humanidad aprendiera y entendiera la verdad acerca de Dios, que les aconsejara que fueran piadosos y justos, que les mostrara el camino a la salvación y los instruyera para que evitaran en la vida el fanaticismo y los excesos, así como la indiferencia y la desconsideración. Él les aconsejó que fuesen moderados, gentiles y abstemios. Que Él conceda Sus Bendiciones más selectas a él y a sus descendientes.

¡Oh gentes!, aprended y entended que Dios no os ha creado en vano ni sin plan y propósito, y al mismo tiempo, que Él no os ha dejado libres como pájaros y animales, sin asignar deberes importantes a vuestras mentes y cuerpos. Él conoce la calidad y la cantidad de Bendiciones que ha concedido y los Favores que ha hecho a la Humanidad. Solicitad Su Ayuda para los logros y el éxito en la vida. Invocad Sus Bendiciones, rogadle más de Sus Favores. No hay nadie que intervenga entre vosotros y Él y Su puerta nunca está cerrada para vosotros. Siendo Omnipresente Él está siempre (en todas partes y en todo tiempo) con todo hombre o espíritu. Su Generosidad sin límite no puede disminuir Sus Tesoros. Su esplendidez no puede reducir Sus Posesiones. Ninguna demanda puede exceder Sus Bienes y ninguna concesión puede mermar Su riqueza.

Su atención hacia una cosa en un tiempo no puede hacerlo que desatienda a otra al mismo tiempo. Él está con todos y con todo en un mismo momento. Él puede escuchar a todos simultáneamente. La concesión de Favores a alguien no puede impedirle que se lleve otro Favor de la misma persona. Su Ira no puede obstruír Su Misericordia, ni Su Bondad y Su Compasión obstaculizan el camino a Su Castigo.

La Gloria y la Grandeza de Su creación no pueden poner Su Presencia a la vista de Sus criaturas, ni Su Imperceptibilidad les puede ocultar Su Gloria y Su Majestad. Él está tan cerca de todos y, sin embargo, tan lejos. Él está tan Elevado y, sin embargo, tan Cercano a todo. Su Sabiduría y Su Poder son autoevidentes pero Su Presencia está oculta a todo ojo. Él recompensa a otros pero Él no puede ser recompensado. Él no tuvo necesidad de meditar y deliberar acerca de los problemas de la creación. Él no dio existencia a los Universos para lograr ayuda de ellos ni para tomar ventaja alguna de ellos.

¡Oh criaturas del Señor!, os aconsejo que le temáis. Os aconsejo que adoptéis la piedad, ya que la piedad es el camino más seguro hacia la salvación y es el mejor apoyo para la religión. Manteneos apegaos a ella y nunca la abandonéis. Ella os conducirá a lugares de seguridad, a posiciones de honor y a ocupaciones que os traerán paz y conformidad. Ella vendrá en vuestra ayuda en el día en que el Angel Israfil (o Rafael) haga sonar la Trompeta, cuando el terror de la ocasión tenga a las gentes como hechizados, cuando todos vosotros muráis, cuando la Tierra llegue a su fin, las montañas elevadas sean reducidas a polvo, las ciudades poderosas sean arrasadas, cuando no haya quien pida por vosotros o interceda a vuestro favor, cuando incluso vuestro pariente más cercano no tenga tiempo ni ánimo para acudir en vuestra ayuda, entonces encontraréis que la piedad acudirá a ayudaros.

SERMON 201

ACERCA DEL SANTO PROFETA (LA PAZ SEA CON EL Y SUS DESCENDIENTES), SUS ENSEÑANZAS, Y ACERCA DE ESTE MUNDO Y LAS OPORTUNIDADES PARA HACER EL BIEN.

El Dios Todopoderoso encomendó la misión profética a nuestro Santo Profeta (la paz sea con él y sus descendientes) en una época cuando las señales de las religiones verdaderas habían sido completamente borradas, cuando la Humanidad había prácticamente desistido de reconocer poder de control sobrehumano y sobrenatural de Dios, Quien es Justo y Bondadoso, y cuando los métodos de la verdad y la justicia habían sido totalmente abandonados.

¡Oh gentes!, os aconsejo que temáis a Dios. Quiero advertiros acerca de este mundo. Tarde o temprano tendréis que partir de él. No es un lugar de residencia permanente ni un lugar para la felicidad y la comodidad perpetuas. Aquéllos que residen aquí son en realidad viajeros, haciendo un alto temporal durante su viaje, el cual ellos deben continuar. En realidad no es un lugar seguro, ni siquiera para una estadía temporal. Como un bote en una furiosa tormenta, este mundo está aventando a sus pasajeros de un lado a otro; muchos de ellos han caído fuera de borda, algunos de ellos están ahogados mientras que otros están siendo aventados por las olas y los vientos que están jugando a la destrucción con sus vidas; los que se ahogan nunca regresarán y aquéllos que aún están flotando no están fuera de peligro.

¡Oh gentes!, mientras aún estáis vivos y sanos, cuando vuestra lengua se halla aún bajo vuestro control y vuestros miembros son adecuados para serviros, haced buenas obras y decid palabras buenas. Aprovechad plenamente la salud y la oportunidad; este mundo, como es, es suficientemente grande para que trabajéis. Cumplid vuestro deber antes de que sea demasiado tarde para que vosotros podáis hacer cualquiera cosa, antes de que las oportunidades se hayan perdido y que la invalidez y la muerte os alcancen. No esperéis a que la muerte toque a vuestra puerta; ella tiene que venir, es inevitable, es natural y ya viene.

SERMON 202

ACERCA DE SU RELACION CON EL SANTO PROFETA (LA PAZ SEA CON EL Y SUS DESCENDIENTES) Y SUS SERVICIOS A LA CAUSA DEL ISLAM.

Aquellos compañeros del Santo Profeta (la paz sea con él y sus descendientes) que actuaron como primera fila de defensa para el Profeta (la paz sea con él y sus descendientes) y el Islam, saben y pueden atestiguar que yo nunca, ni por un segundo, violé las órdenes de Dios y del Santo Profeta (la paz sea con él y sus descendientes). En todas esas ocasiones, cuando incluso el más valiente de los hombres se sentía temeroso y quería salir de ese lío, yo arriesgué mi vida para salvar la vida del Santo Profeta (la paz sea con él y sus descendientes) y para defender la causa del Islam.

ES UN HECHO HISTORICO QUE EN TODAS AQUELLAS OCASIONES EN QUE LOS ARABES SALIERON PARA ATACAR AL SANTO PROFETA (LA PAZ SEA CON EL Y SUS DESCENDIENTES) Y LOS MUSULMANES, Y CUANDO FUERON LIBRADAS LAS BATALLAS DE BADR, UHUD, JANDAQ, JAYBAR Y HUNAYN, EL IMAM ALI (LA PAZ SEA CON EL) FUE EL HEROE DE TODAS ESAS BATALLAS; EN CADA UNA DE ESAS ACCIONES EL ESTUVO AL MANDO DEL EJERCITO DEL ISLAM; EL MATO A GENERALES Y MARISCALES ARABES FAMOSOS EN COMBATES CUERPO A CUERPO; EL DERROTO A SUS EJERCITOS Y FRECUENTEMENTE CUANDO EL RESTO DE LOS COMPAÑEROS DEL SANTO PROFETA (LA PAZ SEA CON EL Y SUS DESCENDIENTES)

HABIAN HUIDO DEJANDOLO SOLO EN EL CAMPO DE BATALLA (V. GR. UHUD, JANDAQ Y HUNAYN), EL IMAM EL SOLO, LUCHO CONTRA LAS HORDAS DE LOS ARABES; AL TERMINAR MUCHAS BATALLAS SE PODIA ENCONTRAR QUE EL ERA EL MAS HERIDO, PERO QUE ESTABA AUN ANIMADO, INTREPIDO Y SIN TEMOR.

Cuando el Santo Profeta (la paz sea con él y sus descendientes) murió, él expiró su último aliento con su cabeza recargada sobre mi pecho. Yo lo tenía abrazado, yo sentí en mis manos su último hálito y yo, en señal de mi amor y respeto por él me tallé la cara con mis manos (que habían recibido su aliento). Yo bañé su cuerpo muerto y nadie más que los ángeles me ayudaron a lavarlo.

La noticia de su muerte hizo llorar a los Ahl-ul-Bayt (los miembros de la Familia del Profeta, la paz sea con él y sus descendientes). Ellos se lamentaron y lloraron en voz alta. Los ángeles iban y venían entre el Cielo y el lugar donde estábamos, y era un gran número de ellos. Ellos ofrecían la oración funeral, un grupo tras otro. Yo podía oír sus voces susurrantes. Esto continuó hasta que yo lo tendí dentro de su tumba. Durante su vida yo fui el más querido y el más cercano a él y en su muerte yo fui el último en separarse de él.

¿Quién pude afirmar que tiene una relación más íntima con él que yo, y quién puede afirmar que tiene mayor derecho a ser su heredero y su sucesor?

Ahora vosotros sabéis mi demanda, usad vuestro juicio para entenderla y reconocerla, y bajo este reconocimiento salid a defender el Islam. Que vuestro deseo de seguirme esté basado en la sinceridad y la fidelidad. Juro por Dios que estoy en el camino recto de la religón y que ellos (Moawiah y sus seguidores) están tratando de descarriaros a donde cada paso vuestro hacia adelante os va a acercar al Infierno. Yo estoy seguro de que estáis tratando de captar lo que os digo. Invoco a Dios para que tenga misericordia de vosotros y de mí.

SERMON 203

EN ESTE SERMON EL IMAM EXPLICO ALGUNOS ATRIBUTOS DE DIOS Y LUEGO NOS DIJO LO QUE ES LA PIEDAD Y COMO PUEDE ELLA AYUDARNOS, QUE ES EL ISLAM Y LO EL PUEDE DARNOS, QUE ES EL LIBRO

SAGRADO (EL CORAN) Y COMO NOS PROTEGE Y COMO NOS HA GUIADO EL SANTO PROFETA (LA PAZ SEA CON EL Y SUS DESCENDIENTES).

Él oye las voces de las bestias salvajes merodeando en los desiertos y las selvas. Él conoce los pecados cometidos por los seres humanos incluso en máxima privacidad. Él percibe las condiciones de los peces en la profundidad de los océanos. Él conoce el número de las olas levantadas por las tormentas y los huracanes. De hecho, Él es Omnipresente y Omnisapiente.

Yo declaro que Muhammad (la paz y bendiciones de Dios sean con él y sus descendientes) es Su Mensajero escogido y predilecto, el profeta de Su Revelación y el portador de Su Mensaje de Misericordia y Bondad.

¡Amigos!, os aconsejo que temáis a Dios, el Cual os creó y hacia el Cual es vuestro retorno. Recordad que el logro de vuestros propósitos y la realización de vuestros deseos está en Su Poder, que el verdadero camino de la religión os llevará hacia Él, y que en el tiempo de temor y peligro Él es vuestro Refugio.

Que la piedad sea la meta y la aspiración de vuestra vida. Es la única cura para la maldad de vuestro corazón. Es la luz divina para despejar la oscuridad de vuestro corazón. Es un remedio para vuestra mente afligida. Es el único camino para el mejoramiento de vuestra alma corrupta. Ella purifica vuestra conciencia. Devuelve la vista a los ojos cegados por la ignorancia de la verdad. Da valentía moral y elimina el temor de vuestros corazones.

No simuléis que obedecéis a Dios sino obedecedlo sincera y fielmente y dejad que este deseo de obediencia se agrabe en vuestras mentes y se arraigue profundamente en vuestros corazones, dejad que gobierne vuestras palabras y vuestras obras. Dejad que os ayude en el Día del Juicio, que actúe como vuestra guía hacia la salvación, que interceda a vuestro favor en el Día del Recuento, que ilumine vuestra tumba para vosotros, que sea vuestro compañero comprensivo en la soledad de vuestro sepulcro, y un piloto que dirija vuestro curso para sacaros de los mares de las ansiedades y de las penas que os rodean. No olvidéis que la obediencia a Dios es el único escudo real contra el ataque de las adversidades, las calamidades y los terrores y es la única protección contra las llamas y las torturas del Infierno.

¿Sabéis cómo ayuda la piedad a quienes la hacen el principio básico de sus vidas? Ella previene las calamidades que se acumulan alrededor de ellos y los tienen sitiados. Ella convierte las amargas desilusiones de sus asuntos en agradables logros. Actúa como un rompeolas contra la embestida de los desastres y las destrucciones que quieren chocar contra sus vidas y sus ambiciones. Su influencia cambiará la pobreza y la escasez que los preocupan en conformidad y abundancia, y su gracia transformará sus años secos en temporadas lluviosas y sus tierras secas en huertas verdes y campos florecientes.

Temed al Señor, el Cual fue tan Bondadoso que os concedió intelecto y razonamiento y luego os aconsejó que hicieseis el bien; luego Él, a través de las enseñanzas de Su Profeta escogido (Muhammad — la paz y bendiciones de Dios sean con él y sus descendientes) hizo fácil para vosotros que entendieseis el propósito de vuestra creación; no sólo esto, sino que Su Amor a la humanidad fue aún más lejos que eso, y Él completó para vosotros este curso de educación a través de los Ahl-ul-Bayt (los descendientes del Santo Profeta, la paz sea con él). Ahora como una señal de obligación es incumbente sobre vosotros que tratéis al máximo de obedecer Sus Ordenes sincera y fielmente.

Recordad que el Islam es la religión que Él ha escogido como un medio para que vosotros entendáis cuál es vuestro lugar en el Universo y cuál es vuestra relación con Él. La educación que esta religión debe impartir tuvo su curso dispuesto y terminado bajo Su Orden directa. Él confió esta religión al más Favorito y Escogido de Sus Profetas. Él la hizo superior a las demás religiones del mundo. Él la glorificó derrotando a sus enemigos y humillando a quienes querían derrocarla. Él quiere que ella haga desaparecer la ignorancia y el paganismo de las mentes humanas, que sacie su sed de sabiduría y conocimiento, y que propague la verdad, la justicia y la piedad.

Lo razonable y lo racional de sus doctrinas es tan poderoso que ellas no pueden ser refutadas, falsificadas o desfiguradas. Ellas están tan coordinadas, tan sabiamente interconectadas y se siguen tan naturalmente unas a otras que no pueden ser separadas ni puede, cualquiera de ellas, ser derrotada. El Islam es un árbol que no puede ser desenraizado ni puede ser cortado ni pueden sus ramas ser podadas. Sus caminos son amplios y rectos, no hay nada tortuoso en ellos; sus cánones son fáciles de entender y de seguir; él no tolera la hipocresía ni la insinceridad; su luz nunca se atenuará y la congenialidad congruente de las formas de sus ritos nunca se volverá severa e insoportable.

¿Os habéis dado cuenta cabal de lo que es el Islam? Es la religión basada en la verdad. Es un manantial de conocimiento del que brotan y fluyen varias corrientes de sabiduría y conocimiento. Es una lámpara tal de la que varias lámparas serán encendidas. Es un alto faro que alumbra el Camino de Dios. Es un conjunto de principios y creencias que satisfará a todo buscador de verdades y de realidades.

Sabed todos vosotros que Dios ha hecho al Islam el camino más sublime hacia Su Suprema Complacencia y el estándar más alto de Su adoración y obediencia. Él lo ha favorecido con preceptos nobles, principios exaltados, argumentos indudables, supremacía irrebatible y sabiduría inegable.

A vosotros os toca mantener la eminencia y la dignidad concedida al Islam por el Señor, seguirlo sinceramente, hacer justicia a sus artículos de fe y a sus creencias, obedecer implícitamente sus mandamientos y órdenes, y darle el lugar adecuado en vuestras vidas.

Recordad que Él, con máxima bondad y gracia os envió Su Profeta escogido en una época en que la devastación flotaba sobre el mundo, cuando la Humanidad estaba al borde de la aniquilación, cuando las diversas civilizaciones y religiones estaban conduciendo al hombre hacia la destrucción, cuando —debido a sus caminos y métodos severos y crueles— la vida se había vuelto una miseria para la mayoría de los seres humanos, cuando la discordia y la desunión dominaban, cuando la Humanidad estaba dividida en clases, castas, nacionalidades y sectas religiosas; y cuando las otras religiones estaban decayendo y desapareciendo en el paganismo porque sus dogmas falsos e irracionales las habían expuesto y su dogmatismo las habían vuelto imprácticas y estaba forzando al mundo a abandonarlas.

En esa época Él puso al Santo Profeta (la paz sea con él y sus descendientes) como el medio para dar a conocer Sus Ordenes, para sacar a los musulmanes del caos mundial, para transmitir el mensaje de paz y prosperidad a la Humanidad y para crear a través de sus compañeros estándares para el respeto a uno mismo, la veneración al Santo Profeta (la paz sea con él y sus descendientes) y de obediencia a Dios.

Dios también le reveló Su Mensaje a través del Libro Sagrado (el Corán). Este libro contiene tal conocimiento y tanta iluminación que nunca será ineficaz, inútil o infructuoso. Sus palabras llevan sabiduría tan profunda que el hombre no puede alcanzar realmente esas profundidades. Es un camino que no extraviará a nadie. Es una luz que nunca se extinguirá. Él crea tal distinción entre la verdad y la falsedad que sus decisiones nunca serán desafiladas ni refutadas. Sus explicaciones no pueden ser consideradas ni probadas como equivocadas. Es la cura para la perversidad de las mentes. Es un poder que no puede ser derrocado. Es la verdad personificada. Sus seguidores nunca lamentarán el apoyo prestado a él. Es una mina de fe, un manantial de conocimiento y una fuente de equidad y justicia. La sabiduría que este libro contiene y el conocimiento que imparte no puede agotarse. Es una meta tal que quienes se proponen alcanzarla nunca se extraviarán del camino. Es una señal tal que quienes sigan el camino de la verdad nunca la perderán. Es una fuente de información tan sublime que nada puede superarla. Dios lo ha hecho una bendición para las personas conocedoras, sabias y piadosas, un remedio infalible para la maldad de las mentes, y una fuente de iluminación para los oscuros abismos de la impiedad y el paganismo. Es una poderosa fuerza de unión para mantener a los hombres dentro de los límites de la fe y el amor. Es el refugio más seguro contra el pecado y el vicio. Es el remanso de paz para la Humanidad. Honra a quienes lo aceptan, guía a quienes lo siguen, protege a quienes actúan contra sus dictados, y actúa como un sólido argumento para aquéllos que hablan a través de él. Testifica a quienes declaran su testimonio. Apoya a quienes lo apoyan. Trae el éxito a quienes lo abrazan. Es el camino más rápido y más corto hacia la salvación para aquéllos que formulan sus vidas de acuerdo a sus postulados. Es la forma mejor y más fácil de explicación para aquéllos que quieren entender los principios de la verdad y la piedad. En lo que se refiere a la historia de la Humanidad, él es la mejor fuente de información, y en cuanto a la justicia y la equidad, él es el mejor código de ley.

SERMON 204

LA PARTE MAS MARAVILLOSA DE ESTE SERMON ES SU ULTIMO PARRAFO EN DONDE EL IMAM EXPLICO EN UNAS CUANTAS PALABRAS LO QUE LA CIENCIA DESCUBRIRIA UNOS 1,300 AÑOS MAS TARDE. EL IMAM DIJO QUE CUANDO DIOS ASI LO QUIERE, AUN VUESTRO CEREBRO ANUNCIARA LO QUE HAYAIS DICHO Y HECHO DURANTE TODA VUESTRA VIDA, O SEA, TODAS VUESTRAS EXPERIENCIAS. ESTA FACULTAD DEL CEREBRO HUMANO, TAN GRAFICAMENTE EXPLICADA POR EL , ES EL DESCRUBRIMIENTO MAS RECIENTE DE LA CIENCIA DE LA MEDICINA. ESTA Y VARIAS OTRAS TEORIAS MODERNAS EN LOS CAMPOS DE LA CIENCIA ACERCA DE LOS CUALES EL DIO INDICACIONES COMO COMENTARIOS DE PASO, DAN TESTIMONIO DEL ATRIBUTO DE CONOCIMIENTO DEL IMAM.

ESTA CAPACIDAD DEL CEREBRO HUMANO ES CONOCIDA COMO "CORTEX INTERPRETATIVO". EL NEUROCIRUJANO MUNDIALMENTE FAMOSO WILDER PENFIELD ACABA DE OFRECER EVIDENCIA A LA NATIONAL ACADEMY OF SCIENCE QUE "LAS PARTES DEL CEREBRO FUNCIONAN COMO UNA GRABADORA DE AUDIO-VIDEO, CONSERVANDO LOS DETALLES DE TODO LO QUE UN HOMBRE VE Y OYE". EL DICE QUE ESTA AREA DE PRESERVACION DE EXPERIENCIAS ESTA EN AMBOS LOBULOS TEMPORALES (EL ISLAM LE HA DADO EL NOMBRE DE "KIRAMUN KATIBIN", LOS DOS ANGELES HONORABLES, UNO SOBRE CADA HOMBRO DEL HOMBRE PARA REGISTRAR SUS OBRAS Y PALABRAS BUENAS Y MALAS. ELLOS SON LLAMADOS HONORABLES PORQUE ELLOS NUNCA REGISTRARAN ALGO QUE NO HAYA SUCEDIDO REALMENTE). EL DR. PENFIELD CITA EXPERIMENTOS EN QUE UNA PERSONA RECORDO LA MUSICA QUE HABIA ESCUCHADO CUANDO ERA NIÑO, OTRA RECORDO LA EXPERIENCIA DEL NACIMIENTO - QUE HABIA SUCEDIDO HACIA 20 AÑOS - Y UNA TERCERA PERSONA REVIVIO LA VISION DE ALGUNAS GENTES SENTADAS EN SILLAS PLATICANDO, UN EVENTO DE SU NIÑEZ. TODO ESTO FUE TRAIDO A LAS MENTES DE ESAS PERSONAS SIMPLEMENTE TOCANDO LOS LOBULOS TEMPORALES CON FINOS ELECTRODOS. EL EXPERIMENTO ES ABSOLUTAMENTE INOCUO E INDOLORO, Y TRAE DE VUELTA A LA MENTE UNA AMPLIA VARIEDAD DE INCIDENTES, INCLUSO MUY TRIVIALES, FRECUENTEMENTE DE LA NIÑEZ Y RELACIONADOS CON LA FAMILIA Y LOS AMIGOS.

EL DR. PENFIELD DICE QUE: "HAY OCULTO EN EL CEREBRO UN REGISTRO DE LA CORRIENTE DE LA CONCIENCIA. PARECE RETENER LOS DETALLES DE ESA CORRIENTE DURANTE LAS HORAS CONCIENTES DE CADA INDIVIDUO. CONTENIDAS EN ESTE REGISTRO ESTAN TODAS AQUELLAS COSAS DE LAS

QUE EL INDIVIDUO ESTUVO CONCIENTE UNA VEZ - ESOS DETALLES QUE UN HOMBRE PODRIA ESPERAR RECORDAR POR UNOS CUANTOS SEGUNDOS O MINUTOS DESPUES, PERO QUE ESTAN PERDIDOS AL LLAMADO VOLUNTARIO DE LA MEMORIA DESPUES DE ESE TIEMPO... ESTO NO ES MEMORIA, COMO GENERALMENTE USAMOS LA PALABRA. NADIE PUEDE RECORDAR POR ESFUERZOS VOLUNTARIOS TAL RIQUEZA DE DETALLES... ES MUCHO MAS REAL QUE EL RECORDAR".

Ofreced vuestras oraciones regularmente, sed cuidadosos cuando las estéis efectuando, rezad tan frecuentemente como os sea posible y buscad por medio de las oraciones la proximidad a Su Reino. Las oraciones han sido impuestas como obligatorias para los musulmanes fieles. ¿No habéis leído en el sagrado Corán la respuesta de aquéllos que serán arrojados al Infierno? Cuando se les pregunte qué los trajo al Infierno ellos dirán: "No estábamos entre quienes rezaban" [74:42-43].

Recordad que las oraciones diarias (Salat) eliminan de vuestras mentes los deseos pecaminosos en la misma forma en que el fuerte viento arranca las hojas secas de los árboles, y os libera de las garras del vicio y la maldad. El Santo Profeta (la paz sea con él y sus descendientes) dijo: "la Oración es como un manantial de agua caliente ante la puerta de la casa de un hombre. Si él toma un baño allí cinco veces al día, no habrá suciedad ni impurezas sobre su cuerpo y la mente)".

Solamente pueden apreciar al valor y la utilidad de las oraciones diarias aquellas personas a las que la pompa y la gloria de este mundo no han seducido, o cuyos lazos familiares, prosperidad y poder no las han hecho negligentes de su deber. El Dios Todopoderoso dice: "Hay algunas gentes a quienes sus negocios y transacciones no los hacen negligentes en su cumplimento de las oraciones y en el pago de su derecho a los pobres (el Zakat)" [24:37].

El Santo Profeta (la paz sea con el y sus descendientes), aunque el sabía que su lugar en el Cielo estaba asegurado, solía esforzarse tanto en las oraciones diarias que él sufría físicamente debido a ello, y a que él quería hacer honor a la orden de Dios: "Ordena la oración a los miembros de tu familia, y aférrate a su cumplimiento regular y constantemente" [20:132]. Así el Santo Profeta (la paz sea con él y sus descendientes) ordenaba a los miembros de su familia que ofrecieran regularmente las oraciones diarias y él mismo era particularmente cuidadoso de ello.

Además de las oraciones diarias hay otro medio de alcanzar la proximidad a Su Favor, y el derecho de los pobres (el Zakat). Es una expiación por los pecados y una liberación del Infierno para aquéllos que lo pagan voluntaria y gustosamente. Recordad que después de pagarlo nadie debe sentir pesar al recordar la pérdida material sufrida; nadie debe imaginar siquiera que sea una pérdida, pues quienquiera que pague el derecho de los pobres (el Zakat) egoístamente y sin sinceridad sino con un ojo a los beneficios que pudieran seguir y a la popularidad que así pudiese ganar, él no entiende el verdadero significado de la religión; él será un perdedor y será entregado a la vergüenza y la desgracia permanentes.

Luego está el atributo de la honestidad. Es obligatorio para vosotros que regreséis las cosas que os han sido confiadas y que seáis honestos en vuestros pensamientos y vuestras obras. Dios preguntó a los amplios cielos, la vasta Tierra y las grandes montañas si ellos querían actuar como Sus depositarios de algo que Él quería confiarles (una mente suficientemente intelectual para entender la relación entre las criaturas y al Creador, el propósito de la creación y los deberes que Él dispuso para Sus criaturas), pero ellos se negaron a aceptar el depósito aunque ellos eran tan vastos y grandes, ya que ellos temían que fuesen hallados en falta y temían la Ira de Dios debida a esta debilidad; peor el hombre que aceptó la oferta, ya que él era precipitado en sus decisiones y no poseía suficiente previsión. Dios dice en el Sagrado Corán: "Verdaderamente el hombre es ignorante y precipitado" [33:72].

¡Oh gentes!, Dios no ignora todo lo que hacéis a plena luz del día y en la oscuridad de la noche. Él sabe todo lo que hacéis y todo pensamiento que pasa por vuestra mente. Él es Omnisapiente. Incluso vuestra mente y vuestros pensamientos. Las partes de vuestro cuerpo son soldados de Su ejército, vuestra conciencia y vuestra mente son Sus espías contra vosotros. Vuestra vida privada es completamente conocida por Él.

SERMON 205

HAY DOS MANERAS DE VIVIR LA VIDA. UNA ES LA FORMA QUE HA SIDO ENSEÑADA Y PRACTICADA POR LAS GRANDES MENTES DESDE LAS EPOCAS DE TODOS LOS MENSAJEROS DE DIOS CONOCIDOS (LA PAZ SEA CON ELLOS) HASTA NUESTRO SANTO PROFETA (LA PAZ SEA CON EL Y SUS DESCENDIENTES), INCLUSIVE ES SER HONESTO, VIRTUOSO, PIADOSO Y CUMPLIR EL DEBER HACIA DIOS Y EL HOMBRE. LA OTRA ES LA FORMA INTRIGANTE DEL QUE HACE PLANES SIN ESCRUPULOS, EL CUAL NO LE IMPORTA RECURRIR A CUALQUIER MEDIO MALVADO PARA LOGRAR SUS FINES. EL ISLAM LLAMA A ESTE ULTIMO EL CAMINO DE SATANAS. ESTA ES LA FORMA DE VIDA QUE FUE REALMENTE RESPONSABLE DE TODAS LAS MISERIAS DE LA HUMANIDAD, LAS CUALES ESTA HA SUFRIDO DESDE LA EXPULSION DE SUS ANTEPASADOS DEL PARAISO. TODAS LAS GUERRAS, TODA LA POBREZA, TODOS LOS CRIMENES, EL SISTEMA DE CASTAS DE LA INDIA, LA ESCLAVITUD EN EL ORIENTE Y EL OCCIDENTE, LOS IMPERIALISTAS QUE UNA VEZ DOMINARON EL GLOBO TERRAQUEO, EL TOTALIRIANISMO DE HOY, SON TODOS ELLOS DIVERSAS FACETAS DE LA FILOSOFIA MAQUIAVELICA.

EL IMAM, COMO UN VERDADERO APOSTOL, ODIABA ESTA FORMA DE VIDA Y EN MUCHAS OCASIONES CUANDO DIVERSAS PERSONAS, POR EJEMPLO ABDULLAH IBN-ABBAS, MUGHIRA Y OTROS, LE SUGERIAN CUALQUIERA COSA PARECIDA, EL SE SENTIA INSULTADO Y CONTESTABA "EL FIN NUNCA JUSTIFICARA LOS MEDIOS, Y LA VERDADERA MANERA DE VIVIR NUNCA DEBE SER CONTAMINADA CON ESOS VICIOS, NI SIQUIERA PARA APOYAR Y SALVAR A UNA RELIGION".

EN ESTE SERMON, EL IMAM DIO INDICACIONES DE

ESTO DICIENDO QUE SI EL LO DESEASE, PODRIA PRACTICAR LA DUPLICIDAD Y EL CRIMEN CON ASTUCIA POLITICA, HACIENDO EN FORMA MAS SUTIL QUE MOAWIAH, PERO QUE EL TEMIA A DIOS MIENTRAS QUE MOAWIAH NO.

Juro por Dios que Moawiah no es más sabio ni más inteligente que yo. Pero él es un intrigante sin escrúpulos, él recurriría a cualquier tipo de duplicidad, vicio y pecado para fortalecer su poderío. Si yo no odiase la maldad y el pecado, yo habría sido el más grande político y estadista de esa clase. Pero todo vicio, toda maldad, toda duplicidad, todo crimen y toda falta de escrúpulos es un pecado y una violación a las órdenes de Dios. Quienquiera que viole y desprecie los principios del Islam es un infiel. En el Día del Juicio todo instigador sin escrúpulos y todo infiel será obligado a portar una bandera por la cual podrá ser distinguido.

Juro por Dios que nadie puede hacerme tonto ni engañarme con su astuta duplicidad y que yo no puedo ser sojuzgado por la fuerza.

SERMON 206

UN CONSEJO A SUS COMPAÑEROS DE QUE NO SE SIENTAN NERVIOSOS SI ESTAN EN MINORIA Y QUE RECUERDEN QUE EL APOYO MORAL A LAS MALAS ACCIONES ES TAN MERECEDOR DE CASTIGO COMO LA OBRA MISMA.

¡Oh gentes!, no os sintáis nerviosos ni os desaniméis si encontráis que muy pocas gentes siguen el camino de la verdad y la salvación, ya que la mayoría de los hombres corren locamente detrás de los placeres mundanos; en un mundo donde, después de largas y torturantes expectaciones, poco tiempo se permite para los goces, siendo seguido luego por períodos muy largos de castigos y sufrimientos.

Por diferentes que sean vuestras maneras de actuar y vuestras formas de hacer las cosas, los principios básicos del bien y el mal reúnen a los hombres bajo ciertas categorías. Vosotros sabéis que fue sólamente un hombre el que mató a la camella de Saleh el profeta (la paz sea con él), pero la nación entera tuvo que sufrir por ello ya que todos ellos aprobaron la acción. El Señor ha mencionado el incidente diciendo: "Ellos la descuartizaron, pero al día siguiente (cuando veían que la Ira de Dios descendía sobre ellos) ellos lamentaron (demasiado tarde) la acción" [26:157]. Su castigo les fue dado en forma de un terremoto desvastante que vino como un sonido terriblemente rechinante seguido por temblores y terribles estremecimientos que borraron de la existencia a la comunidad entera.

¡Oh gentes!, el que va por el Camino Recto alcanza fácilmente la salvación y el que se extravía encontrará que el final de su viaje será la condenación eterna.

SERMON 207

ESTE ES EL MAS TRISTE DISCURSO QUE HA SIDO REGISTRADO DE TODOS LOS QUE EL IMAM DIO. LO DIO EN UNA OCASION MUY TRISTE, EN REALIDAD, DE SU VIDA. EL ESTABA SEPULTANDO A SU MAS QUERIDA COMPAÑERA DE SU VIDA, LA CUAL FUE LA HIJA DEL SANTO PROFETA (LA PAZ SEA CON EL Y SUS DESCENDIENTES) Y A QUIEN AMO TANTO COMO HABIA QUERIDO AL PADRE DE ELLA. NADIE ERA MAS QUERIDO PARA EL EN ESTE MUNDO QUE ELLOS DOS, NI SIQUIERA SU PROPIA VIDA O SUS DOS FAMOSOS HIJOS. Y ESTOS DOS BIENAMADOS LO DEJARON, UNA TRAS OTRO, EN UN INTERVALO MUY CORTO. EL FILO DE LA TRISTEZA ERA AUN MAS CORTANTE EN ESTA OCASION YA QUE FATIMAH (LA PAZ SEA CON ELLA), SU MAS QUERIDA ESPOSA, HABIA MUERTO EN LA MEJOR EDAD DE SU VIDA, APENAS A LOS 20 AÑOS. EN REALIDAD, SU MUERTE FUE MARTIRIO. SU CASA FUE INCENDIADA A PROPOSITO, CON ELLA ADENTRO. LA PUERTA ARDIENDO FUE DERRIBADA SOBRE ELLA, ROMPIENDOLE LAS COSTILLAS Y EL BRAZO IZQUIERDO. ESTA CRUELDAD PROVOCO EL NACIMIENTO PREMATURO DE UN NIÑO QUE ELLA GESTABA, Y TERMINO FINALMENTE EN SU MUERTE. TODO ESTO SUCEDIO MENOS DE TRES MESES DESPUES DE LA MUERTE DEL SANTO PROFETA (LA PAZ SEA CON EL Y SUS DESCENDIENTES). EL IMAM HABIA TRATADO AL MAXIMO DE EVITAR TODO ESTO, PERO SE VIO INDE-

FENSO CONTRA TODO. LA HERENCIA DE ELLA TAMBIEN LE FUE ARREBATADA POR LA FUERZA E INCLUSO SE NEGARON A ENTREGARLE LAS COSAS QUE LE HABIAN SIDO REGALADAS. EL INSULTO Y LAS HERIDAS LA MATARON, Y CUANDO EL IMAM LA ESTABA ENTERRANDO NO PUDO EVITAR ESTALLAR. NADIE PUEDE TRADUCIR REALMENTE NI DESCRIBIR EL SENTIMIENTO QUE CONTIENEN SUS PALABRAS.

¡Oh Profeta de Dios!, por favor acepta mis saludos de paz y los de tu hija, la cual está siendo sepultada no muy lejos de ti, y la cual va a encontrarse contigo muy pronto. ¡Oh Mensajero escogido!, la muerte de tu querida hija me ha dejado sin paciencia ni consuelo. He perdido mi sangre fría y mi poder de soportar cualquiera cosa.

Después de haber tenido que soportar el separarme de ti, todavía tendré que aguantar pacientemente esta catástrofe, ¡Oh Profeta de Dios! Yo te tendí en tu tumba con mis propias manos, tu alma se separó de tu cuerpo mientras estabas recargado sobre mi pecho y tu cabeza estaba entre mi cuello y mi corazón. "Verdaderamente somos de Dios y a Él regresamos" [2:156]. Tu tesoro que me fue confiado ahora me es arrebatado. La tristeza reside en mí ahora, y la felicidad ha pedido permiso para irse. Esta pena es tan dominante que envuelve y se traga a los otros sufrimientos, y me ha dejado con noches sin sueño y días sin alegría. De hoy en adelante mi vida será un continuo dolor de corazón hasta que Dios me reúna con vosotros dos en el Reino de Su Favor y Su Paz.

¡Oh Mensajero de Dios!, tu querida hija te contará cómo se portaron con ella tus seguidores y cómo la maltrataron. Por favor pregúntale los detalles de todo lo que le ha sucedido durante un período tan corto (apenas tres meses) después de tu partida hacia el Cielo. Este período de ausencia tuya fue tan corto que las gentes todavía te recordaban y todavía hablaban acerca de ti.

Por favor, vosotros dos, aceptad mis saludos de despedida y mi adiós. Es el deseo de un corazón sincero que os amó y siempre os amará, un corazón que atesorará y llevará consigo hasta la tumba vuestro tierno y querido recuerdo. ¡Adiós, oh hija del Mensajero escogido de Dios!, que descanses en la paz que la Humanidad te negó en este mundo. Si dejo tu tumba para ir a mi casa, no es porque esté cansado de tu compañía, la cual quisiera tener hasta el fin de mi vida. Y si yo hago mi morada permanente en tu tumba no es porque dude de la recompensa que Dios ha reservado para quienes soportan pacientemente los sufrimientos. ¡Adiós!, que la paz y la bendición de Dios sean contigo.

SERMON 208

UN CONSEJO A SUS COMPAÑEROS

Recordad que este mundo es un camino, una vereda por la cual pasan las gentes de día y de noche, y que el siguiente mundo es la morada de estadía permanente. Cuando paséis por este camino haced provisiones para el siguiente mundo, donde vais a residir para siempre.

No os sobrecarguéis con vicios y pecados ante Aquél que sabe todo acerca de vosotros. Eliminad de vuestra mente las ambiciones viciosas antes de que la muerte os elimine de vuestro ambiente.

Recordad que os ponen a prueba en este mundo y que fuisteis creados para recibir una residencia permanente en el Más Allá.

Cuando un hombre muere las gentes preguntan qué dejó atrás como legado, pero los ángeles quieren saber lo que él envió por delante (las buenas acciones y las buenas palabras).

Que Dios tenga misericordia de vosotros. Enviad algo por adelantado al lugar a donde tendréis que ir, será como una especie de préstamo a Dios que os será pagado a vuestra llegada. No dejéis atrás todo lo vuestro, ello será un lastre para vosotros.

SERMON 209

UN CONSEJO A SUS COMPAÑEROS

Que Dios tenga misericordia de vosotros. Haced algunos arreglos para vuestro viaje. El aviso de partida ya os ha sido dado. No consideréis que vuestra presencia aquí es permanente. Tomad la mejor provisión (de buenas obras y nobles pensamientos) con vosotros y volved hacia el Señor, ya que vosotros tenéis que cruzar un valle muy arduo (la tumba) y muchos lugares espantosamente horribles. Positivamente tendréis que cruzarlos, no hay escape para ninguno de vosotros. Recordad que la muerte está más próxima a vosotros hoy de lo que estaba ayer (cada día de vuestra vida que pasa os deja un día más cerca de la muerte) y os tiene bajo su completo poder y control; sus horrores os están acechando silenciosa y continuamente. Cortad vuestras conexiones mundanas lo más que podáis y sed piadosos ya que vuestra piedad es vuestra mejor provisión para el mundo del Más Alla.

SERMON 210

DESPUES DE HACER EL JURAMENTO DE FIDELIDAD AL IMAM, TALHA Y ZUBAYR EMPEZARON A REZONGAR Y A QUEJARSE DE QUE EL IMAM LOS IGNORABA Y NO LOS CONSULTABA PARA LOS ASUNTOS DEL CALIFATO NI LES DABA LA PARTICIPACION DEL DINERO PUBLICO QUE LA POSICION DE ELLOS DEMANDABA Y MERECIA. AL OIR ESTO, EL IMAM LES CONTESTO DE LA SIGUIENTE MANERA:

Os quejáis de sucesos tan mínimos y de asuntos tan triviales y olvidáis todo el bien que se os ha hecho. ¿Podéis decirme un solo ejemplo de cuando yo os haya privado de vuestros derechos o de una sola cosa que os tocara como vuestra participación y que yo os haya retenido? ¿Podéis señalar un solo caso de alguna queja que hubiese sido presentada ante mí para que decidiese y que yo dejara de dar una decisión justa o que dictara un decreto incorrecto o que me confundiera?

¡Por Dios!, yo nunca ambicioné un reino ni un califato sólo por causa de ello. Todos vosotros me invitasteis a aceptarlo y yo lo acepté. Y cuando lo acepté y me convertí en gobernante, yo empecé a gobernar de acuerdo con los dictados del Corán y a las tradiciones del Santo Profeta (la paz sea con él y sus descendientes). Para seguir las órdenes del Corán y del Santo Profeta (la paz sea con él y sus descendientes) yo nunca necesité vuestra ayuda ni la de nadie más. Si llego a sentir necesidad de consejo, yo ciertamente os consultaré así como a los demás hermanos musulmanes.

En lo referente a vuestras quejas por la distribución equitativa de la riqueza, yo quiero deciros que en ello también estoy siguiendo estrictamente al Corán y a la tradición del Santo Profeta (la paz sea con él y sus descendientes). La teoría de la distribución equitativa de la riqueza y de las oportunidades fue revelada al Santo Profeta (la paz sea con él y sus descendientes) por el Dios Misericordioso y él nos lo dio; vosotros sabéis esto y yo también. Así que lo que Dios dio como Su Política debe ser aceptado por vosotros así como por mí. Por lo tanto vosotros y vuestros amigos no tienen justificación para reprocharme por esto.

Que Dios os mantega y me mantenga en el camino verdadero y recto. Que Él nos dé paciencia.

Que Dios tenga misericordia de aquél que cuando se le señala la verdad la acepta y la ayuda, quien despreciará y rechazará la falsedad si es puesta ante él, y quien apoya de todo corazón la verdad.

SERMON 211

DURANTE LA BATALLA DE SIFFIN ALGUNOS DE LOS SEGUIDORES DEL IMAM INSULTABAN Y SE BURLABAN DE LOS SIRIOS. CUANDO EL TUVO CONOCIMIENTO DE ESTO, EL ACONSEJO A SU EJERCITO DE LA SIGUIENTE MANERA:

Considerad sumamente indeseable que debáis recurrir al insulto y al abuso. Si vosotros — usando un lenguaje sobrio — denunciáis sus malas obras; sus pensamientos viciosos y sus ideas malvadas, es tolerable y los expondrá ante el mundo a plena luz, pero debéis evitar insultarlos y despreciarlos. En vez de ello rezad a Dios y rogadle que los salve y que nos salve del fratricidio y del derramamiento de sangre y que nos una, que les muestre el verdadero camino del Islam, que los lleve a reconocer la verdad y a seguirla, y que los haga que abandonen la desobediencia, la rebelión y el cisma.

SERMON 212

UN DIA DURANTE LA BATALLA DE SIFFIN EL IMAM VIO A SU HIJO HASAN (LA PAZ SEA CON EL) SOLO EN LO MAS VIOLENTO DE LA BATALLA, RODEADO DE ENEMIGOS POR TODOS LADOS; EL LUCHABA FURIOSAMENTE Y SEGUIA AVANZANDO INTREPIDAMENTE HACIA EL CENTRO DE LAS LINEAS DEL ENEMIGO. AL VER ESTO, EL IMAM VOLTEO HACIA SUS COMPAÑEROS Y LES DIJO:

Por favor acudid a ayudar a ese joven y traédmelo de regreso. Yo no me puedo dar el lujo de prescindir de él y de su hermano (el Imán Husayn — la paz sea con él. Yo no quiero verlos muertos ya que entonces la progenie del

Santo Profeta (la paz sea con él y sus descendientes) podría llegar a su fin.

SERMON 213

CUANDO UNA VICTORIA SEGURA SE CONVIRTIO EN UNA DESASTROSA DERROTA DEBIDO A LA INFIDELIDAD DE ALGUNOS, LA TONTERIA DE OTROS, LA FRUSTRACION DE MUCHOS Y LA VULNERABILIDAD DE LOS POCOS COMPAÑEROS FIELES DEL IMAM, Y CUANDO LOS ARBITROS RESULTARON SER EN REALIDAD TRAIDORES A LA CAUSA DEL ISLAM Y DECIDIERON CONTRA LOS IRAQUIES; CUANDO TODO ESO HABIA SUCEDIDO, ALGUNOS DE LOS COMPAÑEROS DEL IMAM EMPEZARON A QUEJARSE CONTRA EL POR HABER ACEPTADO LA TREGUA. EN ESTA OCASION Y EN OTRAS SIMILARES, EL IMAM LOS HIZO QUE SE DIERAN CUENTA DE LA TONTERIA QUE HABIAN HECHO, LA CUAL CAUSO SU DERROTA. EL LES DIJO:

¡Oh gentes!, antes de que os cansarais de la guerra, vosotros me obedecíais y seguíais mis órdenes. Pero cuando os agotó, vuestra fuerza y vuestro estado de ánimo se debilitaron, y no tuvisteis la sensatez para ver y daros cuenta de que vuestro enemigo estaba al borde de una derrota aplastante. Si hubierais continuado la lucha un poco más, el enemigo habría sido completamente derrotado. Pero os pusisteis nerviosos; vacilasteis, perdisteis vuestra fe en Dios y en Sus palabras, aceptasteis el engaño y perdisteis la guerra.

¿Qué podía hacer yo? Mientras obedecisteis mis órdenes, yo os conduje de victoria en victoria, pero vosotros me forzasteis a que aceptara vuestras decisiones. Prefiriendo este mundo vicioso a las glorias del Más Allá vosotros aceptasteis la humillación y la vergüenza, y no quedó en mi mano el ayudaros. Yo no podía forzaros a continuar una guerra que no queríais.

SERMON 214

EN BASORAH EL IMAM FUE A VISITAR A UNO DE SUS COMPAÑEROS—ALA IBN-ZIYAD-EL-HARETHI— QUIEN ESTABA ENFERMO. SU CASA ERA MUY GRANDE Y ESPACIOSA VIENDO EL TAMAÑO DE LA CASA, EL IMAM DIJO:

¿Que vas a hacer en este mundo con una casa tan amplia? lo que realmente requieres es una morada espaciosa en el Cielo, donde vas a residir permanentemente. Si sinceramente deseas poseer tambien una casa allí junto con ésta y tan grande como ésta, entonces haz que esta casa sea un centro de tu hospitalidad, trata bien a tus parientes, acude en su ayuda, sé particularmente cuidadoso en el cumplimiento de tus deberes y en reconocer tus obligaciones. Entonces alcanzarás tu meta.

AL OIR ALA ESTO LE SOLICITO AL IMAM QUE ACONSEJARA TAMBIEN A SU HERMANO—CUYO NOMBRE ERA ASIM IBN-ZIYAD — CONTRA QUIEN ALA TENIA UNA QUEJA. EL IMAM LE PREGUNTO QUE PROBLEMA TENIA CON EL Y COMO ERA QUE SE ESTABA PORTANDO MAL. EL DIJO: "SEÑOR, PONIENDOSE UN TOSCO SAYAL DE LANA, EL SE HA RETIRADO DE ESTE MUNDO Y ESTA LLEVANDO UNA VIDA DE ERMITAÑO". EL IMAM CONTESTO: "TRAEMELO". CUANDO EL VINO, EL IMAM LE DIJO:

!Oh enemigo de tí mismo!, el Demonio te ha descarriado. ¿No sientes lástima de tu esposa y tus hijos y de los otros miembros de tu familia? ¿Por qué no cuidáis de ellos? ¿Por qué piensas que Dios se enojará contigo si comes, consumes y usas todas esas cosas que han sido permitidas por el Islam y que has ganado por medios honestos y piadosos? ¿Por qué renunciar a todo eso? Tú estás muy por debajo del nivel en el que se le pediría esa renunciación.

A ESTOS COMENTARIOS DEL IMAM EL CONTESTO: "OH AMIR -UL- MU'MININ (comandante de los Creyentes)! ESTOY SIGUIENDO TU EJEMPLO. MIRA TU VESTIDO— POR SUPUESTO—ES TOSCO Y BARATO, INCLUSO LOS

MAS POBRES DE ENTRE NOSOTROS NO QUERRIAN USARLO. MIRA TU COMIDA, ES PAN SECO Y DURO, NI SIQUIERA CON UNA PIZCA DE SAL". EL IMAM DIJO:

!Oh, amigo mío! Estás equivocado, tú no eres como yo. Dios ha hecho obligatorio para los Imánes verdaderos y justos que se mantengan en el nivel más pobre y más humilde de los hombres, para que esas personas pobres y humildes no sientan vergüenza ni humillación debido a su condición, que no pierdan su ánimo, no dén paso a la frustración y a la pena y que conserven su dignidad.

SERMON 215

ACERCA DE LAS FALSAS TRADICIONES

SALIM IBN-OWAS HALABY, UNO DE LOS COMPAÑEROS DEL IMAM, LE PIDIO QUE LE DIJERA ALGO ACERCA DE LAS TRADICIONES FALSAS E INVENTADAS QUE PREVALECIAN ABUNDANTEMENTE. EL IMAM CONTESTO:

Es absolutamente decisión de uno adoptar la verdad o la falsedad y la veracidad o la invención, recurrir a la anulación o abrogación y generalización o particularización, hacer uso del significado obvio a crear ambigüedades y emplear la falsificación o reportar correctamente. Aun durante la vida del Santo Profeta (la paz sea con él y sus descendientes), muchas falsas tradiciones fueron atribuídas a él. Esto continuó hasta que el Mensajero de Dios (la paz sea con él y sus descendientes) se sintió tan vejado que se levantó y declaró que "quienquiera que deliberadamente y a sabiendas diga mentiras contra mí o me atribuya cosas que son mentira, se preparará a sí mismo un lugar en el Infierno".

Recordad que entre vosotros hay cuatro clases de narradores de tradiciones: una variedad es la de las gentes que pretenden ser lo que en realidad no son, ellos son hipócritas; ellos manifiestan la fe y se comportan como verdaderos musulmanes pero no tienen temor a recurrir a la maldad y al pecado, ni están alarmados por el castigo eterno. Ellos deliberadamente dicen mentiras contra el Santo Profeta (la paz sea con él y sus descendientes). Si tan sólo las gentes supieran que esas personas son hipócritas y mentirosos, entonces las tradiciones narradas por ellos y sus afirmaciones de los hechos no serían aceptadas. Pero esos impostores impíos fingen ser compañeros del Santo Profeta (la paz sea con él y sus descendientes), pretenden haber estado con él, haber oído de él las tradiciones y haber sido educados por él. Y las gentes los aceptan a ellos y a su fraude sin considerar cuidadosamente sus antecedentes, sus conexiones con el Santo Profeta (la paz sea con él y sus descendientes), y la confianza que el Santo Profeta (la paz sea con él y sus descendientes) les hubiera dispensado. También Dios ha advertido contra esos hipócritas y os ha informado de sus métodos y sus engaños. Después de la muerte del Santo Profeta (la paz sea con él y sus descendientes), esos hipócritas — pasaron por musulmanes — permanecieron en la sociedad musulmana, y con la ayuda de tradiciones falsas e inventadas ellos se conviertieron en los líderes del cisma y en amigos temporales de aquéllos que estaban tratando de lograr el poder y la riqueza a costa de la paz y la prosperidad de los musulmanes y a expensas de sus salvación en el Más Allá. Cuando esos falsos imanes y esos conductores de las gentes hacia la perdición y el Infierno obtuvieron el control del estado musulmán, con todo propósito nombraron para puestos importantes del estado a esos impostores que tenían reputación de fabricar tradiciones falsas o los hicieron gobernadores de las provincias, y así les dieron pleno control sobre las vidas y las propiedades de las gentes, y a través de ellos llevaron a cabo la explotación económica y religiosa de las masas. Y es una práctica común que las gentes generalmente traten de obedecer, cooperar e imitar a sus gobernantes, reyes y a los ricos, por lo que el populacho empezó a creer en ellos, a respetarlos y a seguir su mandato. Hay también excepciones a esta practica común, pero éstas son pocas y bastante espaciadas entre sí. Que Dios proteja a esas excepciones.

El segundo tipo de personas que citan tradiciones falsas del Santo Profeta (la paz sea con él y sus descendientes) es el del hombre que ha citado incorrecto (la paz sea con él y sus descendientes), pero no a propósito sino inadvertidamente. El tuvo ocasión de estar con el Profeta (la paz sea con él y sus descendientes) y de aprender algo de él, pero su memoria no era buena, y cuando repetía las tradiciones no podía repetirlas correctamente, pero no estaba mintiendo deliberadamente contra el Profeta (la paz sea con él y sus descendientes). Su narración de tradiciones falsas era hecha bajo su sincera creencia de que la estaba repitiendo correctamente. El actúa de acuerdo a esas tradiciones y dice que se las escuchó al Profeta. (la paz sea con él y sus descendientes). Si tan sólo supiesen las gentes que él sufría de mala memoria dejarían de citar al Santo Profeta (la paz sea con él y sus descendientes).

En tercer lugar están las personas que oyeron una orden del Santo Profeta (la paz sea con él y sus descendientes) y la recordaron correctamente, pero ellos no supieron que esa orden particular fue revocada y abrogada más tarde. Por el contrario algunas gentes habían oído al Profeta (la paz sea con él y sus descendientes) cuando prohibía a sus seguidores cierta acción pero no supieron que el Mensajero de Dios (la paz sea con él y sus descendientes) más tarde dio permiso para la misma acción. En estos dos casos, las tradiciones más viejas eran repetidas por las gentes que no estaban enteradas de las posteriores cancelaciones. Ellos no sólo repetían lo que habían oído sino que también actuaban según su conocimiento y el populacho fue extraviado por ellos. Si tan sólo hubieran sabido de la abrogación, ellos no habrían repetido las órdenes o prohibiciones revocadas ni habrían actuado según ellas.

La cuarta es la clase de persona que realmente es una bendición entre vosotros. Él es escrupulosamente honesto, nunca mentirá contra Dios ni contra el Santo Profeta (la paz sea con él y sus descendientes). Él teme a Dios y respeta al Santo Profeta (la paz sea con él y sus descendientes) lo suficientemente como para no mentir contra cualquiera de ellos. Él recuerda cuidadosamente lo que ha escuchado y luego lo repite cuidadosamente, sin añadirle nada ni quitarle nada. Él conoce todo acerca de los dichos y las órdenes más recientes del Profeta (la paz sea con él y sus descendientes) y actúa de acuerdo con ellas. Él recuerda cuáles fueron revocadas y no las sigue. El puede distinguir y diferenciar entre aquellas órdenes y prohibiciones que fueron dadas para un lugar, tiempo, ocasión o personas especiales, y aquéllas que son dadas para que sean cánones generales del Islam, y hace uso de cada variedad en su lugar y tiempo apropiados. Similarmente, el conoce aquellas tradiciones cuyos significados son claros y aquellas otras que requieren de consideración muy cuidadosa. Las órdenes de nuestro Santo Profeta (la paz sea con él y sus descendientes) son de dos clases: algunas son dadas para personas especiales mientras que otras son para todos los musulmanes y para todo el tiempo por venir.

Había muchas personas que no podían entender completamente la importancia de lo que el Profeta (la paz sea con él y sus descendientes) dijo: Ellos podían recordar todo completamente pero no podían captar la verdadera relevancia de esas tradiciones y empezaron a interpretarlas como deseaban.

Además, no todos los compañeros del Profeta (la paz sea con él y sus descendientes) eran de importancia tal como para atreverse a hacerle preguntas ni eran suficientemente conocedores para entender y digerir lo que se les decía. Ellos frecuentemente esperaban a que algunos árabes de los distritos le hicieran preguntas al Santo Profeta (la paz sea con él y sus descendientes) y entonces escuchaban cómo les contestaba él y trataban de recordar lo mejor posible esas tradiciones. Pero mi condición era diferente, yo nunca dejé pasar las ocasiones de hacer preguntas y de solicitar explicaciones.

Esas son las diversas razones que provocaron que hubiera tantas tradiciones falsas e inventadas en circulación.

SERMON 216

EN ESTE SERMON EL IMAM ALI (LA PAZ SEA CON EL) DISCUTIO LA FORMACION DE LA TIERRA, SU SOLIDIFICACION A PARTIR DE UNA MASA NEBULAR, LA FORMACION DE LOS CONTINENTES, LAS MONTAÑAS, LOS OCEANOS, LA DERIVA DE LOS CONTINENTES, Y LAS ENVOLTURAS GASEOSAS DE LA TIERRA.

Gloria a Dios el Todopoderoso. Un ejemplo de la grandeza de Su Poder y Su Majestad y de la extraordinaria belleza de su Arte de Creación es la creación de esta tierra. A partir de una masa de material nebuloso prodigiosamente agitada y arrasante, sumamente revuelta y turbulenta, que daba vueltas y giraba en grandes masas — una sobre la otra — Él solidificó una tierra seca y prácticamente estable y quieta (en comparación con la condición turbulenta de la masa nebulosa). Sobre esta tierra Él creó envolturas — una sobre la otra — de gases que son siete en número y están separados entre ellos. Estas envolturas gaseosas, aunque se sobrelapan unas con otras, cada una es forzada a ocupar su propio espacio, como si estuvieran fijas en sus sitios. Esta tierra sólida está creada en forma tal que está cubierta por una masa azul verde de agua, y parece como si la tierra flotara sobre el enorme volumen de agua.

Estos océanos y mares profundos son obedientes a Sus órdenes y los movimientos de sus olas y corrientes suceden de acuerdo a Su Decreto. Sobre esta tierra Él creó montañas sólidas y las fijó en tal forma que algunas de ellas son tan altas que sus cumbres penetran en las capas superiores de la atmósfera y algunas de ellas tienen sus bases plantadas en las partes más profundas de los océanos, o sea que estas montañas se elevan mucho más alto que las tierras circundantes y también alcanzan las profundidades del seno de la tierra. Estas montañas que aparentemente tocan el cielo actúan como pivotes y con su ayuda el movimiento deslizante (deriva de los continentes) es mantenido bajo control. Así, la tierra (los continentes de la Tierra), después de pasar por mucha violencia y muchos estremecimientos se asentó en su forma actual. Esto fue necesario para que la masa sólida de la tierra no dejara su lugar ni se volteara llevándose al mar a los habitantes que viven sobre ella (para que los continentes no floten hacia las partes más peligrosas y profundas de los océanos y no desaparezcan en ellos) [N. del T.: Se refiere al lector a las teorías modernas de la Geofísica y Geodesia acerca de: 1) Las causas de los volcanes y los sistemas volcánicos; 2) Los márgenes y las plataformas continentales junto a los océanos, y 3) Las causas del cambio de lugar de los polos].

Gloria al Señor que elevó a la tierra alta y seca por encima de los mares fuertes y turbulentos después de que habían estado sumergidas, y puso a esta tierra como una morada tan cómoda y feliz para sus habitantes como lo es la cuna para un bebé, y colocó la corteza de la tierra sólida sobre el seno de la masa fluída de material abajo de ella. Es una corteza tal que es estable y hay muy poco o nada de movimiento flotante en ella. Los vientos fuertes soplan sobre ella y levantan las aguas de los océanos en forma de nubes.

Verdaderamente en estos hechos (en la biografía de esta Tierra) hay lecciones y advertencias para aquéllos que temen el Poder y la Gloria del Señor.

SERMON 217

EL QUE NO PRESTA OIDO AL LLAMADO DE LA VERDAD ES UN PECADOR

Oh Señor, aquél que escucha mis discursos —que explican los principios de la equidad y la justicia y los malos efectos de la tiranía y la opresión, discursos que guían a la Humanidad hacia Sus Bendiciones en este mundo y en el Más Allá y les enseñan a mantenerse indiferentes al vicio y la maldad —y se niega a aceptar todo el bien que ellos contienen, significa que él se niega a acudir en ayuda de Tu Causa y a aumentar el prestigio de Tu Religión. ¡Oh Tú!, que eres el más Sublime y Supremo de todos los testigos, yo te pongo a Ti y a todas Tus creaciones que abundan en los cielos y en la Tierra como testigos contra esa persona. Verdaderamente Tú no necesitas ayuda alguna de esa persona. Tú estás sobre Él y Tú puedes castigarlo por sus pecados.

SERMON 218

ACERCA DE DIOS Y EL SANTO PROFETA (LA PAZ SEA CON EL Y SUS DESCENDIENTES)

Toda alabanza sea para Dios, Quien no tiene igual ni tiene par, y el cual es demasiado sublime como para tener cualquier similitud con sus criaturas. Sus Atributos no pueden ser descritos. Los hombres sabios pueden darse cuenta de Su Existencia y entenderla sólo debido a la Gloria de Su creación y las maravillas de la existencia y el funcionamiento de Sus universos. Pero por razón de Su Poder y Su Grandeza que sabemos, Él está por encima de la comprensión y la imaginación. Él es Sabio sin haber aprendido nada de ninguna parte. Él crea todo sin vacilar y sin ansiedad, Ninguna oscuridad puede ocultarlo, ni luz alguna puede iluminarlo; ni la noche puede producir cambio alguno en Él, ni el día puede afectarlo. Los ojos nunca pueden verlo y nadie puede explicar jamás la realidad de Dios:

EL IMAM HABLA ASI ACERCA DEL PROFETA (LA PAZ SEA CON EL Y SUS DESCENDIENTES)

Dios envió al Santo Profeta (la paz sea con él y sus descendientes) acompañado de la Luz Divina y lo escogido entre Sus Profetas como Su Mensajero predilecto y favorito, Él quiso despejar, por medio de este Profeta, la desunión y la confusión e introducir la unidad y la hermandad entre los hombres. El Santo Profeta (la paz sea con él y sus descendientes) tuvo éxito en la transmisión de Su mensaje; él suprimió los excesos, superó las dificultades, derrotó la poderosa oposición, eliminó los obstáculos y prohibió los pecados y los vicios, y pudo sojuzgar al paganismo.

SERMON 219

ACERCA DE DIOS Y DEL SANTO PROFETA (LA PAZ SEA CON EL Y SUS DESCENDIENTES) Y DEL CURSO DE LA CREACION DEL HOMBRE, ACERCA DEL SIGNIFICADO DE LA PROTECCION DADA POR DIOS, QUE CLASE DE GENTES SON LOS HOMBRES BUENOS Y COMO TODOS DEBERIAN SEGUIRLOS.

Yo declaro que Él es Justo y Directo y que cada acción Suya está basada en la equidad y la justicia, y Él es un Gobernante tal que todas Sus Ordenes son terminantes (no requieren consideración y están muy por encima de la apelación y la revocación). Yo declaro que el Santo Profeta Mohammad (la paz y bendiciones de Dios sean con él y sus descendientes) es Su siervo y Su Mensajero, y es muy superior a todas Sus criaturas. Desde la época en que la progenie de Adán (la paz sea con él) empezó a dividirse en ramas, los ancestros de nuestro Profeta (la paz sea con él y sus descendientes) hasta sus padres inclusive, pertenecieron a las ramas nobles y superiores del hombre. Entre todos sus antepasados no hubo un solo hombre o mujer que pudiese ser llamado retrógrada o infiel).

Recordad que Dios creó al hombre para que hiciera el bien y actuase apoyando a Su Religión, y como defensa para quienes lo obedecen y siguen Sus Ordenes, pues en cada ocasión en que vosotros actuáis en obediencia a Sus Ordenes Él ha dispuesto que seáis defendidos y protegidos. Es una defensa que Él hizo que Sus profetas declararan y mostraran la cual fortalece vuestros corazones y sostiene vuestro valor moral; una defensa que es suficiente para quienes están satisfechos y conformes con la ayuda del Señor; y una defensa que actuará como un remedio para todas las enfermedades de la mente para todos quienes necesiten ese remedio y lo piden.

Debéis entender y reconocer que esos siervos del Señor que son los depositarios y los guardianes de Su Mensaje y del conocimiento revelado son honestos y dignos de confianza. Ellos protegen y guardan esos manantiales de conocimiento. Ello proporcionan libremente este conocimiento a los demás. Ellos se ayudan, se aman y se toleran mutuamente. Ellos tratan de adquirir tanto conocimiento como pueden. Ellos no dan cabida a las dudas y el escepticismo. Ellos no recurren al escándalo y a la calumnia. Estos buenos atributos se han vuelto parte de su naturaleza, y debido a estas cualidades ellos sienten simpatía mutua y por ellos se encuentran unos con otros. Entre el populacho ellos son tan prominentes como los buenos granos mezclados con los malos: el grano bueno es utilizado y el malo es arrojado a la basura. La eminencia y la nobleza de su carácter los ha hecho más sobresalientes y prominentes durante sus pruebas y aflicciones.

Los hombres deberían tratar de desarrollar tal carácter y así obtener grandeza y honor. Ellos deberían temer el Día del Recuento antes de que éste llegue. Durante los pocos días de vida que les han sido asignados, y al poco respiro que les ha sido permitido en este mundo, ellos deberían proveerse para el Más Allá. Ellos deberían tratar de cambiar en tal forma que adquiriesen un mejor futuro. Ellos deberían evitar el descuido y la negligencia y deberían hacer un análisis cuidadoso de sí mismos y de sus dichos y obras. Ellos deberían pensar en el lugar a donde tendrán que regresar, y las diversas etapas (tumba, purgatorio, etc.) a través de las que tendrán que pasar; y ellos deberían hacer el bien antes de que sea demasiado tarde.

Bendito sea quien haya conseguido desarrollar una mente noble y un corazón puro, que sigue a un líder verdadero y evita al que lo conducirá a la perdición; él acepta la luz que alumbrará su camino hacia la salvación y acepta la guía de la persona que lo conducirá al Cielo; acepta la religión y la verdad antes de que sea demasiado tarde para que él pueda aceptar o rechazar cualquiera cosa, y se arrepiente de sus pecados y vicios antes de que la muerte le cierre la puerta del arrepentimiento. Verdaderamente él va por el verdadero camino — que le ha sido mostrado — hacia la Felicidad Eterna.

SERMON 220

EL IMAM REPETIA FRECUENTEMENTE ESTA ORACION. MEDIANTE ELLA, EL IMAM NOS ENSEÑO A DAR GRACIAS POR LO QUE TENEMOS QUE AGRADECER; Y COMO Y PARA QUE SOLICITAMOS SU PROTECCION.

Yo le agradezco por Su Misericordia al mantenerme vivo y sano; mis venas y arterias no están enfermos, no sufro yo de los efectos de una vida inmoral y viciosa. Yo no soy estéril. Yo no he abandonado mi fe en el Islam ni me he vuelto infiel. Yo no odio la religión ni soy un ateo. Yo no soy escéptico acerca de la Existencia de Dios ni he perdido mi sano juicio. Ninguno de los castigos que cayeron sobre las naciones del pasado ha caído sobre mí. Soy una criatura de Dios a quien le ha sido dada la vida y la muerte dentro de los confines de ciertas limitaciones y fronteras. Yo no simpatizo conmigo mismo, me dispenso favores o indulgencias especiales; por el contrario, soy severo conmigo mismo.

¡Oh Señor!, Tú has hecho lo mejor para mí y has querido enseñarme todo lo que un hombre debería saber, No puedo exigir ni pedir nada más. Yo no puedo lograr nada a menos que Tú me lo concedas. Yo no puedo protegerme a mí mismo contra ningún pecado o calamidad a no ser que cuente con Tu Gracia y Tu Ayuda.

¡Señor!, solicito Tu Protección, ya que sin ella —a pesar de Tu Riqueza— yo seguiría pobre y necesitado, a pesar de Tu Guía me descarriaría, y a pesar de Tu Poder y Majestad yo estaría humillado y perseguido. ¡Señor!, haz que tus Bendiciones permanezcan conmigo hasta mi muerte. De las cosas que me confiaste deja que mi alma sea la primera que me sea quitada.

¡Señor!, solicito Tu Protección contra cualquier deseo de desobedecer Tus Ordenes o contra cualquier insinuación o instigación que trate de hacerme abandonar la religión Tuya. Solicito Tu ayuda para que los deseos inmoderados no me superen tanto como para arrastrarme hacia el vicio y la maldad.

SERMON 221

ESTE ES UN SERMON QUE DISCUTE LOS PRINCIPIOS BASICOS DE LOS DERECHOS Y OBLIGACIONES Y COMO UNO DEBE ENFRENTARLOS; LA RECIPROCIDAD DE LOS DEBERES Y COMO DEBE SER MANTENIDA; LAS OBLIGACIONES DE LOS GOBERNANTES Y LOS GOBERNADOS, Y LOS DEBERES DEL HOMBRE HACIA DIOS Y LA RELIGION. EN ESTE SERMON EL IMAM CONDENO A LA ADULACION Y LAS ZALAMERIAS Y ACONSEJO A LAS GENTES QUE NO ADULASEN A LA CLASE GOBERNANTE. ESTE ES UN SERMON EXTENSO EN UN LENGUAJE DIFICIL.

El Dios Todopoderoso, al confiarme vuestros asuntos, me ha dado un derecho sobre vosotros. Y así como yo tengo un derecho sobre vosotros, vosotros tenéis un derecho sobre mí. Esta incumbencia de deberes entre nosotros es mutua. Aunque las palabras "derechos" y "obligaciones" tienen un significado muy extenso, su círculo de aplicación es pequeño. Entre dos personas una tiene derechos sobre la otra sólo cuando la última tiene derechos sobre la primera. Una obligación unilateral es posible únicamente en el caso de Dios. El tiene derechos sobre Sus criaturas pero ellas a su vez no tienen derechos sobre Él. Éste es Su privilegio. Su Poder y Su Autoridad sobre Sus criaturas y Su Asignación Equitativa de atributos y cualidades a cada una de ellas, y Su Justicia al otorgar derechos justos a toda criatura, han puesto a cada uno de ellos bajo obligación hacia Él. Y esta obligación sobre los seres humanos toma la forma de obediencia implícita a Él efectuada fiel y sinceramente.

Esta obediencia tiene sus recompensas. El Gesto Divino de recompensar así nuestra obediencia es simplemente Su Bondad y Su Favor; la obediencia a Sus Ordenes y la sumisión a Su Voluntad son obligaciones a las que toda persona debe someterse sin importar que haya recompensa o no. Debido a Su Benevolencia, Su Misericordia y Su Bondad, Él prometió recompensarnos muchas veces más que el deber realizado por nosotros. Otra señal de Su Gracia es que Él dio a los derechos de una persona sobre otra una importancia igual a la de Sus Derechos sobre los seres humanos. Él concedió reciprocidad a esos derechos. De estas obligaciones hay ciertos deberes que crean otros y esos derechos y deberes creados o derivados no se vuelven obligatorios a menos que el deber original que los produjo sea cumplido primeramente y a menos que su mutualidad sea reconocida por ambas partes, o sea a no ser que una persona cumpla sus propias obligaciones hacia los demás él nunca estará en su derecho de reclamar el cumplimiento por parte de los demás de sus derechos hacia él.

El mayor de estos derechos recíprocos es el de su gobernante sobre el gobernado y el del gobernado sobre la autoridad gobernante. El Señor Todopoderoso los ha hecho obligatorios para ambos (el gobernante y el súbdito). Esta obligación cuando es cumplida forja un eslabón de afinidad y afecto entre el gobernador y el súbdito, eleva el prestigio y el honor de su religión e incrementa la felicidad y la satisfacción del súbdito. Pero recordad que ningún súbdito estará feliz y satisfecho a menos que el sistema de gobierno sea comprensivo, humano y compasivo. Y ningún gobernante puede introducir una buena forma de gobierno a no ser que el súbdito esté dispuesto a cumplir sus obligaciones inmediata, sincera y fielmente.

Cuando los gobernantes y los gobernados cumplan ambos sus deberes respectivos sincera y honestamente, entonces serán los tiempos cuando la verdad y la piedad prevalecerán en la sociedad, los caminos de la religión serán seguidos firmemente, la equidad y la justicia serán el orden del día, las tradiciones de nuestro Santo Profeta (la paz sea con él y sus descendientes) serán aceptadas y se actuará según ellas, la civilización alcanzará niveles superiores, se establecerá un gobierno seguro y firme, la ambición y la avaricia impías se convertirán en desilusión y desesperación, ya que no quedará ninguna oportunidad de adquirir riqueza por medios impíos ni de acapararla contra los cánones de la religión.

Pero cuando los súbditos se rebelen contra su gobernante sin ninguna causa justificada y tratan de saltar sobre su autoridad, o cuando el gobernante oprime, tiraniza, explota y los priva de sus derechos naturales o adquiridos, entonces las diferencias surgirán en cada aspecto de sus relaciones y la ley y el orden recibirán un revés, el despotismo y el absolutismo serán lo común, el seguimiento sincero y fiel de la religión será abandonado — en realidad la religión será traicionada — los deseos inmoderados gobernarán las mentes humanas, los cánones de la religión serán tratados irrespetuosamente y serán despreciados, las mentes se volverán anormalmente perversas y nadie vacilará para hacer los actos más sucios, para descuidar las obligaciones sagradas y para tratarlas con desprecio y sin respeto.

Cuando la sociedad adopte ese curso, entonces las gentes piadosas y buenas serán deshonradas y humilladas y las gentes malvadas serán honradas y respetadas y la Ira de Dios descenderá sobre esas gentes de una manera o de otra. Por lo tanto, es un deber sagrado de cada uno de vosotros aconsejaros y ayudaros mutuamente para el cumplimiento de los deberes y para enfrentarse a las obligaciones; ya que sin esta ayuda mutua y sin cumplir este deber, nadie alcanzará el más alto estándar de obediencia al Señor al que se puede aspirar ni logrará Su Favor Supremo, por más deseoso que pueda estar de alcanzarlos y por más arduamente que haya tratado para ello. Como Él ha hecho obligatorio para los seres humanos que se aconsejen mutuamente para las buenas obras y los pensamientos nobles y que se convenzan y se ayuden mutuamente para cumplir sus obligaciones, nadie deberá considerarse a sí mismo exento de este deber. Por más altamente colocado en la sociedad que pueda estar un hombre, por más extensos que puedan ser sus derechos sobre los demás, y por piadoso y religioso que él pudiese ser, él no está por encima de la necesidad de ayuda de los demás para el cumplimiento de sus propias obligaciones; mientras que nadie es tan bajo o tan humilde como para que no pueda ayudar a otros a cumplir sus obligaciones.

CUANDO EL SERMON DEL IMAM LLEGO A ESTE PUNTO, UNO DE LOS COMPAÑEROS DEL IMAM SE LEVANTO Y DIO UN EXTENSO DISCURSO EN EL CUAL ELOGIO AL IMAM Y DECLARO QUE EL HABIA PRESTADO ATENCION CUIDADOSA A SUS PALABRAS Y HABIA RESUELTO LLEVAR A CABO SINCERA Y FIELMENTE LAS INSTRUCCIONES CONTENIDAS EN ELLAS. A ELLO EL IMAM RESPONDIO EN LAS SIGUIENTES PALABRAS:

Quienquiera que tenga fe firme en la Grandeza y el Poder de Dios y crea sinceramente en Su Gloria, sólo es correcto para él que considere a todo y a todos como insignificantes en comparación con Su Grandiosidad Suprema. Esta actitud es la más propia y adecuada para una persona a quien el Señor ha favorecido abundantemente con Sus Bendiciones y Sus Bondades, ya que al que más recibe Sus Favores, son más los Derechos que Él establece sobre él. Para las gentes honestas y piadosas la peor cosa que podría ocurrirles es que su gobernante se comporte en forma tal que los haga pensar que él aprecia grandemente ser considerado superior a los demás. o que él sea vanidoso y soberbio. En lo que a mí respecta, yo odio sentir que vosotros creáis que a mí me gusta ser adulado o que me agrada ser alabado y elogiado. Gracias a Dios, yo no soy un hombre de ese tipo. Y si alguna vez hubiese cruzado esa ambición por mi mente, yo habría comparado mi humildad y mi impotencia con Su Gloria y Su Poder y habría luchado exitosamente contra ese deseo, pues yo sé que nadie posee gloria y poder excepto Él y nadie debería dar cabida a esa suposición. Las gentes, después de hacer buenas obras o después de lograr grandes cosas frecuentemente les agrada ser alabados, pero yo no quiero que vosotros me alabéis por obedecer a Dios sincera y fielmente y por haber cumplido mi deber hacia vosotros, porque yo aún estoy temeroso por esas obligaciones a las que me tengo que enfrentar y por la reponsabilidad de enseñaros a reconocer la importancia de los deberes y de las obligaciones y de convenceros a que los cumpláis. Así que por favor no me alabéis y no me habléis en la forma que esas gentes generalmente adoptan para dirigirse a los tiranos y los gobernantes déspotas y arrogantes; y con intención de mantenerme complacido y bajo la equivocada impresión de escudaros contra mi ira u opresión. No tratéis de adularme y no me alabéis como si yo fuera un gobernante opresor que persigue y trata con injusticia (a sus súbditos). No os comportéis conmigo como parásitos, aduladores e hipócritas. No imaginéis que a mí me molesta la verdad o las palabras llanas, o que me gusta ser alabado y elogiado por encima y más allá de mis méritos. Recordad que quien no aprecia que se le diga la verdad o que se le recuerden la equidad y la justicia, naturalmente encontrará dificultad para decir la verdad y para actuar de acuerdo con los principios de la equidad y la justicia. Por lo tanto os aconsejo que vengáis a mí siempre con vuestros consejos justos y sinceros y me informéis acerca de vuestras francas opiniones sin la menor vacilación, ya que yo no soy tan impecable, tan conocedor ni tan omnipotente como Dios Todopoderoso, pero yo estoy seguro de que Dios me ha protegido y siempre me protegerá para que no haga mal, y Él posee mayor control de mi mente que yo mismo. Recordad que vosotros y yo somos sólo criaturas con nuestras limitaciones respectivas, y que hay sólo un Dios Omnipotente, Quien nos creó y nos nutre. Él es Omnipotente y posee más control sobre nosotros que el que nosotros mismos tenemos. Él nos sacó de la barbarie y la ignorancia y nos dirigió hacia el camino de la salvación y el conocimiento superior; en lugar de nuestra infidelidad Él nos dio la religion y Él transformó nuestro instinto animal en inteligencia e intelecto humanos.

SERMON 222

ACERCA DE LOS QURAIX

¡Oh Dios! solicito Tu Ayuda y Tu Protección contra los Quraix. Ellos no le han concedido importancia a mi parentesco con el Santo Profeta (la paz sea con él y sus descendientes) y con ellos. Ellos han tratado de humillarme e insultarme. Ellos se han unido para pelear contra mí por el derecho y el puesto que yo merezco más que ellos. Ellos dicen que el Califato es mi derecho si yo lo tomo, pero que es adecuado que yo sea privado de él. Ellos me dicen que soporte pacientemente la pérdida y la pena o que muera triste y apesadumbradamente.

Hallándolos en esta disposición medité acerca de la situación y encontré que sólamente los Ahl-ul-Bayt (la progenie del Santo Profeta, la paz sea con él) acudirían en mi ayuda. Pero yo no quise que ellos fuesen matados luchando contra el enemigo; yo no quería perderlos. Soporté pacientemente el insulto y el abuso. Por amarga que fuese, bebí el cáliz, y por doloroso que fuera dejé que la daga perforara mi pecho.

SAYED RAZI, EL COMPILADOR ORIGINAL DE ESTOS SERMONES, DIJO QUE EL IMAM SE QUEJO DE LOS QURAIX EN MAS DE UNA OCASION PERO QUE EL ESTILO Y LA MANERA DE EXPRESION ES DIFERENTE EN CADA SERMON, POR LO QUE EL RECOGIO TODOS LOS SERMONES DE ESTE TIPO QUE PUDO, UNA GRAN PARTE DE ESTE DISCURSO SE HA PERDIDO, LO QUE SAYED RAZIK PUDO CONSEGUIR FUE EL PASAJE ANTERIOR Y LAS SIGUIENTES FRASES QUE TRATAN ACERCA DEL PARTIDO DE TALHA Y ZUBAIR. APARENTEMENTE EL IMAM DIO ESTE SERMON ANTES DE SALIR A BASORAH PARA LUCHAR CONTRA TALHA Y ZUBAIR.

Ellos atacaron el tesoro público y a los oficiales de gobierno nombrados por mí y que me eran fieles y obedientes. Ellos provocaron discordia y deslealtad entre mis oficiales y sedujeron a muchos de ellos contra el gobierno, y cuando hallaron mi bando debilitado y mermado, ellos lo atacaron durante mi ausencia. Algunos de mis seguidores fueron matados por medio de la traición y el engaño mientras que otros combatieron valiente, intrépida y desesperadamente y llegaron a ser mártires.

SERMON 223

DESPUES DE LA VICTORIA EN LA BATALLA DE BASORAH (DEL CAMELLO), EL IMAM PASABA POR EL CAMPO DE BATALLA, Y CUANDO VIO LOS CADAVERES DE TALHA Y ABDURRAHMAN IBN-ATAAB IBN-USAED, DIJO:

Abu Mohammad (Talha) yace muerto tan lejos de su hogar y su familia. ¡Por Dios!, yo no quería que los Quraix fueran así matados en los campos de batalla ni que sus cuerpos yacieran desparramados bajo el sol y las estrellas. Los hijos de Abdelmanaf (Quraix) tenían que pagar caro por lo que trataron de hacer contra mí, pero los líderes y las personas importantes del clan de Bani Yamba se han escapado en esta ocasión. Ellos reclamaban algo que no merecían, pero se tuvieron que encontrar con la frustración y la desilusión.

SERMON 224

QUE HARA UN FIEL MUSULMAN Y QUE SERA HECHO PARA EL POR DIOS.

Él (el musulmán fiel) mantuvo viva su mente y fresco su conocimiento pero mató sus pasiones y abandonó la vida fácil hasta que su peso se redujo y se volvió delgado y cansado. Y una Luz Divina le mostró el camino a la salvación y lo dirigió hacia ella, y pasando por varias puertas esta luz lo llevó a la entrada de la Paz y la Felicidad Eternas (Bab- us-salam) y a la Morada Eterna de Salvación, ya que él resolvió hacer buenas obras y decir cosas buenas, y por ello el Señor estuvo Complacido con él y lo destinó para un lugar libre de la fatiga del cuerpo y del cansancio de la mente, un lugar de agradable y tranquilo alivio de todas las actividades penosas y fatigosas y un sitio de paz y plenitud.

SERMON 225

EN LOS DIAS PRE-ISLAMICOS LA ADORACION A LOS ANCESTROS ESTABA MUY DE MODA EN TODAS LAS NACIONES DEL MUNDO. ENTRE LOS POLITEISTAS LOS GRANDES REYES, LOS TIRANOS PODEROSOS, FILOSOFOS, MUJERES HERMOSAS E INCLUSO CANTANTES ERAN ELEVADOS A LA POSICION DE DEIDADES Y ASI SE AÑADIAN NUEVOS TRONOS AL PANTEON EXISTENTE DE DIOSES. DONDE ESTO NO ERA POSIBLE, LAS GENTES FRECUENTEMENTE GLORIFICABAN A LOS JEFES DE SUS FAMILIAS, TRIBUS Y CLANES, ELOGIANDO SUS OBRAS EN CANCIONES Y BALADAS Y SE LES PAGABA A LOS BARDOS PARA QUE LOS REMEMORARAN Y LES CANTARAN. ADEMAS, ALGUNOS CLANES SE REUNIAN PARA ALARDEAR UNOS CONTRA OTROS ACERCA DE LAS OBRAS DE SUS ANCESTROS. ESTOS ENCUENTROS ERAN LLAMADOS "MUFAJERA". LOS "MUFAJERA" FRECUENTEMENTE TERMINABAN EN GUERRAS TRIBALES. EL SANTO PROFETA (LA PAZ SEA CON EL Y SUS DESCENDIENTES) TRATO DE TERMINAR CON ESTA PRACTICA. EL CORAN TIENE MUCHO PARA DECIR CONTRA ELLO, EL IMAM, EN ESTE SERMON, REPITIENDO UN VERSO DEL LIBRO SAGRADO, LLAMO LA ATENCION DE LAS GENTES HACIA LA FUTILIDAD Y LA VILEZA DE ESOS ALARDES. EL DESCRIBIO VIVAMENTE COMO HAN TERMINADO SUS VIDAS LAS PERSONAS PODEROSAS, COMO SE ENCONTRARON INDEFENSAS EN LAS GARRAS DE LA MUERTE Y QUE SUCEDIO CON SUS CUERPOS, SUS PROPIEDADES, SUS PALACIOS E INCLUSO CON SUS TUMBAS DESPUES DE QUE MURIERON. EN LUGAR DE ELEVARLOS A LA POSICION DE DIOSES, QUE MAL FUERON TRATADOS SUS CUERPOS

POR LA TIERRA Y LAS HORDAS DE INSECTOS QUE LOS COMIERON. ESTE SERMON ES TRISTE DE LEER, PERO SIRVE PARA ABRIR LOS OJOS. LO FUERZA A UNO A QUE SE DE CUENTA DE QUE INUTILES E INFUNDADAS SON SUS GLORIAS, LAS CUALES TANTO DESEAMOS ALCANZAR.

Hay un pasaje en el Sagrado Corán: "La abundancia de riqueza, poder y la superioridad numérica os hará vanidosos y presuntuosos (y permaneceréis así) hasta que veis las tumbas (y os dais cuenta de lo que ellas os dicen)" [102:1-21]
Simplemente mirad, pensad y aprended una lección de aquellas gentes que alardean acerca de sus ancestros muertos. ¡Qué acción tan tonta e irracional! Aquéllos que alardean de sus muertos o quienes van a las tumbas de sus ancestros meramente como signo de reverencia a sus muertos, cuán indiferentes son a la muerte misma. Ellos no se dan cuenta de lo difícil que es la obra por realizar que está ante ellos. Ellos han olvidado que las vidas y las muertes de esas personas muertas contienen lecciones y advertencias para ellos, pero ellos han tratado de recordar esas vidas y esas obras como consideran adecuado para alardear y hablar con presunción acerca de ellas. Ellos se enorgullecen de las glorias de sus ancestros; y entre más enumeran tales antepasados más se incrementan su soberbia y su vanidad. Ellos creen que la superioridad numérica de sus antepasados los colocará mental, moral y socialmente en una posición digna de orgullo. Ellos quieren volver a sus muertos a la vida y ver sus cuerpos inertes otra vez activos y repitiendo las grandes obras que hicieron cuando vivían. ¿No pueden darse cuenta de que esas personas muertas merecen más servir como ejemplos de advertencias y lecciones de la historia que con alminaretes de luz de los que hay que estar orgullosos? Es mejor darle a su recuerdo el lugar adecuado que merece que exaltarlo innecesariamente. La vista nublada y confusa los hace que vean grandes cosas en sus progenitores y así, en lugar de mejorar sus mentes para su vida, ellos empezaron a adorar a los ancestros.
Si ellos tan sólo hubiesen preguntado a las casas que quedaron vacías por esas gentes muertas e idas (si ellos hubiesen investigado cuidadosamente los hechos de las vidas de esas gentes), ellos habrían sabido en qué ignorancia suma y en qué tontería pasaron sus vidas esas gentes muertas y qué tristemente tratan sus descendientes de seguirlos paso a paso.
Si aquellas gentes que pregonan tanto acerca de sus antepasados y también

vosotros, hacéis una evaluación cuidadosa de la sociedad humana, veréis que vosotros frecuentemente (sin saberlo) os tropezáis con las calaveras de los antepasados muertos, vosotros muchas veces eligís habitaciones y casas sobre el sitio de sus cementerios, vosotros generalmente disfrutáis la riqueza y la propiedad dejadas por ellos y ocupáis las casas abandonadas por ellos. Incluso los días que transcurrieron entre vuestra época y las de ellos lloran por vuestra ignorancia y vuestra tontería.

Aquellos que se fueron antes de vosotros y aquéllos que llegaron a sus destinos adelante de vosotros (a quienes vosotros recordáis tanto y de los cuales estáis orgullosos), eran las gentes que una vez tuvieron respeto, controlaron el poder y manejaron la riqueza, algunos de ellos incluso puede que hayan sido reyes, mientras que con otros puede que se les haya concedido posiciones de rango y gloria. ¿Pero dónde están ahora? Estan pasando por las profundidades del "Barzaj" (el tiempo existente entre la muerte y la resurrección). Esta tierra misma que ellos pisaron los está ocultando, ha chupado su sangre y ha comido su carne y su médula. Habiendo perdido su crecimiento y su desarrollo, ellos yacen en las tumbas como fósiles o piedras. Ellos han desaparecido así de entre la sociedad de las personas vivas, tanto que ninguna búsqueda — por intensa que sea — puede encontrarlos. Las desgracias terroríficas ya no pueden atemorizarlos y los cambios de las circunstancias no los preocupan. Aun los terremotos (que sacudirán sus tumbas o arrojarán sus cuerpos fuera de ellas) no los preocupan, y los rayos y los truenos no los afectan. Ellos están tan ausentes que nadie los espera, y su existencia misma no puede ser percibida. Una vez ellos tuvieron sus propios pero ahora ellos están separados. Una vez algunos de ellos quisieron a otros, pero este cariño ha desaparecido ahora. Su indiferencia por sus alrededores, y su quietud, no se debe simplemente al paso del tiempo entre sus días y hoy, ni se debe a la distancia de lugar, sino al hecho de que la tierra los ha hecho beber una copa tal que los ha dejado sordos y mudos, lo cual les ha quitado el habla y el oído y ha convertido su poder de movimiento y sus sentidos y sentimientos en una condición inmóvil e insensible, una condición que ha hecho que le vean como personas profundamente dormidas.

Ellos son vecinos que nunca se ven unos a otros. Ellos son amigos que nunca se ven. Sus conexiones sociales se han marchitado y su hermandad ha llegado a su fin. ¡Qué cerca están ellos (sus tumbas) y sin embargo qué lejos! ¡Qué cerca estaban unos de otros cuando vivían (madres, hijos, padres, hijas, hermanos, maridos y esposas) y sin embargo qué distantes están ahora! Los días y las noches no hacen diferencia para ellos, y la luz y la oscuridad no tienen efecto sobre ellos. Aquéllos que fueron virtuosos y buenos en este mundo tendrán la luminosidad perpetua de la Luz Divina, y para los malvados y viciosos estará la oscuridad y las tinieblas eternas.

Ellos vieron los horrores del Más Allá y los hallaron más horribles de lo que ellos habian temido. Ellos también vieron las bendiciones y los favores reservados para los buenos y los piadosos y los hallaron mucho más excelentes de lo que ellos se habían imaginado, ya que las recompensas o los castigos que se sirven a las gentes buenas o malas superan y trascienden muchísimo la imagen que las mentes humanas pudiesen formarse. Aun si ellos tuviesen poder del habla no podrían hallar palabras para describir lo que vieron y sintieron.

Aunque ellos ya no están entre vosotros y aunque incluso sus señales, restos y reliquias han desaparecido, las mentes ayudadas por la imaginación correcta y la verdadera visión pueden verlos y oírlos. Ellos no hablan con voces ni en lenguaje conocido alguno, sino que hablan y dicen: "Nuestras caras sonrientes se han deformado en las risas sin alegría de las mandíbulas peladas y abiertas, nada queda de nuestros cuerpos suaves y delicados más que huesos descompuestos y decadentes. Nuestras mortajas se han hecho garras y estamos obligados a permanecer confinados en las tumbas angostas. Nos hemos heredado el horror y la desolación unos a otros. Incluso nuestras silenciosas moradas (las tumbas) se desmoronan sobre nosotros. Junto con nuestros cuerpos, nuestras personalidades e individualidades se han convertido en polvo. Nuestra estancia aquí (en las tumbas) va a ser de muy larga duración, y no tenemos poder para deshacernos de nuestras tumbas ni de salir de ellas. Si dais un vistazo a nuestras tumbas, se presentará a vuestros ojos una visión suficiente para daros una lección acerca de la vida y su final. Veréis que los gusanos han comido perforando nuestros ojos y oídos, y que sus cuencas están llenas de polvo, nuestras lenguas se han podrido, nuestros corazones han sido devorados, todos y cada uno de los miembros y órganos de nuestro cuerpo se han convertido en alimento para los animales y los insectos y no estamos en posición de evitar cualquier desgracia que suceda a nuestros cuerpos, ni hay nadie que acuda en nuestra ayuda o que sienta pena de nuestra situación actual".

Esto es lo que sus tumbas y sus esqueletos os dicen. Si tan sólo vieseis con los ojos de vuesta mente, os daréis cuenta de su triste condición; cómo sus cuerpos — una vez vivos, activos, sonrientes o llorando — se han convertido en polvo, cómo su condición actual es inmodificable, cómo es imposible para ellos volver a andar su camino de regreso desde esta condición lamentable, y cómo la naturaleza en esos casos tiene un camino de un solo sentido (sin retorno).

Aprenderéis entonces cómo esta tierra se ha tragado a todos sus reyes poderosos y sus reinas orgullosas, a las personas que durante sus épocas de gloria no sabían que existieran tales cosas como los sufrimientos y las desilusiones; las personas que siempre ahogaban sus penas y preocupaciones en copas relucientes de diversiones, placeres frescos y nuevos pasatiempos, y todo el tiempo su única meta en la vida era encontrar nuevos placeres y nuevas fuentes de riqueza para proporcionarse esos goces. Ellos estaban satisfechos y felices con el mundo y el mundo estaba ocupado en divertirlos, cuando de repente cambió su actitud hacia ellos; su riqueza y su gloria se fueron; ellos se encontraron aproximándose a la muerte. Ellos se encontraron con dolores, ansiedades y temores que eran nuevos para ellos. Su saludo dio paso a diversas enfermedades; para evitar la aproximación de la muerte ellos recurrieron a las medicinas a las que estaban acostumbrados y que siempre los habían reanimado y mantenido en buena salud. Pero esas medicinas que una vez habían probado ser tan efectivas, no sólo les fallaron en esa etapa, sino que actuaron contrariamente e incrementaron los males que se suponía que debían curar. Así empezó y continuó una batalla entre los tratamientos y las enfermedades, y las enfermedades triunfaron en una forma como si los tratamientos tuvieran como finalidad incrementarlas, hasta que el médico vio que el arte de la medicina ya no podía ayudarlos. Los que los atendían, al cansarse, empezaron a comportarse con descuido. Las enfermedades y los cuidadores estaban tan cansados y hastiados que ni siquiera podían describir la condición del paciente si alguien les preguntase; ellos también tenían al paciente ignorante acerca de su estado; ellos estaban en desacuerdo unos con otros, algunos de ellos opinaban que la condición del paciente podría ser seria pero que él estaba pasando por una crisis y se recuperaría; mientras que otros sostenían que se estaba hundiendo rápidamente y no se recuperaría, que su muerte era asunto de un día o unas cuantas horas; y entonces ellos trataban de consolarse unos a otros.

Y todo ese tiempo el paciente estaba vacilando entre la vida y la muerte, sentía que tenía que separase de todos sus amigos y parientes, sentía que se asfixiaba y sólo podía respirar entrecortadamente y su boca se ponía seca, podía oírlos hablándole y lamentándose por él, algunos de los que se lamentaban eran sus parientes más queridos y algunos otros eran aquéllos a quienes él respetaba. Él quería contestarles, decirles algunas palabras cariñosas o algunas frases de respeto, quería decirles algunas cosas muy importantes, pero no podía; su lengua y sus labios se negaban a formar las palabras y su garganta se negaba a dejar pasar el aire o salir la voz. Y así el fin llegó; por supuesto, los sufrimientos de la muerte son severos y sus agonías no pueden ser descritas ni imaginadas.

SERMON 226

HAY UN PASAJE EN EL SAGRADO CORAN: "LOS HOMBRES A LOS QUE LA COMPRAVENTA Y LOS NEGOCIOS NO LOS PUEDEN DISTRAER DE RECORDAR A DIOS, CUMPLIR LA ORACION CON CONSTANCIA Y PAGAR EL DERECHO DE LOS POBRES (ZAKAT)" [24:37].

DESPUES DE REPETIR ESTE PASAJE, EL IMAM DIO EL SIGUIENTE SERMON, EN EL QUE HABLO ENSALZANDO A CIERTAS PERSONAS QUE, SIN SER PROFETAS NI MENSAJEROS, ERAN TAN VIRTUOSAS Y BUENAS QUE TRATABAN AL MAXIMO DE CONDUCIR A LAS GENTES HACIA LA RELIGION Y LA VERDAD. ELLOS RECIBIERON LA LUZ DIVINA Y LES FUERON REVELADOS LOS SECRETOS DE LA CREACION. ENTONCES EL ALABO A ESAS GENTES PIADOSAS QUE SIEMPRE RECUERDAN A DIOS.

Verdaderamente Dios le ha dado al Recuerdo de Él el honor y el prestigio de traer luz Divina a las mentes humanas. Con su ayuda, aquéllos que eran sordos al razonamiento, serán capaces de escuchar y entender Sus Ordenes; aquéllos que estaban ciegos a las realidades y a la verdad, verán y se darán cuenta del bien que la religión enseña; y aquéllos que se comportaban como enemigos de Dios se volverán obedientes y sumisos.

Durante toda parte de la historia humana y durante los intervalos entre los diversos profetas, hubo hombres a quienes Él reveló los secretos de la creación a manera de sabiduría y, como resultado del pensamiento profundo e intenso, ellos oyeron los secretos Divinos y vieron la Divina Luz. Ellos informaban a las gentes acerca de la Grandeza de Dios y les aconsejaban que recordasen la importancia que Él concedió a los días de la vida (la importancia de la vida misma) y que temieran Su Majestad y Su Poder. En el desierto de la vida ellos actúan como guías. Ellos aprecian la moderación en la vida y les dicen a las gentes que la moderación conduce hacia la salvación. Ellos no favorecen el fanatismo en religión ni la degeneración hacia la incredulidad, y ellos advierten a ambos tipos de gentes que deben evitar la vacilación y deben temer descarriarse, pues de lo contrario la condenación eterna será su suerte. Debido a estos atributos ellos actúan como faros en la oscuridad de la ignorancia y como guías en el laberinto de las perplejidades, dudas y escepticismo.

Hay ciertas personas piadosas que son tan devotas al Señor que han preferido Su Recuerdo antes que todas las riquezas y glorias mundanas. Ninguna compraventa, ningún negocio ni trabajo mundano alguno pueden distraerlos de él. Ninguna tentación de este mundo puede detenerlos de recordar a Dios y de ofrecerle oraciones. Ellos pasan la vida pensando en Dios. En palabras que advierten y amonestan claramente, ellos aconsejan a las gentes contra la exigencia en el cumplimiento de los deberes con Dios y el projimo. Ellos convencen a los demás para que sigan los principios de equidad y justicia y ellos mismos actúan de acuerdo con estos principios. Ellos previenen a las gentes acerca del vicio y la maldad y ellos mismos se abstienen de ello. Ellos llevan vidas tales que, aunque viven en este mundo, han cortado toda conexión con sus esferas perversas y viciosas por causa del Más Allá, como si ellos hubiesen visto con sus propios ojos las condicones de la vida después de la muerte, como si ellos supieran perfectamente bien lo que sucederá durante el largo período que transcurre entre la muerte y la resurrección, y como si el Día del Recuento hubiese cumplido sus promesas con ellos, y por lo tanto ellos informan a las gentes acerca de todos estos hechos y levantan las cortinas de misterio que cuelgan sobre ellas. Ellos ven lo que los demás no pueden ver y escuchan lo que los demás no pueden oír.

Si tan sólo pudieseis visualizar la condición de ellos cuando hacen un recuento de sus obras y encuentran un error cometido o de omisión, cuando ellos sienten que están siendo aplastados bajo el peso insoportable de sus vicios y sus pecados, cuando ellos sufren por su estado lamentable y se dirigen unos a otros en tonos tristes y cuando ruegan al Dios Misericordioso que tenga piedad de ellos, los perdone y los ayude a llevar una vida virtuosa. Cuando los veáis en esa condición sentiréis que ellos realmente son faros de Luz Divina, que están rodeados de ángeles y dotados de paz y satisfacción, que las puertas del cielo están abiertas para ellos y que están favorecidos por Él con honor y gloria. Y es un hecho que Dios los mira con Favor, está complacido con sus obras, esfuerzos y trabajos, y mira favorablemente la posición de honor y dignidad asignada para ellos en Su Reino. Él les ha concedido lo que piden en sus oraciones y los ha perdonado por sus faltas. Ellos sienten que necesitan más de Su Misericordia y Su Bondad y son absolutamente humildes ante Su Poder y Su Gloria. Largos períodos de pruebas y sufrimientos por la causa de Dios los han dejado con corazones tiernos, y la excesiva lamentación por sus pecados les ha debilitado la vista. Ellos aceptan toda lección que los acerque a Su Reino. Ellos le ruegan a Aquél cuyas Bondades no conocen límite y de Cuya puerta nadie ha regresado desanimado o decepcionado.

Por vuestro propio bien haced una evaluación de vuestras obras y vuestros pensamientos. Examináos a vosotros mismos antes de que seáis examinados y antes de que el día del Recuento os llame.

SERMON 227

HAY UN PASAJE EN EL SAGRADO CORAN QUE DICE: "¡OH HOMBRE! ¿QUE TE HA ENGAÑADO EN CONTRA DE TU SEÑOR EL GENEROSO?" [82:6]. AL HABLAR ACERCA DE ESE PASAJE, EL IMAM LE HACE AL HOMBRE DOS PREGUNTAS SIMPLES Y LLANAS: "¿COMO PUEDE SER TAN INGRATO Y DESOBEDIENTE CON ESE DIOS TAN GENEROSO Y BONDADOSO?" Y "¿COMO PUEDE SER TAN INDIFERENTE ACERCA DE SU PROPIO BIEN?", Y LUEGO LE DICE QUE, REALMENTE HABLANDO, ESTE MUNDO NO LO ENCANTA, SINO QUE EL HOMBRE CORRE LOCAMENTE TRAS EL, Y CUANDO EL MUNDO VE SU CAPRICHO, TRATA DE CAPTURARLO. REPITIENDO EL PASAJE, EL IMAM DIJO:

El hombre, a quien se le hace esta pregunta, es incapaz de responder; él está engañado y no está en posición de alegar ignorancia o tontería como la causa de haber caído fácil presa de las tentaciones de este mundo, ya que él no usó su sentido común para darse cuenta de a dónde iba y de lo que hacía.

¡Oh hombre!, ¿qué te ha hecho tan audaz como para cometer pecados? ¿Qué te ha engañado en contra de tu bondadoso Amo? ¿Qué te ha hecho aceptar tu propia condición y contentarte con ella? ¿No hay remedio para tu enfermedad? ¿No vas a despertar de tu sueño? ¿No tienes misericordia de tu alma a pesar de que eres tan bondadoso y misericordioso con los demás? ¡Qué frecuentemente ha sucedido en tu vida que te dio pena por los demás y acudiste a ayudarlos y protegerlos! Viste a un hombre sentado bajo el ardiente resplandor del sol y, sintiendo pena por él, le diste protección y refugio. Viste a una persona llorando de dolor y sentiste pena por él y acudiste en su ayuda. ¿No es algo para maravillarse que no sientas tanta compasión por tí mismo como la que sientes por los demás? ¿Qué te ha hecho tan indiferente hacia tí mismo? ¿Por qué estás tan satisfecho con tu propia triste condición, tan indiferente hacia tu propio futuro y tan ignorante de tus propias calamidades? ¿Has llorado tanto por tí mismo que la sucesión de los sufrimientos ha desarrollado en tí una paciencia letárgica? ¿Por qué esta indiferencia mórbida, siendo que te amas a tí mismo más que a nadie más? Yo me pregunto por qué el pensar en Su Castigo no te mantiene insomne en las noches, siendo que estás tan envuelto en pecados y vicios que mereces justamente Su Castigo.

Despierta. Sal de esta indiferencia pecaminosa y de esta negligencia criminal, por tu propio bien. Haz un esfuerzo para ser bueno y virtuoso. Sigue con perseverancia el camino de la verdad y la nobleza. Obedece a Dios con paciencia. Trata constantemente de tener en tu mente Su Recuerdo. Dáte cuenta de que Él quiere atraerte hacia Sí, Él avanza hacia tí (Su Misericordia y Su Gracia avanzan hacia tí), pero tú Le vuelves la espalda arrogante, imprudente y pecaminosamente. Él te invita a que te ganes Su Perdón y Sus Bendiciones. Él pasa por alto y cubre tus vicios y tus pecados. Él quiere cubrirte con Su Bondad y Su Misericordia, pero vuelves tu cara hacia alguien más y Le das a Él la espalda.

Que Sublime y Noble es el Señor que, aunque es tan Omnipotente y Todopoderoso, es tan Bondadoso, Generoso y Compasivo. Pero tú, con toda tu insignificancia, inutilidad tu estado indefenso, eres tan arrogante, ingrato y degenerado que cometes vicios y pecados, a pesar de que tu existencia misma depende de Su Gracia, Su Bondad y su Protección y cada requerimiento de tu vida es satisfecho gracias a Su Favor y su Benevolencia. Él no te excluyó de Sus Bondades y Benevolencia. Él no traicionó tus debilidades e infamias. En cada bondad que Él creó para tí, por cada uno de tus pecados que Él cubrió para que no lo vieran los demás, o durante cualquier calamidad y desgracia que Él evitó que te atacara, no estuviste ni por un segundo fuera de la influencia de Su Bondad y Su Favor. A pesar de todo esto sigues cometiendo pecados y vicios. ¿Qué piensas entonces de un Ser que es Bueno contigo, siendo tú tan malvado y depravado? ¿Cuál habría sido Su actitud hacia tí si tan sólo hubieses sido fiel y obediente hacia Él? ¡Qué no te habría concedido!

Piensa una vez más, considera muy cuidadosamente tu propio caso. Supón que hay dos personas, iguales ambas en poder y fuerza, y una de ellas eres tú. Supón que la otra persona es bondadosa, compasiva y generosa contigo al extremo de la máxima ternura y amor, y que tú te comportas con él arrogante, infiel y deslealmente, en repuesta a cada acción bondadosa y benevolencia Suya, nada sale de tí más que rudeza, imprudencia y depravación. En tal caso, ¿cómo habrías decidido acerca de tí mismo y que sentencia dictarías contra tí mismo? Sé honesto e imparcial contigo mismo y piensa otra vez: ¿cuál habría sido tu decisión?

Déjame decirte otra verdad. Este mundo vicioso realmente no te engaño ni te sedujo, sino que tú —con todo propósito— fuiste tras él para ser engañado y seducido por él. Cuando él vio que te sentías atraído por él y que serías fácil presa de sus adulaciones, sólo hasta entonces decidió atraerte con engaños para hacerte caer en su trampa. Pero aun entonces él te advirtió de las consecuencias y los resultados de correr tras él. Él explicó todo clara y abiertamente, y no te ocultó nada. Las consecuencias y los efectos de tus malas acciones sobre tu cuerpo y tu mente te fueron contados abiertamente en la forma de los cuerpos enfermos y afligidos de las gentes réprobas y malvadas a tu alrededor. Pudiste ver los enfermos que se pusieron sus cuerpos y lo débil que sus mentes se volvieron. Él te dijo la verdad, nada más que la verdad desnuda. No te tuvo a oscuras acerca del resultado de tus obras.

Además de estos ejemplos conspicuos de las consecuencias de una vida pecadora, hubo muchas personas bien intencionadas que te aconsejaron bien, te decían que no fueras vicioso y que mirases bien a su alrededor, pero no les creíste, las acusastes de mentirosas y de falsas.

Si miras bien con los ojos de tu mente las ruinas de las casas, los palacios y las ciudades desiertas, hallarás que ellas son buenas consejeras, advirtiéndote que te dés cuenta y que comprendas el verdadero valor de una vida malvada, y verás que esas ruinas son tus tutores comprensivos y no quisieron que hicieras tú una ruina de tu propia vida y tus oportunidades.

Este mundo es un buen lugar de estancia para el hombre que no lo considera como un lugar de recreo permanente. En todo este mundo, sólo alcanzarán la salvación y Sus Bendiciones aquellas gentes que se abstienen de caer en tentación de pecar.

Cuando llegue el Día de la Resurrección y cuando los terremotos destruyan esta Tierra, entonces toda religión y credo tendrá a su seguidores reunidos todos juntos, cada sacerdote y predicador tendrá a sus discípulos a su alrededor y cada líder hallará a sus seguidores congregados tras él, y entonces regirá la justicia perfecta. Toda acción, grande o pequeña, toda acción, buena o mala, cada palabra dicha, cada acto hecho y cada idea propagada, serán considerados con absoluta equidad y justicia. En ese día tantas excusas y apelaciones no tendrán significado ni valor, y serán rechazadas.

Por lo tanto, adopta hoy en tu vida las cosas que intercederán a tu favor en el día del Juicio. Lleva contigo de este mundo mortal las cosas que te serán útiles en ese día y que probarán ser inmortales y eternas. Trata de lograr la salvación y ejercítate al máximo para ello.

SERMON 228

EN ESTE SERMON EL IMAM DIJO QUE EL SUFRIRIA VOLUNTARIAMENTE CUALQUIER DOLOR O ANGUSTIA ANTES QUE DAÑAR O HERIR A CUALQUIER HOMBRE O DE COMETER UN PECADO CONTRA DIOS O LA RELIGION. LUEGO CITO DOS EJEMPLOS, MOSTRANDO COMO EN DOS OCASIONES EL FUE PERSUADIDO A IR CONTRA LAS ORDENES DE DIOS Y COMO EL RECHAZO LAS TENTACIONES.

Pongo a Dios como testigo de que prefiero pasar insomne las noches sobre las agudas púas de las plantas espinosas o sufrir la peor forma de herido o insulto antes que llegar ante mi Señor y el Santo Profeta (la paz sea con él y sus descendientes) en el Día del Juicio como un tirano que ha perseguido a alguien o como un usurpador que se ha apropiado injustamente de las posesiones de alguien más. ¿Por qué debería yo tiranizar o explotar a alguien para proporcionar comodidad y facilidad para mi cuerpo, el cual pronto será destruído y se descompondrá y yacerá en la tumba por largos períodos?

Juro por Dios que yo vi a mi propio hermano, 'Aqi, sufrir de suma pobreza y necesidad. Él me solicitó que separara para él 3 1/2 sa'a de trigo del granero público. El hambre había convertido a sus niños en esqueletos vivientes y los había puesto azules. 'Aqi era insistente en su deseo de adquirir algo del tesoro público. Él trató de obligarme y de recurrir a mi amor fraternal. Yo quería ayudarlo de mi propiedad personal, pero su deseo de obtener algo del tesoro público era odioso para mí, iba contra todos los cánones de la honestidad y la integridad y contra las enseñanzas del Islam. Cuando él sintió que yo lo escuchaba atentamente, pensó que yo me saltaría mis principios y mi religión por razón de él y de sus niños. Yo quería que él se diese cuenta de que al acceder a su deseo me pondría a mí mismo en la posición de pecador ante mi Dios, lo cual yo nunca haría.

Entonces yo calenté un disco de hierro y cuando estaba muy caliente lo acerqué a su cuerpo haciendo como que quería provocarle una quemadura. Él gritó con horror y quiso saber qué quería decir y tratando de quemarlo. Yo le conteste: "¡Oh hermano mio! Tú gritas cuando temes que el fuego encendido por un hombre, como demostración práctica te quemará y quieres que yo acepte con conformidad y agrado el fuego del Infierno, encendido por Dios". Una cosa más sorprendente me sucedió el otro día. Una persona (la historia dice que era Axus ibn-Qays) me trajo una noche un dulce muy bien hecho y muy delicioso, en una bandeja, cocinado en miel y muy aromático. Yo odié y aborrecí ese dulce como si estuviera cocinado en la saliva de una serpiente o en su veneno. Yo le pregunté: "¿Es esto del derecho de los pobres (el zakat), o una recompensa, o una caridad, o una remuneración por algún trabajo que yo haya hecho para ti?, pues bien sabes que todas estas cosas son ilegales e ilícitas para nosotros, los miembros de "Ahl-ul-Bayt", la progenie del Santo Profeta (la paz sea con él y sus descendientes), y Dios nos ha prohibido que lo aceptemos". Él me contestó que no se trataba de nada de eso. Era simplemente un regalo (como él nunca le había regalado nada al Imán cuando el Imán todavía no era gobernante, y como ellos no estaban en términos tan amigables como para ofrecerse mutuamente y aceptarse regalos, era claro que este ofrecimiento tenía algún motivo impío posterior y el Imán sabía esto y contestó): "Que no vivas mucho, ¿es que quieres seducirme? ¿De qué cosa absurda hablas? ¡Por Dios!, si todos los siete continentes con todo lo que ellos contienen me fueran ofrecidos como una remuneración o soborno para que le quite a una hormiga la cascarilla de un grano de cebada que ella carga, yo nunca lo haría". Este mundo es para mí más indigno que el pequeño pedacito de una hoja masticado por una langosta. Allí no tiene interés en los lujos, riquezas, facilidades y comodidades mortales de este mundo: yo busco Su Protección y Su Ayuda para que yo no sea negligente en el cumplimiento de mi deber y para que yo no sea malvado y vicioso.

SERMON 229

EL SIGUIENTE SERMON ES UNA DE LAS PLEGARIAS FRECUENTEMENTE REPETIDAS POR EL IMAM. POR MEDIO DE ESTA ORACION, EL NOS ENSEÑO QUE NO SOLO LA RIQUEZA, SINO TAMBIEN LA CONFORMIDAD, ES NECESARIA PARA MANTENER LA DIGNIDAD PROPIA, QUE LA ABYECTA POBREZA LO FUERZA A UNO A MENDIGAR Y A ALABAR FALSAMENTE A LOS

BENEFACTORES Y A CALUMNIAR A AQUELLOS QUE SE NIEGAN A AYUDARLO, HACIENDO QUE UNO OLVIDE QUE EN REALIDAD ES DIOS Y NO EL HOMBRE QUIEN CONCEDE O NIEGA ALGO A UNO, Y A EL ES A QUIEN UNO DEBE ACERCARSE.

¡Oh Señor!, protege mi prestigio y mi dignidad librándome de las necesidades, enseñandome a estar contento y satisfecho con lo que Tú me has concedido. Y por favor, Dios, no dejes que la extrema pobreza y la destitución rebajen mi posición y mi estima ante los ojos de la sociedad forzándome a rogar a aquéllos que te ruegan para sus necesidades y requerimientos y a invocar los favores de quienes son malvados y viciosos. Que yo no pierda nobleza de carácter ni empiece a alabar a aquéllos que me dén algo y a calumniar y hablar mal de quienes se nieguen a acudir en mi ayuda; y que yo no te olvide ni pase por alto el hecho de que Tú y sólo Tú puedes conceder cualquier cosa y todo, si Tú lo deseas, y puedes evitar que cualquier cosa llegue a alguien, si Tú así lo deseas. Verdaderamente Tú tienes Poder y Majestad para hacer lo que Tú deseas.

SERMON 230

¿QUE ES ESTE MUNDO Y QUE ES LA VIDA? ¿COMO HA TRATADO EL MUNDO A LOS DEMAS Y COMO VA A TRATAROS? ¿QUE DEBERIA ESPERARSE DE EL Y QUE HABEIS APRENDIDO DE EL? ESTE ES EL TEMA DE ESTE SERMON.

Esta casa (el mundo) está rodeada de calamidades, desgracias y angustias. Es notoria por su infidelidad. Es caprichosa y está sujeta a constantes cambios. Quien permanezca aquí no puede esperar seguridad ni puede permanecer inmune a las calamidades y los reveses. Ninguna condición aquí es permanente. Aquí los placeres conducen a la maldad y los vicios. La paz y la seguridad no han de ser halladas aquí. Aquí uno tiene siempre que enfrentarse a adversidades, desilusiones y fracasos, y al final la muerte termina con uno.

¡Oh criaturas de Dios! recordad que este mundo no va a trataros mejor de como ha tratado a otros, y vosotros tendréis que pasar por casi todas las experiencias por las que otros pasaron antes que vosotros. Muchos de ellos tuvieron vidas más largas, tuvieron ambientes más ricos y felices y poseían personalidades y reputaciones más distinguidas que vosotros.

¿Dónde están ellos ahora? Ellos han sido silenciados, su poder y su prestigio se han ido, sus cuerpos se han descompuesto, sus casas quedaron desiertas e incluso sus huellas han desaparecido. Ellos fueron forzados a cambiar sus palacios amplios y lujosos y sus resistentes fortalezas por tumbas hechas de tierra y losas de piedra; tumbas que eran profundas, oscuras, angostas y duras; y que tienen alrededores melancólicos, estremecedores, tristes y terroríficos.

También puede suceder que sus tumbas estén cerca de sus habitaciones, pero ellos en esas tumbas son como viajeros lejos de sus casas y hogares. Ellos viajan por un lugar que los confunde y los atemoriza. Es un lugar que ha puesto un fin abrupto a sus actividades mundanas y los ha hecho ocuparse pensando en el Día del Juicio. Ellos no tienen ahora el amor de su tierra natal ni contactos de amistad, ni siquiera con sus vecinos y amigos de toda la vida. ¿Cómo podrían ellos encontrarse unos con otros, cuando la descomposición y la putrefacción se ha apoderado de sus cuerpos y sus cerebros, y cuando la tierra los ha devorado?

SERMON 231

ESTA ES UNA DE LAS PLEGARIAS DEL IMAM. ENSEÑA QUE HAY QUE PEDIRLE A DIOS Y COMO. ADEMAS EXPLICA LOS ATRIBUTOS DE LAS PERSONAS QUE PUEDEN SER CONSIDERADAS COMO AMIGOS DE DIOS.

¡Oh Señor!, Tú amas a Tus amigos más de lo que ellos han sido amados jamás por cualquier otro. Tú eres la Mejor y más Expedita Ayuda de aquéllos que no confían en nadie más que en Ti. Tú conoces sus secretos. Todo lo que está oculto en sus mentes es un secreto abierto para Ti. Tú estás plenamente enterado de las profundidades de sus conocimientos y los vuelos de su imaginación. La ambición más alta de Tu amigo es estar en Tu Proximidad y tener Tu Gracia. Si la lejanía de Tu Reino y de Tus Favores los molesta y los preocupa ellos obtienen solaz al alabarte y al recordarte. Si las calamidades y las desgracias caen sobre ellos, ellos solicitan Tu Protección. Ellos saben que Tú eres el Amo de todo y que nada puede suceder más que con Tu Permiso.

Si estoy confundido y perplejo al pedirte lo mejor de Tus favores, entonces Señor, condúceme y guíame para que ruegue de Tí sólo tales cosas que me sean eternamente benéficas y mirando Tu Benevolencia, Tu Misericordia y Tu Gracia al conceder favores yo siento que esa guía no será ni demasiado grande para Tí ni una novedad, ¡Oh Señor!, por favor decide mi caso sobre la base de la clemencia y el perdón y no sobre el principio de la justicia y la verdadera recompensa.

SERMON 232

ESTE DISCURSO ES EN ELOGIO DE ALGUIEN CUYO NOMBRE NO ES MENCIONADO PERO CUYAS BUENAS OBRAS SON ENSALZADAS POR EL IMAN. ESTA FORMA DE ELOGIAR AL ALGUIEN SIN DAR SU NOMBRE SINO SOLO SUS ALTOS ATRIBUTOS PARECE SER UNA PRACTICA COMUN DEL IMAM. EN ESTE MISMO LIBRO, "NAHY-UL-BALAGHA", HAY VARIOS DE ESOS DISCURSOS. RARA VEZ HABLABA EL ENSALZANDO A ALGUNA PERSONA DANDO SU NOMBRE, EXCEPTO CUANDO SE REFERIA AL SANTO PROFETA (LA PAZ SEA CON EL Y SUS DESCENDIENTES).

IBN ABI-AL HADID, EL MAS FAMOSO Y MAS GRANDE COMENTADOR DE "NAHY- UL-BALAGHA", DICE QUE EN ESTE DISCURSO EL IMAM SE REFERIA AL CALIFA OMAR. ALLAMAH ALI IBN NASIR, POR EL CONTRARIO, AL COMENTAR ESTE SERMON (EL NOMBRE DE SU COMENTARIO ES "SHAR-E-ALIM -E NAHY- UL-BALAGHAH") DICE QUE EL IMAM; EN ESTE SERMON ELOGIO A UNO DE LOS COMPAÑEROS DEL SANTO PROFETA (LA PAZ SEA CON EL Y SUS DESCENDIENTES) QUE MURIO ANTES QUE EL IMAM. LO MISMO OPINA ALLAMAH QUTBUDDIN RAVUNDY (MURIO EN EL AÑO 573 DESPUES DE LA EGIRA, APROXIMADAMENTE UN SIGLO ANTES QUE HADID). OTRO FAMOSO COMENTARISTA DE ESTE LIBRO, IBN MAISUM ESTA DE ACUERDO CON QUTBUDDÏN RAVUNDY, Y DICE: "EL IMAM ELOGIABA A UNO DE LOS COMPAÑEROS DEL SANTO PROFETA (LA PAZ SEA CON EL Y SUS DESCENDIENTES) QUE HABIA MUERTO ANTES DE QUE LOS

DIAS ACIAGOS AMANECIERAN SOBRE EL ISLAM". LOS ESFUERZOS DE ALGUNOS COMENTADORES PARA ENCONTRAR EN LAS PALABRAS MISMAS DEL DISCURSO UN SIGNIFICADO QUE NO CUADRE CON NADIE MAS QUE CON UN GOBERNANTE DE UN ESTADO ES TAMBIEN UN ESFUERZO INFRUCTUOSO; PUES ELLOS ENFATIZAN LAS PALABRAS "KHAYREHA" (BIEN DE ESTE MUNDO) Y "XARIHA" (EL MAL DE ESTE MUNDO). AHORA BIEN, TODO HOMBRE—INCLUSO UN LIMOSNERO EN LO MAS LIMITADO DE SU ESFERA DE ACTIVIDADES TIENE OCASION DE HACER ALGUN BIEN Y DE COMETER ALGUN PECADO (UN MAL), POR LO TANTO NO ES CORRECTO DECIR QUE SOLAMENTE UN GOBERNANTE TIENE OPORTUNIDADES PARA HACER BIEN O MAL. EL IMAM MISMO, EN UNO DE SUS SERMONES, ACONSEJO A TODOS QUE "MANTUVIERAN LEVANTADOS LOS PILARES DE LA RELIGION (LA UNICIDAD DE DIOS Y LA MISION PROFETICA DE NUESTRO SANTO PROFETA, LA PAZ SEA CON EL Y SUS DESCENDIENTES) Y QUE MANTUVIERAN ENCENDIDAS ESTAS DOS LAMPARAS". NATURALMENTE NO TODO MUSULMAN HA SIDO, ES, NI SERA UN GOBERNANTE, POR LO TANTO, EL IMAM ACONSEJO A CADA UNO DE NOSOTROS QUE CUMPLIERAMOS NUESTRO DEBER DENTRO DE LA ESFERA DE NUESTRAS ACTIVIDADES.

Que Dios recompense a aquella persona que enderezó las cosas torcidas, curó las mentes enfermas, dejó el cisma y la inovación, llevó una vida piadosa y murió en olor de santidad. Él hizo buenas obras y se abstuvo del mal. Él obedeció a Dios y lo temió.

Él murió antes de que las gentes empezaran a diferir seriamente entre ellas. El los dejó en una atmósfera y un ambiente tales que ellos estaban confusos y extraviados y no podían encontrar el verdadero camino, y aquéllos que seguían el camino correcto no sabían si estaban en lo correcto o equivocados.

SERMON 233

ESTE DISCURSO ES ACERCA DEL JURAMENTO DE FIDELIDAD A SU CALIFATO. UN DISCURSO SIMILAR PERO EN DIFERENTES PALABRAS APARECE EN OTRA PARTE DE ESTE LIBRO.

Vosotros me arrastrabais de la mano hacia vosotros para jurarme el voto de fidelidad, pero yo retiraba mi mano. Este forcejeo continuó hasta que os congregasteis a mi alrededor en tal número y de tal manera como si fueseis camellos sedientos y como si yo fuese el único manantial de agua. En vuestro afán casi me aplastasteis; os empujabais y arrastrabais unos a otros para alcanzarme, hasta que se reventaron las cuerdas de mis zapatos, el manto ("Aba") cayó de mi hombro, y las personas ancianas y débiles fueron aplastadas. Vosotros estabais tan eufóricos en la ocasión que incluso los niños pequeños salían apenas sabiendo caminar y otros corriendo y saltando alegremente, las personas ancianas se caían y se arrastraban para llegar hasta mis pies. Los enfermos venían a mi tambaleándose y arrastráandose, e incluso las chicas jóvenes salieron de sus casa corriendo hacia mí para mostrarme su respeto y veneración. ¿Podéis negar estos hechos?

SERMON 234

ESTE SERMON EXPLICA LA PIEDAD, EL VALOR DE ADOPTAR LA PIEDAD CUANDO AUN HAY TIEMPO PARA SER PIADOSO Y LOS MALES QUE PREVALECEN EN EL MUNDO. EN EL, EL IMAM COMENTO ACERCA DE LAS OPORTUNIDADES DADAS POR LA VIDA Y ARREBATADAS POR LA MUERTE. LUEGO DESCRIBIO LOS ATRIBUTOS DE LOS DEVOTOS AL SERVICIO DE DIOS Y LAS GENTES VIRTUOSAS. EN ESTE DISCURSO EL IMAM HABLO DE LA MUERTE Y DE SUS EFECTOS EN UN ESTILO GRAFICO.

Verdaderamente la piedad es una llave para las puertas de la rectitud y la virtud. Es una provisión para el Más Allá. Es una fuente de liberación de la esclavitud de los malos deseos y un muro de protección contra toda desgracia y calamidad. Es un refugio para aquéllos que tratan de escapar del vicio y de la maldad. Por medio de ella, una persona puede lograr las metas de su vida.

Sed virtuosos cuando todavía hay tiempo para que reconozcáis y adoptéis las virtudes, cuando el arrepentimiento os puede servir, cuando las oraciones son escuchadas, cuando gozáis de paz y comodidad y cuando los ángeles aún están escribiendo vuestras buenas y malas acciones (cuando todavía tenéis poder y oportunidades para hacer el bien o para ser malvados). Haced el bien antes de que la edad avanzada o la invalidez os impida hacer cualquiera cosa, antes de que la enfermedad prolongada os deje exhaustos e inútiles para cualquier obra y antes de que la muerte os arrebate de esta esfera de actividades (la vida). Porque la muerte, tarde o temprano, pondrá fin a todos vuestros placeres y gozos, ella frustrará todos vuestros propósitos y deseos, y os enviará muy lejos de vuestros queridos alrededores.

Recordad que la muerte llega como un huésped no invitado. Es la única antagonista a la que no podéis derrotar ni vencer. Es un asesino del que uno no se puede vengar.

Sus trampas siempre están alrededor de vosotros. Sus fuerzas destructivas os rodean. Tiene a cada uno de vosotros bajo su completo control, su dominio total y su poder absoluto. Os tiene subyugados. Nunca falla en su obra.

Puede que pronto su niebla oscurezca vuestra vida, su flama — en forma de una enfermedad — consuma vuestra vitalidad y vuestra energía, sus terribles dolores y angustias os torturen, convierta vuestra respiración normal en estertores agónicos, os someta a desmayos y trances, de los cuales saldréis con mal sabor de boca. Como ninguno de vosotros espera real y sinceramente la muerte, por ello su aproximación normal os parecerá como si os atacara repentinamente.

Ella silenciará a quienes solían contaros sus secretos quietamente (vuestros parientes y amigos más cercanos). Ella dispersará vuestros grupos, uniones y asociaciones. Destruirá a vuestros individuos. Despoblará vuestras viviendas. Prepará a vuestros herederos para que dividan vuestra prosperidad entre vuestros parientes cercanos, muchos de los cuales jamás os habían hecho bien alguno; puede que algunos de ellos se sientan tristes por vuestra muerte, pero muchos otros tal vez se alegren de que estéis muertos y os hayáis ido.

Por lo tanto, es aconsejable para vosotros que estéis listos para la muerte; que tratéis al máximo de prepararos con provisiones para el Más Allá. Tened cuidado de que este mundo no os engañe como engañó a las gentes que se fueron antes que vosotros. Quizás ellos fueron hombres de poder, riqueza, y puede que hubiesen aprovechado plenamente este mundo y adquirido rango y posición. Pero sus días estaban numerados y esos números llegaron a su fin, Todo su poder y su gloria les fueron quitados, sus tumbas se convirtieron en sus viviendas, sus riquezas y sus propiedades — aun sus reinos — quedaron como herencia para que los disfrutasen sus herederos. Ellos no reconocen a quienes visitan sus tumbas, a ellos no les importa quién llora por ellos y quién no, y ellos no le responden a quienes los llaman.

Cuidáos de este mundo. Es deshonesto y engañoso. Es infiel y mercenario. Todo lo que da, lo quita rápidamente. A quien él viste (con honor, poder, riqueza y fama), lo desviste tarde o temprano. Sus placeres no son perdurables. Sus problemas son interminables. Sus sufrimientos son constantes.

EL IMAM HABLA ASI DE LAS PERSONAS PIADOSAS:

Aunque estas personas piadosas parecen vivir como todos los demás, en realidad ellas no están absorbidas en este mundo. Ellos pasaron aquí sus vidas como si no pertenecieran a este lugar. Ellos actúan de acuerdo con sus convicciones, y ellos están convencidos de los valores del Más Allá. Ellos solamente hacen aquellas obras cuyos efectos saben ellos completamente bien (que serán benéficos para ellos de allí en adelante). Ellos tratan al máximo de evitar aquellas cosas que perjudicarán su vida eterna. Ellos viven entre los vivos como si estuvieran viviendo entre los muertos. Ellos ven que las gentes le conceden gran importancia a la muerte física y ellos se sienten tristes de que las gentes a su alrededor, aunque parezcan estar vivos, sus mentes están tan muertas que ellos no reconocen la importancia de la vida después de la muerte.

SERMON 235

CUANDO SUS EJERCITOS MARCHABAN HACIA BASORAH, EL IMAM DIO ESTE CORTO DISCURSO EN UN LUGAR LLAMADO ZIQAR. EL FAMOSO HISTORIADOR VAQEDI TAMBIEN HA REGISTRADO ESTE DISCURSO EN SU LIBRO SOBRE DEL CAMELLO.

El Santo Profeta (la paz sea con él y sus descendientes) explicó plena y perfectamente todo lo que le fue ordenado que explicase. El dio el mensaje de Dios en un lenguaje perfectamente claro. A través de él Dios unió a aquellas gentes que tenían disensiones entre ellas y estaban desunidas. Aquellos amigos y parientes que habían olvidado las amistades y los parentescos, que se habían convertido en los peores enemigos y que se complacían en causarse mutuamente el mayor daño posible fueron otra vez unidos en amistad, fueron obligados a amarse mutuamente y otra vez se solidarizaron en buena camaradería, y todo esto fue hecho por medio del Santo Profeta (la paz sea con él y sus descendientes).

SERMON 236

ABDULLAH IBN ZUMAA FUE UNO DE LOS COMPAÑEROS DEL IMAM. DURANTE EL CALIFATO DEL IMAM, EL LLEGO UN DIA Y SOLICITO AL IMAM QUE LE DIERA ALGO DE DINERO DEL TESORO PUBLICO. EL IMAM LE RESPONDIO EN LAS SIGUIENTES PALABRAS:

El tesoro público no es mi propiedad ni la tuya. Es la propiedad de los musulmanes, es recolectado mediante su esfuerzo o es del botín de sus guerras. Si te hubieras unido a ellos en las guerras, también tú habrías recibido tu parte. Lo que ellos ganaron arriesgando sus vidas no puede ser pasado a otros indiscriminadamente.

SERMON 237

EN LA OPINION DE MUCHOS COMENTADORES, LO SIGUIENTE ES SOLAMENTE UNA PARTE DE UN SERMON MUCHO MAYOR. EL SERMON COMPLETO NO PUDO SER OBTENIDO. SAYYED RAZI (QUE EN PAZ DESCANSE) SOLO PUDO ASEGURAR ESTA PEQUEÑA PORCION. ESTE SERMON FUE DADO EN LA OCASION CUANDO EL IMAM LE PIDIO A SU SOBRINO YOADA IBN HIBARA-E- MUJUZUMI (HIJO DE LA HERMANA DEL IMAM) QUE HABLARA ALGO ACERCA DEL ISLAM Y EL MUCHACHO SE PUSO NERVIOSO, QUIZAS DEBIDO A LA PRESENCIA DEL IMAM. ENTONCES EL IMAM SE PUSO DE PIE Y DIO EL SERMON, DEL CUAL SAYYED RAZY PUDO OBTENER ESTA PARTE:

Recordad que la lengua es una parte del cuerpo humano. Si la mente de uno no responde al llamado de la ocasión entonces, naturalmente, la lengua no puede funcionar. Si el conocimiento de uno es suficientemente vasto y si uno tiene un ingenio ágil y está bien informado, entonces sus ideas se siguen unas a otras en una sucesión tan rápida que incluso su lengua no es capaz de mantener el paso.

Nosotros los Ahl-ul-Bayt (los miembros de la familia del Santo Profeta, la paz sea con él y sus descendientes) somos los reyes del discurso. El arte de dar discursos inteligentes y buenos es parte de nuestra naturaleza. Nuestras mentes nos proporcionan material para todo tema.

Que Dios tenga misericordia de vosotros. Recordad que estáis pasando por unos tiempos tan tristes, en los cuales sólo hay unas cuantas personas que hablarán la verdad, en los que los discursos rara vez contienen verdad, y en que aquéllos que hablan nuestra verdad son humillados y degradados. Hoy, las gentes están dedicadas a los vicios y los pecados. Su hipocresía y su pretensión habituales los hacen aparentar amistad y compañerismo entre ellos. Sus jóvenes son malvados y malévolos. Sus mayores son pecadores viciosos. Los educados de entre ellos son disimuladores e hipócritas. Los predicadores de entre ellos son adulares. Sus jóvenes no respetan a sus mayores. Sus ricos no ayudan a los pobres y a los miserables.

SERMON 238

EL FAMOSO ZUGLAB DE YAMAN DIJO QUE EL OYO DE AHMED IBN-JATIBA, EL CUAL LO HABIA OIDO DE MALIK IBN WAHAB, EL CUAL DIJO QUE CIERTAS PERSONAS SE CONGREGARON ALREDEDOR DEL IMAM Y DISCUTIAN LAS CAUSAS DE LAS DIFERENCIAS EN LAS CARACTERISTICAS, HABITOS Y CARACTERES DE LAS GENTES. ELLOS LE PREGUNTARON AL IMAM CUALES ERAN LAS RAZONES DE DICHAS DIFERENCIAS O SIMILITUDES, LAS CUALES FRECUENTEMENTE SON HALLADAS EN LOS HOMBRES. EL IMAM CONTESTO:

En el origen mismo del cuerpo humano están las causas de esas diferencias o similitudes en la disposición y las características. Es como la calidad del suelo en el que un árbol echa raíces. Hay un suelo salino, luego está el suelo más fértil, está la tierra dura y áspera, las regiones arenosas y también el suelo muy blando. Similares son las diferencias en la naturaleza innata del hombre, y en su disposición física y mental. Aquéllos que son retoños de disposiciones y características físicas similares guardan semejanzas en características y hábitos. Frecuentemente las características y los rasgos físicos no corresponden a las capacidades mentales. Muchas veces se vé que las personas muy hermosas son de mente torpe y carentes de ingenio. Muchas personas altas y fornidas resultan cobardes y carecen de aspiraciones, y uno puede encontrarse frecuentemente con gentes muy feas y de apariencia siniestra pero que tienen buen carácter, son honestas y piadosas. Similarmente, hombres bajos de estatura torpes pueden ser muy inteligentes y previsores y frecuentemente se encuentra que los hombres de buen carácter accidentalmente se han aficionado a los malos hábitos. Una persona con una mente confusa, cuando se enfrenta a los problemas de la vida siempre se encontrará perpleja y sin saber qué hacer, mientras que las personas de ingenio ágil e inteligentes, frecuentemente son oradores elocuentes dotados con la facultad de tomar rápidas decisiones.

SERMON 239

MIENTRAS SEPULTABA AL SANTO PROFETA (LA PAZ SEA CON EL Y SUS DESCENDIENTES), EL IMAM DIO EL SIGUIENTE SERMON CORTO.

¡Oh profeta de Dios!, yo te amo y te respeto más de lo que yo amé y respeté a mis padres. Tu muerte puso fin a las misiones proféticas a la revelación y a los mensajes del Señor, mientras que la muerte de otros profetas no resultó en ello. Tu muerte provocó que tus Ahl-ul-Bayt (tu progenie) nos afligiéramos tanto que toda otra aflicción se nos olvidó; la pena por tu separación se volvió sufrimiento común y todos la sintieron. Si tú no nos hubieras ordenado que fuésemos pacientes y que no nos lamentásemos en voz alta, habríamos continuado llorando y lamentándonos incesantemente, aunque todo ese llanto, esos lamentos y gritos no podrían haberse comparado con la pérdida real al separarnos de ti. Pero la muerte es un evento inevitable, nadie puede hacer que la muerte se regrese por donde vino ni puede impedir que llegue. Por favor recuérdanos ante Dios y por favor no nos olvides.

SERMON 240

EN LA MECA, DURANTE LOS PRIMEROS DIAS DEL ISLAM, LOS QURAIX DECIDIERON MATAR AL SANTO PROFETA (LA PAZ SERA CON EL Y SUS DESCEN- DIENTES), Y UNAS 40 PERSONAS FUERON SELEC- CIONADAS PARA LLEVAR A CASO ESTA ACCION ODIOSA. ESAS 40 PERSONAS IBAN A RODEAR SU CASA DURANTE LA NOCHE E IBAN A ENTRAR EN ELLA PARA MATARLO CUANDO ESTUVIERA EN LA CAMA. DIOS LE REVELO ESTO A SU MENSAJERO (LA PAZ SERA CON EL Y SUS DESCENDIENTES) Y LE ACONSEJO QUE DEJARA LA MECA INMEDIATAMENTE Y EMIGRARA HACIA MEDINA, EL SANTO PROFETA (LA PAZ SEA CON EL Y SUS DESCENDIENTES), EN OBEDIENCIA A LAS OR- DENES DE DIOS, DECIDIO SALIR HACIA MEDINA ESA MISMA NOCHE, PERO COMO LAS ORDENES DIVINAS ERAN QUE PARTIESE CON ABSOLUTO SIGILO Y COMO HABIA EL PELIGRO DE QUE EL SECRETO DE SU PAR-

TIDA SE DESCUBRIERA SI EL NO ERA HALLADO EN SU CAMA, EL MENSAJERO DE DIOS (LA PAZ SEA CON EL Y SUS DESCENDIENTES) SE ENCONTRO EN UNA GRAN DIFICULTAD. COMO ERA SU HABITO, LE PIDIO AL IMAM ALI (LA PAZ SEA CON EL) QUE ACUDIERA A AYUDARLO. EL IMAM ALI (LA PAZ SEA CON EL) INMEDIATAMENTE Y DE BUEN GRADO SE OFRECIO A REMPLAZARLO EN SU CAMA Y ENFRENTARSE A LOS 40 ASESINOS EN LUGAR DEL SANTO PROFETA (LA PAZ SEA CON EL Y SUS DESCENDIENTES). LA CONDICION ERA QUE, PASARA LO QUE PASARA. ALI (LA PAZ SEA CON EL) NO EXPONDRIA SU CARA Y NO DEJARIA QUE LOS ENEMIGOS SUPIERAN QUE ERA EL Y NO MUHAMMAD (LA PAZ SEA CON EL Y SUS DESCENDIENTES) A QUIEN MATABAN. EL IMAM EN ESTE TIEMPO APENAS TENIA 23 AÑOS. EL ACEPTO LA CONDICION, OCUPO EL LECHO DEL PROFETA (LA PAZ SEA CON EL Y SUS DESCENDIENTES) Y SE CUBRIO CON LA COLCHA VERDE DEL PROFETA (LA PAZ SEA CON EL Y SUS DESCENDIENTES). EL MENSAJERO DE DIOS (LA PAZ SEA CON EL Y SUS DESCENDIENTES) ENTONCES DEJO SU CASA EN LA OSCURIDAD DE LA NOCHE. ESTA NO FUE LA PRIMERA NI LA ULTIMA OCASION EN QUE EL IMAM SE DISPUSO A DEFENDER AL SANTO PROFETA (LA PAZ SEA CON EL Y SUS DESCENDIENTES) O SE OFRECIO COMO SACRIFICIO PARA SALVAR LA VIDA Y LA MISION DEL MENSAJERO DE DIOS (LA PAZ SEA CON EL Y SUS DESCENDIENTES). EL ENEMIGO, BAJO LA IMPRESION DE QUE QUIEN ESTABA EN LA CAMA ERA EL PROFETA (LA PAZ SEA CON EL Y SUS DESCENDIENTES), EMPEZO A PEDREAR AL IMAM Y A APUNTAR SUS FLECHAS CONTRA EL. LA PARED DE LA CASA NO ERA MUY ALTA; LA MECA ENTONCES NO ERA UNA GRAN CIUDAD, ERA SOLO UN PUEBLO CON CASAS DE ADOBE CUYAS PAREDES NO ERAN MUY ALTAS. LOS ASESINOS COLOCARON ALGUNAS PIEDRAS JUNTO A LA PARED PARA SUBIRSE, Y CON ESTA AYUDA PODIAN VER FACILMENTE QUE ALGUIEN

ESTABA DURMIENDO EN LA CAMA DEL SANTO PROFETA (LA PAZ SEA CON EL Y SUS DESCENDIENTES), ASI EL IMAM SE VOLVIO UN BLANCO FACIL. EL RECIBIO MUCHAS PEDRADAS EN LA ESPALDA, EN EL PECHO, EN LA CABEZA Y EN LAS MANOS, Y UNAS CUANTAS FLECHAS SE CLAVARON EN SUS PIERNAS, PERO EL NO MOVIO NI UN MUSCULO CUANDO ALGUNA PIEDRA O ALGUNA FLECHA HALLABAN SITIO SOBRE SU CUERPO. ESTO CONTINUO HASTA QUE EL SOL SALIO, Y CUANDO AMANECIO, TODOS LOS QUE SE HABIAN REUNIDO PARA MATAR AL SANTO PROFETA (LA PAZ SEA CON EL Y SUS DESCENDIENTES) ROMPIERON LA PUERTA E IRRUMPIERON PARA ATACAR AL IMAM. KHALID IBN-WALID HABIA LEVANTADO SU ESPADA CUANDO EL IMAM RETIRO LA COBIJA QUE LE CUBRIA EL ROSTRO, DIO UN SALTO, AFERRO LA MANO DE KHALID Y LE QUITO LA ESPADA, Y AGARRANDOLO DEL CUELLO LO EMPUJO PARA RETIRARLO DE ALLI.

TODOS QUEDARON ANONADADOS, YA QUE ESPERABAN ENCONTRAR AL SANTO PROFETA (LA PAZ SEA CON EL Y SUS DESCENDIENTES) EN SU LECHO PERO HALLARON A ALI (LA PAZ SEA CON EL) EN SU LUGAR. ELLOS QUERIAN QUE EL IMAM LES DIJESE DONDE ESTABA EL SANTO PROFETA (LA PAZ SEA CON EL Y SUS DESCENDIENTES). EL CONTESTO QUE NO SABIA. EL IMAM PERMANECIO OTROS TRES DIAS HASTA QUE TUVO NOTICIAS DE QUE EL SANTO PROFETA (LA PAZ SEA CON EL Y SUS DESCENDIENTES) HABIA LLEGADO SANO Y SALVO A MEDINA, Y ENTONCES SALIO HACIA MEDINA CON SU ESPOSA (FATIMAH, LA PAZ SEA CON ELLA), SU PROPIA MADRE (FATIMAH BINT ASAD) Y OTRAS DOS MUJERES DE LA FAMILIA. EN EL CAMINO EL TUVO QUE ENFRENTARSE A ALGUNOS QUE QUERIAN IMPEDIR SU PARTIDA, Y UN ZAFARRANCHO TUVO LUGAR. EL SOLO DERROTO AL ENEMIGO Y LLEVO A LAS MUJERES A SALVO A MEDINA. EN EL SIGUIENTE DISCURSO EL IMAM

PROBABLEMENTE DABA UN RELATO DETALLADO DE ESTE INCIDENTE DE SU VIDA, PERO EL SERMON COMPLETO NO PUDO SER HALLADO Y SAYYED RAZI ENCONTRO SOLAMENTE EL SIGUIENTE PASAJE, EL CUAL TRANSMITIO FIELMENTE AL MUNDO MUSULMAN:

Yo seguí el camino que el Santo Profeta (la paz sea con él y sus descendientes) había tomado. Yo recibía noticias suyas hasta que llegué al lugar llamado Ury.

SERMON 241

TRABAJAD MIENTRAS HAY TIEMPO Y MIENTRAS LA VIDA OS PERMITA TRABAJAR. LA BASE DE LAS ENSEÑANZAS DEL IMAM ES EL EVANGELIO DEL TRABAJO: TRABAJAR HONESTA, SINCERA, DILIGENTE Y PIADOSAMENTE. TRABAJAR POR EL BIEN DE LA HUMANIDAD. TRABAJAR POR LAS RECOMPENSAS RESERVADAS EN EL CIELO. TRABAJAR CUANDO EL TIEMPO, LA VIDA Y LAS OPORTUNIDADES OS LO PERMITEN. TRABAJAR Y LIBERARSE DE LAS GARRAS DEL VICIO Y LA MALDAD. TRABAJAR Y ALCANZAR ESTANDARES SUPERIORES DE MORALIDAD. EL REINO DE DIOS ESTA CERRADO PARA LAS PERSONAS COMODINAS, SOBREALIMENTADAS, VESTIDAS CON LUJO EXCESIVO Y BUSCADORAS DEL PLACER; SUS PUERTAS SIEMPRE ESTAN ABIERTAS PARA LOS HOMBRES QUE TRABAJAN TENAZMENTE Y QUE SON HONESTOS, INTELIGENTES, PIADOSOS Y TEMEROSOS DE DIOS. ALGUNOS COMENTADORES CONSIDERAN QUE EL SERMON 245 ES PARTE DE ESTE SERMON.

¡Trabajad!, ¡trabajad!, y haced un buen trabajo mientras aún tenéis vida, salud y oportunidades, mientras hay posibilidad de que hagáis el bien, mientras vuestras buenas obras aún puedan ser registradas por los ángeles y mientras todavía haya tiempo para que os arrepintáis del vicio y volváis hacia la virtud y la piedad.

Por Su Benevolencia Generosa y Su Bondadosa Largueza, Él llama a todos aquéllos que le han vuelto la espalda. Él les informa que hay esperanza y oportunidad para que los pecadores se arrepientan de sus culpas, que regresen sobre sus pasos — los cuales fueron dados en vicio y maldad — y reclamen su lugar en el Reino de Su Gracia y Su Favor. Él les aconseja que trabajen mientras aún queda tiempo para trabajar, mientras hay oportunidades para hacer el bien, mientras aún hay vida y energía en el cuerpo, mientras la puerta del arrepentimiento aún esté abierta y mientras que los ángeles que los cuidan y registran sus acciones aún estén con ellos (mientras ellos estén vivos todavía).

Todo hombre debe hacer el bien para sí mismo, tomar provisiones para el Más Allá durante su vida. tratar de alcanzar la felicidad eterna con obras hechas a lo largo de sus días de mortal. Toda persona a la que le ha sido asignado un periódo de vida y ha sido agraciado con tiempo y oportunidades para trabajar debe dar gracias a Dios y debe temerle.

Es un verdadero hombre y un valiente quien puede mantener bajo completo control sus pasiones y sus deseos; quien puede mantener su conciencia, su mente y su espíritu libres de malos pensamientos y deseos viciosos; quien pueda prohibirse a sí mismo y evitar desobedecer a su Señor y Amo y forzarse a obedecer Sus Ordenes y Prohibiciones.

SERMON 242

ESTE DISCURSO ES ACERCA DE AMR IBN AAS Y ABU-MUSA AXARI, LOS DOS ARBITROS DE SIFFIN, UNO DE LOS CUALES (AMR) ERA AMIGO INTIMO Y CONSEJERO DE MOAWIAH Y FUE NOMINADO POR EL COMANDANTE DEL EJERCITO DE MOAWIAH. EL OTRO (ABU MUSA) FUE SOBORNADO POR MOAWIAH Y VENDIO SU ALMA POR UNOS MILES DE DINARES. EL FUE NOMBRADO ARBITRO POR EL JEFE DEL EJERCITO DE CUFAH CONTRA EL DESEO DEL IMAM DE NOMBRAR A ABDULLAH IBN-ABBAS.

Ellos son tiranos de mente perversa; ellos son malvados y ruines; ellos han entregado sus almas a la esclavitud en manos de personas viciosas y despreciables y han rendido su libertad de voluntad, su libertad de elección entre el bien y el mal, y el valor de su convicción a un amo injusto y degenerado, porque ellos son la escoria de la sociedad. Ellos han reunido a su alrededor a clases de gentes viles, bajas, impuras e híbridas para crear discordia entre los musulmanes y para instigarlos a rebelarse contra la verdad y la piedad.

Quienes son extraviados por esas dos personas viciosas son tan ignorantes que lo que realmente necesitan es que se les enseñe la verdadera religión y la educación para entender y seguir la verdad, y la persuadió para hacer buenas obras y llevar una vida virtuosa (mientras que lo que realmente les es enseñado por Moawiah y su partido es adorar la prosperidad, el poder y el placer). Ellos merecen tener un buen líder que los tomase en su control bondadoso y benévolo y los conduciese hacia la virtud y la piedad. Ellos no son ni Muhayirs (emigrantes), ni Ansars (los anfitriones de Medina), ni de aquellas gentes que abrazaron el Islam en Medina y construyeron una mezquita allí antes de la llegada del Santo Profeta (la paz sea con él y sus descendientes).

Considerad cuidadosamente y ved lo que ellos (los sirios) han hecho. Ellos han escogido a una persona de entre ellos mismos (Amr ibn Aas) para que ganase para ellos la cosa que ellos más deseaban o algo cerca de ello. Y vosotros muy tontamente queríais que Abdullah ibn Qays (Abu Musa Axari) os representase y consiguiese para vosotros una cosa que realmente era odiosa, así como dañina, para vosotros. Vosotros ya sabíais qué clase de hombre era él. ¿No recordáis cómo instigaba y os atemorizaba en la ocasión de la Batalla de del Camello (Basorah)? ¿No os dijo él entonces que la guerra estaba creando fricción entre los musulmanes? ¿No os aconsejó él que rompierais vuestras flechas, aflojaseis vuestros arcos y envainaseis vuestras espadas? Si entonces él tenía razón al considerarnos a vosotros y a mí como las personas responsables por la provocación de disensiones entre los musulmanes, entonces él estaba totalmente equivocado al venir a nosotros como nuestro colega. Él no fue forzado ni obligado a ponerse de nuestra parte. (Él lo hizo con motivos ocultos). Si él fue un embustero deshonesto e intrigante en la Batalla del Camello, como entonces creíais que era, entonces su deshonestidad y sus motivos ocultos fueron probados por sus acciones posteriores. No lo escojáis como árbitro de parte vuestra. Dejad que Abdullah ibn-Abbas tome su lugar. Él es la persona más adecuada para contraatacar las insinuaciones y los engaños de Amr ibn-Aas. Aprovechad la oportunidad que Dios os da y defended adecuadamente las ciudades de este Estado Islámico. ¿No veis que vuestras ciudades están siendo atacadas y que vuestro poder y vuestra fuerza están siendo aplastados?

(PERO LOS HABITANTES DE CUFAH, MUY TONTA-MENTE, NO ACEPTARON ESTE CONSEJO Y SUFRIERON LAS CONSECUENCIAS DE SU ESTUPIDEZ).

SERMON 243

ESTE DISCURSO DESCRIBE LOS ATRIBUTOS DE "ALE MUHAMMAD" (LA FAMILIA DEL SANTO PROFETA, LA PAZ SEA CON EL Y SUS DESCENDIENTES).

Ellos dan vida al aprendizaje y a la evolución del conocimiento y ellos hacen lo máximo posible para eliminar la ignorancia. La profundidad de su paciencia indica la profundidad de su conocimiento. Sus discursos contienen conocimiento profundo y enseñanzas. Ellos no se oponen a la verdad ni la niegan. Ellos son pilares para apoyar al Islam. Ellos son las verdaderas fortalezas donde el Islam puede hallar un refugio. Debido a ellos la religión obtuvo su lugar adecuado entre los seres humanos y la ignorancia y la falsedade fueron miradas con desprecio y aborrecimiento. Ellos entendieron el verdadero espíritu del Islam y su importancia al poner en práctica cuidadosamente sus preceptos. Entre los hombres hay muchos que predican las cosas grandes y buenas, pero muy pocos pueden encontrarse que actúen de acuerdo con lo que predican (las obras de Ale Muhammad corresponden perfectamente con sus enseñanzas).

SERMON 244

CUANDO UTHMAN, EL TERCER CALIFA, FUE ACOSADO POR LAS GENTES DE EGIPTO, IRAQ Y HIYAZ, EL ENVIO POR ABDULLAH IBN-ABRAS Y LE SOLICITO QUE LE PIDIERA AL IMAM QUE SALIERA DE MEDINA Y FUERA A SU PUEBLO YAMBU. A ELLO EL IMAM REPONDIO:

¡Oh Ibn Abbas!, Uthman quiere tratarme como a un camello que saca agua de un pozo y que va hacia adelante y hacia atrás junto con el balde del agua. En las primeras etapas de este conflicto —y de las hostilidades— él quería que dejara Medina y me fuera a Yambü y me quedara allí. Yo hice como él quiso. Él me llamó para que regresara. Yo regresé. Y ahora él quiere que me vaya otra vez. ¡Por Dios!, yo hice todo lo que pude para evitarle el peligro pero ahora me temo que si actúo más como él desea, pueda volverme un pecador.

SERMON 245

CONSEJO A LAS GENTES PARA QUE NO SE ACOSTUMBREN A LA VIDA FACIL Y LUJOSA, SINO QUE SEAN DETERMINADOS Y VALEROSOS, YA QUE SOLO DE ESTA MANERA PODEIS CUMPLIR VUESTRO DEBER HACIA DIOS Y EL HOMBRE.

Dios quiere que le mostréis vuestra gratitud y Él os concedió algo de Su Poder y Su Autoridad. Él también os ha dado oportunidades en el período limitado de vuestra vida, para que cada uno de vosotros trate de rebasar a los demás para llegar a su dominio de Gloria y Favor. Apretáos fuertemente vuestros cinturones y alistáos. Recordad que la firme determinación y los entretenimientos disfrutables (la vida lujosa) no van de la mano. El sueño cómodo en camas lujosas rompe el valor firme y la fortaleza tenaz.

NOTAS
A LOS SERMONES

1. O sea que no pueden ser añadidos a Su Ser ni quitados de Él, ya que cada atributo, cualidad o propiedad, por su propia existencia, prueban que se tratan de algo diferente de la persona a la que se atribuyen y a las que califican o describen, porque la existencia de todo ser creado es una prueba de que el es una entidad bastante diferente y separada de sus atributos y propiedades.

Por ejemplo, un hombre puede ser muy sabio y educado pero su sabiduría o conocimiento no es lo mismo que su ser; una vez, cuando era niño, él existió sin sabiduría y conocimiento, después él los adquirió ambos con arduo trabajo, y durante su vida él podría volverse loco y vivir como lunático; por lo tanto, él y sus atributos de sabiduría y conocimiento son dos cosas diferentes, cada uno tiene un lugar en la naturaleza independiente uno de otro; uno (una persona) puede adquirir al otro (al atributo) y puede incrementarlo gradualmente o perderlo totalmente sin perder su propia existencia. Lo mismo es el caso de nuestros cinco sentidos: una persona puede tener vista y después puede quedar ciego, de que tenga oído y lo pierda luego, también puede sufrir la pérdida de los sentidos del tacto, el olfato y el gusto después de haberlos tenido; similar es la condición de otras cualidades abstractas. Pero ese no es el caso del Señor, el Todopoderoso; Su Ser y Sus Atributos son lo mismo, Él nunca estuvo sin ellos, Él no tuvo que adquirirlos y Él nunca estará sin ellos. No hay diferencia entre Sus variados atributos. Por ejemplo, nuestra vista es una propiedad bastante diferente de nuestro oído y ambos son muy diferentes de nuestro valor o valentía. Con el Señor, no puede imaginarse distinción alguna. Luego está la cuestión de las limitaciones. Cada una de nuestras cualidades depende de ciertas circunstancias y aspectos. Por ejemplo, nuestra vista, debe tener luz para que pueda funcionar, debe tener el sistema óptico de nuestro cuerpo en buenas condiciones, debe tener algún objeto de ver, y por último, los objetos que deseamos ver deben estar dentro del rango de la distancia que la luz puede viajar dentro del período de nuestra vida sin disiparse completamente. Pero el Señor no necesita de la ayuda de la luz ni de cualquier otro agente que haga visibles las cosas para Él. El vé en cualquier lugar y todos los lugares; Él es Omnipresente y Omnisciente. Su Conocimiento, Su Vista, Su oído y Su Presencia son todos uno y lo mismo. Asi, el Imam dice que no concibáis a Dios como una copia de vosotros mismos. Vuestros atributos no deben

ser asignados a Él. No tratéis de entender Sus atributos con base en los estándares de los vuestros y no consideréis que están en el mismo plano que los vuestros. No tratéis de entrar en detalles acerca de Sus atributos.
2. O sea, teniendo diferentes partes del cuerpo: una que vé, otra que oye, una tercera que siente, etc.
3. O sea, es incorrecto creer que Él dependa del tiempo, el espacio, las cualidades y los atributos.
4. Esto es, que Él fuera como un número que puede ser sumado, al que se le puede sustraer, o puede ser multiplicado o dividido. El Señor no es así.
5. Ansiedad acerca de cómo crearlo, como darle forma, cómo asignar propiedades y atributos, cómo mantenerlo en existencia y cómo aniquilarlo.
6. La creación de todos los universos fue un asunto simultáneo; Él lo deseó y lo quiso, y todo adquirió existencia tal como Él había querido que fuera.
7. Que tuvieran sus existencias relativas al tiempo y dependientes de él, dando así a la materia tiempo, y por lo tanto espacio, un continuo que no puede existir sin los otros dos.
8. En tal forma que todos ellos se unieron para convertirse en millones de millones de galaxias que contienen billones de billones de soles, lunas y tierras, e innumerables formas de vida. Pero como Él había destinado que la espontaneidad fuera la principal característica de la creación fue espontáneo y simultáneo.
9. Simultáneamente con la creación e inmediatamente después de ella, los universos empezaron a expanderse. El poder de su Orden es tal que las galaxias que empezaron a existir hace billones de años aún están expandiéndose hoy.
10. La solidez, el estado líquido, el estado gaseoso, la radioactividad, la condición inerte, la forma de (energía y materia), y el tamaño (más grande o más pequeño que la longitud de onda de la luz); en pocas palabras, toda forma de propiedad o atributo que existe en la naturaleza. Y fue hecho obligatorio para todo lo que empezó a existir, que existiera que funcionara, y que decayera de acuerdo con ciertas leyes y en obediencia a Su plan o programa.
11. Detalles de la existencia, de las propiedades, de las afinidades, las incongruencias, las incompatibilidades, las etapas del desarrollo y de la destrucción, las épocas y los cambios por los que las cosas tienen que pasar.
12. Los efectos de cada cambio en la forma o las propiedades de la materia

y la energía, cada etapa del desarrollo, cada forma de evolución, fueron conocidos por Él antes de que les fuera dado un lugar en la naturaleza o fueran introducidos en ella.

13. Después de haber dispuesto un programa, un conjunto de leyes para gobernarlos y también una rutina a seguir, y después de haber dado forma y propiedades a todos y cada uno de los objetos.
14. El gas interestelar o primordial que es llamado éter por los científicos; yo he usado la palabra "fluido" como traducción de la palabra Ma! usada por el Imam, ya que este gas, debido al efecto de la presión colosal de la condensación original, era demasiado espeso como para comportarse como un gas o un líquido ordinario, estaba en un estado fluído, y yo creo que por esta razón se usó la palabra Ma!. Hay otro punto digno de consideración: este gas primordial era casi únicamente Hidrógeno, el cual es el principal ingrediente del agua, y para el cual el nombre árabe actual es Ma'in
15. Para que en el espacio creado cada galaxia pueda encontrar un lugar vacío para desarrollarse y compensarse en billones de billones de soles y planetas y, así, no se disipa completamente.
16. Para que la materia y la energía puedan actuar totalmente dentro de ciertos límites y no se disipe en el espacio; por lo tanto, el espacio se mantuvo finito — por grande que sea, la materia permaneció finita — por enorme que fuese su cantidad y el tiempo fue mantenido finito — por largos que pudiesen ser sus períodos — así que no hay nada infinito en la naturaleza.
17. El espacio, así como las regiones galácticas fueron controlados dentro de campos gravitacionales, aunque el espacio fuera muy vasto y el fluído muy turbulento.
18. Era la fuerza gravitacional actuando contra la velocidad de expansión.
19. El Imam ha explicado esta fase con el ejemplo análogo de la cuajada que es violentamente agitada y empieza a dividirse en grumos (estrellas) y suero (polvo de estrellas y gas interestelar): una similitud muy adecuada.
20. La influencia del campo gravitacional y la velocidad de expansión a un mismo tiempo — y permitió la suficiente quietud para que la cohesión atómica se desarrollase en elementos, o sea moléculas.
21. Las regiones de los conglomerados galácticos, cada uno conteniendo millones de galaxias, y cada galaxia incluyendo billones de estrellas.
22. Una en el centro de la masa primordial, quizás en la que se localiza nuestra tierra.

23. Estas galaxias, aunque mayormente consisten de polvo estelar y estrellas, sin embargo están fuerte y durablemente entretejidas.
24. Quizás como gas primordial o campo gravitacional o curvatura del espacio.
25. El agua es añadida a este compuesto. Esto muestra que la vida empezó en el agua. En el Sagrado Corán dice: "Yo he creado del agua a toda criatura viviente".
26. Este ser (el hombre) tiene sagacidad, entendimiento y comprensión, tiene memoria y puede recoger experiencias y seleccionarlas para hacer uso de aquéllas que pueden ser útiles y serviciales para él; él tiene captación, imaginación y visión, él puede distinguir y diferenciar entre lo correcto y lo incorrecto y entre lo bueno y lo malo; él puede formular planes y políticas; él puede organizar, arreglar, sistematizar, dirigir e introducir órdenes; él puede investigar, descubrir, originar, fabricar, construír, formar y producir; él puede hacer uso libre de sus miembros y puede manejar y manipular instrumentos, herramientas y maquinaria.
27. La progenie del Santo Profeta (la paz sea con él y sus descendientes).
28. Idem (lo mismo).
29. Las oraciones del Imam fueron constestadas y pronto después del Imam, durante cerca de un siglo, esas gentes fueron gobernadas por tiranos que las mataban, las deshonraban las saqueaban y esclavizaban a sus hijos. Ziyad, su hijo Obaidullah y Hayyay Ibn-Abu-Yüsuf, que las gobernaron, fueron azotes y manifestaciones del castigo divino.
30. Con esto el Imam se refería a Zubayr, Talha y la hueste de otros que originalmente habían instigado el hecho, y que después se hicieron sordos a las peticiones del Califa Uthman. y después ellos mismos surgieron como vengadores de su asesinato.
31. El Imam derrotó los Quraix en la Batalla de Basorah y otra vez obtuvo una victoria aplastante en la Batalla de Naharwan. Él estaba preparando una invasión a Siria cuando fue asesinado mientras se arrodillaba ante Dios en su oración matutina en el mes de Ramadan del año 40 H.
32. Con esto el Imäm se refiere a los versos del Corán en los que Dios ha declarado que la calumnia, la difamación y el hablar mal del ausente son pecados.
33. Amr Ibn-Aas hizo realmente esto en la Batalla de Siffin, cuando el Imán se enfrascó en un combate mano a mano con él, y cuando recibió un golpe de la espada del Imán, se cayó de su caballó se tiró boca abajo, y así yaciendo se descubrió el trasero. El Imán volteó la cara para otro lado y

le pidió que se levantara y se largara, lo cual hizo él muy rápidamente. El Imán se refiere a ese incidente.
34. En lo que se refiere a la limitación del conocimiento humano, puede obtenerse una idea leyendo el libro de Sullivan, "La Limitación de la Mente".
35. El avance posterior de las ciencias puede mostrar qué clase de influencia es a la que se refiere el Imán y cómo actúa.
36. Ibn Abil Hadid, el famoso comentador e intérprete de estos sermones, dice que con estas frases el Imán se refería a sí mismo.
37. ¿Significa esto una guerra aérea? Una predicción similar acerca de Basorah y el Medio Oriente se encuentra en un hadith (dicho) del Santo Profeta (la paz sea con él y sus descendientes).
38. Aquí el Imán se refiere al verso del Sagrado Corán: "De cada nación hemos seleccionado un testigo, y te hemos nombrado testigo sobre todos ellos".
39. Aviones supersónicos que llevan ejércitos o misiles guiados portadores de bombas. En el texto original la palabra usada por el Imäm es Si es leída Jayl significa caballos, y si se lee Jil significa aves de mal agüero. Durante la época del Imäm y durante las épocas de los comentadores y traductores de este libro la mejor parte y la más ruidosa de un ejército era la caballería; y los caballos representaban un papel importante en la pompa y la gloria de los grandes hombres de la época. Por lo tanto era natural que la palabra fuera leída como Jayl y fuese traducida como caballería. Pero una caballería silenciosa sólo puede ser un ejército supersónico de transportadores aéreos de bombas, ellos no levantarán polvo y alcanzarán sus blancos antes que el sonido, y ciertamente serán aves del mal agüero para la ciudad a la que ataquen. Similarmente la palabara Humhaha, usada en el texto original, significa relincho de caballo, sonido de las alas de los pájaros. Por lo tanto no estoy equivocado al traducir "sus aeroplanos supersónicos no rugirán". Además, Yasisran viene de Sar que significa incitar a la guerra y Qidam significa perseverancia. Sayyed Razi — que Dios se apiade de él — dice que el Imán se refiere con esto a Aibuz Zany, pero no puedo estar de acuerdo con él.
40. ¡Qué descripción de la actitud de embriaguez de poder de las naciones poderosas!
41. Porque nadie quedará vivo para llorar por los muertos. ¡Qué predicción tan gráfica acerca de una guerra atómica!
42. En mi opinión el Imán predecía el peligro amarillo que surgirá del Asia

Central, comprendiendo a las razas mongoles, atacando a las grandes ciudades del mundo con armas atómicas transportadas por aviones supersónicos dirigidos.
43. Sedillot, en su libro "Histoire des Arabes" dice: "Podría haberse creído que todos se someterían ante su gloria, tan pura y tan grande. Pero no fue así. Zubayr y Talha que esperaban que la elección de la gente favorecería a alguno de los dos para el Califato, fueron desanimados en sus planes ambiciosos, al serles negados por el nuevo Califa la gubernatura de Basorah y Cufah, y fueron los primeros en levantar el estandarte de la rebelión.
44. Descendientes del Santo Profeta (la paz sea con él y sus descendientes).
45. Idem.
46. Acerca de las dos esposas del califa Uthman hay hechos históricos que se contradicen entre sí. Los nombres de estas dos damas fueron RUQQAYAH Y UMM KULTHUM, o ZAYNAB y UMM KULTHUM. El califa Uthman se había casado con una después de la muerte de la otra. Algunos historiadores consideran que estas damas eran hijas del Santo Profeta (la paz sea con él y sus descendientes), mientras que otros han escrito que ellas eran hijas de Jadïya — de sus primer matrimonio. Como ella tenía a estas hijas consigo, naturalmente el Santo Profeta (la paz sea con él y sus descendientes) — de acuerdo con su conocida benevolencia y actitud afectuosa con los niños — las trataba como si fueran de él; mientras que hay algunos historiadores del período de la era pre-Islámica, que escriben diciendo que eran hijas de Hala, hermana de Jadïya, y a la muerte de Hala y su esposo, Jadïya se hizo cargo de estas niñas huérfanas. En los días pre-Islámicos estas dos jóvenes crecieron y llegaron a la edad casadera. Habían sido casadas con los dos hijos de Abú-Lahab. Cuando el Santo Profeta (la paz sea con él y sus descendientes) empezó a predicar el Islam, este hecho molestó a Abú Lahab y éste ordenó que sus dos hijos se divorciaran de las damas mencionadas. Después de este divorcio, una de ellas se casó con el califa Uthmän y después de que ella murió, la otra también se casó con el Abulgasim Kifi (murió en 352 H.) en su libro "Kitab-ul-Istaghatha" - pag. 69 — escribe: "unos días después del matrimonio del Santo Profeta (la paz sea con él y sus descendientes) con Jadïya, murió Hala, la hermana de ella. Ella dejó dos hijas y Jadïya las crió como sus propias hijas, por lo que solían considerar al Santo Profeta (la paz sea con él y sus descendientes) como su padre.

47. El Imán, en más de una ocasión ha hecho hincapié en los atributos de la mente humana para hallar cobertura para el cuerpo y para hacer uso de los recursos naturales. Parece que son atributos sencillos pero no es así. Es necesario tener una visión científica y filosófica para darse cuenta de su importancia, por lo tanto el Imán, en estas dos frases ha dibujado la imagen del hombre y su supremacía y señorío sobre las cosas terrestres. De todos los animales y plantas, el hombre es el que posee el cuerpo más indefenso físicamente; indefenso contra los cambios del clima, contra las mordidas y piquetes de los insectos y reptiles, contra los dientes y las uñas de los carnívoros e incluso contra las púas de las rosas y los cactus, pero es el hombre, y sólo él, el que ha desarrollado tales vestidos y coberturas con las cuales el puede vivir entre el hielo polar, sobre las cumbres de los Himalaya, en el desierto del Sahara, en las profundidades del Océano Pacífico — ¿no es el submarino una envoltura enorme, grande y gigantesca que lo cubre y lo protege de la presión del agua, los animales marinos y la falta de oxígeno, proporcionándole aire para preservar la vida, y comodidad en un ambiente extraño para él incluso para la respiración? Similarmente él subsiste sobre las alas del aire a alturas de 20 a 60,000 metros, ¿no es el aeroplano otro tipo de envoltura que protege al hombre de la gravitación y los efectos de la altura y la velocidad? ¿No ha encontrado él maneras de defenderse de las mordeduras de los reptiles y las garras de los carnívoros?

Pero, ¿quién sino el hombre tiene completo control sobre las cosas de esta tierra, la energía solar enterrada en el seno de la madre Tierra que llamamos carbón, petróleo, gas, y ahora incluso sobre los átomos? ¿No obedecen estas cosas sus órdenes, le proporcionan facilidades y conveniencias, y le sirven como los esclavos más obedientes? ¿Cómo llegó a poseer ese dominio y ese control? Debido a su cerebro. ¿Quien le dio este cerebro? Dios. ¿No fue Su Benevolencia y Misericordia lo que le concedió al hombre dicho cerebro? Él podría haber dotado incluso a las hormigas con tal intelecto, y entonces las hormigas — y no el hombre — habrían sido los amos de esta Tierra. ¿No merece tal Bondad que en retorno se le obedezca? ¿No amerita que sigamos fielmente Sus Ordenes? Esto es lo que el Imán ha señalado en estas dos frases.

CARTAS

DEL

IMAM ALI

(LA PAZ SEA CON EL)

CARTA 1

La siguiente es la carta enviada por el Imán, por medio del Imán Husayn (la paz sea con él) y Amr Ibn-Yasser, a los habitantes de Cufah antes de que el Imán procediera hacia Basorah para la Batalla de Ymal (librada allí).

Esta carta es del siervo y creatura de Dios, Alí, Amir-ul- Mu'minin [Comandante de los Creyentes], a los habitantes de Cufah, los cuales son líderes de los Ansar [medineses] y personas respetables.

Después de alabar a Dios y de invocar Sus Bendiciones para el Santo Profeta (la paz sea con él y sus descendientes), quiero arrojar alguna luz sobre el incidente del asesinato de Uthman para este asunto tan claro como si vosotros hubieseis estado presentes y como si presenciaseis el asunto vosotros mismos.

Las gentes estaban descontentas con él y lo acusaban y lo culpaban. De todos los Muhayirin [los emigrantes] yo era el único hombre que quería apaciguar y pacificar a las gentes y que no quería participar en las actividades de esas personas insatisfechas, mientras que Talha y Zubayr instigaban al populacho en tal forma que lo que ellos dijesen fuera peor que lo peor que pudiera afirmarse o alegarse contra Uthman. Su campaña de murmullos fue más mortal que la más ruidosa propaganda que pudiera haberse hecho. 'A'ixah también mostraba su suma molestia y enojo contra él. Bajo esas condiciones algunas personas resolvieron matarlo, y lo asesinaron. Entonces todos (tanto amigos como enemigos) vinieron a mí y me hicieron el juramento de fidelidad. Esto fue hecho sin ningún deseo, instigación, inducción, persuasión o forzamiento de mi parte. Ellos vinieron a mí por su propia voluntad, sin vacilar y con placer, éxstasis y alegría.

Sabed que las gentes de la ciudad hacia la que emigró el Santo Profeta (la paz sea con él y sus descendientes) está siendo dejada desierta, sus habitantes se están yendo, está hirviendo de descontento y rebelión. Se ha iniciado una sedición contra el Amir [él]. Quiero que acudáis en auxilio de vuestro Amir para luchar contra sus enemigos.

CARTA 2

Despues de la conquista de Basorah el Imán escrigió la siguiente carta a los habitantes de Cufah.

¡Oh ciudadanos de Cufah! que el Señor Misericordioso os recompense por Sí y de parte de "Ahl-ul-Bayt" [progenie del Santo Profeta la paz sea con él y sus descendientes] por obedecerlos y acudir en su auxilio. Que Él os recompense más generosamente de como Él recompensa a quienes siguen Sus Ordenes (ya que vosotros seguisteis el camino verdadero en contra de muchos factores y a pesar de las tentaciones seductoras).

Vosotros habéis cumplido con vuestro deber. Vosotros escuchasteis el llamado de vuestro Amir, respondisteis a él; él os llamó y vosotros obedecisteis sus órdenes con sinceridad y devoción.

CARTA 3

Xuray Ibn Harith había estado ocupando puestos importantes durante los gobiernos previos. El Imán también lo había nombrado como Qazi (juez principal o alcalde) de Cufah. Llegó al Imán la noticia de que él se había comprado una casa en la ciudad (una casa costosa y cara — quizás más costosa y señorial de lo que su posición requería y también mucho más barata de los que valía). El Imán lo llamó y le preguntó: "Se me da a entender que has comprado esta casa por 80 dinares (el dinar era una moneda de oro) y también se ha regularizado con las firmas de testigos". Xuray dijo: "Oh Amir-ul-Mu'minin!, así es". Al oír esto, el Imäm se sintió enojado y molesto y le dijo:

Xuray, debes saber que una cosa (la muerte) vendrá a tí, la cual no le importará nada este contrato de venta ni aceptará el testimonio de los testigos, sino que te sacará de esta casa solo e indefenso y te arrastrará hasta tu tumba. y antes de que eso suceda debes meditar bien el hecho de si compraste esta casa con el dinero que no te pertenece sino con el de alguien más, y si el precio de ella fue logrado por medios incorrectos y sucios, o si el costo fue provisto por riqueza malhabida. Si así fue, entonces recuerda que tú te separarás (con la muerte) de esta casa, y en la transacción perderás tu lugar en el Cielo. Si hubieras acudido a mí antes de esta transacción, yo te habría descrito un contrato tal que no te habría interesado comprar esta propiedad ni siquiera si costase un dirreme (la moneda de menor denominación y valor). Ese contrato habría estado redactado en los siguientes términos: "Una criatura humilde e inerme ha comprado esta casa de otro ser mortal. Sus límites son como sigue: Por un lado colinda con calamidades y desastres, por el otro lado con desilusión y sufrimientos, en el tercer lado sus fronteras están cubiertas de deseos inmoderados y excesivos que terminan en fracasos, y el cuarto lado es vecino de las seducciones engañosas y cautivantes de Satanás, y la puerta de esta casa se abre hacia el cuarto lado. Un hombre que vive su vida bajo la garra despiadada de los deseos inmoderados y desordenados ha comprado esta casa de otra persona, la cual está siendo incesantemente persuadida por la muerte. Y para el precio de venta, él ha regateado la gloria de una forma de vida honorablemente satisfecha y respetable contra la vida detestable de someterse a todo tipo de humillación por los beneficios materiales y los placeres. El comprador no se ha dado cuenta de los sufrimientos y las degradaciones que estaba comprando y lo que estaba pagando como precio. Su liberación está ahora en manos de Aquél que arroja al polvo los cuerpos de los reyes y derroca sus imperios, Quien hace acabar las vidas de los poderosos gobernantes y Quien ha puesto fin a los dominios de Egipto, Persia, Grecia, Roma y de los reyes Himyaritas de Yemen, Quien ha destruído la riqueza, el poder y la gloria de todos aquellos individuos que amasaron riquezas, reunieron propiedades, construyeron casas muy fuertes y duraderas, las adornaron con los muebles más selectos y más costosos y las rodearon de hermosos jardines. Esas gentes imaginaban que ellos y sus descendientes disfrutarían del producto de su labor, aunque en realidad cada una de las casas así construídas o de los artículos así coleccionados serán algo de lo que habrá que rendir cuentas en el Día del Recuento, el día en que las gentes serán recompensadas o castigadas de acuerdo a sus obras, el día en que los malvados sufrirán por sus métodos viciosos y perversos". Tu mente corroborará y confirmará esto si la mantienes libre de las ambiciones inmoderadas, del deseo de lujos, de la sensualidad, y de los afectos y apegos viciosos.

CARTA 4
Una carta escrita a uno de los comandantes de su ejército.

Si nuestros enemigos acceden a obedecernos, será como yo desee, pero si ellos indomablemente insisten en la disensión y la rebelión entonces tú debes estar listo para luchar contra ellos con la ayuda de tus fieles seguidores. Confía en aquéllos que han probado ser fieles. No confíes ni cuentes con la ayuda de aquéllos que han demostrado ser infieles y desleales. Recuerda que la ausencia de aquéllos que no se nos unen voluntaria y sinceramente es mejor que la presencia de ellos en nuestras filas, y su inactividad y letargo son mejores que su actividad y su participación en nuestras actividades.

CARTA 4

Una carta escrita a uno de los comandantes de su ejército.

Si nuestros enemigos acceden a obedecernos, será como yo desee, pero si ellos indomablemente insisten en la disensión y la rebelión entonces tú debes estar listo para luchar contra ellos con la ayuda de tus fieles seguidores. Confía en aquéllos que han probado ser fieles. No confíes ni cuentes con la ayuda de aquéllos que han demostrado ser infieles y desleales. Recuerda que la ausencia de aquéllos que no se nos unen voluntaria y sinceramente es mejor que la presencia de ellos en nuestras filas, y su inactividad y letargo son mejores que su actividad y su participación en nuestras actividades.

CARTA 5

Axus ibn Qays era un hipócrita y un convenenciero. Por algún tiempo él se adhirió al Imán pretendiendo ser su seguidor sincero. El motivo oculto detrás de esto era amasar riqueza y lograr poder. El Imán lo había nombrado gobernador de Azerbaiyán. Él empezó a reunir y procurarse riquezas por todos los medios posibles. Cuando le fue reportado esto al Imán, él le escribió la siguiente carta a Axus.

Al recibir esta carta él quiso escaparse con la riqueza así amasada, pero los buenos consejos prevalecieron y fue convencido por Huyar ibn Addi-e-kundi para que fuera a ver al Imán. Cuando se hizo una auditoría de sus cuentas, tuvo un faltante de 400,000 dirhams.

Verdaderamente no te fue confiado el gobierno para que amasaras riqueza, ni es un bocado jugoso y apetecible para tragárselo. Por el contrario, es un depósito confiado a tu cuidado y tu fe. Su responsabilidad descansa está sobre tus hombros. Tu Amir (él mismo, la paz sea con él) te ha asignado como pastor y guardián de la gente. Tú no tienes derecho para hacer como desees ni para actuar independientemente sin solicitar su consejo y autoridad. En todos los asuntos importantes del estado y del público tus decisiones deben estar basadas en hechos verdaderos y razones sólidas. Bajo tu control y tu custodia está uno de los tesoros de Dios; tú eres sólamente un tesorero, no tienes derecho para hacer uso personal de parte alguna de esta riqueza, es tu deber pasarla a aquellos a quienes pertenece. Espero que tú no me darás la oportunidad de demostrar que soy un amo de tareas difíciles y un señor severo para tí. Que veas la luz.

CARTA 6

La siguiente es una carta a Moawiah y en ella el Imán ha usado la misma estrategia que aplicó contra Talha y Zubayr. El Imán en esta carta utiliza todos los puntos que una vez fueron citados contra él. El dice que si una elección sobre la base del consenso general es el criterio para decidir un califato, entonces una reunión general tuvo lugar para elegirlo Califa y nadie puede negar este hecho; y si la consulta limitada (Xura) era el criterio entonces los que representaron este grupo (Muhayirun y Ansar) estuvieron entre quienes lo eligieron y por lo tanto, a uno según las reglas formuladas por los oponentes del Imán, la elección fue legal, normal y de buena fe. Así, ningún musulmán tiene derecho a hablar o actuar contra él.

Verdaderamente aquéllos que le juraron fidelidad a Abú-Bakr, Omar y Uthman, me han jurado fidelidad a mí. Ahora, aquéllos que estuvieron presentes en la elección no tienen derecho a retractarse de sus juramentos de obediencia y aquéllos que no estuvieron presentes en la ocasión no tienen derecho a oponérseme. Y en lo que se refiere a la "Xura" (derecho de voto o selección limitado), se supone que estaba limitado a los Muhayires y a los Ansars y también se suponía que a quienquiera que ellos escogieran sería Califa por la gracia y la aprobación de Dios. Si cualquiera va contra esa decisión, entonces debería persuadírsele a que adoptase el curso seguido por los demás, y si él se niega a alinearse con los demás, entonces la guerra es el único curso que queda para ser usado contra él, ya que él se ha negado a seguir el curso seguido por los musulmanes. Dios lo dejará vagar en el desierto de su ignorancia y su cisma.

¡Oh Moawiah!, estoy seguro de que si tú desistes del autoengrandecimiento y el egoismo, si tú abandonas la idea de vivir sólo para las ganancias personales y los placeres, si cesas de actuar únicamente por egoismo, y si tú consideras desapasionadamente el incidente del asesinato de Uthman, te darás cuenta de que yo soy el último hombre que podría ser considerado responsable del asunto y soy el que menos tiene que ver con el episodio. Pero es una cosa diferente que tú produzcas todos estos falsos rumores y efectúes y continúes esta propaganda odiosa para lograr tus motivos ocultos. Bien, tú puedes hacer lo que quieras.

CARTA 7

Una carta a Moawiah, como respuesta a algunas cartas suyas basadas en consejos hipócritas y acusaciones falsas. Para saber quién era Moawiah y qué pretensión tenía por el Califato y cómo es que aspiraba al puesto, es necesario conocer unos cuantos hechos históricos. El lector puede referirse a Ibn-Asr, Ibn-Jaldun, Tabari, Damyari y Jatïb-e-Baghdad. A continuación se da un resumen de los hechos:

Abú-Sufyan era el archienemigo del Santo Profeta (la paz sea con él y sus descendientes) y del Islam. Fue él quien originalmente instigó a los Quraix contra el Profeta (la paz sea con él y sus descendientes), y junto con varios clanes de los Quraix como Bani Aas, Bani Omeya, Bani Tayyum, etc., le hizo la vida imposible al Santo Profeta (la paz sea con él y sus descendientes) y provocó que emigrara a Medina. Pero él no estuvo satisfecho con la emigración. Él supo que el Mensajero de Dios (la paz sea con él y sus descendientes) recibía apoyo en Medina. Obstinado en querer matar al Santo Profeta (la paz sea con él y sus descendientes) y poner fin a su misión, él provocó las batallas de Badr, Uhud y Jandaq. Dios les dió la victoria a los musulmanes en todas esas batallas y hasta el final. Abú-Sufyan y los Quraix fueron derrotados en la Batalla de La Meca. Después de la conquista de La Meca, cuado se dio cuenta de que había perdido todo y no le quedaba alternativa ni marcha atrás, Abú-Sufyan abrazó el Islam para salvar su propiedad y su posición. Después de su conversión y hasta la muerte del Santo Profeta (la paz sea con él y sus descendientes), él fue tolerado como un "Moalle Fath ul- Qulub" (aquéllos que debían ser tolerados y tratados bien para así mantener a los musulmanes a salvo de la guerra fría y las hostilidades activas de ellos). Después de la muerte del Santo Profeta (la paz sea con él y us descendientes), Abú-Sufyan se quiso ganar el favor del Imäm Alí, pero el Imán no se dejó engañar por él, ya que el Imán conocía los deseos que ardían en el corazón y el alma de Abú-Sufyan. El deseo de destruír las enseñanzas del Islam abierta o cubiertamente y de vengarse de las derrotas sufridas a manos de Bani Haxim (la tribu del Santo Profeta, la paz sea con él y sus descendientes), y el deseo de producir desunión entre los musulmanes, hizo que Abú-Sufyan hiciese todo lo posible de lograrlo. Él trató de esconder sus intenciones pero no era difícil conocer su mente. Mientras tanto Abú-Sufyan se había acercado al Califa y su hijo mayor Yazid, el hermano mayor de Moawiah, fue nombrado gobernador de Siria por el primer califa. Después de la muerte de Yazid, su hermano menor Moawiah ocupó su puesto como gobernador. Así la familia de Abú-Sufyan tuvo la oportunidad de lograr un control fuerte sobre Siria. Durante el gobierno del tercer califa, Moawiah no acudió en su ayuda aunque el califa le escribió tres veces para que enviase su ejército a la capital para reprimir a los que se habían rebelado contra él. Moawiah simplemente ignoró esas órdenes y al final, cuando envió un contingente, lo hizo con órdenes explícitas de que no se acercaran a la capital sino que permanecieran en un lugar a aproximadamente 50 km de Medina hasta nuevas órdenes. Y allí permaneció el ejército hasta que el califa fue asesinado. Después de este suceso, cuando Moawiah supo que las gentes se habían congregado alrededor del Imán Alí (la paz sea con él) y que él había asumido el gobierno del estado Islámico, Moawiah empezó la propaganda de que el Imán había causado el asesinato del califa Uthman. Fue Moawiah quien les insinuó a Talha y a Zubayr la idea de aspirar al califato y de culpar falsamente al Imán por la muerte del califa Uthman. Él mismo llevó a cabo esta propaganda lo más intensamente que pudo y, como parte de la guerra fría, empezó a escribir cartas al Imán, conteniendo algunas de ellas consejos para que se arrepintiera, que adoptase una vida piadosa, etc. El Imán, en sus diversas cartas, le contestó que se abstuviera de esa propaganda impía. La siguiente carta es una de ellas.

Después de alabar a Dios y de invocar Sus Bendiciones y Su Paz para el Santo Profeta (la paz sea con él y sus descendientes), quiero informarte que he recibido muchas de tus cartas, las cuales parecen consistir de consejos para mí. Tú has tratado muy astutamente de expresarte con palabras y frases floridas. Tú has hecho esto debido a tu maldad mental natural y debido a la envidia, la enemistad y la malicia que tienen contra mí. Estos tipos de cartas muestran que han sido escritas por una persona que no tiene luz interna que lo guíe ni un guía para que le muestre el verdadero camino. La avaricia, la ambición, la autoensalzación y la ambición de poder, le insinuaron que lo hiciera así y el brincó ante la sugerencia complacido. Es una carta de una persona a la que el egoísmo ha descarriado y la cual ha perdido su sentido de las proporciones. Por lo tanto, no tiene sentido ni valor real.

Algunos comentadores consideran el siguiente pasaje como parte de la carta anterior

Recordad que la alianza y la fidelidad juradas a mí son tales que no requieren consderación por parte de quienes las han jurado, ni están ellos en libertad (desde el punto de vista religioso) de retractarse de ello. Por lo tanto, aquéllos que lo desprecien, se burlen de ello o se retracten de ello, son hipócritas y traidores.

CARTA 8

Yurayr ibn-Abdullah Bayali había sido enviado a Damasco. Él llevaba una carta para Moawiah. Una demora ocurrió a su regreso. El Imán se sentía preocupado y angustiado por su seguridad y le escribió la siguiente carta:

Después de alabar a Dios y al Santo Profeta (la paz sea con él y sus descendientes), quiero aconsejarte que en cuanto recibas esta carta mía, obligues a Moawiah a que responda a la carta que le escribí. Fuérzalo que llegue a una decisión y me dé una respuesta final. Él debe decidir entre dos cosas: o una guerra decisiva o la obediencia. Si va a ser la guerra, entonces me alistaré para luchar contra él, pero si va a ser paz, entonces debes hacerlo que me jure fidelidad y entonces debes regresar.

CARTA 9

Una carta a Moawiah.

Nuestra tribu fue la de Quraix, pero ellos quisieron matar al Santo Profeta (la paz sea con él y sus descendientes) y exterminar a nuestra familia. Ellos conspiraron contra nosotros e hicieron planes para dañarnos. Ellos trataron al máximo de atemorizarnos y de herirnos. Ellos nos forzaron a abandonar nuestras casas y nuestros hogares y retirarnos a la cueva de Xu'ab-e-Abú Talib. Era un lugar muy inhóspito y difícil para vivir en él y fuimos forzados a llevar una vida muy severa. Ellos instigaron a su tribu, así como a otros clanes, para que lucharan contra nosotros. El Dios Misericordioso vino en nuestra ayuda. Él nos protegió y nos defendió. De entre nosotros, aquéllos que tuvimos fe en el Santo Profeta (la paz sea con él y sus descendientes) y en el Islam, nos levantamos para defender al Mensajero (la paz sea con él y sus descendientes) y su causa, con el deseo de lograr el favor del Señor; y aquéllos de nosotros (Bani Haxim) que aún no habían abrazado el Islam (como Abbas ibn Abdulmuttalib), también acudieron en nuestro auxilio ya que nosotros pertenecíamos a ellos y ellos a nosotros. De entre los Quraix, la condición de os que abrazaron el Islam no era tan mala como la nuestra. O tenían ellos alianza con los infieles, o algunas tribus acudieron a defenderlos a pesar de las diferencias de religión.

Mientras que la práctica del Santo Profeta (la paz sea con él y sus descendientes) que cuando una batalla rugía y sus compañeros se comportasen cobardemente y huían del campo de batalla (como en Badr, Uhud y Hunayn) - lo cual era muy común - o empezaban a poner nerviosos a los musulmanes (como en Jandaq), él enviaba a miembros de su familia (Bani Haxim) para que lucharan en la batalla y protegieran así a sus compañeros. Estos miembros de Bani-Haxim frecuentemente luchaban ellos solos y algunos de ellos alcanzaron el martirio; por ejemplo Obedah ibn Hari<u>th</u>, que fue matado en la Batalla de Badr, Hamza ibn Abdulmuttalib en Uhud y Ya'far ibn-Abi Talib en la Batalla de Maota. Además de estos tres había otra persona (aquí el Imán se refiere a sí mismo) que también trató al máximo de alcanzar el martirio. Yo podría dar su nombre pero la fecha de su muerte ya ha sido fijada y él salió vivo de estas experiencias.

¡Oh tiempo!, ¡oh mundo!, cómo me asombran tus caprichos. Las gentes han empezado a considerar a esa persona (el Imán quiere decir Moawiah) igual a mí, siendo que él en toda su vida nunca se esforzó ni ejercitó en el servicio del Islam y de Dios mientras que yo lo he hecho todos y cada uno de los días de mi vida. En el Islam no hay para él rango, ni honor, ni posición ni mérito, en cambio para mí sí. Nadie puede pretender ni afirmar que tiene superioridad y excelencia sobre mí, sin que ellos signifique que es un impostor. Yo no sé de nadie que sirviera al Islam y al Santo Profeta (la paz sea con él y sus descendientes) tan sincera y constantemente como yo. El Señor Todopoderoso sabe que no me equivoco al decir lo que he dicho y que nadie puede compararse conmigo en estos aspectos. Toda la Gloria, la Alabanza y la Grandeza pertenecen a Él y a nadie más.

Tú me has pedido que te envíe a todas aquellas personas que fueron responsables del asesinato de Uthman. Yo medité profundamente acerca de tu petición y hallé que no está en mi poder el enviártelos a tí o a cualquier otro. Juro por mi vida que si no dejas tu hipocresía, tu avaricia y tus actividades rebeldes, tú mismo sabrás quienes son sin que yo te lo diga. En vez de que tú demandes su presencia ellos demandarán la tuya. En mar y tierra y en los llanos y los cerros su presencia será conocida por tí y no te parecerá fácil ni agradable encararte a ellos y maldecirás el día cuando demandaste verlos.

CARTA 10

Una carta a Moawiah.

¿Alguna vez has considerado seriamente qué te sucedería si toda tu riqueza y tus propiedades te fueran quitadas? Las posesiones, las riquezas y los lujos con los que te has rodeado pertenecen todos ellos a este mundo; un mundo que se ha decorado profusamente a sí mismo y está abocado a seducirte con sus gozos y placeres. Te puso una trampa y tú caíste presa fácil de sus engaños. Te arrastró y tú lo seguiste como un animal domado en el extremo de una soga. Te ordenó y tú obedeciste sus órdenes inmediatamente.

Se te ha olvidado que dentro de poco serás llamado a cargar con las consecuencias de esa vida; consecuencias de las que nadie puede escudarte, liberarte ni absolverte. Absténte de ese tipo de vida, manténte listo para el Día del Recuento, estate listo para la muerte - la cual es inevitable, destinada a llegar y terminará seguramente con toda vida, ya sea de ricos o de pobres. No prestes oídos a los susurros inquietantes de quienes quieren tentarte, ni dejes que crean que ellos y sus odiosos susurros tienen un lugar importante en tu mente.

Si tú no sigues fiel y sinceramente los dictados de la religión y no actúas como yo te he aconsejado, entonces quiero advertirte de algo que has olvidado completamente: tú eres ingrato con Dios por todo lo que Él te ha concedido y eres malagradecido con Él por los favores que te ha otorgado. Satanás ha tomado posesión de tu alma. Su deseo de asegurarte como su obediente esclavo es plenamente cumplido. Se ha apoderado firmemente de tu mente. ¡Oh Moawiah!, ¿alguna vez te fue confiada la posición importante y la noble jerarquía de administrar paz y justicia a la humanidad? ¿Tienes el conocimiento necesario para el trabajo? ¿Conoces realmente los cánones de la equidad y la justicia como están dispuestos por el Islam? ¡Tú y tus métodos de gobernar! Que Dios me proteja y me refrene de comportarme con la Humanidad en la forma en que tú te has comportado, y de la tiranía, la explotación y los asesinatos cometidos por tí. Ten cuidado, estás siendo locamente conducido por la ambición de riqueza, poder y por la indulgencia en los vicios, te estás comportando hipócritamente contra el hombre y contra Dios, y puedes condenarte eternamente.

Tú me has desafiado para una batalla. Yo acepto tu invitación. Pero tengo una proposición que hacerte. ¿Para qué tener una guerra en la que haya muerte y derramamiento de sangre de miles de gentes ignorantes? ¿Para qué ser un azote de la Humanidad? Apiadémonos de ellos, sean ellos musulmanes sinceros y temerosos de Dios o mercenarios ignorantes, ineducados y ambiciosos descarriados y engañados por ti. Que haya paz y seguridad para todas las creaturas de Dios. Luchemos tú y yo, uno contra el otro — sólamente — y que sea una lucha a muerte. Que los soldados de ambos bandos se paren a un lado y que nos dejen a ambos pelear uno contra el otro. Que el mundo vea y reconozca quién es el pecador que ha olvidado a Dios y al Día del Juicio. ¿Aceptarás esta invitación mia? ¿Tienes valor para ello? ¿Eres suficientemente hombre para enfrentarte valientemente a la muerte o eres simplemente un vampiro que chupa la sangre de los demás clandestina y secretamente?

¡Recuerda Moawiah!, aunque ahora yo esté viejo aún soy Abul Hassan, el hombre que mató a tu abuelo materno, a tu tío y a tu hermano en combates mano a mano en la Batalla de Badr. La misma espada todavía está en mi mano, la misma sangre fluye todavía por mis venas, el mismo corazón late aún en mi pecho, y con el mismo valor me enfrento todavía a mi enemigo. ¿Vendrás y te enfrentarás a mí en el campo de batalla?

Recuerda que yo no he introducido ninguna innovación en la religión ni he insinuado el cisma. Verdaderamente yo creo sinceramente en la religión que tú pretendiste adoptar — hipócritamente, con reservas mentales y pretensiones — una religión a la que tú realmente odias y aborreces en el corazón

corazón, y la cual tú abandonaste rápida, feliz y alegremente. Pretendes que quieres vengar el asesinato del califa Uthman. ¿Sabes quién lo mató realmente y quién causó este asesinato? Si realmente lo sabes, entonces véngate de ellos.

Veo ante mí el día cuando te canses de esta guerra, cuando te enfrentes a la derrota, cuando halles a la muerte o a la desgracia viéndote, cuando yo disperse a tus ejércitos — matando a tus famosos, pero descarriados, mariscales — cuando yo diezme tus rangos y filas. Entonces, abatido y desesperado, correrás hacia el Libro de Dios, aunque tú no tienes fe en él ni tienes fe en la verdad predicada por él, pues tú y tus seguidores - siendo hipócritas - no tenéis fe en Dios, ni en el Santo Profeta (la paz sea con él y sus descendientes) ni en el Día del Juicio, y habéis roto las promesas que habéis hecho.

(¡Qué predicción! Exactamente como el Imán lo predijo, así sucedió. Cuando vio que su derrota era inminente, Moawiah - por consejo de Amr ibn Aas - amarró algunos trozos de papel a unas lanzas y, levantándolas, declaró que eso era el Corán, y que ellos querían que el Libro Sagrado actuase como árbitro entre él y el Imán).

CARTA 11

Parte de las instrucciones a su mariscal cuando el Imán lo envió a una batalla.

Cuando te aproximes al enemigo o cuando él se acerque a tí, trata siempre de mantener tu ejército en la cumbre de un cerro, o al pie de una montaña, o al lado de un río, para que puedas observar fácilmente los movimientos de tu enemigo. No pongas a pelear a todo tu ejército en el encuentro, deja que sólo unas cuantas unidades tomen parte en el zafarrancho. Si tu ejército no está en la cumbre de un cerro, entonces coloca a tus exploradores y a tus guardias sobre todas las colinas altas y a lo largo de la línea de fortificación para que el enemigo no os tome desprevenidos.

Recuerda que los comandantes de un ejército son sus guardianes y sus guías, y que los ojos de estos comandantes son los exploradores.

Trata de evitar la disensión y no provoques que los complejos de superioridad o inferioridad se arraiguen entre tus oficiales o entre tus rangos y filas. Donde y cuando acampes, trata siempre de que todos tus oficiales y soldados acampen en la misma localidad y que a todos se les provea de las mismas comodidades y conveniencias, y cuando marchen, que siempre lo hagan en forma de compañía. Si quieres descansar durante la noche, traza un círculo con tus lanceros alrededor de tu ejército, y no dejes que el sueño profundo se apodere de tí.

CARTA 12

Cuando el Imán envió una expedición de 3,000 soldados bajo el comando de Maaqal ibn Qays-e-Rehaí contra los sirios, él emitió las siguientes instrucciones:

Siempre tened en vuestra mente el temor a Dios. Recordad que un día tendréis que presentaros ante Él (que el temor a Dios os guíe en todas vuestras actividades contra los hombres) y que vuestro fin será hacia Él y hacia nadie más.

No luchéis contra nadie a no ser que él desee luchar contra vosotros. Durante los inviernos viajad en las mañanas y en las tardes al anochecer, y dad respiro a vuestro ejército después del mediodía. No os apresuréis en el viaje (al menos que sea absolutamente necesario), viajad en etapas fáciles y no canséis a vuestro ejército durante el viaje. No viajéis en las primeras horas de la tarde ya que Dios ha dispuesto que éste sea tiempo para descanso y comodidad y no para la marcha y el ejercicio; haced uso de estas horas para proporcionar descanso a vuestro cuerpo y vuestra mente; y cuando hayáis permanecido y descansado, entonces empezad vuestra marcha con confianza y fe en Dios en las primeras horas de la mañana.

Cuando os enfrentéis a vuestro enemigo párate (se dirige al comandante) en medio de tu ejército, nunca solo. No estés demasiado ansioso por pelear y no te comportes como si ambicionases un combate o un encuentro, pero al mismo tiempo no trates de evitar a tu enemigo ni de evadir un enfrentamiento como si estuvieras nervioso o atemorizado. Ten en la mente mis órdenes y actúa según ellas hasta que recibas nuevas órdenes. Por último, no dejes que el odio y la enemistad hacia tus oponentes te fuerce a combatir, no empieces una batalla, aun si el enemigo lo desease, a no ser que hayas explorado toda avenida de amistad y buena voluntad y hayas agotado todas las oportunidades de arreglo pacífico.

CARTA 13

Instrucciones a dos de sus mariscales

He nombrado a Malik ibn Harith como jefe del personal sobre vosotros y de los ejércitos bajo vuestro control. Tomad de él vuestras instrucciones y obedecedlo. Tratadlo como si él fuera vuestro escudo y armadura ya que en él no hay riesgo de pereza o letargo, ni de nerviosismo y torpeza, ni de cualquier error de comisión y omisión.

CARTA 14

En Siffín el Imán dio las siguientes instrucciones a sus soldados antes de la batalla.

No toméis la iniciativa para empezar una batalla, dejádlos que sean ellos los que empiecen. Ya que, por el favor de Dios, vosotros estáis en el lado de la verdad y la justicia (y Dios no ama ni le agrada que los hombres sientan entusiasmo por el fratricidio). Dejadlos hasta que ellos empiecen sus hostilidades y entonces estaréis en libertad de emprender la lucha. El entusiasmo de ellos en empezar la batalla será otra prueba de vuestra sincera creencia en las órdenes de Dios.

Si Dios os favorece con vuestro triunfo y su derrota, entonces no ataquéis a quienes se hayan rendido, no lastiméis a los lisiados ni a los débiles, no asaltéis a los heridos; y no molestéis a las mujeres ni las hagáis enojar con comportamiento rudo ni las vejéis, aun si ellas usan palabras insultantes y rudas contra vuestro comandante y vuestros oficiales y a que ellas son física y mentalmente débiles y se excitan fácilmente y se asustan rápidamente. Durante los días del Santo Profeta (la paz sea con él y sus descendientes) teníamos órdenes estrictas de no tocar, molestar o insultar a las mujeres aunque ellas fuesen paganas. Incluso en los días pre-Islámicos era costumbre que si un hombre golpeaba a una mujer - aun con un palo o una piedra - la venganza sería efectuada hasta sus hijos y sus descendientes.

CARTA 15

Siempre que el Imán se enfrentaba a un enemigo solía rezarle a Dios de la siguiente manera:

¡Oh Señor!, nuestros corazones solicitan Tu Protección, nuestros rostros se vuelven hacia Ti, nuestros ojos miran hacia Ti nuestros pies se mueven hacia Tu Camino, y nuestros cuerpos son usados sinceramente en obediencia a Tu Orden. ¡Oh Señor!, la enemistad oculta y la malicia escondida están expuestas; los corazones hierven de envidia y malicia. ¡Oh Señor!, ponemos ante Ti nuestras dificultades, la ausencia del Santo Profeta (la paz sea con él y sus descendientes) de entre nosotros, la abundancia de enemigos, las desilusiones y las frustraciones que se nos presentan ¡Señor!, haz que la verdad prevalezca y que nuestras gentes reconozcan la justicia, la honestidad y la rectitud de nuestro caso.

CARTA 16

Durante la batalla el Imán solía aconsejar a sus seguidores en estas palabras:

No dejéis que una retirada se vuelva tan desastrosa y abrumadora como para que haga imposible que deis la vuelta a la batalla. No os desaniméis ni os desilusionéis con una retirada o una derrota como para quedar inutilizados para un regreso y reanudación de las actividades. Sed valientes, sed valerosos y dejad que vuestras espadas hagan su deber y justifiquen vuestra existencia. Atacad a vuestros enemigos furiosa y valientemente y hacedlos sentir todo el poder de vuestras armas y de vuestras manos. Arrojáos y conducíos hacia un valor heroico e intrépido y hacia el uso de vuestros armamentos osado y animado. No gritéis sino atacad con la cabeza agachada y con los ojos fijos en cada movimiento de vuestro enemigo ya que así haréis desaparecer el nerviosismo y la cobardía.

Juro por el Señor, Quien permitio, que la semilla germinase para convertirse en una planta y el Cual creó a los hombres, que esas gentes que se os oponen y se enfrentan a vosotros, y pelean contra vosotros no abrazaron el Islam sino como una medida de seguridad para salvar sus vidas y propiedades. Ellos no fueron sinceros al entrar al seno del Islam. Fue hecho simplemente para procurarse a sí mismos un lugar en el poder y la posición crecientes y multiplicantes del estado Islámico. Ellos mantendrán oculto su paganismo hasta que encuentren seguidores y auxiliares, y entonces saldrán abiertamente.

CARTA 17

Respuesta a una carta de Moawiah.

Tu quieres que te entregue Siria, pero recuerda que lo que he prohibido previamente para tí no voy a entregártelo ni a consentir tu usurpación de lo mismo. Me dices que las guerras han aniquilado a los árabes y que muy pocas gentes quedan vivas. Debo informarte que verdaderamente quienes fueron matados defendiendo a la verdad y al Islam fueron mártires y están en el Cielo y que los que fueron matados cuando ayudaba al paganismo o la hipocresía están ahora en el Infierno. Pero el pretender que tu posición en las guerras es la misma que la mía, es muy fantástica y ridícula. Lo absurdo de tu afirmación se debe al hecho de que tú quieres cuadrar tu duda y tu incredulidad en la verdad del Islam con mi creencia y mi fe sinceras en él, lo cual no puedes hacer. Además los sirios están tan deseosos de las ganancias mundanas como los iraquíes lo están para lograr el favor de Dios y del Santo Profeta (la paz sea con él y sus descendientes), (por lo cual están tan deseosos de correr el riesgo de la guerra).

Tu afirmación de que tu clan también desciende de Abdelmanaf es cierta, pero debes recordar, y la historia de los árabes te convencerá, que tu ancestro Omayya no fue igual a nuestro antepasado el famoso Haxim, ni Harub — otro antepasado tuyo — fue igual a nuestro Abdul Muttalib, el cual fue el defensor y guardián de La Meca, y tampoco Abú-Sufyán pudo pretender igualarse a Abu-Talib (el cual defendió, protegió y sufrió tanto por el Santo Profeta, la paz sea con él y sus descendientes, y por el Islam), y lo que es más, ningún esclavo liberado puede ser considerado igual a un Muhayir [1], y el que viene de un linaje dudoso no puede afirmar ser igual a aquél que descendió de padres nobles y famosos, mientras que no hay similaridad entre el que sigue la verdad y el Islam y el que duda de la verdad del Islam. Recuerda también que el peor descendiente es el que sigue las huellas de sus ancestros en el camino del paganismo, la hipocresía y el infierno.

Nosotros (los Bani Haxim) aún poseemos la gloria de la profecía (habiendo sido el Santo Profeta - la paz sea con él y sus descendientes - uno de ellos), una misión profética que trajo igualdad a la Humanidad rebajando la posición de los señores poderosos y déspotas y elevando la dignidad de las personas humildes y humilladas. Cuando Dios quiso que los árabes abrazasen el Islam en gran número ellos entraron a su seno voluntaria o reluctantemente. Durante los días cuando aquéllos que tuvieron precedencia en abrazar el Islam recibían las Bendiciones del Señor por su precedencia cuando aquéllos que, por causa de los sufrimientos insoportables infligidos por tu clan, se vieron forzados a emigrar de La Meca, tú y tu familia andábais en pos de la riqueza y el poder. Algunos de vosotros abrazasteis el Islam para mejorar vuestra posición porque los musulmanes estaban ganando ascendencia y supremacía, y algunos otros os volvisteis musulmanes porque después de haber dañado y tratado injustamente a los musulmanes en los primeros días del Islam, sentisteis que la única manera de protegeros de su venganza era profesando su religión, aunque fuese exterior e hipócritamente.

Teme a Dios y no dejes que Satanás tome posesión de tu mente y tu cuerpo, y no le dés cabida en tu alma.

CARTA 18

Cuando Abdulla Ibn Abbas fungía como gobernador de Basorah, el Imán le escribio, la siguiente carta. La causa de esta carta fue el comportamiento de Ibn Abbas con el clan de Bani Tamím. Ibn Abbas los odiaba porque algunos de ellos se habían puesto de parte de Talha y Zubair en la Batalla de Basorah (del Camello), y por lo tanto él en ocasiones los trató con muchos insultos. Ellos le reportaron este hecho al Imán pidiéndole que el clan entero no fuese tratado severamente por causa de la tontería de unos cuantos. Esta carta muestra el gobierno tan bondadoso, benévolo y benigno que el Imán quería introducir.

Entiende muy bien, Ibn Abbas, que Basorah es un lugar satánico. Es una morada de luchas y derramamiento de sangre. Así que sé bondadoso y tolerante con la gente de Basorah. Gánatelos con bondad, simpatía y sinceridad. Elimina de sus mentes el temor, la sospecha, la desconfianza y la animosidad. Se me ha informado que tú has maltratado al clan de Bani-Tamím y que los has insultado. Recuerda que Bani-Tamím es un clan tal que su estrella aún no se ha puesto; entre ellos, si un gran hombre muere, hay otro para tomar su lugar. Recuerda que después de adoptar el Islam, e incluso durante los días pre-Islámicos, esas gentes nunca fueron consideradas avaras, celosas ni codiciosas, por el contrario, ellos tuvieron una posición muy alta. Además, ellos tienen lazos de parentesco y amistad con nosotros. Si nos comportamos bondadosa, paciente y compasivamente con ellos Dios nos recompensará. Pero si los maltratamos, estaremos pecando.

Que Dios tenga misericordia de tí, Ibn-Abbas, ten cuidado de cómo te comportas con aquellos sobre los que gobiernas, sé bondadoso con todos y ten cuidado de tu lengua y tu comportamiento, ya que tú estás gobernando allí en mi representación y tus acciones son mías y yo soy responsable de ellas. Yo tengo una buena opinión acerca de tí; por favor trata de ser de tal manera que yo no me vea forzado a cambiarla.

CARTA 19

La siguiente es una carta a uno de sus gobernadores, y trata acerca de las maneras de un gobierno recto. Muestra cómo enseñaba el Imán a los musulmanes que se comportaran con tolerancia con las otras religiones, cómo debía ser tratada la minoría y que deben esperar de un gobernante musulmán aquéllos que tienen una religión diferente a la del Estado.

Despues de alabar a Dios y de bendecir el Santo Profeta (la paz sea con el y sus descendientes), debes saber que los habitantes de los pueblos, los granjeros y los campesinos de las provincias a tu cargo se quejan de tu severidad, tu arrogancia y tu crueldad. Ellos se quejan de que tú los consideras como viles, humildes e insignificantes y los tratas con insultos, y que eres cruel y severo con ellos. Yo deliberé acerca de su queja y acerca de la situación y encontré que, si por causa de su paganismo ellos no merecen ningún tratamiento preferente o privilegios extras sin embargo, ellos no merecen ser tratados insultante, cruel y severamente. Ellos son gobernados por nosotros, ellos han hecho ciertos acuerdos con nosotros, y nosotros estamos obligados a respetar y guardar los términos de esos acuerdos. Por lo tanto, en el futuro sé bondadoso con ellos, tóleralos y dadles el debido respeto, pero al mismo tiempo mantén tu prestigio y guarda bien la posición y el honor de la autoridad que tú sustentas, por ello, gobiérnalos con mano suave pero fuerte. Trátalos como lo merezcan individualmente, bondadosa o severamente y con respeto o desprecio (no en forma injusta).

CARTA 20

La siguiente es la carta del Imán a Ziyad, el cual fue nombrado representante de la ciudad de Basorah por Abdullah Ibn-Abbas, el gobernador de las provincias de Ahwaz, Basorah, Kermán y Farus. Ziyad fue desde el principio deshonesto y venal, un hombre que no se detendría ante ningún vicio o pecado para alcanzar sus fines. Él provenía de una familia muy humilde, tanto que nadie sabía el nombre de su padre, y su madre era una prostituta. Era conocido en toda Arabia pro el sobrenombre insultante de "el hijo de su padre" - el cual le fue puesto por ͨA'isha. Pero él era un hombre que había surgido de la oscuridad y la mediocridad por sí mismo, y era un gran intrigante y un conspirador. Ibn-Abbas lo había considerado un buen oficial ya que él podía suprimir cualquier voz que se elevase contra su gobierno, lo nombró comisionado y lo recomendó al Imán. El Imán también quiso darle una oportunidad y quería ver si abandonaría sus malos métodos. Él no lo hizo y por ello el Imán lo destituyó. Más tarde, Moawiah, en una gran audiencia de su corte, declaró que Ziyad era hijo de su padre (hijo natural de Abú Sufyán). Ziyad estaba complacido de que al menos podría nombrar a un gran hombre como su padre — aunque fuese 30 años después de la muerte de ese hombre — y se convirtió en un amigo leal de Moawiah — su supuesto medio hermano. El Imán le escribió esta carta a Ziyad cuando era comisionado de la ciudad de Basorah.

Juro por Dios que si te hallo apropiándote indebidamente de la riqueza de los musulmanes yo te castigaré en tal forma que quedarás pobre. Además de esta pobreza, sobre tus hombros estará la carga de tus pecados, serás desgraciado y humillado, perdiendo tu posición y tu prestigio.

CARTA 21

La siguiente carta también es para Ziyad

Desiste de la extravagancia y sé prudente y moderado en tus gastos. No dejes que los placeres de hoy te hagan olvidar el mañana, el Día del Recuento y el Juicio. Ten contigo estrictamente el dinero que corresponda a tus verdaderos requerimientos y da el resto a los pobres para que actúe como una provisión para tí en el Más Allá. ¿Esperas que Dios te conceda las recompensas reservadas para las gentes corteses, complacientes, bondadosas y benévolas mientras que tú eres soberbio, vano, arrogante y miserable? ¿Esperas recibir Sus Favores reservados para las personas caritativas, generosas y de buen corazón — las cuales siempre ayudan a los pobres y a los necesitados — mientras que tú, revolcándote en la riqueza y los lujos, evitas que cualquier parte de tu riqueza llegue a las personas inválidas y a las ancianas viudas sumidas en la pobreza? Recuerda que el hombre recibe la recompensa según las acciones que haya hecho en este mundo, y a que en el Más Allá sólamente el resultado de esas acciones estará frente al que las haya cometido durante su vida.

CARTA 22

Abdullah Ibn Abbas decía que una vez el Imán lo aconsejó en las siguientes palabras, y que exceputando los consejos del Santo Profeta (la paz sea con él y sus descendientes), ningún consejo fue tan benéfico para él como éste.

Después de alabar a Dios y de bendecir al Santo Profeta (la paz sea con él y sus descendientes) debes saber, Ibn Abbas, que un hombre se siente muy feliz si logra una cosa, sin entender que al fin y al cabo tendría que llegar a él y que él no habría dejado de tenerla; y algunas veces él se siente triste por no adquirir una cosa, la cual no estaba destinada para él y que él nunca habría podido adquirirla. Sólo deberían complacerte aquellas cosas que ganen para tí una recompensa en el Más Allá, y tú sólo deberías sentir pena por perder las recompensas del Más Allá. Si tú logras la pompa y los placeres mundanos, entonces no dejes que tu felicidad se incremente junto con cada aumento de ese placer, y si tú pierdes cualquiera de esos placeres, entonces no te sientas triste por la pérdida, ya que sólo debes sentir pena por la pérdida de aquellas cosas que te serán de utilidad en el Más Allá.

CARTA 23

El Imán dio las siguientes instrucciones a su familia poco antes de su muerte.

Mi consejo para vosotros es que no consideréis a nadie como socio del Señor, sed firmes en vuestra creencia de que sólo hay un Dios, Uno y Unico. No desperdiciéis la educación que os fue dada por el Santo Profeta (la paz sea con él y sus descendientes) y no abandonéis ni destruyáis su Sunnah (Tradiciones). Mantened en pie estos dos pilares del Islam (la Unicidad de Dios y las enseñanzas — la Sunnah — del Santo Profeta, la paz sea con él y sus descendientes). Si actúáis según mi consejo entonces no podréis ser culpados de dañar o destruír la religión.

Hasta ayer yo era vuestro Amir; hoy sólamente soy un objeto del que podéis tomar lecciones y advertencias y mañana partiré de entre vosotros. Si yo sobrevivo a esta herida fatal estaré en libertad de decidir como tratar al hombre que trató de asesinarme. Si yo muero, entonces mi vida terrenal llegará a su fin. Si yo perdono a mi asesino, será entonces para ganar el favor de Dios, pues el perdonar a una persona que os ha dañado será una buena obra. ¿No deseáis ser perdonados por el Señor?

Juro por Dios que la muerte no llega a mí repentina e inesperadamente para que yo pueda odiarla o aborrecerla, ni es un visitante tal que yo me revista a encontrarme con ella. En cuanto a mi muerte por martirio, yo siempre la esperé y la deseé y ahora le doy la bienvenida como una persona sedienta que encuentra agua cuando está súmamente sedienta. Yo soy un buscador que encuentra en el martirio lo que buscaba. Para las gentes piadosas lo mejor es lo que ellas encuentran con Dios.

CARTA 24

El siguiente es el testamento del Imán en el que dejó instrucciones acerca de cómo tratar su propiedad y su estado. Fue escrito a su regreso de la Batalla de Siffín.

Éste es el testamento de una criatura de Dios: Alí, hijo de Abú-Talib, indica cómo gastar su propiedad sólo para ganar el favor de Dios para que Dios pueda concederle paz y le permita entrar a Su Cielo. Después de mí, mi hijo Hasan será el administrador, ejecutor y albacea de mi propiedad. Él podrá gastarla de acuerdo con las leyes del Islam para ayudar a los pobres, los destituídos y los necesitados según lo ordenado por Dios. Si cualquier cosa le sucediera a Hasan, y Husayn estuviese vivo después de él, entonces él será el siguiente ejecutor y albacea y deberá actuar de acuerdo con el espíritu de las instrucciones dadas aquí. Verdaderamente, para los dos hijos de FaTimah - el Imán Hassan y el Imán Husayn — la porción de mi propiedad es igual a las porciones de mis otros hijos (siendo imames ellos no deberían ser excluídos de tomar su parte, y al mismo tiempo, sus porciones no podrían ser mayores por ser administrados y ejecutores). Y he nombrado ejecutores a los hijos de Fatima para complacer a Dios y por el respeto y el amor que yo tengo al Santo Profeta (la paz sera con él y sus descendientes) y a su hija (la paz sea con ella).

Yo ordeno que el ejecutor mantenga esta propiedad tal como está y que gaste los ingresos para ayudar a los pobres y a los necesitados, como yo lo deseo. Además ordeno que los retoños de las palmeras datileras del pueblo no sean cortadas sino hasta que todo el lugar esté completamente repoblado con palmeras datileras y tome la forma de una huerta de palmeras bien desarrollada.

Mis viudas deben ser tratadas con respeto y sus porciones de herencia, de esta propiedad, deben ser incluídas en las porciones de sus hijos e incluso si cualquiera de ellas perdiese a su hijo ella tendrá derecho a retener su porción, ella no debe ser dejada sin ayuda trabajando y esclavizándose para vivir.

CARTA 25

Instrucciones a los colectores del Zakat

Estas instrucciones muestran claramente la forma de gobierno que el Imán quería introducir. No debería ser un gobierno cuyos oficiales tuvieran superioridad y engordasen gracias al dinero público. Debería ser un gobierno en el que los súbditos y los que pagaban impuestos tendrían prioridad. El estado debería funcionar para la conveniencia de ellos. Un estado que trabajase únicamente por el bienestar de las gentes que vivieran bajo su gobierno. Un gobierno en el que los ricos no pudiesen volverse más ricos y en el que los pobres no pudiesen hacerse más pobres. Un gobierno en el que los cánones de la religión mantuviesen el balance entre los gobernados y los gobernantes

No dejéis de temer a Dios, el Cual no tiene colaborador ni socio. No hagáis que los musulmanes se lamenten y sufran (por teneros como gobernantes) y no os aproximéis a ellos en tal forma que hagáis que vuestra cercanía sea odiosa para ellos. No les cobréis más impuestos de lo que está ordenado por Dios.

Cuando lleguéis a un grupo de gentes (tribu o aldea) para evaluarlos y cobrarles los impuestos permaneced sólo junto a sus pozos (un pozo o un ojo de agua es el lugar más conveniente para permanecer en los lugares desérticos) y no os quedéis en sus casas. Entonces id hacia ellos manteniendo vuestra dignidad y prestigio y cuando lleguéis entre ellos deseádles la paz y las bendiciones de Dios y mostradles el debido respeto. Decidles entonces que el Califa de Dios os ha enviado para cobrarles los impuestos ordenados por Dios. Preguntadles si poseen suficientes medios para pagar el zakat para que podáis cobrarlo y entregarlo al Califa. Si alguien os dice que él no posee suficiente riqueza para tener que pagar impuestos, no lo preocupéis y aceptad su excusa. Si cualquiera os dice que está en posición de pagar el derecho de los pobres, entonces id con él a su casa, campo o prado (ya que el zakat se cobraba tanto en dinero como en especie), Pero no lo asustéis ni lo pongáis nervioso, ni os comportéis con indebida severidad o tiranía. Aceptad entonces el oro o la plata que él entregue.

(De aquí en adelante las instrucciones de la forma de estimar el número de cabezas de ganado requeridas para tener que pagar el zakat). Si él tiene vacas, toros, cabras y camellos, no entréis a sus establos sin su permiso, ya que la mayoría de ello le pertenece a él (no es parte del zakat). Si tenéis que entrar al corral, entonces no entréis como quien llega para apoderarse del ganado. No tiranicéis al propietario, no espantéis al ganado ni lo hagáis correr de aquí para allá. No hagáis que el dueño se sienta ansioso o preocupado por ellos. Entonces dividid el rebaño en dos partes y dejad que el propietario seleccione una para sí mismo. Si él selecciona una parte para quedársela, no pongáis objeción. Dividid otra vez laparte que él dejó — ya que la porción del zakat deberá ser tomada de una de estas dos partes — y otra vez dejadlo que escoja el lote que quiera retener para sí. Nunca pongáis objeción a su selección (ya que el evaluador es quien está dividiendo al ganado en lotes debe corresponder naturalmente al dueño). Continuad así hasta que lleguéis al lote que constituya los impuestos ordenados por Dios (zakat), y entonces tomad posesión de ello. Si a pesar de todas estas precauciones, él piensa que la división fue injusta, entonces mezclad todo el lote y volved a repetir todo el proceso, como ya os he explicado, hasta que lleguéis al pago del zakat a satisfacción de todos los involucrados. Recordad que no debéis aceptar camellos viejos ni enfermos o aquéllos que tengan sus patas dañadas. Confiad el lote a una persona que sea honesta, que sea digna de confianza y que pueda guardar la propiedad de los muslumanes adecuadamente hasta que llegue a su Amír y Califa para que pueda ser distribuída equitativamente entre los musulmanes. Os quiero indicar otra vez que no confiéis estos bienes y animales a quienquiera que no sea honesto, digno de confianza y de disposición bondadosa y compasiva, para que no vaya a tratar cruelmente a los animales y que no los haga pasar hambre o cansancio durante el tránsito. Indicadle que no separe a la camella de su cría, que no la ordeñe tanto como para dejar sin leche a su cría, y que no las cabalgue duramente ni los cargue en demasía. Él debe cabalgarlos en turnos para que los que ya hayan sido montados puedan tener un viaje fácil. Él no debe conducirlos muy rápido y debe evitar maltratarlos. Él debe darles siempre suficiente descanso en los abrevaderos. Los animales no deben ser conducidos a través de desiertos (sin oasis o abrevaderos). En tanto que sea posible, deben escogerse para el paso tierras verdes y regiones bien arboladas. Así, debe tenerse todo el cuidado para que lleguen a su destino en condición saludable y robusta sin haber recibido ningún tratamiento cruel y brutal en el camino, para que yo pueda distribuírlos según las órdenes de Dios y del Santo Profeta (la paz sea con él y sus descendientes). Verdaderamente, la recolección de los impuestos ordenados por Dios, siguiendo las instrucciones que yo os he explicado, es una obra piadosa y un deber religioso, el cual tendrá su recompensa ante el Señor.

CARTA 26

Las siguientes son las instrucciones para otro colector de Zakat.

Yo te ordeno que mantengas en tu mente el temor de Dios en todos aquellos asuntos y en todas aquellas ocasiones en que no haya quien atestigüe tus acciones y tus obras o que guíe tus actividades. Te ordeno que no pretendas temor de Dios ni adoptes una falsa piedad mientras que en secreto y privadamente vas contra Sus Ordenes. Aquél cuyas obras coinciden con sus palabras y que es tan honesto en sus actividades secretas como en sus obras abiertas, es la persona que ha cumplido fielmente el deber impuesto sobre él por el Señor, ha entregado honestamente las cosas que le fueron confiadas y ha obedecido sinceramente a su Dios sólo para lograr Sus Favores y Bendiciones. Te ordeno que no te presentes a los musulmanes como un tirano u opresor ni como un difamador, te ordeno que no los maltrates, no los calumnies, ya que ellos son tus hermanos en religión y te ayudarán a colectar el zakat y a encontrar medios y formas para ayudar a los pobres.

Ciertamente hay para tí una porción en el derecho de los pobres (zakat), pero recuerda que los pobres, los destituídos y los necesitados también tienen derecho a él. Verdaderamente yo te he pagado tu parte, y ahora págales tú sus porciones. De lo contrario, habrá muchos que se quejarán y protestarán conta tí en el Día del Juicio (ellos serán tus enemigos en ese día). ¡Ay de aquella persona contra la cual se quejan ante Dios los pobres, los necesita dos, los limosneros y aquéllos que han sido despojados de sus derechos a recibir el zakat!

Debes saber que la persona que se apropia indebidamente de los fondos del derecho de los pobres, que llena su estómago con esos fondos y que daña a su religión y hiere su conciencia con esas obras, será castigada y desgraciada en este mundo así como en el Más Allá. La peor forma de deshonestidad es traicionar la confianza de los fondos públicos (el fondo del derecho de los pobres), y el ejemplo más despreciable de mala administración es el del Imán (Amír) que tolere esa forma de deshonestidad.

CARTA 27

Cuando el Imán nombró a Muhammad hijo de Abú Bakr (el primer Califa) como gobernador de Egipto, le dio las siguientes instrucciones.

Trátalos (a los egipcios) con respeto. Sé bondadoso y considerado con ellos. Preséntate a ellos con una cara sonriente (no te comportes arrogante ni soberbiamente). Sé justo e imparcial en tus tratos, para que ni siquiera las personas influyentes se atrevan a tomar ventaja indebida de tu tolerancia, y para que los pobres e insignificantes no se sientan decepcionados de tu justicia y tus tratos equitativos.

¡Oh criatura de Dios!, recuerda que el Todopoderoso va a pedirte cuentas de cada uno de tus pecados, mayores o menores y cometidos abierta o cubiertamente. Si Él te castiga por tus pecados, no será un acto de tiranía, y si Él te perdona será debido a Su Gran Misericordia y Su Perdón Infinito.

¡Oh criatura de Dios!, recuerda que las personas temerosas de Dios y piadosas partieron de este mundo después de haber llevado una vida respetable y fructífera y ellas van a ser bien recompensadas en el Más Allá (cuando se les compara con las gentes profanas, ellas tuvieron iguales oportunidades de cosechar los frutos de este mundo y las usaron al máximo de sus habilidades, y al mismo tiempo se mantuvieron alejadas de todas las formas de vida malvadas y viciosas). Ellos no pusieron en peligro su salvación como las personas de mente profana. Ellos llevaron una vida más conforme, más respetable y más feliz que quienes vivieron perversamente. Ellos disfrutaron los frutos de sus esfuerzos, y tuvieron una experiencia de los placeres de la vida más sobria y saludable que los ricos y acaudalados. Ellos disfrutaron y gozaron las alegrías, las facilidades y la felicidad de este mundo tanto como los tiranos y las gentes viciosas desean gozar, sin embargo, al dejar este mundo ellos se llevaron consigo todo lo que les sería de utilidad en el Más Allá. Mientras vivían en este mundo ellos gozaron la felicidad de abandonar sus malos caminos. Ellos se aseguraron de que en la vida venidera ellos serían los recipientes de Su Gracia y Sus Bendiciones, de que sus peticiones no serían denegadas y de que los favores destinados para ellos en el Cielo no serían disminuídos ni reducidos.

¡Oh criatura de Dios!, teme a la muerte inevitable e ineludible, la cual está tan cerca de todos, y prepárate para encontrarte con ella. Verdaderamente, ella vendrá como el suceso más importante y más grande de tu vida, ella portará bendiciones y recompensas para tí o traerá consigo castigos, sufrimientos y condenación eterna; el daño así traído por ella estará exento de aminoración, redención o de cualquier cambio positivo. A ti te toca decidir si te encaminas hacia la paz y las bendiciones perpetuas — el cielo — o hacia la condenación eterna - el infierno. Recuerda que la vida te está conduciendo actualmente hacia la muerte, la cual te encontrará si estás listo para enfrentártele, y la cual te seguirá como una sombra si tratas de escapar de ella. La muerte está contigo como si hubiera sido enrollada y atada alrededor de tu cabeza, entre tus cabellos, y la vida está siendo enrollada a tu espalda con cada exhalación de tu aliento, para nunca volver a ser desenvuelta.

Teme al fuego — el Infierno — cuya profundidad es insondable, cuya intensidad es enorme y donde constantemente se introducen nuevos tipos de castigo. El Infierno es una morada donde no hay lugar para Su Misericordia y Sus Bendiciones. Las oraciones de los que son arrojados allí nunca serán escuchadas ni aceptadas y no habrá disminución en sus penas y sufrimientos.

Si es posible para tí que temas sinceramente a Dios y al mismo tiempo tengas fe sincera en Su Justicia, Su Misericordia y Su Amor a Sus criaturas, entonces trata de sostener firmemente estas dos creencias, ya que un hombre aprecia y anhela el amor, la reverencia y la veneración a Dios en proporción al temor a Él que desarrolla en su mente. Verdaderamente, entre los hombres, el que puede esperar las mejores recompensas de Dios es aquél que cree plenamente en Su Justicia y Su Equitatividad y las teme así como las quiere.

¡Oh Muhammad Ibn-Abú-Bakr!, recuerda que yo te he confiado el comando de la sección más importante de mi ejército, que son los egipcios. No permitas que tus pasiones y caprichos sobrepasen a tu mejor juicio. Mantente guardando y defendiendo tu religión y el estado puesto bajo tu tutela. Ten cuidado de que ni por un momento en tu vida incurras en la Ira de Dios por agradar a algún ser humano. Recuerda que la complacencia de Dios puede sustituír a la complacencia de cualquier otro ser y será el sustituto más benéfico para tí, pero Su Complacencia no puede ser sustituída por nada. Ofrece tus oraciones a tiempo, no las hagas de prisa y nunca te demores en cumplirlas. Recuerda que la piedad y la nobleza de todas tus acciones están sujetas a la sinceridad y la puntualidad de tus oraciones.

Recuerda que un verdadero imam y líder no puede ser igual al que conduce a la humanidad hacia la maldad y el vicio y, finalmente, hacia el Infierno, y tampoco puede haber igualdad entre un amigo del Santo Profeta (la paz sea con él y sus descendientes) y sus enemigos declarados.

Recuerda lo que el Santo Profeta (la paz sea con él y sus descendientes) ha dicho acerca de que en lo que se refiere a sus seguidores él no temía la usurpación de ningún verdadero musulmán ni de un pagano, ya que Dios protegerá a todo verdadero musulmán de las malas obras debido a la sinceridad de su fe y Él expondrá y eliminará los males introducidos pro los paganos, pero él (nuestro Santo Profeta, la paz sea con él y sus descendientes) se sentía inquieto por las actividades de los hipócritas entre los musulmanes, actividades de esas gentes exteriormente sabias e inteligentes que proclamaban abiertamente las grandezas y las virtudes de las buenas obras pero que secretamente incurrían en vicios y pecados.

CARTA 28

La siguiente es la famosa respuesta del Imán a la carta de Moawiah. Aclara muchas fases de la historia del Islam desde su origen hasta la época del Imán.

Después de invocar a Dios y bendecir al Santo Profeta (la paz sea con él y sus descendientes), debes saber que he recibido tu carta, en la cual me escribes que el Señor Todopoderoso escogió a Muhammad (la paz sea con él y sus descendientes), el Santo Profeta, como el mensajero de Su Revelación y que Él ayudó a aquellos compañeros del Profeta (la paz sera con él y sus descendientes) que sinceramente se esforzaron para ayudarlo. ¿No es una ironía del destino que las circunstancias te hayan favorecido hasta tal posición que te atreves a recordarnos los favores que Dios nos concedió y las bendiciones conferidas por Él a Su mensajero escogido, el cual era uno de nosotros? Tú no tienes nada que ver con ellos y no tienes participación en estas bendiciones y favores. Tu condición es como la de un hombre que lleva dátiles a los distritos datileros (como llevar hielo al Polo) o la de un hombre que trata de enseñar arquería al maestro del cual aprendió él el arte. Tú crees que los mejores de las gentes entre los musulmanes son Fulano y Zutano y has empezado a discutir un tema (la superioridad de los Muhayir sobre los Ansar) que, si resulta correcto, no te será de ninguna utilidad—no elevará tu posición —y, si es refutado, ello no te afectará, ya que tú no eres ni Muhayir ni Ansar ¿Qué tienes que ver tú con sus respectivas posiciones y prestigio? ¿Qué te importa el que los unos sean considerados superiores a los otros? ¿Qué tienes que ver en sus asuntos? Tú eres un esclavo liberado y emancipado, y los esclavos, aunque liberados y emancipados, y sus hijos, no pueden aspirar a la posición de los Muhayir y los Ansar y ellos no tienen derecho a introducir clasificaciones impías entre los Muhayir y los Ansar. ¿Te das cuenta de tus limitaciones? Tú no perteneces a ninguno de los dos grupos, tú eres un esclavo liberado e hijo de padres emancipados y quieres introducir una división insana entre estos dos grupos [ver la nota a la Carta 17]. La falsa posición de la que tú has tratado de apoderarte no va a elevar tu prestigio (ante Dios o a los ojos de los hombres). ¿No puedes pensar en permanecer en el lugar donde tu vieja enemistad con el Islam y el Santo Profeta (la paz sea con él y sus descendientes) te ha mantenido? ¿Cómo va a dañarte la menor posición o la derrota de una clase o una persona de esa clase—a la que no perteneces—y cómo puede beneficiarte el éxito o la posición superior de otros? Tú te has descarriado del Camino Recto de las verdaderas enseñanzas del Islam y estás perdido en la profundidad de la ignorancia. ¡Escucha!, quiero darte una breve descripción de la Bendición de Dios sobre nosotros. Un grupo de Muhayir recibió el martirio pues fue matado por la causa del Islam y de Dios. Cada uno de ellos fue favorecido por Dios con una posición y un rango. De ellos, a aquellos que pertenecían a mi familia y mi clan — Bani Haxem — les fueron otorgados grados muy excelentes por Dios. Hamzah (tío del Santo Profeta—la paz sea con él y sus descendientes — y del Imán) recibió el título de Paladín de los Mártires (Sayyed Axxuhada!); el Santo Profeta (la paz sea con él y sus descendientes) mismo lo llamó con este nombre después de su martirio, y en su servicio funeral, el profeta ofreció Takbír (decir Allahu Akbar, Dios es Grande) setenta veces como una distinción para él solo, y a que no se hace para ningún otro musulmán. Algunos Muhayir perdieron sus manos en el campo de batalla, pero cuando uno de nosotros (Ya°far, hermano del Imán) perdió sus dos manos y murió en el campo de batalla, Dios lo favoreció con alas angélicas y el Santo Profeta (la paz sea con él y sus descendientes) nos informó que este mártir había recibido el título de "el que vuela a través del Cielo". Si Dios no hubiera desaprobado en el hombre el hábito de autoelogiarse, yo habría dado varias anécdotas que hablan del enaltecimiento de mi prestigio y mi rango ante Dios, casos que son aceptados y que pueden ser atestiguados por los fieles musulmanes, y que nadie que los escuche tendrá razón para dudar. No seas como el hombre a quien el Demonio ha descarriado. Acepta la verdad obvia cuando está frente a tí.

¡Escucha, oh Moawiah!, nosotros (los Ahl-ul-Bayt, o familia del Santo Profeta, la paz sea con él y sus descendientes) somos ejemplos supremos de la creación de Dios. Por esa posición nosotros no estamos obligados con ninguna persona o tribu, pues el Señor Todopoderoso nos concedió estos favores. El ser humano ha recibido y recibirá perfección a través de nosotros. Esta supremacía perpetua y superioridad natural no nos previene de entrar en contacto con los demás seres humanos o con tu clan, y nos hemos casado con gentes de vosotros y hemos formado lazos de parentesco con tu clan (así como con otros), aunque tú no pertenezcas a nuestra clase. ¿Cómo puedes ser igual a nosotros, si el Santo Profeta (la paz sea con él y sus descendientes) salió de nosotros y Abú-Yahl, el peor enemigo del Islam, era de vosotros?

Asadullah (el león de Dios, sobrenombre del Imán) es de nosotros y Asad-ul-Hullab — el cual juró pelear contra el Islam y el Santo Profeta (la paz sea con él y sus descendientes) — era de vosotros (algunos clanes de los árabes formaron una alianza impía con los Quraix para seguir peleando contra el Santo Profeta, la paz sea con él y sus descendientes. Ellos eran Bani-Abduddar, Bani Maqzum, Bani Sehum y Bani Uddi y ellos sostuvieron una batalla final contra el Santo Profeta (la paz sea con él y sus descendientes) en Jandaq. Su líder era Abú-Sufyán, padre de Moawiah. Lo llamaban Asad-ul-Hullab, o sea, león de la alianza). Los dos jefes de los jóvenes del Paraíso (el Imán Hasan y el Imán Husayn) son de nosotros mientras que los hijos del Infierno son de vosotros. El Santo Profeta (la paz sea con él y sus descendientes) dijo que la progenie de Uthba Ibn Abi Muíth (el abuelo materno de Moawiah) es combustible para el Infierno. La mejor mujer del mundo (título concedido por Dios a Fatima, la hija del Santo Profeta — la paz sea con él y sus descendientes) era de nosotros, mientras que la mujer calumniadora y acarreadora de leña (nombre dado en el Sagrado Corán a la tía de Moawiah, la cual en la Meca solía acarrear basura y tierra para aventárselo al Santo Profeta - la paz sea con él y sus descendientes — y solía siempre hablar mal de él y trataba de pasar cada hora de su vida haciéndole algún daño al Santo Profeta — la paz sea con él y sus descendientes) era tu tía. Hay muchas otras cosas similares a las pocas que mencioné que nos elogian y hablan mal de tu clan, y que muestran cuán superiores somos a ti.

Nosotros éramos fieles seguidores de las órdenes de Dios mientras que tú y tu clan siempre se opusieron al Islam y lo aceptaron simplemente para salvaros a vosotros mismos de la humillación y la desgracia. Nuestra sinceridad en el Islam y nuestros servicios a su causa son eventos conocidos de la historia, y al mismo tiempo la historia no puede negar tu enemistad al Islam y al Santo Profeta (la paz sea con él y sus descendientes). El crédito que nos quieres arrebatar y el honor del que nos quieres privar es el que el Sagrado Corán está guardando cuidadosamente para nosotros. Dice "algunos parientes son superiores y tienen excelencia sobre otros", según este libro, y en otro lugar de este mismo libro Dios informa a la Humanidad que "las personas más queridas para Abraham son aquéllos que lo siguen y quienes siguen al Santo Profeta, y Dios es el amigo de los musulmanes fieles". Por lo tanto, nosotros poseemos dos excelencias: la de nuestro parentesco cercano con el Profeta (la paz sea con él y sus descendientes) y la de aceptar fielmente sus doctrinas. ¿Sabes que en el día de Saqífa, los Muhayir les dijeron a los Ansar que ellos eran superiores a los Ansar ya que ellos — de una manera u otra — estaban emparentados con el Profeta (la paz sea con él y sus descendientes) y por lo tanto ellos merecían el Califato, y con ayuda de este argumento los Muhayir ganaron ese día? Si el éxito puede ser logrado con la ayuda de este argumento y si tiene una pizca de realidad, entonces según él nosotros, y no tú, merecemos el Califato. Y si no, entonces los Ansar todavía tienen derecho a reclamar el Califato.

Tú quieres impresionar al mundo con la idea de que yo envidié a todos los califas previos y que yo tenía celos de ellos. Aun si yo aceptara esto, quiero saber qué derecho y autoridad tienes tú para pedirme explicaciones. Tú no tienes lugar en la religión para hablar de esas cosas.

Tú también quieres reprocharme diciendo que cuando yo me negué a aceptar el califato del primer califa yo fui arrastrado como un camello con una cuerda alrededor de mi cuello y que todo tipo de crueldad y humilación fue infligida contra mí. Juro por mi vida que hablando así tú quieres avergonzarme, pero en realidad me estás haciendo el mayor servicio y te estás avergonzando a tí mismo así como a la causa que quieres apoyar. No hay vergüenza para un musulmán si es sometido a la tiranía y la opresión en tanto que él sea firme en su fe y crea en Dios y en la religión. Y esto es exactamente lo que digo, que toda crueldad y tiranía fue infligida contra mí para despojarme del derecho que Dios y el Santo Profeta (la paz sea con él y sus descendientes) me dieron, y esto es exactamente lo que tú no quieres reconocer ni aceptar. Tus reproches contra mí se extienden para molestarme pero en realidad prueban que no hubo elección, sino un golpe de estado seguido por la fuerza bruta es lo que decidió el destino del Califato haciéndolo no hereditario ni electivo sino ocupativo. Yo no tenía deseo alguno de entrar en estos detalles pero tú sacaste el tema a colación y me vi forzado a explicar algunos puntos acerca de ello.

Luego te referiste al asesinato de Uthman, declarándote a ti mismo como su pariente; reclamas venganza y sangre (y quieres que yo cargue con ello como si yo fuera responsable del asesinato). Quiero decir algo acerca de la insinuación y la falsa propaganda efectuada por ti en este asunto. Mi respuesta para ti es que primero trates de encontrar quién era el peor enemigo de Uthman. ¿Puede él ser el peor enemigo de quien le ofreció su ayuda y servicios a Uthman y Uthman se negó a tener que ver cualquier cosa con él y le dijo llanamente que se fuera y se sentara en su casa ya que su ayuda no era requerida y sus servicios no eran necesitados? (Esto es lo que realmente sucedió entre el Imán y el tercer califa. El Imán fue a ofrecerle su ayuda y su consejo y el califa le dijo que se fuera y se quedara en Yambú — una aldea cerca de Medina — que saliera de Medina y no se metiera en los asuntos del Estado. Todo esto fue dicho debido al consejo de Marwan). ¿O es el peor enemigo de Uthman aquél a quien Uthman le pidió que acudiera en su auxilio y el cual, a propósito e intencionalmente, demoró la ayuda y dejó que los eventos tomaran su curso hasta que sucedió lo que estaba destinado a suceder? (los hechos de la historia son que cuando los egipcios y los habitantes de Basorah, Cufah y Hiyaz se levantaron contra el califa Uthman y cuando invadieron Medina, el califa Uthman le escribió a Moawiah — el cual era entonces gobernador de Siria — para que enviara ejércitos sirios en su ayuda. Moawiah, de primera instancia, demoró la ayuda y cuando envió un contingente lo hizo con órdenes expresas de que el ejército se detuviese en un lugar a unos 80 km de Medina y que se quedase allí hasta nuevas órdenes. Estas "nuevas órdenes" nunca llegaron a esas fuerzas auxiliares, y el califa fue dejado sin ayuda hasta que fue matado y entonces las órdenes llegaron al ejército para que regresaran a Damasco). No; estas dos personas no pueden ser consideradas en la misma categoría. Juro por el Dios, el Cual conoce todas las cosas, que Él sabe muy bien todo y como Él dice en su Libro Sagrado: "Él conoce a las gentes que ponen obstáculos en el camino de quienes quieren ir a la guerra y también a aquéllos que no se quedaron a encarar la batalla".

Yo no quiero ofrecer ninguna excusa por haberme opuesto a sus introducciones de innovaciones en la religión. Si mis objeción a la introducción de innovaciones y mi consejo por él de que desistiese de ello fueron considerados por él como un pecado mío, entonces yo no le concedo importancia a su opinión, ya que los bien intencionados son frecuentemente culpados y sus buenos consejos son malentendidos, aunque ellos cumplan con su deber hacia el hombre y la religión. Dios repite en Su Libro Sagrado las palabras de un profeta, las cuales representan apropiadamente mi posición. Él dice: "Yo no tengo otro deseo sino hacer que haya rectitud y hacer reformas, al máximo de mi capacidad. Dios me ha aconsejado y me ha dado una oportunidad de ofrecer mi consejo. Yo tengo fe en Él y confío en Su Ayuda".

Luego trataste de atemorizarme diciendo que no hay nada contigo para mí y mis compañeros más que tu espada. Bien, Moawiah, hiciste reír con tus palabras a esas personas que estaban muy tristes y deprimidas por el nivel de depravación mental exhibido por ti. ¿Cuándo viste que los hijos de Abdul Muttalib (El abuelo del Santo Profeta — la paz sea con él y sus descendientes — y del Imán) se comportaran cobardemente ante sus enemigos o que se atemorizaran por las espadas desenvainadas?

Sólo espera un poco. En un futuro cercano tendrás que enfrentarte al ataque de un soldado valiente. Él te invitará dentro de poco al encuentro que estás anhelando. La cosa que aparentemente deseas no está tan lejana como te imaginas. Estoy avanzando hacia ti con un ejército de Muhayr, Ansar y aquellos compañeros que tienen fe sincera en mí. La suya es una congregación de poder. Sus movimientos levantarán enormes nubes de polvo (indicando la fuerza del ejército). Ellos están preparados para matar o morir. Ellos creen que lo mejor que podría sucederles es recibir los Favores y las Bendiciones del Señor por sus buenas obras. Los hijos de aquellos guerreros que derrotaron a tu clan en la Batalla de Badr están con ellos. Las espadas de Bani-Haxem están con ellos. Y tú ya te has dado cuenta de la agudeza del filo de sus espadas cuando tu hermano, el esposo de tu tía materna y tu abuelo fueron matados (las gentes que fueron matadas por el Imán en las Batallas de Badr y Uhud). Estas espadas están ahora aproximándose a los tiranos que han oprimido al mundo musulmán.

CARTA 29

La siguiente es una carta a los habitantes de Basorah

Vuestras acciones expusieron a la luz vuestra deslealtad al Islam, vuestra enemistad hacia mí y la intensa malicia que tenéis contra mí, las cosas que queríais ocultar y que sabíais tan bien. Yo he perdonado a aquellos de vosotros que transgredieron y no quiero castigar a aquéllos que una vez se enfrentaron a mí en el campo de batalla y luego huyeron de él. Yo he aceptado las excusas de los que regresaron a mí arrepentidos. Si vosotros hacéis otra vez lo que hicisteis antes, si volvéis a adoptar el cisma y si una vez más los consejos de las gentes imprudentes y malvadas os conducen hacia la animosidad contra el Islam, entonces recordad que yo os castigaré. Yo os invadiré a la cabeza de mis ejércitos. Si vosotros me forzáis a eso, entonces recordad que esta invasión será tal que la Batalla del Camello parecerá como un juego de niños cuando se compare con ella. Yo os conozco a todos y aprecio la sinceridad de aquéllos que me son fieles y la excelencia de aquéllos que acuden a mí con sus consejos sinceros y sus buenos deseos. Yo estoy dispuesto a perdonar y a olvidar a los que han sido injustos conmigo, y a recompensar a los que han mostrado amor y fidelidad.

CARTA 30

Una carta a Moawiah

Teme a Dios en lo que se refiere a las responsabilidades que sostienes y al poder y la autoridad que sustentas. Medita profundamente acerca de los deberes que Dios ha impuesto sobre ti; cada uno de los cuales es Su Orden y por lo tanto debe ser respetuosamente cumplido. Trata de aprender y entender eso para que no tengas derecho de argüir ignorancia.

Recuerda que hay formas claras, medios honestos, métodos brillantes, procedimientos racionales, maneras inteligentes y caminos piadosos para llevar a cabo fielmente Sus Ordenes y obedecer Sus Mandatos, y hay inumerables ganancias y ventajas ilimitadas en esa forma de vida. Las gentes inteligentes adoptan esos caminos y medios, siguen esos métodos y procedimientos y caminan a lo largo de esos caminos y senderos, pero los tontos se niegan a aceptar Sus Consejos. Quienquiera que rechace a Dios, lo que hace es dar la espalda a las realidades de la vida y a los dictados de la sabiduría, y por lo tanto vaga en el desierto de la ignorancia. El Dios Todopoderoso le quitará Sus Bendiciones y hará descender Su Ira sobre él. Por tu propio bien, teme la autoexaltación, la autoglorificación y el egoísmo. El Dios Misericordioso ha mostrado la forma correcta de llevar una vida honesta y virtuosa y te ha señalado claramente el lugar en donde van a terminar la vida y sus actividades.

Ten cuidado, ya que tu deseo vicioso de ganar todo para ti mismo te ha colocado en un laberinto de maldad y crimen, te ha conducido por la fuerza al seno de los vicios y pecados, ha hecho fácil para ti que alcances tu condenación eterna y ha hecho imposible para ti que sigas el camino de la virtud y que logres la salvación.

CARTA 31

Despues de regresar de Siffín, el Imán dio algunos consejos a uno de sus hijos. Algunos historiadores consideran que se trataba del Imán Hasan (la paz sea con él) mientras que otros opinan que se trataba de Mohammad-e-Hanafia. Él los escribió en forma de testamento. Tratan acerca de casi todo aspecto de la vida que haga que el hombre triunfe en la vida, y sea valiente, caballeroso, humano, generoso, virtuoso y temeroso de Dios.

Estos consejos son de un padre, que se da cuenta de la mortalidad de la vida, que se está haciendo viejo, que ha soportado pacientemente los reveses y las calamidades, que odia los deseos inmoderados y los ha superado, y que va a partir de este mundo dentro de poco, para su hijo, el cual es joven, que tiene el deseo de conducir al mundo hacia formas moderadas de pensar y mejores formas de vivir, un deseo que es muy difícil de lograr (todos los profetas y mensajeros han tratado de alcanzar este fin, pero aún hoy la suerte de la Humanidad no es de envidiarse); un hijo que es mortal y está obligado por la naturaleza a seguir los pasos de todos los mortales, está sujeto a las enfermedades, está rodeado de desgracias y calamidades, tiene que enfrentarse a las opresiones y las tiranías, tiene que confrontar —y a veces tolerar — la hipocresía, el engaño, las astutas traiciones, la duplicidad y la traición, su vida va a terminar en la muerte, va a soportar sufrimientos, es el heredero de una persona que está muerta e ida y que finalmente termina su vida como un mártir de la animosidad de sus enemigos (¡Qué predicción!).

Después de alabar a Dios y bendecir al Santo Profeta (la paz sea con él y sus descendientes), debes saber que la decadencia de la salud, el paso del tiempo y la cercanía de la muerte han hecho que me dé cuenta que yo debería pensar más en mi futuro (el Más Allá) y en mis gentes, aconsejarlos más y dedicar más tiempo a equiparlos mentalmente para enfrentarse a este mundo. Yo sentí que mis propios hijos y mis parientes cercanos tienen mucho derecho a utilizar mis experiencias y mi conocimiento. Todos los altibajos de la vida, todas las realidades, y todas las verdades acerca de la vida y del Más Allá que son conocidas por mí, y también otros tienen ese derecho. Por lo tanto decidí dedicaros más tiempo y prepararos más para vuestro futuro. Esto no fue ni egoísmo ni autoestima ni lujo mental de dar consejos, sino que fue un deseo sincero de haceros ver el mundo como yo lo hallé, que veáis las realidades de la vida como yo las miré, y que hagáis lo correcto en el tiempo correcto y el lugar correcto como debería ser hecho, lo que me hizo escribirte estos consejos. No encontrarás en ellos más que realidades y verdades.

Mi querido hijo: tú eres parte de mi cuerpo y mi alma y cada vez que te veo siento como si me estuviera viendo a mí mismo. Yo, si alguna calamidad te sucede, siento como si me hubiera sucedido a mí Tu muerte me hará sentir como si fuera mi propia muerte. Tus asuntos son para mí como mis propios ausntos. Por lo tanto, confié al papel estos consejos. Quiero que cuides de ellos, que les prestes atención y que los guardes bien. Puede que yo permanezca más tiempo en tu vida (para guiarte personalmente) o puede que no, pero yo quiero que estos consejos permanezcan contigo.

Mi primer consejo, y el más importante, para tí, hijo mío, es que temas a Dios. Sé Su siervo obediente. Mantén siempre el pensamiento acerca de Él fresco en tu mente. Aférrate y guarda cuidadosamente la cuerda que te conecta con Él (el Islam). ¿Puede cualquiera otra conexión ser más fuerte, más resistente y más duradera que ésta como para merecer mayor respeto y consideración o como para remplazarla?

Acepta los buenos concejos y renueva con ellos tu mente. Adopta la piedad y mata tus deseos inmoderados con la ayuda de esos consejos. Construye tu carácter con la ayuda de la fe sincera en la religión y en Dios. Subyuga tu naturaleza egoísta, obstinada y rebelde con la visión de la muerte, las desgracias y las adversidades, los cambios de las circunstancias y los tiempos, y oblígate a estudiar la historia de los pueblos pasados. Convence a tu mente a que vea las ciudades en ruinas, los palacios dilapidados y las señales decadentes y las reliquias de los imperios caídos y las naciones pasadas. Luego medita acerca de las actividades de esos pueblos, acerca de todo lo que hicieron cuando vivían y tenían fuerza, lo que lograron, de dónde empezaron sus carreras, dónde cuándo y cómo llegaron a su fin, dónde están ahora, qué obtuvieron de la vida realmente y cuál fue su contribución al bienestar de los humanos. Si meditas cuidadosamente acerca de estos problemas, encontrarás que cada una de esas gentes ha partido de los demás y ha dejado todo lo que atesoraba y amaba y que ahora está en una morada solitaria, sólo y sin atenciones, y tú también estarás como él.

Ten cuidado de proveerte bien para tu futura morada. No pierdas las bendiciones eternas a cambio de los placeres de este mundo mortal.

No hables acerca de lo que no conoces. No especules ni juzgues acerca de temas en los que no estás capacitado para formarte una opinión, la cual no se te pide. Abandona el camino en el que haya posibilidad de extraviarse. Cuando haya peligro de que vagues en el desierto de la ignorancia, posibilidad de perder la vista de la meta que quieres alcanzar y de llegar al fin planeado, entonces es mejor abandonar la empresa que avanzar hacia el encuentro de ciertos peligros y riesgos imprevistos.

Aconseja a las gentes que obren bien y vivan virtuosamente, ya que tú estás capacitado para dar tales consejos. Deja que tus palabras y tus obras enseñen al mundo lecciones de cómo abstenerse de la maldad y la villanía. Trata al máximo de mantenerte alejado de los que incurren en los pecados y vicios.

Lucha, siempre que sea requerido, para defender la causa de Dios. Cuando pienses en defender la causa de Dios no temas que la gente se ría de ti, censure tu acción o te calumnie. Intrépida y valientemente ayuda a la verdad y la justicia. Soporta pacientemente los sufrimientos y enfréntate valientemente a los obstáculos que aparezcan en tu camino cuando sigas la verdad y cuando trates de apoyarla. Adhiérete a la causa de la verdad y la justicia dondequiera que la encuentres. Trata de estar bien versado en jurisprudencia Islámica y en teología y adquiere un conocimiento extenso de los cánones de esta religión.

Desarrolla el hábito de la paciencia ante los sufrimientos, las calamidades y las adversidades. Esta virtud de la paciencia es uno de los altos valores de la moralidad y la nobleza del carácter, y es el mejor hábito que uno pueda desarrollar. Confía en Dios y deja que tu mente busque Su Protección en toda calamidad y sufrimiento, ya que tú así te encomendarás a tí mismo y a tus asuntos al Mejor Administrador y el más Poderoso Guardián. No solicites la ayuda y la protección de nadie más que Dios. Reserva sólo para Él tus oraciones, tus peticiones, tus solicitudes, tus súplicas y tus ruegos, ya que el dar, el conceder, el conferir y el otorgar, así como el retener, el privar, el rehusar y el excluír están en Su Poder y sólo en él. Pide tanto de Sus Favores y solicita tanto de Su Guía como puedas.

Trata de entender mis consejos, medita profundamente en ellos, no los tomes a la ligera y no les dés la espalda, ya que el mejor conocimiento es el que beneficia al que lo escucha. El conocimiento que no beneficia a nadie es inútil, carece de valor y no es digno de ser aprendido y recordado.

Mi querido hijo: cuando me dí cuenta de que me estaba volviendo viejo y cuando sentí que la debilidad y la deficiencia gradualmente se trepaban sobre mí, entonces me apresuré a aconsejarte las mejores formas de llevar una vida noble, virtuosa y útil. Yo odiaba la idea de que la muerte me alcanzase antes de que pudiera decirte todo lo que quería decirte o que mis capacidades mentales, como mi fuerza corporal, pudiesen caer presa del deterioro. Yo te transmito todo este conocimiento antes de que los deseos inmoderados, las tentaciones y las seducciones pudiesen empezar a influenciarte, o que los cambios adversos de los tiempos y las circunstancias pudiesen arrastrarte en su fango, y si yo no te aconsejara te dejaría como un potrillo indómito y sin entrenamiento, pues la mente joven y fresca es como un suelo virgen que deja que las cosas sembradas en él crezcan abundante y frondosamente. Yo he hecho uso de las oportunidades tempranas para educarte y entrenarte, antes de que tu mente perdiera su frescura, antes de que se endureciese o se torciese, antes de que empieces a enfrentarte a la vida sin preparación para el encuentro y antes de que te veas forzado a usar tus decisiones y tu albedrío sin ganar las ventajas de las tradiciones acumuladas, el conocimiento reunido y las experiencias de otros. Estos consejos que te doy, te salvarán de la preocupación de adquirir conocimiento, colectar experiencias y solicitar consejo a otros. Ahora puedes muy fácilmente hacer uso de todo el conocimiento que los hombres tienen que adquirir con gran cuidado, problemas y paciencia. Las cosas que estaban ocultas para ellos, y que sólo los experimentos, las experiencias y los sufrimientos pudieron traer a la luz, son puestas, muy conveniente y fácilmente, a tu disposición a través de estos consejos.

¡Mi querido hijo!, aunque mi edad no es tan grande como la de algunas otras gentes que me precedieron, yo tuve gran cuidado de estudiar sus vidas, asiduamente revisé sus actividades, medité acerca de sus deliberaciones y sus obras, estudié sus restos, reliquias y ruinas, y medité acerca de sus vidas tan profundamente que sentí como si hubiera vivido y trabajado con ellos desde los primeros tiempos de la historia hasta nuestros tiempos, y yo sé lo que les hizo bien y lo que les produjo daño. Tamizando lo bueno de lo malo, estoy concentrando dentro de estas páginas, y para tu bien, el conocimiento que así reuní. Mediante estos consejos he tratado de traerte el valor del vivir honesto y de las ideas elevadas y los peligros de una vida pecaminosa y viciosa, y he tenido cuidado de cubrir y guardar todo aspecto de tu vida como es el deber de un padre cariñoso, bondadoso y considerado.

Desde el principio yo tuve cuidado de ayudarte a desarrollar un carácter noble y a prepararte para la vida que tú tendrás que llevar, de tratar que crecieras para que fueras un hombre joven con un carácter noble, una mente abierta y honesta y un conocimiento claro y preciso de las cosas a tu alrededor. Originalmente mi deseo era sólamente enseñarte completamente el Libro Sagrado, hacerte que entendieras sus complejidades, impartirte el conocimiento completo de Sus Ordenes y Sus Prohibiciones y no dejarte a merced del conocimiento de otras gentes. Pero después de haber tenido éxito en esta tarea, me sentí preocupado de que pudiera dejarte sin entrenamiento y sin educación en los temas que por sí mismos están sujetos a tanta confusión y a tantas contradicciones, temas cuyas confusiones han sido hechas aún más confusas por los deseos egoístas, las mentes torcidas, las formas malvadas de vida y modos pecaminosos de pensar. Por lo tanto he escrito, en estas líneas, los principios básicos de nobleza, piedad, verdad y justicia. Puede que los encuentres abrumadores y severos, pero mi deseo es amarte con este conocimiento en vez de dejarte desarmado para enfrentarte al mundo donde hay todo peligro de pérdida y condenación. Como tú eres un joven noble, virtuoso y piadoso, estoy seguro que recibirás la Guía y el Auxilio Divinos. Yo estoy seguro de que Él te ayudará a alcanzar tu meta en la vida. Quiero que te prometas a tí mismo seguir cuidadosamente mis consejos.

Recuerda, hijo mío, que los mejores de estos consejos míos son aquéllos que te dicen que temas a Dios, que te concentres y te confines al cumplimiento de aquéllos deberes que han sido hechos incumbentes para tí por Él y a seguir las huellas de tus ancestros (el Santo Profeta — la paz sea con él y sus descendientes — y el Imán) y de tus parientes piadosos y virtuosos. Verdaderamente ellos siempre analizaron cuidadosamente sus pensamientos y sus acciones, como tú también debes tratar de hacerlo, y ellos cuidadosamente meditaron acerca de un tema antes de decir cualquiera cosa acerca de él o antes de actuar. Tú también deberías hacer lo mismo. Este tipo de deliberación los hizo que tomaran de esta vida lo que era realmente lo mejor y que abandonaran aquello que no había sido hecho incumbente para ellos o que no era lo mejor.

Si tu mente se resiste a aceptar mis consejos persistes como ellos en probar tus propios experimentos, entonces estás en libertad para llegar a tus conclusiones pero sólo después de estudiar cuidadosamente el asunto y después de adquirir el conocimiento necesario para tales decisiones. No debes dejar que las incertidumbres y las dudas envenenen tu mente o que el escepticismo y las preferencias y aversiones irracionales afecten tus puntos de vista. Pero recuerda que antes de que empieces a pensar y a deliberar acerca de un problema debes buscar la Guía del Señor y solicitarle que te conduzca en la dirección correcta, que evite la confusión en tus ideas y que no deje que la incredulidad (acerca de la verdad de las enseñanzas de la religión) se apodere de tu mente, ya que una te conduciría hacia la incredulidad y la otra hacia los errores y los pecados. cuando estés así preparado para resolver cualquier problema y estes seguro de que posees una mente clara, un deseo sincero y firme de alcanzar la verdad, de decir lo correcto y de hacer la acción correcta, entonces cuidadosamente revisa los consejos que estoy dejando para ti. Si la mente no está clara y no está tan libre de dudas y escepticismo como deseas que esté, entonces estarás vagando en el desierto de las incertidumbres y los errores como un camello que sufre de ceguera nocturna, y bajo estas circunstancias es mejor para ti que desistas de la tarea ya que con tales limitaciones nadie puede jamás alcanzar la verdad.

Mi querido hijo: recuerda cuidadosamente, y muy cuidadosamente, esto que te digo, que el Señor, el Cual es el Amo de la muerte es también el Amo de la vida. El Creador es el Aniquilador. Y El Uno que aniquila tiene el poder de traer otra vez todo de nuevo a la existencia. El Uno que envía las calamidades hacia ti es el Uno que te sacará de ellas a salvo.

Recuerda que este mundo está funcionando bajo leyes ordenadas por Él y consiste del ensamble y la adición de acciones y reacciones, causas y efectos, calamidades y reveses, dolores y placeres, y recompensas y castigos; pero esto no es todo lo que muestra la imagen; hay cosas en él que están más allá del alcance de nuestro conocimiento, cosas que no conocemos y no podemos conocer y cosas que no pueden ser previstas ni predichas, como por ejemplo las recompensas y los castigos del Día del Juicio. Bajo estas circunstancias, si no entiendes una cosa, no te resistas a admitir que no la entiendes. Recuerda que tu falta de entendimiento se debe a la insuficiencia de tu conocimiento. Recuerda que cuando llegaste a este mundo tu primera apariencia era la de un ser ignorante, ineducado y sin conocimiento, y luego gradualmente adquiriste el conocimiento, pero hay varias cosas (en este mundo) que estaban más allá de tu conocimiento, las cuales te dejaron perplejo y sorprendido y acerca de las cuales tú no entendías el "por qué" ni el "como". Poco a poco adquiriste el conocimiento acerca de algunos de esos temas y en el futuro tu conocimiento y tu visión aún pueden desarrollarse más. Por lo tanto, la mejor cosa que puedes hacer es solicitar la Guía de Aquél que te creó, el Cual te mantiene y te nutre, el Cual te dio una mente equilibrada y un cuerpo que funciona con normalidad. Tus oraciones deben ser reservadas sólamente para Él. Tus peticiones y solicitudes deben ser sólo para Él, debes temerlo a Él y a nadie más.

Debes saber, hijo mío, que nadie ha dado a la Humanidad información tan detallada acerca de Dios (de Su Misericordia, Su Gloria, Su Majestad y Su Poder) que nuestro Santo Profeta (la paz sea con él y sus descendientes). Te aconsejo que tengas fe en sus enseñanzas para que lo hagas tu líder y que aceptes su guía para tu salvación. Aconsejarte así es lo mejor que puedo hacer como un consejero sincero y cariñoso y yo te aseguro que por más que trates de encontrar un mejor camino para tu bien, no encontrarás ninguno superior al que me fue aconsejado (con esto quizás el Imán quiere decir su consejo de aceptar la guía del Santo Profeta, la paz sea con él y sus descendientes para el éxito en este mundo y la salvación en el Más Allá). Recuerda, hijo mio, que si hubiera habido cualquier otro dios, además del Unico, él tambien habría enviado a sus mensajeros y profetas y ellos habrían señalado a la Humanidad el dominio y la gloria de este segundo dios y tú también los habrías visto. Pero nunca ocurrió dicho incidente. Él es el Unico Dios, al Cual todos nosotros debemos reconocer y adorar. Él se ha explicado a Sí Mismo. Nadie es socio Suyo en Su Dominio, Su Poder y Su Gloria. Él es Eterno, siempre ha existido y siempre existirá. Él existía aun antes de que el universo empezara a existir pero Su Existencia no tuvo principio. Él permanecerá cuando todas los otros seres hayan desaparecido en la nada y no habrá fin a Su Existencia. Su Gloria y Su Existencia es tan suprema, preminente, trascendente, incomparable y excelente que está más allá del alcance de las mentes y los intelectos. Nadie puede entenderlo ni visualizarlo. Cuando hayas aceptado estas verdades y realidades, entonces tu comportamiento — en lo que se refiere a Sus Ordenes y Prohibiciones — debe ser el de la persona que se da cuenta de que su posición, su poder y su condición son nada cuando se comparan con la posición de su Señor, que quiere ganar Su Favor por medio de las oraciones y la obediencia, que teme Su Ira así como Sus Castigos, y que está absolutamente necesitada de Su Ayuda y Su Protección. Recuerda, hijo mío, que Dios no te ha ordenado que hagas sino lo que es bueno y que propagues y distribuyás bondad, y que Él no te ha prohibido sino aquello que es malo y que tendrá malos efectos.

    Mi querido hijo: a través de este mensaje mío, he explicado todo acerca de este mundo, cuán inconstante y cambiante es su actitud, qué efímero y qué poco durable es todo lo que tiene u ofrece y qué rápidamente cambia sus estados de ánimo y sus favores. Yo también he explicado acerca de la vida venidera; los placeres y bendiciones proporcionadas allí y la paz, la comodidad y la felicidad eternas dispuestas en el Cielo. He dado suficientes ejemplos de ambos aspectos de la vida, antes y después de la muerte, para que puedas conocer la realidad y lleves tu vida sobre la base de ese conocimiento.

    La verdad es que aquellas personas que han estudiado cuidadosamente las condiciones de la vida y del mundo pasan sus días como si supieran que son viajeros que tienen que dejar un lugar que está afligido por el hambre (prácticamente un desierto con suma escasez de alimento y agua), insalubre y desagradable, y ellos tienen que ir hacia tierras que son fértiles, saludables, agradables y donde hay abundante provisión de todos los placeres y comodidades. Ellos han emprendido el viaje con entusiasmo, felices en la esperanza del futuro, las bendiciones y la paz. Ellos han aceptado de buena gana los sufrimientos, los problemas y los peligros del camino, la separación de los amigos, la escasez de alimento y de comodidad durante el peregrinaje para que ellos puedan alcanzar e final del viaje — un lugar feliz. Ellos no se niegan a soportar toda incomodidad y no se resisten a gastar en el camino (dando limosnas y caridad, y ayudando a los pobres y los necesitados). Cada paso que ellos dan hacia adelante hacia su meta, por cansado y extenuante que pueda ser, es una ocasión feliz en sus vidas. Por el contrario, la condición de aquellas gentes que están exclusivamente dedicadas a este mundo y están tristemente envueltas en sus placeres efímeros, evanescentes y viciosos, es como la de unos viajeros que están en regiones fértiles y felices y que tienen que comprender un viaje, sabiendo completamente bien que el viaje va a terminar en tierras inhóspitas, áridas y estériles. ¿Puede ser algo más odioso y desagradable para ellos que este viaje? ¡Cómo odiarán dejar el lugar donde están y llegar al lugar que tanto odian y que es tan desesperante, terrible y atemorizante.

    Mi querido hijo: en lo que respecta a tu comportamiento con los demás seres humanos, deja que tú mismo actúes como balanza para juzgar su bondad o su maldad. Haz a los demás lo que tú quisieras que ellos te hicieran a ti. Cualquiera cosa que quieras para ti mismo quiérela para los demás, y lo que te disgustaría que te sucediera evítaselo a los demás. No oprimas ni tiranices a nadie ya que seguramente a ti no te gusta ser oprimido y tiranizado. Sé bondadoso y comprensivo con los demás como tú ciertamente deseas que los demás te traten: bondadosa y comprensivamente. Cualquier hábito que encuentres censurable y odioso en los demás, abstente de desarrollarlo en tu carácter. Si estás satisfecho o te sientes feliz al recibir cierto tipo de comportamiento de los demás, puedes comportarte con los demás exactamente de la misma manera. No hables acerca de ellos en la forma que no te gustaría que ellos hablasen de ti. No hables de ninlgún tema del que sepas poco o nada, y si quieres hablar de algo o alguien de quien estás completamente enterado, entonces evita la calumnia, la difamación y los chismes, como no te gustaría ser tú mismo calumniado y difamado en la misma manera.

Recuerda, hijo, que la vanidad y la presunción son formas de tontería, estos defectos te acarrearían daño serio y serían una fuente constante de peligro para ti, por lo tanto, lleva una vida bien equilibrada (no seas vanidoso ni sufras de complejo de inferioridad), y ejercítate en ganar una vida honesta. Pero no actúes como tesorero para alguien (no seas miserable, ganando, acaparando y dejándolo para otros). y siempre que recibas la guía de tu Señor para lograr la cosa que desees, no te vuelvas orgulloso de tu logro, sino que mejor sé humilde y sumiso a Él y date cuenta de que tu éxito se debió a Su Misericordia y Su Favor.

Recuerda, hijo mío, que ante ti está un viaje largo y arduo (la vida). El viaje no sólo es muy largo, extenuante, laborioso y oneroso, sino que la ruta es en su mayor parte a través de regiones deprimentes, melancólicas y desiertas, donde estarás tristemente necesitado de ayudas refrescantes, renovantes y revitalizadoras y no podrás pasarla sin esas provisiones que te permitan seguir y te mantengan hasta el final de tu viaje: el Día del Juicio. Pero recuerda que no debes sobrecargarte (no debes encomendarte tantas obligaciones y deberes que no puedas cumplir honorablemente o con una vida tan lujosa que resulte malvada y viciosa), y que si esta carga es más de lo que puedes soportar convenientemente, entonces tu viaje será muy penoso y laborioso para ti. Si encuentras a tu alrededor a gentes pobres, necesitadas y desposeídas que quieran llevar tu carga por ti hasta el Día del Juicio, entonces considera que esto es un premio, empléalas y pásales tu carga (distribuye tu riqueza entre los pobres, los necesitados y los miserables — ayuda a los demás al máximo de tu capacidad y sé bondadoso y comprensivo con los seres humanos). Líbrate así de la pesada responsabilidad y la obligación de entregar cuentas en el Día del Recuento acerca de cómo hiciste uso de Sus Favores (de salud, riqueza, poder y posición), y así podrás llegar al final de tu viaje ligero y fresco, con bastante provisión para ti allí (la recompensa por haber cumplido tu deber hacia Dios y el prójimo). Ten tantos cargadores como puedas (ayuda a tantas gentes como puedas) para que no los pierdas cuando los necesites mucho (cuando tus pecados de comisión y omisión sean puestos en la Balanza contra tus buenas obras debes tener suficientes buenas obras para inclinar la Balanza a tu favor). Recuerda que todo lo que dés en caridad y buenas obras es como un préstamo que te será pagado. Por lo tanto, cuando seas rico y poderoso haz uso de tu riqueza y tu poder en tal forma que obtengas en retorno todo en el día cuando estés pobre e indefenso (el Día del juicio). Debes saber, hijo mio, que tu paso es a través de un valle horriblemente desagradable (la muerte) y que el viaje es sumamente extenuante y arduo. Aquí, un hombre ligero de peso está mucho mejor que una persona sobrecargada, y el que pueda viajar rápido pasará más velozmente que aquél a quien la sobrecarga lo fuerza a ir lentamente. Tú tendrás que pasar por este valle. La única salida de él está en el Cielo o en el Infierno (no hay otra salida ni posibilidad de regresarse sobre los pasos). Por lo tanto, es aconsejable que envíes allí tus cosas por anticipado para que ellas (tus buenas acciones) lleguen allí antes que tú. Prepara el lugar de tu estancia allí antes de que llegues ya que después de la muerte no hay arrepentimiento ni posibilidades, regresar a este mundo para deshacer el mal que hubieres hecho.

Reconoce esta verdad, hijo mío, que el Señor que posee y sostiene los tesoros del Cielo y de la Tierra te ha dado permiso para pedírselos y rogarle que te los dé, y ha prometido concederte tus plegarias. Él te ha dicho que reces pidiendo Sus Favores para que te sean concedidos y que pidas Sus Bendiciones para que te sean otorgadas. Él no ha colocado guardianes que eviten que tus oraciones lleguen a Él. Ni hay necesidad de que alguien interceda ante Él a tu favor. Si te retractas de tus promesas, si rompes tus votos o empiezas a hacer cosas de las que te hayas arrepentido, Él no te castigará inmediatamente, ni te negará Sus Favores de inmediato; y si te arrepientes una vez más Él no te reprochará ni te traicionará, aunque pudieras merecer plenamente ambas cosas, sino que Él aceptará tu arrepentimiento y te perdonará. Él nunca se resiste a conceder Su Perdón ni se niega a otorgar Su Misericordia; al contrario, Él ha decretado el arrepentimiento como una virtud y una acción piadosa. El Señor Misericordioso ha ordenado que cada mala obra tuya sea contabilizada como una, mientras que una buena obra o acción piadosa sea recompensada diez veces. Él ha dejado abierta la puerta del arrepentimiento. Él te escucha siempre que lo llamas. Él acepta tus oraciones siempre que le rezas.

Tú le ruegas que te conceda los deseos de tu corazón; tú expones ante Él los secretos de tu corazón; tú le cuentas todas las calamidades que han caído sobre ti y las desgracias que se te presentan, y solicitas Su Ayuda para superarlas. Tú invocas Su Ayuda y Su Apoyo en las dificultades y las severas penas. Tú le imploras que te conceda una larga vida y una buena salud; tú le rezas para que te dé prosperidad y le solicitas aquellos favores y concesiones que nadie más que Él puede otorgar.

Piensa en que simplemente al concederte el privilegio de rezarle para pedirle Sus Favores y Mercedes Él te ha entregado las llaves de Sus Tesoros. Siempre que estés necesitado tú le rezas y Él te confiere Sus Favores y Sus Bendiciones.

Pero a veces encuentras que tus peticiones no son inmediatamente concedidas, y entonces no debes decepcionarte, ya que la concesión de las oraciones a veces está en el verdadero propósito e intención del que implora. Algunas veces la concesión de los favores pedidos es demorada porque el Señor Misericordioso quiere que recibas aún más recompensas por soportar pacientemente las calamidades y los sufrimientos creyendo aún sinceramente en Su Ayuda. Así, tú puedes ser premiado con mejores favores de los que pedías. Algunas veces tus oraciones son rechazadas, y esto es también por tu bien; y a que tú frecuentemente, y sin saberlo, pides cosas que en realidad son perjudiciales para ti. Si tus peticiones fueran concedidas, te haría más daño que bien, y muchas de tus solicitudes pueden ser tales que si se te concediesen resultarían en tu condenación eterna. Así, la negación a acceder a tus solicitudes es una bendición para ti, aunque parezca lo contrario. Pero muy frecuentemente tus peticiones, si no son realmente perjudiciales para ti para este mundo o para el Más Allá, pueden ser demoradas pero son concedidas en cantidades mucho mayores de lo que pediste, trayendo consigo más bendiciones de lo que podrías imaginar. Así que debes ser muy cuidadoso al pedirle a Dios Sus Favores, reza sólamente por aquellas cosas que son realmente benéficas para ti, y que estos beneficios sean duraderos y que a la larga no terminen en daño. Recuerda, mi querido hijo, que la riqueza y el poder (si rezas por ellos) son cosas que no estarán siempre contigo y que pueden acarrearte daño en la vida del Más Allá.

Debes saber, hijo mío, que fuiste creado para el mundo del Más Allá y no para éste. Naciste para morir y no para vivir por siempre. Tu estancia en este mundo es temporal. Vives en un lugar que está sujeto a la decadencia y a la destrucción. Es un lugar donde tendrás que estar ocupado preparándote para el Más Allá. Es un camino (al Más Allá) en el que estás parado. La muerte te va siguiendo. No puedes escapar de ella. Por más que trates de evitarla, va a atraparte tarde o temprano. Por lo tanto, ten cuidado de que ella no te coja desprevenido y de que no te quede oportunidad de arrepentirte de los vicios y los pecados cometidos y de deshacer el daño hecho por ti. Si la muerte te coge desprevenido entonces estarás eternamente condenado. Por lo tanto, mi querido hijo, ten siempre tres cosas en la mente: la muerte, tus obras y acciones, y la vida del Más Allá. De esta forma estarás siempre listo para enfrentarte a la muerte y ésta no te atrapará desprevenido.

Mi querido hijo: no te dejes llevar ni seducir por el afecto de las gentes mundanas a la vida viciosa y sus placeres, y no te dejes impresionar por sus agudos esfuerzos para poseer y apropiarse de este mundo. Dios ha explicado muy misericordiosamente para ti todo lo de este mundo, y no sólo el Señor Misericordioso, sino que este mundo te ha dicho todo, te ha dejado ver que él es mortal, ha declarado abiertamente su debilidad, sus limitaciones y sus vicios.

Recuerda que esas gentes mundanas son perros que ladran y bestias hambrientas y feroces. Algunos de ellos están constantemente ladrándole a los demás. Sus poderosos señores matan y masacran a los pobres y los débiles. Sus personas poderosas explotan y tiranizan a las indefensas (Ver la nota al final de la carta). Sus deseos inmoderados y su ambición tienen un control tan completo de ellos que hallarás a algunos de ellos como animales domados y atados con una cuerda alrededor de sus pies y cuello (ellos han perdido la libertad de pensamiento y no pueden salir de la esclavitud de los deseos y los hábitos), mientras que hay otros a quienes las riquezas y el poder los han hecho enloquecer. Ellos se comportan como bestias indisciplinadas, atropellando, aplastando y matando a sus semejantes y destruyendo las cosas a su alrededor. La historia de este mundo es simplemente un resultado de esos incidentes, algunos grandes y algunos pequeños; la diferencia es de poder pero la intensidad es la misma. Estas gentes han perdido el equilibrio de sus mentes. Ellos no saben lo que están haciendo ni a donde van; analiza sus actividades y estudia sus formas de pensar, los encontrarás confusos e irracionales, ellos parecen como ganado que vaga en un terrible desierto donde no hay agua para beber ni pasto para comer, ni pastor que los cuide ni guardián que los vigile. Lo que en realidad les ha sucedido es que el mundo vicioso se ha apoderado de ellos, los arrastra a dondequiera que él desea y los trata como si estuvieran ciegos, ya que en realidad les ha vendado la vista contra las luces divinas de la verdadera religión. Ellos andan vagando, sin metas reales ni propósitos moderados, en el maravilloso espectáculo que el mundo ha organizado para ellos; están completamente ebrios del vino y los placeres amasados alrededor de ellos. Ellos toman a este mundo como su dios y su amo. El mundo está jugando con ellos y ellos están jugando con él y han olvidado y abandonado todo lo demás.

Pero las noches de gozos y placeres no durarán por siempre para nadie; el alba de las realidades apuntará tarde o temprano. La caravana de la vida ciertamente llegará un día a su destino. Uno, que tiene a los días y las noches actuando como caballos pintos para él, llevándolo avanzando y avanzando hacia el final de su viaje, debe recordar que aunque él pudiera sentir como si estuviera detenido en un lugar, en realidad se está moviendo, va en camino hacia su destino. Cada día lo lleva un paso adelante en su viaje hacia la muerte.

Debes saber, hijo mío, que tú no puedes tener satisfecho todo deseo tuyo, no puedes esperar escapar de la muerte, y vas pasando por los días de tu vida como lo hicieron otros antes que tú. Por lo tanto, controla tus espectativas, tus deseos y tus ambiciones; sé moderado en tus demandas, gánate el sustento por medios escrupulosamente honestos; conténtate con lo que consigues honorable y honestamente; vé lento y no dejes que tus deseos te conduzcan locamente, ya que hay muchos deseos que te conducirán hacia las decepciones y las pérdidas. Recuerda que no todo el que ruega o reza por una cosa obtendrá siempre aquello por lo que rogó o rezó, y todo el que controla sus deseos, tiene dignidad y no ruega ni reza por cosas, nunca quedará decepcionado o desafortunado. Así, no rebajes tu dignidad, ni seas vil ni servil y no te esclavices por medio de estas características viles y bajas aunque pueda parecer que hacen posible que logres el anhelo de tu corazón; ya que nada en este mundo puede compensar la pérdida de la dignidad, la nobleza de la mente y el honor.

Ten cuidado, hijo mío,. estás advertido de que no debes convertirte en esclavo de nadie. Dios te creó como hombre libre. No vendas tu libertad a cambio de cualquiera cosa. No hay ganancia real ni valor verdadero en los beneficios que obtengas por vender tu honor o tu dignidad o por sometiéndote a la vergüenza, los insultos y las indignidades, y no hay bien real en la riqueza y el poder adquiridos por medios sucios. Cuídate, hijo mío, que la avaricia y la ambición no te conduzcan hacia la destrucción y la condenación. Si puedes triunfar en no tener más benefactor que Dios, entonces trata al máximo de lograr esta nobleza de carácter. Porque Él te concederá tu porción correspondiente ya sea que trates o no de reunir a tu alrededor a tus donadores, patrocinadores y benefactores.

Recuerda que lo poco que te sea dado por Dios te va a ser más útil y provechoso, y es más honorable, que lo que sea concedido por el hombre en cantidades copiosas y abundantes. ¿Y qué puede darte un hombre más que una parte de aquello que Dios le concedió a él?

Las pérdidas que pudieses sufrir debido a tu silencio pueden ser fácilmente compensadas, pero las pérdidas que resultan de hablar excesiva e imprudentemente son difíciles de reparar. ¿No ves que la mejor forma de proteger el agua en una bahía es cerrando su boca?

Guardar lo que ya posees y tienes es mejor que pedir y rogar a otros lo que ellos poseen.

La amargura de la decepción, la privación y la pobreza es en realidad más dulce que la vergüenza y la humillación de mendigar.

El producto del trabajo duro pero respetable y honorable de un arte o una profesión, aunque sea pequeño en cantidad, es mejor que la riqueza que pudieras amasar a través del pecado y la maldad.

Nadie puede guardar tus secretos mejor que tú.

Frecuentemente un hombre trata al máximo de obtener una cosa que es la más dañina para él. Frecuentemente uno mismo es quien se hace el peor daño.

El que habla demasiado comete más errores.

El que frecuentemente piensa y reflexiona desarrolla su previsión y su sagacidad.

Procurando la compañía de gentes buenas desarrollarás bondad en tu carácter, y evitando la sociedad de las personas malvadas tú te abstendrás de la maldad.

El sustento adquirido por medios sucios es la peor forma de sustento.

Oprimir a una persona débil e indefensa es la peor forma de tiranía y maldad.

Si tu amabilidad y tu tolerancia va a producir resultados crueles, entonces la severidad y el rigor son la verdadera amabilidad.

Frecuentemente la medicación resulta en enfermedad; algunas veces las enfermedades resultan ser preservadores de la salud.

Frecuentemente uno recibe advertencias y consejos de gentes que no están capacitadas para advertir y aconsejar, y frecuentemente uno se encuentra con consejeros que no son sinceros.

No confíes en las vanas esperanzas ya que las vanas esperanzas son propiedad de los idiotas y los tontos.

Sabiduría es el nombre de la característica de recordar experiencias y hacer uso de ellas. La mejor experiencia es la que da la mejor advertencia y el mejor consejo.

Aprovecha las oportunidades antes de que ellas te dén la espalda.

No todo el que trata puede tener éxito.
Todo el que sale de este mundo no regresará.
La peor forma de tontería es desperdiciar las oportunidades de esta vida así como perder la salvación.
Para cada acción hay una reacción.
Dentro de poco obtendrás lo que ha sido destinado para ti.
Hay un elemento de riesgo y especulación - así como peligro de pérdida - en todo negocio.
Frecuentemente las pequeñas ganancias resultan tan provechosas como los grandes beneficios.
Un cómplice o asociado que te insulta y un amigo que no se ha formado una buena opinión acerca de ti no te será de ninguna ayuda ni de utilidad.
Trata con consideración y bondad a aquéllos sobre los que tienes poder y autoridad.
No corras el riesgo de ponerte en peligro a través de esperanzas irracionales, irrazonables y extravagantes.
Ten cuidado y no te dejes engañar por la adulación.
Haz el bien a tu hermano cuando él esté dispuesto a hacerte daño. Cuando él ignore o se niegue a reconocer el parentesco ayúdalo, acude en su auxilio y trata de mantener las relaciones. Si él es miserable contigo y se niega a darte ayuda monetaria, sé generoso con él y apóyalo financieramente. Si él es severo y cruel contigo, sé bondadoso y considerado con él. Si él te daña acepta sus excusas. Compórtate con él como si él fuera un amo y tú el siervo y como si él fuera el benefactor y tú el beneficiario.Pero ten cuidado de no hacer así ni comportarte así con las personas poco dignas y viles.
No hagas amistad con el enemigo de tu amigo ya que entonces tu amigo se volverá enemigo tuyo.
Aconseja sinceramente a tu amigo - y al máximo de tu habilidad - aunque a él no le guste.
Mantén un control completo de tu temperamento y tu ira, pues yo nunca encontré nada más benéfico al final, y con tan buenos resultados, que ese control.
Sé gentil, bondadoso y tolerante con quien es severo, rudo y estricto contigo; gradualmente él se convertirá a tu forma de comportamiento.
Concede favores y sé considerado con tu enemigo, ya que así, obtendrás uno u otro de los dos tipos de victoria: (uno, elevándote por encima de tu enemigo; el otro, reduciendo la intensidad de su enemistad).
Si quieres cesar las relaciones con tu amigo, no las rompas total y comple-

tamente, deja que tu corazón retenga alguna consideración (si no afecto) para él, para que tú tengas aún (al menos) algún interés por él si él regresa a tí.

No decepciones a la persona que tenga una buena opinión acerca de ti y no le hagas que cambie su opinión.

Bajo la impresión de que tú - como amigo - puedes comportarte como quieras, no violes los derechos de tu amigo ya que, cuando esté privado de sus derechos y privilegios, él ya no seguirá siendo tu amigo.

No maltrates a los miembros de tu casa (esposa, hijos y dependientes, ni te comportes con ellos como si fueras el hombre más cruel y de peor carácter.

No corras detrás de quien trata de evitarte.

El logro más grande de tu carácter es que la enemistad de tu hermano contra ti no rebase a la consideración y la amistad que tú sientes hacia él, y que sus maltratos hacia ti no pesen más que tu tratamiento amable a él.

No te sientas demasiado preocupado y deprimido por las opresiones y las crueldades, pues quien te oprima o te tiranice en realidad se está dañando a sí mismo y está encontrando caminos para tu bien.

Nunca maltrates a una persona que te haya hecho bien.

Debes saber bien, hijo, que hay dos tipos de sustento: uno, el que tú estás buscando, y el otro, el que te busca (el que ha sido destinado para ti). Éste último te alcanzará, aun cuando no trates de obtenerlo.

El ser sumiso, servil, arrastrado y pedigüeño cuando uno está necesitado, indefenso y pobre, y el ser arrogante, opresor y cruel cuando uno tiene poder y opulencia, son dos defectos muy desagradables del carácter humano.

Nada en este mundo es realmente útil y benéfico para ti a no ser que tenga alguna utilidad y valor benéfico para ti en el Más Allá. Si quieres lamentarte por las cosas que hayas perdido en este mundo, mejor laméntate y apénate por la pérdida de las cosas que tenían valor inmortal para ti.

No seas como las personas sobre las cuales no tienen efecto los consejos y que requieren de castigo para corregirse. Un hombre inteligente y razonable adquiere la educación y la cultura a través de los consejos, mientras que los brutos y las bestias sólo aceptan la corrección a través del castigo y los golpes.

Supera tus sufrimientos, tus preocupaciones y tus desgracias con la paciencia y la fe en el Señor Misericordioso y tu trabajo arduo; el que abandona el camino recto y los medios honestos y racionales de pensar y trabajar se dañara a sí mismo.

Un amigo es como un pariente, y un verdadero amigo es aquél que habla bien de ti, incluso a tus espaldas.

Los deseos inmoderados están íntimamente relacionados con las desgracias y las calamidades.

Frecuentemente los parientes cercanos se comportan más distantemente que los extraños y frecuentemente los extraños te ayudan más que tus parientes más cercanos.

El pobre es aquél que no tiene amigos. Quien abandone la verdad encontrará que el sendero de su vida se habrá vuelto angosto e inconveniente.

El que trate de retener su prestigio y su posición mediante la conformidad y la honestidad encontrará que éstas son posesiones duraderas.

La relación más fuerte es la que hay entre el hombre y Dios.

Aquél a quien no le importas es tu enemigo.

Si hay un peligro de muerte o condenación en el logro de un objeto entonces tu seguridad está en que fracases en lograrlo.

La debilidad y las limitaciones no son cosas de las que hay que hablar.

Las oportunidades no se repiten.

Algunas veces las personas muy sabias y educadas fracasan en alcanzar el objeto al que aspiraban, y las gentes tontas y sin educación logran sus propósitos.

Pospón las malas acciones tanto como sea posible ya que tú puedes cometerlas siempre que lo deseas (así que, ¿para qué apresurarte en cometerlas?).

El cortar tus conexiones con las gentes ignorantes y sin educación es igual a formar conexiones y mantener la compañía de las personas sabias y educadas.

Quienquiera que confíe en este mundo será traicionado por él, y quien le dé importancia a su posición y la exalte será avergonzado y humillado por él.

No toda flecha tuya dará en el ojo del toro (no todo plan tuyo tendrá éxito).

Con un cambio de posición también tus condiciones cambiarán.

Antes de averiguar las condiciones de la ruta descubre qué tipo de personas te acompañarán en el viaje.

En vez de indagar acerca de las condiciones de la casa en que vas a quedarte, antes que todo trata de averiguar qué clase de gentes son tus vecinos.

No introduzcas tópicos ridículos en tu charla aunque tengas que repetir los dichos de otros.

No solicites el consejo de las mujeres; sus juicios son frecuentemente inmaduros e incorrectos y sus determinaciones no son firmes. Tú debes cuidarlas y defenderlas y actuar como un escudo o un biombo para protegerlas de los alrededores impíos y dañinos y las visiones abominables; este tipo de refugio las mantendrá bien protegidas de toda variedad de daño. Su contacto con la atmósfera viciosa y pecaminosa (incluso con el refugio que puedas proporcionar) va a resultar más dañino para ellas que ser dejadas sin ninguna protección. No las dejes que interfieran en asuntos donde no puedas guiarlas ni protegerlas personalmente. No las dejes aspirar a cosas que estén más allá de sus capacidades. Ellas son más como una decoración para la Humanidad y no están hechas para regirla ni para gobernarla. Muestra un interés racional y razonable en las cosas que ellas desean y a las que les dan importancia, pero no las dejes que influencien tus opiniones ni las dejes que te conduzcan a actuar contra tu visión correcta. No las obligues a matrimonios que ellas aborrezcan o que consideren por debajo de su dignidad ya que hay peligro de convertir así a mujeres honorables y virtuosas en seres desvergonzados y sin honor.

Divide y distribuye el trabajo entre tus servidores para que puedas hacer responsable a cada uno del repectivo trabajo encomendado. Ésta es una forma mejor y más agradable de efectuar un trabajo que el que cada uno de ellos eche en alguien más toda la responsabilidad del trabajo.

Trata a los miembros de tu familia con amor y respeto, y a que ellos actúan como alas con las que vuelas y como manos que te sostienen y luchan por ti. Ellos son las personas a quienes recurres cuando estás en problemas y necesitado.

[Mi querido hijo: después de haberte dado estos consejos te encomiendo al Señor. Él te ayudará, te guiará y te protegerá en este mundo y en el Más Allá. Yo le rezo y le ruego que te tome bajo Su Protección en ambos mundos.¡Que ejemplos! ¿Se requiere alguna explicación? ¿Encontramos alguna reunión más perrunamente ruidosa que nuestra sociedad? ¿Qué están haciendo nuestros diarios, semanarios y otros periódicos? ¿Encontramos en ellos algún pensamiento interesante o útil? ¿Contienen ellos algo más que pura propaganda? Personas hablando contra personas; sociedades y partidos unos contra otros; naciones difamándose unas a otras; países efectuando una guerra fría unos contra otros; gobiernos contra los gobernados, y gobernados contra gobiernos. Honestamente hablando, este aullido ha creado un ruido estrépito que uno no puede escuchar una frase inteligente cuando es dicha ni una sugerencia útil cuando es hecha. ¿Podemos hallar una congregación más canina que la raza humana? En lo que se refiere a su ferocidad, las últimas dos guerras mundiales no dejan nada qué decir. Ninguna bestia, en lo máximo de su canibalismo, ha sido más feroz contra su propia especie que el hombre.]

CARTA 32

Carta a Moawiah

Tú has descarriado a una generación entera de hombres a tu alrededor. Al no tener fe en la verdad el Islam tú has hecho que otros se extravíen. Tú los has arrojado a las profundidades de la ignorancia. Los ha atraido hacia el abismo de la irracionalidad y la falta de conocimiento. Ellos andaban tratando de alcanzar la verdad, pero ahora ellos no pueden alcanzarla, debido a ti. Ellos han perdido el verdadero camino de la religión. Ellos se están volviendo escépticos y la mayoría de ellos están regresando a la infidelidad de los días pre-Islámicos. Su situación es desgraciada. Unos cuantos hombres prudentes de entre ellos, los cuales han visto tus métodos y se han dado cuenta de la intensidad de tu maldad y de tu astucia para alejarlos de los caminos del Islam, te han abandonado y han vuelto hacia Dios. Ellos son afortunados y serán bendecidos.

¡Oh Moawiah!, teme a Dios, no dejes que el Demonio te lleve al Infierno. Quítate su yugo, el cual está sobre tu cuello; recuerda que esta vida al fin y al cabo terminará y que pronto tendrás que enfrentarte al Más Allá.

CARTA 33

La siguiente carta fue escrita a Qasam Ibn-Abbas (hermano de Abdullah Ibn-Abbas, el cual era el gobernador de la provincia de Hiyaz nombrado por el Imán)

He recibido reportes confidenciales del Estado Occidental al efecto de que ciertas personas han sido enviadas desde Siria pretendiendo que están en la Meca para la peregrinación de Hayy (pero la tarea asignada a ellos era efectuar propaganda y crear deslealtad contra el Imán). Esas gentes no tienen ojos para la verdad ni oídos para las órdenes de Dios y los dichos del Profeta (la paz sea con él y sus descendientes). Ellos están tratando de alcanzar el sendero de la religión por caminos equivocados y de adquirir riqueza y placeres mundanos bajo el disfraz de actividades religiosas. No sólo esto, sino que además ellos están tratando, por varios medios, de persuadir a las personas piadosas y virtuosas a que vendan su salvación por las posesiones y los placeres de esta vida. Ellos están sirviendo a su vicioso gobernante pecando contra Dios y el prójimo.

Recuerda que la Recompensa Celestial es para aquéllos que la ganen con sus sinceras buenas obras y que el castigo es la suerte de los hombres que lo merecen por sus acciones. Por lo tanto, cumple con tus deberes como un oficial inteligente, experimentado, prudente y fiel; como un oficial que obedece a su gobernante, cuida sus intereses y se mantiene bien informado de los asuntos del Estado. No actúes en forma tal que en el futuro sientas pena por tus acciones y tengas que presentar disculpas y excusas. No te vuelvas arrogante cuando los tiempos te son favorables y no muestres debilidad cuando tus deberes requieren que seas fuerte y resuelto.

CARTA 34

Mohammad Ibn Abú Bakr era e discípulo y compañero favorito del Imán. El Imán lo trató y lo educó como a su propio hijo y lo nombró como gobernador de Egipto. Más tarde el Imán lo mandó llamar a Egipto y envió a Malik Ibn Hareth-ul-Axtar como gobernador. Mohammad pensó que había sido depuesto y se sintió triste por ello. Cuando el Imán supo de esto, él le escribió la siguiente carta a Mohammad.

Se me ha dicho que te sientes triste y agraviado porque te mandé llamar de regreso y envié a Malik en tu lugar como gobernador de Egipto. La realidad del caso no es que yo hiciera este cambio porque te hallase débil e ineficiente y te quisiese hacer más energico y fuerte, sino porque como un cambio quise enviarte a un lugar donde el trabajo fuera más fácil y te resultase más agradable.

Indudablemente el hombre a quien envié como gobernador de Egipto nos era muy fiel y era muy severo contra nuestros enemigos. Que Dios lo bendiga, él completó los días de vida que le fueron asignados y dejó este mundo. Él murió en tal estado que estuvimos complacidos con él. Que Dios le conceda Su Complacencia y Su Recompensa más alta.

Tú sales de tu casa listo para enfrentarte a los enemigos, armados con inteligencia superior y las mejores armaduras. Debes estar listo a luchar contra aquéllos que luchen contra ti. Aconseja a las gentes que obedezcan las órdenes del Señor, y pide Su Ayuda tanto y tan frecuentemente como puedas, para que Él te conceda el éxito en tus asuntos importantes y te ayude en tus dificultades.

CARTA 35

Cuando Mohammad Ibn Abú Bakr fue matado en Egipto por los gorilas de Moawiah a través de la deslealtad de sus propios compañeros (de Mohammad) y oficiales, el Imán sintió una gran pena y le escribió la siguiente carta a Abdullah Ibn-Abbas.

Ibn Abbas: Mohammad — que su alma descanse en la paz y la bendición de Dios — murió como un mártir y Egipto ha caído en manos de sus enemigos. Pido la recompensa de Dios por la tristeza que siento y por la pena que sufro debido al martirio de este joven, el cual fue como un hijo para mí. Él me quería. Él me fue fiel. En lo referente a la defensa del Estado Islámico él era como una espada afilada y como una fortaleza impenetrable.

Bastante tiempo antes de este suceso deplorable yo había enviado órdenes a los jefes de las diversas provincias de que acudiesen a ayudarlo o le enviasen ayuda cuando él la pidiese. Yo había repetido esas órdenes. Algunos acudieron en su ayuda pero con pocas ganas; otros empezaron a presentar excusas, mientras que otros enviaron falsos reportes de compromisos importantes y no cooperaron con él.

Yo sentí disgusto y le recé al Señor que me librase de la compañía y sociedad de esas gentes infieles e indignas.

Juro por Dios que si yo no tuviera el deseo de morir como mártir, y si no hubiera yo estado listo para mi muerte - esperándola de día y de noche - yo no habría querido vivir entre ellos ni siquiera por un día y yo no saldría con ellos a pelear contra los enemigos de Dios y el Islam.

CARTA 36

La siguiente es una carta escrita por el Imán a su hermano 'Aqil Ibn Abú-Talib. La ocasión fue que Zahak ibn Qays Fahri fue enviado a La Meca por Moawiah con una fuerza de gorilas para desvastar la ciudad. El Imán había enviado a Hayur Addi-e-Kundi a defender la ciudad de La Meca. Hayur derrotó a Zahak.

Aqil estaba en la Meca en ese tiempo y le escribió al Imán ofreciéndole sus servicios voluntarios diciendo que los Quraix no estaban sirviendo sinceramente la causa de Islam y estaban declarádamente en contra del Imán. En respuesta, el Imán escribió:

Yo había enviado contra él (Zahak) un contingente fuerte de combatientes musulmanes. Cuando él se dio cuenta de esto, él quiso huír abandonando el botín y los despojos capturados. Antes de la puesta del sol, nuestra fuerza expedicionaria lo alcanzó a él y a sus gorilas — un zafarrrancho tuvo lugar, que no merecía ser llamado batalla — y él huyó. Cuando él fue agarrado por la garganta él pensó que la mejor solución era una cobarde retirada.

No tomes a pecho el comportamiento de los Quraix. Hablar acerca de su escepticismo, su enemistad hacia el Islam, su rebelión contra la causa de Dios y su deseo de causarme daño, es perder el tiempo. Ahora ellos están tan dedicados a hacerme injusticia y a pelear contra mí como fueron unánimes contra el Santo Profeta (la paz sea con él y sus descendientes). Que Dios los castigue por sus pecados. Ellos ni siquiera han prestado consideración al parentesco que existía entre ellos y yo. Ellos me han privado de la propiedad del hijo de mi madre [2].

En cuanto a tu pregunta acerca de mis intenciones contra los enemigos del Islam, mi opinión es seguir luchando contra aquéllos que han decidido dañar la causa del Islam. Yo continuaré combatiéndolos hasta el fin de mi vida.

Yo no me siento envalentonado por la abundancia de seguidores ni descorazonado por su ineficiencia o escasez. No pienses que tu hermano va a perder el ánimo si las gentes lo traicionan y desisten de ayudarlo, o que él se humillará, se doblegará ante las posibilidades en contra, se someterá a las demandas irrazonables de los demás o aceptará sus mandatos u órdenes como una bestia de carga.

En lo que a mi concierne, soy como la persona acerca de la cual dijo un poeta de Bani-Salím: "Si preguntas acerca de mí, amada mía,entonces escúchame,yo soy muy fuerte para enfrentarme a las calamidades [y reveses,]yo no puedo tolerar que las señales de los sufrimientos y las penas en [mi rostro] hagan felices a mis enemigos e incrementen la pena de mis amigos".

CARTA 37

Carta a Moawiah

¡Al-lahu Akbar! [Dios es Grande]. ¡Cuán perdidamente estás atrapado por tus deseos inmoderados!, ¡Cuán inmisericordemente eres arrastrado por esas ambiciones viciosas e impías que te descarriarán en esta vida y te conducirán a un triste fin! Tú has traicionado la causa de la verdad y la justicia y has rechazado arrogantemente los argumentos que son agradables al Señor e irrefutables por el hombre.

¿Qué intentas al crear esta facción y rebelión bajo el disfraz de vengarte de los asesinos de Uthman? Los hechos reales del caso son que durante la vida del califa Uthman tú sólamente acudiste en su ayuda cuando esta acción, al final, iba a serte provechosa y cuando podías conseguir algo de él, y te negabas a ayudarlo cuando él estaba realmente necesitado de ti y de tu apoyo, y te lo pidió tantas veces.

CARTA 38

Una carta al pueblo el Egipto, hablándoles acerca de Malik cuando el Imán lo nombró gobernador de esa provincia.

De la criatura de Dios, Alí Ibn-Abi-Talib, a las gentes cuya ira y enemistad era por la causa de Dios; ellos se enojaron cuando vieron que su tierra estaba siendo aplastados y las obligaciones estaban siendo ignoradas y rechazadas, cuando la tiranía y la opresión estaban a la orden del día y toda buena o mala persona, y todo residente local o forastero, tenían que encararlas, cuando la bondad y la piedad eran vedadas y cuando a nadie le importaba mantenerse alejado de los vicios y los pecados.

Después de alabar a Dios y de elogiar y rendir homenaje al Santo Profeta (la paz sea con él y sus descendientes), sabed que os estoy enviando a una criatura de Dios tal que abandonó el descanso y el sueño durante los días de peligro, que no teme a su enemigo en las situaciones más terroríficas y críticas y el cual es más severo que el fuego ardiente con las gentes pecadoras y viciosas. Él es Malik Ibn Harith-e-Mazahayi (Mazahayi es una familia del clan de Bani Nakaa). Escuchádlo y obedeced sus órdenes, las cuales encontraréis que son correctas y acordes a los verdaderos cánones del Islam. Él es una espada tal entre todas las espadas de Dios que su filo nunca se mellará y cuyo golpe nunca dejará de tener efecto y nunca perdera una oportunidad. Si él os ordena avanzar contra vuestros enemigos, entonces avanzad; si él os ordena deteneros, entonces detenéos, ya que él mismo nunca avanzará ni se detendrá, ni dará órdenes de avanzar, detenerse o retroceder, sin mi consentimiento. Al enviároslo he dado preferencia a vuestras necesidades antes que a las mías (yo también lo necesito como jefe de mi escolta pero preferí enviarlo en vuestra ayuda y protección) para que él os sirva fielmente y trate a vuestros enemigos severa y enérgicamente.

CARTA 39

Carta a Amr-Ibn-Aas

Indudablemente has subordinado tu religión al poder, la pompa y la riqueza mundanas que te fueron proporcionadas por una persona cuya apostasía y escepticismo no son un secreto para nadie. Él y sus métodos son conocidos por todos. Él mancha la reputación, así como el carácter, de quienes le hacen compañía. Él trata de engañar a las gentes moderadas y tranquilas. A cambio de las migajas y las sobras de su mesa tú te has aliado a él. Tú lo estás siguiendo como un perro que sigue a un tigre, que mira temerosamente sus garras y espera vivir de los desperdicios que él deje de sus presas.

De esta manera tú has perdido tu dignidad y tu honor en este mundo y tu salvación en el Más Allá. Has arruinado tu presente y tu futuro. Si tan sólo hubieras seguido el verdadero camino habrías alcanzado el éxito en este mundo así como en el Más Allá.

Si Dios me concede el éxito contra ti y contra el hijo de Abú Sufyán yo os reprocharé a ambos de vosotros por los pecados contra el prójimo y contra Dios. Pero si ambos escapáis de mí y sobrevivís, entonces en el Día del Juicio veréis que el castigo merecido por vosotros será de una clase mucho más severa.

CARTA 40

Carta a un comisionado de una provincia. No pudo determinarse con seguridad a quién fue dirigida.

Se me ha dado a entender que tú has tomado posesión de tierras del Estado y que no sólo les has dado uso personal sino que también te has apropiado, sin derecho, de dinero del gobierno Por favor envía inmediatamente cuentas detalladas (acerca del asunto). Recuerda que rendimiento de cuentas ante el Señor es mucho más severo que cualquier ajuste de cuentas que el hombre pudiera llegar a cabo.

CARTA 41

La siguiente es la carta escrita a algún gobernador, el cual dejó al Imán y huyó con el tesoro público. Este hombre era primo del Imäm y éste confiaba en él. Algunos historiadores dicen que él era Abdullah, el cual era primo del Imán y una vez se comportó de esta manera.

Después de alabar a Dios y bendecir al Santo Profeta (la paz sea con él y sus descendientes), debes saber que yo confié en ti plenamente, te tomé totalmente como mi confidente y te di el nombramiento de un puesto de mucha reponsabilidad. Yo hice esto bajo la impresión de que de mi propio clan nadie resultaría más comprensivo, más útil y más digno de confianza para mí que tú.

Pero cuando viste que la suerte había cambiado para tu primo, que sus enemigos iban por el camino de la guerra, que la riqueza del país estaba siendo robada desconsideradamente, que la nación había perdido de vista el verdadero camino de la religión y estaba confundida y confusa, entonces tú también cambiaste de color. Tú has traicionado a tu primo, como otros desertores lo abandonaste, y uniéndote a la banda de las personas deshonestas, tú también traicionaste la confianza que yo había depositado en tí.

Has cambiado tanto que no sólo has perdido el sentido de la simpatía por tu primo sino que también has perdido el sentido de honestidad y virtud. Tu comportamiento actual indica que tú nunca has sido sincero, que la participación en las "yihad" (luchas por el Islam) no tenía el deseo de complacer a Dios, y que la luz verdadera de la religión nunca iluminó los oscuros recovecos de tu mente. Como la mayoría, tú también participaste en las "yihad" para amasar riqueza aparentando que servías a Dios y a la religión y esperabas oportunidades para escaparte con la riqueza del Estado musulmán. Y cuando la oportunidad de ser deshonesto a tus anchas se te presentó y cuando halaste a tu Amir seriamente ocupado en otros asuntos, brincaste aprestándote al pecado, invadiste el tesoro público y saqueaste, tanto como pudiste, el dinero que estaba reservado para los ancianos, las viudas, los huérfanos y los pobres. En este saqueo tu acción fue tan rápida, tan ágil y tan efectiva que se asemejaba a la acción de un lobo muy activo y muy cauteloso atacando y atrapando a una cabra herida e indefensa. Tú has enviado esta riqueza ilícitamente obtenida, complacido, a Hiyaz.

El pecado te agradó y el robo te hizo feliz. El pensamiento de que era una acción pecaminosa nunca te detuvo de efectuar la acción. ¿Lo tomaste por un herencia de la que te podías apoderar y enviar a casa? ¡Al-lahuAkbar! (Dios es Grande). ¿Es que no crees en el Día del Juicio? ¿No temes el recuento de las acciones en ese Día?

¡Oh tú, a quien tomamos por persona prudente e inteligente!, ¿cómo puedes comer y beber, felizmente y con la conciencia tranquila, las cosas compradas con esta riqueza, sabiendo todo el tiempo que lo que comes y bebes es prohibido e ilícito ¿Te das cuenta de la enormidad de tu pecado?. Con el dinero que estaba asignado para usarlo en bien de los huérfanos, los pobres y los miserables o que estaba reservado para los musulmanes fieles y los voluntarios (muyahids), o que era conservado para los musulmanes fieles y los voluntarios (muyahids), o que era conservado para la defensa del Estado Musulmán, tú te proporcionaste placeres y goces, compraste con él esclavas jóvenes y lo gastaste en tus bodas.

Te aconsejo que temas a Dios y que regreses el dinero a aquéllos a quienes les pertenece por derecho. Si tú no haces esto y si Dios me da la oportunidad de castigarte, entonces actuaré en forma tal que Dios estará Complacido conmigo. Te daré un golpe con esa espada mía que ha enviado al Infierno a todos aquéllos a quienes he golpeado con ella.

Juro por Dios que incluso si Hasan y Husayn (la paz sea con ellos) se hubieran comportado en la forma en que lo has hecho, yo no les habría mostrado indulgencia, ellos no habrían recibido ningún favor o consideración de mi parte. Yo les habría quitado ese dinero y habría deshecho el daño hecho por ellos.

¿Juro por el Señor Misericordioso que aun si toda la riqueza que ha saqueado tan pecaminosamente hubiera venido a mi posesión de una manera legal, no me habría, agradado dejarla como herencia a mis herederos.

Controla tus deseos inmoderados, piensa bien en lo que has hecho y recuerda que has llegado a la edad madura; simplemente trata de imaginarte que la muerte ha puesto fin a tu vida, que yaces en una tumba con mucha tierra encima de ti y que tus obras son colocadas ante ti. ¿Qué dirías y harías en ese tiempo y lugar — un lugar en donde los tiranos y los opresores sólo podrán arrepentirse y desearían regresar al mundo que dejaron detrás, pero no habrá salida del castigo?

CARTA 42

La siguiente es la carta que el Imán le escribió a Omer Ibn-Abi-Salma-e-Makhumi cuando el Imán lo mandó. llamar de regreso de Bahrain, donde era gobernador, y nombró en su lugar a Nomán Ibn Aylan-e-Zarji.

Después de alabar a Dios y de rendir homenaje al Santo Profeta (la paz sea con él y sus descendientes) te digo que debes saber que he nombrado a Nomán como gobernador de la provincia de Bahrain y te he quitado del puesto no porque yo estuviera insatisfecho de tu trabajo o porque hubiera algún cambio contra ti. Indudablemente tú has cumplido satisfactoriamente tus deberes y has hecho completa justicia a la confianza depositada en ti. Estoy bastante satisfecho con tu trabajo, y no dudo de tu sinceridad u honestidad ni te considero ineficiente o digno de reproche.

Ven a mí inmediatamente. El hecho es que yo he resuelto luchar contra los tiranos y opresores sirios y quiero que estés conmigo ya que tú eres uno de los hombres en quienes puedo confiar que me ayudarán a luchar contra los enemigos de Dios y para establecer el Estado musulmán.

CARTA 43

Una carta a Muskala Ibn Hubayra-e-Shebani, el cual era gobernador de Ardsher Jarra.

He recibido cierta información acerca de ti, y si tú realmente has hecho lo que se reporta contra ti entonces ciertamente has desagradado a tu Dios y me has molestado y hecho enojar.

Se me da a entender que estás distribuyendo pródigamente el tesoro del Estado entre los beduinos de tu clan y entre aquéllos árabes del desierto que te son fieles. Tú sabes que esa riqueza ha sido reunida por los fieles musulmanes en los campos de batalla con riesgo de sus vidas - durante las guerras en que muchos fueron matados y muchos más fueron heridos.

Juro por Dios, el Cual dio la vida a las plantas y los animales, que si esta acusación contra ti resulta cierta entonces te habrás humillado ante mis ojos y perderás la buena opinión que yo me había formado acerca de ti.

No te imagines que la confianza depositada en ti por Dios puede ser tratada ligeramente y no dañes o arruines tu religión, o de lo contrario serás uno de

aquéllos cuyas obras han de ser castigadas.
Recuerda que todos los musulmanes que están allá o aquí tienen igual participación de esta riqueza. Creyendo y actuando según este principio ellos vienen a mí por su participación, y recibiendola de mí ellos regresan a sus lugares.

CARTA 44

Ziyad era hijo del esclavo Obaida, su madre fue Summaiyah — una esclava de Hari_th_ Ibn Kulda — una mujer sexualmente promiscua y de conciencia muy elástica.Pero Ziyad creció como hombre inteligente y como muy buen orador.Todos sabían que Ziyad había nacido del pecado. Durante su califato, Umar no le dio muchas oportunidades, pero después llegó a ser gobernador y el Imán le permitó que conservara su puesto. Cuando Moawiah llegó al poder, él inició correspondencia secreta con Ziyad, invitándolo a dejar el lado del Imán y a unírsele, ofreciéndole el soborno de declararlo hijo de Abú- Sufyán. Cuando el Imán se enteró de esos mensajes secretos le escribió la siguiente carta a Ziyad.

He sido enterado de que Moawiah se está carteando contigo. Ten cuidado, él quiere hacerte tonto, reducir tu inteligencia y dañar tu dignidad. Recuerda que Satanás es quien atacará por detrás y por la izquierda y la derecha a un musulmán imprudente e imprecavido para que, hallándolo falto de cautela y de vigilancia, pueda dominarlo y esclavizar su razonamiento y su juicio.

La realidad es que durante el califato de Umar, Abú Sufyán imprudentemente hizo declaraciones acerca de algo que era injustificado e irracional. Era una de esas malas sugerencias de Satanás que no sólamente son un insulto para un hombre que se respete a sí mismo, sino que no pueden ayudar a probar la filiación (de acuerdo con las leyes del Islam) ni a legalizar la herencia [3]. La condición del hombre que pretende ese linaje es la del que se cuela a una fiesta de la que puede ser expulsado con humillación.

CARTA 45

Uthman Ibn Hanif era gobernador de Basorah. Él era una de las personas a quienes el Imán quería mucho. Durante su gubernatura una vez Ibn Hanif atendió una invitación dada por un rico de Basorah. Fue un banquete muy suntuoso. Cuando el Imán oyó acerca de esto, él le escribió la siguiente carta a Uthman Ibn Hanif. Ella muestra que entre más quería el Imán a una persona más severamente juzgaba sus acciones y obras.

¡Ibn Hanif! He recibido información de que una persona de Basorah te invitó a una cena y tú inmediatamente aceptaste la invitación, y que allí fueron servidas comidas muy suntuosas, las variedades más finas de viandas fueron colocadas ante ti en platos muy grandes y que tú las disfrutaste. Me da pena escuchar las noticias. Yo nunca esperé que tú aceptarías la invitación de la persona que invita a los grandes oficiales y a las gentes ricas y que rechaza groseramente a sus puertas a las personas pobres y los miserables hambrientos. Mira cuidadosamente las cosas que comes. Si hay aunque sea una sombra de que ello haya sido obtenido ilícitamente, entonces arrójalas a lo lejos. Come sólamente aquellas cosas acerca de las cuales estás perfectamente seguro de que fueron obtenidas de formas honestas, lícitas y virtuosas.

Debes saber, Ibn Hanif, que para todo el que sigue una religión hay un líder y un guía el cual el seguidor aprende los cánones de esa religión y las formas de llevar una vida piadosa. Ahora mira a tu Imán y líder (él mismo). En este mundo él se ha satisfecho y está conforme con dos ropas viejas, rotas y burdas y con dos piezas de pan (una en la mañana y otra en el noche). Yo sé que el adoptar una forma de vida tan severa está más allá de lo que puedes soportar, pero al menos trata de ser piadoso. Trata de seguirme y sé mi compañero en virtud, piedad y vida sencilla. Juro por Dios que de este mundo yo no he amasado oro, ni he acumulado riqueza y posesiones, ni he cambiado estas ropas mías toscas y viejas sin tomar siquiera un vestido ordinario de vuestro tesoro.

Verdaderamente bajo el cielo nosotros tuvimos sólo a Fidak como nuestra propiedad personal pero fuimos privados de esa tierra; ella los tenía, ellos tomaron posesión de ella por la fuerza y tuvimos que soportar la angustia paciente y alegremente. El mejor juez es el Señor Todopoderoso. ¿Qué iba yo a hacer con Fidak o con cualquier otra posesión mundana? Yo nunca las quise para mi. Yo sé que mañana mi habitación será la tumba. Su oscuridad cubrirá mis huellas y no dejará que mis noticias lleguen a este mundo. Una tumba, después de todo, es un hoyo, y aun cuando fuera hecha muy grande y ancha, el tiempo gradualmente la reducirá de tamaño y la llenará con piedras y tierra. Mi atención está concentrada en una cosa; o sea, que con la ayuda del temor de Dios y con la piedad yo mantenga bajo control a mis deseos para que en este mundo yo no cometa pecados y errores y que en el Día del Juicio, cuando el temor y el terror sean el destino de todos, yo me sienta a salvo, seguro y satisfecho.

Si yo lo hubiera querido, yo habría podido muy fácilmente encontrar caminos y medios para proporcionarme la miel más pura y clara, la mejor variedad de trigo y las más finas ropas de seda que pudiesen ser tejidas. Pero no es posible que los deseos inmoderados me dominen, y no es posible que la ambición me convenza a adquirir las viandas más selectas mientras que en Hiyaz y Yemen pueden haber gentes que no tienen esperanza de obtener un pedazo de pan y que nunca han satisfecho completamente su hambre. No es posible que yo me sacie cuando hay gentes a mi alrededor a quienes el hambre y la sed las mantiene inquietas y retorciéndose. ¿Quieres que yo sea como aquella persona acerca de la cual alguien dijo muy acertadamente: ¿No es suficiente para ti esta enfermedad que sigues durmiendo sobre un estómago muy pesado y a tu alrededor hay bocas tan hambrientas que comerían vorazmente aun piel seca de cabra?

¿He de estar contento y satisfecho simplemente porque las gentes me llaman Amir-ul-Mu'minin (Líder y Gobernante de los creyentes)? ¿No voy a ser comprensivo con los fieles musulmanes en sus calamidades? ¿No seré su socio en sus adversidades, no seré su compañero de sufrimientos? ¿No debo poner un ejemplo para ellos de como soportar paciente, valiente, brava y virtuosamente las dificultades y los sufrimientos?

¿Fui creado simplemente para estar pensando en mi comida? ¿Soy como el animal que está atado a un poste y que no piensa en nada más que en su pastura, o como la bestia sin control que vaga de un lado a otro y no hace nada sino comer, llenarse con pasto y no sabe el propósito en la vida para el cual fue creado? ¿No tengo religión ni conciencia ni temor de Dios? ¿He sido dejado absolutamente libre, sin ningún límite o control, para hacer lo que yo quiera? ¿Estoy en libertad de descarriarme, de vagar a lo lejos del verdadero camino de la religión y para vagar en el desierto de la ambición y la avaricia?

Estoy seguro de que algunos de vosotros diríais que si el hijo de Abú Talib come tan poco y vive al borde de la inanición entonces seguramente él debe de haberse debilitado y extenuado y ha de ser incapaz de enfrentarse a sus enemigos en los campos de batalla. Pero debes recordar que los árboles duros que crecen en las orillas de los desiertos tienen madera muy fuerte, mientras que los árboles que se hallan en las tierras pantanosas tienen corteza delgada y madera blanda, similarmente, cuando los primeros son encendidos arden por más tiempo y con brillo muy fuerte y dan más calor que los últimos.

Mi relación con el Santo Profeta (la paz sea con él y sus descendientes) es como una rama que brota del mismo tronco o como la relación de la muñeca con el brazo. Juro por Dios que aun si todos los árabes se unieran contra mí, yo no huiré del campo de batalla, y cuando la ocasión llegue yo haré, lo máximo para someterlos. Al mismo tiempo yo trataré de limpiar la tierra de la existencia y la influencia viciosa de ese inoportuno espíritu malo y esa mente torcida (Moawiah) para que la tierra pueda estar libre de su control y su dominio malvado y pecaminoso.

¡Oh mundo vicioso!, no trates de atraparme con engaños; tú no puedes hacerme caer en la trampa; yo estoy más allá de tus tentaciones y trampas, y he tenido buen cuidado de no resbalar en ellos. ¿Dónde estás aquellas gentes a las que tentaste con placeres y goces? ¿Doñde están aquellos grupos a los que sedujiste con la pompa y la gloria? Ellos están encerrados en sus tumbas, aplastados por toneladas de tierra encima de ellos. ¡Oh mundo vicioso!, si tú hubieras sido una persona o un ser con vida y miembros yo te habría castigado bajo las leyes del Señor; pues tú has tentado con esperanzas imposibles a millones de individuos para alejarlos del verdadero camino de la Humanidad; tú has causado la destrucción, la decadencia y la caída de nación tras nación, seduciéndolas con poder y placer, has arrojado a la tierra cabezas coronadas, los has rebajado a tales profundidades que no hay refugio para ninguno de ellos en ese lugar y nadie puede salir de allí.

¡Ay del hombre que con malpuesta confianza se para sobre el suelo rebaloso presentado por ti (por el mundo) como un soporte firme! ¡Ay del hombre que piensa en montar sobre las olas de falsas esperanzas y expectativas propuestas por ti!, seguramente se hundirá.

Quien trate de no dejarse atrapar por tus tentaciones y de no ser capturado por tus seducciones, encontrará el Camino Recto de la seguridad y la salvación. Quien trate de rechazarte con desprecio no le importan las consecuencias de su acción — aunque pueda encontrarse en circunstancias adversas y en dificultades — para él este mundo, sus placeres y la vida rodeada de placeres o de desgracias y aflicciones, es como un día que pasará pronto.

¡Vete de mí (el mundo)! No me puedes coger desprevenido como para hundirme en la vergüenza y la humillación, ni perderé el dominio de mí mismo para que puedas arrastrarme a donde quieres.

Juro por Dios que, exceptuando Su Destino —sobre el cual yo no tengo control y que puede moldear mi vida como Él desee— yo me controlaré para poder estar feliz y conforme si tengo un pedazo de pan con una pizca de sal, y mi mente estará muerta a los deseos de placeres, fama, poder y gloria.

(Vuelve a dirigirse a su amigo). ¡Ibn Hanif!, Tú has visto que las ovejas y las cabras, después de haber comido hasta llenarse, se retiran a su corral y duermen a sus anchas. ¿Quieres que Alí Ibn Abi Talib sea como ellos, comiendo, bebiendo y disfrutando? ¡Que me quede ciego si después de haber pasado tantos años de mi vida ahora me convirtiera en un animal en forma humana.

Feliz es la persona que cumplió su deber hacia Dios y el prójimo, que soportó pacientemente las adversidades y las calamidades, y que cuando el sueño la dominaba usaba su mano como almohada y yacía en el suelo, asi como aquéllos a quienes el temor al Día del Juicio los ha mantenido despiertos muy frecuentemente, que no encuentran mucho tiempo para dormir, cuyos labios se mantienen ocupados alabando a Dios, cuyos pecados han sido absueltos debido a la penitencia que se imponen. Ellos son personas piadosas y ciertamente lograrán la salvación.

Oh Ibn Hanif!, teme a Dios y conténtate con el pan que obtienes por medios lícitos para que puedas estar exento y libre del fuego del Infierno.

CARTA 46

Una carta del Imán a uno de sus gobernadores

Tú eres de personas cuya ayuda necesito para propagar la religión, para fortalecer su influencia, para derrotar a los infieles y pecadores, y para cuidar las fronteras peligrosas de este Estado. Solicita la ayuda de Dios en tus dificultades y tus empresas. En tu tratamiento a tus súbditos recuerda que debes usar la tolerancia y la benevolencia junto con la severidad. Sé bondadoso, tolerante y benévolo tanto como sea posible y todo el tiempo que sea posible, pero cuando sientas que tus propósitos no pueden ser logrados sin la severidad, la rigidez o la dureza, sólo entonces podrás adoptar tal actitud.

CARTA 47

Cuando Abdurrahmán Ibn Mulyim hirió al Imán durante las oraciones matutinas en la mezquita de Cufah, el Imán aconsejó a los imames Hasan y Husayn (la paz sea con ellos) en las siguientes palabras:

Os aconsejo que temáis a Dios, no vayáis en pos de este mundo vicioso, por mucho y muy frecuentemente que éste trate de atraeros, y no lo busquéis aunque él os busque. No os lamentéis ni lanquidezcáis de pena por las cosas que este mundo os niegue. Dejad que la Recompensa y las Bendiciones eternas de Dios sean la inspiración de todo lo que digáis y hagáis. Sed enemigos de los tiranos y los opresores y apoyad y sed amigos de los que están oprimidos y tiranizados.

A vosotros, a mis otros hijos, a mis parientes y a todos los que reciban este testamento mío, os aconsejo que temáis a Dios y seáis piadosos, que tengáis tratos justos unos con otros y que mejoréis las relaciones mutuas, ya que oí decir a vuestro abuelo, el Santo Profeta (la paz sea con él y sus descendientes): "Eliminar la enemistad mutua, los malos sentimeintos y el odio es mejor que la oración y el ayuno".

Temed a Dios cuando surja la cuestión de los huérfanos indefensos. Nunca debéis dejar que mueran de hambre. En tanto que estéis allí para cuidarlos y protegerlos, ellos no deberán ser arruinados ni perdidos. El Santo Profeta (la paz sea con él y sus descendientes) siempre nos aconsejó, previno y predicó acerca de esta responsabilidad, tanto que frecuentemente pensabamos que para la siguiente ocasión el Mensajero de Dios (la paz sea con él y sus descendientes) les asignaría una participación en nuestra herencia.

Temed a Dios en cuanto al Sagrado Corán, o de lo contrario otros podrán superaros y ser más excelentes que vosotros en el seguimiento de sus principios y en la actuación de acuerdo a sus órdenes.Temed a Dios en lo que respecta a las oraciones ya que las oraciones son pilares de vuestra fe. Temed a Dios en lo que respecta a Su Casa Sagrada (la Ka'ba), no la dejéis desierta porque si lo hacéis, vosotros (los musulmanes) estaréis perdidos.

No olvidéis a Dios; luchad por Su Causa con vuestra lengua, con vuestra riqueza y con vuestras vidas.

Desarrollad simpatía, amistad y afecto mutuos y ayudáos unos a otros. Tened cuidado y no os rechacéis unos a otros ni cortéis relaciones entre vosotros, ni os tratéis unos a otros mala y despiadadamente.

No dejéis de aconsejar a las gentes que obren bien y se abstengan del mal o de lo contrario las gentes viciosas y los pecadores os dominarán, y si vosotros permitís voluntariamente que esas personas sean vuestros gobernantes, entonces vuestras oraciones no serán escuchadas por el Señor.

Luego continuó:

¡Oh hijos de Abdul-Muttalib!, que no haya venganza por mi asesinato, no deambuléis por allí con la espada desenvainada con el 'grito' de "Amir-ul-Mu'minin ha sido asesinado", ni empecéis a asesinar a mis adversarios y enemigos. Ved que sólamente un hombre - o sea, mi asesino - sea matado como castigo del crimen y que nadie más sea molestado, dañado u hostilizado. El castigo al hombre responsable del atentado deberá ser efectuado sólo cuando ho haya muerto por la herida causada por él y ese castigo deberá ser de un sólo golpe de espada para terminar su vida. Él no deberá torturado antes de su muerte, sus pies y manos no deben serle cortados, ya que yo oí al Santo Profeta (la paz sea con él y sus descendientes) decir: "No cortéis las manos y los pies de nadie, ni siquiera de un perro rabioso"

CARTA 48

Una carta a Moawiah

Recuerda que la iniquidad y la falsedad traen al hombre desgracia en este mundo y en el Más Allá. La maldad del carácter de un tirano siempre será descubierta por aquéllos que analicen cuidadosamente sus acciones. Debes saber que nunca podrás obtener aquello que ha sido destinado a que no llegue a ti.

Hay gentes que quieren apoderarse de una cosa sin tener derecho alguno a poseerla o a reclamarla. Para obtener el objeto que ambicionan, ellos tratan de interpretar las órdenes del Señor de manera que se acomoden a sus propósitos. Pero el Señor siempre ha desmentido a esas gentes.

Por lo tanto teme tú también el Día del Juicio, el día en que sólo podrán ser felices aquellas personas que hayan hecho obras merecedoras de recompensa, y se lamentarán aquéllos que se hayan entregado a Satañas y no quieran salir de su influencia.

Tú me invitaste a poner al Libro Sagrado como árbitro pero tú nunca has creído que ese Libro sea la Palabra de Dios. Yo, por lo tanto, no acepté tu invitación aunque siempre acaté las órdenes de ese libro.

CARTA 49

Una carta a Moawiah

Este mundo vicioso tratará de desviar al hombre a lo lejos de la religión y de hacer que pierda la fe en el Más Allá. Y cuando las gentes mundanas toman algo de él, él siempre les presenta imágenes de falsas esperanzas, ambiciones, tentaciones y codicia, para que nunca estén satisfechas con lo que han tomado y siempre codicien más. El resultado es que frecuentemente ellos pierden lo que han reunido y sus planes no funcionan. Si tomas una lección del pasado, entonces puedes cuidar muy bien de tu futuro.

CARTA 50

Carta circular a los jefes de su ejército

Esta carta circular del siervo de Dios, Alí Ibn Abí Talib, a los jefes el ejército y a los generales de sus divisiones.

Es importante para los Jefes y Dirigentes del Estado que sus posiciones superiores, las circunstancias fáciles y el prestigio no los hagan cambiar su actitud hacia los súbditos del Estado. En vez de ello, los favores que el Señor les ha concedido deberían acercarlos a sus gentes y debería hacerlos más comprensivos con ellos.

Mi deber hacia vosotros es que, exceptuando los secretos de guerra, yo no guarde en secreto para vosotros nada relativo a los asuntos del Estado; exceptuando las cuestiones religiosas, en todos los otros asuntos relativos a vuestro bienestar yo debo tomaros como confidentes y buscar vuestro consejo; yo debo cuidar vuestros intereses y derechos al máximo de mi habilidad; debo ver que estéis bien protegidos y bien cuidados y debo trataros igualmente, sin favoritismos.

Si recibís de mí ese tratamiento favorable, entonces es vuestro deber agradecer a Dios por Su Bondad. Vuestra obediencia a mí es que sigáis las órdenes dadas, que seáis buenos y os enfrentéis valientemente a las dificultades para alcanzar el Camino Recto. Si no podéis mantener este nivel de fidelidad y o podéis comportaros de esta manera, entonces perderéis el Camino Recto de la virtud y nadie será más bajo ante mis ojos que vosotros. Os castigaré severamente sin temor, favor ni lástima.

Haced que vuestros oficiales subordinados prometan actuar de acuerdo a esto y dadles las mismas facilidades y privilegios que os son dados a vosotros, para que vuestros asuntos sucedan sin tropiezos.

CARTA 51

Una carta a los colectores de impuestos y ganancias

Una carta de la criatura de Dios, Alí Ibn Abí Talib, a los colectores de ganancias e impuestos. Al que no le importa su salvación nunca pensará en prepararse para el Más Allá con buenas obras y, por lo tanto, no será capaz de escapar del castigo. Sabed que las responsabilidades puestas sobre vosotros son pocas, pero la Recompensa Celestial reservada por ellas es muy alta. Dios os ha prohibido la tiranía y la injusticia; e incluso si no hubiera habido temor por el castigo a estas injusticias, la sola recompensa por ser justo, bondadoso y humano es tal que no puede haber excusa por no tratar de alcanzarla.

Tratad a los que paguen los impuestos con equidad y justicia y considerad sus deseos con paciencia y bondad, porque vosotros sois los tesoreros de los súbditos, Representante de la gente y el oficial de parte de la más alta autoridad. No forcéis a nadie a abandonar sus requerimientos ni a dejar de satisfacer sus necesidades (por pagar los impuestos). Al cobrar los impuestos y ganancias no vendáis sus ropas de invierno y verano, sus esclavos ni aquéllos de sus animales que les dan servicio; no recurráis a azotar ni toquéis su propiedad, sean musulmanes o no-musulmanes; pero si encontráis armas de no-musulmanes o caballos en los que hubiera peligro y posibilidad de ser usados en guerra contra el Estado, podéis confiscarlos. Las cosas que son peligrosas para la seguridad del país no deberían ser dejadas en manos de las personas irresponsables, y así no resultarán dañinas ni perniciosas para el Estado musulmán y sus gentes.

Sed bondadosos con las gentes, tratad bien al ejército, no refunfuñéis ni os resistáis a ayudar a los súbditos y a cuidar la religión. Estos dos deberes son obigaciones impuestas sobre vosotros por Dios, porque en pago a los Favores y Bendiciones que Él nos ha concedido Él quiere que vosotros y yo seamos agradecidos con Él tanto como podamos, y que ayudemos a Su Causa al máximo de nuestra capacidad. Debéis recordar que aun nuestra fuerza y nuestras habilidades son Favores Suyos concedidos a nosotros.

CARTA 52

Una circular acerca de las oraciones enviada a los gobernadores de todas las provincias.

Conducid la oración de Zuhr (mediodía) hasta que la longitud de la sombra de una pared sea igual a la altura de la pared; la oración de Asr (tarde) puede ser efectuada hasta que el sol todavía brille y quede suficiente tiempo del día para que una persona cubra una distancia seis millas. Las oraciones de Magrib (puesta del sol) deben ser cumplidas cuando los que ayunan rompen el ayuno y cuando los peregrinos regresan de Arafat. Y el tiempo para las oraciones de Ixa? (noche) es cuando el resplandor rojizo de la última luz desaparece del Oeste hasta que todavía queda un tercio de la noche. Las oraciones de la mañana deben ser efectuadas cuando aparece suficiente luz del alba para que un hombre pueda reconocer la cara de su compañero.

Cuando dirijáis las oraciones, hacedlas cortas para que los más débiles de vosotros no se sientan cansados de seguiros y para que su fuerza y su paciencia no sean sobrecargadas.

CARTA 53

Una orden para Malik-e-Axter

Malik-e-Axter fue una persona famosa de la época del Imán. Él era el jefe del clan de Bani Nuja. Fue discípulo y compañero del Imán. Él era un valiente guerrero y había fungido como comandante en Jefe de los ejércitos del Imán. Su valor le ganó el sobrenombre de "Tigre Intrépido". El Imán lo educó en los principios de la administración y la jurisprudencia.

Él veneraba y quería al Imán sinceramente y debido a eso se ganó la enemistad de Moawiah. Moawiah intrigó contra él y mandó que su pandilla de asesinos lo matara. Su muerte prematura le causó una gran tristeza al Imán, el cual expresó su pena diciendo: "Él era para mí lo que yo fui para el Santo Profeta (la paz sea con él y sus descendientes).

Las siguientes instrucciones, en forma de carta, fueron escritas para él por el Imán cuando éste lo nombró gobernador de Egipto en lugar de Mohammad Ihn-Abú-Bakr.

Esta carta es un resumen de los principios de administración y justicia que dicta el Islam. Trata acerca de los deberes y las obligaciones de los gobernantes, sus principales responsabilidades, la cuestión de la prioridad de los derechos y las obligaciones, la administración de la justicia, el control de los secretarios y el personal subordinado, la distribución del trabajo y los deberes entre las diversas ramas de la administración, la coordinación de unas con otras y la cooperación con el centro. En ella el Imán le aconseja a Malik que combata la corrupción y la opresión entre los oficiales, que controle los mercados y las importaciones y exportaciones; que ponga un alto a los males de la especulación, el acaparamiento, el monopolio y el mercado negro. En ella él también explicó las etapas de las diversas clases de la sociedad, los deberes del gobierno hacia las clases más bajas (los pobres y los miserables), cómo deben ser ellos cuidados y cómo deben mejorar sus condiciones; el principio de la distribución equitativa de la riqueza y las oportunidades; los huérfanos y su crianza; los deformados, inválidos e imposibilitados para trabajar, y su mantenimiento; los substitutos de hogares para los ancianos y los inválidos. Luego él discutió acerca del ejército, de quiénes debe consistir y cómo no se debe permitir que los mercenarios ignorantes, despiadados y corruptos hagan carrera en el ejército. Él puso gran énfasis en el honor y la nobleza de los voluntarios, que en tiempos de necesidad ofrecen su servicio voluntario para defender al Estado Islámico. Finalmente él comentó acerca de los derechos de los gobernantes sobre los gobernados y de los gobernados sobre los gobernantes.

Hay una idea central principal a través de todas estas instrucciones, como una hebra con la que se teje la tela, y es la idea de Dios. El gobierno es de Dios, los gobernadores y los gobernados son ambos criaturas de Dios, sus respectivos deberes son decretados por Dios. Él espera que cada uno cumpla sus obligaciones y haga sus deberes. Los huérfanos y los humildes son confiados por Dios al gobernante, el ejército es el ejército de Dios, cuyos soldados no deben comportarse como mercenarios arrogantes y soberbios sino como caballeros honorables y nobles. Se espera de cada quien que cumpla su deber al máximo de su habilidad, según ello será recompensado en el Cielo.

En resumen, esta carta es, por un lado, el mensaje de los principios de administración como son enseñados por el Sagrado Corán — un código para establecer un gobierno bondadoso y benévolo, arrojando luz sobre diversos aspectos de la justicia, la benevolencia y la misericordia; un orden basado en la ética de un gobierno benigno y piadoso, donde se muestra justicia y misericordia a los seres humanos sin importar la clase, el credo o el color, donde la pobreza no es un estigma ni un impedimento, y donde la justicia no está manchada con el nepotismo, el favoritismo, el provincialismo o el fanaticismo religioso —y, por otro lado, es una tesis de los valores superiores de la moralidad.

El famoso jurista, poeta y filósofo cristiano árabe, Abdul Masïh-e-Anthaki, que murió a principios del siglo XX, al discutir esta carta dijo que es un código bastante superior y mejor que los legados por Moisés y Hammurabi; explica lo que debe ser una administración humana y cómo debe ser llevada a cabo y justifica las afirmaciones de los musulmanes de que el Islam quiere introducir una administración religiosa de la gente para la gente y por la gente, y quiere que el dirigente gobierne no para complacerse a sí mismo sino para dar felicidad a los gobernados, y que ninguna religión antes del Islam trató de lograr este fin. Alí debería ser felicitado por haber introducido estos principios y por haberlos escrito para la posteridad.

En el nombre de Dios, el Compasivo, el Misericordioso.

Éstas son las órdenes emitidas por la criatura de Dios, Alí hijo de Abu-Talib, a Malik, hijo de Axter, cuando nombró a Malik como gobernador de Egipto, para recaudar el Zakat allí, para pelear contra los enemigos del Islam y de Egipto, para trabajar por el bienestar de su gente y para procurar su prosperidad.

Yo te ordeno, Malik, que siempre mantengas en tu mente el temor a Dios; que le dés prioridad a Su adoración y le dés preferencia a la obediencia a Sus Ordenes por sobre todas las demás cosas de la vida; que sigas cuidadosa y fielmente los mandamientos y observes las prohibiciones como fueron dadas pero el Libro Sagrado y las tradiciones del Santo Profeta (la paz sea con él y sus descendientes), y a que el éxito del hombre en lograr la felicidad en este mundo y en el Más Allá depende de estas cualidades, y el fracaso en alcanzar estos atributos produce el fracaso total aquí y en el Más Allá.

Te ordeno que uses tu cabeza, tu corazón, tus manos y tu lengua para ayudar a (la criaturas de) Dios y a que el Dios Todopoderoso se hace responsable a Sí Mismo de ayudar a aquéllos que sinceramente tratan al máximo de ayudar (a Su Causa y Sus criaturas). El Señor además te ha ordenado que mantengas tus deseos bajo control, que mantengas tu "ego" restringido cuando los anhelos y las ambiciones extravagantes e inmoderados tratan de conducirte hacia la maldad y el pecado, ya que generalmente tu ego trata de incitarte, forzarte y arrastrarte hacia la infamia y la condenación, a no ser que el Señor Misericordioso acuda en tu vida.

Debes saber, Malík que te estoy enviado como gobernador a un país que ha visto muchos gobiernos antes de éste. Algunos de ellos fueron benignos, comprensivos y buenos, mientras que otros fueron tiránicos, opresivos y crueles. La gente juzgará tu gobierno tan críticamente como tú has estudiado las actividades de otros gobiernos, y ellos te criticarán de la misma manera en que tú has censurado o aprobado a otros gobernantes.

Debes saber que un hombre bueno y virtuoso es conocido y reconocido por lo bueno que se dice de él y por las alabanzas que Dios ha destinado que él reciba de los demás. Por lo tanto, haz que tu mente sea una fuente de buenos pensamientos, buenas intenciones y buenas acciones. Esto sólo puede ser logrado manteniendo un estricto control de tus deseos y anhelos, por más que ellos traten de incitarte o forzarte. Recuerda que la mejor forma de hacer justicia a tu "ego" y de mantenerlo a salvo de todo daño, es restringiéndolo del vicio y de las cosas que el "ego" inmoderada e irracionalmente desea.

¡Malik!, tu debes crear en tu mente la bondad, la compasión y el amor a tus súbditos. No te comportes con ellos como si fueras una bestia voraz y glotona y como si tu éxito estuviera en desgarrarlos y devorarlos.

Recuerda, Malik, que entre tus súbditos hay dos clases de gentes: aquéllos que tienen tu misma religión y son hermanos tuyos y aquellos que tienen religiones diferentes a la tuya y, no obstante, son seres humanos como tú. Los hombres de cualquiera de las dos categorías sufren de las mismas debilidades e impedimentos de los que la carne humana es heredera. Ellos cometen pecados, incurren en vicios — ya sea intencionalmente o tontamente y sin intención — sin darse cuenta de la enormidad de sus acciones. Que tu misericordia y tu compasión acudan en su rescate y ayuda en la misma manera y la misma intensidad en que tú esperas que Dios te muestre misericordia y perdón a ti.

Malik, tú nunca debes olvidar que, si tú eres el gobernante sobre ellos, entonces el Califa es el gobernante sobre ti, y Dios es el Señor Supremo sobre el Califa. y la realidad es que Él te ha nombrado gobernador y te ha tratado y puesto a prueba por medio de la responsabilidad de este gobierno sobre ellos. Nunca pienses en elevarte a ti mismo a un falso prestigio como para declararle la guerra a Dios, porque tú no puedes evitar ni evadir Su Castigo y Su Venganza y nunca estarás libre de la necesidad de Su Misericordia y Su Compasión.

No te sientas avergonzado de perdonar y olvidar. No te apresures a dar los castigos y no te complazcas ni te sientas orgulloso de tu poder para castigar. O te enojes ni pierdas el control de tí mismo rápidamente por los errores y las fallas de aquéllos a quienes gobiernas. Al contrario, sé paciente y comprensivo con ellos. La ira y el deseo de venganza no te van a ser de mucha ayuda en tu administración.

Nunca te digas: "Yo soy el señor de ellos, su gobernante y su amo, así que debo ser obedecido sumisa y humildemente", ya que tal pensamiento desequilibrará tu mente, te hará vano y arrogante, debilitará tu fe en la religión y te hará que busques el apoyo de otro poder aparte del de Dios (quizás el de tu partido y tu gobierno). Si alguna vez sientes orgullo o vanidad debido a tu control y tu gobierno sobre tus súbditos, entonces piensa en el control y el gobierno supremos del Señor sobre los universos, la extensión de Sus creaciones, la supremacía de Su Majestad y Su Gloria, Su Poder para hacer las cosas que tú ni siquiera puedes soñar en realizarlas, y Su Control sobre ti que es más dominante que el que tú puedes lograr sobre cualquiera cosa a tu alrededor. Estos pensamientos curarán tu debilidad mental, te mantendrán alejado de la vanidad y la rebelión (contra Dios), reducirán tu arrogancia y tu soberbia y te harán regresar a la cordura que habías abandonado tontamente.

Ten cuidado, nunca pienses en ponerte al nivel de Dios, nunca pienses en emparejar tu poder con Él ni en competir con Su Gloria, y nunca pretendas que posees fuerza y poder como Él, ya que el Señor Todopoderoso siempre humillará a los tiranos despiadados y degradará a todos los que pretenden igualar Su Poder y Su Majestad.

En lo que se refiere a tus propios asuntos y los de tus parientes y amigos, ten cuidado de no violar los deberes impuestos sobre ti por Dios y no usurpes los derechos de la Humanidad. Sé imparcial y obra con justicia, ya que si abandonas la equidad y la justicia, entonces ciertamente serás un tirano y un opresor. Y quienquiera que tiranice y oprima a las creaturas de Dios, se ganará la enemistad de Dios junto con el odio de aquéllos a quienes oprime, y el que se gana la Ira de Dios pierde todas las oportunidades de salvación; no tendrá excusas que ofrecer en el Día del Juicio. Todo tirano y opresor es un enemigo del Señor, a menos que se arrepienta y desista de la opresión. Recuerda, Malik, que no hay nada en este mundo tan efectivo para cambiar Sus Bendiciones en Ira y nada hará descender Su Venganza y Su Enojo más rápido que insistir en la opresión y la tiranía sobre Sus criaturas, ya que el Dios Misericordioso siempre escuchará las oraciones de aquéllos que han sido aplastados y pisados por la tiranía y la crueldad, y Él no les dará oportunidad a los opresores.

Debes siempre apreciar y adoptar una política que no sea ni demasiado severa y rígida ni demasiado tolerante, una política que esté basada en la equidad y la justicia, y que será grandemente apreciada y a todos gustará. Recuerda que la reprobación y el desagrado de los hombres comunes, los miserables y las personas humildes pesa mucho más que la aprobación de las personas importantes; y el desagrado de unas cuantas gentes grandes será pasado por alto por el Señor si el público general y las masas de tus súbditos están contentos contigo. Recuerdas Malík, que generalmente esos dos personajes son la escoria de la sociedad humana, ellos son las gentes que serán el peor impedimento para ti durante tus momentos de paz y felicidad, y los menos útiles para ti durante tus horas de necesidad y adversidad; ellos odian la equidad y la justicia más que nada; ellos continuarán demandando más y más de los recursos del Estado y rara vez estarán satisfechos con lo que reciben, y nunca se sentirán obligados por el favor recibido. Si sus demandas son justificablemente negadas ellos nunca aceptarán ninguna excusa razonable o cualquier razón lógica; y cuando el tiempo cambia nunca los encontrarás confiables, fieles y leales. Mientras que los hombres comunes, la sección pobre y aparentemente menos importante de tus súbditos, son los pilares del Islam; ellos son la verdadera asamblea de musulmanes y la fuerza y el poder de defensa contra los enemigos del Islam. Ten siempre la mente abierta para ellos, sé más amigable con ellos y asegúrate su confianza y simpatía.

Pero sé cauteloso al formar tus contactos y desarrollar amistades (ya sea con las personas importantes o con los plebeyos); aleja de ti y considera como enemigos del Estado a los calumniadores y chismosos que tratan de descubrir las faltas de los demás y efectúan propaganda difamante acerca de ellos, ya que en todas partes las gentes tienen debilidades y fallas y es el deber del gobernante pasar por alto las limitaciones (menores). No debes tratar de investigar aquellas debilidades que están ocultas para ti, déjaselas al Señor, y en cuanto a aquellas debilidades que saltan a la vista, debes tratar de enseñarles como superarlas. Trata de no exponer las debilidades de las gentes, y Dios cubrirá y ocultará tus propias debilidades que tú no quieres que nadie conozca, para evitar que el público las mire.

No dés causas para que las gentes se envidien unos a otros (hombre vs. hombre, tribu vs. tribu, o una sección de la sociedad contra la otra). Trata de aliviar y erradicar la mutua desconfianza y la enemistad entre tus súbditos. Sé equitativo, imparcial y justo en tus tratos con todos, individual y colectivamente, y ten cuidado para que tu persona, tu posición y tus favores no actúen como fuentes de celos y malicia. No dejes que se acerque a ti ninguna persona o cosa que no merezca tu cercanía ni tu favor. Nunca rebajes tu dignidad y tu prestigio.

Recuerda que los chismosos y los calumniadores son un grupo vil y astuto, aunque pretendan ser consejeros bien intencionados y sinceros. No te apresures a creer las noticias que te traigan o los consejos que ellos te ofrezcan.

No aceptes consejos de avaros, ellos tratarán al máximo de mantenerte alejado de los actos de bondad y de hacer el bien a los demás. Ellos insistirán en hacerte temer la pobreza y la miseria. Similarmente, no permitas que los cobardes y los debiluchos actúen como consejeros tuyos ya que ellos te harán que seas vacilante al emitir y reforzar tus órdenes, temeroso para manejar valientemente los asuntos importantes, y convertirá tus empresas y expediciones en intentos tímidos y miedosos. Al mismo tiempo evita que una persona ambiciosa y codiciosa actúe como consejero tuyo, ya que él te enseñaría a explotar a la comunidad y a oprimir y tiranizar a las gentes para apoderarte de sus riquezas. Recuerda que la avaricia, la cobardía y la ambición parecen ser diferentes atributos malvados, pero todas ellas surgen de la misma mentalidad malvada del que no tiene fe ni confianza en Dios.

Tus peores ministros serán los hombres que hayan sido ministros de los gobernantes tiránicos y opresivos que te precedieron y que han sido partidarios de ellos en las atrocidades y las crueldades salvajes cometidas por ellos. Tales personas no deben recibir tu confianza, ya que han ayudado a los pecadores y han auxiliado y asistido a los tiranos y los gobernantes crueles. En lugar de ellos puedes encontrar personas que sean igualmente sabias e inteligentes pero que no hayan desarrollado mentalidades pecaminosas y criminales, que no hayan ayudado a los tiranos en su opresión ni hayan auxiliado a los pecadores para cometer actos pecaminosos. Esas personas resultaran menos problemáticas para ti. Ellos serán muy útiles. Ellos simpatizarán sinceramente contigo. Si les concedes tu confianza ellos cortarán sus conexiones con tus adversarios. Ten contigo a esas personas como compañeros tuyos en tus reuniones informales y en tus audiencias oficiales.

De entre dichos compañeros honestos y humanos, sólo deben recibir tu confianza total aquéllos que siempre te dicen la verdad amarga sin ninguna reserva y sin miedo a tu posición y autoridad; los cuales se niegan a ayudarte o ser tus partidarios en aquellas acciones que Dios no aprueba que Sus amigos cometan.

Congrega y reúne gentes honestas, veraces y piadosas a tu alrededor como compañeros y amigos tuyos. Enséñales a no adularte y a no solicitar tus favores por medio de falsas alabanzas, ya que la adulación y las falsas alabanzas crean vanidad y presunción, hacen que uno pierda de vista su propio yo y sus deberes.

No debes tratar igual a las gentes buenas y malas, ya que de esta manera desanimarías a las buenas personas y, al mismo tiempo, alentarías a los malvados a seguir con su perversidad. Cada uno debe recibir de ti el tratamiento que sus obras le hagan merecer.

Trata cuidadosamente de darte cuenta de que un gobernante puede producir buena voluntad en la mente de sus súbditos y puede hacerlos sinceros y fieles a él sólo si él es bondadoso y considerado con ellos, si les reduce los problemas y las dificultades, si él no los oprime ni los tiraniza, y si él nunca les pide cosas que estén más allá de sus capacidades y poder. Estos son los principios que debes tener siempre en mente y según los cuales debes actuar.

Haz que tu actitud sea tal que ellos no pierdan la fe en ti, ya que la buena fe por parte de ellos reducirá muchos problemas de administración y te aliviará de muchas preocupaciones y ansiedades. Y en cuanto a tu confianza, deposítala en aquellas gentes a quienes hayas probado y evaluado en las dificultades y a quienes has concedido tu amistad y favores; y tú nunca debes depositar tu confianza en aquellas gentes a quienes hubieres tratado injustamente ni a quienes haya probado ellos mismos ser inmerecedores, ineficientes o infieles.

No abandones las prácticas y tradiciones ni rompas las reglas y estatutos que los buenos musulmanes desarrollaron o introdujeron antes de tu tiempo, las cuales han creado amistad y unidad entre los diversos sectores de la sociedad y que han hecho bien a las masas. No las rompas y no introduzcas innovaciones en ellas, ya que si desechas esas buenas reglas y tradiciones, la recompensa de haberlas introducido se irá con quienes las desarrollaron y el castigo por haberlas despojado será tu suerte.

Debes saber, Malik, que las gentes sobre las que gobiernas están divididas en clases y grados y que la prosperidad o el bienestar de cada clase de la sociedad, individual y colectivamente, es tan interdependiente del bienestar de las otras clases que el conjunto total representa una red tejida muy apretadamente y un aspecto recíproco: una clase no puede existir pacíficamente, no puede vivir felizmente ni puede trabajar sin el apoyo y los buenos deseos de las otras. Entre ellos están los soldados del ejército de Dios, quienes defienden Su Causa; la siguiente clase es la de los secretarios del estado a quienes les están asignados los deberes de escribir y emitir órdenes especiales generales; el tercer grupo es el de los jueces y magistrados que administran la justicia; el cuarto es el de los oficiales que mantienen la ley y el orden y guardan la paz y la prosperidad del país; luego están los hombres comunes, musulmanes que pagan los impuestos colectados por el gobierno, y los no-musulmanes que pagan tributo al Estado (en vez de impuestos); luego está la clase de hombres que llevan a cabo diversas profesiones y comercios; y por último, aunque no los menos importantes, están los pobres y los indigentes, los cuales son considerados como la clase más baja de la sociedad.

El Señor Misericordioso ha fijado los derechos y los deberes de cada uno de ellos, y los ha expresado ya sea en Su Libro (el Corán) o los ha hecho explicar a través de las órdenes y tradiciones del Santo Profeta (la paz sea con él y sus descendientes) - un código completo que ha sido preservado.

En lo referente a los soldados, ellos son - por las órdenes de Dios - un refugio y una fortaleza para cuidar y defender a los súbditos y al Estado; ellos son ornamentos para el gobernante y el país; ellos proporcionan poder y protección a la religión; ellos propagan y preservan la paz entre la Humanidad. En realidad, ellos son los verdaderos guardianes de la paz, y por medio de ellos puede mantenerse una buena administración interna. El mantenimiento de un ejército depende de los impuestos recaudados por el Estado, y de ellos Dios ha fijado una porción destinada a esa labor. Con esta cantidad ellos satisfacen sus necesidades, se mantienen a sí mismos y a sus armas en buenas condiciones para luchar por la religión y la causa de la justicia.

Aunque el ejército y los hombres comunes (ciudadanos en general, que pagan impuestos o tributo) son dos clases importantes en un estado. El bienestar no puede ser garantizado sin el adecuado funcionamiento y la preservación de las otras clases: los jueces y magistrados, los secretarios del gobierno y los oficiales de los diversos departamentos que colectan los diversos ingresos, mantienen la ley y el orden y preservan la paz y la amistad entre las diversas clases de la sociedad y también cuidan los derechos y los privilegios de los ciudadanos y vigilan el cumplimiento de los numerosos deberes de los individuos y las clases.

Y la prosperidad de todo este conjunto depende de los comerciantes y los industriales. ellos actúan como un medio entre los consumidores y los proveedores. Ellos colectan los requerimientos de la sociedad y se esfuerzan para proporcionar los bienes. Ellos establecen tiendas, mercados y centros comerciales, proporcionando así a los consumidores lo que éstos necesitan. Ellos relevan a los ciudadanos de la necesidad de andar corriendo tras los requisitos de la vida.

Luego está la clase de las personas pobres, indigentes e impedidas físicamente. Es absolutamente necesario que ellos sean cuidados, ayudados y bien provistos.

El Señor Misericordioso ha explicado las formas y los medios para mantener y proveer a cada una de las clases mencionadas. Y cada uno de los miembros de cada clase tiene sobre el gobernante del Estado el derecho de que éste les provea al menos las mínimas necesidades para su bienestar y para tener una vida satisfecha.

Recuerda, Malik, que Dios Todopoderoso no absolverá a ningún gobernante de las obligaciones impuestas sobre él, a menos que él trate sinceramente —al máximo de su capacidad— de cumplir sus deberes, que rece al Señor para que lo ayude en esa tarea, permanezca firme y diligentemente sobre el camino de la Verdad y la justicia, y soporte todo esto, ya sea que el cumplimiento de esos deberes le agrade o sea odioso para él.

En cuanto al ejército, su jefe y comandante debe ser una persona que sea la más sincera y fiel a Dios, al Santo Profeta (la paz sea con él y sus descendientes) y a su Imán; el que sea más piadoso; el que sea famoso por su tolerancia), clemencia y gentileza; el que no sea ni apático ni se enfurezca rápidamente; el que considere comprensivamente las excusas sinceras y acepte las disculpas; el que sea bondadoso y compasivo hacia los débiles, pero soberbio y dominante contra los fuertes y poderosos, y cuya venganza no lo conduzca a la violencia ni su complejo de inferioridad o debilidad de carácter lo deje indefenso y deprimido. Para encontrar y escoger a tales personas, debes establecer contacto con las familias piadosas e ilustres; familias con altos ideales y tradiciones elevadas; familias bien conocidas por su valor y valentía, por su generosidad y magnanimidad. Estas son las personas que pueden ser consideradas como fuentes de magnificencia y sublimidad de carácter y manantiales de piedad y buenas obras. Cuando hayas encontrado y seleccionado a dichas personas, entonces mantén un ojo sobre ellos y vigílalos como los padres vigilan a sus hijos para que puedas descubrir si aparece cualquier deterioro en el carácter de cada uno de ellos. Trátalos bondadosa y comprensivamente. No te resistas a darles las más altas consideraciones (si las merecen justamente) y no les niegues las pequeñas misericordias. Este tipo de tratamiento creará tendencias recíprocas en ellos; ellos confiarán en ti y te serán fieles. Bajo la impresión de que has prestado suficiente atención a sus necesidades y requerimientos mayores, no cierres tus ojos a sus requerimientos y necesidades menores, ya que los pequeños favores frecuentemente producen mejores frutos, aunque la atención cuidadosa a las necesidades mayores es muy necesaria. Entre los militares deben recibir tu más alto respeto y consideración aquéllos que presten más atención a las necesidades de los soldados bajo sus órdenes, los que se adelantan a ayudar a los soldados con sus medios y propiedades personales para que los soldados puedan llevar una vida satisfecha y feliz y tengan plena confianza acerca del futuro de sus familias e hijos. Si ellos están así satisfechos y están libres de las ansiedades, entonces ellos pelearán valientemente y de todo corazon las batallas en que deban actuar. Tu constante atención a los oficiales y los soldados los hará quererte más y más.

La cosa que más debe agradar al corazón de un gobernante debe ser el hecho de que su Estado esté siendo gobernado sobre los principios de la equidad y la justicia y que sus súbditos lo amen. Y tus súbditos te amarán sólo si sus corazones no están resentidos contra ti. Su sinceridad y fidelidad serán probadas si ellos se congregan a tu alrededor para apoyar a tu gobierno, si ellos soportan tu autoridad sin considerarla como una carga insufrible sobre sus cabezas, y si ellos no desean constantemente que tu gobierno llegue a su fin. Así que déjalos que tengan tantas esperanzas justificadas en ti como puedan, y realiza tantas de ellas (esperanzas) como puedas razonablemente. Habla bien de quienes merezcan tu elogio. Aprecia las buenas obras hechas por ellos y haz que esas buenas obras sean conocidas públicamente. La publicidad correcta y oportuna de las acciones nobles y las obras buenas crea más entusiasmo en las mentes de los valientes y da valor a los cobardes y los debiluchos. Debes conocer y reconocer las buenas obras hechas por cada individuo, para que el crédito de las obras nobles hechas por uno no sean atribuídas a otro. No subestimes ni pagues de menos el buen trabajo hecho y, similarmente, no pagues excesivamente un trabajo simplemente porque ha sido hecho por una persona muy importante y no dejes que su prestigio y su posición sean la causa de la sobreestimación del mérito de su obra y, al mismo tiempo, no subestimes el valor de una gran obra cuando es realizada por una persona muy ordinaria o un plebeyo. Que la equidad, la justicia y el juego limpio sean tu lema.

Cuando te enfrentes a problemas tales que no puedas resolverlos, o con situaciones difíciles tales que no puedas hallar salida de ellas, o cuando las circunstancias inciertas y dudosas te confundan y anonaden, entonces vuélvete hacia Dios y al Santo Profeta (la paz sea con él y sus descendientes), pues Dios ha ordenado así a quienes Él quiere guiar: "¡OH VOSOTROS QUE TENEIS FE FIRME, OBEDECEIS LAS ORDENES DEL SEÑOR Y LAS ORDENES DE SU PROFETA Y DE AQUELLOS QUE SON VUESTROS AMIRES (Gobernantes y guías nombrados por Dios y el Santo Profeta - la paz sea con él y sus descendientes)!" La manera de volverse hacia Dios es actuando diligentemente de acuerdo con las órdenes claras y explícitas dadas en Su Libro Sagrado (el Corán), y volverse hacia el Santo Profeta (la paz sea con él y sus descendientes) significa seguir aquéllas de sus órdenes para las que no hay duda ni ambigüedad y que han sido generalmente aceptadas como correctamente registradas.

En cuanto a la administración de la justicia, tienes que ser muy cuidadoso al seleccionar los oficiales para la misma. Debes escoger personas de excelente carácter, calibre superior y antecedentes meritorios. Ellos deben poseer las siguientes características. La abundancia de litigios y la complejidad de los casos no deben hacerlos perder el control de sí mismos. Cuando ellos se dén cuenta de que han cometido un error de juicio, ellos no deben persistir en él ni deben tratar de justificarlo. Cuando la verdad es hecha clara para ellos o cuando el camino correcto se abre ante ellos, ellos no deben considerar como inferior a su dignidad corregir el error cometido o reparar la injusticia hecha. Ellos no deben ser corruptos, codiciosos ni ambiciosos. Ellos no deben quedar satisfechos sólo con la investigación o escrutinio ordinarios de un caso, sino que deben considerar escrupulosamente todos los pros y los contras, deben examinar cuidadosamente todos los aspectos del problema, y cuando y donde encuentren puntos dudosos y ambiguos, deben detenerse, considerar mayores detalles, aclarar los puntos, y sólo entonces proceder con sus decisiones. Ellos deben conceder la mayor importancia a los razonamientos, los argumentos y la pruebas. Ellos no deben fatigarse con discusiones y argumentos prolongados. Ellos deben exhibir paciencia y perseverancia al revisar los detalles, al probar la veracidad de los puntos presentados y al cernir la realidad de la ficción; y cuando la verdad se les manifieste, ellos deben dar su decisión sin temor, favor ni prejuicio. Ellos no deben desarrollar vanidad y presunción cuando los elogios y los cumplidos lluevan sobre ellos, y no deben ser extraviados por la adulación y las zalamerías. Pero, desgraciadamente, hay muy pocas personas que tengan estas características. Después de que hayas seleccionado a esos hombres para que actúen como tus jueces, insiste en revisar algunos de sus juicios y en probar algunos de sus procedimientos. Págales generosamente para que sus necesidades estén plenamente satisfechas y no se vean obligados a mendigar, pedir prestado ni recurrir a la corrupción. Dales tal prestigio y posición en tu estado que ninguno de tus oficiales o cortesanos pueda imponerse a ellos o dañarlos. Que los jueces estén por encima de toda presión o influencia ejecutiva, por encima del temor o el favor, la intriga o la corrupción. Toma toda precaución particular en este aspecto porque antes de tu nombramiento este estado se encontraba bajo el control de oportunistas corruptos, convenencieros y ladrones, los cuales eran lascivos, ambiciosos y viciosos, y lo único que querían del Estado era el consentimiento pecaminoso para amasar riquezas y placeres para sí mismos.

Luego están los oficiales de tu estado. Debes supervisar su trabajo. Ellos deben ser nombrados después de un escrutinio cuidadoso de sus capacidades y de sus caracteres. Estos nombramientos deben ser hechos originalmente a prueba, sin ninguna clase de favoritismo mostrado o influencia aceptada; de lo contrario la tiranía, la corrupción y el mal gobierno reinarán en tu estado. Al seleccionar a tus oficiales procura escoger personas experimentadas y honorables, miembro de familias respetables o de familias que hayan servido durante sus primeros días, ya que éstas generalmente son de noble carácter y buena reputación; ellos no son ambiciosos y no pueden ser corrompidos fácilmente, ellos siempre tienen ante sí el resultado final de sus pensamientos y sus obras. También a ellos págales bien, para que no se sientan tentados a bajar sus estándares de moralidad y no se aprovechan indebidamente del dinero del estado que es puesto a su confianza; y si aún después de habérseles pagado generosamente, ellos resultan deshonestos, entonces tendrás derecho a castigarlos. Por lo tanto mantén una vigilancia cuidadosa sobre su sistema de trabajo y de gobierno. También debes nombrar hombres honestos y dignos de confianza para que vigilen las actividades de estos oficiales. El conocimiento de que están siendo vigilados secretamente los mantendrá alejados de la deshonestidad, el mal gobierno, las malas prácticas, y de tiranizar a los súbditos. Protege tu gobierno contra los oficiales deshonestos. Si encuentras que cualquiera de ellos es deshonesto y tu servicio confidencial de inteligencia te entrega pruebas aceptables de la deshonestidad del oficial, entonces debes castigarlo. Puede ser un castigo físico, deponerlo del cargo y hacerlo que regrese todo lo que reunió deshonestamente. Él debe ser humillado y debe hacerse que se dé cuenta de la infamia de sus acciones deshonestas. Su humillación y su castigo deben ser dados públicamente para que actúen como una lección y un ejemplo para los demás a fin de que los desanime de actuar como él.

En cuanto a la colección de impuestos y ganancias del país, siempre debes tener presente el bienestar de los que pagan los impuestos, el cual es de importancia más primordial que los impuestos mismos, ya que esos impuestos y los que los pagan son la fuente original de la que depende el bienestar de tu estado y sus súbditos. Un estado vive realmente de los ingresos cobrados a los ciudadanos. Por lo tanto, debe darse más importancia a la fertilidad de la tierra que a la colección de los impuestos, ya que la capacidad real de pago de impuestos de la gente depende de la fertilidad de la tierra. El gobernante que no presta atención a la prosperidad de sus súbditos y a la fertilidad de la tierra, sino que se concentra sólamente en la colección de los ingresos, arruinará al país y al estado y traerá destrucción a las criaturas de Dios. Su gobierno no podrá durar mucho.

Si los que pagan los impuestos se quejan ante ti de la abrumadora incidencia del cobro de impuestos, de alguna calamidad accidental, de los caprichos e impredictibilidad del monzón, de la escasez de los medios de irrigación de las inundaciones o de la destrucción de las cosechas debido a la lluvia excesiva, y si todas sus quejas son verdaderas, entonces reduce sus impuestos. Esta reducción debe ser tal que les proporcione oportunidades para mejorar sus condición y facilite sus circunstancias. La disminución en el ingreso del estado debida a esas razones no debe deprimirte, ya que la mejor inversión para un gobernante es ayudar a sus súbditos en el tiempo de sus dificultades. Ellos son la verdadera riqueza de un país y cualquier inversión en ellos, incluso en la forma de reducción de impuestos, regresará al estado, a la larga, en forma de prosperidad de sus ciudades y mejoramiento del país. Al mismo tiempo, estarás en posición de asegurarte el afecto, el respeto y las alabanzas de ellos junto con los ingresos. ¿No será ésa una felicidad duradera? No sólo eso, sino que tu gobierno benigno y el tratamiento humano tendrá tal efecto en ellos que acudirán en tu ayuda cuando estés en dificultades y podrás confiar en su apoyo. Tu bondad, tu clemencia y tu justicia serán una forma de educación moral para ellos, y la vida satisfecha, feliz y próspera por la que te están agradecidos será el mejor apoyo, la protección más fuerte y el mayor tesoro para ti. Más tarde, si surgen circunstancias tales que te encuentres necesitado de su apoyo, su ayuda, su confianza, su riqueza y su mano de obra, ellos no te negarán nada.

Recuerda, Malik, que si un país es próspero y si sus gentes son suficientemente ricas, entonces ellos soportarán feliz y voluntariamente cualquier carga. La pobreza de la gente es la verdadera causa de la devastación y la ruina de un país, y la principal causa de la pobreza de la gente es el deseo de su gobernante y sus oficiales de amasar riqueza y posesiones, ya sea por medios justos o sucios. Ellos están temerosos de perder sus puestos y su control o gobierno, y quieren hacer más duradero el corto tiempo de que disponen. Ellos nunca aprenden ninguna lección de la historia de las naciones y nunca prestarán atención a las órdenes de Dios.

También debes ser muy cuidadoso con tus secretarios. Debes confiar tu trabajo sólamente a aquéllos que sean los mejores entre ellos. Especialmente, los asuntos que sean de naturaleza confidencial y que traten de secretos y con la seguridad del estado sólo deben ser confiados a hombres de carácter y honestidad ejemplares, hombres cuyas opiniones no sean cambiadas por el poder, la posición y el prestigio haciéndolos llevar a cabo propaganda o a hablar contra el gobierno en público, que se comporten mal contigo abiertamente o que se consideren tan importantes como para ignorarte a ti o a tus órdenes en transacciones financieras esenciales al estado, al presentarte papeles importantes o al atender la correspondencia importante. Debe tenerse cuidado particular de que cuando los oficiales hagan contratos en representación del gobierno o firmen acuerdos, estos contratos y acuerdos no sean defectuosos ni dañinos para el estado; si ellos están negociando tratados y alianzas que no pasen por alto ni traicione los intereses del estado; o si encuentran al estado en una posición débil o complicada debido a términos dañinos de los tratados, o a alguna intriga, deben ser capaces de encontrar salidas inteligentes. Vé que ellos conozcan y reconozcan su propio rango y sitio, ya que uno que no se da cuenta de su lugar y su posición nunca entenderá los de los demás.

Una cosa más acerca de estos oficiales: debes acordarte de no escogerlos para puestos muy importantes ni confiar en ellos completamente simplemente porque los hubieres hallado honestos, diligentes, confiables e inteligentes y te hubieres formado una buena opinión de ellos, ya que hay algunas gentes que, cuando les conviene, aparentan honestidad, diligencia y fidelidad y pueden ponerse el ropaje de la piedad y la virtud, hablando así como ganarse el afecto de los gobernantes, aunque en lo más profundo del corazón, ellos no sean honestos, ni diligentes, ni sabios o sagaces. Por lo tanto, debes siempre mirar el registro o la reputación de los servicios de dichos hombres durante los gobiernos previos; debe darse más importancia a la buena reputación. Este tipo de selección y supervisión probará que tú eres fiel a Dios y que tienes buena voluntad hacia tu Imán.

Entonces debes nombrar a un oficial a la cabeza de cada rama importante de tu gobierno. El debe tener conocimiento y sabiduría suficientes para enfrentarse exitosamente a todos los problemas intrincados de su departamento y suficiente diligencia para enfrentarse a gran cantidad de trabajo.

Recuerda bien que si hay cualquier defecto en tus oficiales y tú los toleras, entonces tú y sólamente tú eres responsable de todos esos males.

Quiero aconsejarte acerca de tus hombres de negocios y tus industriales. Trátalos bien, y ordena a tus oficiales que sigan la misma política. Ellos pueden ser hombres de negocios de la localidad que llevan a cabo su comercio en ciertos lugares, o aquéllos que envían sus mercancías de un lugar a otro; puede haber, incluso, aquéllos que importan y exportan bienes. Similarmente, puede haber industriales y productores, así como mano de obra industrial u hombres ocupados en los trabajos manuales; todos ellos merecen simpatía, protección y buen trato. Todos ellos son fuentes de riqueza para el país. Ellos proveen productos a los consumidores. La mayoría de estos comerciantes llevan y transportan estos bienes a través de desiertos, mares y por llanos y montañas; sus cargas son traídas desde tierras lejanas, frecuentemente desde lugares de difícil acceso y a donde las gentes generalmente no quieren, ni se atreven, a ir. Estos hombres de negocios son generalmente gentes amantes de la paz, no dados a las fermentaciones malévolas, los disturbios y las sediciones. Debes cuidar de sus intereses y debes protegerlos, ya sea que estén comerciando en tus ciudades o pueblos o que estén viajando por los países, transportando los productos de un lugar a otro.

Una cosa más acerca de estos comerciantes e industriales. Mientras que los tratas muy comprensivamente, debes mantener un ojo en sus actividades también. Sabes que ellos generalmente son tacaños, avaros, intensamente egocentristas y egoístas, y sufren de la obsesión de apoderarse de riqueza y de acumularlas. Frecuentemente acaparan sus bienes para obtener mayores ganancias de ellos, produciendo escasez y mercado negro. Tal condición es sumamente dañina para el público, por un lado, e indigno para el gobernante, por el otro.

Debes poner un alto a esas prácticas ya que el Santo Profeta (la paz sea con él y sus descendientes) las prohibió explícitamente. Recuerda que el comercio debe llevarse a cabo entre los compradores y los proveedores de acuerdo a pesas y medidas correctas y en términos tan razonables que ni los consumidores ni los proveedores salgan perdiendo. Pero, aun con todo el tratamiento comprensivo para ellos y con todas las facilidades proporcionadas, si los comerciantes y los industriales efectúan acaparamiento y mercado negro, entonces debes castigarlos de acuerdo a la intensidad de su crimen.

Luego, quiero advertirte acerca de los pobres. Teme a Dios en cuanto a sus condiciones y tu actitud hacia ellos. Ellos no tienen apoyo, ni recursos u oportunidades. Ellos son pobres, están en la miseria y muchos de ellos son inválidos y están incapacitados para trabajar. Algunos de ellos salieron a mendigar y algunos otros (que mantuvieron su dignidad) no mendigan, pero su condición habla por sí sola a gritos acerca de su depresión, su pobreza, su destitución y sus necesidades. ¡Por amor de Dios!, Malik, protégelos a ellos y a sus derechos. Él ha impuesto la responsabilidad de esto sobre tus hombros. Debes fijar una partida del tesoro público para ellos. Además de esta disposición en dinero, también debes reservarles una porción en especie de los graneros del gobierno de las ciudades en que dichos granos sean cosechados y sean cultivados en tierras de propiedad del estado, ya que en esa cosecha, la porción de los que viven lejos de cualquier ciudad es igual a la porción para los que viven cerca.

Déjame recordarte una vez más que eres hecho responsable de cuidar los derechos de las gentes pobres y procurar su bienestar. Ten cuidado de que el orgullo por tu posición y la vanidad de la riqueza no te engañen como para perder de vista esa responsabilidad tan grave e importante. Tu puesto es tan importante que no puedes alegar inmunidad de la responsabilidad de aun los errores menores de comisión u omisión con el pretexto de que estabas ocupado con los problemas mayores del estado, los cuales has llevado a cabo diligentemente. Por lo tanto, sé muy cuidadoso con el bienestar de la gente pobre. No seas arrogante ni vanidoso con ellos. Recuerda que debes cuidar especialmente de aquéllos que no pueden llegar a ti, cuya visión — debido a lo afligidos que están por la pobreza y lo afectados que están por la enfermedad — te desagrade, y a quienes la sociedad trata con disgusto, odio y desprecio. Debes ser una fuente de consuelo, amor y respeto para ellos. Nombra a una persona respetable, honesta y piadosa, una persona que tema a Dios y que los trate respetuosamente, y ordénale que averigüe todo acerca de ellos y te traiga un informe. Entonces trata a esas gentes pobres de tal manera que el Día del Juicio puedas presentar exitosamente tu caso ante Dios, ya que de todas las clases de tus súbditos, esta clase merece la mayoría de tu atención, simpatía y justo trato. Como persona digna, cada una de estas personas pobres merece tu simpatía y tendrás que hacer justicia a su causa para alcanzar Su Favor, pero debes prestar mayor atención a los niños huérfanos y a los ancianos inválidos. Ellos no tienen ningún apoyo ni pueden salir convenientemente a mendigar. Ellos no pueden llegar a ti, así que tú debes llegar a ellos.

Recuerda que el cumplimiento de esta obligación y deber es considerado como una carga pesada por la mayoría de los gobernantes, pero a aquéllos que desean alcanzar Su Favor y entrar en Su Reino, les hace esta labor ligera y agradable. Ellos la soportan feliz, voluntaria y sinceramente. Ellos encuentran placer en ella y creen en la promesa hecha por el Señor.

De tus horas de trabajo fija un tiempo para los que tienen quejas que presentar y para los que se quieren acercar a ti con sus preocupaciones. Durante ese tiempo no debes hacer otra labor más que escucharlos y prestar atención a sus quejas y problemas. Para este propósito debes disponer para ellos audiencias públicas y durante eatas audiencias, ¡por amor a Dios!, trátalos con bondad, cortesía y respeto. No dejes que tu ejército y policía estén en el salón de audiencias en ese tiempo, para que aquéllos que tienen quejas contra tu gobierno puedan hablarte libremente, sin reservas y sin temor. Todo esto es un factor necesario de tu gobierno, ya que frecuentemente oí al Santo Profeta (la paz sea con él y sus descendientes) decir: "La nación o el gobierno que no puede lograr la salvación es aquél donde los derechos de los humildes, los miserables y los oprimidos no son cuidados y donde las personas fuertes y poderosas no son forzadas a conceder esos derechos". Debes recordar que en esas audiencias se reunirán la mayoría de los hombres ordinarios, por lo tanto, si los hallas comportándose mal o descortésmente, o si crees que su plática es irrelevante, toléralos, no seas rudo e insultante con ellos, para que entonces el Señor sea Bondadoso y Misericordioso contigo y te recompense por obedecer Sus Ordenes, explícitamente. Trátalos cortésmente, escucha sus problemas con buena cara, y si te vés obligado a negarles sus peticiones, entonces hazlo de tal manera que tu negación los complazca tanto como cuando les concedes lo que piden.

Luego están ciertos deberes que sólamente tú tendrás que cumplir y que ninguno de tus oficiales puede llevar a cabo; entre ellos está la respuesta a las cartas de tus comisionados y gobernadores, lo cual está más allá de la jurisdicción o el rango de visión de tus secretarios. Si encuentras que tus oficiales no están atendiendo como deberían las quejas y demandas del público, entonces tú debes atenderlas personalmente. Debes terminar en un día el trabajo de ese día, ya que cada día te traerá su propio trabajo (no dejes para mañana lo que puedes hacer hoy). Reserva lo mejor de tu tiempo para las oraciones al Señor, aunque cada obra del estado es la obra de Dios, especialmente si tú eres sincero y honesto y si tus súbditos están felices con tu gobierno y a salvo de opresión.

Entre aquellos deberes que debes cumplir diligentemente están tus oraciones diarias. Éstas deben ser ofrecidas sincera y persistentemente. Debes fijar tiempos específicos para esto durante los días y las noches. Debes ejercitar tu fuerza física para este deber aunque te canse. Tu observancia de las oraciones debe ser sincera y sin falta, y no debe ser tan larga como para cansar a aquéllos que te siguen en esas oraciones, ni deben ser tan cortas como para ser incompletas y defectuosas, ya que entre los que están parados detrás de ti durante las oraciones puede haber algunas personas enfermas, mientras que hay otras que tienen asuntos importantes que atender. Cuando el Santo Profeta (la paz sea con él y sus descendientes) me envió a Yaman, yo le pregunté cómo debía conducir las oraciones y él me aconsejó: "Reza como una persona débil anciana y sé bondadoso con los fieles" (para que las personas débiles y ancianas puedan seguir tus oracions fácil y felizmente).

Debes tener cuidado de no aislarte del público. No pongas una cortina de prestigio entre ti y aquéllos a quienes gobiernas. Tales pretensiones y muestras de pompa y orgullo son en realidad manifestaciones de un complejo de inferioridad, y de vanidad. El resultado de esa actitud es que permaneces ignorante acerca de las condiciones de tus súbditos y las causas reales de incidencia de sucesos en el estado. Fallarás en darte cuenta de la importancia comparativa de los eventos que ocurren y darás gran importancia a sucesos menores y pasarás por alto hechos importantes, similarmente darás gran peso a las gentes mediocres o insignificantes mientras que ignorarás a los verdaderos hombres de consecuencia; y, lo que es más importante, perderás la cualidad de distinguir entre lo bueno y lo malo, y tomarás uno por el otro o, desgraciadamente, mezclarás los dos. Después de todo, un gobernante es un ser humano como cualquier otro hombre y puede que él permanezca ignorante de los hechos acerca de los que sus oficiales quieren tenerlo a oscuras (y sobre lo que el público puede arrojar luz) Y así, la verdad puede llegar a mezclarse con la falsedad y no puede distinguirse, ya que no hay marcas de nacimiento en la frente de la verdad para que pueda ser diferenciada fácilmente de la falsedad. Uno tiene que investigar los hechos y cernir las realidades de la ficción, y sólo entonces se puede alcanzar la verdad. Piensa por ti mismo, hay sólo dos categorías de gobernantes y tú perteneces a una de las dos. O eres un gobernante temeroso de Dios, diligente y sincero, que hace lo correcto en el momento adecuado y, siguiendo los principios de la justicia y la equidad, protege los derechos de los demás y hace hasta lo imposible para cumplir sus obligaciones —en ese caso, ¿por qué has de esconderte del público? ¿Por qué correr una cortina de misterio a tu alrededor? — o, del otro lado, puedes ser un avaro, que se niega a ser generoso con cualquier persona. En ese caso, las gentes gradualmente se darán cuenta de este defecto de tu carácter y gradualmente desistirán de pedirte favores; pero no pases por alto este hecho, de que la mayoría de las demandas presentadas ante ti no tendrán nada que ver con tu bolsillo personal; ellas serán acerca de los derechos de las gentes, las obligaciones del estado, quejas acerca de las opresiones del estado y solicitudes de justicia y equidad. ¿Entonces por qué has de tratar de evitar oír esas peticiones?

Nunca debes pasar por alto este hecho, de que alrededor de los gobernantes generalmente hay ciertas personas privilegiadas (parientes y amigos) que frecuentemente pueden tratar de aprovecharse de sus posiciones y pueden recurrir al egoísmo, la intriga, el fraude, la corrupción y la opresión. Si tú encuentras a esas gentes a tu alrededor, entonces desházte de ellas (por más relacionadas que estén contigo); pon fin inmediatamente al escándalo y limpia tus alrededores de esa suciedad moral y espiritual.

Nunca debes dar tierras en alquiler permanente con todos los derechos de propiedad y tenencia a tus amigos y parientes. Nunca debes permitirles que se apropien de la fuente de suministro de agua o de tierras que tengan utilidad especial para la comuna. Si ellos obtienen permiso para esas oportunidades, oprimirán a los demás y obtendrán beneficios indebidos y, así acapararán todos los beneficios para sí mismos, dejándo para ti una mala reputación en este mundo y el castigo en el siguiente.

Sé limpio al administrar la justicia. Castiga a quienes merezcan el castigo, aunque ellos sean tus parientes cercanos o amigos íntimos, y aunque esa acción te cause dolores de pena y sufrimiento. Soporta la pena pacientemente y ten esperanza en la recompensa celestial. Te aseguro que esto dará buenos frutos.

Si por causa de algunas de tus medidas estrictas las gentes sospechan que te comportas como un tirano y opresor, entonces sal abiertamente ante ellos, explícales las razones de tus acciones, déjalos que vean los hechos y reconozcan la verdad. Esto dará entrenamiento a tu mente, será un acto de bondad hacia los súbditos y la confianza así depositada en ellos los hará apoyar la justicia y la verdad, y tú lograras el fin que tienes de obtener el apoyo de ellos en la causa de la verdad.

Si tu enemigo te invita a un tratado que sea agradable al Señor, no te niegues a aceptar esa oferta, ya que la paz traerá descanso y comodidad a tus ejércitos, te librará de las ansiedades y las preocupacions, y traerá prosperidad y abundancia a tu pueblo. Pero, aún después de esos tratados, sé muy cauteloso del enemigo y no pongas mucha fe en sus promesas, ya que ellos frecuentemente recurren a la paz y a los tratados para engañarte y confundirte y para aprovecharse de tu negligencia, tu descuido y tu confianza. Al mismo tiempo sé muy cuidadoso, nunca rompas tus promesas hechas a tu enemigo, nunca traiciones la protección ni el apoyo que le hayas ofrecido, nunca te retractes de tus palabras y nunca violes los términos del tratado. Incluso debes arriesgar tu vida para cumplir las promesas hechas y los términos establecidos, ya que de todas las obligaciones impuestas por el Señor Poderoso sobre el hombre (con respecto a los otros hombres), no hay ninguna tan importante que la de mantener las promesas de uno cuando son hechas. Aunque puede que las gentes difieran en sus religiones e ideologías y puedan tener puntos de vista divergentes acerca de los diversos problemas del estado, aun así, todos están de acuerdo en que las promesas, cuando se hacen, deben ser cumplidas. Incluso los paganos tienen cuidado de mantener las promesas hechas entre ellos, ya que ellos han visto y se han dado cuenta de los malos efectos de las promesas hechas y rotas. Por lo tanto, ten un cuidado muy particular de las promesas hechas, nunca te retractes de las palabras dadas, nunca ataques ni tomes la ofensiva sin haber desafiado previamente y de haber dado un ultimátum. El engaño y el fraude, incluso contra tu enemigo, son un engaño contra Dios y nadie, excepto un pecador infeliz, se atreve a ello.

Dios le ha dado a las promesas y los tratados el alto rango de ser mensajeros de paz y prosperidad y, por Su Misericordia y Su Bondad, ha hecho que sean un deseo común (guardar las promesas) en la mente de todos los hombres y un requerimiento común para todos los seres humanos. Él los ha hecho que sean un escudo y un asilo tales que todos desean estar bajo su protección. Por lo tanto, no debe haber ninguna reserva mental, ni fraude, ni engaño, ni significados entre líneas cuando haces una promesa o concluyes un tratado. No uses en tus promesas y tratados palabras tales que tengan posibilidad de ser interpretadas en más de una forma o que puedan ser entendidas en varias formas o tengan muchas explicaciones; que no haya ambigüedades en ellos (los tratados y promesas) y que sean claros, precisos y vayan al grano. Y una vez que el tratado haya sido finalmente concluído, no trates de aprovecharte de ninguna palabra o frase ambiguas en él. Si te encuentras en una situación difícil debido al tratado hecho en la causa de Dios, entonces trata de enfrentarte a la situación y de soportar la dificultad varonilmente, y no trates de retractarte de los términos por esa causa, ya que el enfrentamiento con esas dificultades y esas situaciones confusas — que puede ganar Sus Recompensas y Sus Bendiciones — es mejor que romper tus promesas debido a ello y ganarte aquello que te hace sentir nervioso y de lo que tendrás que rendir cuentas al Señor y puede hacer descender Su Ira en este mundo y la condenación en el Más Allá.

Ten conciencia de evitar el pecado de derramamiento de sangre sin justificación ni sanción religiosas, ya que no hay nada que haga descender más rápidamente la Ira de Dios, que te arrebate Sus Bendiciones y Mercedes, que te haga más merecedor de Su Castigo y reduzca el período de tu vida, que el derramar sangre inocente. En el Día del Juicio, Dios atenderá primero los casos del pecado de derramamiento de sangre del hombre efectuados por el hombre. Por lo tanto, nunca trates de fortalecer tu poder, tu posición y tu prestigio derramando sangre inocente. Esos asesinatos, en vez de fortalecer tu posición, no sólo la debilitarán considerablemente sino que también transferirán totalmente tu poder, quitándotelo y entregándoselo a alguien más.

Si has asesinado a algún hombre, intencionalmente y a propósito, entonces ninguna excusa será aceptable por Dios o por mí, ya que el castigo de ese crimen es necesario. Y si cometes un homicidio por error, sin intención alguna ni motivo para matarlo; o si, mientras ejecutas los castigos legales, tu látigo, tu espada o tu mano — sin intención e inadvertidamente — da un golpe fatal — ya que un golpe fuertemente dado en la oreja puede causar la muerte — entonces, por tu prestigio y tu posición, no te niegues a pagar la compensación a los herederos.

Cuídate de no desarrollar el defecto de la autoadmiración y la exagerada autoestima. No te vuelvas presuntuoso por los buenos puntos que encuentres en tu carácter o por las buenas acciones que hubieres hecho. No dejes que los cumplidos y la adulación te hagan vano y egoísta. Recuerda que de todos los recursos astutos del Demonio para deshacer las buenas acciones de las gentes piadosas y para afectar su piedad, la adulación y las alabanzas son en lo que él más confía.

No hagas alarde de los favores y las bondades que hayas tenido hacia tus súbditos y no trates de hacerlos de que reconozcan esto; no considres tus súbditos y no trates de hacerlos de que reconozcan esto; no consideres como a gran cosa lo bueno que hayas hecho para ellos y no te retractes de las promesas hechas; estos tres hábitos son todos ellos catacterísticas feas del carácter de uno. La práctica de alardear por los favores hechos deshace el bien hecho; el hábito de exagerar y pensar muy altamente de nuestras buenas acciones hace que uno pierda la Guía de Dios; y la costumbre de romper las promesas de uno desagrada tanto a Dios como al hombre. Señor Misericordioso dice: "DESAGRADA MUCHO A DIOS QUE NO CUMPLAIS VUESTRAS PROMESAS".

No seas precipitado ni te apresures en tus decisiones y acciones, y cuando llegue la hora para efectuar una acción o tomar una decisión, entonces no seas perezoso, no pierdas el tiempo y no muestres debilidad.Cuando no encuentres una forma correcta de hacer la cosa que tienes que hacer entonces no insistas en la forma incorrecta, y cuando encuentres una solución correcta, entonces no seas lento en adoptarla. En resumen, haz cada cosa a su tiempo apropiado y en la forma adecuada, y mantén todo en su lugar apropiado.

No reserves para ti mismo cualquiera cosa que sea propiedad común de todos y en la que los demás tienen iguales derechos. No cierres tus ojos a las evidentes malas prácticas de los oficiales, el fracaso de la justicia y el mal uso de los derechos, ya que tú serás considerado reponsable por la injusticia cometida así contra los demás. En un futuro cercano tus prácticas incorrectas y tu mala administración serían expuestas y tú serías llamado a presentar cuentas y castigado por el mal hecho a las gentes indefensas y oprimidas. Ten cuidado y mantén un buen control de tu temperamento, tu ira, y de tu deseo de ser arrogante y vano. Ten cuidado con tus manos cuando salgas a ejecutar un castigo y cuida la agudeza de tu lengua cuando estés diciendo cosas severas. La mejor forma de lograr esto es no siendo apresurado en los comentarios y demorando un poco los castigos hasta que tu temperamento se haya calmado y tengas control completo de ti mismo. Y esto no lo puedes lograr, a no ser que constantemente recuerdes que tienes que regresar a Dios, y a no ser que el temor a Él supere a todo otro sentimiento.

Debes siempre tratar de recordar las cosas buenas y útiles hechas en el pasado, las actividades de un gobierno justo y benigno, las buenas obras hechas por él, las buenas leyes promulgadas; las órdenes y tradiciones del Santo Profeta (la paz sea con él y sus descendientes), las órdenes de Dios expresadas en Su Libro Sagrado; y las cosas que me has visto hacer o me has oído decir. Sigue las buenas acciones y los consejos contenidos allí. Similarmente, sigue cuidadosamente los consejos contenidos en estas órdenes. Por medio de ellos yo he tratado de enseñarte todo lo que puede ser enseñado acerca de un buen gobierno. He cumplido mi deber contigo, para que no te descarríes y tu mente no ambicione los viles deseos. Si lo hace, entonces tú no tendrás excusa alguna ante Dios.

Ruego a Dios que, por Su Misericordia Ilimitada y por Su Poder Supremo de concedernos nuestras peticiones y oraciones, nos conduzca a nosotros dos a la Guía Divina de lograr Su Complacencia, de defender exitosamente nuestros casos ante Él, de justificar nuestras acciones ante los hombres, de adquirir buena reputación, de dejar buenos resultados de nuestro gobierno benigno y justo con la prosperidad y el bienestar siempre creciente del estado, y de encontrar nuestro fin como mártires y personas piadosas, ya que nuestro retorno es sólamente hacia Él.

Que la paz de Dios sea con el Santo Profeta y con su Ahl-ul-Bayt.

CARTA 54

Una carta escrita por el Imán a Talha y Zubair y enviada a ellos por medio de Imrán Ibn Hassen-e-Juzay. Éste fue un compañero del Santo Profeta (la paz sea con él y sus descendientes); adoptó el Islam antes de la Batalla de Jaybar y, desde entonces acompañó siempre al Santo Profeta (la paz sea con él y sus descendientes). Él era una persona muy piadosa y fue uno de los narradores auténticos de las tradiciones del Santo Profeta (la paz sea con él y sus descendientes). Además de en Nahy-ul-Balaghah, esta carta está narrada por Abu Ya‿far-e-Iskafi, en su famoso Libro al-Muhkamat.

Vosotros podéis tratar tanto como queráis de ocultar este hecho o correr cortinas sobre él, pero vosotros dos sabéis muy bien que yo no me acerqué a las gentes para obtener de ellos el voto de fidelidad a mí, sino que ellos vinieron a mí con su deseo de hacerme su Amir. Yo no extendí mis manos hacia ellos para que ellos pudiesen hacer el juramento de fidelidad sino que ellos extendieron sus manos hacia mí. Y vosotros dos estuvisteis entre aquéllos que se habían congregado a mi alrededor para hacerme el juramento.

Todos vosotros vinisteis a mí para hacerme el juramento, no porque estuvieseis temerosos de ningún poder mío para oprimiros o tiranizaros, ni teníais expectaciones de lograr de mí ganancias económicas.

Si vosotros dos habíais entonces tomado el voto de alianza a mí por vuestra propia y libre voluntad, sin ningún forzamiento, entonces no rompáis ese voto, regresad a él, arrepentíos ante el Señor por vuestra acción de haberlo roto. Y si vuestra acción de jurarme fidelidad no fue un acto sincero hecho con placer y voluntad libre, entonces vuestro comportamiento de aparentar obediencia y fidelidad al principio y de rebelaros contra mí más tarde no habla nada bien de vuestro carácter y sirve como un argumento a mi favor y contra vosotros.

¡Por mi vida!, vosotros no teníais necesidad más apremiante que los otros Muhayirin de ocultarme vuestras verdaderas intenciones y de pretender hipócritamente que jurabais fidelidad y alianza. En realidad había más justificación entonces para que hicieseis el juramento de alianza y no ofrecieseis vuestra fidelidad, a que ahora os retractéis de vuestro juramento y vuestra promesa. Vosotros dos érais gentes ricas, teníais vuestros clanes para que os apoyaran y os respaldaran. Esos clanes eran entonces como lo son ahora, tribus poderosas. Vosotros no fuisteis forzados a acudir y hacer el juramento. ¿Sabéis que os hizo entonces comportaros como hipócritas y ahora como esclavos liberados? Fueron vuestras intenciones ocultas.

Vosotros decís a las gentes que yo soy responsable del asesinato del califa Uthman. Para dar testimonio al hecho de quién es reponsable del asesinato del califa, vosotros dos o yo, hay gentes en Medina, que son imparciales, nunca se han puesto de parte mía ni vuestra y se han mantenido indiferentes hacia mí desde el principio. ¿Les preguntamos su opinión de quién es responsable teníais expectaciones de lograr de mí ganancias económicas.

Si vosotros dos habíais entonces tomado el voto de alianza a mí por vuestra propia y libre voluntad, sin ningún forzamiento, entonces no rompáis ese voto, regresad a él, arrepentíos ante el Señor por vuestra acción de haberlo roto. Y si vuestra acción de jurarme fidelidad no fue un acto sincero hecho con placer y voluntad libre, entonces vuestro comportamiento de aparentar obediencia y fidelidad al principio y de rebelaros contra mí más tarde no habla nada bien de vuestro carácter y sirve como un argumento a mi favor y contra vosotros.

¡Por mi vida!, vosotros no teníais necesidad más apremiante que los otros Muhayirin de ocultarme vuestras verdaderas intenciones y de pretender hipócritamente que jurabais fidelidad y alianza. En realidad había más justificación entonces para que hicieseis el juramento de alianza y no ofrecieseis vuestra fidelidad, a que ahora os retractéis de vuestro juramento y vuestra promesa. Vosotros dos érais gentes ricas, teníais vuestros clanes para que os apoyaran y os respaldaran. Esos clanes eran entonces como lo son ahora, tribus poderosas. Vosotros no fuisteis forzados a acudir y hacer el juramento. ¿Sabéis que os hizo entonces comportaros como hipócritas y ahora como esclavos liberados? Fueron vuestras intenciones ocultas.

Vosotros decís a las gentes que yo soy responsable del asesinato del califa Uthman. Para dar testimonio al hecho de quién es reponsable del asesinato del califa, vosotros dos o yo, hay gentes en Medina, que son imparciales, nunca se han puesto de parte mía ni vuestra y se han mantenido indiferentes hacia mí desde el principio. ¿Les preguntamos su opinión de quién es reponsable por esa muerte? Su opinión decidirá la cuestión de una vez por todas, colocará la responsabilidad sobre los hombros apropiados y revelará la parte que cada uno de nosotros desempeñó, ya sea para ayudar al califa en todo lo posible o para incitar a las gentes contra él y ayudar al asesinato.

Mis respetables amigos: abandonad vuestra actitud actual, aunque yo sé que al declarar hoy la falsedad de vuestra posición tenéis la oportunidad de ser ridiculizados y avergonzados. Por persistir en vuestra actitud equivocada y pecadora, mañana ciertamente ganaréis la vergüenza y el ridículo en este mundo así como el castigo en el Más Allä

CARTA 55

Carta a Moawiah

Debes saber y entender que Dios ha puesto a este mundo como un lugar donde uno ha de permanecer sólamente para prepararse para una vida feliz en el Más Allá mediante sus buenas obras. Las gentes son puestas a prueba aquí para que allá puedan ser recompensadas según sus méritos.

Nuestra existencia no termina aquí y nosotros no fuimos creados sólo para este mundo, ni se nos ha ordenado que concentremos nuestras energías sólo en adquirir aquí placeres, poder y pompa. Nosotros fuimos traídos aquí sólo para probar nuestro conocimiento, nuestras intenciones y nuestras actividades.

Tú estás siendo probado a través de mí y yo estoy siendo probado por medio de ti. Cada uno de nosotros ha de ser una evidencia o una demostración de las intenciones y las acciones del otro — hayan sido ellas buenas o pecaminosas. Tú empezaste mal interpretando el Sagrado Corán y, basado en estas malinterpretaciones y con ayuda de ellas, empezaste a apoderarte del poder y riqueza y empezaste a oprimir y a tiranizar a las gentes. Tu siguiente acción impía fue acusarme como responsable de una acción de la que mi lengua y mis manos eran inocentes (el asesinato del califa Uthman). Tú y los sirios trataron al máximo de traer esta acción ante mi puerta. Ellos aprendieron de ti y persuadieron a las gentes ignorantes e influyentes e impulsaron y condujeron a los plebeyos para que se levantaran contra mí.

Teme a Dios y no dejes que Satanás te conduzca a donde él quiera; piensa en la muerte y en la vida después de la muerte, ya que ésa es el único lugar de reposo para ti y para mí, y para todo ser humano. Teme la Ira del Señor Todopoderoso pues te puede arrojar a una calamidad tal que no sólo será tu fin sino el fin de tu dinastía.

Juro, y mi juramento es tal que no tengo intención de romperlo - que si el destino depara que nos enfrentemos cara a cara uno contra el otro, entonces yo no dejaré el campo de batalla a no ser que el Señor decida combatir a un lado o al otro, y Él es el mejor Juez.

CARTA 56

Cuando el Imán nombró a Hani Ibn-Xureh como comandante de la vanguardia de su ejército que marchaba hacia Siria, le dio a Hani las siguientes instrucciones.

Día y noche ten en tu mente el temor a Dios. Ten cuidado de este mundo seductor y vicioso y nunca confíes en él. Si no te restringes del deseo y la ambición desordenados e impíos, entonces tu mente seguramente te conducirá hacia la perdición. Por lo tanto, manten una vigilancia completa y un control de ti mismo en el tiempo de ira y enfado y no pierdas el control de tu temperamento.

CARTA 57

Cuando salía de Medina hacia Basorah, el Imán le escribió la siguiente carta a los habitantes de Cufah. Es una maravillosa epístola. Invita a las gentes a que repriman la impiedad de sus intenciones y sus acciones.

Después de alabar a Dios y rendir homenaje al Santo Profeta (la paz sea con él y sus descendientes), sabed que salgo de esta ciudad o como un tirano opresor o estando tiranizado y oprimido; o me estoy rebelando contra las gentes o algunas de ellas han conspirado para rebelarse contra mí. Cualquiera que sea el caso, invito, en el nombre de Dios, a aquéllos a quienes llegue esta carta a que vengan y vean por sí mismos si estoy en lo correcto o en el error. Si ellos me encuentran en el camino de la verdad y la justicia, ellos pueden ayudarme, y si ellos hallan que estoy equivocado, entonces ellos pueden razonar conmigo para sacarme del error.

CARTA 58

Una carta enviada por el Imán a las gentes de varias provincias, dándoles las razones de la Batalla de Siffín.

La cosa comenzó de esta manera: Nosotros y los sirios estábamos frente a frente mientras que teníamos una fe común, en un solo Dios, en el mismo profeta y en los mismos principios y cánones de la religión. En lo referente a la fe en Dios y el Santo Profeta (la paz sea con él y sus descendientes), nosotros nunca quisimos que ellos (los sirios) creyesen nada más ni diferente de lo que estaban creyendo y ellos no querían que nosotros cambiásemos nuestra fe. Ambos estábamos unidos sobre estos principios.

El punto de contención entre nosotros era la cuestión del asesinato de Uthmän. Ella había creado una división. ellos querían dejar el asesinato ante mi puerta, pero yo soy realmente inocente de ello.

Yo les aconsejé que este problema no puede resolverse estando excitados, que dejaran que pasara la excitación, que nos calmásemos, que desistiésemos de la sedición y la rebelión, que el país se apacigüe a una atmósfera tranquila y, una vez que se haya formado un gobierno estable y sea aceptada una autoridad correcta, entonces esta cuestión podría ser tratada sobre los principios de la equidad y la justicia, ya que sólamente entonces la autoridad tendrá suficiente poder para encontrar a los criminales y traerlos ante la justicia.

Ellos se negaron a aceptar mi consejo y dijeron que ellos querían decidir el asunto sobre la punta de la espada.

Cuando ellos rechazaron así mi propuesta de paz y continuaron haciendo sonar los sables, entonces, naturalmente, la batalla empezó, la cual fue furiosa y sangrienta. Cuando ellos vieron que la derrota los encaraba a través del campo de batalla, cuando muchos de ellos habían muerto y muchos más habían sido heridos, entonces ellos se arrodillaron y propusieron la misma cosa que yo había propuesto antes de que empezara el derramamiento de sangre.

Yo acepté su propuesta para que su deseo pudiese cumplirse, para que se volviese claro mis intenciones de aceptar el principio de verdad y justicia y de actuar según este principio, y que ellos no tuviesen causa de queja contra mí.

Ahora, quien se adhiera firmemente a las promesas hechas será salvado por el Señor, y quien trate de retractarse de las promesas hechas, se hundirá cada vez más profundamente en la herejía, el error y la perdición. Sus ojos serán cerrados a las realidades y a la verdad en este mundo, y él será castigado en el Más Allá.

CARTA 59

Carta a Aswad Ibn Kathiba, gobernador de Hulwan

Después de alabar a Dios y de rendir homenaje al Santo Profeta (la paz sea con él y sus descendientes), te digo que debes saber que si un gobernante desarrolla inclinaciones y favores diferentes para diferentes gentes sobre las que gobierna, entonces su tratmiento hacia ellos no estará basado en la equidad y la imparcialidad, y esto no le permitirá ser justo y equitativo con todos y cada uno de ellos. Pero en cuanto a la equidad y la justicia, tu tratamiento de todos debe ser justo y sin prejuicios. Recuerda que nada puede compensar la tiranía y la opresión.

Mantente justamente lejos de los que consideras malo y perverso en los demás. Trata al máximo de cumplir las obligaciones impuestas sobre ti por Dios. Sigue esperando Su Recompensa y Sus Favores y temiendo Su Disgusto y Su Ira, ya que este mundo es un lugar de prueba, y quienquiera que desperdicie su tiempo aquí se arrepentirá de este desperdicio en el Día del Juicio.

Recuerda que nada te hará independiente de los Favores, la Misericordia y la Bendición de Dios, y Él ha hecho obligatorio para ti que tengas completo control de ti mismo, que tú —al máximo de tu habilidad— protejas y cuides a las gentes sobre quienes gobiernas. De esta manera tú te beneficiarás más de lo que beneficias a los demás.

CARTA 60

La siguiente es la carta circular que el Imán envió a aquellos gobernadores y oficiales por cuyo territorio iban a pasar los ejércitos del Imán.

Del Siervo de Dios, Alí Ibn-Abi-Talib a los gobernadores y los colectores de aquellas provincias por las que pasarán sus ejércitos: Después de alabar a Dios y de rendir homenaje al Santo Profeta (la paz sea con él y sus descendientes) os digo que debéis saber que estoy enviando algunos destacamentos del ejército los cuales, si Dios quiere, dentro de poco pasarán por vuestras ciudades y provincias. Yo he emitido las órdenes que Dios quiere que ellos obedezcan. Las órdenes son que ellos no molesten a nadie ni dañen a persona o cosa alguna. Yo quiero informaros a vosotros y a vuestros súbditos que si los soldados se comportan mal o si toman cualquier cosa, su acción irá contra mis órdenes. Excepto en la circunstancia de que ellos accidentalmente se quedaran cortos de la ración y no pudiesen hallar formas de aplacar su apetito, si ellos toman cualquier cosa de cualquier persona, deben ser castigados. Vosotros podéis castigarlos, pero tened cuidado y no permitáis que las gentes tontas e insolentes de vuestro lugar los riñan o los insulten e interfieran u obstruyan en cosas que yo les haya permitido. Yo también estaré siguiendo al ejército. Vosotros podéis reportarme cualquier posición difícil y desagradable en que os encontréis, o cualquier atrocidad o crueldad que fuese perpetrada en vuestra provincia y que no podáis redimir más que con la ayuda de Dios y de vuestro Imán. Si vosotros me reportáis todos esos asuntos, si Dios quiere, yo los atenderé y resolveré a satisfacción de todos.

CARTA 61

Una carta del Imäm a Kumayl Ibn Ziyad-e-Najay, expresando su descontento y reprochándole por haber dejado desprotegida su provincia y por permitir que el ejército del enemigo entrase y saquease. Él era gobernador de Hayat y no había defendido adecuadamente la provincia contra los guerrilleros sirios. Después del ataque y el saqueo, él quería permiso de Imán para tomar venganza de esa acción atacando a la provincia siria de Kirkisa. El Imán le respondió en la siguiente carta.

Es incorrecto para una persona que descuide el deber encomendado a él y que trate de emprender el trabajo encomendado a alguien más y en un momento cuando no se le pide que lo haga. Esa actitud indica una mentalidad débil y nociva. Tu deseo de invadir Kirkisa y de dejar indefensa tu provincia, desprotegida y sin atender muestra la confusión mental por la que estás pasando justo ahora. Con esa acción te convertirías en una especie de puente que tu enemigo puede cruzar convenientemente para alcanzar a tus amigos. Así serás un auxiliar inútil que no tiene poder, ni prestigio ni dignidad, que no puede detener el avance de su enemigo ni puede aplastarlo, y que no puede defender a sus súbditos ni puede ser de ninguna utilidad ni ayuda a su gobernante.

CARTA 62

Una carta a los egipcios entregada a Malik Ibn Harith Al Axter para que la llevase consigo cuando fue nombrado gobernador de esa provincia.

El Dios Todopoderoso — Glorificado sea — le encomendó a nuestro Santo Profeta (la paz sea con él y sus descendientes) la misión de advertir a las gentes acerca de los malos efectos de sus acciones viciosas y de dar testimonio de la verdad enseñada y predicada por los otros profetas. Cuando el Santo Profeta (la paz sea con él y sus descendientes) murió, los musulmanes empezaron una lucha por la supremacía para apoderarse del Califato. Juro por Dios que en ese momento (la muerte del Profeta — la paz sea con él y sus descendientes) ni siquiera pasó por mi imaginación que los árabes arrebatasen el Califato a la familia y los descendientes del Santo Profeta (la paz sea con él y sus descendientes) y que estuviesen jurando el de alianza y fidelidad al califato dándole la mano a cierta persona. En todas las etapas yo me mantuve alejado de esa lucha por la supremacía y el poder político hasta que encontré que los herejes se habían dado abiertamente a la herejía y el cisma y estaban tratando de dañar y arruinar la religión predicada por nuestro Santo Profeta (la paz sea con él y sus descendientes). Yo sentí temor de que, aún después de ver y reconocer el mal, si yo no me levantaba a defender al Islam y los musulmanes, sería peor calamidad para mí que el perder la autoridad y el poder sobre vosotros, lo cual era sólamente un asunto transitorio y de corta duración. Por lo tanto, cuando me levanté en medio del enjambre presionante de innovaciones y cismas, las nubes oscuras de la herejía se dispersaron, la falsedad y el cisma fueron aplastados y la religión se salvó.

Otra parte de esta carta

Juro por Dios que si yo solo salgo a enfrentarme a ellos y si todo el mundo se une a ellos, yo no me sentiré nervioso ni le daré mucha importancia a su seguimiento. ¡Por la Gracia de Dios!, yo sé completamente bien que clase de réprobos son ellos, cómo persisten en el vicio y cuán endurecidos están en el pecado.

Yo estoy muy ansioso por llegar al Reino de Dios y espero con anhelo y ruego por Sus Bendiciones y Favores. Pero me acongoja ver que esta nación y país está siendo gobernada por dirigentes sin educación, sin sabiduría y viciosos. Ellos se apoderan de la riqueza del país y conducen a sus gentes a la esclavitud. Ellos odian a las gentes piadosas y buenas y riñen o pelean con ellas. Ellos reúnen herejes y pecadores a su alrededor y son felices en esa compañía. Vosotros habéis tenido la experiencia de algunos de ellos. Uno de ellos fue castigado por beber vino. Entre esa multitud hay un hombre que no adoptó el Islam sino hasta que se dio cuenta que el Islam no era sólo una religión sino un estado y gobierno poderoso que ofrecía posibilidades enormes de ganar poder y riqueza.

Si yo no tuviera deseo de salvar al Islam y a la sociedad Islámica de la influencia y el control de tales gentes, yo no os habría llamado para la Yihad, yo no habría tratado de haceros ver la realidad de la situación, yo no me habría esforzado para reuniros a todos, y yo no os habría convencido a defender la causa de Dios, sino que encontrándoos tan indiferentes hacia el bien del Islam y observando vuestra desgana para ayudar a su causa, os habría dejado en vuestra condición.

¿No veis ni os dais cuenta de que las fronteras de vuestro estado se están haciendo más y más cortas diariamente y que partes de vuestro reino están siendo arrebatadas y usurpadas, vuestras propiedades están siendo confiscadas y vuestras ciudades están siendo invadidas? Que Dios tenga misericordia de vosotros, salid a defender vuestro país, vuestra propiedad y vuestra religión del avance de vuestros enemigos. No seáis perezosos, indiferentes ni cobardes, o de lo contrario vuestra suerte será la humillación y la desgracia. Recordad que un guerrero siempre está alerta y vigilante y nunca incauto ni descuidado. Quienquiera que sea descuidado e indiferente acerca de su causa, su enemigo no dejará de aprovechar esta ventaja.

CARTA 63

Abdullah Ibn Qays, mejor conocido en la historia como Abú Musa Al Axari, era un hombre de fe débil, más inclinado a cuidar de sus intereses mundanos que a la causa de la religión. Al principio del Califato del Imán él estaba en Cufah, Cuando el supo que Talha y Zubair, junto con 'Aixah, se habían rebelado contra el Califato del Imán y le habían declarado la guerra, y habían puesto a Basorah como su base militar; y que el Imán también había empezado a movilizar tropas contra ellos y había invitado a las gentes de Cufah a unirse a ese ejército, se dio cuenta que el partido de Talha y Zubair era también un grupo muy rico e influyente y que era una acción prudente ser amigable con ambos partidos. Él empezó a decir: "Aunque Ali es el Califa legal de los musulmanes, no es correcto para él que luche contra otros musulmanes". El Imán llegó a saber que Abú-Musá, aunque profesaba a su fe en el Imán, estaba persuadiendo a las gentes de que no ayudaran al Imán. Por lo tanto él le envió esta carta a Abú-Musa por conducto del Imán Hasan (la paz sea con él).

De la criatura de Dios, Alí Ibn Abi-Talib, a Abdullah Ibn Qays. Después de alabar a Dios y rendir homenaje al Santo Profeta (la paz sea con él y sus descendientes), debes saber que he recibido reportes que pueden ser considerados favorables para ti y sin embargo, al mismo tiempo, pueden ser tomados en cuenta contra ti (que tú, por un lado declaras que soy un califa legal, y en el mismo aliento convences a los otros a que no acudan en mi ayuda). Tan pronto como mi mensajero llegue allí, sal de tu retiro, invita a tus gentes a que se unan a mí y ven tu mismo. Si estás convencido de que estoy del lado correcto, entonces debes acudir en mi ayuda, y te sientes nervioso, inseguro y tímido, entonces vete.

Juro por Dios que yo no te dejaré que vaciles ni que efectúes una política de traición, yo no te permitiré que te sientes tranquilamente en tu casa con una doble cara, una para cada partido, y yo te expondré a !as gentes. Te encontrarás bajo sospecha de ambos grupos y serás forzado a declarar tus verdaderas inclinaciones.

Esta rebelión, que ha puesto a Basorah como su cuartel, no es cosa de chiste, como tú te imaginas. Es una gran tragedia y tendrá efectos muy extensos. Pero tiene que ser enfrentada y las calamidades que la acompañen o que la sigan tendrán que ser combatidas y lo mejor deberá ser conseguido.

Por lo tanto te aconsejo que pienses cuidadosamente, que controles tu mente débil y vacilante, y que sueltes valientemente tu inclinación y si tú no estás satisfecho conmigo o no tienes fe en mí, entonces puedes tener completa libertad de irte al otro lado. Tienes mi permiso sin reservas. Pero estoy seguro de que no serás bienvenido allí. Pero si permaneces en mi campo yo no te permitiré que disfrutes de un sueño tranquilo siendo que el Islam mismo está en problemas y en guerra contra los rebeldes. Juro por Dios que esta decisión mía es el paso correcto de un fiel musulmán en la dirección correcta.

CARTA 64

Respuesta a una carta de Moawiah

Es correcto, como dices, que en los días pre-Islámicos estábamos unidos y en paz entre nosotros. ¿Pero te has dado cuenta de que la disensión y la desunión entre nosotros amaneció con el amanecer del Islam? La razón fue que nosotros aceptamos y predicamos el Islam y vosotros permanecisteis paganos. La condición ahora es que nosotros somos seguidores fieles y firmes del Islam y tú te has rebelado contra él. Incluso tu aceptación original no fue sincera, fue simplemente hipocresía. Cuando viste que todas las gentes grandes de Arabia habían abrazado el Islam y se habían congregado bajo el estandarte del Santo Profeta (la paz sea con él y sus descendientes), tú también caminaste hacia el Islam (después de la conquista de la Meca).

En tu carta me has acusado falsamente de matar a Talha y a Zubair, de sacar a 'A'ixah de su casa en Medina y de hacer a Cufah y a Basorah como asiento del gobierno. Aun si todo lo que dices contra mi fuera correcto, tú no tienes nada que ver con ellos, no has sido perjudicado por esos incidentes y no tengo que disculparme contigo por cualquiera de ellos.

Has amenazado diciendo que vas a salir a pelear contra mí con una gran horda de Muhayirin y Ansar. Dime quiénes son esos Muhayirin, ya que la puerta de la Hiyrah (la emigración sagrada de los musulmanes para salvar sus vidas de las manos de los infieles de los Quraix) fue cerrada en el día en que tu hermano mayor, Yazid Ibn Sufyan, fue tomado prisionero y la Meca fue entregada por tu padre; por ello la necesidad de emigración cesó en cuanto cesó vuestro gobierno pagano (El Santo Profeta — la paz sea con el y sus descendientes — dijo que no habrá más Hiyrah después de la victoria de la Meca).

¿Estás tan ansioso por una batalla? Espera, la tendrás a tu gusto. Puede que yo mismo salga a encontrarte, lo cual será un gesto correcto de parte mía, ya que Dios puede haberme destinado que te castigue por tus iniquidades. Y si tú tomas la iniciativa de salir a pelear, entonces, como dijo un poeta de Bani Asad: "Ellos están enfrentándose a esos furiosos vientos de verano que hacen llover arena, cascajo y grava". Recuerda que yo todavía tengo la espada que envió a tu abuelo materno, tu tío materno y tu hermano al mismo lugar de descanso: el Infierno.

¡Por Dios!, te conozco demasiado bien como para argüir contigo o para aconsejarte. La apostasía y la avaricia han tomado un sitio firme en tu mente;

tu inteligencia es de orden inferior y no puedes distinguir lo que es, al final, bueno para ti y lo que no. Es correcto decir acerca de ti que te has elevado a alturas tan peligrosass y pecaminosas que tu caída, que es inevitable, será la condenación eterna, ya que tú estás condiciando una cosa que moralmente no te pertenece, para la cual eres religiosamente el más inadecuado y con la cual no tienes ni afecto sincero, ni afinidad o propensión. Una vez ya había sido usurpada de la persona correcta y ahora tú quieres apoderarte de ello.

¡Qué grande es la diferencia entre tus palabras y tus obras! ¡Cuánto te pareces a tus tíos paternos y maternos, cuya mala suerte los persuadió a que negaran y rechazaran al Santo Profeta (la paz sea con él y sus descendientes) y a luchar contra él, y al final cada uno de ellos fue matado! Tú sabes muy bien que ellos no podían protegerse a sí mismo ni proteger a la causa que sostenían contra hombres que eran enérgicos y valientes y que estaban presentes en todo campo de batalla para defender la causa del Islam.

Tú también has escrito tanto acerca de los asesinos del califa Uthman. Lo correcto para ti es hacerme el juramento de alianza como los demás han hecho y presentar el caso ante mi corte de justicia, y entonces yo daré mi juicio de acuerdo con los principios del Sagrado Corán. Pero lo que ahora deseas es hacerme un engaño como los que se les hacen a los bebés cuando se quiere que dejen de mamar.

Que la paz de Dios esté con quienes la merezcan.

CARTA 65

Carta a Moawiah

Aún te queda tiempo para que veas las realidades, las cuales son suficientemente brillantes para ser vistas, y que derives el beneficio del conocimiento así ganado. Pero tú estás siguiendo los pasos de tus ancestros, al pretender que la falsedad es cierta, al seducir a las gentes con mentiras y falsas esperanzas, al pretender una cosa que está muy por encima de tus méritos y capacidades y al apoderarte de cosas que la religión te prohibe que te apoderes.

Esto es porque quieres huír de la verdad, de la religión y de Dios y has negado y te has negado a aceptar las realidades que, si te das cuenta, son más importantes para ti que tu propia carne y sangre. Éstas son las realidades que repetidamente te han sido dichas y frecuentemente se te han dado a entender.

Ahora dime, si te desentiendes de la verdad y la religión, ¿qué quedará de ti sino la apostasía, llana y evidente, y la máxima reprobación? Y si te niegas a aceptar la verdad como fue dicha por Dios y por el Santo Profeta (la paz sea con él y sus descendientes), ¿en qué creerás sino en tontas supersticiones y en temores irracionales? Por lo tanto, no dés cabida a las dudas (acerca de la verdad que el Islam ha enseñado) y no te dejes extraviar, por el cisma, hacia callejones sin salida. Ten cuidado, ya que las tentaciones pecaminosas han corrido pesadas cortinas y la oscuridad que éstas producen está cegándote la razón.

Recibí tu carta. No sé que pensar acerca de ella. Me parece que es una confusión idiota de ideas impertinentes. La reconciliación, los tratados y la paz no son lo que quieres ofrecerme o quieres que yo acepte. Tu carta no contiene sino palabras inconexas y frases sin sentido. Ha sido redactada por alguien que no tiene conocimiento ni razonamiento, que no puede ofrecer nada ni invitar una oferta. Al escribir una carta tan idiota te has puesto a ti mismo en la posición de un hombre que ha sido metido en el fango sucio o como el que avanza a ciegas en la oscuridad.

Será una gran desgracia para los musulmanes si llegas a ser su gobernante déspota después de mi muerte — tanto si es de todo el estado Islámico o si es una pequeña parte de él —que Dios los proteja durante esa calamidad. Dios no lo quiera que yo te nombre gobernador de cualquiera provincia o que voluntariamente te permita controlar los destinos de los musulmanes de cualquier parte del estado.

Sé razonable y actúa inteligentemente ya que, si pierdes esta oportunidad, te hallarás en una situación muy seria cuando los fieles musulmanes te ataquen y lo que hoy puede ser aceptado de ti, entonces ya no será aceptable.

CARTA 66

Una carta a Abdullah Ibn Abbas. Éste dijo que , exceptuando los consejos y los dichos del Santo Profeta (la paz sea con él y sus descendientes), ningún otro consejo fue más benéfico para él que éste:

Algunas veces el hombre se siente muy feliz por obtener una cosa que, en realidad, estaba destinada para él, y se siente triste por no obtener una cosa que él no estaba destinado a conseguir. Por lo tanto, tú no deberías sentirte feliz si tus deseos se cumplen ni deberías sentirte triste por las privaciones (deja todo a la Voluntad de Dios). No debes considerar el logro de los placeres de la vida, ni las oportunidades de venganza por el daño que te haya sido hecho, como las principales bendiciones otorgadas a ti, sino que debes sentirte feliz por las buenas obras con que te hayas provisto para el Más Allá. Debes sentir pena por la riqueza que hayas dejado de gastar en buenas causas y por las oportunidades que hayas perdido de hacer acciones nobles y piadosas. Nada debe preocuparte más que la idea de la muerte y la vida después de la muerte.

CARTA 67

Una carta a Qasam Ibn Abbas (hermano de Abdullah Ibn Abbas), el cual era gobernador de La Meca.

Después de alabar a Dios y de rendir homenaje al Santo Profeta (la paz sea con él y sus descendientes), te informo que es necesario que hagas todos los arreglos necesarios para la ocasión del Hayy (Peregrinación) y que les recuerdes a las gentes la importancia de los días de Dios (los días reservados para uno u otro tipo de funciones religiosas, por ejemplo: 'Id, Hayy, Ramadan, etc.) y cómo deben ser observados. Haz reuniones y concede audiencias (durante esos días) en las mañanas y en las noches. Da respuesta adecuada y guía a quienes hagan preguntas acerca de la religión y las obligaciones y funciones religiosas. Educa a los que sean ignorantes. Efectúa discusiones e intercambia puntos de vista con las gentes educadas y sabias. Nadie debe llevar tu mensaje al pueblo más que tu lengua, y no dejes que nadie se interponga entre tu persona y quienes quieran acercarse a ti (ni siquiera un portero o un guardia). No dejes que las gentes realmente pobres y necesitadas se vayan con las manos vacías si vienen a pedirte un favor. Recuerda que si una vez despides a una persona verdaderamente con una negativa descortés y si le concedes el favor en el segundo intento, no obtendrás el crédito de ser comprensivo y generoso.

Sé cuidadoso con el tesoro público. Gasta su dinero en los pobres y los miserables de tu provincia. Encuéntralos (si ellos no vienen a ti) e indaga sus necesidades, y gasta en ellos. Si sobra algún excedente después de ese gasto, entonces envía la cantidad al centro para que éste pueda satisfacer las necesidades de los pobres de este lugar o de cualquier otro.

Ordena a los ciudadanos de La Meca que no cobren renta por el espacio que dejen a los peregrinos, ya que el Señor Todopoderoso ha ordenado que en esta ciudad santa los residentes permanentes y los peregrinos tengan posición y derechos iguales. Que Dios nos permita hacer las cosas que Él aprueba y quiere.

CARTA 68

El Imán le escribió esta carta a Salmán Al-Farsi, antes de su Califato

Este mundo es como una serpiente, tan suave al tacto y, sin embargo, tan letal en su mordida. Por lo tanto, trata de evitar aquellas cosas de este lugar que te plazcan o te atraigan, ya que este mundo estará contigo por un tiempo muy corto y te será de muy poca utilidad. No mantengas tu mente completamente ocupada en asuntos mundanos, ya que sabes ciertamente que dentro de poco tiempo dejarás este mundo.

Sé muy cauteloso y precavido con este mundo vicioso cuando éste te atraiga y te agrade más, ya que es un viejo truco de este mundo que, cuando el hombre está más feliz con los placeres de tenerlo y poseerlo, él súbitamente lo abandona; y cuando un hombre está más confiado con su protección, su ayuda y su amor, él ciertamente lo traiciona.

CARTA 69

Una carta a Harith-e-Hamadani

Nunca abandones las órdenes, instrucciones y consejos dados por el Corán. En lo relativo al entendimiento básico de las acciones y las cosas legítimas, lícitas y permitidas o ilícitas, prohibidas e ilegales, acepta las reglas del Libro Sagrado. Confirma y da testimonio de la verdad dicha antes (enseñanzas de los antiguos profetas). Toma lecciones de la historia para tu futuro, ya que la historia frecuentemente se repite, y las naciones futuras del mundo mayoritariamente seguirán los pasos de aquéllas que las precedieron. Pero este mundo entero va a terminar y cada individuo tiene que dejarlo un día u otro.

Ten en mente el Poder del Señor, sé particularmente cuidadoso de no jurar por Él, a no ser que estés haciendo un juramento de algo verdadero y lícito. Recuerda siempre la muerte y la vida después de la muerte, pero nunca desees la muerte. Si quieres enfrentarte a la muerte, entonces hazlo por una gran causa.

Trata de evitar todas esas cosas que el hombre puede querer para sí mismo pero se resiste a darlas para los demás. Absténte de toda acción que tengas que hacer secreta y cubiertamente y que sientas vergüenza de hacerla abiertamente. Absténte de toda aquella acción de la que el perpetrador tenga que aceptar como mala o errónea o por la que tenga que presentar una excusa o disculpa.

No adquieras mala reputación ni permitas que tu buena reputación se manche. No menciones cosas que sólo sepas de oídas como si fueran cosas autenticadas, esta práctica es suficiente para que seas considerado como un mentiroso. No desarrolles el hábito de contradecir o desmentir a los demás en toda ocasión, es un hábito desagradable.

Controla tu temperamento. Si tienes poder para desquitarte, mejor perdona y olvida. Cuando estés enojado sé paciente, controlado y tolerante. Cuando estés en posesión de riqueza, poder y autoridad sé magnánimo, misericordioso y clemente, estas características te ayudarán a ganar tu salvación.

Sé sinceramente agradecido por todos los favores y bendiciones que el Señor Misericordioso te haya concedido, reza para que continúen, no les dé mal uso ni los malgastes; debes mostrar con tus obras la intensidad de tu agradecimiento a Él por Sus Favores.

Recuerda que entre los fieles musulmanes el mejor es el que da limosna o caridad por sí mismo y en nombre de su familia y su propiedad. Cualquier cosa que gastes de esta manera es algo que envías como anticipo para tu vida después de la muerte. Entonces tú recibirás la recompensa por esas obras. Y todo lo que dejes aquí será usado por otros y tú no obtendrás ningún beneficio de ello.

Evita la compañía de los hombres que sean débiles en sus decisiones y opiniones, que sean supersticiosos y malvados, ya que las gentes son juzgadas por la compañía que mantienen.

Si es posible, trata de vivir en ciudades grandes ya que ellas son centros de la cultura Islámica y de las tradiciones Islámicas. Evita lugares donde se desperdicie el tiempo en diversiones y pasatiempos, que haya concentración de gentes ignorantes y sin educación y donde hay escasez de compañeros o falta de sociedad; y ambiente para llevar a tus actividades religiosas.

Manténte ocupado con tu trabajo y no frecuentes lugares puestos para los viciosos, ya que éstos son centros de las actividades de Satanás y lugares que extienden el vicio y el pecado.

Siempre mira las condiciones de las gentes que no son tan ricas como tú ya que al ver sus vidas y sus situaciones te volverás más satisfecho con tu suerte en la vida y más agradecido con Dios por ella.

Nunca empieces un viaje en viernes sin asistir a la oración comunitaria de yum^{e}a, a no ser que salgas a una guerra por la causa de Dios o que haya otra alternativa para ti más que salir ese día.

En todas tus acciones ten siempre en tu mente el pensamiento acerca Dios y actúa de acuerdo con Sus Ordenes y prohibiciones, ya que la obediencia a Sus Ordenes tiene prioridad sobre toda otra cosa. Por varios meses y varias formas persuádete a ti mismo a rezar, pero no te sobreimpongas, ni seas severo contigo mismo; sé gentil y persuasivo. Cuando estés frente a otros deberes y tengas buena salud pasa tus horas libres y tus días de salud haciendo oraciones. Pero la cuestión de las oraciones diarias (son cinco obligatorias) es algo distinto: ellas tienen que se cumplidas obligatoriamente y a su debido tiempo.

Ten cuidado de que no te suceda la calamidad de que mientras estés tratando de huír de la religión y de Dios, y estés corriendo en pos del mundo vicioso, la muerte te alcance. Evita la compañía de las gentes pecadoras y malvadas, ya que las malas compañías atraen a las personas hacia los malos caminos. Siempre ten en la mente el Poder y la Majestad de Dios y sé amistoso con Sus amigos. Teme a tu propia ira, ya que de los ejércitos de Satanás, la ira del hombre es su poder más fuerte.

CARTA 70

Una carta escrita a Suhayl Ibn Hanif, gobernador de Medina (y hermano de Uthman Ibn Hanif), acerca de algunos medineses que lo habían dejado y se habían pasado al bando de Moawiah. Los dos hermanos, Uthman y Suhayl, eran compañeros favoritos del Imán. Siempre que él sentía que ellos habían cometido incluso un error menor (como cuando Uthman asistió a un banquete dado por un rico), el Imán les advertía acerca de la maldad de esa acción.

Después de alabar a Dios y de rendir homenaje al Santo Profeta (la paz sea con él y sus descendientes), debes saber que estoy informado de que algunos medineses te están dejando secreta y subrepticiamente para unirse a las hordas de Moawiah. No te sientas triste por aquéllos que te han dejado y te han negado así su ayuda y asistencia. Su rechazo a Dios y a Su Guía y su firme marcha hacia el vicio y el pecado es suficiente prueba de su apostasía y su cisma, y suficiente razón para que estés agradecido por haberte deshecho de esa mala basura. Ellos son gentes profanas. Ellos son atraídos por el mundo vicioso y corren veloces en pos de él. Ellos han oído (del Corán, del Santo Profeta —

la paz sea con él y sus descendientes — y del Imäm) lo que significan la equidad y la justicia, ellos han visto un gobierno justo y equitativo, han reconocido las implicaciones de estos principios y se han dado cuenta plenamente de que la aplicación de estos principios los pondrá al nivel de las personas más comunes y pobres del país y que ellos serán tratados como cualquier otro ser humano. Por lo tanto ellos se apresuran hacia una sociedad en la que la corrupción, el vicio y el pecado son altamente estimados, donde el favoritismo tiene el control y donde la justicia y la equidad son aborrecidas.

Juro por Dios que esas gentes no están huyendo de la injusticia, la iniquidad y la opresión o tiranía ni están afiliándose a la verdad, la justicia, la equidad y el juego limpio. Ruego a Dios que facilite las dificultades y elimine los obstáculos que ha creado este éxodo y que nos haga fácil nuestra tarea.

CARTA 71

El Imán había confiado algo a Manzar Ibn yarud Abdi, y éste se apropió indebidamente de ello. Entonces, el Imán le escribió la siguiente carta:

La realidad es que la piedad, la honestidad y la confiabilidad de tu padre me hicieron sobreestimar tu carácter. Pensé que eras un digno hijo de un padre digno y que lo seguías en su honestidad y su rectitud. Pero de repente recibo noticias acerca de ti, las cuales confirman el hecho de que tú no controlas ni evitas tus deseos inmoderados, que no das ninguna importancia a tu vida del Más Allá y que estás traicionando a tu religión para proveer a tus parientes. Si todo lo que me han reportado acerca de ti es correcto, entonces el mismo camello que posees o incluso la correa de tu zapato es superior a ti. Tú y los hombres de tu calibre no son personas para ser confiadas con asuntos financieros de un país, ni para asignárles puestos importantes del estado para encomendarles que controlen y eviten la deshonestidad y la deslealtad. Por lo tanto, tan pronto como recibas esta carta ven a mí.

CARTA 72

Una carta a Abdullah Ibn Abbas

Recuerda, Ibn Abbas, que tú no puedes vivir más del período de vida asignado a ti, ni podrás jamás obtener aquello que no ha sido destinado para ti. Debes saber que este mundo tiene dos aspectos: una de sus fases es que a veces te sirve y trabaja a tu favor y la otra es que actúa contra ti. Este mundo es un lugar para que los imperios vengan y se vayan; es una morada de constante cambio. Aquí todas y cada una de las cosas que han sido destinadas para que te hagan bien te alcanzarán aunque tú no seas lo suficientemente fuerte y adecuado para tratar de alcanzarlas, y las pérdidas, si han sido decretadas para ti, vendrán a ti por más que trates de evitarlas.

CARTA 73

Una carta a Moawiah

Estoy cansado de leer tus cartas y de contestarlas. Siento que hice un error al darles importancia indebida y al tomarlas en serio. Tú siempre eres irrazonable y, frecuentemente, irracional. Tu único deseo es hacerme que acepte tu demanda (de permitir tu control opresivo, tiránico y apóstata sobre una gran provincia) y para esto has mantenido uan serie interminable de correspondencia. Tu condición es la de un hombre que quiere vivir en el país de los sueños felices y no quiere encarar las realidades; o la de uno que está confuso y no sabe qué hacer ni a dónde ir, que ignora lo que el futuro (el Más Allá) tiene guardado para él. Yo sé que tú no eres un tonto, pero ¡cómo te pareces a las gentes tontas e irrazonables!

Juro por Dios que si yo no hubiese estado desinclinado a hacerte daño, yo habría tomado la iniciativa y te habría castigado muy seriamente. Ten cuidado, pues Satanás te ha hecho incorregible; te ha cegado a las cosas buenas que presentó el Santo Profeta (la paz sea con él y sus descendientes) y te ha hecho sordo a sus enseñanzas.

Que la paz y la bendiciones de Dios alcancen a aquéllos que las merezcan.

CARTA 74

Un tratado que el Imán redactó para que hicieran un tratado la tribu de Bani Rabiya y los yemenitas.

Este es el tratado en el que están de acuerdo los habitantes de Yaman, tanto urbanos como rurales y pastores, y la gente de la tribu de Bani Rabiya, tanto los que viven en ciudades como los que viven en aldeas o en el desierto. Por medio de este tratado ambas partes están de acuerdo en que ellos se adherirán firmemente a su fe en el Libro Sagrado, aceptaran sus órdenes y preceptos, invitarán a las gentes hacia él y juzgarán según sus enseñanzas y sus reglas; que ellos aceptarán el llamado de aquéllos que los inviten hacia este libro y aceptarán el juicio dado de acuerdo con él, que no aceptarán nada en lugar de este libro y no lo venderán a ningún precio; que ellos abandonarán a quienes abandonen este documento y que se unirán para pelear contra quienes vayan contra este escrito.

Ellos prometen ayudarse mutuamente y hablar con una voz común acerca de los asuntos de interés mutuo. Ellos no romperán este acuerdo debido a tu excitación o la ira de persona alguna o porque alguno de los participantes considere a los otros como inferiores, débiles o inermes, o porque un grupo hable despreciativamente del otro.

Todo miembro de los partidos que concertan este tratado, ya esté presente o ausente, sea educado o iletrado, sabio o ignorante, mantendrá este pacto fiel y sinceramente.

Por encima de los términos de este convenio está la promesa de cumplirlo que ellos le han hecho a Dios y por la cual ellos serán reponsables y de la cual tendrán que responder.

Este es un convenio redactado por Ali Ibn-Abi-Talib.

CARTA 75

Después de que los musulmanes hicieron el voto de alianza al Imán, él le escribió la siguiente carta a Moawiah. Wakhedi ha copiado esta carta en su libro sobre la Batalla del Camello.

Después de alabar a Dios y de rendir homenaje al Santo Profeta (la paz sea con él y sus descendientes), debes saber que tú conoces muy bien mi actitud hacia tu tribu, por qué en el principio yo luché contra todos vosotros en defensa del Islam y cómo y por qué más tarde me mantuve indiferente a vosotros y a vuestras actividades. A mí no me importó tu tribu sino hasta que el incidente que no pudo ser evitado, sucedió. Es una larga historia y mucho se ha dicho y se dice acerca de ello. Sin embargo, el destino ha hecho su obra. Ahora, toma el juramento de fidelidad a mí a las gentes de tu provincia y ven a mí con su delegación.

CARTA 76

Cuando el Imán envió a Abdullah Ibn Abbas, como su representante a Basorah, le dio las siguientes instrucciones:

Trata a las gentes gentil y bondadosamente, dales la bienvenida a tus audiencias y a tu compañía; no seas muy severo al emitir y ejecutar tus órdenes; no pierdas el control de tu temperamento, ya que esta debilidad es siempre una buena abertura para que Satanás hale su camino hacia tu mente. Siempre ten esto en tu mente: la cosa que más te acerque a Dios te alejara, más el Infierno; y la cosa que te aleje de Dios te conducirá hacia el Infierno.

CARTA 77

Cuando el Imán envió a Abdullah Ibn Abbas para discutir con los jareyitas, le dio las siguientes instrucciones:

Cuando discutas nunca cites palabras del Sagrado Corán, ya que los pasajes de este Libro Sagrado requieren de un estudio y un análisis muy cuidadoso y podrían ser interpretados en varias formas y podrían explicarse de ellos varios significados. Así, tú te adherirías a tu explicación y ellos a la suya. Por lo tanto, discute con ellos a la luz de las tradiciones del Santo Profeta (la paz sea con él y sus descendientes) y entonces ellos no encontrarán formas para malrepresentar la verdad.

CARTA 78

Abú Musa Axari (Abdullah Ibn Qays) le escribió una carta al Imán desde el lugar donde tuvo lugar la decisión de la tregua. El Imán le escribió la siguiente carta en respuesta Sayyed Ibn-

Yahya-e-Amwi ha citado esta carta en su libro Al-Magaza.

Verdaderamente hay muchas gentes en este mundo que han abandonado su salvación, y en lugar de ella han aceptado la pompa y los placeres de una vida profana. Ellos son conducidos por sus deseos desordenados e inmoderados y hablan y actúan sólamente de parte de esos deseos.

Este asunto me ha puesto en una posición incómoda. Las gentes que se han unido contra mí son aquéllos que quieren todo lo de este mundo vicioso y malvado para ellos mismos y sus placeres. Ellos han desenvainado sus espadas en mi cara. Estoy tratando de deshacer el daño que ellos han hecho, pero me temo que el problema se vuelva muy serio e incluso, insoluble.

Tú sabes muy bien que nadie está más deseoso de la unidad de los musulmanes que yo, y la única cosa que quiero obtener de esta unión es tener Bendiciones del Señor y mi salvación. Yo haré lo que he resuelto hacer aunque tu pudieses cambiar esa buena opinión acerca de mí que tú tenías cuando nos despedimos por última vez. Ciertamente es desgraciado aquél que posee sabiduría y adquiere experiencia y, sin embargo, no se interesa en hacer uso de cualquiera de las dos.

Yo no puedo tolerar las mentiras y la falsedad ni puedo soportar ver a las gentes deshaciendo lo bueno que Dios hizo a través del Islam.

Por lo tanto deja de formarte opiniones acerca de cosas que no entiendes ni visualizas claramente, ya que muchas gentes tratarán al máximo, y lo más pronto posible, de llegar a ti con sus insinuaciones.

CARTA 79

Ésta es la orden emitida por el Imán a sus generales cuando él tomó posesión del gobierno del estado Islámico.

Verdaderamente los gobernantes previos tuvieron tristes finales porque ellos evitaron que las gentes obutvieran sus justos derechos; ellos se corrompieron y pudieron ser comprados; cuando ellos fueron tentados por los pecados y los vicios, ellos cayeron en ellos y siguieron la dirección impía.

NOTAS A LAS CARTAS

1. El Imán, en esta frase, se refería a un incidente muy importante de la historia del Islam. Para entenderlo y apreciarlo, deben tomarse en consideración cuidadosamente los siguientes hechos. Primero de todo, la históricamente famosa animosidad de los Quraix, especialmente los Omeyas, contra el Santo Profeta (la paz sea con él y sus descendientes). Ellos trataron de matarlo; ellos lo forzaron a dejar su casa y su hogar; ellos hicieron todo esfuerzo para derrotarlo a él, a sus seguidores y a su causa en las dos batallas de Badr y Uhud, y para este propósito ellos reunieron hombres y materiales, pero cuando ellos no pudieron triunfar, hicieron que varios clanes se aliaran con ellos en la Batalla de Jandaq, y después de ser derrotados también en esta batalla, convencieron a los judíos para que anularan los convenios concertados con el Santo Profeta (la paz sea con él y sus descendientes) y se rebelaran contra los musulmanes, y el resultado fue la Batalla de Jaybar.

Aparte de estas actividades altamente militantes, su campaña difamatoria contra el Mensajero de Dios (la paz sea con él y sus descendientes) fue terrible, ellos escribieron una serie de poemas en los que se decían palabras e ideas infames contra el Profeta de Dios (la paz sea con él y sus descendientes). Esos poemas eran cantados en toda ciudad y aldea del país. Ellos trataron de matar individuos musulmanes si los hallaban indefensos y desprotegidos. Ellos le negaron la entrada a La Meca al Santo Profeta (la paz sea con él y sus descendientes) y a los musulmanes para la Peregrinación.

Todas estas actividades hostiles, e incluso mucho menos, fueron suficientes para hacer que los musulmanes los odiaran y se desquitaran de ellos. Al ser conquistada La Meca, los Omeyas se dieron cuenta de la situación y acudieron a los padres de Moawiah — Abú Sufyan y Hind — los cuales fueron a ver a Abbas Ibn-Abdul -Muttalib, tío del Santo Profeta (la paz sea con él y sus descendientes), y le rogaron que usara su indluencia con el Profeta (la paz sea con él y sus descendientes) y les consiguiera su perdón. Abbas intervino a favor de ellos, tanto que el Santo Profeta (la paz sea con él y sus descendientes) sintió que estos líderes estaban tratando así de escapar de las consecuencias de sus acciones odiosas y dejaban a las masas a merced de las espadas de los musulmanes. El Mensajero de Dios (la paz sea con él y sus descendientes) sintió lástima por esas masas ignorantes que fueron descarriados y después abandonados tristemente, ya que según las costumbres y las tradiciones de la época, cada uno de los Omeyas y de los Quraix que habían sido derrotados en la batalla eran esclavos de los musulmanes, los cuales tenían el derecho tradicional de matarlos, venderlos o esclavizar a todo hombre, mujer y niño. Y la mayoría de los musulmanes querían vengarse de las injusticias cometidas con ellos durante tanto tiempo. El Imán tomó la situación en sus manos y dijo: "Hoy no habrá venganza ni desquite, vosotros sois los esclavos a quienes he liberado". Con esta misericordiosa orden de libertad, cada uno de los Quraix y Omeyas fue hombre libre, cuya vida y propiedad estaban a salvo de las manos de los conquistadores, El Imán se refirió a este incidente indirectamente diciendo que como podía un esclavo liberado considerarse igual al hombre que había sufrido tanto por la causa del Islam.

2. Con esto el Imán se refiere al Santo Profeta (la paz sea con él y sus descendientes). Habiendo muerto los padres del Santo Profeta (la paz sea con él y sus descendientes) cuando él era niño, él fue cuidado, adoptado y alimentado por Fatimah Bint -Asad, la madre del Imán. Ella era esposa de Abú Talib, el tío del Santo Profeta (la paz sea con él y sus descendientes), y por lo tanto, era tía del Profeta (la paz sea con él y sus descendientes). Después de haberlo adoptado como su hijo, ella lo quiso, lo cuidó y lo protegió tanto que incluso olvidó el amor de sus padres y se olvidó que tenía hijos propios. Ellos eran como madre e hijo. El Santo Profeta (la paz sea con él y sus descendientes) la llamaba 'madre' y la trató como si fuera su madre, toda su vida. Por lo tanto, el Imäm se refiere aquí al Santo Profeta (la paz sea con él y sus descendientes) como 'el hijo de su madre'.

Por primera vez durante el califato de Omar, Ziyad fue enviado en una expedición importante. Cuando él regresó con éxito de ella, él dio un buen discurso y probó que era buen orador. En esa ocasión, el califa Omar, Amr Ibn-Aas y Abú -Sufyan estaban presentes. Al oírlo, Amr Ibn-Aas dijo: "En vez de ser hijo de un esclavo, desearía que hubiese pertenecido a los Quraix, entonces ¡qué éxito habría tenido en este reino!" A esto, Abú Sufyan respondió: "El es en realidad un Quraix. Él es mi hijo bastardo. Abú- Maryam-e-Xoli, el famoso procurador conoce este hecho. Yo lo habría declarado hijo mío hoy, pero tengo miedo a Omar."

Sayyed Razi, el compilador original de Nahy-ul-Balaghah dice que cuando Ziyad recibió esta carta, él dijo: "¡Por Dios!, Alí Ibn-Abí-Talib mismo ha dado testimonio de que soy hijo de Abú Sufyan", y cuando más tarde Moawiah lo declaró hijo de su padre, Ziyad accedió a ellos y aceptó el testimonio de Abú Maryam-e-Xoly que fue dado en una audiencia de la corte y que dio un relato insultante, degradante y vergonzoso acerca de la madre de Ziyad. Ziyad estaba orgulloso de esa degradación. Esto muestra la poca dignidad que tenía, lo mucho que deseaba la riqueza, el poder, el lujo y el placer, y cómo los buenos consejos son siempre ineficaces en una mente torcida y una mentalidad degradada.

DICHOS

DEL

IMAM ALI

(LA PAZ SEA CON EL)

DICHOS DEL IMAM ALI

(LA PAZ SEA CON EL)

1. Durante los tiempos de problemas, disturbios, tumultos y guerras, adoptad siempre una actitud tal que las gentes no os dén ninguna importancia, ni os carguen con asuntos importantes y pesados, ni traten de sacar ventaja alguna de vosotros.

2. El que desarrolla el defecto de la ambición y la avaricia invita a la degradación; el que continuamente anuncia su pobreza y su mala suerte siempre será humillado; el que no tiene control de su lengua frecuentemente tendrá que enfentarse a la vergüenza y la incomodidad.

3. La tacañería y avaricia es ignominia y vergüenza; la cobardía es un defecto y un vicio; la pobreza frecuentemente hace que la persona más sabia y educada reprima su lengua aun para el argumento más razonable; un hombre pobre es un forastero en su propio pueblo; la mala suerte y la falta de habilidad para defenderse son calamidades; la paciencia y al habilidad para sufrir en silencio son una especie de valentía; cortar las relaciones con el mundo vicioso es la mayor riqueza y fortuna; la piedad es la mejor defensa y la mejor armadura.

4. La sumisión y la aceptación de la Voluntad de Dios son los mejores compañeros; la sabiduría es la herencia más noble; el conocimiento teórico y el práctico son las mejores marcas de distinción; el pensamiento profundo presentará la imagen más clara de todo problema.

5. La mente de un hombre sabio es la custodia más segura de los secretos; un rostro abierto y agradable consigue más amigos; la paciencia y la perseverancia ocultarán y cubrirán muchos defectos.

6. Una persona presumida y narcista desagrada a los demás; la caridad y la limosna son los mejores tratamientos para los padecimientos y las calamidades; uno tiene que enfrentarse en el Más Allá a las obras que haya hecho en este mundo.

7. El hombre es uan creatura maravillosa: él vé a través de capas de grasa (tejido adiposo), él oye pro medio de un hueso, él habla por medio de un pedazo de carne (la lengua).

8. Cuando este mudno favorece a alguien, le presta las aptitudes, los atributos y los méritos sobresalientes de los demás, y cuando le da la espalda, le arrebata incluso su propia excelencia y fama.

9. Trata a las gentes en tal forma y vivid entre ellos de tal manera que si

mueres, ellos lloren por ti, y si estás vivo, ellos ambicionen tu compañía.

10. Si tienes poder y oportunidad sobre tu enemigo entonces, en agradecimiento a Dios por ello, perdónalo.

11. Muy desgraciado es aquél que durante su vida no puede ganar unos cuantos amigos y simpatizantes sinceros, y es más desgraciado aún el que los ganó y luego los pierde (debido a sus obras).

12. Cuando lleguen a ti unas cuantas bendiciones, no los alejes de ti por la ingratitud.

13. El que queda abandonado por los amigos y parientes frecuentemente encontrará ayuda y simpatía de extraños.

14. No toda persona que es tentada para que se descarríe, merece castigo.

15. Nuestros asuntos están enganchados al destino decretado por el Señor; incluso nuestros planes mejor pensados puede conducirnos a la muerte y la destrucción.

16. Hay una tradición del Santo Profeta (la paz sea con él y sus descendientes) que dice: "Con la ayuda de los tintes convertid la vejez en juventud para que no os parezcáis a los judíos". Cuando le pidieron al Imäm que comentara sobre esta tradición, él dijo que en los primeros años del Islam había muy pocos musulmanes. El Santo Profeta (la paz sea con él y sus descendientes) les aconsejó que se vieran jóvenes y enérgicos y no adoptaran la moda de los judíos (rabinos) que tenían largas barbas flotantes. Pero los musulmanes ahora ya no están en minoría, el suyo es un estado poderoso y fuerte, ellos pueden adoptar cualquier estilo que gusten.

17. Para aquéllos que se negaban a alinearse con alguno de los dos partidos — el del Imán o el de sus enenmigos — el Imán dijo: "Ellos han traicionado la religión y tampoco fueron de utilidad para los infieles.

18. El que se apresura locamente en pos de los deseos inmoderados, corre el riesgo de encontrar la destrucción y la muerte.

19. Pasa por alto y perdona las debilidades de las gentes generosas, ya que si ellos caen, la Mano de Dios los levanta.

20. Los fracasos son frecuentemente el resultado de la timidez y el temor; las decepciones son el resultado de la modestia inoportuna; las horas de recreo pasan como las nubes de verano, por lo tanto, no desaprovechéis la oportunidad de hacer el bien.

21. Si el derecho que nos fue usurpado nos es devuelto, lo tomaremos; si lo seguiremos reclamándolo.

22. Aquél al que sus obras lo rebajan, no lo puede elevar su árbol genealógico.

23. Acudir a aliviar al deprimido y a ayudar al oprimido actúan como expiación y reparación por muchos pecados.

24. ¡Oh hijo de Adán!, cuando veas que, a pesar de los constantes favores de Dios, tu vida es un pecado continuo, entonces ten cuidado (de que Su Ira no convierta esas mismas bendiciones en desgracias).

25. Frecuentemente tus palabras y las expresiones de tu cara dejan ver los secretos de tus pensamientos escondidos.

26. Cuando te enfermes no te deprimas por ello y trata lo más que puedas de actuar esperanzadamente.

27. La mejor forma de devoción al servicio de Dios es no hacer un espectáculo de esa adoración.

28. Si al fin y al cabo tendrás que volverle la espalda a este mundo, y finalmente tendrás que encontrar la muerte, entonces, ¿por qué deseas una demora (por qué te sientes atemorizado por la muerte)?

29. ¡Tened cuidado!, Él no ha expuesto tantas de vuestras actividades pecaminosas que parece como si Él os hubiera perdonado (puede ser que Él os haya dado una cuerda muy larga).

30. Cuando se le pidió al Imán que explicara la 'fe en la religión', él contestó que la estructura de la fe está apoyada por cuatro columnas: la paciencia, la creencia, la justicia o equidad y al yihad, o sea la defensa de la causa de la religión. Él elucidó más estos cuatro puntos:

Acerca de la equidad, dijo que la equidad está compuesta de los atributos de deseo, temor, templanza y esperanza; o sea, quienquiera que desee alcanzar el Cielo no codiciará nada de este mundo vicioso, quien esté temeroso del Infierno se abstendrá de los pecados y los vicios; quien practique la piedad y al templanza, soportará contento las dificultades y las calamidades de la vida; y quien espere la muerte se apresurará en hacer tanto bien como pueda y tan pronto como sea posible.

Acerca de la creencia, el Imán explicó que es una combinación de cuatro atributos del carácter: cuidarse de las tentaciones extravagantes de pecar; buscar la explicación de la verdad a través del conocimiento; tomar lecciones de la historia de las naciones y las vidas de los individuos; y seguir los pasos de las gentes buenas que nos precedieron. Pues quien quiera protegerse contra los vicios y los pecados tendrá que buscar las causas reales de la tentación y las verdaderas formas de combatirlas; para encontrar esos caminos verdaderos, uno tiene que buscarlos con la ayuda del conocimiento; quien esté bien familiarizado con las diversas ramas del conocimiento tomará lecciones de la vida; y quien trate de tomar lecciones de la vida está realmente ocupado en el estudio de las causas del ascenso y la caída de las previas civilizaciones.

El Imán explicó además que la justicia y la equidad también requieren cuatro cualidades en el hombre: profundidad de entendimiento; profundidad de conocimiento; juicio irreprochable y claridad de mente; ya que quienquiera que trate al máximo de entender un problema tendrá que estudiarlo; quien tenga la práctica de estudiar el tema que va a tratar, desarrollará una mente clara y siempre llegará a decisiones correctas; quien trate de alcanzar todo esto tendrá que desarrollar siempre la paciencia y la perseverancia; y quien haga esto habrá hecho justicia a la causa de la religión y habrá llevado una vida de buena reputación y fama.

El Imán explicó la yihad en los siguientes términos: La yihad está dividida en cuatro ramas: aconsejar, convencer y ordenar a las gentes la obediencia a Dios; prohibirles el pecado y el vicio; hablar con la verdad en todas las ocasiones; y odiar a las personas viciosas y a los pecadores. Quienquiera que convenza a las gentes que obedezcan las órdenes de Dios, ayuda enormemente a los musulmanes; quien los disuada de los vicios y los pecados, humilla a los infieles y a los apóstatas y se enoje con ellos sólo por amor a Dios, entonces Dios estará enojado con sus enemigos y estará complacido con él en el Día del Juicio.

31. En el mismos estili, el Imäm explicó las causas y los efectos de la infidelidad y de la pérdida de la fe en Dios.

Hay cuatro causas de infidelidad y de pérdida de la fe en Dios: un deseo de racionalización innecesaria; una pasión por disputar todo argumento; una mente prejuiciosa e ignorante; y un deseo de no ver ni entender la verdad. Pues quienquiera que va en pos de la racionalización innecesaria irrazonable, nunca será capaz de alcanzar la verdad; quien contínuamente dispute todo argumento, debido a su ignorancia siempre permanecerá ciego las realidades; quien vuelva la espalda a la verdad debido a los prejuicios y la ignorancia, siempre tomará lo bueno por malo y lo malo por bueno, siempre que dará satisfecho de su ignorancia y su infidelidad; y quien no quiera ver la verdad y se niegue a aceptarla, se abrirá ante él un camino muy difícil, sus asuntos serán muy complicados y el camino hacia la salvación será muy incierto.

Similarmente, la duda y la incertidumbre acerca de la verdad de lo que el Islam ha enseñado está basada en cuatro razones: razonamiento absurdo; temor; vacilación e indecisión; y entrega irrazonable al paganismo y la infidelidad. Pues el que se ha acostumbrado a las discusiones irracionales y absurdas, nunca verá la Luz de la Verdad y siempre vivirá en la oscuridad de la ignorancia; el que tiene miedo de encarar los hechos verdaderos (de la vida, la muerte y la vida después de la muerte), siempre dará la espalda a la realidad última; e que permite que las dudas y la incertidubre lo hagan vacilar, siempre estará bajo el dominio y el control de Satanás; y el que se entrega al paganismo aceptando la condenación en este mundo y en el más allá, así será condenado.

32. Quien haya hecho una buena acción es mejor que su obra, y quien haya cometido una mala acción será peor que el acto mismo.

33. Sé generoso pero no extravagante, sé frugal pero no miserable.

34. Desistir de los deseos inmoderados es la mejor clase de riqueza y fortuna.

35. Él que está pronto a decir cosas desagradables acerca de los demás, rápidamente se convertirá en un blanco de calumnias.

36. El que tiene expectaciones inmoderadas daña el nivel de su trabajo.

37. Cuando el Imán, marchando a la cabeza de su ejército hacia Siria, llega a Umbaz, los señores importantes del lugar salieron a recibir al Imán en la exaltación de sus emociones de afecto, fidelidad y respeto, apenas vieron al Imán, se desmontaron de sus caballos y empezaron a correr frente a él. El Imán preguntó la razón de sus acciones extrañas. Ellos contestaron que esa era su costumbre; para mostrar su afecto, fidelidad y respeto, siempre actuaban de esa manera. El Imán contestó: "Por Dios!, con vuestra acción no le hacéis ningún bien a vuestros gobernantes, sino que os cansáis y os metéis en dificultades en este mundo y en problemas en el Más Allá. Qué infortunado es ese ejercicio que causa daño aquí y en el Más Allá y qué útil es la facilidad que os mantiene cómodos en este mundo y lejos del infierno en el Más Allá.

38. El Imán una vez le dijo a su hijo - el Imán Hasan (la paz sea con él): "Hijo mío, aprende de mí cuatro cosas, y a través de ellas aprenderás cuatro más. Si las tienes en mente, tus acciones no te acarrearán ningún daño.

La mayor riqueza es la riqueza de la sabiduría y el juicio; la mayor pobreza es la pobreza de la estupidez y la ignorancia; la peor insociabilidad es la de la vanidad, la presunción y la autoglorificación; la mejor nobleza de linaje se manifiesta en la cortesía y en el refinameitneo de la cultura. Las siguientes cuatro cosas hijo mío, son: no hagas amistad con un tonto, ya que cuando él trate de hacerte bien te hará daño; no hagas amistad con un tacaño, él huirá de ti en el momento de tu necesidad apremiante; no hagas amistad con una persona viciosa y malvada, ya que te venderá a ti y a tu amistad al precio más bajo; y no hagas amistad con un mentiroso, ya que, como un espejismo, él te hará visualizar muy cerca las cosas que quedan a gran distancia y te harán ver como lejanas las cosas que están cerca de ti.

39. Las oraciones opcionales y voluntarias no pueden lograr la Com-

placencia de Dios cuando las oraciones obligatorias son descuidadas.

40. Un hombre sabio piensa primero y después habla, mientras que un tonto primero habla y luego piensa.

41. La mente de un tonto está a merced de su lengua, y la lengua de un hombre sabio está bajo el control de su mente.

42. Uno de los compañeros del Imán se enfermó, el Imán fue a visitarlo y le aconsejó así: Sé agradecido con Dios. Él ha puesto esta enfermedad para expiar tus pecados, ya que una enfermedad por sí misma no tiene nada para traer recompensa, uno tiene que ganarla con sus buenas palabras y sus buenas obras. El Señor Todopoderoso concede los Cielos a Sus creaturas por razón de su piedad y pensamiento moderado.

43 Khubbab Ibn Aras era uno de los compañeros favoritos del Santo Profeta (la paz sea con él y sus descendientes). Él era una persona muy piadosa, estaba entre los musulmanes que fueron forzados a emigrar en los primeros días del Islam. Antes de la emigración él fue inhumanamente torturado por los Quraix. Ellos le hacían cortaduras en su cuerpo, lo hacían yacer sobre las arenas candentes bajo el sol estival y lo hacían rodar sobre carbones encendidos; sin embargo él se mantuvo firme y fiel al Islam. Después de la Égira, él estuvo con el Santo Profeta (la paz sea con él y sus descendientes) en todas sus batallas y estuvo con el Imán Ali en las batallas de Siffin y Naharwan, y murió en Cufah a la edad de 73 años. El Imán dirigió su servicio funeral, y después del entierro lo elogió en las siguientes palabras: Que Dios bendiga a Khubbab Ibn Aras. Él abrazó el Islam por su propia y libre voluntad, emprendió alegremente la Égira, vivió una vida de conformidad, se inclinaba felizmente ante la Voluntad del Señor y llevó una vida de muyahid (guerrero por la causa de Dios).

44. Feliz es el hombre que siempre tiene en vista la vida después de la muerte, que recuerda el Día del Recuento a través de todos sus actos, que llevó siempre una vida de conformidad y que fue feliz con la porción que Dios destinó para él.

45. Si yo corto en pedazos a un fiel musulmán para hacerlo que me odie, él no se convertirá en mi enemigo, y si yo le doy toda la riqueza de este mundo a un musulmán hipócrita para hacerlo mi amigo, él no lo será. Es así porque el Santo Profeta (la paz sea con él y sus descendientes) dijo: "¡Oh Ali!, ningún musulmán fiel será jamás tu enemigo, y ningún musulmán hipócrita será jamás tu amigo".

46. El pecado que te pone triste y arrepentido agrada más al Señor que la buena obra que te hace vanidoso y presuntuoso.

47. El valor de un hombre depende de su valentía y su resolución; su veracidad depende de sus características de nobleza y dignidad, y su castidad depende de su sentido del honor.

48. El éxito es el resultado de la previsión y la resolución; la previsión depende del pensamiento y la planeación profundos, y el factor más importante de planear es mantener vuestros secretos para vosotros mismos.

49. Teme a un caballero cuando la inanición roe sus entrañas y de la persona vil cuando su estómago está lleno.

50. Los corazones de las gentes son como pájaros salvajes, ellos se apegan a los que los aman y educan.

51. En tanto que la suerte te favorezca, tus defectos estarán ocultos a los ojos del mundo.

52. Sólo puede perdonar aquél que tiene poder para castigar.

53. Si ayudas a una persona merecedora sin que te lo pida, entonces ello es generosidad, pero si lo ayudas después de que te lo pidió, entonces mayormente es debido a timidez a negarte o por miedo al reproche.

54. No hay mayor riqueza que la sabiduría, no hay mayor pobreza que la ignorancia, no hay mayor herencia que la cultura, ni amigo y compañero más grande que la consulta.

55. La paciencia es de dos tipos: cuando soportas cosas desagradables que vienen a ti y cuando sufres la negativa de las cosas que te agradan.

56. La riqueza convierte todo país extranjero en tu lugar nativo y la pobreza convierte tu tierra natal en un país extranjero.

57. La conformidad es el capital que nunca tendrá fin (Sayyed Razi, el compilador original de Nahy-ul-Balaghah, dice que este dicho también es atribuído al Santo Profeta, la paz sea con él y sus descendientes).

58. La riqueza es el origen de las ambiciones inmoderadas.

59. Quienquiera que te prevenga contra los pecados y los vicios es como el que te lleva noticias de salvación.

60. La lengua es una bestia tan feroz que si se deja suelta actuará vorazmente.

61. La mujer es una serpiente cuyo contacto es lo más agradable.

62. Si tú eres saludado y se te expresan buenos deseos, entonces devuelve el saludo y el deseo en la forma más apropiada. Si eres favorecido, entonces paga el favor muchas veces; pero siempre será el más excelente en mérito el que toma la iniciativa.

63. La mejor fuente de éxito para un demandante es el mediador.

64. Las gentes en este mundo son como viajeros cuyo viaje continúa

aunque ellos estén durmiendo (El viaje de la vida continúa aunque los hombres no lo sientan).

65. Perder amigos es convertirse en un extranjero en su propio país.

66. No tener una cosa es menos humillante que mendigarla de otros.

67. No te sientas avergonzado si la cantidad de caridad que das es pequeña ya que despedir al necesitado con las manos vacías es un acto de mayor vergüenza.

68. Abstenerse de las fuentes de placeres ilícitos e impíos es un adorno para los pobres, y ser agradecido por las riquezas concedidas es la mayor decoración de los ricos.

69. Si no puedes conseguir todas las cosas que deseas, entonces conténtate con lo que tienes.

70. Un hombre sin educación o un salvaje siempre hará una cosa excesivamente o descuidará hacerla adecuadamente.

71. Entre más sabio sea un hombre menos hablador será.

72 El tiempo descompone los cuerpos pero rejuvenece las esperanzas; a diario acerca la muerte más pero demora el cumplimiento de los deseos más y más.

Quien consigue algo del mundo vive en ansiedad de retenerlo, y quien pierde algo pasa sus días lamentándose por la pérdida.

73. Quien desee ser un líder y un guía debe educarse a sí mismo antes de educar a los demás; antes de enseñarles moralidad a los demás debe mejorar su moral y su carácter.

Quien se eduque a sí mismo y mejore su propia moralidad y su carácter es superior al que trata de enseñar y educar a los demás.

74. Con cada respiración das un paso adelante hacia la muerte.

75. Cualquiera cosa que puede ser contada o evaluada es finita y llegará a su fin.

76. Si estás confundido acerca de los efectos buenos o malos de una acción, entonces estudia cuidadosamente la causa y sabrás cuáles serán los efectos.

77. Zarar Ibn Zumra-e-Zubbay, conocido como Zarar-e-Sadar, era un compañero del Imán. Cuando, después de la muerte del Imán él fue a Damasco, Moawiah lo llamó y le pidió que dijera algo acerca del Imán. Zarar, sabiendo que Moawiah odiaba al Imán intensamente, trató de evitar este tópico, pero Moawiah lo forzó a hablar. A ello dijo Zarar: "¡Oh Amir!, frecuentemente vi al Imán en la profundidad de las noches, cuando las gentes estaban durmiendo u ocupadas en diversiones. Él solía estar de pie en el nicho de la oración de la mezquita, con lágrimas en sus ojos, solía rogar a Dios que

lo ayudara a mantener en vida un carácter piadoso, virtuoso y noble, y a rechazar al mundo. Él solía decirle al mundo: "¡Oh mundo vicioso!, aléjate de mí; ¿por qué vienes así frente a mí? ¿Te has enamorado de mí o quieres seducirme? Dios no lo permita que yo pueda ser seducido y tentado por ti y por tus placeres. No es posible; vete y trata de seducir a alguien más. Yo no deseo poseerte ni quiero tenerte. Te he rechazado tres veces. Es como divorciarse de una mujer tres veces, después de lo cual uno no puede volver a tomarla como esposa. La vida de placeres que tu ofreces es de muy corta duración. No hay importancia real en lo que ofreces, el deseo de poseerte es un insulto y una humillación para las mentes sensatas. Triste es la condición de aquéllos que quieren adquirirte, ellos no se proveen con nada para el Más Allá, ellos tienen que pasar a través de un viaje largo por un camino muy difícil hacia un triste destino". Zarar dijo que cuando él dejó de hablar había lágrimas en los ojos de Moawiah, el cual dijo: "Que la paz de Dios sean con Abú-Al-Hassan Alí Ibn-Abí-Talib, él era así indudablemente. Ahora dime Zarar, ¿cómo te sientes por su ausencia?" Zarar repondió: "Mi pena y mi pesar es como el de una mujer cuyo único hijo ha sido asesinado en su regazo". Con este comentario, Zarar salió de la audiencia en la corte y dejó la ciudad.

78. Después de la Batalla de Siffín alguien le preguntó al Imán si había sido destinado que ellos pelearan contra los sirios. El Imán le contestó en las siguientes palabras.

Si por destino quieres decir un forzamiento (físico o de otra naturaleza) en donde somos conducidos a fuerzas (por la naturaleza) a hacer una cosa, entonces no fue así. Si hubiese sido una obligación de ese tipo, entonces no habría habido recompensa por hacerlo ni castigo por no hacerlo (cuando uno está forzado físicamente a hacer una cosa, como respirar, dormir, etc. entonces no puede haber recompensa por hacerlo ni castigo por no hacerlo; en esos casos la naturaleza lo fuerza a uno a hacer una cosa y uno no puede comprarla), entonces las bendiciones y castigos prometidos en el Más Allá no tendrían significado. El Señor Misericordioso ha dado a Sus criaturas (los seres humanos) completa libertad de actuar como ellos quieran, y entonces les prohibió ciertas acciones y los previno acerca de las consecuencias de esas acciones (Su Ira y Su Castigo). Estas órdenes Suyas llevan consigo mismas lo mínimo de dificultad y nos conducen hacia las formas de vida más convenientes, y las recompensas que Él ha prometido para las buenas obras son muchas veces más que lo que realmente merecen las acciones. Él ve, a las gentes desobedeciéndolo y los tolera, no porque Él pudiese ser dominado u obligado a aceptar la supremacía humana sobre Él. Él no envió a Sus Profetas para divertirse o para proporcionarles entretenimiento. Él no reveló Sus Ordenes sin razón y propósito. Tampoco creó Él las galaxias y la Tierra sin diseño, propósito o programa. Un universo sin plan, propósito y programa es la idea de los infieles y los paganos; triste será la condición de ellos en los fuegos del Infierno.

Al oír esto, el hombre le preguntó al Imán: "¿Entonces que tipo de destino fue por el que pasamos?" El Imán respondió: "Eso fue una orden de Dios que lo hiciéramos, como la orden que Él ha dado en Su Libro Sagrado: ''Vosotros estáis destinados por Dios a adorarlo a Él y a nadie más'. Aquí, 'destinados' significa 'ordenados', no significa ningún forzamiento físico".

79. Adquirid sabiduría y verdad de quien podáis, ya que incluso un apóstata puede tenerlas, pero a no ser que ellas sean transmitidas a un fiel musulmán y se vuelvan parte de la sabiduría y la verdad que él posee, ellas tienen una existencia confusa en las mentes de los apóstatas.

80. El conocimiento y la sabiduría son realmente propiedades del fiel musulman. Si las perdéis, recuperádlas aunque tengáis que conseguirlas de los apóstatas.

81. El valor de cada hombre depende del arte y la habilidad que él haya adquirido.

82. Quiero enseñaros cinco cosas que merece que tratéis ansiosamente de adquirirlas:

Tened esperanza en Dios y en nadie más;
No temáis a nada más que a los pecados;
Si no sabéis una cosa, no sintáis vergüenza de admitir que la ignorais;
Si no sabéis una cosa, nunca vaciléis en aprenderla ni sintáis vergüenza por ello;

Adquirid paciencia y perseverancia, ya que su relación con la verdadera fe es la que hay entre un cuerpo y la cabeza; similarmente, la verdadera fe no puede tener utilidad sin los atributos de resignación, perseverancia y paciencia.

83. Un hombre empezó a elogiar hipócritamente al Imán, aunque no creía en él, y el Imán al oír esas alabanzas dijo: "Yo soy menos de lo que tú dices acerca de mí, pero más de lo que piensas acerca de mí".

84. Aquéllos que han salido vivos de un baño de sangre viven más tiempo y tienen más hijos.

85. El que se cree omnisapiente, seguramente sufrirá debido a su ignorancia.

86. Yo aprecio más la opinión cautelosa de un hombre viejo que el valor

de un hombre joven.

87. Cómo me asombra el hombre que pierde la esperanza de la salvación, siendo que la puerta del arrepentimiento está abierta para él.

88. El Imán Mohammad Baqir (la paz sea con él) dice que el Imán dijo una vez: "Hubo dos cosas en este mundo que ablandaron la Ira de Dios y evitaron que descendiera sobre el hombre. Una os ha sido quitada, así que aferráos firmemente a la otra. La que fue quitada a los hombres fue la persona del Santo Profeta (la paz sea con él y sus descendientes), y la que todavía está con ellos y a la que deben aferrarse firmemente es el arrepentimiento y la expiación de los pecados. Esto es porque el Señor Todopoderoso, en una parte de Su Libro Sagrado, se dirigió al Santo Profeta (la paz sea con él y sus descendientes) diciendo: "El Señor no va a castigarlos en tanto que tú estés entre ellos"; y en otra parte del mismo Libro, Él reveló que: "Él no va a castigarlos en tanto que se arrepientan por sus pecados y los expíen".

89. Quien mantenga en orden con Dios sus asuntos (siga sinceramente Sus Ordenes), Dios también pondrá en orden Sus asuntos con él; quien haga arreglos para su salvación, el Señor le arreglará sus asuntos mundanos; quien se aconseje a sí mismo, Dios también lo protegerá.

90. El hombre más sabio y conocedor es aquél que aconseja a las gentes que no pierdan esperanza y confianza en la Misericordia de Dios y que no se sientan demasiado seguros y confiados de la inmunidad contra Su Ira y Su Castigo.

91. Así como tu cuerpo, tambien tu mente se cansa y fatiga, en ese caso busca diversiones educativas para ella.

92. Es muy superficial aquel conocimiento que sólo permanece en tu lengua; el valor y el mérito intrínseco del conocimiento es que actúes según él.

93. Tened cuidado y no le recéis al Señor diciendo: "¡Señor!, Te ruego que me protejas y me cuides contra las tentaciones y las pruebas", ya que no hay nadie que no sea tentado y puesto a prueba. En vez de ello, rogadle que os cuide contra aquellas tentaciones que pudieran conduciros hacia la maldad y los pecados, ya que Dios ha dicho en Su Libro Sagrado: "Debes saber que el tiempo, la riqueza y los hijos son tentaciones". Significa que Dios pone a prueba a las gentes por medio de la riqueza y los hijos, para que pueda demostrarse quién está contento con lo que obtiene honestamente y está agradecido con Dios por la posición en la que ha sido puesto con respecto a sus hijos. Aunque Dios los conoce mejor, incluso, que ellos mismos, sin embargo esas pruebas son con el propósito de que ellos se dén cuenta y

conozcan aquellas obras que ameritan recompensa o las que merecen castigo. Hay algunas gentes que quieren tener hijos varones y les desagrada tener hijas, y hay algunos que simplemente ambicionan la riqueza y odian la pobreza.

94. Le preguntaron al Imán el significado del bienestar o del estar bien provisto. El Imán contestó: Vuestro bienestar no consiste en tener enorme riqueza ni hijos numerosos, sino que está en que seáis bien educados y pacientes, y en que estéis orgullosos de obedecer a Dios. Si hacéis una buena obra, entonces dad gracias a Dios por ella, y si cometéis un pecado, entonces arrepentíos y expiadlo. En este momento hay un verdadero bienestar para dos tipos de gentes: una es la persona que cuando comete un pecado se arrepiente de él; y la otra es el hombre que está ansioso por hacer tanto bien como sea posible.

95. La importancia de las obras que hayáis hecho con el temor a Dios en vuestra mente no puede ser menospreciado, y ¿cómo pueden ser consideradas como carentes de importancia las obras que son aceptables a Dios?

96. Los más cercanos a los profetas son aquellas personas que han entendido cuidadosamente las cosas reveladas a esos profetas y las obedecen, dijo el Imán y citó un pasaje del Sagrado Corán: "Los más queridos por Abraraham y los más cercanos a Dios fueron las gentes que obedecieron a Él", y dijo: Los tiempos actuales son los tiempos de nuestro Santo Profeta (la paz sea con él y sus descendientes) y sus fieles seguidores. El mejor amigo de nuestro Santo Profeta (la paz sea con él y sus descendientes) es aquél que, aunque no está emparentado con él, obedece las órdenes de Dios; y su peor enemigo es el hombre que, aunque estuviese emparentado con él, desobedece a Dios.

97. Le contaron al Imán que un jareÿita se levantaba en la mitad de la noche a revizar y leer el Libro Sagrado. Al oír esto, el Imán dijo: Dormir, teniendo fe sincera en la religión y en Dios, es mejor que rezar con una fe vacilante.

98. Siempre que se os relate una tradición del Santo Profeta (la paz sea con él y sus descendientes), examinadla cuidadosamente y meditad profundamente acerca de ella, no os conforméis con la mera repetición verbal de la misma, ya que hay muchas gentes que repiten las palabras que contienen conocimiento, pero hay pocas que meditan acerca de ellas y tratan de captar plenamente el significado que ellas transmiten.

99. El Imán oyó que alguien repetía el pasaje del Sagrado Corán que dice: "Pertenecemos a Dios y nuestro regreso es hacia Él". El Imán dijo: Cuán cierto es el dicho de que pertenecemos a Dios, ya que indica que lo aceptamos

como nuestro Amo, Dueño y Señor. Y cuando decimos que nuestro retorno es hacia Dios, ello indica que aceptamos nuestra mortalidad.

100. Algunas personas alabaron al Imán. Él contestó: Dios me conoce muy bien y yo también me conozco a mí más que vosotros. ¡Por favor, Señor!, hazme mejor de lo que ellos imaginan que soy, y por favor perdona aquéllas de mis debilidades de las que ellos no están conscientes.

101. Para aseguraros fama y crédito así como bendiciones, la ayuda que déis los hombres debe poseer los siguientes atributos: a) cualquiera que sea su magnitud, debéis considerarla tan insignificante como para que pueda recibir una alta posición; b) debe ser dada secretamente, y entonces el Señor le concederá fama y celebridad, y c) debe ser dada inmediatamente, para que pueda ser de utilidad y agradar a quien la reciba.

102. Vuestra sociedad pasará por un período en el que los intrigantes y hábiles serán favorecidos por los gobiernos; cuando los pecadores serán considerados como bien educados, correctos y como la elite de la sociedad; cuando las personas justas y honestas serán consideradas como débiles; cuando la caridad será considerada como una pérdida de riqueza y propiedad; cuando el apoyo y la ayuda mutua serán consideradas como favor y benevolencia; y cuando las oraciones y la adoración a Dios serán efectuadas con el fin de alardear para ganar popularidad y una posición superior. En esos tiempos, los gobiernos funcionarán bajo el consejo de las mujeres, los jóvenes serán gobernantes y consejeros de los Estados.

103. La ropa del Imán estaba muy vieja y remendada. Cuando alguien llamó su atención hacia ella, él contestó: Esas ropas, cuando son usadas por hombres de posición y prestigio, los hacen sumisos a Dios y bondadosos con los hombres, y los fieles musulmanes pueden seguir el ejemplo convenientemente. Los placeres viciosos de este mundo y la salvación son como dos enemigos o como dos caminos que van en direcciones opuestas, o hacia polos opuestos, uno al Norte y el otro al Sur. Quienquiera que desee ganar los placeres y la pompa de este mundo odiará la austeridad de vida, la cual es necesaria para ganar la salvación. Contraria será la actitud de un hombre deseoso de alcanzar la Felicidad Eterna. Uno tiene que adoptar uno de los dos caminos de vida, y ellos no pueden ser puestos juntos, un hombre tiene que escoger uno a otro.

104. Nauf Ibn Fizala-e-Bakali, el famoso educador de los primeros días Islámicos dice que una noche estaba con el Imán, y en mitad de la noche éste se levantó de su cama, miró a las estrellas varias veces y le preguntó a Nauf si estaba despierto. Nuaf dijo: "Me levanté de mi cama y contesté: 'Sí, Amir-

ul-Mu'minín, estoy despierto'".

El Imán dijo: ¡Nuaf!, son afortunadas aquellas personas que adoptan la piedad como el principio de sus vidas, y están plenamente atentos a su bienestar en el Más Allá. Ellos aceptan la tierra desnuda como la cama más cómoda y el agua como la bebida más agradable. Ellos adoptan el Corán y las oraciones como su guía y protector y como Cristo ellos rechazan al mundo y sus placeres viciosos.

¡Oh Nuaf!, David se levanto, una vez a esta hora de la noche y dijo que ésta es la hora en que las oraciones de todo el que reza son aceptadas, excepto las de aquéllos que colectan las ganancias forzando a las gentes, o la de los calumniadores, o la del oficial de un gobierno opresivo y tiránico, o la de un músico.

105. Aquéllos que abandonan la religión para mejorar sus circunstancias rara vez logran triunfar. La Ira de Dios los hace pasar por más calamidades y pérdidas que las ganancias que ellos adquieren para sí mismos.

106. Hay muchas gentes educadas que han arruinado su futuro debido a su ignorancia acerca de la religión. Su conocimiento no les fue de ninguna utilidad.

107. Más maravilla que el hombre mismo es esa parte de su cuerpo que está conectada a su tronco con músculos. Es su corazón (la mente). Mirad cómo es fuente de buenas y malas tendencias. Por una parte, contiene los tesoros del conocimiento y la sabiduría y, por otra, alberga deseos muy desagradables. Si un hombre vé aún un pequeño brillo de éxito, entonces la ambición lo fuerza a humillarse. Si él da cabida a la avaricia, entonces los inmoderados lo arruinarán; si él está decepcionado, entonces la despondencia casi lo mata. Si él está excitado, él pierde el control de si mismo y se enoja. Si está complacido abandona la precaución. El temor súbito lo hace nervioso y torpe e incapaz de pensar y de encontrar una salida de la situación. Durante los tiempos de paz y prosperidad se vuelve indiferente y despreocupado del futuro. Si adquiere riqueza se vuelve soberbio y arrogante. Si está sumergido en los problemas, entonces su agitación, su impaciencia y su nerviosismo le causan desgracia. Si es alcanzado por la pobreza, entonces se halla en una situación muy triste; el hambre lo debilita y la sobrealimentación lo daña igualmente. En resumen, todo tipo de pérdida y ganancia desequilibra su mente.

108. Nosotros, los 'Ahl-ul-Bayt' (descendientes del Santo Profeta, la paz sea con él y su progenie), poseemos una posición tan Central y Equilibrante en la religión que aquéllos que estén deficientes en entenderla y en actuar según sus principios tendrán que acudir a nosotros para mejorar, y aquéllos

que estén exagerando en ella tendrán que aprender de nosotros a tener moderación.

109. Sólo puede establecer un gobierno divino aquella persona que, donde se requieran la justicia y la equidad, no se sienta deficiente ni débil, y que no sea ambicioso ni avaro.

110. Sohayl Ibn Hanif era un compañero favorito del Imán. Cuando el Imäm regresó de la Batalla de Siffín, Sohayl murió en Cufah debido a las heridas que recibió en la batalla. Su muerte entristeció al Imán, el cual dijo: Aun si una montaña me ama, será aplastada en pedazos (significa que las gentes son puestas a prueba con el amor al Imán, y para probarlo tendrán que pasar por pérdidas y calamidades). Un dicho similar es el siguiente:

111. Quienquiera que nos ame — a los miembros de 'Ahl-ul-Bayt' —debe estar preparado a enfrentarse a una vida de austeridad.

112. Ninguna riqueza tiene más valor utilitario que la inteligencia y la sabiduría; ninguna soledad es más horrible que cuando las gentes te evitan debido a tu vanidad y tu presunción o cuando tú te consideras equivocadamente por encima de todos los demás como para consultarlos y tenerles confianza; ninguna eminencia es más exaltante que la piedad; ningún compañero puede resultar más útil que la cortesía ninguna herencia es mejor que la cultura; ningún líder es superior a la Guía Divina; ninguna transacción es más provechosa que las buenas obras; ninguna ganancia es mayor que la Recompensa Celestial; ninguna abstinencia es mejor que el evitar que la mente se permita las dudas (acerca de la religión); ninguna virtud es mejor que el abstenerse de las acciones prohibidas; ningún conocimiento es superior al pensamiento profundo y a la prudencia; ninguna adoración u oraciones son más sagradas que el cumplimiento de las obligaciones y los deberes; ninguna fe religiosa es más alta que el sentir vergüenza por obrar mal, y soportar pacientemente las calamidades; ninguna superioridad es mayor que el adoptar la humildad; ninguna exaltación o grandiosidad es superior al aprendizaje y el conocimiento; nada es más respetable que el perdón y la tolerancia; ningún apoyo ni defensa son más fuertes que la consulta y el consejo.

113. Cuando una comunidad está compuesta de gentes realmente honestas, moderadas y virtuosas, entonces el que os forméis una mala opinión acerca de cualquiera de sus miembros, cuando no se ha visto que haga algo malvado, es una gran injusticia contra él; por el contrario, en una sociedad corrupta, el formarse una buena opinión de cualquiera de esas gentes y confiar en él, es haceros daño a vosotros mismos.

114. Cuando alguien le preguntaba al Imán cómo estaba, el contestaba:

¿Qué queréis saber de una persona cuya vida lo está conduciendo hacia la muerte, cuya salud es el primer paso hacia la enfermedad y a quien la sociedad lo ha forzado a salir de su retiro?

115. Cuántas personas hay a quienes la constante concesión de Sus Bondades los ha hecho malvados y merecedores de Su Castigo; y cuántas más hay que se han vuelto vanas y que se engañan a sí mismas porque el Dios Misericordioso no ha expuesto sus debilidades y sus vicios ante el mundo y porque las gentes hablan de ellos en forma elogiosa; todo esto es una cuerda larga; y ninguna prueba del Señor es más severa que el tiempo que Él concede (en el que podéis arrepentiros o caer más profundamente en los vicios).

116. Dos clases de personas serán malditas por mi causa: aquellos que se forman una opinión exagerada acerca de mí y aquellos que me subestiman porque me odian.

(Nota: ENTRE LOS MUSULMANES SURGIO UNA SECTA LLAMADA NUSAIRI— POR SU FUNDADOR, NUSAIRI — LOS CUALES CREIAN QUE EL IMAM ERA LA ENCARNACION O PERSONIFICACION DE DIOS. EL IMAM SE REFIERE AQUI A ELLOS EN LA PRIMERA FRASE, Y EN LA SEGUNDA SE REFIERE A TODOS SUS ENEMIGOS).

117. El perder o desperdiciar una oportunidad resultará en pena y sufrimiento.

118. El mundo, que os ofrece placeres viciosos, es como una víbora, tan suave al tacto pero tan llena de veneno letal. Las gentes imprudentes son seducidas por él y arrastradas hacia él, y los hombres sabios lo evitan y se mantienen alejados de sus efectos ponzoñosos.

119. Cuando se le preguntó acerca de los Quraix, el Imán contestó: Entre ellos, Bani Majzum son como las flores de fragancia dulce, sus hombres son buenos para hablar y sus mujeres resultan muy buenas esposas; Bani Abdux-Xaams son muy inteligentes y muy prudentes; y nosotros (Bani Haxem) somos muy generosos y muy valientes para enfrentarnos a la muerte. Bani Abdux-Xams son más numerosos, feos e intrigantes, pero los Bani Haxem son hermosos, buenos conversadores y oradores y muy fieles como amigos.

120. ¿Qué diferencia hay entre una obra cuyo placer pasa, dejando dolores y castigo, y la obra cuya severidad cruel o su dificultad opresiva llega a su fin, dejando detrás recompensas y bendiciones celestiales?

121. El Imán iba siguiendo un funeral, y cuando pasaban por una calle

alguien rió sonoramente (una señal de falta de cortesía y de falta de educación). Al oír esa risa, el Imán comentó: Algunos de nosotros sentimos que la muerte está destinada a todos los demás, excepto nosotros mismos; o que aquéllos a quienes vemos muriendo a nuestro alrededor son sólamente viajeros que van en una travesía y que regresarán a nosotros. Es una visión triste el observar que en un momento los entregamos a la tierra y al siguiente nos apoderamos de las cosas dejadas por ellos, como si fuéramos a permanecer permanentemene en este mundo después de ellos. El hecho es que olvidamos los consejos sensatos que nos han sido dados y nos convertimos en blanco de toda calamidad.

122. Las bendiciones son para el hombre que se humilla ante Dios, cuyas fuentes de ingresos son honestas, cuyas intenciones son siempre honorables, cuyo carácter es noble, cuyos hábitos son sobrios, que reparte en el nombre de Dios y por Su Causa la riqueza que tiene en exceso, que controla su lengua evitando las pláticas viciosas e inútiles, que se abstiene de la opresión y la tiranía, que sigue alegre y fielmente las tradiciones del Santo Profea (la paz sea con él y sus descendientes) y que se mantiene alejado de las innovaciones en la religión.

123. Los celos en la mujer son imperdonables, pero en el hombre son una señal de su fe en la religión (ya que el Islam ha permitido la poligamia pero ha prohibido la poliandria).

124. Yo defino el Islam para vosotros en una forma que nadie se ha atrevido antes que yo. El Islam significa obediencia a Dios; la obediencia a Dios significa tener fe sincera en Él; esa fe significa creer en Su Poder; el creer en Su Poder significa reconocer y aceptar su Majestad; la aceptación de Su Majestad significa el cumplimiento de las obligaciones impuestas por Él; y el cumplimiento de las obligaciones significa acción (por lo tanto, el Islam no es pura fe, sino fe más obras).

125. Cómo me asombra la mentalidad del avaro; temiendo la pobreza se vuelve tacaño y así apresuradamente se arroja al estado de necesidad y destitución; él desea locamente la abundancia pero la descarta sin entender. En este mundo él, por su propia voluntad, lleva una vida de limosnero, y en el Más Allá tendrá que rendir las cuentas de un millonario.

Cómo me asombra la arrogancia de una persona vana y soberbia. Ayer él era sólo una célula y mañana él será un cadáver.

Me asombra el hombre que observa el Universo creado por Dios y duda de su Ser y Su Existencia.

Me asombra el hombre que vé a las gentes muriendo a su alrededor y sin

embargo ha olvidado su fin.
Me asombra el hombre que entiende la maravilla de la creación original se niega a aceptar que él será de nuevo devuelto a la vida.
Me asombra el hombre que se toma grandes trabajos para decorar y hacer cómoda esta morada mortal, y olvida totalmente su morada permanente e inmortal.

126. Quienquiera que no sea diligente en este mundo sufrirá penas y pérdidas; quien no tenga una porción para Dios en su riqueza y en su vida, no habrá lugar para él en el Reino de Dios.

127. Sed muy cautelosos con el frío al principio del invierno y dadle la bienvenida al final de la estación, ya que el tiempo frío se comporta con vuestros cuerpos exactamente como lo hace con los árboles. A principios de la estación, su severidad los hace retraerse y perder sus hojas, y al final los ayuda a revivir y rejuvenecer.

128. Si entendéis la Majestad del Señor, entonces no daréis importancia alguna al Universo y sus maravillas.

129. Al regresar de la Batalla de Siffín, el Imán pasó por el cementerio de Cufah, y, dirigiéndose a las tumbas, dijo: ¡Oh vosotros!, que yacéis en casas horribles y desiertas: ¡Oh vosotros!, que estáis encerrados en tumbas oscuras, que estáis solos en vuestras moradas, que sois extranjeros en los lugares que os fueron asignados. Vosotros habéis sido rápidos, por lo tanto nos habéis rebasado. Nosotros seguimos vuestros pasos y dentro de poco nos reuniremos con vosotros para haceros compañía. ¿Sabéis que ha sucedido después que os fuisteis? Vuestras casas y propiedades fueron tomadas por otros, y vuestras viudas se han vuelto a casar; esto es lo que os podemos decir de este mundo, ¿podéis darnos algunas noticias del lugar a donde habéis ido? Diciendo esto, el Imám se volvió a sus compañeros y dijo: Si se les diera permiso para hablar, ellos os informarían que la mejor provisión para el siguiente mundo es la piedad y la virtud.

130. El Imán oyó alguien insultando y culpando al mundo, y le dijo: ¡Oh tú!, que culpas al mundo, que has sido seducido y atrapado por él y has sido tentado por sus falsas pretensiones. Te dejaste enamorar y cautivar por él y luego lo acusas y lo culpas. ¿Tienes alguna razón o derecho para acusarlo y para llamarlo pecador y seductor? ¿O está justificado el mundo en llamarte malvado y pecador hipócrita? ¿Cuando te hizo perder tu inteligencia y tu razonamiento? ¿Y cómo te engañó o te hizo falsas pretensiones? ¿Te ocultó el hecho del final último de todo lo que él tiene, el hecho del gobierno de la muerte, la descomposición y la destrucción en sus dominios? ¿Te tuvo a

oscuras acerca del destino de tus antepasados y de la morada final bajo tierra? ¿Mantuvo en secreto para ti el lugar de reposo de tu madre? ¿No sabes que todos ellos han regresado al polvo? ¿Cuántas veces atendiste a las personas enfermas, y a cuántos de ellos has visto más allá de la ayuda de la medicina? Ni la ciencia y el arte de curar, ni tus cuidados y atenciones, ni tus oraciones y llanto pudieron prolongar la duración de sus vidas, y ellos murieron. Te preocupabas por ellos, procuraste la mejor atención médica, reuniste a los doctores famosos y recetaron las mejores medicinas, pero tu ansiedad y el conocimiento de los médicos no resultó de utilidad. La muerte no pudo ser detenida y la vida no pudo ser prolongada. En este drama y en esta tragedia, ¿no te presentó el mundo una lección y una moraleja?

Verdaderamente este mundo es una casa de verdad para aquéllos que miran dentro de él profunda y cuidadosamente, una morada de paz y de descanso para aquéllos que entienden sus métodos y sus estados de ánimo, y es el mejor lugar de trabajo para quienes quieran procurarse las recompensas para la vida del Más Allá. Es un lugar de adquisición de conocimiento y sabiduría para aquéllos que quieren adquirirlos, un lugar de adoración para los amigos de Dios y para los Angeles. Es el lugar donde los Profetas reciben las revelaciones del Señor. Es el lugar para que las gentes virtuosas y los santos hagan buenas obras y les sean asignadas las recompensas por las mismas; sólamente en este mundo ellos pudieron conseguir los Favores y las Bendiciones de Dios y sólamente mientras viven aquí ellos pueden hacer trueque con sus buenas obras a cambio de Sus Bendicones y Recompensas. ¿Dónde más podría hacerse todo esto?

¿Quién eres tú para insultar al mundo, cuando él te ha declarado abiertamente su mortalidad y la mortalidad de todo lo conectado con él, cuando les ha dado a conocer a todos sus habitantes que todos ellos han de enfrentarse a la muerte, cuando por medio de sus métodos les ha dado a todos ellos una idea de las calamidades que tienen que encarar aquí y por medio de la visión de sus placeres temporales y evanescentes les ha dado vistazos de los Placeres Eternos del Cielo y les ha sugerido que los anhelen y trabajen para obtenerlos? Si lo estudias adecuadamente, encontrarás que simplemente para advertirte y hacerte temer los malos resultados de las malas acciones y para convencerte que hagas las buenas obras, cada noche hace surgir en ti nuevas esperanzas de paz y prosperidad y cada mañana pone frente a ti nuevas ansiedades y nuevas preocupaciones. Aquéllos que vivieron vidas que merecen avergonzarse y que se arrepienten por el tiempo malgastado.

Aquellos que pasaron vidas tales como para avergonzarse y arrepentirse por el tiempo asi pasado insultan a este mundo. Pero hay gentes que alabarán a este mundo en el Día del Juicio ya que él les recordó acerca del Más Allá y ellos aprovecharon este recordatorio, les informó acerca de los efectos de las buenas obras y ellos hicieron uso correcto de la información, y les aconsejó y ellos se beneficiaron con su consejo.

131. Un Angel anuncia diariamente: "El nacimiento de más seres humanos significa que tantos más morirán; el amasamiento de más riqueza significa que mucho más será destruído; la construcción de más edificios significa que después de algún tiempo habrá muchas más ruinas".

132. Este mundo no es un lugar de asentamiento permanente, es un paso, un camino por el que pasáis; hay dos tipos de gentes aquí, uno es el tipo de gentes que han vendido sus almas a cambio de la condenación eterna, el otro es el de aquéllos que han comprado sus almas y los han liberado de la condenación.

133. Un amigo no puede ser considerado como amigo a no ser que sea probado en tres ocasiones: en tiempo de necesidad, a tus espaldas (o sea cómo habla de uno cuando uno está ausente) y después de tu muerte.

134. Cualquiera que haya sido dotado de cuatro atributos no será privado de sus (cuatro) efectos: el que reza a Dios y le ruega no será privado de la concesión de sus peticiones; el que se arrepiente de sus pensamientos y sus obras no le será negada la aceptación del arrepentimiento; el que ha expiado sus pecados no será excluído de la salvación; y el que agradece al Señor por las Bendiciones y sus Bondades no le será negado el incremento en ellas.

La verdad de estos hechos es asegurada por el Sagrado Corán. En lo que se refiere a las oraciones, dice Dios: "Invocádme y Yo aceptaré las oraciones". Acerca del arrepentimiento dice Él: "Quienquiera que haya hecho una mala acción o se haya permitido caer en pecado, y luego se arrepiente y pide Su Perdón, él encontrará al Señor siempre perdonando y Misericordioso". Acerca de ser agradecido dice: "Si sois agradecidos por lo que os ha sido dado, entonces Yo incrementaré las Bondades y Bendiciones". Acerca de la expiación del pecado, dice: "El Señor acepta la expiación de aquéllos que han cometido un pecado sin darse cuenta de su enormidad y luego piden perdón por él; Dios acepta esa expiación, Él es Sabio y Omnipotente".

135. Las oraciones diarias son el mejor medio para avanzar en el favor del Señor. El Hayy (Peregrinación) es una Yihad (Lucha Santa) para toda persona débil. Para todo lo que poseéis hay Zakat, un impuesto pagado al Señor (dándolo a los pobres), y el impuesto de vuestra salud es que ayunéis. La mejor

defensa de una mujer contra el hombre es hacerle placentera y agradable su vida hogareña.

136. Si queréis rezarle al Señor para que os dé mejores medios de subsistencia, entonces dad primero algo en caridad.

137. Si uno está seguro de las ganancias entonces debe mostrar gran largueza en las donaciones.

138. El que practica la moderación y la templanza nunca se sentirá preocupado por la pobreza.

140. Una de las dos conveniencias en la vida es el tener pocos hijos.

141. La mitad de la sagacidad es adquirir amigos y simpatizantes.

142. La mitad de vuestra decrepitud se debe a las penas y la otra mitad a la edad avanzada.

143. El don (celestial) de la paciencia está en proporción a la magnitud de la calamidad por la que pasáis. Si exhibís impaciencia, irritación y desesperación en las calamidades, entonces vuestra paciencia y vuestros ejercicios se desperdician.

144. Muchas personas no obtienen nada de sus ayunos más que hambre y sed; muchas más no obtienen nada de sus oraciones nocturnas más que cansancio y desvelos. Las personas sagaces y sabias son dignas de alabanza aun cuando no efectúen ayunos (aparte del ayuno obligatorio) y duermen durante las noches.

145. Defended vuestra fe en Dios con la ayuda de la caridad. Proteged vuestra riqueza con la ayuda del zakat (el derecho de los pobres). Dejad que las oraciones os protejan de las calamidades y los desastres.

146. Kumayl Ibn Ziyad-e-Naqai dijo que una vez el Imán puso su mano en la mano de Kumayl y fue hacia un cementerio, y cuando pasó por él y dejó atrás a la ciudad dio un suspiro y dijo:

Oh Kumayl!, estas mentes son receptáculos de los secretos de conocimiento y sabiduría y el mejor receptáculo es el que puede contener más y puede preservar y proteger de la mejor manera lo que contiene. Por lo tanto, recuerda cuidadosamente lo que estoy diciendo.

Recuerda que hay tres clases de personas: una clase es la de las personas educadas que están muy versadas en la ética de la verdad y la filosofía de la religión; la segunda es la de aquéllos que están adquiriendo el conocimiento mencionado; y la tercera es la de aquellas gentes que no tienen educación. Éstas siguen a cualquier impostor y aceptan cualquier lema, ellos no han adquirido ningún conocimiento ni se han asegurado el apoyo de las convicciones firmes y racionales.

Recuerda, Kumayl, el conocimiento es mejor y superior a la riqueza ya que él te protege, mientras que tú tienes que cuidar la riqueza; porque la riqueza disminuye si sigues gastándola, mientras que el conocimiento se incrementa entre más haces uso de él; y por que lo que adquieres por medio de la riqueza desaparece en cuanto la riqueza desaparece, pero lo que obtienes a través del conocimiento permanecerá incluso después de ti (la ciencia, la filosofía y las artes aún están en este mundo aunque los científicos, los filósofos y los artistas hayan muerto hace miles de años).

¡Oh Kumayl!, el conocimiento es poder y puede ordenar obediencia y seguimiento; un hombre de conocimiento durante su vida puede hacer que las gentes lo sigan y lo obedezcan y él es alabado y venerado después de su muerte; recuerda que el conocimiento es un gobernante y la riqueza es su súbdito.

¡Oh Kumayl!, aquéllos que amasan riquezas, aunque están vivos están muertos a ls realidades de la vida, y aquéllos que acumulan conocimiento permanecerán vivos a través de su conocimiento y sabiduría aún después de su muerte; aunque sus caras puedan desaparecer de la comunidad de los seres vivos, sin embargo sus ideas, el conocimiento que ellos dejaron atrás, y su memoria permanecerán en las mentes de los hombres.

Kumayl dijo que después de esta breve disertación, y el Imán apuntó hacia su pecho y dijo: Mira Kumayl, aquí guardo los almacenes y los tesoros de conocimiento, quisiera encontrar a alguien que los compartiera conmigo. Sí, yo encontré unos cuantos, pero uno de ellos —aunque bastante inteligente— fue indigno de confianza, él vendería su salvación para apoderarse del mundo y sus placeres, él usaría la religión como careta para agarrar el poder mundano y la riqueza, él haría que esta Bendición de Dios (el conocimiento) le sirviera para obtener supremacía y control sobre los amigos de Dios y a través del conocimiento explotaría y oprimiría a los demás seres humanos; la otra persona fue tal que aparentemente obedecía la verdad y el conocimiento, y sin embargo su mente no había alcanzado la verdadera luz de la religión, a la más ligera ambigüedad o duda solía sospechar de la verdad, desconfiar de la religión y se arrojaría al escepticismo. Así que ninguno de ellos fue capaz de adquirir el conocimiento superior que yo puedo impartir.

Además de estos dos, yo encontré otras personas tales que uno de ellos es un esclavo del ego y de la ambición y la lujuria; los deseos inmoderados pueden fácilmente arrastrarlo para alejarlo del camino de la religión; el otro es un tacaño avaro ambicioso y acaparador, el cual arriesgaría su vida para apoderarse y poseer la riqueza. Ninguno de estos dos será de utilidad o servicio para la religión o el hombre; ambos se parecen a las bestias que tienen apetito por el alimento y por la multiplicación. Si los depositarios sensatos del conocimiento y la sabiduría desaparecen totalmente de la sociedad humana, entonces tanto el conocimiento como la sabiduría sufrirán severamente, podrán causar daño a la Humanidad e incluso podrán perecer.

Pero esta tierra nunca estará sin esas personas que probarán la universalidad de la verdad como fue revelada por el Señor. Ellos pueden ser personas bien conocidas, declarando abiertamente y sin temor las cosas que les fueron dadas a conocer; o ellos pueden, debido al temor a ser dañados, heridos o matados, ocultarse de la vista pública y llevar a cabo sus misiones privadamente para que las razones que prueban la realidad de la verdad tal como fue enseñada por la religón y como fue demostrada por los Mensajeros de Dios no desaparezcan totalmente. ¿Cuántos son ellos y dónde pueden ser hallados? Juro por Dios que ellos son pocos en número, pero su valor y sus rangos ante Dios son muy altos. A través de ellos, el Señor preserva Sus Enseñanzas para que ellos, al partir, puedan entregar estas verdades a personas como ellos mismos. El conocimiento que ellos han adquirido los ha hecho que vean las realidades y que visualicen la verdad, y ha instalado en ellos el espíritu de la fe y la confianza. Los deberes que fueron decretados como difíciles e insufribles por las gentes comodinas y perezosas son considerados fáciles y soportables por ellos. Ellos se sienten felices en la compañía y la asociación de cosas que asustan a los ignorantes y sin educación. Ellos viven en este mundo como todos los demás pero sus almas andan en las alturas de la eminencia Celestial. Ello son delegados de Dios en esta tierra e invitan a las gentes hacia Él. ¡Cómo deseo reunirme con ellos, oh Kumayl! Te he dicho todo lo que tengo que decir. Puedes regresar a tu lugar cuando quieras.

147. Un hombre puede ser valorado a través de sus palabras.

148. El que no se da cuenta de su propio valor está condenado al fracaso (Todo tipo de complejo, de superioridad o inferioridad, es dañino para el hombre):

149. Alguien le pidió al Imán que le aconsejara cómo llevar una vida útil y modesta. El Imán le contestó como sigue.

No estés entre las gentes que quieren obtener buenas ganancias sin trabajar duro por ellas, que tienen grandes esperanzas y se la pasan posponiendo el arrepentimiento y la penitencia, que hablan como personas piadosas pero que corren en pos de los placeres viciosos.

No esté entre aquéllos que no están satisfechos si obtienen más en la vida y no están contentos si su porción de los placeres de la vida es menor (ellos nunca están satisfechos), aquéllos que nunca dan gracias a Dios por lo que obtienen y constantemente demandan que se incremente lo que tienen; aquéllos que aconsejan a los demás que hagan las buenas obras que ellos mismos se abstienen de hacer; aquéllos que aprecian a las buenas personas pero no siguen sus métodos de vida; aquéllos que odian a las personas malas y viciosas pero siguen sus maneras de vivir; aquéllos que, debido a sus pecados excesivos, odian la muerte pero no abandonan las formas de vida pecaminosas; aquéllos que, si caen enfermos, se arrepienten de sus métodos pero al recobrar su salud readoptan los mismos métodos frívolos sin temor; aquéllos que, cuando se desesperan y pierden toda esperanza, al ganar la salud se vuelven arrogantes e indiferentes; aquéllos que, si se encaran a las desgracias, los peligros o las afficciones, se vuelven a Dios y se mantienen rogándole que los alivie, pero cuando son aliviados o favorecidos con la comodidad y la facilidad, son engañados por las condiciones cómodas en las que se encuentran y olvidan a Dios y abandonan las oraciones; aquéllos cuyas mentes son seducidas por los sueños y las esperanzas y odían encararse a las realidades de la vida; aquéllos que temen para otros las enormes repercusiones de los vicios y los pecados pero para sus propias obras esperan recompensas muy elevadas o acciones disciplinarias muy ligeras; aquéllos a quienes las riquezas los hacen arrogantes, rebeldes y malvados, y la pobreza los hace indolentes y letárgicos. Si ellos tienen que trabajar, trabajan perezosa y letárgicamente, y si demandan algo, lo hacen incesante y obstinadamente; bajo la influencia de las ambiciones inmoderadas cometen pecados en rápida sucesión y se mantienen posponiendo el arrepentimiento; las calamidades y las adversidades los hacen que abandonen las características distinguidas de los musulmanes (paciencia, esperanza en el futuro y trabajo para mejorar las circunstancias); ellos aconsejan a las gentes con narraciones de sucesos y hechos pero ellos no toman ningún consejo; son buenos para predicar pero malos para practicar, por lo tanto ellos siempre hablan de obras elevadas pero sus acciones traicionan a sus palabras; ellos gustan de adquirir placeres temporales pero son indiferentes y lentos para adquirir los beneficios permanentes (celestiales); ellos consideran buenas para sí mismos las cosas que son realmente dañinas para ellos y consideran dañinas las cosas que realmente los benefician; ellos temen a la muerte, pero desperdician el tiempo y no recurren a las buenas obras antes de que la muerte los alcance; los vicios que ellos consideran como pecados enormes en los demás son considerados como fallas menores cuando se trata de ellos mismos. Similarmente, ellos le dan gran importancia a su obediencia a las órdenes de Dios y subestiman las acciones similares en los demás. Por lo tanto, ellos frecuentemente critican a los demás y hablan muy encomiablemente de sus propias acciones. Ellos están felices de pasar el tiempo en la sociedad de las personas ricas, desperdiciándolo en lujos y vicios pero sienten aversión a emplearlo para propósitos útiles en la compañía de los pobres y los piadosos; ellos son rápidos y liberales para juzgar a los demás pero nunca juzgan sus propias obras viciosas; ellos fuerzan a los demás a que los obedezcan pero ellos nunca obedecen a Dios; ellos cobran sus deudas puntualmente pero nunca pagan lo que deben; ellos no tienen a su Señor pero temen a los hombres en el poder.

150. Todo hombre tiene un final, ya sea triste o agradable.

151. Todo el que nace tiene que morir y una vez muerto es tan bueno como si nunca hubiera existido.

152. El que adopta la paciendia nunca será privado del éxito aunque el éxito pueda tardar mucho en alcanzarlo.

153. El que suscribe o aprueba las acciones de un grupo o un partido es tan bueno como si él mismo hubiese cometido la acción. Un hombre que se une a una acción pecaminosa se hace a sí mismo responsable por un castigo doble, uno por hacer la acción y el otro por aprobarlo o suscribirlo.

154. Acepta las promesas sólo de aquellas personas que se adhieren firmemente a sus juramentos.

155. Os ha sido ordenado reconocer a los imames (progenie del Santo Profeta — la paz sea con él y sus descendientes) y obedecerlos.

156. Se os ha hecho ver, si tan sólo os preocupáis en ver; habéis sido aconsejados, si os importa aprovechar los consejos; se os ha hecho que oigáis, si tan sólo os importa prestar oído a los buenos consejos.

157. Si queréis castigar a vuestro hermano, entonces castigadlo con buenas obras y buenos tratos, y si queréis evitar que el mal llegue a él, entonces evitadlo con la ayuda de los favores y las bendiciones (concedidas a él).

158. El que entra a los lugares de mala reputación no tiene derecho a quejarse de quien hable mal de él.

159. El que adquiere el poder no puede evitar el favoritismo.

160. El que es voluntarioso y vanidoso sufrirá pérdidas y calamidades, y el que solicita consejos puede asegurar las ventajas de muchos consejos.

161. El que guarda sus secretos tiene completo control de sus asuntos.

162. La pobreza es la peor forma de muerte.

163. El que sirve a aquella persona de la que no obtienen beneficio recíproco, en realidad, la adora.

164. Desobedeciendo a Dios no obedecéis a ningún ser humano.
165. No critiques ni hables mal del hombre que se demora en asegurar sus justos derechos, es más vicioso apoderarte de los derechos que no te pertenecen.
166. La presunción es un impedimento y un obstáculo para el progreso y el mejoramiento.
167. La muerte está tan cerca y el tiempo para las acciones amistosas en la vida es tan limitado.
168. Hay suficiente luz para el que quiere ver.
169. Es más prudente abstenerse que arrepentirse.
170. Frecuentemente el deseo inmoderado de asegurar una sola ganancia actúa como un obstáculo para la búsqueda de muchos beneficios provechosos.
171. Las gentes frecuentemente odian aquellas cosas que no conocen o no pueden entender.
172. El que solicita consejo aprende a reconocer los errores.
173. El que lucha por la Causa de Dios asegura la victoria sobre Sus enemigos.
174. Cuando os sintáis nerviosos o temerosos de hacer una cosa hacedla, ya que el verdadero daño que podáis recibir así es menos molesto que la expectación y el temor.
175. Vuestra supremacía sobre los demás está en proporción a la extensión de vuestro conocimiento y vuestra sabiduría.
176. La mejor manera de castigar al que actúa mal es recompensar generosamente las buenas obras de una buena persona.
177. La obstinación y la terquedad no os permitirán llegar a una decisión correcta.
179. La ambición es esclavitud permanente.
180. La deficiencia resultará en vergüenza y sufrimiento, pero la precaución y la previsión traerán paz y seguridad.
181. El quedaros callados cuando podéis decir algo prudente y útil es tan malo como el andar propagando ideas tontas e imprudentes.
182. Si dos teorías opuestas se proponen, una de las dos es incorrecta.
183. Cuando la verdad me fue dada a conocer, yo nunca dudé de ella.
184. Yo nunca mentí y las cosas que me fueron dadas a conocer no fueron falsas; yo nunca descarrié a nadie ni fui descarriado.
185. El que empieza la tiranía pronto se arrepentirá.
186. La muerte nunca está muy lejos.

187. El que abandona la verdad se gana la condenación eterna.
188. El que no puede beneficiarse con la paciencia morirá de pena y ansiedad.
189. En este mundo el hombre es un blanco para la flecha de la muerte, una fácil presa de las calamidades y las adversidades; aquí cada bocado y cada trago es capaz de ahogarlo a uno; aquí uno nunca recibe un favor sino hasta que pierda otra cosa; aquí cada día adicional en la vida de uno es un día reducido de la duración total de su existencia; si la muerte es el resultado natural de la vida, entonces cómo podemos esperar la inmortalidad.
190. ¡Oh hijo de Adán!, todo lo que hayas reunido más de lo que necesitas en realidad, no lo vas a usar. Tú actuarás sólo como el depositario de las pertenencias de alguien más.
191. Los corazones (mentes) tienen las tendencias de las preferencias y las aversiones, y pueden ser enérgicos o letárgicos. Por lo tanto hacedlos trabajar cuando son enérgicos en cosas que a ellos les gustan.
192. Cuando me siento enojado con una persona, ¿cómo y cuánto debería satisfacer mi enojo? ¿En un tiempo cuando no estoy en posición de desquitarme y las gentes me aconsejan que soporte pacientemente, o cuando tengo poder para castigar?
193. Las mentes se cansan como los cuerpos. Cuando sintáis que vuestra mente está cansada, entonces vigorizadla con consejos sobrios.
194. Si encontráis que algo no es agradecido de todo lo que hayáis hecho por alguien no os sintáis desanimados, ya que frecuentemente encontraréis que alguien más se siente obligado con vosotros aunque vosotros no hayáis hecho nada por él, y así vuestras buenas obras serán compensadas, y Dios los recompensará por vuestra bondad.
195. El primer fruto de la paciencia es que la gente simpatizará con vosotros y se pondrá en contra del hombre que os ofendió arrogantemente.
196. El que toma en cuenta sus limitaciones siempre ganará con ello, y el que no las toma en cuenta siempre sufrirá. El que teme al Día del Juicio está a salvo de la Ira de Dios; el que toma lecciones de los sucesos de la vida adquiere visión, el que adquiere visión se vuelve sabio, y el que adquiere sabiduría logra el conocimiento verdadero.
197. Soportad pacientemente los sufrimientos y las calamidades, o de lo contrario nunca seréis felices.
198. El que llega al poder frecuentemente oprime y tiraniza.
199. Las adversidades frecuentemente sacan a la luz vuestras buenas cualidades.

200. Si un amigo te envidia, entonces él no es un verdadero amigo.

201. La ambición y la codicia opacan las facultades de juicio y sabiduría.

202. La opresión y la tiranía son los peores compañeros para el Más Allá.

203. Las mejores obras de un hombre son perdonar y olvidar.

204. El silencio creará respeto y dignidad; la justicia y la equidad traerán más amigos; la benevolencia y la caridad enriquecerán el prestigio y la posición; la cortesía atraerá benevolencia; el servicio a la humanidad asegurará el liderazgo; las buenas obras vencerán a los enemigos poderosos.

205. Un hombre ambicioso siempre se encontrará bajo el yugo de la humillación.

206. Asociáos con el hombre exitoso ya que él sabe cómo lograr el éxito.

207. Lo poco que déis en el Camino de Dios os traerá grandes ganancias.

208. Hay gentes que obedecen a Dios para ganar Sus Favores, ellos actúan como comerciantes traficando con Dios; mientras que hay algunos que lo obedecen para mantenerse a salvo de Su Ira, ellos actúan como esclavos; pero hay unos cuantos que lo obedecen por su sentido de gratitud y obligación, ellos actúan como caballeros y hombres nobles.

209. El que es perezoso y letárgico pierde sus derechos.

210. El poner en una casa una sola piedra adquirida ilícitamente es garantizar su destrucción.

LA PORTADA ES UNA REPLICA DEL SAGRADO QUR'AN EN ESCRITURA KUFI. DICE HA SIDO ESCRITA POR EL PROPIO IMAM ALI IBU ABU TALIB'S SOBRE UN PEDAZO DE PIEL DE CIERVO. AL-HICHR, CAPITULO 15, VERSICULO 17-27.